KB142463

식민주의 흑서黑書

16~21세기 : 말살에서 참회로

상권

책임 편집 : 마르크 페로

소나무

식민주의 흑서

초판발행일   2008년 11월 30일

펴낸이   유재현
옮긴이   고선일
기획   임지현
편집교정 김석기·이혜영
마케팅   장만·안혜련
디자인   조완철
인쇄제본 영신사
필름출력 ING
종이   한서지업사

펴낸곳   소나무
등록   1987년 12월 12일 제2-403호
주소   121-830 서울시 마포구 상암동 11-9, 201호
전화   02-375-5784
팩스   02-375-5789
전자우편 sonamoopub@empal.com
전자집   www.sonamoobook.co.kr

책값   30,000원

ISBN   978-89-7139-552-3   94900(상권)
ISBN   978-89-7139-551-6   94900(전2권)

Cet ouvrage, publié dans le carde du Programme de Participation à la Publication, bénéficie du soutien
du Ministrère des Affaires Etrangères et de l'Ambassade de France en Corée.

이 책은 프랑스 외무부와 주한 프랑스 대사관의 출판·번역 지원 프로그램의 도움으로 출간되었습니다.

소나무 머리 맞대어 책을 만들고, 가슴 맞대고 고향을 일굽니다

식민주의 흑서

일러두기

1. 원문의 단락이 너무 긴 경우, 번역서에서는 독자가 읽기 좋게 나누었다.
2. 원문에서는 인용문의 단락을 나누지 않았는데, 번역서에서는 인용문의 단락을 독자가 읽기 편하게 나누었다.
3. 번역자가 독자의 이해에 필요하다고 판단해 추가한 부분은 [   ]로 표시했다.
4. 지명, 인명 등의 고유명사 표기는 우리 독자가 익숙한 쪽을 택했다.
   예 : Londres → London

문명—야만—폭력

I.

콜럼버스가 유럽과 아메리카를 잇는 대서양 항로를 개척한 1492년은 식민주의의 원년이었다. 1492년 이후 오늘도 지속되고 있는 탈식민화 과정에 이르기까지 지난 5백년의 세계사는 식민주의의 역사라 해도 과장은 아니다. 21세기의 세계에서 식민지라는 용어는 대부분 시간의 창고 속으로 들어갔으나, 20세기 초만 해도 전세계 영토의 10분의 9가 서구 식민주의의 직접 지배 또는 간접적 통제 아래 놓였다. 영국은 그 가운데 세계 영토의 5분의 1과 지구촌 주민의 4분의 1을 지배했다. 그러나 일차대전 당시 영국 육군의 규모는 24만 7천명에 불과했다. 세계 최강의 해군력을 지녔다고는 하나, 대한민국 육군의 반에도 못 미치는 규모의 군대로 천만 평방마일의 영토와 4억의 인구를 지닌 식민지 제국을 무장 통치한다는 것은 불가능한 일이었다.

군대보다 더 강력한 것은 식민주의의 이념들이었다. 문명 대 야만, 진보 대 정체로 서구와 비서구를 나누는 식민주의의 이분법이 식민지 주민에게 받아들여지자, 제국의 군대는 통치의 보조 수단에 불과할 따름이었다. 계몽사상을 바탕으로 19세기에 체계를 갖춘 사회과학은 서양과 동양을 본질적인 실재로 확정짓고, 야만적 동양에 대해 문명적 서양이라는 서양적 정체성을 구축했다. 마르크스와 베버는 모두 동양이 전제주의의 침체 속에서 허우적거리는 동안 서양은 어떻게 현대 자본주의를 발전시켰는가라는 물음에서 출발했다. 식민지 지식인들은 자신의 역사 속에서 '서양적인 것'을 찾아내기에 급급했다. 합리주의, 민주주의, 자유의 전통, 자본주의, 시민사회, 과학 등 서양의 '고유한' 발전에 상응하는 것을 자기네 과거 속에서 발견함으로써, 야만적 동양이 아닌 진보적 서양임을 입증하고자 노력했다. 서구적 근대화라는 역사적 명제 앞에서 좌파냐 우파냐 하는 구분은 의미가 퇴색될 수밖에 없었다. '동양을 지배하고 재구성하며 그리고 위압하기 위한 서양의 스타일'로서의 오리엔탈리즘이 식민지 엘리트와 주민 속에서 '스스로의 오리엔탈리즘'으로 전화한다면, 그것은 수 십 만 군대를 능가하는 힘을 가질 것이었다. 식민주의와 제국주의는 정치·경제·군사 체계라는 하드웨어를 넘어서, 문화적이고 지적이며 기술적인 소프트웨어를 포괄하는 복잡한 관념 형태인 것이다.

II.

1770년대의 세계는 식민주의의 이분법이 상상하는 세계와는 크게 달랐다. 지구적 차원에서의 경제 교류 및 무역 네트워크에 대한 연구에 따르면, 1770년대 당시 영국의 산업혁명의 중심지인 맨체스터, 중국 양자강의 델타 지역, 일본의 관동과 관서 상업지역, 인도의 벵골 지역은 생산력과 생산성, 실질 임금과 생활수준, 토지 대 인구 비율, 신용제도와 법적 장치 등에서 거의 동등한 발전 수준을 보이고 있었다는 것이다. 18세기 말에 이르면 이 지역들은 모두 토지에 대한 인구의 압력이 경제성장을 저해하여 노동한계 생산성이 하락하게

되는데, 영국만이 이 한계를 돌파하여 산업혁명에 성공했다는 것이다. 그
결과 1810년대에 이르면 유럽과 중국의 경제 수준이 역전되고, 유럽이 중국을
크게 앞서 나가면서 서양과 동양이 크게 갈라지게 된다는 것이다.

　연구자에 따라 유럽이 중국을 앞서는 구체적 시기와 그 원인에 대한 견해의
차이는 존재하지만, 1800년경까지 아시아가 인구와 생산, 생산성, 경쟁력,
무역을 통한 자본 축적 등 세계 경제 체제에서 유럽을 큰 격차로 앞서 있었거나
최소한 비슷한 발전 수준에 놓여 있었다는 데에는 대체로 의견이 모아졌다고
하겠다. 그러므로 합리주의적 정신으로 과학을 추구하고 정직, 검약, 인내
등 노동 가치를 소중히 여긴 서구에서만 자본주의적 문명의 진보가 가능했다는
서구 예외주의는 더 이상 성립하기 어렵다. 정치적 입장의 차이에도 불구하고
근대 유럽을 역사 발전의 모델로 삼는 식민지 근대화론이나 식민지 수탈론이
입론적 근거를 상실하는 것도 이러한 관점에서이다. 정체된 아시아 사회는
자체의 발전 역량이 없어 식민주의 지배를 통해 변모하기 시작했다는 식민지
근대화론이 유럽 예외주의를 추인하는 것이라면, 내재적 발전의 자본주의
맹아가 개항과 외세에 의해 짓밟혔다는 식민지 수탈론은 서구 중심주의를
민족주의적으로 재생산하는 논리일 뿐이다.

III.

　유럽의 성공은 오히려 아메리카의 금은을 착취하기 쉬었던 지정학적 행운과
자원을 이용할 수 있는 식민지 교역에서 찾는 것이 더 타당하다. 즉 해외
식민지의 획득으로 식량자원 등 핵심 자원을 식민지적 강제라는 일방적인
방식으로 조달할 수 있었던 유럽의 식민주의 체제가 중국의 조공 체제보다
이윤 추구와 자본 증식에 유리한 국가 체제였다는 것이다. 더 이상 문명 대
야만, 진보 대 정체, 식민지 근대화론 대 수탈론이라는 식민주의의 이분법이

아니라 폭력의 문제가 식민주의의 세계사를 이해하는 키워드로 등장하는 것도 이러한 맥락에서이다. 인종말살genocide은 나치의 홀로코스트에 앞서 이미 아메리카 대륙의 선주민에 대한 '프론티어 제노사이드'로부터 시작되었다. 1763년 천연두 병균이 묻은 물건을 오타와 부족에게 나누어 준 세균전을 비롯해서 무차별적인 학살로 5천만 명에서 1억 명에 이르는 아메리카 선주민이 죽었다. 전체 인구의 90% 이상이 학살당한 것이다.

'범주적 살인'은 식민주의자가 고안해낸 개념이었다. 전근대 사회에서 죽음이라는 징벌은 그 사람이 행한 행위의 책임을 묻는 성격이 강했다. 그러나 식민주의 시대부터 20세기를 거쳐 오늘에 이르기까지 대량학살이나 인종청소의 피해자들은 그들이 어떤 삶을 살았는지, 무슨 행위를 저질렀는지와 상관없이 죽음을 당했다. 문제는 그들의 행위가 아니라 그들이 어디에 속하는가였다. 그들은 백인이 아니기 때문에, 유대인이라는 이유로, 투치족의 일원이기 때문에, 보스니아 이슬람교도라는 이유로 또 혹은 부르주아/지주 계급에 속한다는 이유로 죽음을 당했다. 역설적이게도 20세기의 대량학살과 인종청소는 '국민에 의한 지배'라는 민주주의의 온상에서만 자랄 수 있는 독초였다. 권력이 국민의 이름으로 합법성과 정당성을 획득할 때, 대량학살을 주저하게 만드는 사회적 금기는 깨지기 마련이다. 특히 다민족 국가에서는 다수파의 민주주의가 '국민'에서 배제된 소수자에 대한 폭력을 정당화한다. '다수결 민주주의'는 1994년 후투족이 투치족을 학살하면서 외친 전투구호였다. 북아일랜드의 신교도나 스리랑카인이 가톨릭 소수파나 타밀 반군을 비난하는 근거도 이들 소수파가 '다수결 민주주의'를 저해한다는 것이었다.

'인종청소적 민주주의'는 19세기 미국의 개척민 민주주의에서 잘 드러난다. 가장 가혹한 인디언 절멸정책을 펼친 캘리포니아가 그 대표적인 예이다. 1850년에 이미 모든 백인 남성에게 투표권을 부여한 캘리포니아의 당시로서는 가장 진보적인 민주주의는 인디언의 권리를 일부나마 인정하려 했던 중앙정부에 맞서 인디언의 강제추방을 정당화하고 관철시킨 밑거름이었다. 20세기 초에 발생한 아르메니아인에 대한 터키의 인종청소 또한 '문명화'된 유럽인이 흔히 생각하는 것처럼 '잔혹한 투르크'나 '야만적 아시아'의 산물이 아니었다. 그것은 내무부와 전시 내각을 장악한 채 유럽식 근대적 국민국가 모델을 추구한 '청년터키당'의 작품이었다. 아르메니아인에 대한 학살과 약탈은 민족 자본을 육성하고 빈민을 위한 경제적 재분배라는 명분으로 정당화되었다. 식민주의의 주체가 제국의 군인이나 상인, 관료에 앞서 본질적으로는 그 열강의 '국민'이었다는 인도의 시인 타고르의 날카로운 통찰은 식민주의를 이해하는 중요한 열쇠이다.

IV.

마이클 만Michael Mann의 통계에 의하면, 20세기에 인종적 혹은 민족적 갈등으로 살해된 사람의 수는 7천만 이상에 달한다. 게다가 20세기의 독특한 전쟁 양상인 총력전은 총을 든 적군뿐만 아니라 민간인을 포함한 상대 민족 전체를 표적으로 삼는다. 1차 세계대전에서 전체 사망자의 10%에 불과했던 민간인 희생자의 비율은 2차 세계대전에서는 절반 이상 그리고 1990년대의 전쟁에서는 80% 이상으로 확대되었다. 충격적인 통계가 아닐 수 없다. 더 중요하게는 근대의 폭력이 소수의 권력 엘리트나 무장한 군사집단에 의해 자행되는 원초적 폭력이 아니라, 정신의학적으로 지극히 정상적인 다수의 평범한 보통사람이 주된 학살자라는 점이다. 학살의 주체가 소수의 권력 엘리트나 군사 집단으로부터 다수의 평범한 보통사람으로 확대된 것이다.

나치의 유대인 절멸정책인 홀로코스트와 폴란드 및 러시아의 슬라브족에 대한 절멸 정책 또한 유럽의 오랜 제국주의 전통과 맞닿아 있다. 그것은 100년

전 독일 지배하의 아프리카 식민지인 나미비아에서 실현된 강제수용소, 인종 말살 등의 식민주의 폭력의 연속인 것이다. 히틀러가 동부 유럽에서 독일인의 '생활공간'을 모색했을 때, 그가 원한 것은 유럽 대륙에 독일판 '대영제국'을 건설하는 것이었다. 나치는 영국을 비롯한 서유럽의 제국주의에서 자신의 모델을 발견했고, 히틀러의 '제3제국'은 '대영제국'의 '왜곡된 모방'이었던 것이다. "독일의 영토 정책은 카메룬에서 실현될 수 없으므로 유럽에서 실현되어야 한다"는 히틀러의 주장은 나치에 대한 포스트식민주의적 해석의 유효성을 다시 한 번 입증해준다. 나치 점령 당시 폴란드를 관할했던 프랑크Hans Frank의 "폴란드는 식민지처럼 다루어져야 한다"는 주장이나 우크라이나 책임자 코흐 Erich Koch의 '하얀 껌둥이'라는 우크라이나인 비하 발언도 같은 맥락에서 이해된다. 이들에게 폴란드는 아시아였으며, 러시아는 '제3제국'의 '인도'였던 것이다. 서유럽 점령지와는 달리 동유럽에서 자행된 나치의 국가 폭력은 식민주의적 폭력의 한 양상인 것이다.

나치즘을 비롯한 20세기 대중독재를 식민주의적 폭력의 연장선상에서 이해하고, 국민의 통치라는 민주주의의 이상이 '비국민'에 대한 배타성을 정당화하고 인종청소라는 극단적 위험성을 내장하고 있다는 포스트콜로니얼적 통찰이 '식민주의 흑서'를 읽는 한국 사회의 주요한 독서법이었으면 한다. 온전히 독자들이 판단할 몫이겠지만, 내가 제시하는 그 독서법은 1492년 이래 세계사를 지배해온 게임 규칙인 식민주의의 이분법을 넘어설 수 있는 대안을 찾기 위한 첫걸음이라 판단되기 때문이다. 식민주의와 식민지 민족운동의 대결 구도에 대한 한국 사회의 독법에서, 식민주의가 강요한 게임규칙을 넘어서는 것이 아니라 그 규칙을 준수하면서 피식민자의 자리에서 식민자의 자리로 내 위치를 바꾸어 보겠다는 제국을 향한 욕망을 읽는다면 내가 너무 민감한 것일까?

저작권에서부터 번역 기금에 이르기까지 이 책의 한국어판 번역을 위해 애써 준 프랑스 대사관의 파스칼 다예즈-뷔르종Pascal Dayez-Burgeon씨와 프랑스 외무부 및 대사관의 지원에 감사드린다. 특히 성실하고 잘 읽히는 번역으로 이 책이 한국에서 좀 더 많은 독자를 만날 수 있게 애써준 옮긴이에게 경의를 표하고 싶다

2008년 11월 18일

이 책을 기획한 임지현(한양대학교 사학과 교수)

차 례

하권 차례

| 서문 |

식민주의, 식민화의 이면

마르크 페로[*]

2001년의 9·11 사태, 알제리 소요, 최근 프랑스에서 나타나는 자성의 움직임, 이런 것들이 혹시 식민화 혹은 식민주의 시대에 대한 거부의 움직임은 아닐까?

이러한 상황에서 오늘날 이 책 『식민주의 흑서』의 존재 이유는 충분하다. 앞으로 살펴보겠지만, 식민화가 오직 폐해만을 낳은 것도 아니고, 식민화의 폐해라고 알려진 것 가운데 식민화의 탓으로 돌릴 수 없는 것들이 분명히 존재하지만 말이다. 식민화의 폐해 가운데 일부는 식민화가 종결된 뒤에도 살아남아 지금까지 존속하고 있는 것 또한 사실이다.[1]

식민주의 : 또 다른 전체주의인가?

이 책 『식민주의 흑서』는 어쩔 수 없이 얼마 전에 나온 『공산주의 흑서』[2]와

---

[*] 이 책의 공동 저자들에게 감사드린다. 이들은 필자가 서문을 작성하는 데 도움과 유익한 충고를 아끼지 않았다.
[1] 이 책에 인용된 '상자 글'을 참고하시오.

같은 범주에 놓이게 될 것 같다. 그런데 전체주의 체제를 연구한 『공산주의
흑서』의 저자들은 한나 아렌트의 저서를 건성으로 읽은 듯하다. 한나 아렌트가
식민 제국주의를 나치즘 및 공산주의와 연관시켰다는 점을 알아차리지 못한
것 같다는 느낌이 들기 때문이다.[3] 사실 이 체제들 사이에는 연관성이 있다.
서인도제도의 프랑스령 마르티니크 출신 시인이자 정치가 에메 세제르는 나치
즘과 식민주의의 관계를 이렇게 지적했다.

> 오늘날 20세기의 독실한 그리스도교도 부르주아 백인이 히틀러에게 분노하는
> 것은 범죄 자체나 인류에 대한 모욕 때문이 아니라 범죄가 백인을 대상으로 저질
> 러졌다는 점 때문이다. …… 이전까지는 아랍인, 인도의 쿨리 노동자, 아프리카
> 흑인에게만 적용되던 식민주의적 행태를 유럽에 적용시켰다는 사실이 백인에게
> 거부감을 일으키고 있는 것이다.[4]

2001년 남아공의 더반에서 개최된 유엔 세계인종차별 철폐회의가 반인류
범죄로 규정한 것도 바로 그러한 식민주의적 행태였다.[5]

이렇게 에메 세제르가 '식민주의적' 행태에 관해 언급한 것은 2차 대전이
종결된 직후였다. 실제로 이 식민지 출신 저자가 말하고자 한 것은 '식민화
colonisation'라기보다는 '식민주의colonialism'였다. 식민주의라는 말은 나중에
생긴 용어로 식민화라는 말의 부정적 표현으로 인식되고 있으나, 그것은 본래
콜로니즘colonism이란 말 대신 나타난 것이다. 콜로니즘이 해외 팽창을 정당화

---

2) Christian Courtois(dir.), *Le Livre noir du communisme*[공산주의 흑서], 제2판, Paris, Robert Laffont, 2000(초판 1997).

3) 한나 아렌트, *Les Origines du totalitarisme. L'Impérialisme*[전체주의의 기원. 제국주의], Paris, Fayard, 1997.

4) Aimé Césaire, *Discours sur le colonialisme*, Présence africaine, 1955.

5) 이 책 하권에 실린 나자 부코비치의 글, "누가 보상을 요구하는가? 그리고 어떤 범죄 행위에 대해"를 보시오.

하려는 목적으로 쓰였기 때문이다.

이처럼 '식민화'가 '식민주의'와 완벽하게 일치하지 않는다는 것은 분명하다 (식민화가 다른 한편 반식민주의 담론을 생성시켰다는 점에서도 그러하다).6) 어쨌든 '식민주의'라는 용어는 그후 독자적인 표현으로 20세기 후반을 풍미하는 유행어가 되었다.

지난 반세기 동안 '식민주의'는 그 전반적인 현상—식민화, 식민화의 폐해, 식민화의 정당성 등—을 포괄하는 용어로 쓰였다. 탈식민화(사실 이것도 적절한 표현이 아니다. 해방 투쟁을 벌이는 동안 탄압받은 식민지 주민의 역할은 완전히 무시된 유럽 중심적 개념이기 때문이다)가 완결된 뒤로는 신식민주의를 언급하기 시작했다는 점에서 그렇다. '신식민주의'라는 말 역시 현실에 얼마나 부합하는지 그 정도를 놓고 오늘날 다른 용어와 경합을 벌이는 중이다. 이 점에 대해서는 다시 언급하겠다.

물론 오늘날 일상적으로 쓰이는 식민주의라는 말에 내포된 내용은 그 용어가 나타나기 전부터 이미 존재했다. 그런데 그 현실은 식민화 및 '탈식민화' 과정을 거치고 난 뒤에도 지속되었다. 곧 본국—영국, 프랑스, 러시아 등—에서 식민주의의 주요 면모 가운데 하나인 인종주의가 확산되었을 뿐만 아니라, 이러한 현상은 다시 바다 건너 과거 식민지였던 지역으로 역류해 들어갔다. 게다가 식민지의 독립 후, 특히 사하라 이남의 블랙아프리카 지역에서는 새로운 유형의 착취라 부를 수 있는 '정착민 없는 식민주의'가 출현했다. 식민화가 종결된 이후에 새로이 나타난 숱한 갈등과 분쟁을 어떻게 분석하고 정의해야 할까?7)

우선, 식민주의 연구에서 전체주의 체제 같은 다른 역사적 경험에 대한 분석으로부터 도구나 견해를 차용할 수도 있다는 점을 지적해 두겠다. 전체주의

---

6) 이 책 하권에 실린 마르셀 메를의 글, "반식민주의"를 보시오.
7) 식민주의라는 용어를 아랍인에 의한 식민화에 적용시킨다는 것은 무리가 있지만, 이 책에 아랍인에 의한 식민화도 포함시켰다. 마르크 페로의 글, "노예무역과 노예제에 관하여"를 보시오.

체제의 경우, 흑서Livre noir[비판서] 외에 홍서Livre rose[찬양서]가 출현한 것처럼, 전체주의 체제는 비난의 대상이자 예찬의 대상이었다. 소련을 예로 들면, 그 나라를 둘러본 순례자마다 굳건한 참여의식을 갖고 돌아왔을 만큼 매혹적인 나라, 곧 '소비에트 낙원'으로 묘사된 적이 있었다. 또한 정부 주도의 대규모 국책사업으로 실업률이 격감하고, '기차가 정시에 도착하는' 나라들을 둘러본 순례자는 파시즘과 나치즘의 성공에 매료되어 돌아왔다.

그와 동시에 전체주의 체제는 실증적 사실, 곧 참혹한 역사적 사실에 근거한 혹독한 비판의 대상이 되었다. 이러한 비판에 귀를 기울이는 사람이 많지는 않았지만 말이다.

식민화의 경우는 홍서보다 흑서가 먼저 나왔다. 식민지의 현실을 폭로한 라스카사스의 첫 번째 『회고록』은 1540년에 출간되었다. 그러나 그리스도교의 전파, 노예 매매의 철폐, 문명화 사업과 같은 명분을 내세우는 '콜로니즘'이 점차 우위를 점하게 된다. 브리스톨, 낭트, 리스본 같은 유럽 항구도시를 거점으로 식민지 수탈로부터 이득을 취하는 자들, 아니면 해외 식민지의 점유를 정당화하려는 이주정착민, 이런 사람들이 콜로니즘의 정당성 주장에 적극 가담했다.

식민화에 대한 비판은 매우 다양한 모습으로 나타났다. 그 중에서도 사회주의 이념은 당연히 식민화의 부정적 면모, 아니면 식민화의 원리 자체를 문제 삼았으며, 이러한 논거는 마르크스주의 담론의 주요 골자를 이루게 된다. 레닌은 마르크스주의 역사학자 포크로프스키에게, 역사 교사들로 하여금 마르크스주의 담론을 숙지하고 널리 전파하도록 하기 위해서는 이렇게 말해야 한다고 했다.

치밀하게 준비된 프로그램을 통해 그들을 밀어붙여야 합니다. 그 프로그램은 이렇습니다. 우선, 역사 교사로 하여금 객관적이고 자발적으로 우리의 관점을 받아들이지 않을 수 없게 하는 주제들을 설정하십시오. 예를 들어, 식민화의 역사를 프로그램에 넣는 것도 좋은 방법이겠죠. 식민화의 역사라는 주제를 논하다 보면, 역사 교사들은 틀림없이 자신이 갖고 있던 부르주아적 관점을 제시하게 될 것입니다. 부르주아적 관점이란 영국인이 전세계에서 저지른 행동을 프랑스인이 어떻게 생각하는지, 영국인은 프랑스인을 어떻게 생각하는지, 독일인은 영국인과 프랑스인을 어떻게 생각하는지를 말합니다. 이렇게 되면, 역사 교사들은 자본주의 전반의 폭력과 잔혹성을 언급하지 않을 수 없을 것입니다.

바로 이러한 사고를 바탕으로, 2차 대전 후에 프랑스 마르크스주의자인 자크 아르노는 『식민주의 비판』(Jacques Arnault, *Procès du colonialisme*, Eds. de la Nouvelle Critique, Paris, 1958)을 썼다.

새로운 밀레니엄을 맞이하는 요즘, 지난 20세기의 비극적인 사건들, 도처에서 벌어진 폭력행위에 대한 현실적 인식, 이런 요소로 인해 급격한 사고의 전환을 경험하게 된 서유럽 국가의 일부 여론은 공산주의나 파시즘, 민족국가, 혹은 '문명의 승리'라는 이름으로 저질러진 모든 범죄행위를 규탄하는 인권 이데올로기에 동조하고 있다. 이 서유럽 사회는 공산주의나 나치즘에 의해 자행된 범죄행위를 고발하는 데는 거리낌 없으면서도, 식민주의에 의한 범죄행위는 그 동안 자신들이 모르도록 은폐되었다고 믿는 체하고 있다. 그렇지만 이러한 믿음은 망상에 불과하다. 그 가운데 몇 가지 범죄행위는 실제로 집단적 기억에서 삭제되었으니 말이다.

프랑스를 예로 들면, 대략 1970년까지 초중등학교 교과서에서는 알제리 정복 당시 토마 뷔조[1784~1849. 프랑스군 총사령관, 알제리 총독]나 생타르노[1798~1854. 프랑스군 총사령관, 국방장관]가 얼마나 열성적으로 알제리의 농촌 마을을 불태웠는지, 인도에서 1857년 세포이 항쟁 당시 영국군 장교들이 어떻게 힌두교도와 이슬람교도를 대포의 포구에 결박했는지, 피사로가 잉카의 마지막 황제 아타후알파 유팡키를 어떻게 처형했는지, 조제프 갈리에니[1849 ~1916. 프랑스군 총사령관. 국방장관]가 어떻게 마다가스카르인을 무참히 학살했는지 상세히 기술되어 있었다.

이러한 폭력행위는 모두 공개되어 있었으며, 알제리의 상황은 토크빌[1805 ~1859. 프랑스의 역사가, 정치가] 시대부터 이미 잘 알려져 있었다.8) 통킹 지역에서는 '참수된 사람의 머리가 꽂혀 있는 나무 말뚝'을 목격하는 게 매우 흔한 일이었고, 본국에서 발간되는 여러 잡지에 그 광경을 묘사한 그림들이 실렸다.9) 1953년에 나온 말레이삭출판사의 역사 교과서에는 1871년 알제리의 카빌리아 지역 폭동 당시의 상황에 대해 "진압은 매우 신속하고 엄혹하게 이루어졌다. 주동자들은 처형당하거나 강제 추방되었으며, 무거운 벌금을 물리거나 토지를 몰수했다"라고 기술되어 있었다. 1879년에 이미 라파세 장군은 "이주민과 토착민 사이에 깊디깊은 골이 패였다. 이 깊은 수렁을 시체로 메울 날이 조만간 찾아올 것이다"10)고 지적하기도 했다.

이 모든 사실은 '알려져' 있었고, '공개되어' 있었다. 그렇지만 이러한 범죄행위를 고발하는 목적이 '프랑스 국가가 이룩한 공적'을 문제삼는 것이라면, 사실의 존재 자체가 부인되었다. "정부는 오류를 범할 수 있으나, 조국은 늘 옳다"라는 사고가 프랑스 국민의 의식 속에 깊이 뿌리내리고 있는 것이다. 이러한 사고는 정부 당국의 검열뿐만 아니라 프랑스 국민 스스로의 자기 검열이라는 든든한 후원자를 갖고 있으며, 이는 오늘날에도 마찬가지다. 식민지에서 저질러진 폐해를 '고발하는' 텔레비전 프로그램이나 영화가 시청률이나

---

8) Tocqueville, *De la colonie en Algérie*, 1847, Bruxelles, 재판. Complexe, 1988.
9) 식민주의의 이미지에 관해서는 다음을 보시오. *Images et Colonies*, N. Bancel, P. Blanchard, L. Gervereau(dir.), Nanterre, BDIC, 1993.
10) Ch.-R. Ageron, *Politiques coloniales au Maghreb*, Paris, PUF, 1973, p. 229.

흥행 순위 100위 안에 든 적이 그 동안 단 한 번도 없었다는 사실이 이를 입증한다.11)

대서양 너머 미국에서는 일찍이 인디언 말살이라는 역사적 사실에 대한 인식 전환 조짐이 있었다. 웨스턴 무비 계열에 속하는 델머 데이브즈 감독의 '부러진 화살'(1950년)은 인디언 옹호 및 반인종주의 영화로, 이 작품이 제작된 것은 베트남 전쟁에서 미 공군이 참혹한 인명살상 행위를 자행하기 이전이었다. 그러나 현실적으로는 이러한 각성의 움직임이 인디언 '보호구역'에 대한 미국 정부의 정책을 변화시키지 못했다. 오스트레일리아의 경우, 원주민 아보리진과 몇몇 법률가의 노력으로 최근 인식의 변화가 나타나고 있으나, 국민 대다수의 비협조적인 태도 때문에 실제적인 변화로 이어지지 못하고 있다.

이러한 현실을 제대로 이해하기 위해서는 본국이나 식민지에서 활동한 역사의 주역들이 한 역할과 전통적인 시대 구분, 이런 것들을 재점검해 볼 필요가 있다.

2000년을 전후로, 고문 피해 당사자인 알제리인의 증언에 뒤이어 마쉬, 오사레스 같은 프랑스군 장성도 과거 사실을 인정했는데, 이들은 사실을 인정하면서도 반테러 전투 과정에서 저질러진 일이라고 해명했다.12) 이런 사실들은 예전부터 잘 알려져 있었다. 마치 오늘날 체첸에서 자행된 만행을 규탄하는 목소리들이 존재하듯이, 알제리 전쟁 도중 이미 군 당국이 부인하는 범죄행위를 규탄하는 목소리가 곳곳에서 터져 나왔다(젊은 역사학자 로베르 보노의 비판이 대표적인 예이다). 그런데 알제리의 경우, 민족주의자에 대한 탄압 행위는 알제리 전쟁이 일어나기 전부터 이미 주로 치안 조직에 의해 자행되고 있었다.13)

알제리인의 테러 행위는 식민 지배자의 폭압에 대한 응답이었다. 식민 지배자

11) Béatrice Fleury-Villate, *La Mémoire télévisuelle de la guerre d'Algérie*, Paris, L'Harmattan, 1992.
12) Général Aussaresses, *Services spéciaux, Algérie 1955-1957*, Paris, Perrin, 2001.
13) Pierre Vidal-Naquet, *La Torture sous la République*, Paris.

가 '테러-고문'이라는 2항식을 내세웠다면, 식민지 주민은 '탄압-테러-고문'이라는 3항식을 주장했다.

네멘차스의 평화[14]

여섯 달 동안 우리는 고문 행위를 눈으로 보고, 듣고, 납득하고, 심지어 참여하는 지경에 이르렀다. 북아프리카에서 목격한 충격적인 장면 때문에 프랑스로 돌아간 뒤에 밤마다 악몽에 시달리지 않을 수 없었다.

셰리아에 주둔한 프랑스 기동헌병대[GMPR, 곧 Groupe Mobile de Protection rurale. 농촌지역 방어를 위한 기동헌병대. 1956년 이 지역을 거점으로 독립운동을 벌이는 알제리 반군에 대한 토벌작전을 지휘했다] 진지에서 한 용의자가 결박당한 채, 7월의 한낮 땡볕 아래 자욱한 먼지 속에 쓰러져 있었다. 그의 발가벗겨진 몸에는 온통 과일 잼이 묻어 있었다. 윙윙거리는 파리 떼가 초록빛과 황금빛을 아롱거리며 그 인간 제물을 향해 탐욕스럽게 달려들었다. 넋이 나간 듯한 그의 눈동자가 고통을 호소하고 있었다. 유럽인 하사관이 짜증스럽다는 듯이 소리쳤다. "한 시간 내로 자백하지 않으면, 이번에는 벌떼를 풀어놓을 거야!"

구엔티스에서는 네 명의 헌병이 우리와 함께 주둔했다. 이들은 오래된 마을의 한 오두막집에 머무르며 산악지대에서 붙잡아온 용의자들을 취조했다. 우리가 도착한 얼마 후에 헌병 한 사람이 부대의 전기 담당 병사에게 찾아가 전화선을 두 개만 달라고 부탁했다. 전기 담당 병사가 직접 수리해주겠다고 했지만, 헌병은 그럴 필요 없다고 잘라 말했다. 호기심이 생긴

---

14) Robert Bonnaud, *Esprit*, 1957년 4월호, Paris, pp. 581-583. (NDLR).
　　[네멘차스는 튀니지에 인접한 알제리의 고지대이다. 이 글을 쓴 로베르 보노는 파리 7대학 교수로 반식민주의 역사학자이다. 그는 알제리 파병에 반대하던 젊은 역사학자로서, 1957년 알제리에서 직접 목격한 것을 글로 써서 잡지에 발표했다. 이 사건으로 1961년에 체포되어, 알제리 독립이 선언된 직후인 1962년 6월까지 수감되었다.]

전기공은 헌병을 따라갔다가 고문 장면을 목격하고는 겁에 질려 밖으로 뛰쳐나갔다. 고문 장면은 이러했다. 헌병은 용의자를 탁자에 결박한 쇠사슬 사이사이에 물에 젖은 헝겊 조각을 쑤셔 놓고는 그곳에 전극을 꽂았다. 그런 다음, 헌병대 사무실의 전화기 손잡이를 돌리기 시작했다. 그는 손잡이 돌리는 속도를 달리하면서 전류의 강도를 변화시켰다. 전류를 변화시킴으로써 고통을 극대화시키는 효과를 낼 수 있다는 것을 잘 알고 있었던 것이다. 고문자는 용의주도하고 치밀하게 작업에 임했다. 고문 당하는 자는 울부짖고, 결박당한 채 온몸을 비틀었다. 마치 무대 위에서 펄쩍펄쩍 뛰는 어릿광대의 코믹한 몸 동작, 아니면 단말마의 고통을 겪는 임종환자의 절망적인 발작을 보는 듯했다. "어서 말해, 이 자식아! 빨리 불란 말야!"

전극은 관자놀이, 혀 밑, 성기 등 인체의 모든 민감한 부위에 부착되었다. 전화기의 직류발전기 대신에 건전지나 일반 발전기가 사용되기도 했다. 이런 고문 방식은 흔적을 거의 남기지 않을 뿐더러, 아무런 도덕적 선입견 없이 고문 장면을 지켜보는 자들에게 맛보기 어려운 성적 쾌감을 전해줬다.

프랑스는 그 '도덕적 선입견'을 아직도 간직하고 있을까? 그 당시 구엔티스의 헌병들은 그것을 갖고 있었을까? 낮잠, 브리지 게임, 에로·탐정물 읽기, 아니스주酒 한 순배, 푸짐한 식사, 허풍 만발한 수다, 이런 소일거리로 하루하루를 보내는 가운데도 틈틈이, 그들은 제대로 먹지도 못하는 마을 농부의 허약한 몸뚱이를 상대로 자신들의 건장한 체격에서 넘쳐나는 에너지를 쏟아부었다.

헌병대가 오전 순찰 중에 초원지대에서 우연히 마주친 알제리인 두 사람을 붙잡아왔던 그 날을 나는 기억한다. 어떤 근거로 그런 판단을 내렸는지 모르겠지만, 중대장은 그들을 용의자로 지목했다. 이번에는 '전기'를 설치하느라 수고할 필요도 없이 헌병들은 즉시 고문에 착수했다. 커다란 군인용 반지로 중무장한 털북숭이 주먹, 근육질의 팔뚝, 투박한 파토가스 [상표 이름] 장화를 신은 발로 두 용의자의 하복부, 간장, 위장, 얼굴을 집중 강타했다. 피가 흘러내려 오두막의 바닥이 흥건해지자, 가련한 두 알제리인은 무릎을 꿇은 채, 고향 땅의 흙과 자신들의 피가 뒤섞여 끈적끈 적해진 바닥을 혀로 핥아야 했다. 그런 자세로 얼굴 한복판에 세찬 발길질 을 당함으로써 마침내 고문이 끝났다. 고문자들도 땀에 흠뻑 젖어 있었다. 아니, 고문은 끝난 게 아니었다. 또 다시 한 시간 동안 커다란 돌덩이를 옮기는 일을 시켰는데, 마지막 남은 기운마저 다 써 없애고 출혈을 악화시 키는 것 외에 다른 목적이 있을 리 없었다. 알제리인들은 그 날 저녁에 풀려났다.

어처구니없는 사건, 아니면 아무런 이유 없는 가학 취미였을까? 그렇진 않다. 이 나라에서는 용의자건 아니건 주민 대다수가 실제적으로 독립투 사를 돕고 있다. 침묵을 지켜주는 것 말고는 도울 일이 없다고 하더라도 말이다. 무분별한 고문이나 가혹행위로 주민의 반감을 사지나 않을까 우 려할 필요도 거의 없다. 알제리 백성이 우리의 거짓 자유주의나 거짓 약속 을 믿지 않은 지 벌써 오래되었기 때문이다.

어느 정도 경험 있는 식민지 치안담당자라면 누구나 그렇듯이 구엔티스 의 헌병들은 '순진한 알제리인은 하나도 없다'는 의견에 다들 공감한다. 패륜적 폭력행위는 이처럼 단순하기 짝이 없는 발상에서, 또는 분노나 무력감에서 비롯되었다.

우리가 바라는 게 무엇인지 정확히 알아야 한다. 프랑스의 식민통치가 유지되려면, 고문행위는 점점 더 끔찍해질 것이고, 수탈과 착취는 점점 더 광범해질 것이고, 학살행위는 더욱 더 무분별하게 이루어질 것이다. 실제로 과거에도 그랬고, 오늘날에도 그러하고, 앞으로도 그럴 것이다. 인간의 존엄성, 민족 해방, 국가의 독립, 이러한 욕구와 무관한 알제리인은 단 한 사람도 없다. 그러므로 억울하게 붙잡혀 억울하게 고문당한 자도 없다. 방금 전에 언급한 구엔티스의 두 알제리인은 시종일관 묵묵부답이었고, 비틀거리는 걸음걸이, 피범벅이 된 얼굴, 우스꽝스러운 옷차림(그 가운데 한 사람은 강렬한 붉은 색상의 벙벙한 사루엘 바지를 입고 있어서 노란색 먼지 자욱한 초원에서 멀리서도 눈에 띄었다) 탓에 너무도 측은해 보였지만, 산악 지대에 은신하여 활동을 벌이는 독립투사와 연결되어 있을 가능성이 충분했다. 이 일이 일어난 날 밤에 우리 진지를 둘러싼 방책이 총격으로 엉망이 되었던 것이다. 그것은 우리의 행동에 대한 의례적인 보복이었다.

이런 상황에서는 아무리 호의적인 사람도 아무리 순진한 평화유지군이라 해도 보복성의 부도덕과 패륜에 휩쓸리지 않을 재간이 없다. 나는 젊은 장교들이 구타 행위에 입문하는 과정을 직접 목격했다. 처음에는 어색하고 부자연스러웠지만, 그들은 곧 고문 전문가가 되었다. 이미 고문에 맛을 들인 자들이 배속되어 오는 경우도 있었다. 한국전쟁에 중위로 참전했다는 어떤 미치광이가 산악 지대에 배치된 부대를 얼마 동안 지휘한 적이 있었다. 그는 용의자 심문을 도맡아 했다. 정찰 중에 우연히 마주치는 농부, 혐의를 둘 만한 사항이 전혀 없는 평범한 알제리인을 말이다. 일반 병사도 마찬가지였다. 자기들끼리의 경쟁심으로, 아니면 헌병의 부추김으로 알제리인을 구타하는 일이 다반사였다.

셰리아의 기동헌병대에 있는 욕조에 용의자를 처넣은 다음, 물속에 전기를 흘려보낸다는 말을 듣고 놀라워할 사람이 과연 있을까? 손발톱을 뽑고 물고문을 한다는 이야기를 듣고 놀라워할 사람이 있을까? 테베사에서는 경찰서의 취조실 문짝 아랫부분이 온통 수상쩍은 검붉은 색을 띠고 있는데, 페인트칠이 벗겨진 곳에 고문당한 자들의 피가 목재에 스며들어 영원히 지워지지 않을 흔적을 남겼다는 사실을 모르는 이가 한 사람이라도 있을까?

그렇지만 설령 고문 피해자가 반란자에게 도움을 줬다고 해도, 그 반란자가 혹시 프랑스 민간인을 살해하거나 괴롭혔다고 해도 고문행위가 정당화될 수 있을까? 애당초 일을 시작한 자, 알제리에 내전을 불러온 자, 민간인 고문과 학살을 먼저 시작한 자, 이 자들은 과연 누구인가? 식민 침략자, 아니면 현재 식민지에 질서를 유지하겠다고 나서는 자가 아니면 누구란 말인가?

"식민화라는 원죄는 토착민에 의한 어떤 일방적인 공격보다 앞선다"라고 1947년 『레포름Réforme』에서 프랑스의 철학자 폴 리쾨르가 썼다. 1949년에는 인도차이나에서 자행된 고문행위에 관한 장 슈가레의 글이 잡지 『그리스도교의 증언Témoignage chrétien』에 실렸으며, 그로부터 40여 년이 지난 뒤, 장 루아가 『야만의 기억』이라는 자신의 회고록에서 그 사실을 인정했다.

물론 서두에서도 지적했듯이 식민화를 오직 식민주의의 폐해에만 한정시킬 수는 없다. 그렇다고 해서 식민주의의 폐해 이전의 것들(정복 과정에서 자행된 폭력행위 및 '평정 사업')을 이미 지나간 과거로 치부함으로써, 1950년대에 일어난 독립투쟁을 위한 테러행위 및 그에 대한 식민당국의 탄압, 이런 것과 아무런 관계없는 역사의 한 페이지로 간주해서도 안 될 것이다.

그것과 관련해서 한 가지 사실을 덧붙이려 한다. 곧 식민지에 설치된 정부기관과 식민지 주민 외에, 역사의 또 다른 주역인 정착민 및 이들이 본국에 설립한 각종 압력단체를 간과해선 안 된다는 점이다. 공산주의나 나치즘의 역사가 단지 이념, 그 체제의 기능 및 정책의 역사에 머무르는 게 아니라, 체제의 행동, 체제의 성공이나 실패에 대한 국민의 적극적이고 의식적인 (물론 정도의 차이는 있겠지만) 참여의 역사이기도 하다는 점을 잊어선 안 되는 것처럼 말이

다.15)

그밖에도 식민주의 연구에서 전체주의 연구와 연관되는 부분이 있는데, 이념 주창자들의 본래적 의도와 그 결과를 점검하는 부분이 그러하다. 나치즘 및 공산주의에 의한 폐해가 나타나기 전까지, 양측의 프로그램은 서로 완전히 상반된 것이었다. 나치즘의 인종주의 프로그램을 사회주의의 전통적 프로그램과 어찌 '감히' 비교할 수 있겠는가? 그런데 식민화의 프로그램과 식민화에 따른 결과, 이 둘 사이의 관계는 어떨까? 한쪽에서는 부를 축적하고, 선교사업과 문명화 사업을 추진하고, …… 그렇지만 다른 쪽에서는 강제노동에 시달리고, 강제적인 근대화로 인해 토착민 사회가 파괴되고, 식량자급을 위한 전통적 농업경제가 붕괴되고, …… 이런 일들이 벌어졌다.

이런 식의 비교 외에도, 식민화에 대한 최종 결산 과정에서 본래의 의도대로 실현된 것, 절반쯤 실현된 것, 전혀 실현되지 않은 것이 무엇인지 점검해 볼 필요가 있다. 가령 몇 개의 학교, 병원, 댐이 건설되었고, 그로 인해 누가 혜택을 보았는지? …… 이런 것들 말이다. 그런데 식민화의 의도된 결과(그 가운데 부정적인 측면이 어떤 것인지 확인하는 것이 바로 이 책의 목표 가운데 하나이다) 외에도, 의도하지도 기대하지도 않았던 뜻밖의 결과가 나타날 수 있다.16) 이러한 '역효과'에 해당되는 것 가운데 두 가지 예를 들어보자.

그 첫 번째는 알제리에서 프랑스의 교육정책이 빚어낸 뜻밖의 결과이다. 파니 콜로나가 지적한 것처럼, 프랑스식 정교분리 원칙에 따른 교육정책은 알제리의 젊은 엘리트에게 새로운 사고를 주입함으로써 '해방된 자'를 양성했으며, 나중에 이들은 '해방운동가'가 되었다. 그런데 이것은 당연히 식민당국의 교육정책이 목표한 바가 아니었다. 뿐만 아니라 식민지 교육정책은 빈곤층의

---

15) 이것은 오랫동안 전체주의 연구자 사이에서 제기되지 않았던 문제다. 식민화 연구의 경우도 대개 공식적인 자료에 의존하다 보니 식민 정책 연구에 머무르는 경우가 대부분이었다.

16) 마르크 페로, *Histoire des colonialisations. Des conquêtes aux indépendances XIII-XIX* siècle*[식민화의 역사. 13~19세기, 정복에서 독립으로], Paris, Le Seuil, 2001년 재판본.

생활수준 향상에 전혀 기여하지 못했다. 그 당시 프랑스의 공화주의 이념에 따르면 교육의 목표 가운데 하나가 사회적 불평등을 해소하는 것이었지만, 사회적 불평등은 오히려 더욱 심화되었다.[17]

두 번째 사례는 인도에서 의료와 관련된 영국의 식민 정책이 거둔 최종 결산표이다. 영국은 식민지에 거주하는 자국민, 그리고 군인이나 조세징수원 같은 영국인 관리 및 정착민과 가까이 지내는 인도인을 보살피느라 3억이나 되는 토착민에 대한 의료 서비스를 사실상 포기했다. 그러면서 인도의 수요에 부응하기 위해 영국은 인도인 의사 집단을 양성하는 정책을 폈다. 결과는 어떠했을까? 그로부터 50년이 지난 뒤, 인도인 의사가 대거 영국 본토의 병원으로 몰려들었다. '복지국가 정책의 불이익'을 모면하려고 개업의의 길을 택한 영국인 의사를 대신하여, 인도인 의사가 영국 본토의 병원에서 진료를 담당하게 된 것이다.[18]

이 두 가지 사례에서 볼 수 있듯이 정책의 본래적 의도와 그 결과 사이에 엄청난 차이가 존재할 수 있다. 그렇다고 해서 본래의 의도는 완전히 무시하고 결과만을 고려해야 한다는 뜻은 아니다. 지금까지 살펴본 몇 가지 외에도, 식민주의 행태와 전체주의 체제의 행태 사이에는 연관되는 점이 많다(집단 학살, 일부 주민에 대한 재산 몰수, 이들에 대한 인종주의적 태도 및 차별 등). 여기서는 식민주의의 다양성과 유사성, 그리고 탈식민화 이후에도 살아남은 식민주의의 유산은 무엇인지 살펴보려고 한다.

---

17) Fanny Colonna, *Instituteurs algériens, 1833-1939*, Paris, FNSP.

18) Radhika Ramasubban, "Imperial Health in British India," in *Disease, Medicine and Empire. Perspectives on Western Medicine and the Experience of Europa-expansion*, éd. Roy Macleod, Milton Lewis, London, 1988, 336 p.

식민주의의 다양한 변주

소비에트 제국이 사라진 지도 10여 년의 세월이 흘렀다. 그런데 소비에트 제국이 붕괴된 후 몇 달 만에, 옛 아파라치크[공산당 간부]이자 소련 외무장관이던 셰바르드나제가 독립된 그루지야공화국의 초대 대통령으로 선출된 일이 있었다. 또 체첸 반란의 최초 주동자 가운데 러시아인이 섞여 있었으며, 구소련에서 분리 독립한 여러 이슬람 국가의 현재 지도자 가운데 다수가 과거에 아파라치크였다는 사실이 드러났다. 이는 다른 곳에서는 결코 찾아볼 수 없는 현상이다.

만일 지금부터 50년 전에 프랑스 기 몰레 내각의 어느 장관이 벤 벨라[알제리공화국 초대 대통령] 곁에서 독립된 알제리의 통치에 참여한다든지, 헤럴드 맥밀런이 버마 국민에 의해 버마 통치자로 선출된다든지, 네덜란드인 전직 행정관료가 순다 열도의 섬 하나를 통치한다든지, 그리고 일본인이 한국을 통치하도록 초빙되는 일[19]을 상상이나 할 수 있을까?

이러한 역사적 허구에 대한 다소 황당한 가정은 러시아 및 소비에트 식민화의 특수성을 잘 설명해준다. 그렇다고 해서 러시아나 소비에트 식민화가 식민주의라는 낙인에서 제외될 수 있음을 뜻하는 것은 아니지만 말이다.[20] 이 역사적 가정이 드러내는 것은 무엇보다도 식민 지배세력에 대한 한결같은 거부감이다(물론 거부감의 정도가 늘 일정한 것은 아니다). 독립한 지 30년이 지난 뒤에 알제리에서 프랑스인을 전혀 찾아볼 수 없고, 인도에서는 영국인을 찾아보기 어려워지리라는 것을 누가 짐작이나 할 수 있었을까?

예외적으로 오직 사하라 이남의 블랙아프리카 지역에서 포르투갈인이나

---

19) 이 책에 실린 장-프랑수아 수이리의 글, "일본의 식민화"를 보시오.
20) 이 책에 실린 클레르 무라디앙의 "카프카스 지역의 러시아인"을 보시오.

프랑스인을 받아들였다. 블랙아프리카에서는 독립(옛 '본국'의 도움으로 독립을
이룬 경우도 있다) 후에도 옛 식민통치국이 설정해 놓은 국경선이 그대로 남아
있었다. 또한 신생독립국가들은 신식민주의라는 경제적 형태의 새로운 식민주
의의 피해자가 되거나, 혹은 '탈식민화'의 '역효과'에서 비롯된(물론 다른 원인에
서 비롯된 내전이 없는 것은 아니지만) 내전의 희생물이 되었다(비아프라, 차드,
르완다, 모리타니, 코트디부아르 등). 뿐만 아니라 아프리카의 신생독립국들은
'이주정착민 없는 식민주의'라 부를 수 있는 다국적 제국주의와 대결해야
하는 상황에 직면했다.21)

스페인령 아메리카에서는 토착민이 아닌 스페인 출신 정착민이 독립 운동을
이끌었는데, 볼리바르와 이투르비데 같은 인물들이었다. 그런데 독립 운동이
일어난 지 2백년 가까이 흐른 19세기 끝 무렵에, 이 지역 신생독립국가들은
지배 권력의 이동을 겪는 최초의 실험장이 되었다. 오래 전에 이미 경제적
패권을 상실한 스페인의 뒤를 이어 처음에는 영국이, 다음으로는 미국이 경제적
패권을 차지하게 된 것이다.22)

이렇게 하여 남아메리카의 신생독립국가들은 깃발도 점령군도 없는 신식민
주의의 전조를 경험한 최초의 국가가 되었다.23) 이러한 상황 변화 속에서
인디언 원주민은 변화의 혜택을 거의 누리지 못했다. 이런 상황에서 '사파티스
타' 농민해방운동, 갖가지 혁명운동(쿠바, 중앙아메리카 등), 오늘날의 페루를
'식민사회'로 규정하는 마오쩌둥주의 단체인 센데로 루미노소(빛나는 길) 같은
움직임이 출현했다.

---

21) Jean-Paul Chrétien, *L'Afrique des Grands Lacs*, Aubier, Paris, 2000 ; Mariella Villasante-de
Beauvais(dir.), *Groupes serviles au Sahara. Étude comparative à partir du cas des arabophones de Mauritanes
de Mauritanie*, Paris, CNRS Éditions, 2000.

22) 아이티에서도 프랑스의 식민통치 이후, 동일한 권력 이동 양상이 나타났다. 레슬리 마니가의
글을 참고하시오.

23) Stanley, Basbara Stein, *L'Héritage colonial de l'Amérique latine. Analyse d'une dépendance économique*(영어
제목 *The Colonial Heritage of Latin America*, 1970), Paris, Maspero, 1974.

식민화의 여러 형태, 그것이 지향하는 목표, 식민통치 방식, 각국의 다양한 특성, 이것들이 바로 다양성을 구성하는 요소이다. 그러나 세계화가 증대되고 가속화됨에 따라 '연대 투쟁'이라는 새로운 움직임이 출현했다. 이것을 처음 시도한 것은 식민지 인민의 인터내셔널Internationale des peuples colonisés이었다. 1920년대 초에 열린 바쿠회의에서 술탄 갈리에프가 주창한 바 있고, 다음에는 1966년 쿠바 아바나에서 개최된 삼대륙 연대회의 참가자가 이를 이어받았다. 오늘날에는 새로운 전망을 갖고 투쟁을 벌이는, 정체가 불분명한 극단적 이슬람주의 단체들이 이를 계승하고 있다. 예전에는 서구의 투쟁세력과 연대하기도 하면서 신식민주의, 인종주의, 거대금융자본의 패권에 대항해 투쟁했다면, 오늘날에는 극단주의적인 분파만이 살아남아서 미국과 그의 동맹세력에 맞서는 동시에, 이슬람 연대를 저해하는 일부 이슬람 친미 국가를 상대로 투쟁을 벌이고 있다.

전통적으로 식민화라는 용어는 멀고 낯선 영토를 점유하고 나서 정착민의 이주로 이어지는 과정을 뜻했다. 식민 열강 대부분이 해외 영토에서 정착민 이주사업을 벌였는데, 이는 인접지역으로 영토 확장을 추진했던 몇몇 사례와 차별화된다. 리프 산지(모로코의 산악지대)에서의 스페인, 에조-홋카이도 지역에서의 일본, 시베리아 지역에서의 러시아, 이 경우는 영토의 연속성이 유지되었다. 러시아의 경우, 물론 중앙아시아에서 투르키스탄 사막지역이 나머지 지역을 러시아 영토로부터 격리하는 바다 역할을 하고 있지만 말이다. '시베리아 소수민족'[24)]이 존재하던 동쪽으로의 영토 확장은 큰 어려움 없이 이루어진 반면, 타타르·투르크·카프카스 국가들의 정복은 결코 수월하지 않았는데, 이 지역에 거주하는 다양한 민족이 민족적·종교적으로 러시아와 완전히 다른 방대한 공동체를 이루고 있었기 때문이다. 그렇다고 해도 러시아에서 영토

---

24) 여기서 사용된 '소수민족'이라는 표현은 크라스노야르스크 회의(러시아, 1991년 개최)에서 '소민족,' '대민족'이라는 전통적인 표현 대신 채택된 용어이다.

확장과 식민화는 거의 동의어처럼 쓰였다. 하지만 서유럽 국가들의 경우, 두 가지를 철저하게 구분했다.

식민화라는 문제에서 또 한 가지 지적할 수 있는 것은 이주민의 정착 기간이 얼마나 오래되었는지에 따라 정당성 여부가 결정된다는 점이다. 마르티니크 주민 가운데는 프랑스 본토의 알자스 - 로렌 지역이나 사부아(사보이) 지방 주민보다 '더욱 정통성 있는 프랑스 국민'으로 자처하는 백인과 흑인이 있다. 그들보다 먼저, 1638년부터 프랑스 국왕의 백성이 되었기 때문이다. 1547년에 유언장을 작성하면서, 임종은 스페인에서 맞게 되었지만 나중에 자신의 유해를 자신이 세운 도시 코코아(멕시코)로 운반하여 그곳에 안치해달라고 당부했다는 에르난 코르테스야말로 아메리카 땅을 진정한 고국이라 여긴 최초의 정복자였다. 그로부터 훨씬 후에 알제리에서는 프랑스 출신 정착민이 그 땅에 발을 디딘 지 얼마나 오래되었는가에 따라(1871년, 1850년, 1834년 등) 알제리 영주권의 자격을 평가했다. 체첸에 거주하는 러시아인은 크리미아 칸국의 침략에 대항하기 위해 16세기에 그 지역 토착민의 요청으로 그 땅에 들어오게 되었다는 점과, 표트르 대제 시대에 이루어진 체첸 합병이 1774년에 주변 강국들의 공식적인 승인을 받았다는 점을 내세웠다(그러나 체첸인은 그 회담에 참석한 바 없으며, 합병을 인정한 적이 한번도 없었다). 그런데 내전 당시 보여준 체첸인의 협조적인 태도에 '보답하는' 뜻으로, 1917년 이후 볼셰비키는 체첸인을 러시아 소비에트 사회주의연방에 편입시킨다(다른 중앙아시아 국가들처럼 소비에트 공화국으로 만들지 않고). 알제리를 프랑스 국가에 속한 행정 구역, 곧 '데파르트 망'이라 명명함으로써 프랑스령 알제리라는 신화를 탄생시켰던 것과 마찬가지로, 그러한 역사적 사실은 오늘날 체첸 분쟁의 해결을 더욱 어렵게 만드는 요인이 되고 있다.

오늘날에도 '특정 지역을 얼마나 오랫동안 점유했는가' 하는 문제는 팔레스타인이나 스리랑카에서 주요 쟁점이 되고 있다(팔레스타인 지역의 유대인, 스리랑카에서 타밀족). 코소보 지역에 거주하는 세르비아인과 알바니아인의 경우도 마찬가지다. 이것은 협상으로 해결할 수 있는 문제가 아니다.

주민이 얼마나 오랫동안 해당 지역을 점유했는지가 정당성 여부를 결정하는 근거가 된다는 사고는 역사의 단선성 및 불가역성을 전제로 한다. 그렇지만 이것은 국가나 민족, 또는 공동체가 영원히 사라질 수도 있고(하자르인의 경우처럼), 새로이 출현하거나 재출현할 수도 있다는(방글라데시, 팔레스타인, 파나마, 이스라엘 등) 점을 간과하는 것이다.

역사는 사전에 '프로그래밍'되는 게 아니다.

첫째로 팽창이나 식민화, 그리고 마찬가지로 독립 요구 등에 대한 한 사회의 반응을 이해하는 데 열쇠가 되는 것은 이에 대한 각국 사회의 통념임을 인식해야 한다. 가령 러시아인은 식민화를 '러시아 역사의 본질 그 자체'(역사가 클류체프스키Kliuchevskii)라 여기는 유일한 민족이었다. 스페인 사람은 해외 팽창을 자신들의 힘과 위세를 외부에 표명하는 행위로 여겼으며, 따라서 팽창의 종결은 쇠퇴의 시작을 뜻한다고 생각했다. 포르투갈인도 해외 팽창을 자신들의 대담성과 용기를 나타내는 징표라 여겼으며, "지구가 이보다 훨씬 더 넓다 해도 우리는 주저 없이 세계 일주에 나섰을 것이다"라고 호언장담했다. 그후에도 포르투갈인은 해외로의 팽창을 포르투갈인 고유의 특성을 나타내는 표시라고 생각했다. 영국은 처음에는 해양의 지배, 다음으로는 영토 장악보다 영국 백성을 세계 각지에 퍼뜨림으로써 국가 정체성을 확립해나갔다. 이런 점에서 초기의 영연방은 인도나 이집트와 차별화된다. 프랑스의 경우, 제국주의 시대에 공화국의 정의가 가장 중요한 이슈로 떠올랐고, 그에 따라 공화국에 소속된 행정구역으로서의 '데파르트망'은 제국의 나머지 영토와 차별화되었다. 여기에는 프랑스 국민의 신념이 내재되어 있었는데, 그것은 인간은 누구나 공화국의 시민, 이왕이면 프랑스 공화국 시민이 되고 싶어 하며, 따라서 프랑스 공화국 시민이라는 지위는 쉽게 획득할 수 있는 게 아니라는 사고였다.

이러한 요소는 현실적으로도 파급효과를 남겼다. 영국이 아무렇지도 않게 인도를 포기한 반면, 영국 국왕 폐하의 백성을 수호하기 위해 전쟁(포클랜드 전쟁)까지 불사한 것도 그런 점 때문이었다. 마찬가지로, 오래 전부터 러시아 영토로 간주되어온 쿠릴열도는 일본과의 협상 대상이 될 수 없지만, '러시아 연방에 속한' 체첸공화국을 제외하고 나머지 중앙아시아의 공화국들은 별다른 어려움 없이 독립을 쟁취할 수 있었다.

두 번째로 지적할 수 있는 것은 팽창의 조건이 시대에 따라, 그리고 국가마다, 팽창사업의 주체에 따라 달랐다는 점이다.

스페인과 포르투갈의 경우, 팽창의 근본 동기가 황금(부의 축적)이었는지, 아니면 선교 사업이었는지 의문을 가져볼 만하다. 황금 또는 향신료를 얻기 위해, 오스만제국을 거치지 않고 곧장 향신료 생산지로 접근할 수 있는 항로를 개척하기 위함이었을까? 아니면 크리스토퍼 콜럼버스뿐만 아니라 포르투갈의 정복자 알부케르케(1453~1515)도 분명히 갖고 있었던 예루살렘 정복에 대한 강박관념 때문이었을까? 황금이 선교 사업에 도움을 줄 수 있고, 또한 인도나 에티오피아에서 오스만제국을 배후 공격함으로써 결과적으로 황금 획득에 도움이 될 수도 있을 것이었다. 선교 사업은 그후로도 줄곧 스페인 사람에게 정복사업의 주요 동기였다(아메리카, 필리핀 등). 그 외에도 당시 몰락하고 있던 귀족 계층이 해외 팽창에서 부흥을 위한 방편을 찾으려했다는 점도 팽창의 동기였다. 프랑스의 귀족층이 이탈리아로 원정을 떠나 그 지역의 부를 찬탈했던 것처럼 말이다.

제노바, 베네치아 같은 이탈리아 도시의 경우(흑해 연안의 카파 및 마그레브 지역에서 벌인 팽창과 식민지 개척은 앞으로 포르투갈인에 의한 팽창 움직임을 예고하는 것이었다), 그 목표는 교역활동을 확대하는 것이었는데, 이는 먼 훗날 네덜란드인의 경우와 동일한 것이었다. 반면에 프랑스인은 어업이나 낯선 고장에 대한 탐사 욕구로 카리브해 지역과 캐나다로 진출했다. 그러나 얼마 지나지 않아 프랑스 국왕이 스페인 세력을 약화시키려는 목적으로, 또한 신교도 정착민의 신대륙 점유의 움직임을 저지하려는 목적으로 해외 팽창에 적극 개입한다.

제정러시아 황제들은 러시아인의 시베리아 진출을 적극 장려했는데, 그 목적은 납세자 수를 늘려 세수를 증대시키기 위함이었다. 그런데 영국의 경우, 16세기 험프리 길버트 시대부터 19~20세기 제국주의 시대까지 긴 세월 동안 놀랍게도 영국 정치 지도자들의 의도나 계획이 연속성을 유지했다는 점에서 무척 흥미롭다. 험프리 길버트는 교역활동을 위한 해양기지 확보 및 가난한 신교도 정착민을 위한 영토 확보를 팽창의 두 가지 목표라고 규정했다. 이 두 가지 동기는 훗날 제정러시아에 의해 추진된 팽창정책에서도 나타난 바 있는데, 시베리아 지역으로의 강제 이주사업과 '태평양의 황제'를 꿈꿨던 러시아 황제의 야심이 그것이다.

따라서, 러시아의 시베리아로의 팽창을 19세기 북아메리카로의 이주사업과 비교하는 경우가 빈번한데, 사실 이 둘 사이에는 아무런 연관성이 없다. 북아메리카에서 이루어진 정착민 이주는 개인적이고 다국적이고 자발적인 것이었다.25)

이른바 '제국주의' 시대는 그 이전 몇 세기 동안 지속되던 식민 팽창의

---

25) Marc Ferro, *Histoire des colonisations*, op. cit. ; F. X. Coquin, *La Sibérie, peuplement et émigrations au XIXᵉ siècle*, Paris, Mouton, 1969.

시대와 어떻게 다를까?

앞으로 살펴보겠지만, 폭력성이나 잔혹성의 차이는 거의 없다. 그 차이점은 다음과 같다. 곧 제국주의 시대에는 팽창의 주체들(식민주의를 표방하는 정당, 금융업자, 군인, 해양 관련 사업가 등)이 여론을 적극 동원했으나, 그 이전까지 언론은 아직 발아 상태에 머물러 있었으며, 정부의 정책도 그때그때 임기응변식으로 추진되었을 뿐이었다(적어도 프랑스의 경우는 그러했다). 가령 18세기까지만해도 프랑스와 영국의 경쟁관계는 그때그때 정황에 따른, 우발적인 성격이짙었으나, 제국주의 시대에 이르러 하나의 신화로 고착화되었다.

팽창의 주창자들은 해외 팽창이야말로 정치의 궁극 목표라는 사고를 통념화시켰다(이 사고는 특히 경제의 여러 분야에서 아직도 살아남아 있다). 가장 먼저영국인이 제국주의의 효용성을 서구 문명의 승리, 곧 '우월한 백성'이 이뤄낸성과물인 문명의 승리와 연관지었다. 과학이 발전하고 진화론이 부상함으로써'가장 우수한 자들'이 진보의 혜택을 전세계에 확산시켜야 한다는 사명을부여받았다는 사고가 일반화되던 그 시대에, 영국인은 자신들이야말로 그런사명을 완수하기 위해 이 세상에 태어난 백성이라고 생각했다. 1895년에 조셉체임벌린이 "나는 우리 국민을 믿는다"고 말한 것도 그런 맥락에서였다. 영국인은 자신이 이루어낸 진보와 그 동안 쌓인 노하우를 갖고, 세계를 문명화해야할 책임 곧 '백인의 짐'을 떠맡았다고 믿었다. 마찬가지로, 계몽주의 사상으로무장하고 1789년 대혁명을 경험하면서 새롭게 태어난 프랑스인도 해방자의사명을 지닌 자로 자처했다. 자신들이 노예무역을 폐지하고, 노예제까지 종식시켰다는 것이다(노예제는 대혁명 때 폐지되었다가 나폴레옹 보나파르트에 의해 복원되었으며, 1848년 빅토르 쉘셰르에 의해 다시 폐지되었다). 게다가 프랑스인은(공화주의자 여부에 상관없이) 토착민을 어린애 취급하면서 교육으로써 그들을 문명화시킬 수 있다고 믿었다. 따라서 프랑스인에게 저항하는 것은 야만성의 징표일

뿐이라는 것이었다.[26]

그러나 이러한 문명의 개념은 가치중립적인 게 아니었다. 서구식 법률이란 바로 문명의 기반이 되는 요소를 법규화한 것에 지나지 않았기 때문이다(소유권의 원칙이나 형태, 상속법, 관세법, 항해권 등). 이리하여 서구인이 주장하는 문명이나 가치체계는 매우 구체적이고 현실적인 경제 기능을 갖게 되었다.[27] 따라서 이러한 법규에 부합하지 못하는 자들은 범죄자로 규정되어 처벌받을 수밖에 없었다. 인도에서 영국인이 몇몇 부족을 '범죄부족'으로 규정했던 것처럼 말이다.[28]

제국주의 시대에 팽창은 새로운 경제적 동기를 포함하고 있었는데, 프랑스의 공화주의자 쥘 페리가 그것을 명확하게 정의했다. 그것은 토착민의 노동력을(강제 노역) 이용하여 원자재를 값싸게 확보하고(특히 블랙아프리카 지역), 공산품 및 설비 수출을 위한 시장을 개척하는 것이었다(특히 아시아 지역).

독일·미국·러시아 등 신흥공업국이 영국·프랑스·벨기에의 패권을 위협하기 시작한 경제적 세계화의 초기 단계에서, 영토 및 그 거주민을 선점하는 것은 해당 지역의 경제적 기득권을 영속화하기 위한 일종의 투자였다. 이러한 '한정된 공간 안에서의 패권 다툼'은 수단에서 프랑스와 영국의 충돌(1901년, 파쇼다), 모로코에서는 프랑스와 독일의 충돌(1911년, 아가디르), 또한 인도 국경 지역에서는 영국과 러시아의 충돌(아프가니스탄, 티베트), 러시아와 일본의 충돌 (1905년, 만주) 등 숱한 분쟁을 야기했다. 블랙아프리카 지역에서는 아프리카 분할 당시 포르투갈 및 벨기에의 속령들은 나머지 서구 열강이 노리는 먹잇감이 되었다. 소아시아 지역에서는 독일이 오스만제국을 상대로 '군사적 정복이 수반되지 않은 제국주의'라는 새로운 정책에 착수했다.

---

26) Marc Ferro, *Histoire des colonisations*, op. cit.
27) W. Gong Gerrit, *The Standard of Civilization in International Society*, London, 1984.
28) 이 책에 실린 마리 푸르카드의 글, "인도의 영국인……"을 보시오.

20세기 초에 미국의 경제학자 슘페터가 "특정한 목적이 없는 무제한적이고 강압적인 팽창 의지를 표명하는 국가가 지구상에 존재하는 한, 제국주의는 사라지지 않을 것"이라고 말했는데, 이는 매우 적절한 지적이었다. 그의 주장은 다음과 같은 모순적 사실을 이해하는 데 도움을 준다. 곧 식민주의적 팽창이 노예무역이나, 미국의 건국으로 영국인이 느껴야 했던 모멸감을 상기시킬 경우, 영국 여론은 해외 팽창에 적대감을 표했지만, 제국주의가 국익이나 영국인의 자부심에 부합되는 경우, 또는 국내 정치에 대한 실망감을 잠시 잊게 할 경우에는, 제국주의에 호의적인 태도를 보였다. 이런 관점에서 볼 때, '반식민주의자'에서 제국주의자로 탈바꿈한 디즈레일리의 태도 변화는 매우 상징적이다. 19세기 말 영국에서는 "거리에서 구걸하는 거지조차 반항하는 우리 백성이라는 말을 자주 입에 올렸다."[29]

제국주의 시대 이전, 곧 중상주의 원리가 지배하던 시대에는 무역 독점권 확보를 위해 해외 사업에 국가 권력이 적극 개입했다. 해외 식민지의 정착민에게는 '쇠못 한 개조차' 만들지 못하게 함으로써 북아메리카(그 뒤로는 남아메리카에서도) 정착민에게 폭동을 일으킬 구실을 제공했으며, 식민지 주민을 파산으로 몰고 갔다(인도의 직물 제조업 분야가 대표적인 사례이다). 그런데 제국주의 시대에도 그런 행태가 지속되었으며, 게다가 '산업혁명'이 확대됨에 따라 그런 행태가 이전보다 더욱 확대될 수밖에 없었다. 부하린의 사고를 이어받아 레닌이 제국주의를 자본주의의 최종 단계로 규정했던 것도 이러한 맥락에서였다.

대금융가 집단이 주로 제국주의 정책을 선도하는 역할을 했는데, 이들은 시장이나 영토 확보보다도 채무국(이집트, 튀니지, 베네수엘라 등) 지도자에게 채무 상환을 독촉하려는 목적으로 군사적 개입을 부추겼다. 이 국가들의 독립 후에도 금융업자들은 그러한 독점적 지배권을 유지했으며, 오늘날에는 신식민

---

29) Joseph Schumpeter, "Zur Soziologie der Imperialism," 1941, trad. in *Impérialisme et classes sociales*, Jean-Claude Passeron, Paris, Minuit, 1972.

주의 시대 초기보다 지배권이 더욱 강화되고 있는 추세이다.30)

이처럼 제국주의는 탈식민화라는 상황 속에서도 놀라운 적응력을 보여주었으며, 영토를 점유 또는 지배하지 않고서도 영속화할 수 있었다. 고전적인 식민주의 팽창과 달리, 제국주의 성격의 팽창은 활동 수단을 스스로 만들어냈다. 곧 식민지의 사회 구조를 손상시키는 것으로 만족하지 않고, 식민지 국가의 산업 활동을 파괴하고, 수출용 농작물 재배를 위해 전통적인 식량작물 재배 기반을 무너뜨림으로써 식민지 사회구조를 와해시켰다. 제국주의 시대 이전에는 오직 아메리카 인디언 사회만이 그런 규모의 파괴를 경험했다. 그러나 제국주의 시대에는 인도 및 블랙아프리카 지역의 내륙 오지에 이르기까지 사회 전반에 파괴의 물결이 밀어닥쳤다. 독립 후에도 특히 블랙아프리카 지역은 원자재 가격이 폭락함으로써 치명적인 타격을 입었다. 수출용 작물 재배를 위해 식량작물 재배를 포기했던 대가를 톡톡히 치렀던 것이다. 이 점에 대해서도 앞으로 다시 언급하겠다.

이 책 『식민주의 흑서』는 당연히 16세기에, 곧 카리브해 지역과 북아메리카에서의 원주민 말살(뒤이어 오스트레일리아에서도 벌어진다), 인종말살genocide이라 보아도 좋을 비극적인 사건들이 벌어졌던 16세기부터 출발할 것이다. 블랙아프리카 지역은 서구 세력에 의한 영토 정복에 뒤이어 벌어진 집단 학살의 희생물이 되었을 뿐만 아니라, 대서양 너머 아메리카 대륙으로 강제 이송될 노예 확보를 위한 노예 매매 및 노예사냥의 희생물이 되었다. 흑인 노예는 말로 표현 못할 악조건 속에서 아메리카로 운반되어, 말살정책으로 죽거나 안데스 산맥 너머31)

---

30) P. J. Cain, A. G. Hopkins, *British Imperialism*, London, 1993 ; Jacques Tobbie, *La France impériale*, Megrelis, 1982.

31) 이 책에 실린 다음 글을 보시오 이브 베노, "카리브해 지역의 인디언 말살" ; 알래스테어 데이빗슨, "저주받은 인종 : 오스트레일리아의 식민화와 아보리진" ; 파프 엔디에, "북아메리카 인디언 말살" ; 엘리키아 엠보콜로, "중앙아프리카 : 학살의 시대."

아마존 밀림지대로 탈주한 인디언 노동력을 대신했다. 앙골라 및 기니만 해안지역은 흑인 노예의 주요 공급지였으며, 처음에는 포르투갈인, 다음으로는 스페인인, 네덜란드인, 영국인, 프랑스인이 흑인 노예를 아메리카 땅으로 운반했다. 흑인 노예의 대규모 강제 이송은 1640년부터 18세기 말까지 지속되었으며, 이 시기에 아메리카로 운송된 흑인 노예의 수는 대략 1,000만에서 1,500만 명을 헤아렸다. 그런데, 앞으로 살펴보겠지만 그와 다른 형태의 흑인 노예무역이 존재했다. 포르투갈인의 도래 이전에 이미 아랍 세계에 흑인 노예를 공급하는 노예무역이 행해지고 있었으며, 이는 대서양횡단 노예무역이 폐지된 뒤에도 살아남아 19세기가 끝날 때까지 지속되었다. 흑인 노예를 교역용 물품으로 취급한 아프리카 족장이 노예 상인에게 흑인 노예를 공급하거나, 또는 수단을 비롯한 동부 아프리카의 변경지대 및 인도양 연안에서 전쟁 포로가 된 흑인이나 노예사냥의 희생물이 된 흑인이 거래 물품이 되었다. 16~19세기에 이루어진 대서양횡단 노예무역의 경우도 동일한 경로로 흑인 노예를 조달했으나, 규모 및 비인간성이나 잔혹함에 있어 비교조차 할 수 없을 정도였으며 인류 역사상 유례를 찾아볼 수 없는 것이었다.[32] 흑인 노예무역은 해당 지역의 인구를 격감시킴으로써 아프리카 대륙에 돌이킬 수 없는 황폐화를 야기했다.[33]

식민시대에 나타난 현상 가운데 하나인 '강제 이주'라는 문제를 다른 관점으로 살펴볼 필요가 있다. 곧 유럽인에게 식민화 사업은 '사회에 불필요한 자들'을 사회로부터 격리, 퇴출시키는 수단이기도 했다. 이번에도 포르투갈인이 범죄자나 유대인 집단을 무인도였던 상투메 섬으로 강제 이주시킴으로써 가장 먼저 시범을 보였다. 프랑스에서는 국왕 프랑수아 1세가 "노동으로 속죄의 길을 찾을 수 있기를 희망한다"고 말하면서 스무 명쯤 되는 기결수를 캐나다로

---

32) John Thornton, *Africa and Africans in the Making of the Atlantic World, 1400-1680*, Cambridge University Press, Cambridge, 1992.
33) 이 책 하권에 실린 카트린 코크리-비드로비치의 "식민시대 아프리카의 인구추이"를 보시오.

강제 이주시켰다. 그후 앙리 2세는 당시 프랑스 국왕의 관할 아래 있던 코르시카 섬으로 범죄자를 이송시키면서 "그 섬을 탈출하는 자는 교수형에 처한다"는 조건을 달기도 했다. 그러나 프랑스의 유형지 가운데 가장 참혹한 경우는 프랑스령 기아나였다. 단기간이었지만 흑인 농부로 이루어진 그리스도교 공동 체로서 '지상 낙원'이라는 명성을 얻었던 기아나는 결국 '지옥'34)이 되고 만다. 기아나는 남태평양의 마르키즈제도 및 뉴칼레도니아와 함께 프랑스의 유형지 가 되었으며, 알제리는 강제 유배지가 되었다. 기아나에서 유형수의 수는 제2제정 시대에 엄청나게 증가하여 나중에는 12,778명에 육박했는데, 그 가운데 는 정치범 329명도 포함되어 있었다(미쉘 피에르). 프랑스 제3공화정은 그보다 더욱 강압적이었다. 제3공화정 초기였던 1881년 한 해 동안에만 81,341명의 누범자가 그 당시 중형으로 간주되던 해외 유형에 처해졌다. 그 가운데 살인죄 같은 중죄를 저지른 범죄자는 소수에 불과했고, 경범죄를 저지른 자나 누범자가 대다수를 차지했다.35)

로버트 휴즈가 그의 탁월한 저서 『숙명의 해안』36)에서 묘사한 바대로 수천 명의 유형수가 오스트레일리아로 강제 유배되던 것과 동일한 상황이었다. 알제리는 경범죄를 저지른 자, 또는 보불전쟁 직후인 1871년부터 착수된 알자스 -로렌 지역 주민을 대상으로 한 강제이주 사업의 목표지가 되었다. 양차대전 사이에 제작된 프랑스 영화에서 알제리나 모로코가 불량배의 최종 안식처로 묘사되는 경우를 흔히 찾아볼 수 있다. 이 '불량배' 가운데 대다수가 북아프리카 에 주둔한 외인부대에 입대했다.37)

그렇지만 토착민을 대상으로 한 폭력행위의 원인을 정착민 가운데 일부가

---

34) 이 책에 실린 파스칼 코르뉘엘의 "프랑스령 기아나 : 낙원에서 유형지라는 지옥으로"를 보시오
35) Michel Pierre, *La Terre de la grande punition*, Paris, Ramsay, 1982, 재판. Autrement.
36) Robert Hughes, *The Fatal Shore*, Pan Books, 1988.
37) 이 책 하권에 실린 실비 달레의 글, "식민지의 영화화, 식민주의 걸러내기"를 보시오.

범죄자나 사회 낙오자였다는 사실에서 찾으려 한다면, 그것은 다소 위험한 발상이다. 19세기에 저질러진 집단학살의 책임자들은 군인이었고, 이들 대부분이 엘리트 계층 출신이었다. 앙리 라페린[프랑스 장군. 1902~1919년에 사하라 지역을 평정했다], 토마 뷔조, 생타르노, 이 모두가 귀족층 출신이었다. 알제리 정복 당시, 알제리의 농촌 마을을 불태우는 작전을 직접 지휘하던 생타르노는 『그리스도를 본받아』[15세기에 독일의 신비주의 신학자 토마스 아 켐피스가 쓴 것으로 추정되는 신앙서]를 탐독하던 중이었다. 마찬가지로 영국의 정복자도 대부분 '신사gentlemen'[38]였다.

설령 예속의 형태나 방식이 변모한다 하더라도 달라질 것은 없었다. 아메리카 대륙의 경우는 1783~1825년에 정착민이 독립을 쟁취했다. 그밖의 나머지 대륙에서도 (나폴레옹 시대의 아이티처럼) 새로운 형태의 식민주의에 신물 난 지역 주민이 정착민과 '본국'에 맞서 봉기하기 시작했다. 이처럼 예전과 상황이 달라졌다고 해도, 식민지 주민에게 구체제 식민화 시대와 그후의 시대 사이에는 아무런 단절이 없었다.

이 책『식민주의 흑서』에서 다뤄질 식민주의의 폐해 가운데 하나가 '강제노동'이다. 강제노동은 본래 스페인령 아메리카에서 부의 수탈을 위한 수단으로 고안된 제도였다. 이것은 아메리카 인디언을 시작으로 아메리카의 흑인 노예, 나중(노예제가 폐지된 이후)에는 중앙아프리카의 흑인을 희생자로 만들었다. 식민주의의 폐해 가운데 또 한 가지는 수출용 농산물 생산을 목적으로 강제재배 제도를 시행하기 위한 토지 구획사업이다. 본래 인도네시아에서 네덜란드인에 의해 치밀하고 강도 높게 추진되었던 이 제도는 그후 신대륙과 인도에서 영국인, 포르투갈인, 스페인인이 운영하는 대규모 플랜테이션에서 예전보다는 유연하고 진화된 형태로 실시되었다.

---

38) Ch.-A. Julien(dir.), *Les Techniciens de la colonisation XIXe-XXe siècle*, Paris, PUF, 1947.

플랜테이션을 조성하기 위한 토지 개간 사업에 투입될 노동력 확보를 위해 식민 권력은 인디언 족장이나 지역 유력자에게 도움을 받았다.[39] 여기서도 차이가 있었다. 네덜란드인은 자바 사회를 운영하는 데 최소한의 간섭정책을 구사한 반면, 인도에서 영국인은 토착민 사회의 행정 기반을 서서히 와해시켰다. 인도를 시장경제 체제로 전환시키고 이를 위해 지역 전체를 정비하는 것, 그리고 식민지 세수를(특히 토지세) 극대화하는 것, 영국인의 노렸던 목표는 이 두 가지였다.

인도의 영국인, 인도네시아의 네덜란드인, 인도차이나의 프랑스인, 곧 동남아시아에서 식민 열강 3국의 행태를 비교하는 것도 이 책에서 다룰 내용이다. 남아프리카의 경우는 아파르트헤이트 정책 이전과 이후의 행태가 달랐다. 주민 이주용 식민지였던 알제리에서 부의 수탈의 가장 대표적인 형태는 토지 몰수였다.[40] 식민 권력의 행태는 식민지 주민과의 관계에 따라, 말하자면 그들을 개종 또는 동화시킬 가능성 여부 혹은 정도에 따라 달라졌다.

마지막으로, 몇 가지 측면에서 '이슬람에 대한' 식민 열강의 행태 문제가 지금까지의 역사 연구에서 사각지대로 남아 있다는 점을 지적하고자 한다.

식민시대 초기 포르투갈인이 인도에 들어올 때와 마찬가지로, 알제리 정복이 때로 선교 사업의 색채를 띠었다는 점은 주지의 사실이다. 그보다 최근의 일로, 공산주의 시대에 소비에트 체제가 유대인 및 이슬람교도뿐만 아니라 그리스도교도를 대상으로 적극적인 종교 탄압정책을 구사했다는 사실도 잘 알려져 있다. 그 전에도 이미 표트르 대제가 옛 카잔 칸국에 세워진 536개의

---

39) 이 책에 실린 다음 글을 보시오. 카르멘 베르낭, "이베리아 제국주의" ; 자크 폴로니 - 시마르, "스페인령 아메리카 : 구체제의 식민화."

40) 이 책에 실린 다음 글을 보시오. 자크 푸슈파다스, "인도 : 식민화의 첫 세기" ; 피에르 브로쉐, "인도차이나의 프랑스 식민주의" ; 알랭 뤼스코, "베트남에서 : 한 세기 동안의 민족주의 투쟁" ; 토마 보피스, "네덜란드령 동인도의 식민주의" ; 엘리키아 엠보콜로, "남아프리카공화국 인종차별 정책, 아파르트헤이트의 실행 방식" ; 마르크 페로, "알제리 정복."

모스크 가운데 418개를 파괴했으며, 그후 잠시 관용의 시대를 거쳐 다시 알렉산드르 3세와 니콜라이 2세 치하에서(1881∼1917년) 이슬람 탄압정책이 재개되었다는 사실도 언급해야 한다.

따라서 지금까지 시각지대로 남아 있는 분야는 오히려, 교회가 정치권력에서 분리되고 정교분리 원칙이 지배적 이념으로 부상하던 당시, 프랑스가 이슬람 식민지에서 어떤 종교정책을 어떻게 구사했는가에 대한 평가의 문제가 될 수도 있다.

프랑스 제3공화정은 프랑스 식민통치 아래 있던 이슬람 국가들에 정교분리 원칙을 도입했다. 그러면서 프랑스 식민당국은 이러한 변혁을 '해방'과 동일시했는데, 이는 본토에서나 통할 법한 논리를 문화적·정서적으로 완전히 다른 식민지에 이식하겠다는 발상이었다.

알제리의 이러한 상황에 대해 압데살렘 야신은 이렇게 지적했다. "프랑스인이 이 땅에 들어와 정착한 지도 꽤 오랜 세월이 지났건만, 이슬람교에는 성직이 없으며, 따라서 인간의 중개를 거치지 않고서도 신과 소통할 수 있다는 논거 한 가지만으로도 정교분리라는 문제가 제기될 수 없다는 점을 인식하지 못하는 것 같다. 프랑스에서는 정교분리 원칙이 역사적 경험을 통해 획득한 실증적 인식일 수 있으나, 이슬람교도에게는 신앙의 권리를 파괴하고 유린하는 무기가 되고 말았다. …… 이슬람법이 세워놓은 질서를 정교분리 원칙이 파괴했으며, 식민통치를 원활히 하기 위해 만들어진 법이 대신 그 자리를 차지했다." 이와 관련해 프랑수아 뷔르가François Burgat는『이슬람을 대하며L'Islam en face』에서 "근대화, 다시 말해 세속화의 폭력이 마그레브 지역에서 전통적으로 개인을 공공 영역과 이어주던 끈을 끊어버렸다"고 말했다.

프랑스 식민당국이 정교분리 원칙을 도입한 것은 베르베르족 가운데 일부를 탈아랍화·탈이슬람화하기 위함이었는데, 그 당시 베르베르인은 형사 분야에서

는 고유의 관습법을 유지하면서 민사상의 문제는 카디(이슬람 재판관)의 판결에
의존하고 있었다. 이런 상황에서 프랑스 식민당국은 사회적 혁신을 떠맡은
책임자 행세를 했다. 모로코에서 식민 당국자는 "우리의 관심사는 베르베르인이
이슬람의 틀 밖에서 살아갈 수 있도록 하는 것이다"라는 말로 자신들의 의지를
표명했다. 다히르 베르베르법(1930년)은 술탄을 비롯한 나머지 아랍화된 주민에
서 베르베르인을 격리시키기 위한 정책의 일환으로 제정된 것이었다. 알제리에
서도 프랑스 식민당국은 카빌리아 지역 주민이 아랍인에게 갖고 있던 적대감을
활용하여 그와 유사한 정책을 추진한 바 있으며, 일부 베르베르인에게는 이슬람
도래 이전에 그들이 갖고 있던 종교적 관행을 회복시켜줌으로써 그리스도교로
의 개종을 위한 준비작업에 착수하기도 했다. 마찬가지로 모로코에서도 다히르
베르베르법은 (교육과 더불어) 그리스도교로의 개종이라는 궁극의 목표로 나아
가기 위한 단계였다. 그리고 이때 프란치스코회 선교사의 수를 늘려달라는
청원과 함께, 이미 개종한 알제리의 카빌리아 지역 교사에게 도움을 청하는
등 선교 사업을 위한 움직임이 존재했다.41) 이처럼 일부 식민당국자의 사고
속에는 정교분리 원칙이 그리스도교로의 개종을 위해 도움이 될 수 있다는
신념이 아주 굳건하게 자리잡고 있었다. ……

　인도네시아에서도 유사한 움직임이 있었다. 곧 네덜란드 식민당국이 이슬람
의 도래 이전에 존재했던 힌두교 관습법(아다트)을 복원시킴으로써 인도네시아
의 이슬람화, 이슬람법 샤리아의 보편화를 저지하려 했다. 그러나 1947년
독립 후에 수카르노는 헌법 조항에서 힌두교 관습법을 삭제했다.

　식민지 주민에게는 '본국'이 자기 지역의 부를 수탈해간다는 사고가 존재했
다. '부의 유출'이라는 사고는 영국인이 유입되기 이전에 여러 차례 외세에

---

41) Abdessalem Yassine, *Islamiser la modernité*, al Ofok Impressions, 1988 ; François Burgat, *L'Islamisme
en face*, Paris, La Découverte, 1995, 2001 ; Ch.-R. Ageron, *Politiques coloniales au Maghreb*, Paris,
PUF, 1972.

의한 영토 점유와 지배를 경험한 인도에서 가장 두드러졌다. "아프간이나 무굴 황제들은 거둬들인 엄청난 세수를 현지에서 소모했다. 그들이 벌인 대규모 공사는 황제의 허영심에서 비롯된 것이지만, 공사에 투입된 엄청난 세수는 결국 지역의 발전에 기여했다. 그러나 영국인이 들어오면서 그런 관행은 사라지고 말았다. 영국은 인도의 부를 수탈해갔고, 인도의 산업과 수공업은 완전히 파괴되었다."

이러한 B. C. 팔Pal[42]의 비판은 (좀 과장된 부분이 없지 않지만) 마그레브 지역 여러 나라 민족주의자의 지적, 곧 프랑스가 인광석·철광석 등 광물자원을 수탈해갔으며, 식민지에 철도를 건설한 것도 광물자원을 본국으로 실어 나를 항구까지 운반하기 위한 것이라는 비판과 조금도 다르지 않다.

2차 대전 직후 서유럽 국가들이 장악하고 있던 열대지역 여러 나라에서도 상황은 마찬가지였다. 곧 서유럽 열강은 인도네시아와 말레이시아의 천연고무, 순다 열도의 석유, 블랙아프리카 지역의 땅콩, 카카오, 커피를 유럽으로 실어 나름으로써 말 그대로 이들 지역의 '고혈을 짜내고' 있었다.

본국에서의 식민화에 대한 인식, 식민지 주민이 현지에서 피부로 느끼는 식민주의, 이 둘 사이의 차이를 네루는 누구보다도 잘 설명했다. "인도에서 영국 식민통치의 가장 뚜렷한 특징 가운데 하나는 영국이 식민지 주민에게 가한 가장 큰 폐해가 겉으로는 마치 하늘의 은혜처럼 보인다는 점이다. 철도, 전신, 전화, 라디오 …… 이것들은 우리에게 필수적인 것이고, 그런 혜택을 가져다준 영국인에게 우리는 감사하는 마음을 갖고 있다. 하지만 영국인의 일차적 목표가 행정적 압박을 강화하고 영국의 공산품 판매를 위한 새로운 시장을 개척할 목적으로 우리 땅에서 영국의 제국주의를 공고히 하는 것이라는 점을 잊어선 안 된다. …… 외국 지배세력이 우리 땅을 점유했다는 사실,

---

42) Claude Markovitz, "Le nationalisme indien," *Annales ESC*, 3, Paris, Armand Colin-Éditions de l'EHESS, 1979, pp. 512-525.

그들이 저지른 행동에 대해서는 매우 통탄스럽지만, 영국인 개인에게는 아무런 유감이 없다. 내 마음 한편에는 영국인에 대한 존경심도 있다."

그런데 과연 영국인도 인도인에 대해 똑같은 생각을 갖고 있었을까?

유사성

식민주의의 구조적 특징 가운데 하나로, 식민주의를 가증스럽고 추악한 것으로 만든 것은 바로 식민 당국자 및 식민지 개척자의 인종주의 태도였다. 식민시대에 두 가지 종류의 인종주의가 경합을 벌였다.

그 첫 번째가 불평등 이념에 기반한 인종주의로, 불평등 이념이란 가장 진보된 민족에 의해 문명은 한없이 발전하며, 그 민족이 열등한 (따라서 동화가 가능한) 민족의 수준을 평가할 수 있는 권리를 갖는다는 진화론적 사고에 바탕을 둔 것이다.[43) 이에 대한 대표적인 형태가 프랑스 제3공화정의 식민주의 이념이다. 그러나 1550년에 벌어진 반식민주의자 라스카사스와의 그 유명한 논쟁에서 이미 세풀베다는 인디언이 저지른 죄악, 잔혹성과 악행, 열등한 문화 수준, 이런 요소를 열거하면서 인디언에 대한 개종의 당위성을 역설한 바 있었다.

진보 능력이 없는 (따라서 절멸로 나아갈 수밖에 없는) 민족이 있다고 주장하는 더욱 급진적인 불평등 사고도 존재했다.

또 다른 형태의 인종주의는 (이는 서구사회에만 존재했던 게 아니다) 인간 집단 사이에 본성이나 계통상의 차이가 존재한다는 사고이다. 이 경우, 문제되는 것은 인종 사이의 혼합에 대한 강한 거부감이었다. 예를 들어 나치즘이 인종 사이의 혼합을 자연 법칙에 위배되는 것이라 주장했던 것처럼, 이러한 강박관념

---

43) 이 책 하권에 실린 카트린 코크리 - 비드로비치의 "우월한 백인과 열등한 흑인이라는 공식"을 보시오.

에는 생물학이나 형법적 요소가 개입되어 있었다.44)

현실에서는 이 두 가지 인종주의 태도가 뒤섞일 수도 있었다. 두 번째로 지적한 '차이의 인종주의'가 이미 상당히 확산되어 있었지만 정체되어 있었던 반면, 서구식의 보편적 인종주의는 19~20세기에 식민주의적 팽창, '산업혁명,' 서구의 기술 발전과 더불어 꾸준히 그 영향력을 확대시켰다. 이에 대해 정착민은 "우리는 계속 전진 중이지만, 그들에게는 전진도 후퇴도 없다"라고 말하기도 했다. 실제로 유럽과 나머지 대륙의 기술적·군사적 격차는 계속해서 벌어졌으며(16세기에 포르투갈과 인도 함대의 전력은 거의 대등했다), 그에 따라 생활수준의 격차도 현격히 벌어졌다. 스위스의 경제사학자 폴 베어록은 유럽과 식민지의 생활수준 격차가 한 세기 반 동안에 1.5대 1에서 5.2 대 1까지 확대되었다고 계산해냈다.45)

'차이의 인종주의'도 법규 형태를 갖추면서 확대되어갔다. 가령 인도에서는 1791년에 제정된 법령으로 동인도회사의 모든 직위에서 혼혈인(그 당시 half-breed 또는 chichi라 불리던)을 배제한다는 결정이 내려진 바 있었다. 뿐만 아니라 인도인 여성과 동거하는 영국인 수도 날이 갈수록 점점 감소했다. 이렇게 두 공동체 사이의 간격이 벌어짐에 따라 정부 차원의 인종주의도 더욱 확대되었다.

이베리아령 아메리카의 경우, 유럽인과 유색 인종 사이의 혼혈은 결국 생물 분류학의 대상이 되었고, 이로써 매우 복잡한 '피부색의 농도 체계'가 출현했다 (마그누스 뫼너Magnus Mörner는 이 분야에 대한 체계적인 연구를 했다). 그런데 이 '피부색 체계'는 고정되지 않고 끊임없이 변화하는 것으로, 스페인 사람/인디언이라는 최초의 대립관계는 변화를 거듭한 끝에 나중에는 아센다도(대토지 소유주)/페온(채무 노예)이라는 이분법으로 귀착된다. 여기서 메스티소와 순수

---

44) P. A. Taguieff, *Les Fins de l'antiracisme*, Paris, Michalon, 1995.

45) Paul Bairoch, "Le bilan économique du colonialisme," *History and Development*, pp. 29-42.

백인은 '라디노'라는 하나의 집단으로 통합되었는데, '라디노'는 순수 혈통의 인디언과 대립적 관계에 있는 스페인화된 인디언을 가리킨다. 사회 계층적 요소가 인종적 요소와 충돌을 일으킨 것이다.[46] 이러한 사회적 유동성은 스페인 사람과 인디언 관계의 다른 측면에서도 나타났다.[47] 또한 수 세대에 걸쳐 이루어진 인종 사이의 혼혈 가능성을 총괄하는 어휘체계가 수립되기도 했다. 카리브해 지역의 경우, 아를렛 고티에가 지적한 것처럼,[48] 매우 다양화된 사회 계층 가운데 흑인 여성이 결국 사회적 위계의 최하층을 이루게 되었다.

20세기 중엽까지 유럽인에게 인종주의는 주로 반유대주의, 미국의 흑인에 대한 차별적 행태에 국한된 것이었으나, 식민지 주민과 식민지 출신 반식민주의자의 글이 발표되면서 인종주의의 영역은 그후로도 꾸준히 확대되었다.[49]

『대지의 저주받은 자들』(1961년)에서 서인도제도 출신 흑인작가 프란츠 파농은 마그레브 지역의 두 공동체 사이에 넘어설 수 없는 장벽이 존재한다는 것을 이렇게 표현했다. "식민지 원주민이 정착민의 도시를 바라보는 시선은 욕망의 시선, 부러움의 시선이다. 그것은 소유에 대한 열망, 정착민의 식탁에 앉아보고 싶은 욕망, 정착민의 침상에, 가능하다면 정착민의 아내와 누워보고 싶은 욕망이다." 1955년 잡지 『레 탕 모데른Les Temps modernes』에 실린 선구자적인 글에서 장 코헨은 알제리에 거주하는 프랑스 출신 정착민의 사고 속에 내재된 인종주의 요소를 다음과 같이 생생하게 그려냈다. "어느 날, 한 유럽인이 법정에 출두하여 증언했다. ― 다른 증인도 있었나요? ― 예. 다섯 명이 있었습니다. 두 '사람'과 아랍인 셋 …… ― 그 의사에게 고객이 많았나요? ― 예. 그렇지만 모두 아랍인뿐이죠." 산간 오지에 거주하는 어느 정착민은 아이를

---

46) Magnus Mörner, *Le Métissage dans l'histoire de l'Amérique latine*, H. Favre 서문, Paris, Fayard, 1971.

47) 이 책에 실린 자크 폴로니 - 시마르의 글을 보시오.

48) 이 책 하권에 실린 아를렛 고티에의 "여성과 식민주의"를 보시오.

49) P. de Comarmont, Claude Duchet(dir.), *Racisme et société*, Paris, Maspero, 1969.

학교에 보내지 않는 까닭을 이렇게 설명했다. "말도 마세요! 이곳 학교에는 온통 아랍 애뿐이랍니다." 또한 장 코헨은 오랑에 공산주의자가 많은 까닭을, 그 도시의 노동자와 공무원이 스스로를 알제리에 거주하는 프랑스인 가운데 프롤레타리아 계층으로, 그 사회의 최하층을 이루는 사람으로 규정하기 때문이라고 설명한다. 곧 "그 사회에 아랍인도 존재한다는 것을 잊고 있는 것이다. 여기서 아랍인은 사람 취급을 받지 못한다. 모두들 아흐메드나 파트마라 불릴 뿐, 그들에게는 이름조차 없다."50) 마찬가지로, 아랍인의 인권 옹호에 앞장섰던 알베르 카뮈도 그의 작품 『이방인』에서 아랍인 등장인물들에게 이름을 부여하지 않았다.

마찬가지로 뉴칼레도니아에서도 원주민 카나크인은 '존재하지 않는 자들'이었다. "식민 당국이 원주민에게 관심을 두는 경우는 그들을 탄압할 때뿐이었다. 원주민에게 호의적으로 보이는 사법제도가 존재했으나, 원주민에 대한 정책은 사법제도의 틀 밖에서 추진되었다." 오랜 기간에 걸친 토지몰수 작업이 완료되자, 원주민은 섬의 오지에 위치한 '보호구역'으로 격리되었으며, 이들은 미래를 박탈당한 채, 백인에게 예속된 존재로 전락했다. 이에 대해 프랑스의 인류학자 알반 벤사는 '말살의 인종주의'라는 표현을 썼는데, 이는 오스트레일리아에서 벌어졌던 일과 유사했다.51)

이와 같이 다양한 형태의 인종주의는 식민지 주민에 대한 갖가지 편견을 내포하고 있었다(나태하고, 배은망덕하고, 믿을 수 없고……). 네덜란드인 시베르크Johannes Siberg[동인도회사 직원으로 네덜란드령 동인도에서 근무했으며, 1802~1805년에 자바 총독을 지낸 인물]는 19세기 초에 토착민, 그 가운데서도 특히 말레이인의 나태하고 무기력한 성품을 이론화시키기도 했다. 포스트식민주의

50) Jean Cohen, "Colonialisme et racisme en Algérie," *Les Temps modernes*, 1955, pp. 580-590 ; *Chronique d'une Algérie révolue*, Paris, L'Harmattan, 1997 ; O. Mannoni, *Psychologie de la civilisation*, Paris, Le Seuil, 1961.

51) Alban Bensa, *Chronique kanak*, Ethnies, 18-19, 1995.

현상의 하나라고 볼 수 있을까? 식민지배자의 상상력에서 비롯된 '토착민의 특성'에 관한 이론을 독립 후에 말레이시아 정치지도자들이 바람직한 국민의 양성을 위한 교본으로 삼기도 했다(*Revoluci mental*, 1971년).

식민시대의 인종주의는 정착민(농장주, 식민지 행정관리 등)의 특징적 성격, 곧 이들의 비문화성과 어느 정도 연관이 있었다. "본래부터 우수한 사람이 존재하지 않았던 것은 아니다. 봄베이 태생인 키플링, 알제 출신의 카뮈, 다카르 태생인 생고르처럼 우수한 인력은 본국에서 흡수해갔기 때문이다. 비문화, 그보다는 반문화라는 표현이 적절할 것 같다. …… 오랑에서는 고등학교에 다니는 학생을 가리켜 '말만 많은 수다쟁이'라 부른다."

네루도 인도에서 정착민 사회의 특징을 이렇게 지적했다.

"인도에 들어오는 영국인 젊은이는 누구나 얼마 지나지 않아 지적·문화적 무기력 상태로 빠져든다. 사무실에서 하루 일과를 마치고 난 뒤, 이들은 잠시 운동을 하고 나서 동료가 있는 클럽으로 달려간다. 그러고는 위스키를 마시거나 본국에서 배달되는 화보잡지를 보며 시간을 보낸다. 그런데도 영국인 젊은이는 자신들의 지적·정신적 퇴화에 대한 책임을 인도에 전가시킨다."

네덜란드인 정착민 사회에서도 유사한 현상이 관찰된 바 있었다. 곧 17세기에 어떤 이는 뉴암스테르담(지금의 뉴욕)의 네덜란드인 화가가 본국에서 활동하는 화가에 비해 자질이 떨어진다는 점을 지적했다.

이러한 상황에서, 극소수 전문가에 의한 연구 외에 토착민 사회에 관한 심도 있는 연구가 이루어질 리 없었다. 인도에서 어떤 이는 "그는 참으로 기이한 인물이다. 인도의 천민 집단에 특별한 관심을 기울이면서 인도의 토착민 사회를 연구하는 스트릭랜드라는 자는!"52)이라 말했으며, 1948년 알제리 오랑

---

52) Pandit Nehru, *Ma vie et mes prison*, Paris, Denoël, 1952 ; J. Allal Greenberger, *The British Image of India*, Oxford University Press, Oxford, 1969. 그렇지만 인도의 식민통치에 도움이 되는 인도 역사의 연구는 계속되었다.

의 라모리시에르 고등학교에 다니는 어린 학생도 동일한 사고를 갖고 있었다. 곧 역사 시간에 중세 대침략[십자군전쟁]의 시대 이후, 유럽인이 아랍 문명을 연구하기 시작했다고 설명하자, 한 학생이 웃음을 터뜨리며 이렇게 말한다. "그런데 선생님, 아랍인에게 문명이 있다니요?"

비문명인인 자들이 자신의 지배를 받는 이들에게 문명인이 되기를 바란다는 것이야말로 자가당착이 아니겠는가? ……

실제로 식민시대의 인종주의자는 결국 자신이 만들어낸 편견의 희생자가 되고 만다. 예를 들어, 1947년 마다가스카르에서 행정관리와 정착민은 봉기의 가능성을 믿으려 하지 않았다. 마다가스카르인에게는 음모를 꾸미고 봉기를 기획할 능력이 없다고 판단했던 것이다(식민지 행정관리였던 장 뒤코는 "그때, 나는 대수롭지 않게 여기고 그냥 웃어넘겼어요"라고 고백했다). 실제로 봉기가 일어났을 때, 이들은 속수무책으로 당할 수밖에 없었으며, 정치적인 방식으로 독립을 쟁취하려는 민족주의자에게 분풀이했다.[53]

마찬가지로 알제리에서 정착민을 비롯한 프랑스인은 아랍인을 정치적인 일을 도모할 만한 능력이 없는 사람으로 평가 절하했다. 1950년대 초에 민족주의 운동이 격화되었을 때에도 미국인이나 소비에트 세력, 아니면 1953년부터는 나세르 등 배후에서 조종하는 외부세력 탓으로 돌렸다. 자크 수스텔[1912~1990. 프랑스의 정치가, 인류학자. 1955~1956년에 알제리 총독 역임. 드골의 알제리 정책에 반대하다가 1961년부터 1968년까지 해외에서 망명생활을 했다]도, 그가 세상을 떠나기 얼마 전에 필자와 대담할 때까지도 그런 사고를 버리지 않고 있었다. 물론 그럴 만한 이유가 있었을 것이다. 반파시스트주의 전통의 공화주의자였으며, 알제리 총독으로 임명되었을 때에는 개혁주의자였던 그가 알제리인이

---

53) 영화 '붉은 섬[마다가스카르를 가리킨다],' 다니엘 루슬리에 감독, 텔레비전 방송사 아르떼Arte 제작 ; Pierre Stibbe, *Justice pour les Malgaches*, préface de Claude Bourdet, Paris, © Éditions du Seuil, 1954.

통합, 곧 프랑스 국민으로 편입되는 것을 거부하리라고 상상조차 못했을 것이었기 때문이다. 실제로도 그는 개혁을 주장했지만, 때는 이미 너무 늦어 있었다. 알제리 민족해방전선(FLN)이 알제리 백성에 대한 장악력을 포기할 리 없었기 때문이다.

그후 알제리 민족해방전선은 저 나름의 방식대로 '혁명'을 완수했고, 정치조직에서 정치권력으로 탈바꿈한다.[54] 그리고 알제리 민족해방전선은 식민지배자가 주장하던 개혁에 대해 학살행위로 응수했다. 상황이 이렇게 전개되고 있는데도 자크 수스텔은 자신의 행동이나 신념에 내재된 결함을 인정하지 않았다. 수스텔 같은 사람이 주장한 개혁 조치가 10년 전에 채택되었다면, 상황은 달라졌을지 모른다. 그때까지만 해도 알제리인 가운데 다수가 프랑스로의 통합을 희망했다. 하지만 이것도 어디까지나 과거 역사에 대한 가정일뿐, 1954년에도 그후에도 프랑스 출신 정착민은 알제리인 엘리트 계층에게 실질적인 양보와 타협을 할 마음의 준비가 되어 있지 않았다. 그 대가로 그렇게 엄청난 희생을 치를 것이라고 예상이나 했을까?

프랑스 정부로서도 과연 정착민을 설득 혹은 압박할 만한 힘이나 의지를 갖고 있었을까?

대립과 유산

식민지 주민의 독립 투쟁이라는 주제를 다룰 때, 이 책 『식민주의 흑서』는 인류 역사의 참혹했던 한 부분을 또다시 언급하게 될 것이다.[55] 프랑스의

---

54) FLN의 역사에 관해서는 다음을 참고하시오. Mohammed Harbi, *Archives de la révolution algérienne*, Paris, Jeune Afrique, 1981 ; Gilbert Meynier, *Histoire intérieure du FLN, 1954-1962*, Paris, Fayard, 2002.
55) 이 책에 실린 이브 베노의 "탈식민화(1943-1962)," 알랭 뤼시오의 "베트남에서 : 한 세기 동안의 민족주의 투쟁"을 보시오.

경우, 1945년 5월 알제리에서 세티프 유혈 진압사태가 벌어졌고, 1946년 11월 하이퐁 폭격으로 2백여 명이 사망하고 수천 명이 부상을 입었으며, 1947년 마다가스카르에서는 원주민 폭동으로 프랑스인과 마다가스카르인 수백 명이 사망하자 이에 대한 진압작전에서 4만 명이 넘는 마다가스카르인이 학살당했다.

물론 식민주의의 폐해는 이것으로 그치지 않는다.

베트남의 민족주의자 팜 반 동은 반란을 주도하기 전에 이미 풀로 콘도르 섬에서 12년 동안 수감생활을 했으며, 메살리 하드지(알제리의 민족주의 지도자)는 투옥되었고, 압둘 크림(모로코의 저항운동 지도자)은 국외로 추방당했다. 그밖에도 수많은 사람이 체포되고 감금당하고 고문을 당했다. 그 전에도 이미, 정복 후의 평정 시기에 주민은 혹독한 탄압에 시달렸다. 1956년 4월에, 국회의원 이었던 아흐메드 구다는 알제리 전쟁이 개시된 직후 프랑스군이 저지른 학살사건을 가리켜 인종말살genocide이라는 표현을 썼다. 좀 과도한 표현이긴 하나, 그 당시 식민지 주민이 겪어야 했던 고통, 분노, 복수심, 한 마디로 말해 알제리와 베트남 주민의 정신적 충격이 어느 정도였는지 짐작케 하는 표현이다. 동시 빈은 "베트남인의 90%가 프랑스인에 대한 증오심을 갖고 있다"고 말했다.

그러나 정착민은 토착민 사회에서 언제든지 위협이나 비난의 목소리가 터져나올 수 있으리라는 생각은 억누른 채 완전히 딴 세상에 살고 있었다. 사실 토착민이 무언가를 요구하거나 항의한다 해도 정착민은 굴복이나 양보할 생각이 전혀 없었다. 식민지 행정관리가 자신들을 외면하지 않는 한, 정착민은 그들과 완벽한 유착관계를 유지하려 했다. 모를리에 장군이 파국으로 치닫는 것을 막기 위해서는 베트민과 협상해야 한다고 주장했을 때, 인도차이나 정착민은 프랑스군을 '항복론자, 겁쟁이' 취급했다. 그로부터 10년 후, 알제리에서 라울 살랑 장군을 겨냥한 테러사건이 있었는데, 그가 FLN과 협상하려 한다는 의심을 품은 자들이 저지른 사건이었다(하지만 그것은 거짓 소문이었다). 극단주의자들은 프랑스와 협력하는 게 최선의 길이라고 판단한 알제리 민족주의자의 말에 귀를 기울이려 하지 않았다. 식민지의 온건한 민족주의 단체로는 조제프 라제타가 주도한 마다가스카르의 MDRM(마다가스카르 수복을 위한 민주주의 운동), 알제리에서는 페르하트 아바스가 결성한 UDMA(알제리 민주동맹)가 있었으며, 호 찌 민도 프랑스에서 공산주의자들이 집권하면, 프랑스와의 협상을 고려해볼 수 있다는 생각을 갖고 있었다.

그런데 알제리에서는 식민지배자의 치부를 낱낱이 드러내는 일들이 벌어지고 있었다. 에비앙 협정이 체결되자, OAS[드골의 알제리 독립 계획에 반대하여 조직된 프랑스 비밀무장단체] 특공대원들이 알제 도서관을 불태웠는데, 이는 프랑스가 알제리를 정복하고 식민화하던 당시 명분으로 내세웠던 원칙을 스스로 부인하는 행동이었다. 뿐만 아니라 프랑스는 프랑스에 대한 믿음을 끝내 버리지 않은 아르키(알제리인 프랑스군 보충병)를 보호하긴커녕, 그 가운데 대다수를 이들에게 적대적이던 알제리 민족해방전선에 내맡겨버렸다.

여기서 한 가지 덧붙일 것은, 프랑스 국민 가운데 식민주의에 비판적인 사람들이 프랑스 공화국에 편입되기를 바란 식민지 주민을 '부역자'로 취급했다는 점이다. 이는 식민지 독립 후, 신생독립국 지도자에게(세네갈이 대표적인 경우였다) 신식민주의 혐의가 짙은 옛 '본국'과 거리를 둘 것을 촉구한 일부 유럽인(동일인인 경우도 많다)의 태도와 매우 유사하다.[56]

'신식민주의'라는 말은 가나(옛 황금해안)의 초대 총리 은크루마가 처음으로 사용한 표현으로, "명목상의 독립국으로 주권국가로서의 모든 요소를 갖추고 있으나, 정부의 정책은 사실상 외부세력에 의해 좌우되는 국가의 상태"를 뜻하는 말이었다. 곧 식민지 독립 후, 과거 제국주의 열강은 옛 식민지를 내부적으로 통치하기보다, 개발 지원에 주력함으로써 '가시적인 점유방식'이

---

56) Pierre Fougeyrollas, F. George, *Un philosophe dans la Résistance*, Paris, Odile Jacob, 2001, chap. 13, 14.

아니라 국제통화기금, 세계은행 같은 초국적 금융 권력기구에 의한 통치, 곧 '보이지 않는 통치기구'를 정착시키는 데 열을 올렸다.57)

이처럼, 식민지 주민은 정착민에서 벗어날 수 있었으나, 제국주의와 몇 가지 식민주의 면모는 끝내 떨쳐버리지 못했다.

여기서 다국적기업의 제국주의에 대해 언급할 필요가 있다. 기업체와 국가 사이의 이해관계가 충돌할 수도 있으므로 다국적 제국주의라는 표현을 써도 좋을 것이다. 어쨌든 다국적 제국주의에 있어 현재 미국의 영향력이 거의 절대적이다. 오늘날 200대 다국적기업 가운데 74개는 미국이, 41개는 일본이, 23개는 독일이, 19개는 프랑스가, 13개는 영국이, 6개는 스위스가 장악하고 있다. 6개국이 전체 다국적기업의 88%를 장악한 셈이다.58) 19세기에 이집트와 튀니지, 20세기 초에 베네수엘라의 경우처럼, '원조'를 받은 국가들은 지금까지도 '채무 상환의 덫'에서 헤어 나오지 못하고 있다.

1980년대 이후에는 냉전시대나 반둥회의 및 삼대륙 연대회의(1966년 쿠바의 아바나에서 개최)에서처럼 동서 사이의 균형을 모색하려는 정책적 시도가 전혀 없었다. 핵심적 권력기구가 집중화되면서 새로이 나타난 세계의 축소화 움직임을 상쇄할 만한 장치를 오늘날 모색 중이다(가령 글로벌시대에 위협받는 유럽의 몇몇 경제 분야에서).

또 한 가지 새로운 현상은 '정착민 없는 식민주의'가 서구의 대규모 금융업자와 유착관계에 있는 극소수의 토착민 지배계층을 만들어냈다는 점이다. 『아프리카인이 없는 아프리카, 검은 대륙에서 백인의 꿈』에서 앙투안 글라제르와 스테판 스미드는 그러한 시스템에서 비롯된 폐해를 고발했다(가봉을 비롯한 몇몇 나라에서 엘프[프랑스 석유회사] 사건으로 표출되었다). 그리고 1996년에

---

57) Kwame Nkrumah, *Neocolonialism. The Last Stage of Imperialism*, London, 1965-1971 ; "Faut-il être colonialiste?" *Cahiers de la Torpille*, no. 1, sept., collectif, Éditions Kime, 1998.

58) F. F. Clairmont, "세계를 지배하는 200대 기업체," 『르몽드 디플로마티크』, 1997년 4월호. *Manières de voir*, 2001년 58호에 재수록.

나온 『프랑스의 아프리카 정책의 이면』에서는 르완다, 차드, 수단 등 아프리카 몇몇 나라에서 출현한 새로운 유형의 유착관계가 다뤄졌다. 식민시대에 식민지 주민은 식민지배의 주체가 누구인지 분명히 알 수 있었으나, 세계화 시대에 이르러 익명의 주체에 예속되는 처지가 되었다. 예속 상태에 놓인 국가의 국민은 비난의 화살을 자기 정치지도자에게 돌릴 수밖에 없고, 정치지도자를 교체하지만 세계시장과의 종속관계를 변화시키지 못한다. 최근 아프리카에서는 외국 기업을 끌어들일 목적으로 환율 안정을 담당하게 될 기구가 설립되었다.

오늘날 관찰되는 또 한 가지 현상은, 식민지 독립 후 식민지 주민 가운데 일부가 본국으로 유입되면서 인종주의의 범위가 확대되고 그에 따라 인종주의가 더욱 활성화되었다는 점이다. 이러한 인종주의는 프랑스나 영국뿐만 아니라, 러시아에서도 카프카스인에 대한 적대감으로 나타났다. 프랑스의 경우, 식민지에서 건너온 이주민에 대한 정치적·사회적 통합작업이 매우 소극적으로 이루어졌을 뿐이다. 식민주의 희생자의 후손(특히 마그레브 지역 출신 2, 3세들)이 현재 쇼 비즈니스, 스포츠, 학계에서 활발하게 활동하는 것으로 보아 적어도 문화적으로는 어느 정도 성공을 거둔 것 같다.

알제리가 프랑스 영토였던 시절, 두 공동체 모두 금기시했던 두 민족 사이의 결혼도 최근 몇 년 새에 드물지 않은 일이 되었다.

두 민족 사이의 화해의 시대가 도래하는 것인가? ……

그런데 식민주의라는 것이 오직 식민화의 영역만을 포함하는가? 과거에 식민주의라는 이름으로 자행된 범죄행위를 고발하는 책이 2001년 출판 시즌에만 열 권 가까이 출간되었다는 점을 고려해 볼 때, 적어도 프랑스에서는 그런 것 같다. 그렇지만 식민주의라는 용어가 오늘날 이스라엘을 비롯하여 여기저기 무분별하게 적용되는 것도 사실이다.

1948년 이스라엘이 건국된 후, 그 지역에 거주하는 비非이스라엘계 주민이 마치 프랑스의 알제리 정복 당시 아랍인처럼 전형적인 식민주의 행태의 희생자가 되었다는 사실을 아무도 부인 못할 것이다. 이스라엘에 거주하는 아랍계 주민을 대표하는 정당들이 크세네트(이스라엘 의회)에 진출해 있다는 차이가 있다고 해도 말이다. 이웃 아랍 국가로부터 집중 공격을 당했던 1967년 중동전쟁 이후, 이스라엘은 팔레스타인 자치지역 안의 점령지역에 유대인 정착촌을 늘림으로써 팽창주의 의도를 드러냈는데, 이는 이주정책 등을 통한 방어력 증강이라는 목표를 훨씬 넘어서는 행동이었다. 이러한 행동의 목적은 어떤 식으로든 팔레스타인 국가의 설립을 막아보려는 것이었다. 그러나 이것이 팔레스타인인에게는 식민주의의 한 가지 형태로 인식되었다고 하더라도, 이스라엘의 정착촌 확대사업이 멀리 떨어진 본국의 확장은 아니라는 점에서 다른 식민화 사례와 차이가 있다. 게다가 이스라엘 국가는 1948년 유엔에서, 그후에는 아랍국가 및 이슬람국가로부터 이미 승인 받은 바 있다.

코르시카의 경우, 지역 민족주의자는 '프랑스 식민주의'라는 말을 스스럼없이 사용했으며, 현재 코르시카의 위상을 과거 알제리의 상황과 비교하기도 했다. 코르시카 섬이 프랑스 본토에 비해 경제적으로 낙후되어 있고, 민족주의자 가운데 일부가 알제리 민족해방전선과 동일한 테러 방식을 구사했다는 게 사실이라 해도 코르시카와 알제리를 동일선상에 놓을 순 없다. 프랑스 식민통치 시절 알제리에서는 아랍인 고위관료나 합법적인 분리독립파 정당이 존재하지 않았으며, 그 당시 파리의 중앙정부 안에도 아랍인 장관이나 경제 분야의 고위 책임자가 단 한 명도 없었다. 반면에 오늘날 파리 중앙정부 안에는 코르시카 출신 각료가 포함되어 있고, 프랑스 국내에도 코르시카 출신 도지사가 곳곳에 포진해 있으며, 코르시카에는 지역을 대표하는 민족주의 정당 소속 의원이 존재한다.59)

식민주의의 '등급,' 달리 말해 식민주의에 대한 '체감 온도'를 평가함에 있어 구소련의 사례를 참고할 만하다. 이에 관한 연구에서 미국의 정치학자 칼클린스Rasma Karklins는 몇 가지 기준을 제시했는데, 두 민족 사이의 결혼 빈도, 다민족 가정에서 자녀의 국적 선택 방향, 타민족 언어를 구사하는 인구 비율, 국가의 주요기관으로의 진입 정도 등이 그것이다.

조사 결과, 에스토니아와 타지키스탄 주민이 러시아를 점령국 혹은 식민지배 국가로 인식하는 정도가 가장 높다는 사실이 드러났다. 두 민족 사이의 결혼이 매우 드물고, 이러한 가정의 자녀가 러시아 국적을 선택하는 경우도 얼마 되지 않으며, 타민족 언어를 구사하는 경우도 드물고, 에스토니아인이나 타지키스탄인이 정부기관의 고위직급에 진출하는 경우도 드물었다. 우크라이나인, 아르메니아인, 그루지야인, 아제르바이잔인의 경우와 완전히 다른 결과이다.[60]

그러나 타지키스탄인은 자국의 위상을 식민지로, 에스토니아인은 병합된 국가로 인식하고 있다는 약간의 차이가 있었다.

이와 같이 이른바 '식민주의적' 행태는 '식민지'에만 국한되는 게 아니다. 코소보 지역에서 세르비아인의 행동(밀로셰비치는 이에 대한 극단을 보여주었다), 아일랜드의 얼스터 지역에서 신교도의 행동 역시 '식민주의적' 행태로 규정할 수 있다.

합당한 근거가 있건 그렇지 못하건, 식민주의를 부인하는 태도는 늘 존재했다. 1995년까지도 우리 프랑스인은 이런 사고를 갖고 있었다. '유럽의 역사는 마지막 특권, 곧 과거에 유럽 각국이 저지른 폐해를 공개하지 않을 권리를 갖고 있다. 마지막 남은 자존심이라 해도 좋다. 하지만 이것만은 절대로 양보할 수 없다.' 그러면서 이처럼 오만한 태도가 과거 식민지 주민에게 말할 기회를

---

59) 코르시카 문제에 관해서는 다음 책을 참고하시오. 마르크 페로, *Histoire de France*[프랑스사], Paris, Odile Jacob, 2001, p. 521 ; Nicolas Giudici, *Le Crépuscule des Corses*, Paris, Grasset, 1997.
60) Rasma Karklins, *Ethnic Relations in the SSSR*, Unwin, 1986.

박탈한다는 점에서 논란의 소지가 있다는 말을 덧붙였다. 하지만 그보다도, 그런 태도가 오히려 국가나 국가기관에 대한 '전반적인' 비판을 야기할 수 있고, 당시의 정부와 정착민에게 모든 책임을 떠넘김으로써 사회에 면죄부를 주는 것을 최종 목표로 한다는 점에서 문제될 수 있는 게 아닐까?

그와 더불어, 식민체제가 식민지 주민 대다수에게 비난과 저주의 대상이었지만, 네루, 호 찌 민, 그밖에도 여러 알제리 민족주의자가 증언한 것처럼 개인 대 개인의 관계는 때로 우호적이었다는 점을 지적할 필요가 있다. 개인적인 친분관계는 엘리트 계층에만 존재했던 게 아니었다. 정착민이 경영하는 농장에서의 일상생활 속에서도 개인적인 친분관계가 일상적인 인종주의와 공존했다.[61]

식민지 사법기관이나 재판관의 행태를 지적하고 규탄하는 게 당연하다면, 역으로 마다가스카르, 카메룬, 남아프리카, 알제리에서 인권 옹호에 앞장선 변호사의 행동도 거론해야 하지 않을까?[62] 마찬가지로, 볼라르디에르 장군을 비롯하여 식민주의 행태에 대해 비판적 태도를 보여주었던 군 책임자, 명령을 거역하면서 상당수 아르키의 목숨을 구해낸 군인들의 행동도 떠올릴 필요가 있다.

라스카사스에서 윌버포스 및 빅토르 쉘셰르에 이르는 반식민주의 행동 외에, 블랙아프리카 지역에서 선교사의 활동, 노예무역 폐지를 위한 투쟁, 쿨리 노동자를 대상으로 한 예방접종 사업, 예방의학 및 리스터 연구소의 성공적인 활동, 식민지 전역에서의 교육사업, 마그레브 지역 유대인 여성의 권익 보호 …… 이런 활동에 내재된 부정적인 측면만을 고려해야 할까? 예를 들어, 벨기에령 콩고에서 트리파노소마병(수면병)을 퇴치하게 된 근본적인 동기가 '인적 자산'의 보호였다고 해도 그것이 식민시대에 이루어진 성과라는

---

61) J. Verdès-Leroux, *Les Français d'Algérie de 1830 à aujourd'hui*, Paris, Fayard, 2001.
62) Pierre Stibbe, op. cit.

점을 부인할 수 없다. 벨기에인이 주장하는 것처럼 콩고는 실제로 중앙아프리카의 모든 식민지 가운데 의료시설이 가장 잘 갖춰진 나라였다.[63]

앞서 공산주의에 관한 최종 결산을 내리면서 살펴보았던 것처럼, 때로는 최종적인 결과가 애초의 의도보다 더 큰 중요성을 갖는다. 벨기에령 콩고에서의 의료사업, 인도의 철도 운송, 인도네시아에서 농업 분야의 발전, 모로코의 댐 건설, 마그레브 지역이나 이란에서의 민주주의적 사고의 전파 …… 식민지 주민에게 미친 영향력이라는 관점으로 볼 때, 이것들은 모두 최종적인 결과가 사업의 본래적 의도보다 더욱 중요하게 나타났던 사례들이다. 식민지배자의 본래적 의도가 애매하고 분명치 않았다는 점에서 더욱 더 그렇다.

알제리의 경우, 1936년에 알제리의 온건파 지도자 페르하트 아바스는 과거 역사에서 알제리 국가의 자취를 전혀 찾아볼 수 없었다고 고백하면서, 프랑스 사회주의자 모리스 비올레트의 주장을 인용하며 이렇게 말했다. "알제리인에게는 국가가 없습니다. 이들이 다른 나라를 선택하기 전에 프랑스라는 국가를 선물하십시오." 식민화가 식민주의와 완벽하게 일치하지 않는다는 점을 시사하는 발언이다. 실제로 그 당시 알제리인 가운데 다수가 프랑스 국민이 되기를 희망했다. 이런 점에서, '흑서'라는 이름의 역사서 속에도 '장밋빛' 역사가 몇 페이지쯤 섞여 있다고 말할 수 있지 않을까?

그러나 최근 몇 년 동안, 특히 2001년 9월 이후 나타난, 이슬람의 여러 분파 가운데 하나인 이슬람 원리주의의 폭력적 반응으로 미루어볼 때, 식민주의의 피해자 가운데 상당수가 세계화 및 세계화로 인한 부정적인 결과를 옛 식민 열강을 계승한 미국의 행동과 연관짓고 있다는 점은 분명하다. 말과 행동 사이에 괴리가 존재한다는 점에서 미국이 옛 식민 열강을 계승했다는 주장은 일견 타당성이 있어 보인다.

---

63) Maryines Lyons, "Sleeping sickness, colonial medicine and imperialism : some connections in Belgian Congo," in *Diseas*, note 18.

　이해관계가 걸린 문제일 경우, 미국인은 처음에 내세운 명분을 별 어려움
없이 위반했다. 알제리의 민족주의 지도자 함단 코자(Hamdane Khodja)가 1834년
그의 저서 『거울Le Miroir』에서 프랑스어로 기술했던 것을 마치 오늘날 미국인이
그대로 재현한다는 느낌마저 든다. "그리스는 부흥할 수 있었고, …… 영국
정부는 흑인 노예를 해방시킴으로써 국가적 영광을 영속화시켰다. …… 그러나
시선을 돌려 내 조국 알제리를 바라보면, 독단과 말살의 굴레에서 신음하는
가련한 우리 동포가 시야에 들어온다. …… 그 모든 폭력행위가 '자유 프랑스'라
는 이름으로 저질러졌다."64) 이러한 상황은 1830년대에만 국한된 게 아니었다.
탈식민화 이후의 포스트식민주의 시대에도 동일한 현상이 나타났다.

　마찬가지로, 오늘날 유럽연합으로 변모한 옛 식민주의 유럽이 내세운 원칙과
이상, 유럽이 실제적으로 처한 '현실,' 이 둘 사이에도 상당한 괴리가 존재한다.
살만 루시디 사건을 대하는 유럽 국가들의 태도에서도 드러났듯이, 이란으로의
수출 문제가 인권 옹호 문제를 압도했다.65) 그렇지만 유럽 국가들의 비겁한
태도가 오늘날의 부조리한 상황을 응징하겠다는 명분으로 저질러지는 이슬람
원리주의자의 테러행위를 정당화하는 구실이 될 순 없다.

　아무리 그렇더라도 서구에 의해 자행된 범죄행위가 새로운 형태의 전체주의
를 탄생시킨 것은 아닌지 의구심이 드는 것은 어쩔 수 없다.

　21세기가 시작되는 지금, 특히 2001년 9월 11일을 전후로, 식민화에 의한
병폐 및 식민화의 새로운 형태(신식민주의, 세계화의 가속화, 다국적 제국주의)가
불러온 병폐가 과거 식민지였던 나라들과 그 지역 주민, 심지어 과거의 식민
열강 '본국' 안의 반식민주의자에게까지 영향을 미치고 있다는 것은 틀림없는
사실이다. 이처럼 갖가지 상황이 복잡하게 뒤얽힌 오늘날, 우리는 과거 역사의
한 부분이 또 다시 금기시되고 있는 현실에 직면하게 되었다.

---

64) Abdelwahab Medded, *La Malaldie de l'islam*, 2002, p. 36.
65) 포스트식민주의에 관해서는 『데달Dédale』 5-6호(1997년 봄)를 참고하시오.

독립 후에 식민지 주민은 자신이 처한 어려움이 대부분 외세의 지배에서 기인한 '국력 쇠진'에서 비롯된 것이라고 생각했으며, 이러한 현실 인식은 특히 이슬람 세계에서 격한 반발의 움직임을 불러일으켰다. 그런데 그들이 주장하는 '국력 쇠진'이란 것은 유럽인의 도래 이전에 이미 존재했으며, 식민화 및 식민주의도 그러한 '국력 쇠진'의(적어도 군사력 면에서) 결과인 동시에 원인이었다고 주장할 수도 있다. 그리고 독립 후, 예를 들어 최근 20년 동안 알제리가 겪은 비극은 오직 식민주의, 신식민주의, 세계화의 탓으로만 돌릴 수 없다. 물론 1985년 갑작스러운 가격 폭락으로 석유로 인한 수익이 급감했고 그에 따라 국가 채무가 대폭 증가했으나, 알제리의 산업화는 급증하는 인구의 수요를 충족시키지 못했다. 이처럼 독립 후 알제리는 19세기 말에 이집트가 처한 상황과 유사한 경제 위기를 맞았으나, 한국이나 싱가포르 등 과거 식민지였던 몇몇 나라는 알제리가 보유한 특별한 수단(천연가스와 석유) 없이도 위기에서 벗어나 산업강국의 대열에 진입할 수 있었다.

탈식민화 이후에 나타난 세계화 및 대외 의존도의 증대, 이런 요소로 인한 타격을 거론하지 않더라도, 전반적으로 독립은 식민지 주민의 기대를 충족시키지 못했다. 신식민주의 및 그 여파로 국가 사이의 빈부격차가 더욱 벌어졌으며, 한 국가 안에서 계층 사이의 격차도 마찬가지였다. 블랙 아프리카 지역에서는 연평균 국민총소득 증가율 3~4%를 기록하면서도 연간 개인별 총소득이 400달러에 머무르는 반면, 미국의 경우는 2% 증가율에 연간 개인 총소득은 23,000달러에 이른다. 지금도 사하라 이남의 블랙 아프리카 지역에서는 날마다 4만여 명이 기아로 목숨을 잃는다. 국가 사이, 계층 사이의 격차라는 이중의 격차에서 비롯된 비극적인 상황을 우리는 텔레비전 화면을 통해 일상적으로 목격하고 있다.

옛 식민지 국가들이 독립 후에 채택했던 정책에서 식민 열강, 신식민주의,

세계화, 이런 것들이 차지한 몫은 얼마나 되며, 어떤 역할을 했을까? 예를 하나 들어보자. 신생독립국들은 식량작물 재배를 포기하고 수출용 농산물 재배에 매진했으나, 독립한 지 20년 후에 수출용 농산물 가격이 폭락하는 사태를 겪게 된다. 독립 후 세네갈과 코트디부아르는 비약적인 경제성장을 이뤄냈으나, 카카오·땅콩·커피 가격이 폭락하면서 경기가 후퇴하고 경제 위기를 맞게 되었다. 가봉이나 콩고에서는 식민지배 국가였던 프랑스와의 비밀 네트워크가 오늘날까지 수면 아래서 그 나라의 석유 생산을 장악하고 있다. 미테랑 정부 때까지 프랑스가 영향력을 행사하던 여러 아프리카 국가에서는 행정부가 국가 총예산의 3분의 2까지 흡수하면서 권력을 강화했으며, 이 권력층을 후원하는 세력(석유를 비롯한 각종 이권 사업에 개입한 프랑스의 정치 및 경제 분야 고위책임자)의 간접 통치권을 영속화하는 데 일조했다.

식민지 독립 후, 프랑스에서도 식민주의로 인한 폐해를 겪었다. 경제적 위기 때문에 19세기부터 20세기 초까지 유럽인 정착민이 해외로 이주했던 것과 마찬가지로, 과거 식민지였던 지역의 주민이 빈곤과 전쟁을 피하여 과거 '본국' 땅으로 유입되었으며, 그 결과 프랑스에서 인종주의가 더욱 확대되었다. 오늘날 공사장에서 일하는 노동자의 출신지별 분포 상황을 관찰하면(유럽인, 마그레브인, 흑인의 비율), 과거 식민지의 상황과 매우 유사하다는 점이 확연히 드러난다.

그뿐만 아니라 과거 식민지 주민이 대대적으로 유입되면서 유럽의 인종주의는 활동 영역을 대폭 확장시켰다. 독일에서는 신나치즘 단체를 탄생시켰으며, 프랑스에서 극우 정당인 인민전선이 부상하는 데 기여했다. 물론 지금은 강력한 반인종주의 단체(대부분 좌파 계열이다)가 인종주의라는 시대적 재앙에 맞서 싸우고 있다. 그러나 여기에 참여한 운동가, 이들은 물론 반식민주의자 행세를 하고 있으나, 지난 시대의 이념적 후유증에서 아직도 완전히 벗어나지 못하고 있는 게 사실이다.

실제로 프랑스에서 지난 반세기 동안 모든 분파의 레닌주의자(스탈린주의자, 그 다음으로는 트로츠키주의자와 마오쩌둥주의자)가 보여준 행태는 시사하는 바가 크다. 알제리에서 독립운동이 격화되기 전까지 스탈린주의자는, 온건하고 공화주의를 표방했으며 '부르주아적'이라는 평판을 듣던 (따라서 '미래가 없는') 페르하트 아바스 중심의 알제리 민족주의자보다, 이슬람 종교와 유착된 극단적인 메살리 하드지 추종자를 파트너로 삼았다. …… 그러다가 알제리 독립 후에는 레닌주의자와 라이벌 관계에 있던 트로츠키주의자가 당시 벤 벨라[알제리 공화국 초대 대통령], 카스트로, 체 게바라 같은 국제적인 스타가 주도한 제3세계 민족해방운동에 참여한다. 그후, 1968년 혁명의 실패로 프랑스 극좌파 지도자들은 부르주아 지배계층이 사회·정치적 질서와 국가 권력을 장악하는 모습을 지켜보아야 하는 처지가 되었다. 이후로 트로츠키주의자와 마오쩌둥주의자는 프랑스 국가와 공화주의를 선택한 마그레브 지역 출신 이민자보다, 팔레스타인인, 코르시카인을 비롯한 모든 혁명세력과 더욱 친밀한 관계를 유지했다. 물론 반인종주의 투쟁에서는 마그레브 지역 이민자 편에 섰으나, 이들을 정치 세력으로 인정한다든지 자기들 편으로 끌어들이려는 시도조차 없었다.

혁명 가능성에 대한 기대를 완전히 포기하게 된 1981년 이후, 이들은 기존 정치조직이나 언론 및 미디어(또 다른 권력의 축이다)로 흡수되었다.[66] 이런 상황 속에서도, 공화국에 대한 믿음을 버리지 않은 마그레브 출신 이민 2세들을

---

[66] 제라르 필로슈도 이렇게 증언한 바 있다. "1994년 앙리 엠마뉘엘리[당시 사회당 당수]를 만나러 솔페리노가街[프랑스 사회당 당사가 있는 거리]를 찾아갔을 때, 안뜰에 서른 명쯤 모여 있었다. 그 가운데 적어도 20명은 과거 트로츠키주의자였던 사람들이었다. …… 지난 번 사회당 전당대회에 참가한 대의원 500명 가운데 180명이 [군소 좌파단체인] 라 리그la Ligue 출신이었고, 랑베르주의자였던 사람이 열 명, 세 명은 노동자 투쟁Lutte Ouvrière 출신이었다." in Christophe Nick, *Les Trotskistes*[트로츠키주의자들], Paris, Fayard, 2001, p. 551.

자기편으로 불러들이려는 생각은 전혀 없는 듯했다. 놀라운 것은 14년이라는 비교적 장기간 동안 권력을 장악한 좌파 정부가 아니라 시라크와 라파랭 정부가 처음으로 2명의 마그레브 출신 이민 2세를 정부 각료로 임명했다는 사실이다.

이러한 사실은 오늘날 프랑스에서 역사가나 시사평론가에게 크게 주목받지 못한다. 이 또한 '금기시된 역사'의 새삼스러운 회귀가 아니고 무엇이겠는가?

제1부

인종 말살

카리브해 지역의 인디언 말살

이브 베노

1493년 말 크리스토퍼 콜럼버스는 두 번째로 아이티 땅을 밟았는데 이것은 일개 모험가의 탐험이 아니라 '히스파니올라'란 이름이 붙여진 그 섬을 무력으로 강점한 사건이었다. 1,200~1,500명을 태운 17척의 대선단이 그 섬에 도착한 것은 유럽의 식민화가 시작했음을 알리는 행동이었고, 유럽의 식민화 움직임은 곧 아메리카 대륙 전역으로 확산되었다. 식민개척자가 필요로 하는 것을 정복지 주민에게 생산케 하고, 이들에게 무차별적인 폭력을 행사한다는 유럽 식민주의의 특성은 처음부터 나타났다. 콜럼버스는 1차 항해 때 이미 그런 계획을 세워두고 있었다. 그는 항해 일지에 이렇게 썼다.

섬의 토착민은 천성적으로 말을 잘 듣는 사람들인 것 같다. 우리에게 필요한 일을 시켜도, 우리 유럽인처럼 옷을 입고 우리의 풍습을 따르도록 가르쳐도, 고분고분하게 따라줄 것이다.[1]

---

[1] 크리스토퍼 콜럼버스, *La Découverte de l'Amérique*[아메리카 발견], Paris, 1979, I, p. 148, Michel Lequenne 출간.

1492년 12월 18일의 기록에서는 호의를 베풀어준 원주민 족장을 '카스티야 왕의 봉신'이라 부르고 있다. 물론 1492년 12월 14일부터 1493년 1월 4일까지 그를 손님으로 맞아준 족장 과카나가리는 그렇게 말하지도 그렇게 생각하지도 않았을 것이다. 어쨌든 콜럼버스는 곧 그 계획을 실행에 옮겼다. 인디언은 스페인 사람을 위해 이전과 다른 방식으로 땅을 경작해야 했고, 정복자를 위해 집을 짓고 도시를 건설해야 했다.

콜럼버스가 '우리에게 필요한 일'이 무엇인지 구체적으로 밝히지는 않았지만, 그 가운데는 물론 금광을 찾아 금을 채굴하는 일도 포함되어 있었다. 그 시대 미지의 세계를 찾아 떠난 유럽인의 가장 중요한 목표였기 때문이다. 하지만 그것은 힘겨운 노동이었다. 아이티 주민에게는 생소하고 평소 생활 패턴에도 어울리지 않는 노동 방식이었기에, 이들의 신체적·생리적 한계를 넘어서는 것이었다. 따라서 이들은 유럽인의 가혹한 노동 착취에 못 이겨 수없이 죽어갔다.

인디언은 곧 침략자에게 맞서 싸웠다. 1493년 11월 27일, 다시 돌아온 콜럼버스는 이러한 상황을 즉시 파악하게 된다. 1493년 1월에 아이티를 떠나면서, 그곳에 남는 39명의 부하에게 탄약과 대포와 비상식량을 남기고 갔다. 하지만, 11월에 돌아왔을 때에는 한 사람도 살아남지 못했다는 사실을 알게 된 것이다.

그 가운데 두 명의 장교, 페드로 구티에레즈와 로드리고 에스코바도는 시바오의 금광을 찾아가던 가운데 족장 카오나보의 영토에서 인디언 한 사람을 죽이게 되었는데, 이에 대한 보복으로 족장은 즉각 두 사람을 처형했다. 나머지 병사는 디에고 데 아라나의 지휘 아래 보루에 남아 있으면서, 인디언 부녀자에게 갖은 악행을 저질렀다. 디에고 데 아라나는 높은 학식을 갖췄지만, 잔인함으로 악명이 높은 인물이었다. 족장 과카나가리는 당연히 그에 상응하는 보복을 했다. 이에 대해 콜럼버스는 다음과 같이 썼다.

인디언이 그런 짓을 저지르기에 마땅한 빌미를 제공하긴 했지만, 경비만 철저 했어도 감히 우리를 해칠 생각은 못했을 것이다.[2]

최근에 발견된 기록에서 콜럼버스는, 자기 부하들이 한 사람 당 여러 여자를 거느리고 있었다고 구체적으로 밝히고 있는데 이는 라스카사스가 쓴 기록에도 나와 있는 사실이다. 사실이야 어떠하든, 그 당시 콜럼버스는 주도면밀한 태도를 견지하며, 그런 사태를 초래한 모든 책임을 카오나보 족장에게 돌렸다.

이러한 초기의 충돌 양상에서 볼 수 있듯이, 정복자의 행동 동기가 '저주받을 황금에 대한 갈망'만은 아니었다. '저주스러운 섹스에 대한 갈망'도 그에 못지않 게 중요한 역할을 했다. 유럽의 식민화 과정에는 학살 못지않게 강간도 빈번했다. 스페인 사람은 본국의 지나치게 엄격한 가톨릭 교리에 앙갚음이라도 하려는 듯이, '이교도'를 상대로 도덕적 규범에 어긋나는 일을 거리낌 없이 저질렀다.

그런 식민지 관행을 비난하는 선교사도 있었지만, 대부분은 침묵했다. 콜럼버 스도 자신이 그런 일에 동참하진 않았지만, 동료의 행동을 묵인했다. 콜럼버스가 동료나 친구에게 인디언 여자를 선물로 주었다는 이야기도 있다. 미켈레 데 쿠네오는 콜럼버스에게서 선물로 받은 인디언 여자를 강제로 범했다는 이야기 를 편지에 쓰기도 했다.[3]

1519년에 작성된 도미니크회 선교사의 보고서도 충격적이다. 여기에는 스페 인 작업반장이 인디언 남자들을 광산에 보낸 다음, 이들의 아내와 잠자리를 같이 했으며, 이에 항의하는 남편들에게는 매질을 가했다고 쓰여 있다. 이런 사례에서 볼 수 있는 것처럼, 콜럼버스가 '평민 출신'이나 '못 배운 자'가 그런 짓을 저지른다고 변명했지만, 그건 사실이 아니었다. 실제로 미천한 자로부터 콜럼버스나 훗날의 코르테스 주변의 학식을 갖춘 자에 이르기까지,

2) 같은 책, II, p. 87.

3) T. Todorov, *La Conquête de l'Amérique*[아메리카 정복], Paris, 1991, pp. 65-66.

모든 사회 계층이 인디언 여성의 성적 착취에 가담했다.

유럽인은 자기들이 '이교도'라 부르는 인디언 사회에 사회생활이나 가족 관계, 남녀 관계를 규정하는 행동 규범이 존재하지 않는 것처럼 행동했으며, 실제로 그렇다고 공공연히 주장하는 자도 있었다.[4]

그로부터 얼마 후인 1494년 4월, 라스카사스가 인디언에게 저지른 '최초의 부당한 짓'이라 일컬었던 사건이 일어난다. 콜럼버스는 오헤다를 내륙으로, 곧 금이 매장되어 있는 것으로 추정되는 시바오로 보냈다. 그런데 도중에 절도 사건이 일어났고, 화가 난 오헤다는 도둑으로 의심되는 두 사람의 코와 귀를 잘라버렸다. 그러고는 그 지역 족장과 그의 아들을 붙잡아 콜럼버스에게 보내, 족장 부자를 처형하도록 했다. 그러나 콜럼버스는 추장 부자를 처형하지 않는다.

그런데 사실, 도둑질을 하면 어떻게 되는지 모두에게 경고하는 뜻으로, 도둑으로 의심되는 자의 코와 귀를 잘라버리라고 명령한 사람은 바로 콜럼버스였다.[5] 또한 절도 사건이 일어난 지 몇 주 후에 계략을 써서, 카오나보 족장을 걸려들게 한 것도 바로 그였다. 이 사건에 대해 라스카사스가 쓴 글은 정복시대라는 당시의 상황을 넘어서는 호소력을 지니고 있다. 그는 이렇게 썼다.

이 최초의 부당한 짓은 인디언에게 분연히 일어나 그리스도교도에 맞서 의로운 싸움을 벌일 수 있도록 하는 자격과 명분을 주었다.

---

4) 아메리고 베스푸치의 『신세계*Mundus Novus*』(1504)에 다음과 같은 부분이 있다. "이들에게는 의복 뿐만 아니라 모직물도 견직물도 없다. 이런 것이 필요치 않기 때문이다. 각자 소유한 재산도 없으며, 모든 게 공동 소유이다. 통치자도 정치권력도 없고, 각자가 주인 행세를 한다. 남자는 마음에 드는 여자라면 누구와도 잠자리를 같이 할 수 있다. 아들이 어머니와, 오빠가 누이동생과 잘 수도 있다. 이혼도 마음대로 할 수 있고, 이를 제한하는 어떠한 규정도 없다. 게다가 교회도 법도 없고, 우상숭배조차 존재하지 않는다"(H. Vignaud, *Americ Vespuce*, Paris, 1917, p. 308). 아이티에 거주하던 타이노족의 현실은 그렇지 않았지만, 콜럼버스의 인식 태도도 크게 다르지 않았다.
5) 코와 귀를 자르는 형벌에 관해서는 Lequenne, II, p. 106을 보시오.

라스카사스는 또 제독이라 해도 인디언 족장이나 군주에게 미리 알리거나 허락받지 않고서는, 마음대로 섬을 돌아다닐 권리가 없다고 썼다.6)

실제로 아이티 전역이 전쟁의 소용돌이 속에 휩싸였던 1494년 여름, 자메이카와 쿠바 남부 해안을 탐험하고 돌아오면서 콜럼버스는 전투용 개 몇 마리를 데리고 왔다. 이 개들은 훗날 인디언이나 반란을 일으킨 흑인 노예를 진압하는 데 투입되었고, 나아가 1803년의 아이티 독립전쟁에서도 사용되었다. 콜럼버스 자신도 이렇게 썼다. "이곳의 싸움에서 개는 열 사람 몫을 거뜬히 해낸다. 따라서 개는 우리에게 꼭 필요한 동물이다."7)

인디언의 저항을 겪고 난 뒤로, 그 종족에 대한 평가가 완전히 달라졌다. 처음에는 평화롭고 온순하며, 그리스도교로 개종하기에도 수월한 사람이라 여겼다. 하지만 자기들에게 대항해 싸우는 것을 본 뒤로는 믿을 수 없고, 도둑질을 잘 하고, 학살이나 약탈에 능숙한 자들이라고 평했다.

18세기 말에 리히텐베르크Georg Christoph Lichtenberg[1742~1799, 독일의 물리학자이자 계몽주의 사상가]는 크리스토퍼 콜럼버스를 처음 맞이한 인디언이 유럽인의 방문을 반기지 않았으리라고 주장한 바 있다. 하지만 사실은 그렇지 않았다. 첫 만남에서는 적대감보다 서로에 대한 호기심이 더 컸다. 그 낯선 손님이 지나가다 들른 방문객이 아니라, 강압적인 침략자란 것을 인디언이 알아차렸을 때부터 문제가 생기기 시작했다.

아이티는 최초의 정복사업이 이루어진 장소였던 만큼, 식민주의 역사에서 매우 중요하다. 그곳에서 벌어진 일은 그후 아메리카 대륙에서도 어김없이 나타났다. 다양한 인디언 부족은 일시적으로 체류하는 방문객이라면 기꺼이 맞아줄 수도 있었지만, 이방인에게 영구적으로 거주할 수 있는 권리를 내줄 생각은 조금도 없었다. 더구나 이들 밑에서 노예처럼 일을 한다는 건 상상조차

---

6) *La Historia de las Indias*[인디언의 역사], Ranke-Millarés 편, 멕시코, 1951, Ⅰ, 92장.
7) Christophe Colomb, *Œuvres complètes*, Paris, 1992, p. 293(다음부터는 Colomb, O. C.라고 표기).

못할 일이었다.

콜럼버스는 인디언을 굴복시키려고 격렬한 전쟁을 벌였고, 1495년 3월 베가 레알 전투에서 인디언은 참패하고 말았다. 이때 사망자가 몇 명이었는지 알려진 바는 없지만, 막대한 인명 피해가 났으리라고 추정된다. 노예로 쓰라고 수백 명의 포로를 스페인으로 보냈으나, 이사벨라 여왕은 이를 거절한다. 스페인에 도착한 인디언은 화전을 일구는 농사에 동원되었으나, 결국 산속으로 쫓겨나 대다수가 굶어죽는다. 이때 살아남은 인디언은 탄광이나 농장에서 일하는 신세로 전락했다.

콜럼버스는 스페인에서 숙련된 수공업자와 노동자를 데려와서 식민지 건설에 참여시키려는 계획을 세웠다. 실제로 몇 사람이 건너왔지만, 제독은 식민지에 온 스페인 사람이 직접 일을 하기보다는 남을 부리는 데 관심이 더 많다는 사실을 곧 알아차렸다. 게다가 이들은 원주민에게 휴식 시간도 주지 않고, 힘든 노동을 강요했다. 노동 시간을 제한하는 규정도 전혀 없었고, 주인의 가혹 행위로부터 타이노족 노동자의 안전을 보장하기 위한 아무런 장치도 없었다. 작업반장에 의한 가혹행위의 사례를 앞에서도 언급했지만, 비슷한 사례는 그밖에도 많다. 뿐만 아니라 천연두를 비롯한 각종 전염병이 돌았다. 힘든 노동과 학대에 시달리던 원주민 노동자는 전염병에 취약할 수밖에 없었다. 게다가 전염병에 감염된 인디언은 치료도 제대로 받지 못했다.

결과는 참혹했다. 1519년 도미니크회 선교사가 작성한 보고서에 따르면, 콜럼버스의 도래 초기 섬의 인구는 110만 명쯤 되었다고 한다. 그런데 1507년에 세금징수를 담당하던 관리 후안 데 파사몬테는 당시의 인구를 6만 명이 넘지 않을 것이라고 보고했다. 1520년에는 히스파니올라 섬에 인디언이 1,000여 명밖에 남아 있지 않았고, 푸에르토리코에는 단 한 명도 없었다.

공식적으로는 노예가 아니었지만 실제로는 노예나 다름없이 취급된 원주민 노동력이 부족해지자, 인근 지역 원주민의 강제 이주가 시작되었다. 바하마제도에서 4~5만 명이 히스파니올라 섬으로 건너왔다. 그밖에 육지에서 포획되어 노예로 팔려온 인디언도 헤아릴 수 없이 많았으며, 이들은 아메리카 최초의 식민지에 정착한 스페인 사람에게 팔렸다. 1509~1511년부터 몇몇 타이노족 집단이 은신처로 삼은 쿠바에서도, 자메이카나 푸에르토리코의 산후안에서도, 동일한 형태의 인디언 파괴가 행해졌다.

오늘날 표현으로 '집단수용소의 강제노동'이라고 부를 수도 있을, 식민시대 강제노동 체제의 결말은 이처럼 비극적이었다. 강제노동은 타이노족 인디언의 전통과 생활양식, 문화 전반과 배치되는 것이었고, 이로써 이들의 전통적 사회 구조는 서서히 무너져갔다. 콜럼버스의 도래 이전까지 아이티는 쿠바나 소小앤틸리스제도와 달리, 어느 정도 국가 체제가 정비된 사회였다. 몇 명의 대족장이 지역의 우두머리를 거느리고 통치하는 방식으로 사회가 운영되고 있었다.

스페인 사람은 이들 모두를 가리켜 족장이라 일컬었다. 콜럼버스가 쿠바가 아닌 아이티에 정착한 것도, 확고하게 자리잡은 그곳 권력자를 잘 이용하면, 정복사업이 수월해지리라고 판단했기 때문이었을 것이라는 추측도 가능하다. 실제로 콜럼버스는 그토록 탐내던 황금을 얻어내고 인디언 노동력을 착취하는 데 권력자를 이용했다. 족장에게는 스페인 왕권의 우월한 지위를 인정하도록 강요했다. 뿐만 아니라 그 사회에 새로운 수요를 창출함으로써, 인디언으로 하여금 스페인에 의존하도록 하는 데에도 족장을 이용했다.

식민화를 정당화하는 동기 가운데 공공연히 내세울 수 있는 유일한 것은 그리스도교 개종이라는 목표였다. 처음에 콜럼버스는 대족장을 매개로 하는 간접 통치 방식을 채택했다. 대족장으로 하여금 백성에게 금과 식량을 빼앗아 공물로 바치게 했던 것이다. 이러한 수탈은 인디언 원주민의 능력을 크게 벗어나는 것이었고, 결국 그 체제는 오래 가지 못했다.

콜럼버스의 3차 항해(1498~1500) 이후 엔코미엔다 제도가 도입된다. 엔코미엔다란 토지와 특정수의 인디언을 할당받은 스페인 사람이 인디언에게 급료를 주어 토지를 경작하게 하고, 이들의 개종 사업도 함께 떠맡는 제도였다(법규상에는 이렇게 명시되어 있었으나, 현실에서의 상황은 그와 달랐다). 인디언 주민 모두가 이 '인위적인 분할'의 대상이 되었고, 족장도 마찬가지였다. 그 결과, 아이티의 전통 사회질서는 모두 파괴되었으며, 그 대신 노예화된 원주민 백성이 절멸되는 날에야 비로소 끝이 날 새로운 형태의 노예제도가 탄생했다.

살아남은 대족장은 투쟁을 재개했다. 대족장 가운데 두 사람, 카오나보와 과카나가리는 콜럼버스가 총독으로 있던 당시 이미 살해당했다. 보바디야 총독 시대에는 '마요바닉스'라는 족장이 활과 창으로 무장한 인디언 군대를 이끌고 저항하다가 붙잡혀 감옥에서 죽는다. 또, 술책에 걸려들어 붙잡힌 과리오넥스는 스페인으로 압송되던 가운데 산토도밍고 만에서 사이클론이 갑자기 몰아닥치는 바람에 배가 침몰하면서 목숨을 잃었다. 이때, 본국으로 송환되어 함께 배를 탔던 보바디야와 그의 일행도 모두 바다에 빠져 죽었다.

인디언 족장에 대한 박해 사례 가운데 가장 널리 알려진 것은 카오나보의 아내였던 아나카오나 족장의 처형에 관한 일화이다(1502). 남편이 죽은 뒤, 아나카오나는 오늘날의 아이티 중심부에 있는, '사라과'라 불리는 지역을 다스리고 있었다. 그 당시 오반도 총독이 섬을 통치하고 있었는데, 자메이카에 머물던 콜럼버스는 도움을 요청하기 위해 디에고 멘데스를 총독에게 보낸다. 그런데 디에고 멘데스는 "84명의 족장, 영주, 봉신, 그리고 섬에서 가장 막강한 여족장 아나카오나를 붙잡아다가 이들을 모두 화형이나 교수형에 처하기까지 일곱 달 동안"[8] 오반도가 자신을 놓아주지 않았다고 쓴다.

---

8) Lequenne, II, p. 203.

아나카오나가 오반도를 위해 베푼 축제가 열리는 동안, 총독은 병사에게 명령을 내려 인디언 귀족을 붙잡아 오두막에 가두게 한 다음 불을 질렀다. 이때 300명이 목숨을 잃었으며, 아나카오나는 산토도밍고로 압송되어 교수형을 당했다. 이는 인디언에게 겁을 주고, 모든 원주민에게 존경을 받던 아나카오나를 눈엣가시처럼 여기는 스페인 정착민을 달래려는 목적으로 저지른 학살 사건이었을 뿐, 아나카오나가 반란을 기도했다는 증거는 없었다. 1506년 동부에 있는 히구예Higuey에서 폭동이 일어났을 때에도 이를 주도한 코투바나가 수도로 압송되어 교수형을 당했다. 이리하여 식민 이전 시대 아이티의 전통적 사회구조는 흔적도 없이 사라졌다.

그후, 1522~1533년에 메스티조 돈 엔리케가 주도한 폭동은 형태가 완전히 달랐다. 살아남은 소수의 인디언, 메스티조, 탈주한 흑인 노예가 뒤섞여 지내며 외진 산악지대로 가서 자유로운 공동체를 만들기 시작했던 당시의 식민체제라는 틀 안에서 이루어진 봉기였다.

그런데 공짜나 다름없는 노동력을 제공하던 인디언 인구가 급격히 감소하자, 이는 식민개척자에게 큰 문제가 되었다. 이들은 부족한 노동력을 보충하려고 노예제가 아직 잔존하는 스페인에서 흑인 노예를 들여왔다(스페인뿐만 아니라 포르투갈, 베네치아, 시칠리아 등지에서도 노예제가 존속하고 있었다). 이러한 관행이 언제부터 시작되었는지 정확한 기록은 없지만, 대략 1498년경부터 시작되었을 것이다. 실제로 1502년, 스페인에 돌아온 오반도는 스페인에서 건너간 흑인 노예가 탈주한 인디언과 뒤섞여 산악지대로 들어가 떠돌이 생활을 한다고 하면서 흑인 노예의 이송을 중단할 것을 촉구한다는 내용의 글을 썼다.

하지만 그로부터 몇 달이 지난 뒤에는 태도를 바꿔 흑인 노예를 보내달라고 요청한다.9) 이미 노예라는 지위에 익숙해진 흑인 노예를 데려다가 안달루시아

---

9) Georges Scelle, *Histoire politique de la traite négrière aux Indes de Castille*[스페인령 인도의 흑인 노예무역의 정치사], Paris, 1906, I, p. 122와 그 다음 부분을 보시오.

지방의 농장 노동자를 부리듯 마음대로 농사일을 부릴 수 있으리라 판단했던 것이다. 게다가 이들은 금속을 다루는 기술도 갖고 있었다. 1520~1530년에 흑인 노예가 인디언 노동력을 완전히 대치했으며, 약 반 세기 동안에 히스파니올라 섬은 금 생산지에서 사탕수수 생산지로 탈바꿈한다. 그리고 이때부터 흑인 노예가 아프리카에서 곧바로 강제 이주되기 시작했다.

인디언 대신에 아프리카 흑인을 부릴 수 있게 되었다는 점은 유럽인 정착민이 인디언의 절멸이라는 상황을 대수롭지 않게 여긴 유일한 이유도, 주요 원인도 아니었다. 이 점에 대해 라스카사스는 이렇게 설명한다.

정착민은 이 섬에서 저 섬으로, 아니면 대륙 여기저기를 쏘다녔다. 한 곳에서 약탈과 파괴, 주민 학살을 저지르고 나면, 다른 곳으로 가서 똑같은 짓을 저질렀다.10)

아스텍과 잉카, 이 두 대제국을 정복하고 나서야 이들은 한곳에 정착했다. 그 동안, 타이노족의 강제노동으로 생산한 금 가운데 1503년에서 1510년까지 리스본 항구의 세관에 정식으로 신고된 것만 5톤이었다. 그밖에도 막대한 양이 밀수로 들어왔고, 1503년 이전에 생산된 것까지 합하면 실로 엄청난 양이었다. 이처럼 식민화는 엄청난 이윤을 보장하는 고수익 사업임에 틀림없었다. 수단이야 어떻든 아무런 상관이 없었다.

어쨌든 본국에서 바라보는 식민지의 이미지는 정착민이 갖고 있던 이미지와도, 피비린내 나는 현지의 실제 현실과도 달랐다. 따라서 스페인 왕실에서 결정되는 공식적인 정책은 현지에서 실제로 적용되는 정책과 어긋날 수밖에 없었다. 이는 유럽인이 개척한 모든 해외 식민지에서 공통적으로 나타나는 현실이었다. 인디언의 위상에 대한 다양한 견해를 살펴보면, 그 차이를 짐작할

10) Las Casas, *La Historia de las Indias*, Ⅲ, ch. ⅹⅺ.

수 있다. 독실한 가톨릭 신자였던 스페인 왕에게 보내는 1492년의 글에서 콜럼버스는 모든 인디언, 아니면 적어도 인디언 족장을 '봉신'으로 소개했다.

그런데 1495년에는 600여 명의 인디언을 본국으로 보내어 노예로 삼게 한다. 이사벨라 여왕은 노여워하며 선물을 거절했고, 긴 항해에서 살아남은 인디언을 다시 배에 태워 돌려보냈다. 그리고 그런 행동을 한 콜럼버스를 책망했다. 이에 콜럼버스는 여왕에게 해명하느라 다시 편지를 쓴다. 이 편지는 그의 마지막 항해(1502~1504)와 비슷한 시기에 작성된 듯하다.

> 오래 전부터 제게는 인디언 원주민을 위해 커다란 마을을 세우고, 이들을 착한 그리스도교 신자로 개종하고 싶다는 꿈이 있었습니다. 실제로 그 일에 착수했던 적도 있습니다. …… 언젠가 폐하께 보내는 서신에서 이곳에서 인디언은 그 자체가 황금이요 풍요로움이라고 쓴 적이 있습니다. 그리스도교 교인인 저희가 처음 이곳에 왔을 때, 인디언은 태생이 미천함에도 프리아모스 왕의 후손을 자처하면서 그렇게 대우해주기를 바라더군요. 인디언을 잃는다면, 이 땅을 잃는 거나 마찬가지입니다![11]

언뜻 관대함이 넘쳐나는 듯한 이 글에서 인디언을 백성, 봉신, 노예, 임금 노동자 가운데 어느 쪽으로 취급하는지 불분명하다.

본국에서는 1500년 보바디야에게, 또 1501년 오반도에게 내린 교서를 통해 인디언을 정당하고 인간답게 대우하라는 명령을 내렸으며, 특히 그리스도교로 개종시키는 데 유념하라고 당부했다. 실제로 식민지 정복의 가장 중요한 동기는 우르비 엣 오르비urbi et orbi, 곧 '도시(로마)로 세계로'라는 기치 아래 이교도를 사도 전승의 로마 가톨릭 교회로 인도하는 것이었으며, 이 점에 대해서는 당시 누구도 이의를 제기하지 않았다. 금을 찾는 게 공공연한 목표가 된 것은

---

11) Colomb, O. C., 587.

그후의 일이었다.

그런데 인디언 개종 사업은 이들의 행동을 구속하는 형태로 나타났다. 1503년
의 국왕 칙령에는 다음과 같이 적혀 있었다.

> 인디언을 그리스도교도와 어울려 지내게 하고, 그리스도교도가 거주할 집을
> 짓고 금을 비롯한 여러 광물을 채집하는 데 동원해야 한다. …… 그 대신에 그리스
> 도교도는 그들에게 일정한 급료를 지불한다. 그런 조건으로 인디언은 자유인으
> 로서 위의 의무를 다해야 한다.[12]

이 규정은 1512~1513년에 일부 수정되었지만, 어쨌든 인디언의 실제 현실은
여기서 언급된 '자유인'의 위상과 거리가 멀었다. 독실한 가톨릭 신도였던
스페인 왕들은 이베리아 반도에도 존재한다는 이유를 들어 원칙적으로는 노예
제를 반대하지 않았다. 어떤 자를 노예로 삼을 수 있는가가 문제되었을 뿐이었다.
인디언의 경우, 식인종 곧 소앤틸리스제도의 카리브족 인디언을 노예로 삼는
것은 합법적일 뿐만 아니라 필수적인 일로 간주했지만, 식인 풍습이 없는
타이노족은 이에 해당되지 않았다. 또한 의로운 싸움을 하는 그리스도교도에
맞서 저항하는 이교도를 노예로 삼는 것도 법에 어긋나지 않는다고 규정했다.

중세의 철학자나 신학자의 사고에서 비롯된 이러한 추상적 견해는 바다
건너 멀리 떨어진 식민지의 실제 현실, 폭력이 끊이지 않던 그곳의 현실과
크게 동떨어져 있었다. 그곳에서는 유럽인과 인디언 사이뿐만 아니라 유럽인
사이에도 늘 폭력의 기운이 팽배해 있었다. 정착민은 제독에 맞서 폭동을
일으켰고, 개인 사이의 충돌도 잦았다. 예를 들어, 본국에서 조사관으로 파견된
프란시스코 보바디야는 크리스토퍼 콜럼버스를 체포하고 족쇄를 채우는 등의
월권행위를 한다.

---

12) Marcel Bataillon, *Las Casas et la défense des Indiens*, Paris, 1971, pp. 59-60.

　그런데 성서의 '산상수훈' 가르침을 진지하게 받아들인 일부 수도사에 의한 반발의 움직임이 일찍부터 있었다. 그 시초는 1511년 12월 경, 산토도밍고에서 도미니크회 소속 사제 프라이 몬테시노스가 행한 설교였다. 그는 정착민을 향해 인디언에게 저지른 범죄로 그들 모두가 대죄인이 되었다고 꾸짖으면서 "인디언도 당신의 형제가 아닌가?"[13]라고 물었는데, 이 말은 훗날 노예제 폐지를 위한 운동의 슬로건이 되었다.

　젊은 라스카사스는 이 연설을 듣고 충격을 받아 앞으로 평생을 바치게 될 정의를 위한 싸움에 뛰어든 반면, 크리스토퍼 콜럼버스의 아들이자 당시 총독이었던 디에고 콜럼버스는 분노하여 몬테시노스뿐만 아니라 그의 생각에 동조한 도미니크회 선교사를 섬에서 추방했다. 선교사는 이 사실을 마드리드 궁정에 보고했으며, 인디언의 권리를 위한 싸움은 그후로도 계속되었다. 1537년에 교황이 인디언도 영혼을 지닌 인간이므로 노예로 삼아선 안 된다고 말했으나, 대앤틸리스제도의 인디언에게는 이미 때늦은 처사였다.

　소앤틸리스제도의 카리브족 인디언은 국가 체제를 갖추지 못한 채 작은 집단을 이루어 마을이나 커다란 오두막집에 모여 살았다. 중요한 결정을 내려야 할 때는 집회를 열어 토론했다. 그들은 때로 수백 혹은 수천 명으로 이루어진 대규모 원정대를 조직하여 오늘날의 베네수엘라 해안 등지로 쳐들어가서 아라와크족 같은 다른 인디언 부족을 붙잡아오거나, 스페인 정착민이 거주하는 지역을 공격했다.

　그들이 바로 콜럼버스가 1차 항해 때 그곳 원주민에게 들었다는 식인종이다. 그들이 거주하던 섬들이 스페인 선박이 지나다니는 항로 한가운데 위치했기 때문에(과달루페 섬이 그 가운데 하나였다) 스페인 사람은 그들을 섬에서 쫓아내려고 여러 차례 시도했다. 이 과정에서 그들에게 막대한 피해를 입혔으나, 얻은

---

13) 라스카사스는 몬테시노스의 설교를 알고 있었다.

것은 트리니다드뿐이었다. 이에 대한 보복으로 카리브족 인디언은 푸에르토리
코 같은 해안 지역을 기습 공격했고, 그러는 가운데 흑인 노예라는 뜻밖의
전리품을 얻어내기도 했다.

이리하여 노예를 부린 적이 없던 그 사회에 노예 관행이 생겨났다. 노동이
분화된 이 사회에서 여자는 밭일과 집안일을 했고, 남자는 물고기를 잡고
사냥을 하고 통나무 속을 파내 카누를 만들었으며, 때로 해안 지역을 급습하여
약탈을 했다. 타이노족 사회와 마찬가지로, 고된 노동으로 생산성을 높이는
것은 그들에게 삶의 목표나 이상에도 부합하는 게 아니었다.

16세기에 카리브족 인디언은 인근 해역에서 스페인의 갤리온 선뿐만 아니라
영국과 프랑스 선박을 목격하게 되었고, 급기야 그들과 충돌하는 일도 벌어졌다.
백인의 행태가 어떤지 일찌감치 경험으로 터득한 카리브족 인디언은 유럽인이
자기 땅에 영구적으로 정착하는 것을 거부하면서도 조난당한 자, 탈영병,
스페인과 적대 관계에 있는 사람에 한해 식량과 물을 요청하는 선원은 기꺼이
받아들였다.

이리하여 1620년경에 이르면, 과달루페에 장기간 체류하는 상당수 백인
난민 집단이 생겨난다. 10여 년 전, 프랑스 카르팡트라에서 발견된 놀라운
문서에는 1619년 프랑스의 사략선私掠船 해적이 굶주린 채 며칠을 항해한
끝에 마르티니크 섬에 닿았는데, 그곳 원주민이 3일 동안 토론을 벌인 뒤
그들을 받아들였다는 흥미로운 이야기가 수록되어 있다. 인디언이 정성껏
먹이고 보살펴준 덕택에 해적들은 기운을 차릴 수 있었다. 이 이야기를 쓴
익명의 작가는 프랑스인이 떠나려 하자 인디언이 가장 좋은 담배와 해먹과
카사바로 빚은 술을 주겠다고 하면서 그들을 붙잡았다고 썼지만,[14] 그로부터
몇 년이 지난 뒤 프랑스 및 영국과 카리브족 인디언의 관계는 급속도로 악화되

---

14) *Un flibustier français dans la mer des Antilles, 1618-1620*을 보시오. 그것은 17세기 초에 작성된
   필사본으로 Jean-Pierre Moreau에 의해 출간되었다(Paris, 1990).

었다.

오래 전부터 스페인과 대립해온 프랑스와 영국이 식민화의 길로 들어서자마자, 프랑스인과 영국인은 지난날의 친구와 충돌을 벌인 것이다. 그러나 대앤틸리스제도의 인디언 학살은 유럽 사회에 큰 충격을 주었고, 국왕은 식민지 총독에게 칙서를 내려 인디언을 인간으로 대우하고 관대하게 다스리도록 명령했다. 그런 와중에도 인디언 개종에 유념하라는 당부를 잊지 않았다. 그러나 현지 사정은 달랐다. 영국과 프랑스에서 파견된 관리의 횡포로 1626년부터 이미 원주민 절멸의 조짐이 보이기 시작했고, 18세기에 이르러 카리브족 인디언은 거의 사라지고 말았다.

1626년에 워너라는 사람이 이끄는 영국 군대와 블랭 데스낭뷔라는 사람이 이끄는 프랑스 군대가 세인트크리스토퍼 섬(오늘날의 세인트킷츠네비스)에 들어와 주둔했다. 그곳에는 프랑스인, 탈영병, 조난당한 자들을 받아들인 적이 있는 카리브족 인디언이 살고 있었다(이 백인들이 나중에 어떻게 되었는지는 알 수 없다). 영국군과 프랑스군은 영토를 분할하여 주둔했는데 인디언이 공격해올 기미가 보이자, 선제공격하여 원주민 남성 인구의 상당수를 학살했다고 뒤테르트르 신부가 증언한 바 있다.[15]

1635년에 프랑스 군대가 과달루페와 마르티니크에 상륙했고, 얼마 지나지 않아 그곳의 카리브족 인디언과 전쟁이 시작되었다. 이때 과달루페에서 어떤 일이 벌어졌는지는 최초의 프랑스어-카리브어 사전을 집필한 브르통 신부의 친구이며 도미니크회 소속 선교사였던 뒤테르트르 신부가 자세히 기술하고

---

15) *Histoire générale des isles de Saint-Christophe, de la Guadeloupe, de la Martinique et autres*(Paris, 1654)에 수록되어 있다. 뒤테르트르 신부에 따르면, 실제로 그들은 "남자는 한 사람도 남김없이 모두 학살했다. 난폭한 욕정을 채우고, 또 노예로 쓰려고 얼굴이 예쁜 여자 몇 사람만 남겨두었다." 뒤테르트르 신부 자신이 1667년부터 1671년까지 3권으로 출간한 재판본의 1권은 1654년의 원본과 일치하지 않는다. 누락되거나 완화된 부분이 곳곳에서 나타나는 것으로 보아 어디선가 압력이 있었던 듯하다.

있다. 주둔 당시, 대부분 지원병으로 이루어진 프랑스 군대는 극심한 어려움과 굶주림에 시달리고 있었다(이 지원병들은 3년 동안의 군복무로 대서양을 건너는 뱃삯을 차감하기로 되어 있었다).

극심한 어려움에 시달리다 못해 무척이나 초조해진 우리 프랑스 병사가 원주 민에게 반감을 사는 행동만 자제했더라도 그들에게서 적지 않은 도움을 받을 수 있었을 것이다. 프랑스 군대가 자기들을 공격하리라는 생각은 꿈에도 한 적 없는 섬의 야만인은 자주 진지로 찾아왔다. 게다가 빈손으로 오는 법이 단 한 번도 없었다. 우리 병사가 식량 부족으로 어려움을 겪고 있다는 사실을 알고 난 뒤로는 카누에 거북이, 도마뱀, 돼지, 생선, 카사바, 감자, 그곳에서 나는 갖가 지 과일을 잔뜩 싣고 왔다. 그러나 굴러 들어온 복마저 발로 차버리는 우리 프랑스 병사는 자기들의 약점이 무엇인지 염탐하러 오는 것일 뿐이라고 말하면서 원주민 의 잦은 방문을 달가워하지 않았다. 그러다 보니 원주민 몇 사람에게 못된 짓을 저질렀고, 급기야 그들이 타고 온 카누 두어 척을 망가뜨리는 일도 벌어졌다. 이런 지경에 이르자, 웬만한 일에는 겁을 먹지 않는 야만인도 즉시 그곳을 떠났고 다시는 나타나지 않았다.16)

처음에는 전쟁이 게릴라전 양상으로 나타났지만, 양측에서 사망자가 발생했 다. 그러다가 프랑스 군대는 과달루페 전역, 특히 바스테르[저지대라는 뜻]라 불리는 지역을 독차지하겠다는 야심을 공공연히 드러냈으며, 전쟁은 점차 전면전 양상을 띠어갔다. 이리하여 1636~1640년에 카리브족 인디언은 섬을 떠나 마지막 은신처가 될 도미니카로 쫓겨갔다. 레이몽 브르통 신부가 '야만인' 을 개종할 목적으로 그들을 관찰하고 연구하려고 찾아간 곳이 바로 그 도미니카 섬이었다(그렇지만 브르통 신부는 결국 원주민 개종사업을 포기한다).17)

---

16) 뒤테르트르, 앞 책, pp. 121-122. 1667년 판본에는 나타나지 않는 부분이다.
17) 원주민 개종사업이 불가능하다는 사실을 곧 깨달았는데, 그 이유는 콜럼버스의 1차 항해 때부터

마르티니크에서도 비슷한 일이 벌어졌다. 프랑스군은 우선 바스테르와 달리 연중 거센 바람이 몰아닥치는 지역인 '카베스테르'로 원주민을 몰아냈다. 그 뒤로는 화해와 대립의 시기가 반복되다가 흑인 노예 문제가 개입하면서 상황은 복잡해진다. 프랑스인과 영국인은 처음부터 흑인 노예를 부렸으며, 세인트크리스토퍼 섬에서는 1626년부터 스페인 사람 또는 네덜란드 노예 상인이 들여온 흑인 노예가 존재했다. 그런데 백인 지원병만으로는 일손이 크게 부족했다. 프랑스군은 대륙에서 포획해온 아라와크족 인디언 노예를 부렸고, 영국군은 카리브족 인디언이나 아라와크족 인디언을 노예로 부렸지만 노동력 부족이라는 문제를 해결할 수 없었다. 이런 상황에서 아프리카 출신 흑인 노예를 들여오게 된 것이다.

마르티니크에서 흑인 노예의 수가 급속히 증가했고, 이들은 1654년과 1657~1658년에 카리브족 인디언이 일으킨 두 차례의 폭동에 가담했다. 1654년의 폭동은 완벽한 성공으로 끝나는 듯했다. 그러나 뜻밖에도 네덜란드 선단이 섬에 상륙하는 바람에 항구를 봉쇄한 인디언과 흑인을 물리칠 수 있었다. 같은 해에 그레나다에서도 폭동이 일어났다. 그 결과, 마르티니크의 인디언은 도미니카로, 그레나다의 인디언은 대륙으로 쫓겨났다.

카리브족 인디언이 1639년에 재탈환했던 세인트루시아 섬은 1654년에 프랑스군에게 다시 넘어갔고, 결국 도미니카만이 그들의 마지막 은신처로 남게 되었으며, 1660년 프랑스 - 영국 - 인디언 사이에 맺은 협약으로 그들의 땅으로 공식 인정되었다. 그러나 영국은 이 협약을 지키지 않는다. 7년 전쟁 후 체결된

이미 드러났던 것이다. 제독을 수행하는 종군 사제였던 라몬 파네 신부는 족장 과리오넥스에게 그리스도교 기도문을 가르쳤는데, '지역 유지'들은 대족장에게 '그리스도교를 믿는 자들은 우리 땅을 강제로 빼앗아간 사악한 자들'이라고 하며 그들의 말을 듣지 말라고 간곡히 요청했다고 한다. Ramon Pané, *Relazione sulle antichita degli Indiani*(팔레르모, 1992) pp. 59-60. 그로부터 한 세기 반이 지난 뒤, 레이몽 브르통 신부 역시 도미니카 원주민에게서 그와 유사한 반응을 보았다.

1763년의 파리 조약에서 그 섬의 소유권은 영국으로 넘어갔고, 다른 카리브족 인디언이 오랫동안 점유해온 세인트빈센트의 소유권마저 영국에 이양되었다. 하지만 그 당시 살아남은 카리브족 인디언은 얼마 되지 않았고, 몇몇 가족이 여기저기 흩어져 살고 있을 뿐이었다.

스페인 정복자처럼 대규모로, 또 신속하게 인디언 말살을 행하지 않았다 하더라도, 프랑스와 영국이라는 새로운 식민개척자는 특정 지역으로 인디언을 몰아넣고 그와 더불어 원주민을 탄압하는 식으로 선배 못지않게 원주민 말살에 적극적이었다. 마지막 폭동이 일어난 뒤인 1797년에 영국군이 온두라스 해안으로 강제 이주시킨 세인트빈센트 섬의 블랙 카리브인은 인디언의 생활 방식을 따르며 살아가던 흑인 노예의 후손이었다. 인디언으로 귀화한 흑인인 셈이다. 이들 역시 아무도 살아남지 못했다.

이렇게 해서 앤틸리스제도 전역에는 이민자 곧 유럽에서 건너온 정착민의 후손, 아프리카에서 강제 이주된 흑인 노예의 후손만이 존재하게 되었다. 식민시대에 문명이라 불리던 노동 이데올로기, 곧 자본 축적을 위해 필수적인 강도 높은 노동의 숭배라는 사고를 받아들이지 못했다는 이유로 그 땅의 토착민이었던 원주민은 철저히 제거되었다.

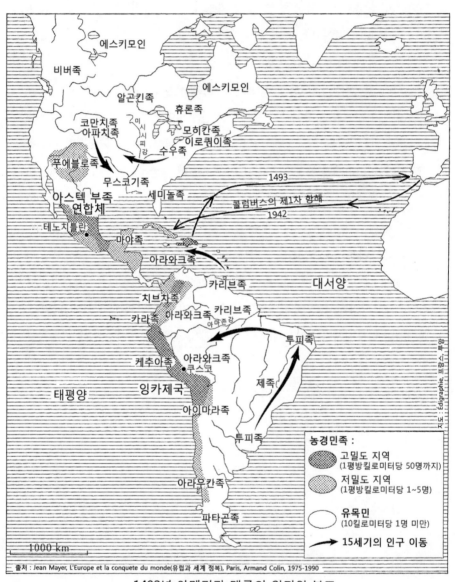

에스키모인

비버족

에스키모인

알곤킨족

휴론족

코만치족
아파치족

미시시피강

모히칸족
이로퀴이족

수우족

푸에블로족

무스코기족

1493

아스텍부족
연합체

세미놀족

콜럼버스의 제1차 항해

1942

테노치틀란

마야족

아라와크족

대서양

카리브족

치브차족

카라족

아라와크족

카리브족

아마존강

투피족

케추아족
쿠스코

아라와크족

제족

잉카제국

태평양

아이마라족

투피족

아라우칸족

파타곤족

1000 km

농경민족 :

고밀도 지역
(1평방킬로미터당 50명까지)

저밀도 지역
(1평방킬로미터당 1~5명)

유목민
(10킬로미터당 1명 미만)

15세기의 인구 이동

지도 : Édigraphie, 프랑스 루앙

출처 : Jean Mayer, L'Europe et la conquete du monde(유럽과 세계 정복), Paris, Armand Colin, 1975-1990

1492년 아메리카 대륙의 인디언 분포

북아메리카 인디언 말살

파프 엔디에

파국적인 인구 감소

크리스토퍼 콜럼버스가 처음으로 도착했을 때, 신대륙은 유럽인에게나 새로운 땅이었을 뿐, 수천 년 전부터 북아메리카에는 사람이 살고 있었다. 오늘날 인디언이라 불리는 사람들은 아시아에서 베링 지역을 거쳐 아메리카 대륙으로 건너왔으리라고 추정된다. 베링 지역은 약 1만 년 전까지 알래스카와 시베리아 사이를 연결하던 방대한 땅이다(현재 베링 해와 베링 해협이 위치한 곳에 있었다).

사람들은 집단을 이루어 그 땅에 정착했고, 그후 빙하 해빙기에 남쪽으로 내려갔는데, 이때가 지금부터 2만 5천 년 전쯤이었다. 몇 세기 동안에 일부는 북아메리카 곳곳으로 이주했고, 나머지 일부는 남쪽으로 더 내려갔는데, 아메리카 대륙의 최남단에 있는 '불의 땅'까지 내려간 사람도 있었다.[1]

---

1) 최근 미국의 워싱턴주에서 대략 9500년 전의 것으로 보이는 인간의 유골이 발견되었다. 그런데 케너윅Kennewick 사람이라 불리는 이 유골은 골격 형태가 코카서스인과 매우 흡사했다. 이러한 고고학적 발견으로 인디언이 어디서 유래했는지 또다시 논란거리가 되고 있다.

북아메리카에 정착한 최초의 유럽인은 스칸디나비아인으로 추정된다. 11세기 초에 (그린란드에 살던) 붉은 에릭의 여러 아들이 잠시 그 새로운 땅을 점유한 적이 있었다. 어찌 됐든, 유럽인이 결정적으로 북아메리카에 정착한 것은 콜럼버스의 도래 후인 16세기 초부터였다.

북아메리카에 유럽인이 대대적으로 유입되던 시기에 그곳의 인디언 인구가 얼마였는가 하는 문제는 적어도 19세기부터 논란거리가 되어왔는데, 이는 역사학적인 논쟁일 뿐만 아니라 정치적인 성격도 띠고 있었다. 1830년대에 서부 지역을 장기간 여행하고 돌아온 조지 캐틀린2)은 1492년 북아메리카 지역의 인디언 인구를 1,600만으로 추정했다. 그런데 19세기 말에 미국 인구조사국에서는 숫자를 대폭 줄여 콜럼버스가 도착하던 당시 50만 명의 인디언이 '무리를 이루어 여기저기 흩어져' 살고 있었을 것이라고 주장했다.

인디언이 절멸된 것이나 다름없던 당시, 그런 파국적인 상황을 사실 그대로 인정하기가 두려워 의도적으로 숫자를 줄인 게 틀림없다. 1910년에는 인류학자 제임스 무니가 초기 유럽인 탐험가의 증언을 근거로 당시의 인디언 인구를 114만 8천 명으로 추산했다.3) 이 분야의 연구를 전문으로 하는 학자들마저 인디언을 하찮은 존재로 여기는 사회적 분위기 속에서 이러한 수치는 1960년대까지 정설로 여겨졌다.

그러다가 1966년에 헨리 도빈스가 당시의 인디언 인구를 980만~1,225만이라고 주장함으로써, 이 분야의 연구는 일대 전환기를 맞는다. 그후, 1983년에 헨리 도빈스 자신이 특정 자료를 근거로 수치를 높여 1,800만으로 수정한다.4)

---

2) George Catlin, *Les Indiens d'Amérique du Nord*, Paris, Albin Michel, 1992.

3) James Mooney, "Population," in Frederick W. Hodge(dir), *Handbook of American Indians North of Mexico*, U.S. Government Printing Office, 워싱턴, 1910.

4) Henry F. Dobyns, "Estimating aboriginal American Population : An Appraisal of techniques with a new Hemispheric estimate," *Current Anthropology* 7, 1966, pp. 395-416 ; *Their Number Become Thinned : Native American Population Dynamics in Eastern North America*, University of Tennessee Press, Knoxville, 1983

도빈스는 1930년에 산정된 인디언 인구수에 20 또는 25를 곱하여 그 수치를 산출했다(20, 25는 식민화 초기에 나타났던 각종 질병이나 인구의 급격한 감소 등을 고려한 인구 감소 계수이다). 도빈스가 이런 작업을 하던 당시, 인류학자와 역사학자들은 정치적·학문적 근거를 제시하며 이전 시대의 연구 작업을 비판하기 시작했다. 그들은 역사의 패배자에게도 말할 권리를 주어야 한다고 주장했고, 미국의 식민화 역사를 비어 있던 땅을 백인이 정복하는 과정으로 볼 게 아니라 원주민에 대한 체계적인 인종 말살의 역사로, 또 아프리카에서 강제 이주된 수백만 흑인을 노예화했던 역사로 다시 써야 한다고 강조했다.

물론 그후에 인류학자들이 통계학과 민족역사학의 여러 방법론을 동원하여 도빈스가 계산한 수치를 낮춘다. 곧 1500년을 전후로 북아메리카에 220만에서 (더글러스 유벨레이커) 700만(러셀 손튼, 그 가운데 적어도 500만 명은 오늘날의 미국 영토 안에 있었다) 정도의 인디언이 존재했다는 것이다.[5] 논쟁은 아직도 계속되고 있지만, 오늘날 대부분의 전문가는 당시의 인디언 인구를 600~800만으로 추산하고 있다.

보다 정확한 통계가 가능해진 1800년경에는 인디언 인구가 (오늘날의 미국에) 60만 정도밖에 남아 있지 않았다. 1900년경에 이르면 37만 5천 명으로 급격히 감소했는데(미국에만 25만 명), 이는 본래 인구의 5~10%에 지나지 않는 수치이다. 그러다가 20세기에 들어서 아주 완만한 상승 흐름이 있었다. 인과관계를 명확히 규명한다는 게 아마도 불가능한 일이겠지만, 아무튼 북아메리카에

---

5) Russel Thornton, *American Indian Holocaust and Survival : A Population History since 1492*, University of Oklahoma Press, Norman, 1987 ; "The Demography of Colonialism and 'Old' and 'New' Native Americans," in Russel Thornton (dir.), *Studying Native America ; Problems and Prospects*, Madison, University of Wisconsin Press, 1998 ; Douglas H. Ubelaker, "North American Indian Population Size : Changing Perspectives," in John W. Verano and Douglas H. Ubelaker(dir.), *Disease and Demography in the Americas*, Washington, Smithsonian Institution Press, 1992. 이 모든 것이 다음 책에 일목요연하게 집약되어 있다. John D. Daniels, "The Indian Population of North America in 1492," *William and Mary Quarterly* 49, 1992, pp. 298-320.

유럽인이 정착하면서 인류 역사에서 유례를 찾아볼 수 없을 정도의 광범위한 파국적 인구 감소를 초래했다. 다양한 사회 집단이, 화려했던 문명과 사회가 지구상에서 완전히 사라지고 만 것이다.

1500년에서 1900년까지 인디언 인구가 지속적으로 감소한 것은 유럽인의 식민화와 직결된 여러 요소 때문이었다. 간단히 말해 사망률이 출생률보다 높았기 때문에 인구가 감소했으며, 그밖에도 단발적인 여러 현상을 지적할 수 있다. 그런데 질병, 전쟁, 학살, 강제 이주, 전통적 생활양식의 파괴, 그것을 식민화로 인해 생겨난 불행한 부산물로 보면 안 된다. 그것이야말로 식민화의 본질 그 자체였다.

식민화의 경제, 식민화의 폭력

유럽인이 아메리카에 처음으로 도착했을 때, 인디언을 어떻게 지배할지 그 형태가 사전에 정해져 있었던 것은 아니었다. 그러나 인디언을 노예로 삼으려는 계획이 애초부터 존재했을 가능성도 없진 않다. 대서양 건너 아프리카 대륙에서 수백만 흑인을 강제 이주시키는 것보다 비용 면에서 훨씬 더 경제적이었을 게 아닌가! 실제로 인디언의 노예화 계획은 존재했고 시행된 적도 있었는데, 특히 전쟁터에서 붙잡은 포로가 그 대상이었다. 1708년에 남캐롤라이나의 총독은 그 주의 총인구 12,580명 가운데 인디언 노예가 1,400명이라고 말했다. 이 인디언 노예 가운데 대다수가 점차 흑인 노예 계층으로 섞여들었다.

그렇지만 인디언의 노예화 관행은 제한적이었다. 인디언은 자기들에게 부과된 농장 일을 거부했고, 지형을 잘 알고 있었던 터라 달아나는 것도 어렵지 않았다. 인디언을 나고 자란 고향 땅에서 노예로 삼아 마음대로 일을 부린다는 게 쉽지 않았던 것이다. 그리하여 1676년경에 카리브해 지역으로 강제 이주된

매사추세츠의 인디언 폭도처럼, 전쟁 포로를 먼 고장으로 강제 이주시켰다.[6]

어쨌든 식민지 플랜테이션에서 필요로 하는 막대한 노동력을 충족시키기에 인디언 인구로는 턱없이 부족했다. 그래서 정착민은 유럽에서 계약 노동자를 들여왔고, 17세기 말부터는 아프리카 흑인 노예를 들여오기 시작했다. 정착민 대부분이 인디언의 경제적 가치가 미미하거나 아예 무가치하다고 판단했고, 심지어 살려둘 가치조차 없는 존재로 여겼다. 간단히 말해, 인디언은 북아메리카의 식민화에 활용할 수 있는 수단조차 되지 못하고 오히려 장애물이 된 것이다.

인종주의, 그리고 아프리카 출신 흑인 노예와 인디언이 감내해야 했던 지배와 폭력 사이에 어떤 인과관계가 존재하는가 하는 문제는 오랫동안 역사가 사이에 논란거리가 되어 왔다. 20세기 초에 역사학자 얼리치 필립스는 인종주의와 노예제가 필연적으로 서로 연관되어 있으며, 백인의 문명화 사명을 위해 불가피한 두 가지 면모로서 상호 정당화하는 관계에 있다고 말했다.[7]

그런데 1950년대에 이르러 인종주의의 불법성이 점차 부각되던 새로운 정치적 맥락 속에서 이 문제는 다시 주목을 받게 된다. 이때, 노예제도가 그 정당성을 인정받으려고 인종주의 이데올로기를 '창안했다'고 주장하는 오스카 핸들린과 케네스 스탬프 등의 학자, 그리고 인종주의적 편견은 아메리카 대륙의 식민화 이전부터 유럽 사회에 널리 퍼져 있었다고 주장하는 칼 데글러, 윈스럽 조던 같은 학자 사이에 뜨거운 논쟁이 벌어졌다.[8]

---

6) Peter Kolchin, *Une institution très particulière : l'esclavage aux États-Unis, 1619. 1877*, Paris, Belin, 1998, p. 14.

7) Ulich B. Philips, *American Negro Slavery*, New York, Appleton & Co, 1918.

8) Oscar Handlin, *Race and Nationality in American Life*, Boston, Little, Brown & Company, 1957 ; Kenneth Stampp, *The Peculiar Institution : Slavery in the Ante-bellum South*, New York, Knopf, 1956 ; Carl N. Degler, "Slavery and the Genesis of American Race Prejudice," *Comparative Studies in Society and History*, II, october 1959, pp. 49-66 ; Winthrop D. Jordan, *White Over Black : American Attitudes Toward the Negro, 1550-1812*, Baltimore, Johns Hopkins University Press, 1968 ; Alden T. Vaughan, "The Origins Debate : Slavery and Racism in Seventeenth-Century Virginia," *Virginia Magazine of History and Biography*, XCVII, juillet 1989, pp. 311-354.

사실 이 두 관점은 서로 모순되는 게 아니다. 오늘날에는 인종주의적 편견이 식민화 이전부터 존재했지만, 두 세기 반 동안의 노예제에 의해 더욱 강화되고 정당화되었다는 의견에 대다수의 학자가 동의한다.

그후, 일부 역사가는 정착민의 사고에서 인디언의 위상이 아프리카 출신 흑인 노예보다 나은 게 아니었다는 주장을 폈다.[9] 16세기부터 스페인 탐험가와 작가들은 인종주의적 편견으로 가득한 글을 써서 인디언에게 지울 수 없는 오명을 덮어씌우고 말았다. 어떤 책에서는 인디언을 인간과 동물의 잡종, 혹은 '개의 머리'가 달린 '식인종'으로 그렸으며 성도착 같은 대죄를 저지르는 타락한 자들이라고 말했다. 그런 열등한 존재는 노예로 삼아 일을 부리거나, 아니면 아예 없애버려야 한다는 것이다.

바르톨로메오 데 라스카사스 같은 양심적인 목소리도 더러 있긴 했지만, 그런 식의 날조된 이야기는 이미 유럽 사회에 널리 퍼져 있었다. 영국에서도 마찬가지였는데, 아메리카로 파견된 관리는 영국의 식민화 초기인 17세기 초부터 스페인 정복자가 지어낸 인종주의적 편견을 그대로 받아들였다. 게다가 영국 정착민은 인디언의 개종을 시도조차 하지 않았다. 선교사의 청원이 들어오긴 했지만, 영국 식민개척자의 일차적 목표는 영토 지배권을 획득하는 것이었다 (몇몇 인디언 족장과 동맹을 맺는 경우가 있었지만, 그것은 어디까지나 병력면에서 불리할 때의 일시적인 타개책에 불과했다). 따라서 영토를 독차지하기 위해서는 그 지역 주민을 말살하는 것도 크게 문제될 게 없었다.

19세기 초에 미국의 제3대 대통령이자 노예 소유주였던 토마스 제퍼슨은 인디언을 절멸시키거나 가급적 먼 곳으로 강제 추방할 것을 권장했다. 그로부터 1세기 후에 시어도어 루스벨트도 비슷한 취지의 발언을 했다.

---

9) Neal Salisbury, *Manitou and Providence : Indians, Europeans, and the Making of New England, 1500-1643*, New York, Oxford University Press, 1982 ; Alden T. Vaughan, "From White Man to Redskin : Changing Anglo-American Perceptions of the American Indian," *American Historical Review*, 87, 1982, pp. 917-953.

"좋은 인디언은 죽은 인디언이다"라고까지 말하진 않겠습니다. 하지만 현재 열의 아홉은 그런 셈이지요. 마지막 남은 한 명을 놓고 왈가왈부하고 싶지는 않군요.10)

러셀 손튼이나 데이빗 스태너드 같은 몇몇 학자의 표현을 빌어, 북아메리카의 인디언 학살을 가리켜 '종족말살genocide' 혹은 '아메리카의 홀로코스트'라 부를 수 있을까?11) 물론 북아메리카의 식민화가 인종말살을 목표로 추진된 것은 아니었다. 북아메리카의 식민화는 인디언이라는 그곳 원주민과 무관한 경제적·정치적 여러 동기로 인해 이루어졌다. 그렇다 해도 유럽인은 그곳에 정착하자마자 인디언을 대하는 태도가 점점 더 강경해졌으며, 나중에는 지구상에 존재하는 인종 가운데 가장 열등하고 해로운 종족으로 간주했고, 마침내 그들을 제거하는 게 정당할 뿐만 아니라 바람직하다고 여겼던 것도 사실이다.

따라서 '인간 집단의 철저하고 체계적인 파괴'를 가리키는 용어가 '종족말살'이라면, 인디언 학살 역시 종족말살이었다. 북아메리카에서는 종족말살이 분명 존재했으며, 이는 노예제와 함께 식민화 과정의 가장 비극적인 일면이었다.

전염병

1492년 이전까지 인디언 사회에는 결핵 같은 전염병이 존재하지 않았다. 유럽인, 아프리카인, 아시아인이 겪었던 전염병 대부분이 인디언에게는 생소했다. 식민개척자는 아메리카 땅에 발을 들여놓으면서 천연두, 홍역, 페스트, 콜레라, 장티푸스, 디프테리아, 말라리아, 성홍열, 황열병을 가져왔다. 한편으로

---

10) David Stannard, *American Holocaust : Columbus and the Conquest of the New World*, New York, Oxford University Press, 1992, p. 245.

11) Thomton, *American Indian Holocaust and Survival*, op. cit. ; Stannard, *American Holocaust*, op. cit.

5세기 동안 백여 차례 돌림병을 일으킨 몇 가지 성병도 들여와, 유럽인과 아프리카 출신 흑인 노예를 이러한 질병에 감염시키고, 그 때문에 식민화가 일시적으로 지체되기도 했을 것이다. 그렇지만 해외에서 들어온 갖가지 질병 때문에 인디언이 겪은 피해는 그와 비교조차 할 수 없을 만큼 엄청났다.

가장 큰 피해를 끼친 것은 천연두였다. 천연두는 1520년부터 북아메리카에 나타나기 시작해 면역력이 없는 인디언 부족 집단을 파괴했다. 휴런족의 경우, 이리 호수 근처에 프랑스군이 주둔한 뒤(1634~1640)에 전체 인구 가운데 절반에서 3분의 2 가량을 천연두로 잃었다. 이때 살아남은 사람은 이로쿼이족에게 공격을 당했고, 결국 패배한다(이로쿼이족 역시 특히 18세기에 천연두로 극심한 타격을 받는다). 이를 계기로 휴런 부족이 사라졌고, 두 개의 소집단만이 간신히 살아남았다. 그 가운데 하나는 퀘벡 근처에 정착했고, 나머지는 오랜 유랑 생활 끝에 오클라호마에 정착했다.

이처럼 천연두로 부족 전체가 파괴된 경우는 수없이 많다. 용케 살아남은 인디언은 절망하여 스스로 목숨을 끊었다. 특히 1836년에는 천연두가 여러 대평원을 휩쓸어 단 몇 달 사이에 1만 명이 넘는 인디언의 목숨을 앗아갔다. 미주리강 유역에 살던 만단족의 경우, 1837년 7월 14일에 처음으로 천연두의 징후가 나타났는데, 7월 30일까지 인구 대부분이 사망했다. 이때 살아남은 족장, '네곰Four Bears'의 최후를 조지 캐틀린이 상세히 묘사하고 있다.

> 품성이 훌륭했던 족장은 천막에 앉아, 죽어서 누워 있는 가족, 아내와 어린 자식을 바라보았다. …… 그는 천으로 가족의 시신을 덮고 나서 언덕으로 올라가 앉았다. …… 죽기로 작정한 사람처럼 보였다. 엿새가 지난 후, 아직도 기력이 남았는지 천막으로 돌아왔다. 그러고는 가족의 시신 곁에 누워 이불을 덮었다. 그런 채로 죽음을 기다렸다. 음식을 끊은 지 아홉 날 만에 죽음을 맞았다.[12]

---

12) George Catlin, *Letters and Notes on the Manners, Customs and Conditions of the North American Indians*,

흔히 그렇게 생각하고 있지만, 전염병은 식민화로 인해 초래된 불행한 결과물이 아니었다. 인디언 사회의 약화를 바라던 유럽인이 천연두를 비롯한 여러 전염병을 하느님이 내려보낸 것으로 여겼다는 사실이 그 첫 번째 근거이고, 전염병이 때로는 누군가에 의해 인위적으로 확산되었다는 사실을 두 번째 근거로 들 수 있다. 몇몇 역사가는 18세기에 여러 인디언 부족의 활력을 거세해버린 장본인이 '생물학전戰'이라고 주장한다.

그 가운데 가장 근거가 확실한 사례가 1763년 피트 요새(펜실바니아)에서 일어났던 사건이다. 그때 영국군을 지휘하던 장군 앰허스트가 "해충(인디언)에게 천연두를 퍼뜨리라"는 명령을 내렸고, 그의 부하 헨리 부켓 대령이 인디언 마을에 감염된 담요를 던져 넣는 방식으로 명령을 수행했다.[13] 그밖에도, 19세기 말까지는 인디언에 대한 예방접종(특히 천연두 예방을 위한) 사업이 매우 소극적으로 이루어졌다는 사실을 지적할 필요가 있다.

마지막으로 주목해야 할 것은 전염병 확산을 당시 상황과는 아무런 관련이 없는, 개별적인 현상으로 볼 수 없다는 점이다. 인류 역사에서 끔찍한 전염병으로 집단 전체가 극심한 타격을 입었던 사례가 드물지 않지만, 인구 측면에서 돌이킬 수 없는 파국적 결과를 초래했던 적은 없었다. 14세기에 그 유명한 흑사병이 유럽 전역을 휩쓸었을 때에도 그렇진 않았다. 북아메리카에서 전염병이 그런 결과를 초래했다면, 그것은 인디언 사회의 전반적인 파괴가 이루어지던 당시 상황 속에서 출생률은 급감하고 설상가상으로 사망률은 급증했기 때문이었다. 따라서 전염병을 인간의 의지와 무관한 생물학적 현상으로 고려해선 안 되고, 오히려 식민화를 구성하는 여러 면모 가운데 하나로 간주해야 할

Dover Publications, New York, 1973(1844), vol. 2, p. 258 ; Thornton, *American Indian Holocaust*, op. cit., p. 99.

13) 다음 글에 이러한 유형의 생물학전에 관해 상세히 분석되어 있다. Elizabeth A. Fenn, "Biological Warfare in Eighteenth-Century North America : Beyond Jeffery Amherst," *Journal of American History* 86, 4, mars 2000, pp. 1552-1580.

것이다.

전염병 외에 알코올 문제도 간과할 수 없다. 인디언의 알코올 중독은 17세기 말부터 중요한 문제로 부각되었다. 모피 사냥꾼이나 상인은 인디언과 거래할 때마다 럼주 한 잔을 권했다. 그들은 인디언이 술 취한 틈을 타 모피를 빼앗았다. 인디언에게 술을 먹여 재우거나 심지어 죽이기도 했으며, 인디언에게 술을 먹여 불공정한 거래를 강요하는 일도 빈번했다. 아무런 규제 없이 인디언에게 자유롭게 술을 공급할 수 있게 한 것은 인디언 사회를 약화시키기 위한 수단 가운데 하나였다.14)

전쟁

인디언은 전쟁으로도 큰 타격을 입었다. 물론 유럽인이 들어오기 전에도 인디언 부족 사이에 격렬한 싸움이 잦았고, 이때 붙잡은 전쟁 포로에게는 극심한 폭력이 가해졌다. 그러나 유럽인은 전쟁을 인디언 부족을 말살하고, 생존 수단을 초토화시키고, 전통과 문화를 파괴하기 위한 수단으로 삼았다. 플로리다에서 오리건에 이르기까지, 북아메리카 대륙 전역에서 16세기 초 이래로 전쟁이 끊이지 않았다. 1890년 수우족이 항복할 때까지 이런 상황이 지속되었다.15)

또한 체로키족 등 여러 인디언 부족을 완전히 파괴한 남북전쟁을 언급하지 않을 수 없다. 인디언은 '명백한 사명Manifest Destiny'[백인이 신세계를 지배할 사명을 부여받았다는 팽창주의자의 정치 슬로건]을 수행하는 과정의 장애물로,

---

14) James Axtell, *The European and the Indian : Essays in the Ethnohistory of Colonial North America*, Oxford University Press, New York, 1981.

15) 다음 책에 인디언 전쟁이 자세히 소개되어 있다. Carl Waldman, *Atlas of the North American Indian*, Checkmark Books, New York, 2000.

정착민은 문명의 창날로 간주되었다. 그렇지만 인디언 모두를 통틀어 영웅으로 볼 수도 없었다. 어쩔 수 없는 경우에만 폭력을 행사하는 이들도 있었지만, 잔학한 싸움꾼도 적지 않았다.

캐나다 야만인은
전쟁에서 붙잡은 포로를 어떻게 다루었나?[16]

야만인 사회에서 전쟁 이야기는 길지 않다. 이야기를 서둘러 기록했기 때문일 것이다. 탈주병은 누구든 되돌아올 수 있었으므로 승리자는 그들을 기다리지 않았다. 영예로운 전쟁 영웅은 잠시도 쉬지 않고 자신의 영토로, 자기 마을로 황급히 달려왔다. 마을 사람은 흥분의 도가니 속에서 그를 맞이했고, 승리자를 찬양했다. 그런 다음, 유일한 전리품인 포로의 운명을 결정했다.

방금 전에 치른 싸움이나 오래 전의 싸움에서 손실된 병력을 보충하려고 포로 가운데 몇 명을 골라냈는데, 그들은 운이 좋은 사람이었다. 이는 끊이지 않는 전쟁 때문에 부족의 생존 자체가 위협을 받았기에 부족을 영속시키려는 목적으로 야만인이 고안해낸 제도였다. 이 포로들은 제각각 한 가족에 편입되었고, 조카, 숙부, 아버지, 형제, 남편이 되었다. 자기가 대신하게 될 죽은 이의 모든 역할을 떠맡는 것이다. 이 포로들은 가족의 일원으로서 책임을 다해야 했고, 그 대신에 역할에 따른 모든 권리를 누릴 수 있었다. 새로 편입된 가족으로부터 온갖 배려를 받는 만큼, 자기 동포를 상대로 싸워야 할 경우에도 아무런 거리낌이 없었다. 말하자면, 태어나면서부터 운명 지워진 모든 관계를 끊어버리고 다른 인간으로 태어나는 것이

---

16) L'abbé Raynal, *L'Anticolonialisme au XVIIIᵉ siècle. Histoire politique et philosophique des établissements et du commerce des Européens dans les deux Indes*, Introduction, choix des textes et des notes par Gabriel Esquer, Paris, PUF, 1951 ; L. XV, chap. 4, t. IV, p. 33.

다. 삶의 우여곡절 속에서 주어진 상황에 따라 태도를 바꿀 수밖에 없는 인간의 나약함이라고 할 수 있을까? 혈연관계를 모두 끊어버리고, 자기 자신 외에 누구에게도 무관심하게 만든 장본인은 사실 전쟁이리라.

그렇지만 다른 부족에 편입되기를 거부하는 포로도 있었는데, 그들은 당연히 사회에서 배제되었다. 키가 크고 체격이 건장한 포로가 있었는데, 그는 전투에서 손가락 몇 개를 잃었다. 그런데 사람들은 이 사실을 알아채지 못하고 그를 한 가족에게 배정했다. 그래서 "우리는 당신을 가족으로 받아들였지만, 처지를 보아하니 전쟁터에 나가 싸울 수도, 우리 가족을 지켜줄 수도 없을 것 같군요. 앞으로 어찌할 작정인가요? 내 생각으로는 죽는 게 나을 듯합니다"라고 그 집 미망인이 말했다. 그러자 포로는 "내 생각도 그렇소" 하고 대답했다. 여인이 말했다. "그럼, 바로 오늘 저녁에 당신을 화형대에 묶겠어요. 당신 자신의 영광을 위해, 당신을 받아준 우리 가족의 명예를 위해 용감한 전사로서 당당하게 처신해야 한다는 걸 명심하세요." 포로는 그렇게 하겠다고 약속했고, 그 약속을 지켰다. 사흘 동안, 포로는 조금도 흐트러짐도 없이, 오히려 기꺼이 잔학한 고문을 감내했다. 그를 받아준 가족도 그를 버려두지 않았다. 고문을 당하는 동안, 찬양의 말로 격려하고 마실 것과 담배를 갖다주었다. 덕성과 잔학함이 뒤섞인 기묘한 광경이었다! 굴종이란 걸 모르는 이 야만인 사회에서는 모든 게 웅장하고 위대했다. 그건 잔혹함과 아름다움이 공존하는 대자연의 숭고함이었다.

아무도 받아들이지 않은 포로는 곧 사형에 처했다. 죽음이 임박한 자에게 이승에 대한 그리움을 간직하도록 하려는 배려였을까? 사형에 처하기 전까지 포로에게 세상의 온갖 호사를 누리게 했다. 생명이 끊어지는 순간까지 여자를 제공하기도 했다. 죽음을 목전에 둔 자에 대한 연민인가? 아니면 야만성의 극치인가? 다음으로는 추장의 명령을 전달하는 자가 나타나 화형대 설치가 끝났다고 사형수에게 알렸다. "형제여, 조금만 기다리시오. 당신은 이제 곧 화형에 처해질 겁니다." 그러면 포로는 "형제여, 좋습니다. 감사합니다"라고 대답했다.

이리하여 적군 포로를 포함한 공동체 전체의 합의가 이루어진다. 그 가운데서도 여자들이 가장 기뻐했다. 포로의 운명이 전쟁에서 가족을 잃은 여인에게 맡겨지기 때문이다. 여인은 죽은 아버지나 남편, 혹은 아들의 혼령을 불러냈다. 그녀는 혼령에게 큰 소리로 말했다. "이리로 오세요. 당신을 위한 잔칫상이 마련되었습니다. 이리 오셔서 당신에게 바치는 국을 천천히 맛보세요. 이 적군 포로를 큰 가마솥에 넣겠습니다. 그러고는 불에 달군 손도끼로 온 몸을 갈기갈기 찢고, 머리 가죽을 벗겨내겠습니다. 그의 두개골로 물을 마시겠습니다. 그러면 당신은 한이 풀리고, 마음이 편안해지겠지요."

그리고 활활 타오르는 장작더미 옆에 세운 화형대에 포로를 묶어 놓고는 광란의 파티가 벌어졌다. 제물이 된 포로에게 매질을 하고 난도질을 하는 등 온갖 가혹 행위가 펼쳐졌다. 가련한 포로를 고문하고 목숨을 끊는 행위에 공동체 전체가 참여했다. 여자도 아이도 제외되는 법이 없었다. 불붙은 나뭇가지로 포로의 몸을 지지는 사람, 몸을 갈기갈기 찢는 이도 있었다. 손톱을 뽑고 난 뒤에 손가락을 잘라 불에 구워서 가련한 희생자가 보는 앞에서 먹어치우는 자도 있었다. 포로의 목숨이 너무 빨리 끊어질까봐 걱정하는 것 말고, 그들의 행동은 거리낌이 없었다. 며칠, 혹은 일주일까지 고문 기간이 길어지도록 용의주도하게 가혹 행위를 했다.

이렇게 처참한 일이 벌어지는 동안, 전쟁 영웅은 야만스럽지만 영웅답게 자신의 혁혁한 무공을 찬양하는 노래를 불렀다. 숱한 적군을 희생시켜 신에게 제물로 바쳤다는 기쁨을 노래했다.

마찬가지로 유럽 정착민 가운데 인디언의 권리를 옹호하는 사람도 있었지만, 아무런 양심의 가책 없이 인디언을 착취하고 심지어 법의 한도를 넘어 학대를 가함으로써 목숨을 끊어놓는 자도 적지 않았다. 이렇게 정착민과 인디언의 관계에는 대부분 폭력성이 내재되어 있었다. 인디언이 '400년 전쟁'에서 패한 이유는, 인디언에게 용맹함이나 전술이 부족해서라기보다 유럽인으로 인한 파국적인 인구 감소 때문이다.

이제부터는 19세기 말까지 지속된 숱한 충돌과 싸움을 일일이 열거하기보다, 북아메리카에서 유럽인의 식민 진출 과정이 어떠했는지 몇 가지 주요 단계를 중심으로 살펴보려 한다.

1570년경부터 벌써 스페인, 영국, 프랑스인은 생로랑강에서 플로리다에 이르는, 북아메리카 대륙의 동부 해안 전역을 누비고 다녔다. 처음에 이곳 토착민은 모피 사냥꾼, 상인, 농장주, 선교사로 이루어진 이 유럽인을 반갑게 맞아주었다. 그러나 모피 매매가 성행하면서 가벼운 충돌이 시작했고, 다음으로는 대구잡이 문제로 대서양 연안에서 충돌이 일어났다.

사냥터가 고갈되어갈수록 모피 사냥꾼은 서쪽 내륙으로 침투해 들어갔다. 그런데 본격적인 충돌이 야기된 것은 정착민이 농사를 지을 목적으로 땅을 점유하기 시작하면서부터였다. 그때부터 충돌은 더욱 잦아졌는데, 1620~1640년대에 영국 정착민과 포우하탄 인디언동맹 사이에 벌어진 싸움(버지니아)이나, 피쿼트족이 청교도에게 학살당한 플리머스 식민지(뉴잉글랜드)의 충돌이 대표적인 예이다.

인디언은 처음 몇 차례 승리하기도 했지만, 거의 대부분 패배했고 학살당했다. 살아남은 인디언은 사방으로 흩어지거나 노예가 되었다. 토지 양도 조약을 체결할 때에도 인디언은 유럽인이 늘어놓는 억지 궤변도, 개인의 토지 소유권이라는 개념도 제대로 이해할 리 없었다.

북아메리카 대륙에서 벌어진 영국, 프랑스, 스페인의 제국주의적 패권 다툼 역시 인디언에게 큰 타격을 입혔다. 인디언은 자신의 이해관계에 따라 식민제국과 번갈아 동맹을 맺었지만, 결국 보충 병력쯤으로 강대국에게 이용당했을 뿐이었다. 아우구스부르크 동맹전쟁(1689~1697), 스페인 왕위계승전쟁(1702~1713), 오스트리아 왕위계승전쟁(1744~1748), 특히 7년 전쟁(1754~1763)에서 인디언 용병이 동원되었는데, 아브나키족과 모호크족은 프랑스군 편에서, 치카소족과 체로키족은 영국군 편에서 싸웠다. 제1차 파리 조약으로(1763) 프랑스의 패배가 확정된 후, 프랑스는 북아메리카에서 주요 식민 강국이라는 위상을 잃어버린다. 어쨌든 가장 큰 피해자는 역시 인디언이었다. 프랑스와 동맹 관계도 사라졌고, 영국은 인디언과 동맹이 더 이상 필요치 않게 된 것이다.

이처럼 제국들이 전쟁을 벌이던 시기에, 유럽 정착민과 인디언 사이에도 충돌이 일어나고 있었다. 버지니아, 남북 캐롤라이나에서 인디언은 영국인과 싸움을 벌였다. 특히 이리 호수 연안에서 1763년까지 벌어진 전투에서, 오타와 부족의 폰티악 추장은 여러 차례 승리를 거두었다. 미시시피강 유역에서는 나체스족이 프랑스인을 상대로 전투를 벌였다.

인디언은 1763년의 국왕 포고령에서 규정된 인디언 경계선을 무시하고 영토를 무단 점유한 정착민을 영국 정부보다 더 큰 위협으로 간주했다. 독립전쟁 당시 인디언 부족 대부분이 영국 국왕 편에 섰던 것도 바로 그 때문이었다. 하지만 영국은 인디언이라는 강력한 동맹군을 활용하지 못했다. 미국혁명을 종결지은 제2차 파리 강화조약(1783) 후, 영국은 대다수 시민이 인디언을 적대시하는 나라에 그들을 방치하고 철수해버린다. 미국의 독립으로 미시시피강 동부의 인디언은 사회로부터 더욱 소외되었고, 유럽의 식민화와 인디언 부족의 파괴도 완결되어 갔다. 그 유명한 쇼니족 추장 테쿰세와 영국군이 동맹을 맺고 신생 미국을 위협한 1812년 전쟁이 아마도 대연맹체나, 아니면 인디언

독립국가를 탄생시킬 수도 있을 마지막 기회였을 것이다.

그때부터, 토착민을 머나먼 서부로 강제 이주시키거나 아예 절멸시켜버리기로 작정한 정치권력에서 지원을 받고 그 수가 급격히 늘어난 정착민 앞에서 인디언의 입지는 크게 약화될 수밖에 없었다. 예를 들어, 플로리다에서 세미놀족은 1818~1858년에 벌어진 세 차례의 전투에서 완강히 저항했지만, 결국 부족의 일부가 인디언 구역(오늘날의 오클라호마주)으로 강제 추방되고 만다.

합법적인 방식으로 저항하려던 인디언 부족의 운명도 마찬가지였다. 가령 정착민과 어느 정도 좋은 관계를 유지한, 이른바 '문명화된' 남동부 인디언 부족 가운데 하나인 체로키족은 인디언을 서부로 강제 이주시킨다는 잭슨 대통령의 결정에 대항하여 법적인 투쟁을 벌였다. 연방최고재판소가 그들의 손을 들어주었지만, 결국 1831~1834년에 나머지 '문명화된' 부족과 함께 오클라호마로 향하는 비극적인 '눈물의 유배 길'을 걷는 신세가 되었다(이때 체로키족 절반이 도중에 목숨을 잃었다).17)

알래스카와 알류산 열도에서는 18세기 중엽부터 그곳에 정착한 러시아 사냥꾼과 어부가 알레우트족과 틀링기트족을 공격했는데, 이는 1867년 러시아 정부가 그 영토를 미국에 팔아넘길 때까지 계속되었다. 1820년대에서 1890년대까지 미시시피강에서 태평양 연안에 이르는 방대한 평원은 복잡한 갈등과 숱한 충돌의 무대였으며, 곳곳에 철도가 개통되고 들소는 멸종되고 정착민이 자리를 잡으면서 백인의 식민화에 대한 인디언의 저항도 끝난다.

1850년대부터, 곧 남서부가 병합되고 1849년 캘리포니아의 금광을 찾아 수많은 사람이 서부로 몰려들면서 전쟁은 서부 전역으로 확산되었다. 미국 군대는 최신식 무기를 갖추고 병력을 보강했다. 1865년 이후에는 수우족,

---

17) Michael Paul Rogin, *Fathers and Children : Andrew Jackson and the Subjugation of the American Indian*, New York, Knopf, 1975 ; Russell Thornton, "Cherokee Population Losses during the 'Trail of Tears' : A New Perspective and a New Estimate," *Ethnohistory* 31, 1984, pp. 289-300 ; Bernard Vincent, *Le Sentier des Larmes. Le grand exil des Indiens Cherokees*, Paris, Flammarion, 2002.

아라파호족, 샤이엔족, 코만치족, 아파치족 등 뛰어난 기병을 상대할 만한, 남북전쟁 참전용사가 기병대를 이끌었다. 하지만 전열이 제대로 정비된 대규모 전투는 드물었다. 대개 인디언 거주지를 기습하여 말을 몰살시키고 거주지와 비축 식량을 파괴하는 전략을 썼으며, 1864년의 샌드크리크 학살이나 1890년의 운디드니 대학살처럼 민간인 학살도 빈번했다.

도처에서 끔찍한 일이 벌어졌다. 북부에서는 1876년 리틀빅혼 전투에서 미친말 추장과 앉은소 추장이 연합하여 커스터 장군이 이끄는 기병대를 섬멸시킨 일도 있었지만, 샤이엔 일파인 수우족과 아라파호족은 패하여 인디언 보호구역으로 비참하게 쫓겨났다. 남부에서도 마찬가지였다. 멕시코 국경지대에서 용감한 추장 제로니모의 활약에도 불구하고 아파치족도 결국 패한다. 1886년에 제로니모는 항복했고, 1909년 감옥에서 사망한다.

서부 해안지역에서는 조지프 추장이 이끄는 네페르세족Nez-Percés[코걸이를 한 자라는 뜻]이 끈질기게 저항했으나, 그곳에 거주하던 모든 부족이 척박한 불모지에 마련된 인디언 보호구역으로 쫓겨났다. 인디언이 맞서 싸웠던 것은 백인 적군만이 아니었다. 전염병에 맞서 싸워야 했고, 또 들소는 멸종된 거나 다름없었으며, 정착민이 벌써 양질의 땅을 다 차지했던 까닭에 굶주림과도 맞서 싸워야 했다.

1890년에 미국 정부가 '인디언 경계선'이 사라졌다고 공식 발표함으로써 식민화 사업은 종결되었다. 그때부터 미국인이 실질적으로 영토 전역을 통제했으며, 인디언은 더 이상 심각한 군사적 위협 세력이 되지 못했다.[18]

18) 여기서의 '경계선'이라는 개념은 역사가 사이에 논란거리가 되어 왔다. 오늘날 대다수의 학자는 '경계선'을 서쪽 방향으로 점진하면서 정착민과 인디언을 분리시키던 전선戰線이 아니라 일종의 가변적 구역, 곧 명확한 경계도 없으며 상호 접촉이 가능한 중간 지역으로 정의하는 게 타당하다고 생각한다. 따라서 1890년의 선언은 단순한 사실 확인이라기보다 일종의 정치적 선언이다. 다음을 보시오. Patricia Limerick, *The Legacy of Conquest. the Unbroken Past of the American West*, New York, Norton, 1987 ; Richard White, *The Middle Ground : Indians, Empires and Republics in the Great Lakes Region, 1650-1815*, New York, Cambridge University Press, 1991.

식민주의에서 포스트식민주의로

정복사업이 끝나자, 1824년에 설치된 인디언사무국이 공식 인정된 인디언 부족을 관할하는 시대가 도래한다. 토지 배당 문제를 규정한(가구 당 64헥타르) 1887년의 도스 법안으로 반세기 동안에 인디언의 소유지 가운데 3분의 2가 감소한 것도 바로 이런 틀 안에서 이루어진 일이었으며, 이 과정에서 식민개척자는 양질의 토지와 자원을 차지할 수 있었다. 한편, 특히 1867~1887년에 수백 개의 인디언 보호구역이 설치되었는데, 이는 인디언에게 토지의 집단 소유권을 보장한다는 명분으로 그들을 고립시키고 통제하기 위함이었다. 하지만 인디언을 보호한다는 구실도, 보호구역에 관한 조약도 식민개척자의 이해관계나 인종주의 앞에서는 유명무실해질 수밖에 없었다.

인디언의 전통문화를 파괴하려는 정책도 시행되었다. 보호구역에 수용된 인디언은 사실상 전쟁 포로 취급을 받았고, 생활 조건도 극히 열악했다. 아이는 반드시 백인 사회에 동화되어야 한다는 구실로 강제로 멀리 떨어진 기숙학교로 보냈다. 전통적인 부족회의를 대신하여 행정 기구가 설치되었는데, 이 기구는 주민에게 무관심하거나 적대적이었으며, 심지어 부동산 개발업자와 결탁하는 일도 벌어졌다. 1924년 인디언에게 미국 시민권을 부여한다는 법이 통과되었지만, 이러한 상황에서 이 법은 실질적인 의미를 갖지 못했다.

1934년에 통과된 인디언 재편성법Indian Reorganization Act은 인디언 문제에 있어 하나의 전기가 되었는데, 이는 인디언에게 가해지는 부당한 처우 가운데 가장 심각한 것 몇 가지를 완전히 근절시키겠다는 루스벨트 행정부의 의지가 잘 반영되어 있었기 때문이다(당시 인디언사무국의 책임자 존 콜리어의 역할이 컸는데, 그는 인디언을 굴종시키기보다 도와야 한다고 주장했다). 이로써 토지의 집단 소유권이 재차 확인되었고, 그밖에 몇 가지 권리가 인정되었다(종교의 자유, 보호구역 안의 교육권).

그러나 냉전과 극렬한 반공주의 시대인 1950년대에 이르러 인디언 문제는 새로운 국면을 맞게 된다. 인디언 부족이 사회주의 활동에 가담했다는 혐의를 계기로, 미국 정부는 콜리어 정책을 폐기하고 1953년에는 인디언 부족의 재편성 사업을 중단시키려 했다. 그리고 이 시기에, 빼앗기다시피 헐값으로 팔려나간 토지 반환을 청구하는 인디언 부족을 도와주고 부당하게 체결되었거나 제대로 준수되지 않은 조약을 고발할 목적으로 1946년에 결성된 인디언 청구권위원회 Indian Claim Commission는 미국 정부에게 토지 소유권을 영구적으로 포기할 것을 요구하며 토지 대금을 지불한다.

1960년대는 인디언뿐만 아니라 미국 안의 모든 소수 집단에게 일대 전기가 된 시기였다. 이때부터 인디언 문제는 인디언 문화에 대한 멸시와 억압으로 특징지어지는 식민주의 시대에서 포스트식민주의라 부를 수 있는 새로운 시대로 넘어간다. 포스트식민주의 시대에는 억압의 정도가 줄어들고 자율성의 폭은 좀 더 커졌으며, 태도면에서 모호함이 여전히 내재되어 있었지만 인디언 문화에 대한 긍정적인 재평가도 이루어졌다. '소수인종 우대정책affirmative action'에 의해 일부 완화되었으나, 이 시대에도 차별은 여전히 존재했다.

이러한 변화의 흐름 속에서 두 가지 큰 움직임이 나타났다. 첫째, 1960년대에 미국 정부의 정책에 있어 의미 있는 변화가 나타났다. 케네디와 존슨 행정부가 인디언 부족의 정치·경제·문화적 자율성을 신장시켰는데, 이는 보호구역의 열악한 생활 조건을 고발하면서 동화정책을 포기하는 대신 인디언의 자결권 보장을 촉구하는 공식적인 보고서를 근거로 한 조처였다.

두 번째는 소수 집단의 투쟁이 널리 확산된 당시 분위기 속에서(특히 아메리카 흑인의 인권 운동) 인디언의 저항 운동도 매우 활발해졌다는 사실이다. 실제로 19세기 말 이래 인디언의 저항 움직임이 완전히 사라진 적은 없었다. 1911년에 결성된 아메리카인디언협회Society of American Indians는 공민권 획득을 위해 투쟁했으며, 그로부터 13년이 지난 뒤 결국 얻어낸다. 또 아메리카인디언전국회의National Congress of American Indians는 1944년부터 인디언 부족의 연합을 위해 노력했다.

그렇지만 인디언의 투쟁이 본격화된 것은 1960~1970년대에 이르러서였다. 대학 교육을 받은 일부 인디언 운동가가 신좌파 등 체제 비판적 성격의 여러 급진적 흐름에서 영향을 받았던 것이다. 그들은 인디언 족장의 온건한 태도를 거부하고(그 가운데는 부패한 족장도 있었다), 곧장 행동으로 나아갈 것을 주장하면서 아메리카 흑인의 '블랙 파워'를 모방하여 '레드 파워'라는 단체를 조직했다.

그들이 보여준 행동 가운데 가장 큰 주목을 받았던 사례는 1969년 알카트라즈 감옥을 탈취한 사건이다. 알카트라즈 감옥은 샌프란시스코 만에 있는 같은 이름의 작은 섬에 있던 연방 형무소였다. 이 사건은 온 세계의 이목을 끌었고, '아메리카 인디언운동'이라는 급진적 단체뿐만 아니라 아메리카 인디언이 요구하는 게 무엇이고 그들이 어떻게 살아가고 있는지를 널리 알리는 계기가 되었다.

알카트라즈 선언[19)]

백인의 아버지인 가장 높은 추장과 그의 모든 백성에게

우리 아메리카 원주민은 모든 아메리카 인디언의 이름으로, 이 땅을 가장 먼저 발견한 우리에게 알카트라즈라 불리는 섬을 돌려줄 것을 요구합니다.

우리는 그 땅에 거주하는 백인과 정당하고 공정한 거래를 하고자 합니

---

19) Robert Jaulin, *L'Ethnocide à travers les Amériques*, Paris, Librairie Arthème Fayard, 1972, pp. 11-14.

다. 그리하여 다음과 같은 내용의 계약을 제안합니다.

우리는 약 300년 전 백인이 그와 비슷한 섬을 구입할 당시 체결했던 매매계약 내용 그대로, 24달러를 그에 상당하는 유리 세공품과 붉은색 면직물로 지불하여 알카트라즈라 불리는 섬을 매입하려 합니다. 16에이커의 땅값으로 책정된 24달러는 맨하튼 섬의 양도 당시 지불된 액수보다 높지만, 세월이 지나면서 토지가격도 올랐다는 사실을 알기에 그렇게 결정했습니다. 우리가 제안한 에이커 당 1달러 80센트라는 가격은 백인이 캘리포니아 땅을 매입할 당시 해당 지역에 거주하는 인디언에게 지불했던 에이커 당 47센트라는 가격보다 높습니다.

우리는 섬 주민에게 일정한 면적의 땅을 나눠줌으로써 자유로이 사용할 수 있도록 할 것입니다. 이와 같은 조처는 미국 정부의 인디언사무국과 우리의 백인업무국이 쌍방 책임 아래 시행할 것이며, 하늘에 태양이 뜨고 강물이 바다로 흘러가는 한, 주민은 영구적으로 사용권을 행사할 수 있게 될 것입니다. 앞으로 우리는 가장 바람직한 생활 방식으로 주민을 인도할 것입니다. 그들에게 우리의 종교·교육·관습을 익히게 함으로써 우리의 문명 수준에 도달하도록 이끌어주고, 백인 형제를 비롯한 모든 주민이 야만스럽고 불행한 삶에서 벗어날 수 있도록 노력하겠습니다. 우리는 양심적인 인간으로서 이 계약을 제안하며, 앞으로 백인과의 협상 과정에서도 공정하고 정당하게 임할 것을 다짐합니다.

알카트라즈라 불리는 섬은 기껏해야 인디언 보호구역 한 개를 설치할 수 있는 정도의 면적에 불과합니다. 그밖에 이 섬은 여러 면에서 기존의 인디언 보호구역과 유사합니다.

1. 현대 사회의 온갖 편의시설에서 벗어나 있고, 적절한 교통수단도

없다.

2. 하천이 없다.

3. 위생 시설(화장실, 욕실, 배수시설 등)이 부족하다.

4. 매장된 광물이나 석유 자원이 없다.

5. 산업시설이 전혀 들어서지 않았다. 따라서 실업률이 높다.

6. 정부 차원의 보건소나 의료 시설이 없다.

7. 토양은 암석이 많아 농사짓기에 부적합하며, 사냥감조차 없다.

8. 학교나 교육 시설이 전혀 없다.

9. 인구는 거의 항상 과잉 상태이다.

10. 주민의 위상은 죄수와 다름없으며, 예속 상태에 놓여 있다.

그런 까닭으로 온 세계에서 오는 선박이 금문교를 지날 때, 가장 먼저 인디언의 영토를 목격하게 함으로써 이 나라의 실제 역사가 어떠했는지를 떠올리도록 하는 것은 당연하고 상징적인 일이 될 수 있습니다. 이 보잘것 없는 섬은 예전에 고결하고 자유로운 인디언이 지배하던 방대한 영토의 상징물이 될 것입니다.

알카트라즈 섬으로 무엇을 할 것인가?

우리는 이 섬을 어떤 용도에 쓰고자 하는가?

첫째. 아메리카 인디언 문화 센터 : 젊은이가 우리의 뛰어난 전통 예술과 기술을 습득하고, 인디언 민족의 삶과 정신을 발전시키는 데 필요한 이론을 배우고 경험을 쌓는 곳이 될 것이다. 이 센터에 인디언이 운영하는 순회 대학을 부설할 것이다. 순회 대학은 보호구역을 돌아다니며 인디언 문화의 특징적 요소를 연구할 것이다.

둘째. 아메리카 인디언 정신 센터 : 집단 정화를 위한 우리의 전통적 종교 의식을 거행하는 곳이 될 것이다. 또한 우리 예술을 공연하고, 젊은이가 음악과 무용을 배우고, 주술 치료 등 전통 의술을 익히게 될 공간이다.

셋째. 인디언 환경 센터 : 여기서는 우리 땅과 물을 본래 상태 그대로 복원하기 위해 필요한 지식과 물질적 수단을 젊은이에게 제공할 것이다. 우리는 알카트라즈 만의 물과 공기를 오염에서 보호하기 위해 싸우고, 생태를 복원하고 백인의 생활 습관 때문에 위기에 처한 해양 생물을 보호하기 위해 노력할 것이다. 또한 바닷물을 인간에게 유용한 담수로 만드는 방법을 연구할 것이다.

넷째. 인디언 전문학교 : 어떻게 하면 우리 민족이 이 세상에서 잘 살아가고, 생활수준을 높이고, 굶주림과 실업에서 완전히 벗어날 수 있는지 그 방법을 배우게 될 기관이다. 학교 안에 인디언의 전통 예술과 기술 센터, 그리고 인디언의 전통 요리법을 복원시키기 위한 인디언 전통 음식점을 부설할 것이다. 이 센터에서는 인디언 예술을 가르치고 인디언 전통 음식을 대중에게 소개함으로써 인디언 전통 문화의 아름다움과 윤리적 가치를 널리 알릴 것이다.

다섯째. 기존의 건물 가운데 몇 개를 '아메리카인디언박물관'으로 개조할 것이다. 이곳에서는 인디언 전통 음식과 인디언의 창조적 정신이 깃든 문화 자산을 전시할 것이다. 박물관에는 또 백인이 우리 땅과 우리 목숨을 앗아가는 대신 우리에게 가져다준 것들, 곧 질병, 알코올, 가난, 문명의 해악(이를테면 버려진 깡통, 녹슨 철조망, 폐타이어, 플라스틱 통 같은 물건) 등을 전시할 것이다. 감방 몇 개는 그대로 보존하여 백인의 권위에 도전했다는 이유로 감금당한 인디언, 보호구역에 강제 수용당한 인디언에 대한 기억을 되살리게 하는 박물관으로 쓸 것이다. 그밖에도 인디언 역사에서 고귀하고 비극적인 몇몇 사건과 관련된 자료, 곧 눈물의 길Trail of

Tears, 운디드니 학살, 노랑머리 커스터 부대의 패배 등에 관한 자료가 전시될 것이다.

바로 이런 까닭으로 우리는 모든 인디언의 이름으로 우리 인디언 부족에게 이 땅을 매각해줄 것을 요청합니다. 강물이 흐르고 저 하늘에 태양이 뜨는 한, 앞으로도 영원히 이 땅의 소유권은 우리에게 있으며 이러한 요구는 매우 정당하다고 생각합니다.

서명:

모든 부족의 인디언 일동.

1969년 11월. 인디언 영토. 알카트라즈 섬

아메리카 인디언 센터

샌프란시스코 가 16번지 3189, 우편번호 94103.

그 외 미국이나 캐나다에서 나타난 여러 행동도 인디언이 역사의 소용돌이 속에서 늘 당하기만 했던 수동적인 민족이 아니라는 점을 온 세상 사람에게 인식시켰다. 그들은 인디언 고유의 문화를 보존하고 발전시킬 수 있기를 바라고, 과거 역사의 불의뿐만 아니라 현재 겪고 있는 다양한 형태의 차별을(사회적 차별, 의료 및 교육 분야의 차별) 미국 정부가 인식해주기를 바랐다.[20]

오늘날 인디언 보호구역의 빈곤층 비율은 전국 평균보다 네 배나 높다. 미국 통계청 자료에서도 미국 사회에서 인디언이 가장 가난하고 사회적으로도 가장 큰 차별을 받고 가장 소외된 집단으로 나타난다. 게다가 얼마 되지 않는 인구수(약 2백만 명) 역시 인디언이 정치적인 압력을 제대로 행사할 수 없게 하는 중요한 요인이 되고 있다.

북아메리카의 식민화가 종결된 지 백 년 넘는 세월이 지났지만, 인디언은 아직도 그 후유증에서 벗어나지 못하고 있다. 그들은 아메리카 흑인과 함께

---

20) Joëlle Rostkowski, *Le Renouveau indien aux États-Unis*, Paris, Albin Michel, 2001.

미국 역사에서 가장 큰 피해자였다. 게다가 식민화에 이용할 목적으로 아프리카에서 데려왔고 실제로도 경제적 목표를 위해 쓰였던 흑인과 달리, 인디언은 식민화의 장애물로 따라서 제거해야 할 기생충 같은 존재로 간주되었다.

그리하여 1890년경까지 인디언은 종족말살genocide에 버금가는 수준으로 학살되었다. 그리고 20세기 초반에는 멸시와 천대의 대상이던 인디언 문화를 파괴하려는 목적으로 그들을 감시하고 백인 사회에 동화시키려는 일종의 식민정책이 실행되었다. 오늘날 인디언의 정치적·문화적 투쟁의 결과로 미국 사회의 문화적 다양성이 인정되고 있으며 그로 인해 놀라운 변화의 움직임이 일고 있지만, 북아메리카 식민화의 역사라 말해도 좋을 그 엄청난 불행의 흔적을 완전히 지워버리진 못하고 있다.

저주받은 인종

오스트레일리아의 식민화와 원주민 아보리진

알래스테어 데이빗슨

Colonize : 타동사 혹은 자동사.

A. 타동사

1) 어떤 고장에, 대개 본국에서 멀리 떨어진 저개발 지역에 정착하여 농작물을 비롯한 각종 자원을 개발하는 것 : 영국인과 네덜란드인이 남아프리카를 '식민화했다colonize.'

2) 본국에서 불필요하다고 간주된 사람이 새로운 땅에서 보다 쓸모 있는 인간이 되기를 바라는 뜻으로 그들을 식민지에 이주시키는 것 : 우리는 범죄자와 기피 인물을 이국땅에 '이주시키라는colonize' 명령을 받았다.

―와일드,[1] 『영어의 백과사전*The Universal Dictionary of the English Language*』

그 사전의 다음 부분은 이렇다.

라틴어 colonia는 토지·농장·식민지를 뜻하고, colonus는 토지경작자·농부·

---

1) Henry C. K. Wyld(1870-1945), 영국의 언어학자 겸 사전 편찬자.

농장주인을, colere는 '밭을 갈다, 열심히 일하다, 땅을 가꾸다 ; 머무르다, 거주하다'를 뜻한다. 이러한 단어에는 '뒤집다, 돌리다'라는 뜻의 kwel이라는 개념이 함축되어 있으므로 colere의 의미는 '일을 할 때 손을 바삐 놀리다,' 혹은 쟁기로 땅을 '갈아엎다'에서 나온 듯하다. 이 모든 어휘의 바탕에는 생산성, 곧 '땅을 일구어 비옥하게 하다'라는 개념이 있으며, '땅에 정착하다, 거주하다'라는 개념도 결국 '땅을 경작하다'에서 파생된 것이다. 예를 들어, '거주지'를 뜻하는 라틴어 incola의 의미도 다음과 같다. "원시적인 방식으로 경작되거나 사람이 거의 살지 않는 곳으로, 먼 고장 사람이 건너와 정착하면서 땅을 경작하고 각종 자원을 개발하는 지리적 공간이다. 그들은 이곳에서 도시를 세우고 문명사회를 건설하고 발전시킨다. 더 나아가 독립된 나라를 세우거나 자치권을 행사하기도 한다."

이처럼 '객관적'이라고 하는 어휘의 사전적 정의에도 백인의 이데올로기가 숨어 있으며,[2] 이는 오스트레일리아의 식민화를 보는 백인의 시각, 그들 사고의 바탕이 되었다. 최근까지도 오스트레일리아의 역사서에서는 국가 정체성이 어떻게 형성되었는지를 서사시적 용어로 기술하고 있었다. 영웅적인 식민개척자와 정착민이 용감한 아내와 더불어 가시덤불을 헤치며 불모지에 문명사회를 건설했으며, '동지애'를 바탕으로 하는 관대한 사회민주주의를 지켜내면서 세계에서 가장 부유하고 도시화되고 현대적인 사회 가운데 하나를 이뤄냈다는 것이다.

하지만 '경계선'[3] 너머에 있는 오스트레일리아 원주민이 생각하는 식민화는 그와 달랐다.

---

2) Henry Reynolds, *The Other Side of the Frontier, Aboriginal Resistance to the European Invasion of Australia*, Pelican, Harmondsworth, 1982.
3) 식민화된 지역을 경계 짓는 선.

우리는 분명 정착민과의 싸움에서 패배하여 정복된 민족이다. 하지만 정착민은 그 전쟁이 우리에게 얼마나 큰 피해를 끼쳤는지 알려고도 하지 않았다. 그리고 우리를 이 땅에서 나고 자란 민족, 곧 아보리진(토착민)으로 인정하기를 예나 지금이나 거부하고 있다. 민족의 생존이 위협받을 때에도 그들은 역습을 서슴지 않았다. 초기의 식민 권력자는 이런 상황을 분명히 알고 있었다. 하지만 영국 정부는 원주민 부족이 하나의 민족을 이루고 있다는 사실을 인정하지도 그에 걸맞은 위상을 부여하려 하지도 않았다. 원주민은 인종 말살, 강간, 신체적 손상이라는 엄청난 피해를 입었고, 부족이 소유한 땅도 모두 빼앗겼다. 오늘날 우리는 이 나라에서 가장 빈곤한 계층이 되고 말았다. 의료나 교육 혜택도 거의 받지 못해 실업률은 가장 높고, 수감자의 비율도 아마 세계에서 가장 높을 것이다. 정치·사회·경제 등 모든 분야의 지표에서 볼 수 있는 것처럼, 우리 원주민이 백인 사회의 일원으로 인정받지 못한다는 것은 명백하므로, 오늘날 우리가 영국 국민이라는 법률적 지위를 받아들이기 어려워하는 것도 어찌 보면 너무도 당연한 일이다.4)

이렌 왓슨이 쓴 이 글에서 우리는 앞에서 인용한 『영어의 백과사전』에서 정의되어 있는 '식민화'라는 말에 실제로는 그 땅의 본래 소유주는 모두 쫓겨나고, 식량을 구하는 터전이나 수단도 모두 빼앗기고, 그 결과 살아남기 위해 자기 전통 문화를 버리고 백인의 생활 방식에 적응하지 않을 수 없었던 현실이 은닉되어 있음을 알 수 있다. 식민화에는 원주민 사회의 파괴라는 현실이 내재되어 있으며, 오스트레일리아의 국가적 정체성은 그런 파괴와 그 행위를 지탱하는 이념을 토대로 형성되었다. 그러나 원주민 사회를 파괴하려는 계획은 실패로 끝난다. 오늘날 모든 오스트레일리아 국민이 국가적 정체성을 재고하지 않으면 안 되는 까닭은 여기에 있다.

---

4) Irene Watson, *The White Invasion Booklet*, Volcano, Adélaïde, 1982.

백인이 원주민의 땅을 빼앗음으로써 1788년 이후 두 세기 동안 원주민 대다수가 목숨을 잃었다. 땅을 빼앗기자 원주민은 굶주림에 시달렸고, 백인이 들여온 천연두, 갖가지 성병 등의 전염병, 특히 알코올 문제는 취약해진 원주민 사회를 파괴하는 데 일조했다. 이처럼 원주민 사회의 파괴는 '계몽주의 사고를 지닌' 백인의 식민화 사업이 만들어낸 작품이었다.

백인은 정착 생활을 하고, 땅을 경작하고, 사유재산권에 기초한 사회 질서를 지키며 살아가는 것을 도덕적이고 가치 있는 일로 여겼다. 백인 침략자가 자기 마음대로 설정한 '경계선' 근처에서 마주치곤 하던 원주민에게 이런 것은 사실 무의미했다. 이를 거부하는 원주민과 두 세기 동안 수많은 충돌이 일어났으며, 백인 침략자는 그런 원주민을 응징하는 것이 당연하다고 여겼다. 백인은 원주민에게 고유의 전통을 버리고 영국인의 생활 방식에 적응하도록 강요하는 정책을 폈다.

원주민 사회의 파괴는 세 단계에 걸쳐 이루어졌다(차례대로 세 단계를 밟은 것이 아니라 때로는 중복되어 나타나기도 했다). 1788년에 정착이주민이 유입되면서 시작된 첫 단계에서는 '문명화' 사업에 저항하는 원주민을 살해하는 것을 거의 공식적으로 승인했다. 공식 기록에 따르면, 이 단계는 적어도 노던 테리토리에서 들개 사냥을 하던 백인 한 사람을 공격했다는 데 대한 보복으로 32명의 원주민을 학살한 사건이 있었던 1928년까지 지속되었다(그러나 법원에서는 이 보복이 정당하다는 판결을 내렸다). 법적 구속 상태에 놓인 원주민이 사망하는 일이 아직까지 빈번하다는 점에서, 21세기에 접어든 오늘날까지도 이 단계가 지속되고 있다고 말할 수 있다. 도처에서 자행된 원주민 학살은 19세기에 진보주의 여론을 움직였고, 1838년에 이르러 정부는 마지못해 그런 행동을 처벌하겠다고 선언한다.

19세기 초에 시작된 강제동화 정책은 원주민 공동체의 파괴를 가속화시켰다.

20세기에 이르러 그 정책은 더욱 강화되었는데, 이 시기에는 벌써 대륙의 대부분이 식민화되거나 정복되었고 원주민의 패배로 충돌도 점차 잦아들고 있었다. 동화 정책의 초기 형태는 원주민에게 백인처럼 한 곳에 정착하여 땅을 경작하도록 강요하는 것이었다.

이 정책이 실효를 거두지 못하는 곳에서는 분리 정책을 썼는데, 이는 원주민을 특정 지역이나 보호구역에 고립시킴으로써 '눈에 띄지 않는 곳에서' 아무도 몰래 죽어가도록 내버려두는 것이었다. 개발이 지체된 지역에서는 이 정책이 1970년까지 계속되었다. '유색 혈통'을 제거하려는 목적으로 '생물학적 선택' 사업이 착수되던 1920년대에 이 정책은 정점에 이른다. 이때부터 '혼혈' 아동은 부모로부터 강제 격리되어 기관이나 백인 가정에 위탁되었고, 그곳에서 시중드는 일 같은 잡다한 일거리을 배워야 했다.

원주민 사회의 파괴를 위한 세 번째 단계는 1980년대부터 시작되었다. 원주민 인구가 다시 증가 추세를 보이던 그 당시, 원주민은 조상이 두 세기 동안 겪은 학살, 원주민 말살이라는 역사적 사실을 인정해줄 것을 요구하고, 토지 반환 등의 피해 보상을 요구하기 시작했다. 그러나 2000년대에 들어선 지금도 정부와 오스트레일리아 국민 대다수는 원주민 말살 같은 은폐된 역사를 사실 그대로 인정한다는 게 국가의 정체성에 커다란 위협이 된다고 생각한다. 이는 식민주의의 심리적 여파가 국민 마음속에 아직까지도 생생히 남아 있다는 사실을 보여주는 징표이다.

인구통계 자료를 보면, 원주민 사회가 처음 두 단계를 거치는 동안 대부분 파괴되었다는 사실을 알 수 있다. 연구자마다 제시하는 수치의 편차가 제법 크긴 하나(1788년의 원주민 인구를 래드클리프-브라운은 30만으로, 버틀린은 75만으로 추산했다), 오스트레일리아의 여러 식민지가 연방으로 통합되던 1901년에 이르러 원주민 인구는 94,546명밖에 되지 않았다. 다음 도표에 나타난 것처럼,

1939년까지 혼혈인의 비율이 꾸준히 증가했다는 사실로 미루어 동화 정책은 어느 정도 '성공'을 거두었다.[5]

1939년 6월 30일에 조사된 원주민 인구수[6]
(1921년에서 1939년까지 오스트레일리아 원주민 아보리진과 혼혈 아보리진에 관한 통계)

6월 30일	순혈 아보리진				혼혈 아보리진				전체아보리진수
	성인	아동	합계	전체대비(%)	성인	아동	합계	전체대비(%)	
1921	46,723	12,048	58,711	82.30	7,931	4,699	12,630	17.70	71,341
1928	48,044	12,619	60,663	78.29	9,763	7,055	16,818	21.71	77,481
1929	49,078	12,723	61,801	78.80	9,450	7,179	16,629	21.20	78,430
1930	49,167	12,567	61,734	77.62	10,213	7,584	17,797	22.38	79,531
1931	46,676	12,225	58,901	75.60	10,923	8,091	19,014	24.50	77,915
1932	47,345	12,374	59,719	75.68	10,891	8,305	19,196	24.32	78,915
1933	47,321	12,780	60,101	75.53	10,999	8,468	19,467	24.47	79,568
1934	42,955	11,893	54,848	71.93	12,040	9,359	21,399	28.07	76,247
1935	42,492	11,886	54,378	70.44	12,800	10,017	22,817	29.56	77,195
1936	41,950	11,748	53,698	69.59	13,137	10,324	23,461	30.41	77,159
1937	41,306	11,529	52,835	69.81	13,596	10,354	23,950	31.19	76,785
1938	40,487	10,892	51,379	67.52	13,988	10,730	24,718	32.48	76,115
1939	40,482	11,075	51,557	66.72	14,275	11,437	25,712	33.28	77,269

그러나 그후의 인구 통계를 보면, 말살과 동화 정책이 실패했다는 점이 분명히 드러난다. 원주민 인구가 다시 증가 추세를 보여주고 있기 때문이다. 곧 1981년의 원주민 인구는 171,150명이었고, 1996년에 이르면 여전히 영아

5) Wray Vamplew, *Australian Historical Statistics*, Syme, Weldon, Sydney, Fairfax, 1987, p. 3, 4, 104 ; Noel Butlin, *Our Original Aggression*, Allen and Unwin, Sydney, 1983 ; Russell McGregor, *Imagined Destinies. Aboriginal Australians and the Doomed Race Theory, 1880-1939*, Melbourne University Press, Melbourne, 1997, p. 123.

6) R. McGregor, ibid.

사망률은 높고 평균 수명도 낮은 편이었지만, 386,000명에 육박한다. 이와 같이 원주민과 원주민 문화를 파괴하려는 식민주의 프로그램은 결국 실패로 끝났다.

말살 정책

1770년에 제임스 쿡 선장이 영국 국왕의 이름으로 오스트레일리아 대륙 동부 해안을 점령했을 때, 그는 항해 일지에 그곳 상황을 이렇게 썼다. 원주민의 운명은 바로 이 순간에 이미 판가름 나 있었다.

이 고장의 주민 수는 땅의 면적에 비해 극히 적은 것 같다. 한꺼번에 서른 명쯤 몰려다니는 것도 보지 못했다. …… 그들이 혹시 우리에게 싸움을 걸어올 마음을 품는다 해도 전투 능력이 있는 남자를 14~15명 이상 모으기도 쉽지 않으리라 판단된다. 그 이상의 인구가 거주할 만한 마을을 본 적도 없다. 물론 우리는 동부 해안밖에 보지 못했고, 이곳에서 서쪽 해안 사이에는 분명 우리가 아직 가보지 못한 광대한 평원이 펼쳐져 있을 것이다. 하지만 그곳 역시 아무도 살지 않거나, 혹은 우리가 거쳐온 지역처럼 얼마 되지 않은 인구만이 거주하고 있으리라 추정할 수 있는 근거는 많다. 이곳 사람은 농사짓는 법을 모르기 때문에, 내륙 지역에 사계절 내내 사람이 거주한다는 것은 거의 불가능하다. 농사짓는 법을 모르는 해안 지역 주민이 내륙으로 들어가 농사를 지을 거라고 생각할 순 없는 노릇이다. 만일 농사 기술을 알고 있다면, 농사지은 흔적이 조금이라도 남아 있어야 하지 않겠는가! 이 근처를 둘러보았지만, 농사를 지었던 듯한 땅은 단 한 뼘도 발견하지 못했다. 그런 까닭으로, 바다에서 식량을 공급받지 못하는 내륙 지역이 아무도 살지 않는 빈 땅이라는 결론에 이를 수 있는 것이다.[7]

---

7) James Cook, *Captain Cooks Voyages, 1768-1779*, Folio, London, introduction et sélection de textes choisis par Glynder Williams, 1997.

이 글에는 18세기 말 유럽인의 사고방식, 새로이 발견한 대륙 오스트레일리아와 그곳 원주민을 보는 시각이 잘 나타나 있다. 곧 원주민 인구는 얼마 되지 않고, 자기가 점유한 그 방대한 영토는 아직 경작되지 않은 땅이라는 사실에 주목했던 것이다.

1788년 뉴사우스웨일스에 처음으로 들어온 정착민이 "…… 원주민이 아직 베일에 가려져 있던 시절에 유럽인이 추측한 것보다 원주민 인구수가 훨씬 더 많다"는 사실을 알아차렸지만, 그들은 곧 다른 중요한 사실을 추론해 낸다. 이것은 나중에 사실로 밝혀진다. 곧 "내륙 지역은 그렇지 않다. 근처를 탐사하고 토착민이 살아가는 방식으로 추측하건대, 내륙 지역을 아무도 살지 않는 빈 땅으로 단정할 수 있는 근거는 많다."[8]

낯선 자들 : 피부가 흰 사람[9]

어느 날, 작살로 물고기를 잡던 원주민은 낯선 사람이 배를 타고 다가오는 것을 보았다. 겁을 먹은 원주민은 덤불로 들어가 숨었다. 원주민은 높은 언덕으로 올라갔다. 낯선 사람이 다가가자, 원주민은 커다란 돌덩이를 굴려 떨어뜨렸다. 낯선 자들이 모두 죽었다고 생각했지만, 그건 착각이었다. 낯선 자들이 총을 쏘기 시작했던 것이다. 원주민은 다시 숨었고, 낯선 자들을 향해 창을 던졌다. 낯선 자들은 도망쳤고, 다시 배에 올랐다. 그러고는 어디론가 사라졌다. ……

그러던 어느 날, 그 가운데 한 사람, C 선장이라 불리는 사람이 나타났

---

8) Watkin Tench, *A Narrative of the Expedition to Botany Bay, 1789-1793*, Sydney, Library of Australian History, 재판, 1979, p. 52.

9) *The Aboriginal Children's History of Australia*, Melbourne, 1970, pp. 295-296, in Marc Ferro, *Comment on raconte l'histoire aux enfants à travers le monde entier*, Paris, Éditions Payot, 재판. 1992(NDLR).

다. 선장은 덤불로 걸어왔다. 어디선가 창 하나가 날아왔지만, 아슬아슬하게 빗나갔다. 잠시 후, 원주민이 끝이 뾰족한 창을 던지며 달려나가자, 그 사람은 겁을 먹고 달아났다. 그는 보트를 타고 배가 정박한 곳으로 달아났다. 그리고 다시는 보이지 않았다. ……

1824년에 영국 군대가 와서 던다스Dundas 요새에 주둔했다. 영국군과는 친구 사이였으므로 우리는 영국군을 죽이지 않았다. 영국군은 50명밖에 안 됐고, 우리는 2천 명이었다. 따라서 영국군이 대포를 갖고 있다 해도 두려워할 필요가 없었다. 덤불속에서 우리를 당할 자는 아무도 없었다. 영국군은 무릎까지 올라오는 검은색 장화를 신었고, 흰색 바지와 붉은색 윗옷을 입고 있었다. 얼굴색도 붉었다. 그래서 우리는 그들을 '붉은 얼굴'이라는 뜻의 '무를타위'라고 불렀다. 영국군 병사는 물고기는 잘 잡았지만, 사냥은 서툴렀다. 그들은 흙으로 벽돌을 만들었으며, 우기에는 더위를 무척 탔다. 그들은 5년 동안 머무르다가 떠날 거라고 말했다. 서로를 죽이는 일은 일어나지 않았다. 그런데 영국군이 탐부라는 이름의 우리 동포 한 사람을 납치하고는 그가 탔던 카누를 부수고 노로 머리를 때려서 죽인 사건이 일어났다. ……

원주민은 말 탄 백인을 처음 보았을 때, 말과 사람이 한 몸이라고 생각했다. 그 사람이 말에서 내리는 모습을 보았을 때, 비로소 자기들이 잘못 생각했음을 깨달았다. 원주민 가운데 어떤 사람은 백인을 가리켜 환생하여 내려온 조상이라고 주장했다. 또는 정령이라 생각하는 사람도 있었고, 캥거루 같은 짐승일 거라고 말하는 사람도 있었다. 원주민의 영웅, '야간'이라 불리는 사람이 있었는데 그는 백인을 찾아가 그들과 친하게 지냈다. 그러다가 싸움이 터지고 말았다. 그가 원주민 동포를 보호하다가 백인 한 사람을 죽인 것이다. 백인은 근처를 지나가는 야간의 동생에게 총을 쏘았다. 일은 점점 더 커졌고, 결국 야간과 그의 늙은 아버지마저 목숨을 잃었다.

늙은 어머니는 오래도록 슬피 울었다.

최근에 이루어진 연구를 살펴보면,[10] 원주민이 부족마다 자기 영토를 소유지로 생각했고 이를 지켜내기 위해 싸움도 불사했다는 사실을 초기의 식민지 개척자조차 인정했다.

이처럼 그 땅이 그곳에 거주하는 원주민의 소유지라는 사실을 잘 알면서도, 땅을 점유한 백인은 그런 사실을 달리 해석했으며, 1930년대에 이르러서도 마찬가지였다. 『백과사전*The Universal Dictionary*』에서 규정된 식민화의 정의 역시 그런 관점에서 벗어나지 못하고 있는 것이다. 곧 원주민이 땅을 지키려고 싸웠다는 게 사실이라 해도, 땅을 경작함으로써 최대한의 산출물을 생산해내지 못했다는 점에서 땅의 소유권을 주장할 수 없다는 게 백인의 사고였다. 이러한 사고는 18세기 말의 유럽 사회를 지배하고 있었다.

이처럼 정착민은 천연 자원의 결핍을 극복하려는 목적으로 땅을 개간하여 사유지로 만들고, 그곳에 시민 사회를 건설하는 사람이 바로 사회의 건설자라고 생각했다. 사회계약론에서 비롯된 이러한 관점은 존 로크의 영향 아래 쿡 선장을 비롯한 당시 식민개척자의 사고를 지배했다. 그것은 또 식민화에 관한 국제법상의 판단 기준이 되었는데, 이는 스위스의 국제법 학자 바텔Emmerich de Vattel의 저서에 잘 나타나 있다.[11]

식민화 초기부터 1992년까지 수없이 반복된 오스트레일리아 영토의 점유가 정당하다는 주장은 오스트레일리아가 테라 눌리우스terra nullius(無主地), 곧 '아무도 없는 땅,' '사람이 살지 않는 빈 땅'이었다는 단순한 사실에 근거했다.

---

10) H. Reynolds, *Aboriginal Sovereign : Three Nations, One Australia? Reflections on Race, State and Nation*, Allen and Unwin, Sydney, 1996.
11) *The Law of Nations or the Principle of International Law (1758)*, Occana, New York, 1964(재판), pp. 37-38.

이러한 표현은 원주민이 그곳에 부재함을 뜻하는 게 아니라 원주민의 수가 얼마 되지 않고, 또 그들이 유럽인처럼 땅을 경작하지 않기에 소유권을 주장할 수 없다는 사고방식에서 나왔다.

계몽주의적 사고를 지닌 백인은 자연에서 떠돌아다니며 자연이 거저 주는 산물을 가지고 살아갈 권리는 누구에게도 없고, 땅을 일구어 무언가를 생산해야 한다고 생각했다. 이런 사고로 무장한 쿡 선장 같은 식민개척자, 영국 정부에서 파견된 선량한 관리, 수많은 정착민은 원주민 사회에 대한 실증주의적 시각을 갖고서 앞으로 두 세기에 걸쳐 혼란과 모호함과 갖가지 모순을 낳게 될 정책을 추진한다.

그들의 포괄적인 계획은 오스트레일리아 국가와 사법 제도를 수립하는 것이었을 뿐, 원주민 사회의 단계적 파괴라는 사업에 은닉된 '도를 넘어선' 인종주의는 애당초 의도한 바가 아니었다. 아무리 그렇더라도 수천 명의 원주민이 학살당하는 상황을 목격하면서도 오스트레일리아 사람 대다수가 단호한 태도를 보여주지 못했다는 점 또한 사실이었다.

오스트레일리아를 가장 먼저 식민화한 사람은 유형수 집단이었다. 19세기 중엽까지 유형수와 누범자가, 1859년 당시 존재하던 여섯 개 식민지 가운데 다섯 곳에서 인구 대다수를 이루고 있었다. 대부분 젊은이로 이루어진 이 범죄자 집단은 매우 억압적이던 당시의 교도 정책에 의해 통제되었다. 19세기 말까지도 반항적인 죄수는 발목에 족쇄를 채웠다. 유형수는 대부분 오지로 가서 목축이나 농사일을 함으로써 형을 치렀다. 가축을 한 마리라도 잃어버리는 등 손실이 생기면, 가차없이 매질을 당했다. 농장에서 기르는 가축을 본 적이 없는 원주민은 유형수와 가축을 혼동하기도 했다.

그런데 이 범죄자들은 원주민을 분풀이 대상으로 여겼고, 이러한 야만적 보복 행위는 곧 일상화되었다. 퀸즐랜드에서는 스트리키니네를 넣은 미끼에 원주민이 목숨을 잃은 사건이 벌어졌는데, 이때 유형수들은 죽은 원주민의 머리를 축구공으로 썼다. 웨스턴오스트레일리아에서도 유형수가 원주민을 말에 매달아 끌고 다니다가 죽이는 일이 벌어졌으나, 정부가 엄중한 처벌을 내리는 경우는 한 번도 없었다. 그 가운데서도 가장 끔찍했던 것은 죄수가 남자뿐이라는 구실로 원주민 여자를 강간하는 게 묵인되었다는 사실이다. 1788년 이후 경계선에서의 충돌은 일상화되었다. 이때 사망한 백인이 2,000~2,500명인 데 비해, 원주민은 2만 명이 목숨을 잃었다.

범죄를 저질러도 처벌을 받지 않았으므로 백인의 폭력은 계속될 수밖에 없었다. 이런 상황에서 정부 당국자 가운데 일부에서는 자성의 움직임이 일기도 했다. 처음에 그들은 원주민에 대한 적절한 처우를 자국민에게 권고하고 이를 어길 경우 처벌을 내렸으나, 다른 한편으로는 무력을 써서라도 땅을 지킬 것을 요청했다. 원주민이 백인을 대상으로 보복 행위를 할 경우 원주민에게 내리는 처벌은 가혹했지만, 이와 반대의 경우 백인에게는 매우 관대했으므로 오히려 범죄를 부추기는 결과를 낳았다.[12]

원주민을 살해하거나 가혹 행위를 저질러도 처벌받지 않는 일이 빈번해지자 나중에는 백인 사회에서도 오스트레일리아에 법질서라는 게 존재하는지 의문을 품는 사람이 늘어갔다. 그리하여 정부는 국가 권위를 세우기 위해 인종 학살genocide을 금지한다고 공식적으로 선언했고, 이로써 백인 사회는 분노와 좌절과 혼란으로 빠져들었다. 1838년, 마이얼 크리크Myall Creek 학살 사건 후 「시드니 모닝 헤럴드」에 실렸던 사설에는 테라 눌리우스(無主地) 원칙과 학살 금지령, 이 둘 사이의 모순성이 그 당시 얼마나 큰 혼란을 초래했는지 그 상황이 잘 나타나 있다.

---

12) A Davidson, *The Invisible State : The Formation of the Australian State, 1788-1901*, Cambridge University Press, Cambridge, 1991, ch. 3.

원주민에게 이 방대한 땅은 한낱 공유지에 지나지 않았다. 이 땅에서 노동을 해본 적이 없기 때문이다. 그런 자들이 소유권을 주장한다면, 에뮤나 캥거루도 땅을 내놓으라고 할 게 뻔하다. 그들은 땀 흘려 이 땅을 일구고 농사를 짓지 않았다. 이런 노력을 한 사람만이 땅의 소유권을 주장할 수 있는데도 말이다. …… 영국 백성은 땅의 소유권을 갖고 있으며, …… 소유권을 주장할 자격도 충분하다. 그들이야말로 끊임없이 전진하여 새로운 땅을 점유하고 땀 흘려 그 땅을 일구라는 신성한 소명을 부여받은 사람이기 때문이다.[13]

최초의 경계선이던 뉴사우스웨일스에서 일어난 마이얼 크리크 학살은 원주민 때문에 손실을 입었다는 이유로 이를 보복하기 위해 벌어진 사건이었다. 여자, 아이, 노인을 포함하는 28명의 원주민이 한데 묶인 채 유형수에게 한꺼번에 참수를 당했다. "폴리는 칼집에서 칼을 꺼내어 내게 보여주었다. 칼은 피로 흥건히 젖어 있었다." 정부 당국은 11명의 죄수를 살인죄로 구속했으나, 죄수의 고용주였던 농장 주인이 변호 비용을 부담했다. 곳곳에서 항의의 목소리가 거셌지만, 그 가운데 일곱 명에게 사형이 선고되었다. 하지만 "사법 당국은 여론의 압력을 이겨내지 못했고, 그 가운데 다섯 명이 교수형을 면했다."[14]

그런 식의 '보복 행위'를 정부 차원에서 강력히 처벌해야 한다는 주장이 그 동안 여러 차례 제기되었으며, 그런 주장이 나온 것은 당연한 일이었다. 당시 원주민 학살은 너무도 빈번했으나, 처벌 받은 사람은 아무도 없었던 것이다. 인종 말살 같은 끔찍한 일들(경찰에 의해 저질러지는 경우도 드물지 않았으며, 처벌은 뒤늦게 이루어졌다)이 19세기 후반기에 퀸즐랜드에서, 또 노던 테리토리와 웨스턴오스트레일리아에서는 20세기 중엽까지 자행되었다. 퀸즐

---

13) James Jupp(dir.), *The Australian People. An Encyclopedia of the Nation, its People and their Origins*, Augus and Robertson, Sydney, 1992, p. 217.
14) Heather Goodall, *Invasion to Embassy land in Aboriginal Politics in New South Wales, 1770-1972*, Allen & Unwin, Sydney, BlackBooks, 1996, p. 31, 34.

랜드의 일부 경찰은 '패륜적인 가혹함으로 임무를 수행하는'[15] 것으로 악명을 떨쳤다. 원주민 연구의 탁월한 선구자였던 로울리는 1972년에 이렇게 썼다.

> 젊은 시절, 원주민을 살해하고도 아무런 처벌도 받지 않은 자, 또는 합법적으로 그런 일을 저질렀던 사람이 아직도 생존해 있다. 이 사실을 똑똑히 기억하는 원주민 역시 아직도 남아 있다.[16]

이처럼 종족말살이라는 역사적 사실은 아주 먼 옛날의 역사가 아니라 오늘날 사람들의 기억 속에도 생생하게 남아 있다.

원주민의 강력한 구전 전통으로 세대를 거쳐 전해 내려와 아직까지 생생히 남아 있는 것이다. 1980년에 수집된 다음 이야기도 그 가운데 하나이다.

> 우리 할머니께서 직접 들려주신 이야기이다. 저 아래쪽 강가에 있는, '분다브리나'라는 곳에 사람이 살고 있었다. 어느 날, 못된 백인이 이곳을 찾아왔다. ...... 나이 든 여인이 쌍둥이 두 꼬마를 안고 있었다. 백인 한 사람이 그 여인에게 총을 쏘았고, 아이 아버지에게도 총을 쏘았다. 그러고는 두 아이를 빼앗아 가더니 입 속에 흙을 한 줌씩 쑤셔 넣었다. 그렇게 아이들을 질식시켰다. '무리스'라는 사람이 아이들을 구하려 했지만, 백인은 끝내 두 아이를 죽이고 말았다. 삽시간에 벌어진 일이었다.[17]

많은 원주민이 이런 형태의 학살 사건을 기억하고 있으며, 지금부터 불과 20년 전까지도 원주민 대다수가 강제로 이주되어 살아야 했던 보호구역 등 여러 장소에서 느리지만 매우 용의주도하게 이루어졌던 인종 말살을 기억하는

---

15) Charles Rowley, *The Destruction of Aboriginal Society*, Hardmondsworth, Penguin, 1972, p. 169.
16) Ibid., p. 7.
17) H. Goodall, op. cit., p. 34.

사람이 아직도 많다.

정착 생활이나 유럽식의 농경문화를 원주민이 쉽게 받아들이지 못하리라는 사실을 백인은 일찍부터 잘 알고 있었다. 유화 정책이나 교육으로 '떠돌이 생활 습관'에서 벗어나게 할 수 없으리라는 것은 분명했다. 그런데 당시 유럽인은 정착 생활과 토지 경작을 문명 생활과 동일시했다. 따라서 원주민이 어느 정도의 지능을 갖고 있다고 생각하는 백인조차 노동을 거부하는 것은 이해할 수도 허용할 수도 없었을 것이다. 그런 점에서 선교회 소속 영국 국교회 사제 윌리엄 셸리의 말은 매우 상징적이다.

먹을 것과 입을 것을 구하는 것 말고 아무런 인생의 목표도 없이 단지 진수성찬과 호화로운 의복에 만족하며 살아간다면, 그걸 과연 인간의 삶이라 말할 수 있을까? 자기가 속한 사회로부터 멸시를 당하고 무가치한 인간으로 낙인찍힐 게 뻔하지 않은가?[18]

그리하여 최초의 식민지였던 뉴사우스웨일스와 태즈메이니아에서, 그후에는 다른 식민지에서도 원주민을 보호구역으로 몰아넣음으로써 독자적으로 살아가도록 유도하는 정책을 쓰게 되었다. 그런데 태즈메이니아에서는 이 정책이 섬 전역에 포진한 백인 군대에 의한 본격적인 인간 사냥 형태로 나타났다. 원주민은 포위망을 벗어나려고 안간힘을 썼으나, 헛된 일이었다. 이렇게 붙잡힌 원주민은 태즈메이니아 연안 인근의 작은 섬들로 강제 수용되었다. 고향 땅에서 멀리 떨어진 그곳에서, 눈에 띄는 대로 총을 겨누는 위험한 백인을 마주칠 일이 없는 그곳에서, 원주민이 노동과 토지 경작의 가치를 깨닫기를 바랐던 것이다. 그러나 원주민은 땅을 경작하는 법을 배우기도 전에 곳곳에서 질병과

---

18) 1814년 4월 8일 윌리엄 셸리가 래츨런 맥커리에게 보낸 글, HRA I, VIII, Davidson, 1991, p. 80.

굶주림으로 급속하게 죽어갔다.

물론 보호구역이라는 제도를 우리가 앞으로 다루게 될 동화정책의 일부분으로 볼 수도 있다. 그러나 원주민 보호구역은 사실상 오스트레일리아에 거주하는 일반 백인의 시선이 닿지 않는 먼 곳에서 실행된 점진적 인종말살 정책이라는 측면이 내재된 집단수용소 체제의 성격을 지니고 있었다. 1828년에 영국 국교회의 부주교 스콧은 뉴사우스웨일스의 여러 보호구역에 관해 이렇게 썼다.

대부분이 이렇게 생각하고 있었다. 곧 첫째, 그 사업은 추진하기가 매우 어렵고, 둘째, 엄청난 비용과 노력과 주의가 요구되므로 실패로 끝날 가능성이 크며, 셋째, 오지에서 양떼를 지키는 유형수로부터 원주민을 완전 격리시키기가 현실적으로 거의 불가능하므로 그들의 못된 행동을 보고 배울 게 분명하고, 넷째, 이런 대규모 사업을 성공적으로 완수하려면 엄청난 자금 지원 외에 다른 방법이 없는데, 그 부담이 너무 크고, 다섯째, 유럽인 인구가 지속적으로 증가하고 양을 비롯한 가축의 수도 급속히 불어나는 데 비해 그 사업은 결코 그 속도를 따라가지 못할 게 거의 확실한데, 그러다 보면 방대한 지역에 여기저기 흩어져 있는 원주민 부족은 결국 절멸될 수밖에 없고, 여섯째이자 마지막으로 거론할 수 있는 것은 그렇게 엄청난 비용과 노력을 쏟아 붓는다 해도 결과는 그에 훨씬 못 미칠 가능성이 매우 크다는 것이다.[19)]

원주민을 백인처럼 교육시키려면 너무 큰 비용이 든다는 고정 관념은 보호구역 안에 원주민의 교육을 위한 제도 및 시설을 마련하지 않아도 될 핑계거리가 되었다. 스콧이 명확히 지적한 것처럼, 정부의 목표는 대륙 전역을 백인 경작자로 채워 넣는 것이었으므로 이런 정부의 계획에 호응하지 않는 자는 누구든지 정부의 지원을 기대할 수 없었다. 1840년 이후 양을 기르는 목축업자가 급속도로

---

19) A. Davidson, op. cit., 1991, p. 82.

방대한 땅을 점유하면서 원주민은 대대로 살던 곳에서 쫓겨날 수밖에 없었고, 대규모 농경 사업이 추진되면서 원주민의 식량 공급원이던 생태 주기도 파괴되었다. 원주민은 굶주림과 갈증으로 급속히 죽어갔다. 평소 물을 공급받던 수원지로부터 멀어지면서 심각한 식수난을 겪었다. 1835년 보호령제가 도입되기 이전에 이미 이런 현상이 나타났다.

역설적이긴 하나, 보호령 지사가 통치하는 보호령은 본래 원주민을 위해 마련된 영토였다. 태즈메이니아 원주민의 파괴와 강제 이주를 주도했던 로빈슨은 빅토리아 주의 초대 지사였다. 당시 백인 식민지에서 멀리 떨어진 그 공간 안에서 원주민은 그 전통에 따라 살아가도록 되어 있었다. 이 제도는 양모 생산업자가 그 땅을 요구하기 시작한 1849년까지 지속되었다. 이때부터 보호구역은 팔려나가기 시작한다. 빅토리아 주의 사례가 가장 대표적인 경우였으며, 그후로 1842년에 설치된 보호구역 몬트 루즈Monte Rouse는 1858년에 팔렸고, 내르 워렌Narre Warren은 1843년에 폐쇄되었으며, 그밖의 다른 보호구역도 1858년에 팔렸다. 남아 있던 원주민은 1864년에 코란데르크Corranderrk로 이주되었고, 1948년까지 그런 상태로 살아갔다. 1902년까지 보호구역 가운데 절반 이상이 국가에 귀속되거나 개인에게 팔려나갔다.

원주민의 소유지로 방치해 두기 아까울 만큼 그 땅이 큰 가치를 갖고 있다는 사실을 목축업자가 알아차렸던 것이다. 1830년대부터 이미, 원주민은 오스트레일리아 영토의 주인이 될 수 없고 백인을 상대로 토지 매매에 관한 조약을 체결할 수 없도록 하는 법적 근거가 마련되어 있었다. 콩고 머렐Congo Murrell 소송 당시(1836년), 배트맨Batman과 포트 필립Port Phillip의 원주민 사이에 체결된 조약 내용을 근거로 정부는 1770년의 영토 점유로 원주민의 토지 소유권이 완전히 말소되었다고 선언했다.

이리하여 19세기 후반에 이르면 원주민의 운명은 더욱 더 험난해질 수밖에 없었다. 방대한 오스트레일리아 영토 안에서 단 한 뼘의 땅도 그들에게 주어지지 않았던 것이다. 정착 생활도 하지 않고, 백인처럼 땅을 경작하지도 않는 원주민은 조상 대대로 살아온 땅에서 쫓겨나 험하고 척박한 오지로 밀려났다. 그것은 원주민에게 사형 선고나 다름없었다. 몇몇 지역에서는 유능한 양치기로 인정받은 일부 원주민이 백인의 농촌 경제에 편입되었고, 이런 원주민을 탐내서 납치해 가는 일이 벌어지기도 했다. 나중에 여자로 밝혀져 주위 사람을 놀라게 했다는 유명한 원주민 양치기 소년 이야기는 오스트레일리아 문학의 고전적 테마가 되기도 했다. 원주민에게는 아무런 권리도 없다고 법에 명시된 뒤로, 원주민이 사회적 지위를 바꾼다는 것은 불가능했다. 문화적 전통을 버리고 백인처럼 살아가지 않는 한, 먹고살 권리조차 갖지 못했다.

1930년 당시 오스트레일리아의 가장 탁월한 역사가는 이렇게 썼다.

이 땅에서 영국 문명이 발전하면서 원주민 종족이 자연스럽게 절멸의 길로 접어든 것은 불가피한 일이었다 — 이는 오스트레일리아 총독에게 위안이 되는 말일 것이다. 사실 사냥 문화와 목축 경제는 한정된 공간 안에 공존할 수 없다. 그렇다 하더라도 영국인 침략자는 때로 지극히 어리석은 어린애처럼 필요 이상으로 잔혹하게 파괴 작업을 수행했다.[20]

1880년경에 이르러 오스트레일리아의 식민화된 지역에 남아 있던 일부 원주민은 매우 비참한 생활을 했다. 그들은 하천가나 도시 외곽에 모여 살았으며, 도시 빈민가로 흘러드는 사람도 많았다. 그들이 무장 투쟁을 벌이는 일은 더 이상 없었지만, 사법권을 갖지 못한 터라 백인의 착취로부터 스스로를 보호할 수 있는 수단도 전혀 없었다. 그리하여 그들의 삶을 기록한 글에서 볼 수 있는 것처럼, 백인은 아무런 처벌도 받지 않고 원주민을 상대로 구타와

---

20) Keith Hancock, *Australia*, Brisbane : Jacaranda, Australia, 1964.

오스트레일리아의 원주민 보호구역[21)]

이름과 위치	설립 연도	면적 (헥타르)
야라Yarra 정부관할 보호구역(식물원, Yarra 남부)	1837-1839	2,000
— 나레나레Naree Naree 보호구역(Doveton 북부)	1841-1843	1,536
— 웰즐리 번딩탈wesleyinne Buntingdale 보호구역(Colac 인근)	1838-1850	16,384
— 케일람베트Keilambete(Terang 인근)	1838	25,600
— 버럼베레트Burrumberet(Ararat 인근)	1838	25,600
— 굴번Goulburn 보호구역(Murchison 인근)	1840-1857	12,800
— 니리만 Neeriman(Mont Tarrangower)	1840-1841	400
— 먼트Mont 프랭클린Franklin(Daylesford 인근)	1840-1860	16,429.2
— 모르디알록Mordialloc 보호구역	1841-1860	16,492.2
— 먼트 루스Rouse(Penshurst)	1841-1853	322.8
— 펜트리지Pentridge(원주민 치안 구역)	1842-1852	600
— 메리 크리크Merri Creek 학교(Northcote, Yarra Bend)	1845-1851	18.8
— 피론 얄록Pirron Yallock(Colac 인근)	1850 이전	1,024
— 와란다이트Warrandyte 보호구역(Pound Bend)	1841-1859	763.2
— 보가Boga 호수	1851-1856	6,528
— 옐타Yelta(Mildura 인근)	1855-1878	256
— 에베네저Ebenezer(Dimboola 인근 Hindmarsh 호수)	1859-1904	1,442.8
— 미아가라룬Miagararoon(Mohican 앞쪽)	1859-1860	1,800
— 마프라Maffra 보호구역(원주민 치안 구역)	1859-1861	1,256
— 모히칸Mohican 또는 아체론Acheron(Taggerty 인근)	1859-1863	6,400
— 스테이글리츠Steiglitz(Anakie 인근)	1859-1901	256
— 캉햄Carngham(Winchelsea)	1860-1875-1900	1.2
— 부찬Buchan 보호구역	1861-1863	미기재
— 먼트 더니드Duneed	1861-1907	0.4
— 프램링햄Framlingham 보호구역	1861-1971	1,400
— 우리 얄록Woori Yallock(Yarra 고지대)	1862. 1월-12월	480
— 탕감발랑가Tangambalanga(Murray 고지대)	1862-1971	1,680
— 라마휴츠Ramahyuch(Wellington 호수)	1863-1908	0.9424
— 코란데르크Corranderrk 보호구역(Healesville 인근)	1863-1905	1,940
— 캥거튼Kangerton(Hamilton 인근)	1866-1879	44.4
— 콘디Condah 호수(Cofe 보호구역, Heywood 인근)	1858-1959	1,516
— 엘리무닐Ellimunyl 보호구역(Colac)	1872-1948	16
— 게이필드Gayfield 보호구역(HahHah 보호구역 Murray 인근)	1874-1910	800
— 더골름Dergholm 보호구역(Casterton)	1879-1895	25.6
— 탈라게이라Tallageira(Apsley 인근)	1887-1907	248
— 무데메르Moodemere 호수(Rutherglen 인근)	1891-1937	8.4
— 룸발라라Rumvalara(Mooroopna)	1958-1970	2
— 마나퉁가Manatunga	1960-1968	3.6

21) A Davidson, op. cit., 1991.

강간, 심지어 살해할 수도 있었다.22)

소유권에 관한 영국 법은 오스트레일리아가 테라 눌리우스(無主地), 곧 아무도 없는 땅, 주인 없는 땅이라는 원칙에 근거하고 있었다. 땅의 소유권은 오직 그 땅을 경작하는 자에게 있으므로 오스트레일리아는 주인 없는 땅이라는 것이다. 이러한 사고에 의거하여, 1788년에 그 땅을 점유한 뒤로 영국 법만이 효력을 지닌다는 주장이 정당화되었다. 따라서 그 순간부터 원주민의 권리는 자연히 소멸되었다. 이런 조처는 콩고 머렐 소송에서 중요한 역할을 했다.

그리고 원주민에게 치명적인 또 하나의 조처가 있었는데, 원주민이 그리스도교의 유일신을 믿지 않고, 따라서 법정에서 선서도 증언도 할 수 없으므로 백인이라면 누구나 갖는 기본적인 사법권을 행사할 수 없다는 조처가 그것이다. 달리 말해, 영국인이 그 땅을 점유한 뒤로 오스트레일리아 대륙에서는 영국 법만이 효력이 있으며, 따라서 그곳에 거주하는 모든 주민은 영국 법의 보호 아래 있지만 원주민은 법의 보호조차 받을 수 없다는 것이다.

이 점은 특히 강조할 만한데, 원주민이 1788년부터 영국 백성이 되었고, 속지주의 원칙에 따라 자동적으로 영국 시민의 자격을 획득했다는 주장도 있기 때문이다. 원주민의 역사가 시민권 취득 과정이므로 이를 부정하고 쓸데없이 소송을 벌이는 것은 양식에 벗어난 행동이라는 것이다.23) 사실 영국 정부가 아닌 다른 주체의 주권을 인정하지 않는다는 것은 원주민이 백인이 부여한 권리만을 갖는다는 것을 의미했다. 따라서 원주민에게는 협상하거나 조약을 체결할 권리가 없었다. 이처럼 오스트레일리아 원주민의 상황은 식민개척자와 조약을 체결하곤 했던 대영제국의 다른 식민지 백성과 완전히 달랐다. 특히

22) Kath Walker, *My People A Kath Walker Collection*, Brisbane : Jacaranda, 1970, p. 80. 캐스 워커(1920 ~)는 여성 시인으로서, 나중에 아보리진식 이름인 우데로 누누칼Oodjero Noonuccal이라는 이름을 썼다.

23) Brian Galligan and John Chesterman, *Citizens Without Rights : Aborigines and Australian Citizenship*, Cambridge, Cambridge University Press, 1997.

토지에 관한 권리가 쟁점 대상이 될 때, 이 점은 원주민 사회에 치명적인 결과를 가져다주는 중요한 요소가 되었다.

영국 본토에서는 1837년에 원주민의 토지 소유권이 공식적으로 인정되었으나, 오스트레일리아 식민지에서 내려진 법원 판결은 그와 상반된 것이었다. 오스트레일리아의 여러 주 정부에서는 원주민이 거주하는 땅의 소유권을 인정하지 않았으며, 주 정부는 원주민에게 아무런 보상도 해주지 않고 '적당한' 사람에게 토지를 양도할 수 있었다. 이런 상황은 주 정부와 일부 백인 정착민 사이에 분쟁을 초래하기도 했다.

1847년 법무장관이 브라운이라는 사람을 기소한 소송을 필두로 일련의 소송이 있었고, 그 결과 원주민에게 소유권이 없다는 원칙에 따라 백인의 토지 소유권이 정식으로 법제화되었다. 1889년에는 오스트레일리아가 식민화 시기에 테라 눌리우스(無主地), 곧 아무도 없는 땅이었으므로 영국 법만이 유일하게 효력을 지니며, 영국 법에 의거한 판결에 아무도 이의를 제기할 수 없다는 게 불문율처럼 되어 있었다. 1971년에 진보주의자였던 블랙번 J.[24] 판사는 기존 판례에 따라 다음과 같은 판결을 내릴 수밖에 없었다.

> 과거 우리 조상은 문명도 존재하지 않고 원시적인 사회 구조 속에서 살아가던 주민이 거주하는 땅을 가리켜 '황무지 혹은 미경작지'라는 용어를 썼다. …… 특정 계층에게 식민지를 할당하는 것은 합법적인 일이며, 역사적 사실을 고려하더라도 그것은 전혀 문제될 게 없다.[25]

실제로 19세기 말에 원주민은 권리를 갖지 못한 시민이라기보다 오히려 허울뿐인 시민에 불과했다. 백인이 그 땅을 정복할 당시 오스트레일리아가

---

24) 'J'는 판사judge라는 신분을 가리킨다.
25) Milirrpum and ors versus Nabaico Pty Ltd and the Commonwealth of Australia (1971), *FLR(Federal Law Reports)*, 17, pp. 141-201. (Nabalco Pty Ltd는 광산채굴회사 이름이다).

아무도 살지 않는 땅이었으며, 그곳 주민은 문명화된 백인과 동등한 자격으로 살아갈 수 없다는 사고가 그 시대를 지배하고 있었다. 1902년에 보수당 소속 어느 국회의원은 회의 중에 원주민을 가리켜 '동물'이라는 표현을 쓰기도 했다. 그 결과, 원주민에게 부여된 법적 지위는 영국 땅에서 태어난 사람이 아니라 영국 영토로 이주해온 외국인의 지위였다(영국 시민의 지위를 보장받을 수 있는 유일한 경우였다). 로버트슨이라는 사람을 기소한 맥휴 소송에서(1885년)[26] 판사는 다음과 같은 판결을 내렸다.

> …… 영국 정부와 식민지 정부 당국은 원주민을 상대로 판결을 내릴 때, 영국 영토로 이주해온 외국인으로 간주해야 한다. 우리 법을 그들이 이해하기도 어려울 테고 그들의 현실에 우리 법을 적용한다는 것도 무리가 따르겠지만, 법을 위반하는 경우 단호히 처벌해야 한다.

진보주의 성향의 백인은 이전 세기에 식민화가 초래한 결과를 평가하면서 원주민 문화와 영국 문화가 한 공간에 공존하기가 불가능했을 터이므로 원주민의 절멸은 불가피한 일이었다는 결론을 내렸다. 죽어가는 자에게 마지막 순간 달콤한 위로의 말을 건네는 격이었다. 실제로 그들은 원주민 사회의 파괴를 위한 새로운 국면으로 접어드는 시기에 도움을 주었고 공모자가 되었다. 원주민 전통문화의 파괴를 가속화시키는 새로운 법규를 만들고 이를 적용하는 데 한몫을 했던 것이다. 이 새로운 단계가 바로 '동화' 정책이 본격적으로 실시된 시기이다. 사실 이 정책은 오스트레일리아 연방이 창설되기 전부터 주먹구구식이었지만 이미 시행되고 있었다. 이 정책은 그후 70년 넘게 오스트레일리아 사회를 지배했다.

이에 대해 마르쿠스는 이렇게 말했다.

---

26) 85 *VLR(Victorian Law Reports)*, pp. 410-431.

식민화가 진전된 지역에서 원주민에게 가하는 신체적 폭력 행위는 이전보다 훨씬 감소했지만, 원주민과 영국계 오스트레일리아인의 관계는 새로운 양상을 띠게 되었다. 곧 단체 행동권, 직업 선택권, 재산 처분권, 결혼 및 자녀 양육권 등 원주민의 거의 모든 일상이 법적인 규제 대상이 된 것이다. 행정 인력이나 재정적 지원이 충분치 못한 까닭으로 통제가 제한적일 수밖에 없었지만, 거의 모든 원주민이 기본적인 참정권을 박탈당했고, 개인의 자유도 제한되었다. 원주민은 대부분 고용주에게 차별 대우를 받았다. 보호구역에 강제 이주시키고, 부모에게서 자녀를 강제 격리시킬 수 있는 권리를 가진 정부 관리의 횡포 때문에 (특히 퀸즐랜드에서 횡포가 심했다) 원주민은 한시도 마음을 놓을 수 없었다.[27]

이 상황은 그로부터 50년이 지난 뒤 남아프리카에 도입된 인종차별정책(아파르트헤이트)과 놀라울 정도로 비슷하다. 오스트레일리아에서는 '동화정책'이라고, 남아프리카에서는 '분리발전정책'이라 불렀다. 명칭만 다를 뿐, 두 나라 원주민에게 끼친 폐해는 하나도 다를 게 없었다.

동화정책

1840년부터 더욱 빠른 속도로 확장된 경계선 주변에서 백인과 원주민이 마주치는 일이 잦아지면서 백인 가운데 원주민을 우호적인 시각으로 보는 사람도 생겨났다. 탐험가였던 미첼 소령이 1838년에 쓴 글에 이 점이 잘 나타나 있다.

백인 틈에서 살아가는 원주민의 경우, 처지가 열악해서인지 그들의 자질을 있는 그대로 판단하기가 거의 불가능하다. 하지만 지금까지 내가 경험한 바로

---

27) Andrew Markus, "Blood from a Stone : William Cooper and the Australian Aborigines League," in *Monash History Publications* 2, 1986, p. 3.

판단하건대, 원주민을 우호적인 시각으로 볼 수 있을 듯하다. 내륙에 사는 원주민은 이해 속도가 얼마나 빠른지 놀라울 정도다. 원주민은 결코 우둔하지 않다. 품행이나 지능 수준은 적어도 내가 만난 백인 시골뜨기보다 우월했다. 모방 능력도 뛰어난 것 같았다. 불완전하기 짝이 없는 언어를 가지고도 자유자재로 의사소통을 할 만큼 아주 명민하여, 얼마든지 좋은 친구로 지낼 수 있을 것 같았다.[28]

전쟁이 끊이지 않던 경계선 인근 지역에서는 용감하고 매력적이며 영리하고 자기 부족에 대한 자긍심도 대단한 원주민 부족 이야기가 사람들 입에 자주 오르내렸다. 백인들은 탐험 도중에 만난 태평양의 여러 섬 주민과 오스트레일리아 원주민을 비교하곤 했는데, 당시의 탐험가 사이에서 아름다움과 용기의 절대적 모델로 정평이 나 있었던 폴리네시아 원주민 다음으로 나은 민족으로 평가했다. 프랑스의 탐험가 니콜라 보댕은 오스트레일리아 원주민을 아프리카 흑인과 비교하면서 그들보다 '코가 덜 납작하고' 덜 호전적인 사람이라고 말했다.[29] 각자 제 눈의 안경인 법! 사라왁족은 지금도 긴코원숭이를 '네덜란드인'이라고 부른다!

식민화 초기에는 원주민이 땅을 소유하고 있으며, 작은 부족 집단마다 소유지가 있고, 다른 부족이나 때로는 백인과 연합하여 땅을 지켜내기 위한 싸움도 불사한다는 사실이 그대로 인정되었다. 그러다가 1840년부터 백인은 서서히 내륙으로 침투하여 방목지 확보를 위해 광활한 대륙의 대부분을 차지하기 시작했다. 바로 이때부터 백인은 원주민이 땅이나 그곳에서 나는 천연 자원과 미묘한 관계를 유지하고 있으며, 그들의 문화도 매우 정교하고 복잡 미묘한 행동 규범에 근거하고 있다는 사실을 알아차리게 된다.

---

28) Thomas Mitchell, *Three Expeditions into the Interior of Eastern Australia*, 1838, vol. 2, Libraries Board of South Australia, Adélaïde, 1965, p. 334 ; *History*(1889), p. 131.

29) Jean Copans, Jean Jamin, *Aux origines de l'anthropologie française : les mémoires de la société des observateurs de l'Homme en l'an VIII*, Paris, Sycomore, 1978, p. 209, 213.

이런 사실을 알면서도 백인은 거리낌 없이 원주민의 땅을 차지하고, 사냥터나 수원지에서 그들을 쫓아내고, 생태계를 파괴했다. 한 번도 가본 적 없는 오지로 쫓겨난 원주민은 생사의 갈림길에서 허덕이거나, 그렇지 않으려면 식량을 미끼로 접근하는 침략자와 일종의 교환 관계를 맺지 않을 수 없었다. 원주민을 위해 설립된 보호구역이나 선교 시설에 정착한다는 조건으로 식량이 제공되었다. 게다가 백인이 제공하는 식량은 원주민에게 적당치 않은 게 대부분이었다. 보호구역의 위생 상태는 유목 생활을 하던 원주민에게 치명적이었고, 추위도 그들이 견뎌내지 못할 만큼 극심했다(태즈메이니아 원주민이 강제 이주된 브루니 섬은 특히 그러했다). 그리하여 보호구역에 수용된 원주민은 대다수 죽어갔다. '집단수용소'라는 이름이 어울릴 정도였다. 원주민 운동의 지도자 가운데 한 사람이 말한 것처럼, 원주민은 '홀로코스트'의 희생자였다.

두 문화가 마주친 지(최초의 접촉이 언제인지는 지역에 따라 다르다) 한 세대가 지났을 때, 백인은 살아남은 원주민을 가리켜 혐오스럽고, 퇴화된, 생김새도 흉측한 종족의 표본이라고 말했다. 천연두, 각종 성병, 알코올 중독 문제가 원주민 사회를 파괴했다. 백인은 원주민에게 강제로 술을 먹여 음주 습관을 들였다. 그 결과 많은 원주민이 부족의 전통을 잃어버렸으며, 원주민 고유의 문화도 점차 파괴되었다. 땅을 빼앗아간 파렴치한 자들을 닮아가면서 '동화'의 길로 들어선 것이다.

이처럼 타문화의 파괴를 전제로 하는 동화정책에 대해 지금부터 살펴보려 한다. 먼저, 동화정책이 같은 지역에서 이미 시행되던 신체적 말살정책과 동시에 착수되었다는 사실을 지적할 필요가 있다. 경계선에서 멀리 떨어진 곳에 거주하는 원주민의 비참한 생활 조건(경계선 지역에 거주하는 원주민은 그나마 생활형편이 나은 편이었다)을 보고 백인은 원주민을 열등한 종족으로 간주했다. 원주민이 백인 문명의 돌이킬 수 없는 전진과 절대로 합치될 수 없는 '저주받은 종족'에 속한다는 사고30)도 바로 여기서 비롯되었다. 원주민이 그들의 문화를 포기하고 백인 문화를 받아들이지 않는 한, 살아남을 수 없다는 게 당시의 지배적인 사고였다.

살아남은 원주민을 변화시키려는 목적으로, 마르쿠스가 그의 책에 열거한 법적·행정적 조처가 실행되었다. 그것들은 선교 단체나 정부 기관가 주관하는 자선적 조처라는 탈을 썼지만, 실제로는 강제적이고 차별적인 조처였다. 원주민 보호사무소라는 기관이 19세기 말에 '순수 혈통'의 원주민 보호를 목적으로 설립되어, 혼혈 원주민은 백인의 풍습을 받아들이도록 강요당했다. 빅토리아 주에서는 1886년에, 뉴사우스웨일스에서는 1909~1910년에 백인에서 격리된 보호구역의 원주민에게서 법의 보호를 박탈한다는 법안이 통과되었다.

이러한 조처가 취해지자, 상황은 크게 달라졌다. 그 당시 대규모로 행해지던 성 매매와 그로 인해 생겨난 아이들이 정부 차원의 지원을 받게 되었는데, 이것은 순혈 원주민의 '생물학적 제거' 프로그램의 일환으로 실행된 정책이었다. 1930년대 초에 노던 테리토리의 원주민 보호 책임자였던 세실 쿡 박사는 이렇게 말했다.

여성 혼혈인의31) 행동 수준을 백인 수준으로 끌어올림으로써 백인 남성과 어울리게 하는 등 유색 혈통을 제거하려는 노력이 다각도로 이루어졌다.

그는 또 이렇게 말한다.

백호주의를 표방하는 오스트레일리아에 외국인이건, 원주민이건, 혼혈인이건 유색인 집단이 단 한 개라도 존재한다는 것은 사회적·경제적 측면에서 영속적인

---

30) R. McGregor, op. cit.
31) 원문의 half-caste라는 단어는 동물에게 한정되어 쓰이는 말로 '잡종'이라고도 번역할 수 있다.

위협이 될 것이다. 그 집단 구성원이 백인의 표준에 합치되지 못하는 한, 백인 시민으로 인정받지 못하는 한, 그럴 수밖에 없다. 그러나 이런 조건이 충족된다면, 피부색은 문제될 게 없다.[32]

해당 지역의 백인 여성은 이 정책을 달가워하진 않았지만, 자기들에게도 혜택이 돌아간 만큼 반대할 이유가 없었다. 1920년에서 1970년까지(1950년대에 절정에 이르렀다) 혼혈 아동을 부모로부터 강제 격리하여 기관이나 백인 가정에 양육을 맡김으로써 가사일이나 잔심부름 같은 사소한 일거리를 가르치게 하는 것이 관례화되었다. 사우스오스트레일리아의 경우, 혼혈 아동 가운데 3분의 1이 부모로부터 강제 격리되었으며, 그 비율은 지역마다 달랐다. 강제 격리된 아동의 수가 모두 얼마였는지는 아직까지 논란거리가 되고 있다.

'도둑맞은 세대'의 성격과 규모에 관한 조사를 연방정부로부터 위탁받은 피터 리드 박사는 5만 명의 아동이 5세대에 걸쳐, 곧 1980년까지 강제 위탁되었다고 최종 결론을 내렸다. 그 아이들이 '위험한 상태'에 놓여 있었다는 이유를 들어 그 정책을 정당화하려는 움직임도 있었지만, 리드 박사는 "격리, 입양, 출산 등의 수단을 동원한 동화정책의 목표는 본질적으로 인종차별주의에서 비롯된 것이었다"[33]고 인정했다.

부모는 아이를 집 안에 숨겨놓았고, 아이를 데리러 온 공무원과 맞서 싸우기도 했다. 기관에 수용된 아이에 대한 처우는 가혹했으며, 특히 가족과 단절된 삶을 살아야 했던 것은(가족에서 멀리 떨어진 곳에 보내는 경우가 대부분이었다) 당사자에게 오늘날까지 상처로 남아 있다. 원주민 출신 스포츠 스타, 캐시 프리먼이 조모의 이름을 모른다고 고백한 것도 예외적인 일이 아니었다. 전통적으로 친족 관계를 중요하게 여겼던 원주민 사회에서 이와 같은 비인간적인

---

32) R. McGregor, ibid., pp. 161-162.
33) 2000년 4월 3일, ABC TV, 7시 30분의 리포트 내용.

관행은 치유할 수 없는 상처를 남겼다.

2000년에 이 '도둑맞은 아이들'이 수용 시설에서 겪었던 학대—그 가운데 한 사람은 성적 학대를 겪었다고 고백했다—에 대한 피해 보상 청구 소송을 냈을 때, 판사는 고소인들이 '강제로' 납치된 게 아니며, 부모가 아이를 데려가도 좋다고 서명했으므로 오스트레일리아가 참여한 국제협약에 위배된 것도 아니라는 판결을 내렸다.[34) 이러한 '법률 지상주의적인' 판결은 뭇 사람들을 분노케 했다.

원주민의 권익 보호에 앞장섰던 사람들이 백인과 동등하게 대우해 줄 것을 요구했다는 점으로 미루어 동화정책이 성공을 거두었다고 말할 수 있을지 모른다. 1차 대전 후, 동부 연안에 살던 원주민은 '동등한' 대접을 받고 싶다고 소리 높여 주장했다. 그곳에서는 살아남은 '순혈' 원주민은 얼마 되지 않았으며, 약 3세대를 거치는 동안 원주민 대다수가 백인 정착민의 거주지에 인접한 경계선 주변의 게토나 보호구역에 살았던 까닭에 이미 백인의 생활 방식을 경험한 터였다.

1925~1926년에는 완전한 시민권 획득을 목적으로 원주민의 지위 향상을 위한 단체가 결성되었다. 1936년에는 노동자 계층 출신으로 투쟁 경험이 있는 지도자들이 원주민 연맹을 결성해 경제적·사회적인 권리와 교육을 받을 권리를 보장하는 새로운 조처를 취해줄 것을 요청했다. 교육의 기회가 주어지지 않는다면, 투표권도 유명무실해질 수밖에 없었기 때문이다.[35)

1938년에 나온 "원주민은 시민의 권리를 요구한다"라는 유명한 팸플릿에서는 위의 요구와 함께, 연방의회에 원주민의 대표자가 참여할 수 있도록 보장해달라는 새로운 요구가 포함되어 있었다.

---

34) *Australian*, 2000년 8월 12일.

35) A. Markus, *Blood From a Staone. William Cooper and the Australian Leagues*, Melbourne, Monash Historical Publications, 1986, pp. 25-27, 39 ; J. Horner, *Vote Ferguson for Aboriginal Freedom : A Biography*, Sidney, Australia and New Zealand Book Company, 1974, p. 48.

이 지도자들은 백인 사회로의 통합을 희망한다는 사실을 강조했고, 자신들이 '비문명의 원시 상태'36)에 머물러 있는 '순혈' 원주민과 다르다는 점을 부각시켰다. 이로써 그들은 동화정책을 담당한 백인 전문가, 곧 인류학자들까지 참여한 그 '위선적 보수주의자'에게 합류한다. 2차 대전 동안, 원주민 업무 분야 정부 자문위원 가운데 한 사람이었던 A. P. 엘킨 교수는 그들의 성향으로 보아 백인 사회로의 이행이 순조롭게 진행되고 있다는 게 분명하므로 그들에게 시민권을 부여해도 좋다고 주장했다. 그러면서도 과도기에 해당하는 그 시기에 관한 보고서에서는 인종주의와 생물학적 용어를 구사했다.37)

생물학을 동원했다는 사실로 미루어 보아도 동화정책이 원주민 사회의 파괴를 목표로 했다는 점은 명백하다. 백인 사회로의 통합 정도에 상관없이, 독자적인 문화를 갖고 있다는 이유로 원주민의 권리 주장이나 요구는 거부되었다. 공공 영역으로 편입되기 위해 치러야 할 대가는 오직 원주민 사회의 소멸뿐이었다. 원주민은 사회 구성원 모두가 인정할 수 있을 정도로 백인이 되었음을 증명해야 하는 수모를 겪었다.

원주민의 시민권 요구가 수차례 되풀이되었다는 사실에서도 알 수 있듯이 오스트레일리아 연방의 민법과 공법 영역에서 원주민은 철저히 배제되었다. 1901년 헌법에서는 원주민이 오스트레일리아 국민의 일부로 간주될 가능성마저 배제했다(1967년에 이르러서야 이런 상황이 개선된다). 백인이 지닌 권리 가운데 최소한이라도 얻으려면 그때마다 법원에 청원서를 제출해야 했으며, 인종차별적인 법 조항을 개정하고자 할 때도 마찬가지였다(주마다 원주민에 대한 처우가 달랐으므로 법도 제각각이었다).

청원서 제출도 한 번으로 끝나지 않았다. 법을 적용하는 과정에서도 외모나

---

36) A. Davidson, *From Subject to Citizen. Australian Citizenship in the Twentieth Century*, Cambridge, Cambridge University Press, 1997, p. 207.

37) A. P. Elkin, *Citizenship for the Aborigines : A National Aboriginal Policy*, Sidney, Australasian Publishing Company, 1944, pp. 28, 90-91.

신체적인 특징이 가장 큰 판단 기준이었으므로 결과는 그때그때 달랐다. 곧 누구의 피부색이 충분히 흰지 판단하여 기준에 합치되면 특정 권리를 허락하는 것은 순전히 담당 공무원의 몫이었다. 제한된 권리를 행사하고자 할 때에도 원주민은 특례 증명서, 곧 소지자에 한해 그 종족에 부과된 법 적용을 한시적으로 유보한다는 증명서를 제시해야 했다. 경미하게 법을 위반하는 일이 있어도 그 증명서는 즉시 압수되었다.

엘라 사이먼은 뉴사우스웨일스의 원주민보호법(1909~1943) 제56호 법령에 따라 1957년에 특례 증명서를 발급 받은 뒤에 경험했던 일을 다음과 같이 이야기했다.

선거 날이 돌아왔고, 나는 가족과 함께 투표하러 갔습니다. 처음에는 모든 게 순조로웠습니다. 투표권을 행사할 수 있어서 그날 나는 무척 행복했고, 나도 사회 어디엔가 소속되어 있다는 느낌이 들어 마음이 뿌듯했습니다. …… '이제 나도 어른이 되었구나' 하는 생각도 들더군요. …… 선거 날, 나는 글렌손 투표소에 들어가서 그곳 직원에게 타리가 아니라 시드니의 투표인 명부에 내 이름이 있을 거라고 말했습니다. 그 사람은 "저런! 당신에겐 투표권이 없어요. 원주민 혈통에 속한 사람에겐 투표권이 주어지지 않지요. 법으로 정해진 일이오" 하고 말했습니다. …… 바로 그때, 내가 알고 있는 몇몇 사람이 투표함에 투표용지를 넣는 모습이 보이더군요. 하지만 아무도 그들을 말리지 않았습니다. 투표소 직원의 말대로 원주민 혈통에 속한 사람이 분명한 데도 말입니다. 하지만 그들의 피부색이 나보다 조금 더 흰 것 같더군요. …… 그때 나는 더 이상 어찌해볼 수 없다는 걸 깨달았습니다. 그래서 곧장 밖으로 나와 버렸습니다. …… 그 사람이 몰염치하게도 내게 투표를 못하게 한 진짜 이유가 무엇인지 아십니까? 우리가 '피부색이 검은 원주민 보호구역'에 살고 있다는 이유로 투표를 못하게 했던 것입니다. 그것이 진실입니다. 그후로 나는 인종주의적 편견에 젖어 있는 백인 소시민이야말로 우리를 가장 괴롭히는 사람이라고 생각하게 되었습니다. 그들은 자기가 어떤 행동을 하고 있는지조차 모릅니다. …… 만일에 당신이 그곳에서 살아야 한다면, 한시도 견뎌내지 못할 겁니다.[38]

1944년 말에 웨스턴오스트레일리아에서 제정된 법의 강압적 성격은 이 법이 원주민 사회의 파괴라는 인종주의적인 목표를 지향하고 있음을 확연히 보여주었다. 이 법에 따르면 시민권을 청구하려면 약정된 서식에 따라 신고해야 하는데, 그 내용은 다음과 같다.

청구인은 청구 날짜에서 소급하여 3년 동안 직계 가족 이외에 부족이나 원주민 단체에 가입한 일이 없고, 시민권 증명서를 받을 만한 소양을 갖춘 자라야 한다.

시민권 증명서를 발부하는 판사는 청구 날짜에서 소급하여 2년 동안 청구인이 "문명인으로서 마땅히 갖춰야 할 습관과 예의범절에 따라 생활했는지, 시민권을 부여하는 게 청구인을 위해 과연 바람직하고 이로운 일인지, 청구인이 영어로 말하고 알아들을 수 있는지, 청구인이 악성 나병, 매독, 열대 프람베지아 같은 병이 없는지, 청구인이 노동 습관을 갖고 있고 품행이 올바르고 평판이 좋은지"를 판단했다.

시민권 증명서를 받고 나면, 원주민의 지위는 상실되었다. 하지만 청구인이 실제로는 문명생활 습관을 받아들이지 않았다는 신고가 들어오거나, 경미하게 나마 법을 위반하거나, 위에 열거한 질병 가운데 한 가지라도 갖고 있다는 게 드러나면, 시민권은 즉시 취소되고 원주민 신분으로 돌아갔다.

정치적으로 백인처럼 행동할 줄 아는 원주민을 아직 '동화'가 덜 된 원주민에서 분리함으로써 그들의 정치적인 운동에 가담하는 것을 막아보려는 게 이 정책의 유일한 목표였다. 그 당시 백인은 노동 조건의 개선을 요구하는 원주민

---

38) Ella Simon, *Through my Eyes*, Rigby, Sydney and Melbourne, 1979, pp. 183-186.

단체가 1940년대에 이르러 급성장하는 것을 걱정스러운 눈빛으로 지켜보고 있었다.

이러한 분위기 속에서도 원주민 단체는 2차 대전 후에 한층 더 강력해졌다. 1958년에는 토러스 해협의 섬 원주민 연합회가 창설되었다. 이때부터는 초기 원주민 단체가 주장하던, 동화정책을 수용한다는 취지의 요구가 뒤로 밀려난다. 원주민 운동 방향이 급선회한 것이다. 이 단체 지도자들은 대륙의 중앙과 북부로 눈을 돌렸는데, 이곳에서는 원주민에 대한 학대와 폭력이 여전히 자행되고 있었으며, 백인이 저지른 신체적 말살 행위가 주민의 기억 속에 아직도 생생히 남아 있었고, 보호구역을 떠나 도피 생활을 하는 원주민도 적지 않았다.

이때부터 정당한 권리를 지닌 본래의 소유주에게 땅을 반환하라는 내용의 요구가 최우선의 요구 사항으로 부상한다. 1840년에 백인이 마오리족과 체결한 와이탕기 조약과 유사한 조약을 단 한 번도 체결하지도 못했다고 하소연하면서 제출한 탄원서에 이런 성격의 요구가 전혀 없었던 것은 아니었다. 그러나 1960년대 이후로는 이런 요구가 땅과의 독특한 관계에 바탕을 둔 원주민 문화를 수호하려는 결집된 움직임으로 나타났다. 그리고 이때부터 동화정책과는 어떠한 타협도 하지 않겠다는 뜻을 분명히 밝힌다.

"우리에게 땅을 돌려달라!"는 슬로건은 오스트레일리아가 정복 당시 '아무도 없는 땅'이었다는 이른바 무주지無主地 원칙을 근거로 모든 소유권을 누리고 있던 백인 사회에 격렬한 정치적 동요를 불러일으켰다. 1949년에서 1972년까지 집권한 보수당 정부는 1967년 국민투표에서 인정된 투표권을 제외하고 원주민에게 어떤 권리도 주기를 거부했다. 1967년 국민투표에서는 오스트레일리아의 백인 절대다수가 헌법 개정에 동의했다. 헌법 개정 이후, 원주민은 오스트레일리아 국민의 일부로 인정받게 되었고, 그에 따라 영연방 백성의 권리도 갖게 되었다. 백인 다수가 원주민을 국민으로 받아들일 수 있을 만큼 자기와 비슷한

존재로 인정했다는 점에서 1967년의 헌법 개정은 동화정책이 정점에 이르렀음을 보여준 사건이었다.39)

그러나 원주민 단체나 개인이 땅의 소유권을 주장하기 위해 잇달아 소송을 제기하자, 대법원은 천부적 권리는 1788년에 말소되었고, 따라서 원주민은 토지에 대해, 심지어 국유지에 대해서도 아무런 권리가 없다는 판결을 내렸다. 이는 백인 침략자가 무력으로 대륙을 점령했다는 사실을 증언하는 역사적 기록을 완전히 무시한 채, 정치적인 의도에 따라 내려진 판결이었다. 앞에서 언급한 바와 같이, 그후 20여 년 동안 중요한 역할을 하게 되는 1971년의 고어 소송에서 블랙번 판사는 기존 판례 때문에 역사적 자료를 가지고도 부당함을 바로잡지 못하는 현실을 안타까워했다.

노동당이 새로운 정책을 도입한 1972년에 이르러서야 새로운 해결책을 찾아낼 수 있으리라는 희망이 싹트기 시작했다. 1975년에는 모든 형태의 인종 차별 타파를 위한 유엔 협약의 원칙을 구체화한 인종 차별에 관한 법령이 통과되었다. 이로써 인권 보장을 위한 새로운 원칙이 무주지 원칙보다 우월한 가치로 인정되기 시작했다.

1980년에 토러스 해협의 섬 주민인 에디 마보가 원주민의 토지 소유권을 주장하기 위해 일련의 소송을 제기한다. 그로부터 12년이 지난 뒤에 이른바 '마보 판결'이 내려졌는데, 이는 원주민 운동에서 결정적인 전환점이 되었다. 마보 판결에서는 '천부적 권리'가 공식적으로 폐지된 적이 없으므로, 1788년 이후에도 여전히 유효하다는 점이 인정되었다. 이는 토러스 해협의 섬 주민을 비롯한 모든 원주민이 그 동안 줄기차게 소유권을 요구했다는 사실을 증명할 수만 있다면 국유지(이 가운데는 풍부한 지하자원이 매장되어 있는 곳도 많았다) 소유권을 주장하고 쟁취할 수 있다는 것을 의미했다. 1997년의 위크 소송을

---

39) Scott Bennett, *White Politics-Black Australians*, Allen and Unwin, Sydney, 1999.

계기로 이러한 원칙은 임대된 토지까지 확대 적용되었다.40)

마보 소송은 역사적 사실이 법률 지상주의 이데올로기를 누르고 승리한 의미 있는 사건이었다. 1993년의 천부적 권리법에 의거한 여러 판결이 내려졌지만, 다시 정권을 잡은 보수당 정부는 특히 대기업의 경제적 이해관계가 달려 있는 지역에서, 또 백인 농장주가 막강한 정치적 영향력을 행사하는 지역에서 천부적 권리의 폐지를 위해 법을 개정하고자 애썼다. 2000년에 유엔 인종차별 철폐위원회에서는 오스트레일리아 정부의 그런 태도를 비난했다. 이에 오스트레일리아 정부는 국제 협약의 준수 서약을 무시하고 유엔의 결정을 따르지 않겠다고 선언한다.41)

이러한 정부의 반응은 동화정책이 백인의 강력한 의지에서 비롯된 정책이며 어떤 경우에도 타협의 대상이 될 수 없다는 점을 잘 보여준다. 원주민이 '토지 개발'이라는 사고가 배제된 그들 고유의 전통적 가치를 분명히 인식하고 이를 토대로 한 타협안을 모색하고자 했을 때부터 동화정책은 존재 이유를 잃게 되었다. 그리하여 1990년대에 이르러 투쟁의 영역이 달라진다. 원주민이 자기들이 직접 체험한 역사적 사실을 바탕으로 협상이 이루어져야 한다는 점을 국내뿐만 아니라 국제 사회에 알리려고 노력했던 것이다.

그들은 인권 보호 문제를 다루는 국제 기구와 국제 협약에 호소했다. 이러한 시도에는 보수주의적 성향의 백인 대다수가 오스트레일리아에서 인종말살이 자행되었다는 사실을 부인하고, 피해 보상이나 사과의 말조차(국민적 화해와 사회 안정으로 나아가는 길을 열어줄 수도 있을) 거부하는 국내를 벗어나 국제 사회로 향하려는 원주민의 의지가 나타나 있었다.

---

40) Mabo versus Queensland(1992), *ALJR(Australian Law Journal Reports)* 66, p. 408, Wild Peoples versus Queensland(1997), ALJR 71, p. 173.

41) Garth Nettheim, "Governance Structure for Indigenous Australians on and off Native Lands," in *Discussion Paper 2, Introduction of International States*, 1998.

과거 역사의 파괴

원주민의 절멸을 목표로 하는 200년 동안의 정책은 원주민이 과거 억압의 역사를 파헤치기 시작한 때부터 세 번째 단계로 접어든다. 원주민 억압의 역사는 주요 역사서에, 심지어 매닝 클라크 같은 오스트레일리아의 탁월한 역사가의 저서에서도 전혀 언급되지 않았다.

오스트레일리아의 보수당 출신 총리였던 말콤 프레이저는 "원주민 출신 강제 위탁 아동을 (유엔 협약에서는 그것을 인종말살의 한 가지 형태로 규정했다) 국가가 인정할 것인가" 하는 문제를 놓고 벌인 토론에서 이렇게 말했다.

원주민이 아닌 오스트레일리아 국민, 특히 나이 든 세대가 납득하기 어려워하는 것 가운데 한 가지는 어린 시절 학교에서 배운 식민화 초기의 역사가 실제 사실과 다르다는 점입니다. 어른이 우리에게 가르쳐준 역사, 우리가 믿어왔던 역사가 실제로 일어났던 역사와 전혀 일치하지 않습니다. …… 그런데 이제 와서 역사를 달리 인식한다는 것은 대다수 사람에게 그리 쉬운 일이 아닙니다. 그래서 책임 있는 자리에 있는 사람이 앞장서서 여론을 변화시키고, 오스트레일리아 국민에게 실제로 과거에 어떤 일이 있었고, 그로 인한 결과가 오늘날 어떤 형태로 나타나고 있는지를 알려야 합니다. …… 과거에 저질러진 부당한 일들을 토론의 장으로 이끌어내려면, 지금 당장 범국민적인 결단을 내려야 합니다. '도둑맞은 세대'와 관련된 과거의 잘못을 첫 번째 논의 대상으로 삼는 것은 상징적인 일이 될 수 있습니다. 과거의 잘못을 바로잡으려고 노력할 때, 우리는 비로소 화해의 길로 들어설 수 있습니다.[42]

역사를 바로잡는다는 것은 국가 이미지의 본질을 문제 삼는 것이 되므로

---

42) *Age*, 2000년 5월 5일.

국민으로서는 당연히 받아들이기 어려웠다. 1992년 11월, 노동당 소속 총리 폴 키팅은 시드니 근교에 있는 원주민 구역 레드펀의 연설에서 이렇게 말했다.

> 백인의 집단적 기억을 바로잡으려면, 원주민을 약탈한 사람이 바로 우리였다는 사실을 똑바로 인식해야 합니다. 우리가 조상 대대로 내려온 그들의 땅을 빼앗았고, 전통적인 생활양식을 무참히 짓밟았습니다. 온갖 질병과 알코올을 이 땅에 들여온 것도 우리입니다. 우리는 학살을 저질렀고, 아이를 부모의 품에서 빼앗아갔습니다. 원주민을 차별하고 사회에서 배척한 것도 우리입니다. 이 모두가 우리의 무지와 편견 때문에 벌어진 일이었습니다.[43]

르낭Renan의 국가 건설 이론에 따라, 이러한 역사는 역사 교육에서[44] 배제되었으며, 이러한 역사를 인정한다는 것은, 원주민 운동가인 팻 도드슨의 말을 빌리자면 "영국식의 틀에서 비롯된 오스트레일리아 사회의 제도적 원칙을 지탱하는 근본적 사고를 부정하는"[45] 꼴이 될 수밖에 없었다.

그러나 원주민 화해를 위한 위원회라는 단체가 2001년 연방 창설 100주년이 되기 전 10년 동안 온갖 어려움 끝에 작성한 '화해를 위한 선언문'에서 은폐된 과거 역사를 세상에 드러내는 것이야말로 화해를 위한 조건의 하나라고 규정한다. 이 선언문에는 "국민의 일부가 깊은 유감의 뜻을 표명하고 과거의 불의를 뼈저리게 반성한다면, 다른 일부 국민은 사과를 받아들이고 용서할 것이다"라고 씌어 있었다. 부당한 일로 점철된 역사, 원주민은 그 역사를 직접 체험했고, 아직도 생생히 기억하고 있었다. 그 역사는 또 원주민의 역사이기 때문이다. 원주민 운동 지도자 가운데 다수가 '도둑맞은 아이들' 세대였다.

일부 용기 있는 백인은 온갖 위협을 무릅쓰며 20여 년에 걸쳐 은폐된 과거

---

43) *Australian*, 2000년 5월 13일.
44) *SMH(Sydney Morning Hercule)*, 2000년 3월 3일.
45) *Age*, 2000년 5월 13일.

역사를 들춰냈다. 그들이 펴낸 보고서에서도 오스트레일리아가 평등하고 민주적이고 법치주의적인 사회를 성공적으로 건설해냈다 해도, 그 동안 무고하게 죽어간 수많은 원주민의 유골 더미 위에 세워진 나라일 뿐이라는 사실이 명백히 드러나 있었다. 지배 계층이 가담했던, 그다지 오래되지 않은 그 끔찍했던 역사를 있는 그대로 인식한다는 것은 일부에서 저항의 움직임을 불러일으켰을 만큼 쉽지 않았다. 샐리 모건의 자서전인 『내 자리My Place』[46]는 잃어버린 가족을 되찾은 원주민 출신 여성이 웨스턴오스트레일리아의 대지주 가문이 과거에 저지른 만행을 고발한다는 이야기이다.

100여 년 동안 오스트레일리아를 지배한 이 '부유하고 세력이 막강한 목축업자'는 대대로 내려온 집안 문서를 공개하기를 거부했다. '어떤 노안'이 원주민을 절벽 위에서 떨어뜨려 죽이는 짓을 아무렇지도 않게 저질렀다는 소문이 있어서, 그게 사실인지 조사를 벌이는 과정에서도 빅토리아 주 정부와 시 당국은 침묵을 지킬 뿐이었다. 그렇지만 스트리키니네에 의한 독살 사건, 보복성 학살, 원주민에게 죄를 뒤집어씌우는 식의 편파적인 판결, …… 이런 종류의 제보가 끊이지 않았다.

마침내, 백인 노동자 계층의 뿌리 깊은 인종주의를 오랫동안 묵인해온 노동당이 수정주의적 관점을 채택하기로 한다. 1990년대에는 지식인 단체와 심지어 로버트 만 같은 일부 극단적 보수주의자까지 처음에는 마지못해, 나중에는 공개적으로 오스트레일리아의 역사에 인종말살이 존재한다는 사실을 인정했다. 나치에 의한 홀로코스트와 마찬가지로, 오스트레일리아 정부의 정책이 국제 사법 차원에서 규정된 인종말살의 정의에서 조금도 빗겨나지 못한다는 사실을 인정한 것이다.

같은 시기에 다른 나라에서도, 특히 대영제국에 속했던 나라에서 은폐된

---

46) Éd. Morgan, 1992.

역사를 재검토하려는 움직임이 나타났다. 캐나다, 남아프리카공화국, 뉴질랜드에서 식민화가 개인 차원이든 문화 차원이든 식민지 주민을 파괴하려 했음을 인정했다. 국가는 그들에게 유감을 표명하고, 피해 보상과 화해를 위한 조처를 약속했다. 남아프리카공화국에 '진실과 화해를 위한 위원회'라는 기구가 설립된 것은 그 가운데서도 가장 돋보이는 사례였다.

이런 상황에서 인종말살을 부인하는 것이 오스트레일리아 정부의 정책으로 재등장했다는 사실은 매우 충격적이다. 독일 대통령이 유대 민족에게 사과의 뜻을 표명하고, 영국 총리가 북아일랜드 국민에게 같은 행동을 하고, 전쟁이나 침략이 아닌 다른 동기로 '소수 집단'이 박해를 받았던 다른 지역에서도 비슷한 일이 일어나고 있지만, 오스트레일리아 정부는 이를 거부하고 있다. 21세기에 이르러서도 오스트레일리아 정부의 화해 정책은 아직도 갈피를 못 잡고 있다. 오늘날 오스트레일리아는 남아프리카공화국을 대신하여 옛 영국 식민지 가운데 가장 반동적이고 인종주의적인 나라라는 오명을 쓰고 있다.

그런데 극단적 보수주의자마저 원주민 아동을 강제 격리시키는 데 일조했다고 고백하는데도, 왜 오스트레일리아 총리는 용서 구하기를 꺼리는 것일까? 실제 역사를 부인함으로써 이전 세대가 저지른 행위에 대해 책임지지 않으려는 게 그 첫 번째 이유일 것이다.

총리와 그 주변의 정치가들은 그러한 역사 해석은 편파적이며, 법치주의에 기반한 공정하고 자유민주적인 현대 사회를 건설하는 과정에서 발생한 예외적인 사례일 뿐이라고 주장했다. 그들은 동화정책에 의해 강제 격리된 원주민 자녀가 전체의 10%를 넘지 않기 때문에 전체를 뜻하는 '세대'로 볼 수 없다며, '도둑맞은 세대'라는 용어 자체를 인정하지 않았다.[47] 이는 통계 수치가 부정확하고, 근거 자료가 불충분하고, 질병이나 영양실조로 사망한 희생자가 대부분이

---

47) 2000년 4월 3일, ABC TV, 7시 30분의 리포트 내용.

며, 애당초 살해 의도가 없었다는 등의 구실을 내세워 유대인 홀로코스트라는 역사적 사실을 부인하는 수정주의자의 입장과 유사하다.

사실 하워드 총리의 이런 태도는 오스트레일리아 국민 가운데 60%의 의견을 대신 표출한 것에 지나지 않았다. 원주민의 정치적 행동이나 일부 역사학자 탓에 역사적 진실을 마주하지 않을 수 없게 된 지난 25년 동안, 과거에 저질러진 불의를 바로잡으려는 움직임에 대해 국민의 태도는 점점 더 강경해졌다. 그 '편파적인' 역사를 학교에서 가르치고 여론 주도자들이 진실인 것처럼 퍼뜨리는 상황에서, 은폐된 역사에 대한 침묵 정책은 오랫동안 여론의 지지를 받았다.

학교에서는 진실을 은폐하기 위한 새로운 역사 교육 프로그램이 도입되었다. 새로운 프로그램이란 국가 건설을 위해서는 인종말살 같은 건 결코 끼어들 수 없는 애국적이고 영웅적이며 신화적인 이야기가 필요하다는 보수주의자의 견해가 반영된 교육 지침이었다.[48] 오스트레일리아 국민이 '내 조국'을 자랑스 럽게 여길 수 있도록 역사의 긍정적인 면모를 특히 강조했다.

잘못된 역사를 바로잡지 않으면 언젠가는 원주민을 분노케 하고, 그 역사를 부정하는 60%의 오스트레일리아 국민을 적대시하게 만드는 결과를 초래한다 고 경고하는 사람도 있다. 하지만 오스트레일리아 국민 대다수의 보수적 태도에 문제를 제기하는 전문가는 오늘날에도 많지 않다.[49]

국민투표 결과 국민 다수가 총리를 지지하고 있으며, 백인과 정부는 어떤 형태의 사과도 할 필요가 없다는 생각을 갖고 있는 것으로 나타났다. '사과'라는 말에는 백인이 다른 민족을 파괴했다는 은폐된 역사가 존재함을 인정하고, 따라서 피해자 측의 말을 들어주어야 한다는 뜻이 함축되어 있다. 이러한 범국민적 거부 태도는 앞서 인용한 팻 도드슨의 말을 재차 확인하는 것이었다.

---

48) A. Davidson, "Democracy and Citizenship," in Hudson, Wayne, Kane and John(dir.), *Rethinking Australian Citizenship*, Cambridge, Cambridge University Press, 2000.

49) *Sydney Morning Herald*, 2000년 5월 20일.

인종말살을 인정한다는 것은 오스트레일리아 국민에게 가장 중요한 시민적 가치를 비판하는 것이나 다름없는 일이다. 그 동안 국가가 주도해온 정부 정책이 남아프리카의 인종차별정책, 인종주의나 파시즘 체제의 정책과 다를 바 없다는 사실을 인정하는 것이기 때문이다.

국민투표를 주도한 것은 "원주민이 겪은 불행을 필요 이상으로 과대평가한다는 것은 우리에게 너무 고통스럽고 위협적인 일이다," "우리나라의 민주주의에 중대한 오류가 내재되어 있음을 인정하는 것은 사회의 안정을 해치는 일이다"[50] 같은 의견이었다. 이는 "오스트레일리아의 정치권력은 남아프리카공화국의 '집단지역법(아파르트헤이트)'과 독일 뉘른베르크의 반유대인법과 유사한 법령을 통용시키고 있다"[51]는 오래된 사법적 통념을 확증하는 것이었다. 그러나 보수주의 언론에서는 원주민 학대를 정부 차원의 구조적인 오류로 보는 것은 얼토당토않다고 목소리를 높였다.

"우리나라의 민주주의에 중대한 오류가 내재되어 있음을 인정하는 것은 너무 고통스럽고 사회적 안정을 해치는 일이다"라는 국민의 목소리를 반영해, 양대 정당의 지도자들은 1991년에 인권 존중의 정도에서 오스트레일리아를 OECD 회원국 가운데 가장 낮은 단계로 평가한 여러 국제단체의 거듭되는 비판을 못 들은 체했다.[52] 정치 지도자는 40년 전의 방어 논리, 곧 "오스트레일리아는 본래 자유민주주의 국가이다. 따라서 인권 침해를 거론한다는 것 자체가 불필요한 일이다"라는 주장을 내세웠다. 최근에 유엔 인권위원회는 웨스턴오스트레일리아와 노던 주에서 다른 민족 집단에 비해 원주민에게 불리할 수밖에 없는 강압적인 경범죄 처벌법을 도입한 데 대해 연방정부를 비난했다. 노던

---

50) Ibid., 2000년 3월 3일.
51) *Herald Sun* and *Age*, 2000년 5월 15일.
52) *Humana*, 1992년 ; Lateline, 2000년 4월 30일, ABC TV 리포트 내용.

주 총리는 그런 비난이 오스트레일리아 현실을 제대로 파악하지 못한 외국인에게서 비롯된 것이므로 '단편적'이고 '불안정적'이라고 평가하며 받아들이기를 거부했다.

원주민은 과거 역사를 인정하지 않으려는 정부에 대항하기 위해 여러 국제인권단체에 도움을 요청하는 등 갖은 노력을 했지만, 그 과정이 늘 순탄치만은 않았다.[53] 그리고 유엔 인권위원회, 국제노동기구, 유럽연합, 유럽의회, 비정부기구 단체가 오스트레일리아 정부 정책에 대해 여러 차례 입장 표명을 했지만, 타당성이 없고 근거 자료가 불충분하다는 이유로 거부되었다.

위크 소송과 마보 소송, 특히 마보 소송은 오스트레일리아의 정치적 주권의 토대를 뒤흔들었다는 점에서 매우 중요한 사건이었다. 마보 소송에서는 식민화가 착수된 이후에도 원주민의 토지에 대한 천부적 권리가 여전히 유효하다는 점을 인정했으며, 위크 소송은 원주민의 천부적 권리가 국유지뿐만 아니라 임대된 토지에도 적용된다고 인정했다. 이러한 판결이 내려지기 전에는, 1971년 고브 소송 당시 블랙번 판사는 식민화로 인해 원주민의 천부적 권리가 완전히 소멸되었다는 판결을 내린 적이 있었다. 천부적 권리가 유효하다고 인정하는 것은 무주지 원칙이 법적으로 부당하다는 것을 인정하는 것이고, 이렇게 되면 오스트레일리아라는 국가의 주권을 정당화하는 근본적인 토대가 한순간에 무너져 내릴 수밖에 없다.[54]

이는 기존의 토지 소유권자, 특히 광산 소유권자에게 엄청난 위협이 될 뿐만 아니라, 원주민 분리주의자에게 법적인 근거를 제공함으로써 분리주의 운동을 촉발시킬 위험마저 있었다. 그러나 이때부터 원주민의 천부적 권리가 법이라는 틀 안으로 편입되기 시작한다. 위크 소송 후, 정부가 원주민의 보상

---

53) Mick Dodson, "indigenous Peoples and Globalization," in A. Davidson and Kathleen Weekley(dir.), *Globalization and Citizenship in Asia-Pacific*, Macmillan, London, 1999.

54) A. Davidson, *The Invisible State. The Formation of the Australian State, 1788-1901*, Cambridge, Cambridge University Press, 1991 ; H. Reynolds, op. cit., 1996.

요구가 쇄도할 것을 염려하여 국가 자금이 투입된 국유지에 대한 원주민의 천부적 권리 요구를 제한하는 법령을 서둘러 통과시키자, 원주민 단체는 유엔 인종차별 철폐위원회에 이를 제소했다. 그러자 국내 문제를 나라 밖으로 끌어냈다는 이유로 원주민 단체에 대한 비난 여론이 쏟아졌으며, 정부는 오스트레일리아 국민으로서 부적절한 행동을 했다며 분노를 표출했다.

원주민은 오스트레일리아 국민으로 편입되기를 바라면서 다른 한편으로는 과거사에 대한 피해 보상을 요구하는 등 다소 모순적인 태도를 보여주었는데, 이는 천부적 권리와 자결권을 요구하는 과정에서 어쩔 수 없이 강경하고 경직된 태도를 지닐 수밖에 없었기 때문일 것이다. 이러한 요구는 적어도 1938년까지 지속되었고, 역사적 진실이 하나씩 드러날 때마다 그들의 태도는 더욱 강경해졌다.

미국에서 벌어진 공민권 획득을 위한 운동을 모방하여 벌였던 자유를 위한 행진 때에도 마찬가지였다. 1972년에 원주민은 토지 소유권, 피해 보상, 원주민 주권의 인정을 요구하기 위해 캔버라의 국회의사당 앞에 천막을 쳐놓음으로써 상징적인 대사관을 설치했다. 당시 보수당 소속 총리였던 윌리엄 맥마흔은 천막을 철거시키고 폭력적인 수단을 동원하여 그곳에서 농성을 벌이던 사람들을 쫓아냈는데, 이는 원주민의 요구를 완전히 무시하는 처사였다.

1979년에는 전국원주민회의라는 단체에서 마카라타Makaratta(일종의 협약)를 작성하기로 결정했고, 뉴사우스웨일스 에바밸리에서 열린 수차례 회의 끝에 1987년에 초고가 완성되었다. 노동당 소속 총리 밥 호크가 1972년의 요구가 그대로 수용된 이 선언문, 이른바 바룽가 선언문을 공식적으로 인정했으며, 당시 새로이 작성된 인권과 주권 선언서에 그 내용을 포함시켰다. 하워드가 총리로 당선되면서 이 협약에 관한 논의가 모두 중단되었으나, 이를 계기로 '화해추진위원회'가 설립된다.

화해추진위원회가 제시한 화해를 위한 선언문에 원주민의 '자결권' 요구에 관한 내용이 들어 있었는데, 하워드 총리가 이를 사회의 안정을 위협하는 요소로 간주했다고 보는 사람도 있었다. 실제로 1990년대에 정부는 어떤 경우에도 와이탕기 조약이나 북아메리카에서 체결된 것과 유사한 조약을 체결할 수 없다고 선언했다. 원주민 공동체 사이의 결속력이 견고하지 못했으므로 그들이 주장하는 분리독립이라는 게 사실상 상징적인 것에 불과한데도 이런 결정을 내린 것이다.[55]

어쨌든, 화해를 위한 선언문의 내용은 토러스 해협의 섬 주민을 비롯한 모든 원주민 공동체는 그들의 문화와 법 전통을 존중받고자 한다는 것이었다. 그러나 시민권·정치권에 관한 국제협약 18, 9, 27조, 경제적·사회적·문화적 권리에 관한 국제협약 1, 2, 3, 15조, 세계인권선언문 18, 19조에 의거한 여러 차례의 법원 판결에도 불구하고 이 상징적인 타협안은 결국 거부된다. 그 당시 내려진 법원 판결 가운데 한 가지 사례를 들어보자. 몇몇 원주민 아이가 '비밀스러운 행동'을 하는 장면을 백인 한 사람이 사진 촬영을 하고 있었다. 이를 목격한 원주민이 카메라를 빼앗아 부숴버렸는데, 사진 촬영이 아이들의 '영혼'을 빼앗는 행위라는 게 그 이유였다. 법원에서는 원주민의 행동을 원주민 관습법에 해당하는 '방어적 행위'라는 판결을 내렸다.[56]

원주민의 '자결권' 요구가 사회의 안전을 위협하는 요소라 보는 것은 터무니없는 생각일 뿐이었다. 국민투표 결과에서도 나타났듯이, 오스트레일리아 국민 대다수가 보수적 성향을 띤 것은 원주민과 백인 사이의 문화적 차이 때문이었다. 오스트레일리아 국민 가운데 60%가 백인의 생활 방식을 받아들인다는 명시 조건 없이 원주민이 공정한 대우를 받을 수 없다고 생각했으며, 하워드 총리는 이런 국민 여론을 그대로 수용했다고 주장했다.

55) *Age*, 2000년 5월 13일.

56) Merkel, "The Right to Difference," *ALJ(Australian Law Journal)* 72, pp. 939-945.

원주민 사회에서는 전통적으로 자신들을 땅의 소유자가 아니라 땅을 지키고 보살피는 (따라서 땅을 개발할 권리도 없다) 존재로 여겼다. 이러한 땅과 인간의 독특한 관계가 문제의 핵심이었다. 지금까지 살펴본 것처럼, 사회 건설이 개인 사이의 계약에서 비롯되며, 개인 사이의 계약을 바탕으로 모두에게 평등한 법질서가 수립된다는 사고에 기초한 사회에서 그러한 문화적 차이는 늘 문제가 되었다.

이러한 사회 계약론은 존 로크에게서 비롯된 것으로, 존 로크는 토지 경작이 모든 문명사회에서 사회 건설의 토대가 된다고 말했다. 문명화된 인간이라면 누구나 정착생활을 하고 땅을 개발해야 한다는 사고가 바로 여기서 유래했다. 생산 가능한 자연을 보유한 인간이라면 누구나 유목민이 될 수 없으며, 그는 단순한 지킴이가 아니라 소유자이어야 한다는 것이다.

오스트레일리아 국민 가운데 약 3분의 2에 달하는 국민 여론의 옳고 그름을 판단하기에는 아직 시기상조일지 모른다. 원주민이 오늘날, 1788년 당시 그들의 문화 전통 및 언어 관습과 동떨어지거나 혹은 완전히 단절된 삶을 살아가고 있다고 해도, 그것은 백인의 두려움을 완전히 말소시키지 못한다. 마찬가지로, 소유권에 대한 서구식 사고로 무장한 새로운 지도자가 원주민 사회를 주도한다고 해도, 그 지도자가 선거권을 요구하고, 정부 당국의 화해 정책이 이미 50여 년 전부터 추진되어 왔다는 점을 인정한다고 해도, 그것은 충분한 타협안이 될 수 없다.

2000년 5월 27일, 국민 화합의 날 행사로 치러진 코로보리 축제 때[57] 총리는 참석하지 않았다. 화합과 새로운 사회계약에 동의하는 30%의 오스트레일리아 국민이 거리로 나왔으며, 하워드 총리를 지지하는 60%는 아마도 텔레비전 앞에서 행사 장면을 지켜보았을 것이다. 원주민 운동 지도자인 팻 도드슨도

---

57) '코로보리'는 오스트레일리아 원주민의 전통 축제이다. 원주민이 모여 노래하며 춤추고, 때로는 조상이 지내던 제의를 올리기도 한다.

'더 나은 미래를 위한 정책'을 주제로 한 토론회에 나타나지 않았는데, 그는 과거를 돌아보지 않는 한 미래를 위한 토론은 무의미할 수밖에 없기 때문이라고 말했다. 그는 또 오스트레일리아 건국의 역사 속에서 자기 가족이 겪어야 했던 비극을 이야기하며, 화합이란 단지 경제적·사회적 권리를 취득하는 차원의 문제가 아니라고 말했다.

　　화해는 그보다 훨씬 더 심오한 것을 목표로 삼아야 합니다. …… 모두에게 인정받는 시민으로서 마땅히 누려야 할 자질구레한 것이 아니라 생명의 원천인 피와 살 같은 것 말입니다. …… 역사적 진실을 있는 그대로 받아들이지 않는다면, 우리나라의 미래는 희망이 없습니다. …… 우리는 영혼을 잃어버리게 될 것이기 때문입니다.[58]

---

58) Mick Dodson, "Indigenous Peoples and Globalization," in A. Davidson and K. Weekly(dir.), op. cit., 1999.

제2부

노예무역과 노예제

노예무역과 노예제에 관하여

마르크 페로

아메리카 대륙 정복 이전에도 유럽에는 다양한 형태의 노예제가 존재했다. 이 노예제의 특징은 노예가 가족이나 자기가 살아왔던 공동체와 완전히 단절되어 살았다는 점이었다. 대부분이 가내家內 노예였으며, 그들은 대농장에 머무르며 도시민에게 생존에 필요한 식량을 공급함으로써 로마 제국 안에서 중요한 경제적 역할을 했다. 이탈리아 반도에서만 2~3백만 명의 노예가 있었으며, 전체 인구 가운데 30%를 차지했다.

훗날 아메리카에서 나타난 노예제의 전조라 할 수 있는 이 노예제도는 이민족의 침입과 그에 따른 도시의 쇠퇴로 점차 사라진다. 그후 농노제가 뒤를 이었으나, 노예제도는 몇 세기 동안 가내 노예제 형태로 명맥을 유지했다. 하지만 이 과정에서 예전과 같은 경제적 역할은 잃어버린다. 그후로는 아랍인의 정복 시대가 시작되면서 노예제가 다시 나타난다. 먼저 유럽 동부에서(슬라브인 Slav이라는 표현은 노예를 뜻하는 slave에서 파생했다), 그 다음으로는 노예와 자유인에 의해 경작되는 사탕수수 플랜테이션이 출현하던 십자군원정 시대에 서유럽에서도 나타났다. 당시 지중해의 설탕 무역은 오랫동안 키프로스 섬, 크레타 섬, 포르투갈의 알가르브 항구 등을 누비고 다니던 아랍인, 제노바인, 베네치아인이 장악하고 있었다.

이처럼 사탕수수 재배와 노예제의 상관관계는 신대륙 정복 이전부터 존재했다. 그렇지만 규모가 극히 미미했고, 몇몇 세력가 가문에서 소수의 노예를 부리는 정도의 가내 노예제 형태가 지배적이었다.

노예제는 사하라 이남의 블랙아프리카에서도 존재했으며, 여기서도 가내 노예제 형태가 지배적이었다. 이곳에서 노예는 북아프리카로 향하는 수출 품목이었고, 아랍인이 이러한 노예무역을 장악하고 있었다. 9세기에서 15세기까지 노예무역은 크게 번창했다. 희생자 대부분이 여자와 아이였으며, 일 년에 5,000~10,000명쯤 되는 노예가 대여섯 개의 무역로를 통해 북아프리카, 다음으로는 아라비아와 이집트로 팔려갔다. 동부 아프리카 지역이 가장 중요한 노예 공급지였다.

노예 매매를 주요 수입원으로 하는 아프리카 부족사회는 아직 많지 않았는데, 그들 사회는 니제르강 유역, 수단, 아프리카 대륙 동부 연안에 대부분 몰려 있었다. 송하이 왕국도 주요 공급지였으나, 1590년에 모로코인에게 멸망한다. 유럽인이 아프리카에 들어오기 전까지, 이렇게 강제 이주된 아프리카인은 총 350만~1,000만 명에 달했다. 하지만 그로 인해 해당 국가의 사회 구조가 파괴되지는 않았던 것 같다. 그런데 여기서 아프리카 안에서의 전통적 노예 매매와 아랍인에 의한 노예무역 가운데 어느 쪽이 규모가 더 컸는지 의문을 가져볼 만하다.

제3세계를 옹호하는 반식민주의 전통에서는 식민화의 피해자가 저지른 폐해를 언급하는 것을 금기시해왔다. 반식민주의자는 지금도 유럽인의 인종주의와 그들이 행한 노예무역과 노예제 행태를 비난하면서도, 아랍인에 의한 노예제 관행에 대해서는 신중한 태도를 보인다.

그 첫 번째 이유는, 아랍인의 노예제 관행이 19세기에 나타난 제국주의적 야심에 대한 '구실'이 되었기 때문일 것이다. 블랙아프리카 정복을 정당화하기 위해 리빙스턴은 잔지바르를 거쳐간 노예 수가 2,100만에 달했다—사실 이것은 '터무니없는 수치'이다. 현재 400만 정도로 추산하고 있다—고 주장했는데, 대서양 건너 아메리카로 강제 이주된 흑인 노예 숫자인 1,320만을 상회한다는 것이다.

두 번째로 들 수 있는 것은, 식민화 시대의 노예제와 노예무역에는 반드시 강제노동이 수반되었으므로 그렇지 않은 예전 시대의 관행을 구태여 비판할 필요가 없다는 반식민주의자의 주장이다.

그들은 아랍인에 의한 희생자, 곧 서부와 중앙아프리카 출신 흑인에 대해서는 거의 언급하지 않으며, 유럽의 식민화 이전 시기에 대해 말하기를 거북스러워한다. 노예무역이 본래 이슬람교도에 의해 시작되었다는 사실이나 아랍인이 약탈과 노략질을 했다는 사실을 이야기할 때, 아프리카 역사학자의 손은 아직도 떨린다.

아랍인이 아프리카에 들어오기 전에, 또 유럽인이 아프리카를 정복하기 전에도 블랙아프리카에 노예제와 노예무역이 존재했다는 것은 기정사실이다. 이곳에서는 토지 소유라는 개념이 존재하지 않았으므로 사람이 부의 유일한 원천이 될 수밖에 없었다. 전쟁 등 갖가지 방법으로 사람을 납치해 팔아넘기는 게 관행처럼 여겨졌으므로 자연히 왕국 사이에 싸움이 잦았다. 나중에는 외적인 수요, 곧 11세기부터는 아랍인, 16세기부터는 유럽인의 수요가 생겨나면서 이 관행은 더욱 활성화되었다. 납치된 흑인은 물물교환용 화폐처럼 쓰였고, 아랍 지역이나 대서양 건너편으로 끌려갔다.

이슬람교도가 도래하기 전, 아랍인과 에티오피아인 사이에 전쟁이 잦았던 당시 포로는 노예가 되는 게 관행이었다.

로마제국에서도, 비잔틴제국에서도 마찬가지였다.

이슬람교도의 정복 시대가 시작되었을 때, 처음에는 이슬람 세계의 정신적 지주인 코란을 근거로 이슬람교도 사이의 불평등을 배척하고, 아랍인과 아프리카 흑인 사이에 존재할 수 있는 인종차별을 비난했다.

그러나 성전聖戰 등 여러 가지 명분으로 전쟁을 벌여 방대한 제국을 건설하면서 모든 게 달라진다. 이때부터 아랍인은 이슬람으로 개종한 비아랍계 주민에서 스스로를 차별화함으로써 우월한 지위를 확보했다. 정복지 주민에게는 갖가지 의무를 부과했고, 개종하지 않은 자들은 노예로 삼았다.

이슬람 율법에서는 신앙심의 등급에 따라 사회적 위계질서를 세우는 데 머물렀지만, 아랍인은 정복지 주민 가운데서 피부색이 흰 사람(시르카시아인, 아르메니아인, 슬라브인)과 피부색이 짙은 사람(나일강 상류, 아프리카)을 구분했다. 그러고는 피부색이 짙은 사람을 더욱 야만스러운 자라고 평가했다(그들 가운데는 이미 노예 신분으로 살아가던 사람도 있었다). 이리하여 아랍인은 백인 노예와 흑인 노예를 동시에 부렸으며, 이 흑백 노예를 전쟁에 동원했다.

그후 몇 세기 동안, 오스만투르크가 이러한 관행을 물려받게 된다. 그러다가 19세기, 곧 개혁의 시기이자 서구의 영향 아래 놓여 있던 이 시기에 오스만투르크는 노예무역의 폐지를 시도했지만, 헤자즈 지방과 트리폴리 근처에서는 지속적으로 행해졌다. 이처럼 노예제가 관행처럼 지속되었지만, 앙골라, 콩고, 서아프리카 출신 흑인을 아메리카 대륙으로 팔아넘기는 유럽인에 의한 노예제에 비해 훨씬 덜 가혹했다.

서유럽에서 노예무역이 금지되자, 유럽인은 아랍인의 노예무역 방식을 도입했는데, 이 점에 대해서는 이 책에 수록된 잔지바르의 식민화에 관한 카트린 코크리 - 비드로비치의 글에 잘 나타나 있다.

아랍계 이슬람 세계에(이라크, 마그레브 지역, 이집트 등) 이 흑인 노예의 자취가 거의 남아 있지 않은 것은 그 당시 팔려온 흑인 남자 가운데 일부분이 거세되어 생식 능력을 잃었다는 사실 때문이다. 뿐만 아니라 생활환경이 매우 열악하여 사망률도 다른 주민보다 훨씬 높았다. 19세기에 이집트에 거주한 적이 있는 영국인은 이렇게 말했다.

상황이 너무도 끔찍했다. 노예 한 세대를 완전히 사라지게 하는데 5~6년이면 충분했다. 이렇게 한 세대가 사라지고 나면, 또 다시 많은 수의 흑인 노예를 데려 왔다.

오스만투르크 치하에 있던 아랍계 이슬람 국가 가운데 가장 먼저 노예제를 폐지한 나라는 튀니지였다(1846년). 하지만 노예제가 실제로 완전히 사라진 것은 1881년 프랑스가 튀니지를 점령했을 때부터였다. 오스만제국 안의 터키 지역에서는 1830년경에 노예제 폐지가 시작되었다. 백인 노예를—그루지아인, 시르카시아인— 시초로, 나중에는 헤자즈 지역의 흑인 노예도(1857년) 그 대상이 되었다. 그러나 몇몇 아랍 지역에서는 그후에도 노예제도가 지속된다. 사우디아라비아에서는 1862년에, 모리타니에서는 1980년에 결국 폐지되었다.

걸프 지역 국가의 아랍 왕족이 에티오피아 등지에서 여자를 납치해가는 일이 아직도 일어난다고 하는데, 그것이 혹시 '전통 보전' 차원에서 아직까지 묵인되고 있는 옛 관행의 잔재는 아닐까?

흑인 노예무역의 규모[1]

　먼저, 한 가지 일러둘 게 있다. 유럽 노예선을 탔던 아프리카 노예의 수가 모두 얼마였는지 정확한 수치를 계산해낸다는 것은 불가능하다. 출항이나 입항 때마다 승선한 노예 수가 얼마나 되는지 정확히 기록되지 못했기 때문이다. 지금까지 보존된 문서에도 누락된 부분이 상당하다. 게다가 관세를 비롯한 각종 세금의 탈루를 목적으로 숫자가 조작되는 일도 적지 않았을 것이다. 따라서 프랑스의 노예무역을 연구한 샤를 베케르,[2] 또는 영국의 노예무역을 연구한 조지프 이니코리가 지적했듯이,[3] 치밀한 조사와 연구 끝에 계산해낸 수치라 할지라도 그것은 최소치일 수밖에 없다. 어쨌든 이 두 학자의 연구 결과는 다음과 같다.

　I. 18세기에 이루어진 프랑스의 노예무역에서 강제 이주된 노예 수를 샤를 베케르는 1,017,010명으로 추산했다.

　이 학자는 『18세기 프랑스의 노예선 출항 일람표』[4]를 펴낸 메타스와 다제의 공동 연구 결과를 많이 참고했으며, 여기에 몇 가지 사항을 추가했다. 승선하고 하선한 노예가 정확히 몇 명이었는지는 밝혀내지 못했지만, 18세기에 노예선이 총 691회 출항한 것으로 추산되었다. 여기에 왕정복고 시대에 밀매된 노예 대략 10만 명, 그리고 17세기 마지막 3분기 동안 공식적으로 거래된 노예 75,000명이 추가된다. 이렇게 하면 도합 약 120만 명이라는 수치가 나오는데, 현재로서 정확히 계산해낼 수 없는 실제 수치는 이보다 훨씬 높을 것이다.

---

1) 이브 베노의 글을 인용. 도표는 카트린 코크리-비드로비치가 작성했다.
2) *Cahiers d'études africaines*, no. 104, 1986, pp. 633-679, Ch. Becker의 글.
3) Ibid., no. 128, 1992, Joseph Inikori의 글.
4) 1978년과 1984년에 출간되었다.

Ⅱ. 1655년에서 1807년까지 영국의 노예무역에서 강제 이주된 노예 수를 조셉 이니코리는 3,887,630명으로 추산했다.

이 수치에는 영국령 앤틸리스제도에서 출항한 영국 노예선의 경우는 포함되어 있지만, 북아메리카의 영국 식민지나 1807년까지 미국에서 출항한 경우는 포함되지 않는다. 그런고로, 조지프 이니코리는 그런 몇 가지 오류를 참작하여 계산해 보면, 400만을 훨씬 상회하는 수치에 이를 것이라는 의견을 피력하고 있다.

이와 같이, 노예무역에서 가장 앞선 나라였던 프랑스와 영국이 팔아넘긴 노예 수는 최소 520만에 이른다. 그러나 550만~6백만 명 정도로 추산하는 게 더욱 타당할 것이다. 19세기의 노예 밀매를 연구한 학자 데이빗 엘티스는[5] 1811년에서 1870년까지 2,293,000명의 노예가 거래되었다고 추정했다. 그밖에도 1810년까지 이루어진 포르투갈의 노예무역, 그리고 네덜란드의 노예무역이 있었다. 포르투갈의 경우, 브라질이 1800년까지 225만 명의 노예를 흡수했으리라고 프레데릭 모로는 추산한다. 이 몇 가지 사항만 고려하더라도 강제 이주된 흑인 수는 벌써 1,000만 명을 훨씬 넘어선다.

오늘날에는 강제 이주된 노예 수를 모두 합한 수치가 1,000만에서 1,400~1,500만 사이쯤 될 것으로 추정한다.

	16세기	17세기	18세기	19세기	합계
아랍인의 노예무역	900,000	700,000	700,000	1,800,000	4,100,000
유럽인의 노예무역	900,000	1,800,000	6,100,000	3,300,000	13,200,000

단위 : 명

---

5) *Economic Growth and the Ending of the Transatlantic Slave Trade*, 1987, p. 249.

식민화가 종결된 이후, 비유럽인 정복자(주로 아랍인이다)가 저지른 폐해에 관해 침묵을 지키려는 경향은 이슬람 국가에 만연했던 인종주의에 대한 침묵과 맥을 같이 한다. 아랍인 사회에 인종적 편견이 존재하지 않는다는 신화는 블랙아프리카로 들어간 그리스도교 선교사가 이슬람 설교자처럼 개종 사업을 성공적으로 이루어내지 못했다는 사실을 인정하면서부터 생겨난 듯하다. 또한 이슬람으로 개종하기만 하면 흑인도 정복자와 동등한 자유인이 되었으며, 그리스도교 선교사가 모두 백인이었던 반면 이슬람 설교자는 흑인이었다는 사실과도 관련이 있다(우스만 셈벤 감독의 작품으로, 세네갈을 배경으로 한 영화 '세도ceddo'에 이러한 상황이 잘 그려져 있다).

코란을 아무리 뒤져봐도 인종주의의 흔적은 찾아볼 수 없다. 그러나 그리스도교의 유럽 세계와 마찬가지로 아랍인의 정복사업이 진전되고 정복지 주민과 접촉하면서 인종주의는 점차 확대되었다. 일찍부터 정복지 주민, 그 중에서도 특히 아프리카 흑인이 아랍인의 인종주의를 비판하기 시작했다. 아프리카 혼혈인으로 추정되는 '자히스 데 바스라'라는 사람은 9세기에 아랍어로 「백인에게 말하는 우리 흑인의 자부심」이라는 글을 썼는데, 여기서 그는 동아프리카 출신 흑인이며 반투족에 속한 '잔지Zanji'를 옹호하며 그들을 헐뜯는 자들을 비난했다. 이는 식민주의 시대의 서아프리카나 카리브해 지역 출신 흑인 작가보다 10세기나 앞선 선구자적인 행동이었다. 그밖에도 아랍어, 그 다음으로는 터키어로 쓰인 이런 유형의 작품이 나왔다.

하지만 그후로 점차 흑인에 관한 부정적인 고정관념이 우위를 점하기 시작했는데, 흑인 부족끼리 서로를 헐뜯는 경우도 있었다. 다음은 아프리카인끼리 주고받는 이야기이다.

코를 보나 입술을 보나 넌 잔지가 틀림없구나.

너도 마찬가지야. 피부색으로 보나 겨드랑이를 보나 너도 틀림없는 잔지야.

흑인 여자에 대해서는 이렇게 말한다.

흑인 여자는 결점투성이다. 피부색이 검을수록 얼굴 생김새도 추하고, 치아는 뾰족하다. …… 몸에서 나는 악취, 보기 흉한 몸매 때문에 즐거움도 주지 못한다.

흑인은 경박하고 노래나 좋아하고 경건함이란 건 찾아볼 수도 없는 자라는 게 통념화되어 있었다. 그밖에 훗날 유럽인이 만들어낸 것과 유사한 고정관념도 있었는데, 이는 앞의 내용과 정반대이다. 『천일야화』에서도 언급된 것으로 흑인은 성적으로 매우 강하고, 다른 인종에 비해 성욕도 훨씬 더 크다는 등의 편견이었다.

잔지의 사랑스러운 딸은 많기도 하지.
그녀들은 뜨거운 아궁이를 하나씩 갖고 있다네.
술잔만큼이나 널찍한 아궁이를……

포르투갈인이 도래하면서 전환기를 맞는다. 1444년에 처음으로 포르투갈인이 흑인 노예를 배에 실었을 당시만 해도, 이전 시대의 노예 매매와 그 형태가 거의 비슷했다. 실제로 포르투갈인은 오히려 금이나 향신료, 상아에 관심이 많았으며, 돈을 주고 구입하거나 납치한 노예를 주고 금을 샀다. 그로부터 얼마 후, 포르투갈인의 최초 거점이던 상투메 섬이 사탕수수 거래를 위한 시장이자, 사탕수수 재배를 위한 단지가 된다. 콩고를 기점으로 하는 대규모 노예무역이 바로 여기서 발원했다. 그리고 이때부터 아랍인의 노예무역과 차별화되기 시작한다. 콩고 왕국의 군주들이 유럽 노예 상인에게 팔아넘긴 노예의 수는 카리브해 지역 원주민이 스페인 정복자에 의해 절멸되던 시기인 15세기 말부터 시작하여 연간 평균 약 200명씩 증가했다.

카리브해 지역 어린이에게
노예제의 역사를 어떻게 가르치고 있을까?

(트리니다드, 자메이카)[6]

"자유롭다는 것은 남에게 해를 끼치지 않는 범위 안에서 자신의 의지대로 행동하는 것을 말한다. 그러나 노예가 되면, 이런 자유를 잃어버리고 마치 가축이나 물건처럼 다른 사람의 소유물이 된다. 노예가 달아나면, 그것은 물건을 '도둑맞는' 것이나 마찬가지이므로 노예를 찾아 주인에게 돌려주는 것은 국가의 임무가 된다. 노예가 주인의 소유물이기 때문이다.

최초로 노예를 부린 사람이 누구인지 알 수 없지만, 임금을 지급하거나 월급을 줄 필요 없이 마음대로 남을 부리고 싶어했던 사람이었을 것이다. 노예를 부리는 관행이 아주 오래 전부터 존재했다는 점도 분명하다. 흑인 노예만 존재했다고 생각하기 쉽지만, 이는 크게 잘못된 생각이다. 세계 모든 나라의 백성이 남녀와 어른·아이를 가리지 않고, 과거 어느 시대에는 노예였다. 인도, 중국, 이집트, 페르시아, 영국, 프랑스, 스페인에서도 마찬가지였다. 백인이 흑인을 위해 일하는 노예였던 시절도 있었다. ……

옛날에는 범죄를 저질렀다는 이유로 노예가 되었으며, 빚을 갚지 못하여 온 가족이 노예로 팔려가기도 했다. 부족 사이에 싸움이 벌어졌을 때, 싸움에서 패한 부족이 노예로 팔려갔다. 노예로 팔려가지 않으면, 죽음을 당했다. 성서에도 이스라엘 부족 모두가 노예가 되어 이집트로 팔려갔다는 일화가 있다.

---

6) pp. 52-53 in Marc Ferro, *Comment on raconte l'histoire aux enfants à travers le monde entier*, Paris, © Éditions Payot, réed. 1992에서 인용.

고대 그리스에서는 …… 노예가 장사를 맡거나 아이를 가르치는 교사가 되었다. 이들에 대한 처우는 후대의 노예에 비해 나은 편이었다.

로마의 노예 시장에서 거래되던 영국인 소년에 관한 유명한 이야기가 있다. 로마제국 시대에 있었던 이야기이다. 금발머리에 얼굴이 예쁘장한 그 아이를 보고 어느 그리스도교 사제가 어디에서 왔는지 아이에게 물었다. 아이는 자신이 라틴어로 영국인을 뜻하는 Angli라고 대답했다. 사제는 아이를 Angli가 아닌 angeli('천사'라는 뜻)라 불렀고, 그 아이에게 선교의 임무를 지우고 고국으로 돌려보냈다.

…… 그리스도교가 전파되면서 유럽에서 노예제가 사라졌고, 노예는 농노가 되었다. 농노란 경작을 맡은 토지에 매여 있는 사람으로 주인의 허락 없이 그 땅을 떠나지 못했다. 토지가 남에게 팔리면, 농노도 토지와 함께 팔려갔다. 300년 전까지만 해도 스코틀랜드에서는 농노의 목에 쇠사슬을 채웠다. 그러나 영국에서는 500년 전에 농노제가 폐지되었다. 러시아에서는 80년 전까지만 해도 농노가 존재했다.

지중해 연안지역에서는 수백 년 동안 매우 추잡한 형태의 노예제가 존재했다. 터키 제국의 이슬람교도가 그리스도교도를 포로로 잡은 다음, 이슬람으로 개종하기를 거부하는 포로는 노예로 팔아 넘겼던 것이다. 이슬람의 경전인 코란에서는 이슬람교도가 다른 이슬람교도를 노예로 부리는 것을 금지하고 있었다. 알제리를 비롯한 북아프리카 지역에 거주하던 무어인이 오랫동안 지중해를 지배했기 때문에 지중해는 그리스도교도에게 매우 위험한 곳이었다. 무어인에게 붙잡힌 유럽인은 노예가 되었고, 갑판에 묶인 채 매질 등 온갖 학대에 시달리며 무어인이 타고 다니던 갤리선이라는 배에서 노 젓는 일을 하며 평생을 보냈다. 전쟁에서 배가 침몰하면, 배에 탔던 사람도 모두 물에 빠져 죽었다. 터키인은 그리스도교도 아이를 납치해 군대에 보내기도 했다. 이 아이들을 고된 훈련으로 단련시켜 무적의 전사로 키워냈다. ……"

이 글에서는 노예무역을 광범위한 역사적 틀 속에서 다룸으로써 노예무역이 조금도 특별할 게 없는, 세계 역사에 있어 하나의 평범한 현상으로 소개되고 있다. 그 규모가 엄청났고, 인류의 역사에서 단절 없이 지속되어 왔다는 점에 대해서는 언급이 없다. 아메리카 대륙에 거주하는 흑인 모두가 노예로 끌려왔다는 사실에 대해서도 언급하지 않는다.

제노바와 포르투갈 상인에 의해 상투메 섬을 기점으로 하는 노예무역은 크게 번창했다. 초기에 대서양을 건넌 흑인 노예는 모두 아프리카의 이 지역 출신이었는데, 이 포로 대부분이 당시 카디스나 리스본의 가내 노예와 마찬가지로 그리스도교로 개종한 상태였다. 이때부터 그들은 경유지를 거치지 않고 콩고나 루안다에서 출발하여 곧장 아메리카로 향했으며, 이렇게 강제 이주된 아프리카인 수는 연간 5~6천 명을 헤아렸다. 그후 스페인과 네덜란드가 노예무역에 합류했는데, 아메리카에 머물고자 하는 유럽인이 많지 않았기 때문이었다. 예전에 마데이라제도나 카나리아제도에서 행해졌던 것처럼, 신대륙에서도 노예에게 처음으로 부과되었던 일은 플랜테이션, 주로 사탕수수 농장의 노동이었다.

스페인령 아메리카에서 정복자는 국왕의 반대로 그리스도교로 개종한 인디언을 노예로 부리지 못했으므로 유럽인이 도래하기 전부터 존재한 인디언 제국의 정치·사회 구조를 활용한 강제 노역 형태를 통해 노동력을 확보할 수밖에 없었다. 브라질에서도 포르투갈인 역시 매우 유동적인 인디언 노동력에 의존할 수 없었기 때문에 외부에서 노예를 들여오는 것이 더욱 시급한 문제로 떠올랐다. 이는 구대륙의 스페인 사람이나 포르투갈인이 고향을 떠나 머나먼 낯선 땅에 일하러 가기를 꺼렸던 까닭에 빚어진 일이었다. 이렇게 하여 1451년에서 1870년까지 스페인령 아메리카에는 160만 명의 흑인 노예가, 브라질에는 400만, 영국·프랑스·네덜란드·덴마크령 카리브해 지역에는 370만 명이 들어왔다. 북아메리카에는 50만여 명이 유입되었다.

아프리카 출신 흑인 노예가 없었다면, 농산물 수출이나 식민화 사업이 그 정도의 결과에 도달할 수 없었으리라는 것은 분명하다. 귀금속을 제외하고, 아메리카에서 유럽으로 들어온 거의 모든 물품이 흑인의 손으로 수확된 것이었다. 흑인 노예의 노동력이 없었다면, 브라질이나 카리브해 지역이 과연 그만큼 개발될 수 있었을까? 전리품이 너무도 엄청난 것이어서 인도주의적 충고나 비판의 목소리가 받아들여질 여지가 전혀 없었다. 18세기에 이르면, 카리브해 작은 섬들의 플랜테이션에서 흑인 노예에 의해 산출된 부가, 자유노동자의 노동력에 의존한 대륙 전체의 산출량을 능가한다.

초기의 노예무역은 주로 전쟁 포로를 대상으로 하는 전통적인 아프리카의 노예매매 형태에서 크게 벗어나지 못했으며, 발전 속도도 더디었다. 초기 두어 세기 동안에는 주로 해안 지역에 거주하는 주민이 그 대상이었다. 그러나 아메리카 정착민의 수요가 증가하고 노예 가격이 꾸준히 상승하면서 18세기에서 19세기 초까지 노예무역은 급속히 확대되어 1780년대를 전후로 일 년 동안에 거래되는 노예 수가 8만 명에 이른다. 그때부터 기니 만, 비아프라 [나이지리아 남동부 지역], 앙골라는 콩고와 더불어 주요 노예 공급지가 되었으며, 전쟁 포로를 매매하는 데 머무르지 않고 원정대를 조직하여 노예 포획을 목적으로 내륙 깊숙이 침투해 들어갔다. 노예사냥을 목적으로 난입한 흑인과 백인 침략자 앞에서 흑인 농부는 저항 한 번 하지 못하고 끌려갈 수밖에 없었고, 그 결과 앙골라, 그 다음으로는 모잠비크가 크게 황폐화되었다. 노예 매매 대신에 야자유 수출이 주요 수입원으로 등장하던 서아프리카 지역, 특히 세네감비아와 가나의 황금해안 지역은 피해 정도가 덜했다. 그러나 중앙아프리카에서는 흑인 노예의 대대적인 강제 이주로 말미암아 인구가 감소하면서 농촌 사회가 급격히 무너졌다. 이 지역에서는 대서양 횡단 노예무역이 폐지된 뒤에도 노예 매매가 지속되었다.

포르투갈이 장악한 지역이 다른 지역에 비해 피해가 더 컸는데, 기니 만을 기점으로 하는 경우보다 무역 항로가 더 길다 보니 노예 운송 도중에 더 많은 희생자를 낼 수밖에 없었기 때문이었다. 세네감비아에서 출발하는 경우 20일 정도 걸렸다면, 앙골라에서 출발하는 항로는 30~33일, 모잠비크에서 출발하는 항로는 무려 40일 정도까지 소요되었다.

앙골라에서 출발하는 경우에는 410명, 북부 지역에서는 그보다 적은 수를 확보해도 수익을 낼 수 있었지만, 로렌수 마르케스[모잠비크의 옛 수도, 지금의 마푸토]에서 출발하는 경우에는 평균 569명을 배에 태워야 수익성을 확보할 수 있었다. 포획하는 과정에서, 항해 도중 질병이나 학대로, 마지막으로는 아메리카에 도착하고 난 뒤 탈출을 시도하는 경우, 이렇게 세 차례에 걸쳐 희생자가 나왔다. 가령 1795~1811년 동안 리우데자네이루로 향하는 노예선에 총 170,642명의 아프리카인이 승선했는데, 그 가운데 15,587명이 항해 도중에, 606명은 브라질 땅에서 목숨을 잃었다. '뿌리'나 '아미스타드'[7] 같은 소설이나 영화에서 묘사된 것처럼 노예선의 상황은 너무도 처참했다. 노예 상인이 나중에

---

7) '아미스타드'는 1997년 스필버그가 만든 영화로 노예를 운반하는 도중에 저질러졌던 폭력과 범죄 행위를 생생하게 그려내고 있다. 그런데 영화에서는 노예제 폐지의 공로를 전적으로 미국 대통령 링컨에게 돌리고 있지만, 링컨의 조치는 미국에 한정된 것이었고, 사실 노예제와 노예무역의 폐지는 그로부터 몇 십 년 전에 벌써 영국의 정치가이자 독실한 감리교 신자였던 윌버포스, 그리고 프랑스의 정치가 쉘셰르에 의해 이루어졌다.

좋은 값을 받기 위해 운반하는 동안 '상품의 질'이 떨어지지 않도록 꽤나 주의를 기울였을 법한데도 어쨌거나 상황은 그러했다.

외과의사 팔콘브리지의 노예선에 관한 보고서 :
폭풍우가 거세게 몰아닥친 며칠 동안, 갑판 위 모든 출구와 환기구를
봉쇄할 수밖에 없던 상황에서 벌어진 일[8]

거센 비바람이 몰아닥쳐서 우리는 모든 출입구를 닫고 통풍구의 격자망 마저 덮지 않을 수 없었다. 따라서 흑인이 머무르는 화물창은 전혀 통풍이나 환기가 되지 않았다. 설상가상으로 출혈과 열병에 시달리는 흑인 노예가 늘어나고 있었다. 그 동안, 의사인 나는 이따금씩 화물창으로 내려갔다. 얼마 후, 그곳에는 단 몇 분 머물러 있는 것조차 힘들만큼 더위가 극심했다. 그들의 처지를 비참하게 만든 건 극심한 열기만이 아니었다. 환자가 늘어가면서 그들이 누워 있는 화물창 바닥은 악취 나는 오물과 피로 범벅이 되어 마치 도살장을 방불케 했다.

당시 그 가련한 인간들이 처해 있던 상황보다 더 끔찍하고 구역질나는 장면을 누가 감히 상상할 수 있을까! 수많은 노예가 의식을 잃고 쓰러졌다. 그들을 갑판 위로 옮겼지만, 그 가운데 여러 명이 끝내 목숨을 잃었다. 우리는 그들을 살려내느라고 무척 고생했다. 하마터면 수많은 희생자를 낼 뻔했다.

항해 도중의 끔찍한 처우에 극심한 정신적 충격을 받은 흑인 노예가 카리브해 지역이나 기아나, 혹은 브라질에 도착하자마자 탈출을 시도하는 경우도 빈번했

---

8) Jean Métellus, Marcel Dorigny, *De l'esclavage aux abolitions, XVIIIᵉ-XXᵉ siècle*, Paris, Cercle d'Art, 1998.

다. 그러다가 붙잡히면, 새로운 주인에게 저항하기보다 자해하거나 목매어 자살했다. 1814년에 나온 『산토도밍고의 역사』에서 말랑팡Malenfant은 "세인트빈센트의 한 동네에서만 30명이 목매어 자살했다"고 썼다.

흑인 노예는 아메리카 땅에 도착하자마자 즉시 '농사일을 맡을' 흑인 노예와 '재능 있는' 흑인 노예로 나뉘었는데, '재능 있는' 흑인의 경우 나중에 해방을 꿈꿔볼 수도 있을 만큼 두 부류 사이의 격차가 컸다. 1780년경 과달루페에서는 101,991명의 주민 가운데 흑인이 88,525명이었는데, 그 가운데 3,044명이 해방된 노예였다. 영국령 제도에 비해 프랑스령 제도에서 해방된 노예 수가 더 많았다. 그들은 산토도밍고나 마르티니크에서 지역의 유지 집단을 이루어 살아갔고, 그 가운데 몇몇은 노예를 거느리기도 했다.

탈출에 성공한 흑인 노예 수도 상당했다. 이 탈주 노예는 작은 섬들보다 대륙의 기아나로 숨어 들어갔으며, 비교적 면적이 넓은 도미니카 섬, 또는 프랑스령이나 영국령 제도에 비해 통제력이 느슨한 스페인령 섬들도 그들의 은신처가 되었다.

산토도밍고 : 최초의 성공한 노예 혁명

아이티에서 투생 루베르튀르가 주도했던 저항 운동 외에, 흑인 노예의 폭동은 성공하지 못했다는 이유로 역사에서 언급되지 않는다. 그렇지만 흑인 폭동은 빈번했으며, 16세기 이후 산토도밍고에서만 세 번, 영국령 앤틸리스제도에서는 1649년에서 1759년까지 10여 차례 일어났다. 오늘날의 미국 남부에서는 50여 차례 일어났고, 그밖에 브라질 북부, 기아나, 수리남에서도 흑인 폭동이 있었으며 몇몇 흑인 '공화국'이 탄생하기도 했다(그 가운데서 보니족이 세운 공화국이 가장 오래 지속되었다).

1991년 아이티에서 샤를 나즈망이 그 섬에서 일어난 폭동 200주년을 기념하여 영화 '카이만 왕의 서약'을 촬영했는데, 여기서는 1791년 8월에 부크만이라는 노예가 일으킨 폭동을 다루었다. 이 사건을 계기로 1804년에 식민 지배를 받던 백성이 최초로 독립을 이루어낸다. 승리의 밑거름이 되었던 부두교와 공화주의적 자치권은 투생 루베르튀르 시대에 이르러 흑인이 나폴레옹 보나파르트의 군대에 맞서 싸울 수 있게 한 힘의 원천이 되었다.

백인은 1789년에 발표된 인권선언의 파급 효과를 두려워하여 산토도밍고에서 정착민의 독립 운동을 부추겼다. 분리독립주의 조처를 취했던 것이다. 그러나 물라토(흑백 혼혈인)의 폭동과 그보다 1년 앞서 일어난 흑인 폭동을 겪고 난 뒤인 1792년에 프랑스 입법의회는 물라토 계층에게 자유권을 부여한다는 법령을 통과시켰다.

하지만 노예제 문제는 아직도 그대로 남아 있었다. 프랑스 대혁명이 일어난 지도 몇 년이 지났지만, 노예무역은 예전과 다름없이 계속되고 있었다. 프랑스의 항구를 기점으로 하는 노예선 출항 횟수가 1788년에는 112회, 1789년에는 134회, 1790년에는 121회, 1791년에는 107회에 달했다. 1792년에 이르러서야 출항 횟수가 감소하여 한 해 동안 노예선이 59차례 출항했으며, 아프리카를 출발하여 프랑스의 항구 낭트나 보르도를 거쳐 앤틸리스제도로 향하는 경우가 대부분이었다.

1776년에 해방된 노예 출신이며 산토도밍고에서 흑인, 물라토, 백인 사이의 평등을 주장했던 선구자 투생 루베르튀르가 일으킨 폭동으로 마침내 노예제가 폐지된다(1794년에 프랑스 국민회의가 노예제 폐지를 공식적으로 승인했다). 투생 루베르튀르(1743~1803)는 장교로 복무하다가 나중에는 프랑스 공화국 정부로부터 장군으로 발탁되었고, 카리브제도의 다른 섬에 주둔한 영국군의 지원을 받은 물라토의 반란을 진압했다. 그러나 그후 나폴레옹이 파견한 프랑스군 원정대와 맞서 싸우다가 붙잡혔고, 포로가 된 그는 프랑스로 압송되어 감옥에서 죽음을 맞는다. 이때 그는 다음과 같은 말을 남겼다.

　　나를 쓰러뜨리는 것은 산토도밍고에 있는 흑인 자유권이라는 나무를 베어 넘어뜨리는 것에 불과합니다. 뿌리에서 곧 나무가 다시 자라날 것입니다.

　　나폴레옹이 노예제를 복원시켰으나, 투생 루베르튀르의 후계자 가운데 한 사람인 장 자크 데살린이 흑인과 물라토 사이의 신성한 동맹을 성사시켰고, 이로써 프랑스 군대에 맞서 승리를 거둔다. 장 자크 데살린은 1803년 9월 28일에 섬의 독립을 선포했다.[9)]

　　그로부터 얼마 후, 히스파니올라 섬의 동부 지역이 분리되어 도미니카공화국이 탄생했고, 나머지 본토는 아이티라는 이름을 갖게 되었다.

　　이는 흑인 노예가 스스로 일구어낸 처음이자 유일한 승리였다. 아이티 국민은 다른 카리브해 지역 주민에게 부러움을 살 만큼, 역사상 유례없는 그 순간을 영속화하려는 듯, 그후 한 걸음도 앞으로 나아가지 못한 채, 다른 카리브해 지역 국가들이 한창 성장하고 있는 오늘날까지도 침체된 상태를 벗어나지 못하고 있다.

　　아이티에서 일어난 일련의 사건은 인근 지역에 막대한 영향을 끼쳤다. 흑인 노예가 독립을 쟁취한 후, 그에 뒤이어 일어난 혁명이 식민지 사회를 불안하게 했던 것이다. 먼저 카리브해 지역의 경우, 폭동 초기에 영국은 바베이도스와 자메이카에서 노예제를 폐지했다. 대륙의 기아나와 수리남에서도 마찬가지였다. 누에바그라나다에서 리오데라플라타에 이르는 방대한 영토에서 일어난 정착민 독립운동에서도 아이티 사태가 상당한 역할을 했을 것이다. 그뿐만 아니라, 카리브해 지역에서 일어난 초기의 폭동이 물라토에 의해 주도되는

9) Yves Bénot, *La Démence coloniale sous Napoléon*, Paris, La Découverte, 1992.

것을 목격한 영국은 인도에서 백인과 원주민 사이의 결혼을 규제하기 시작했다 (1793년). 프랑스는 빅토르 쉘셰르의 노력으로 1848년 두 번째로 노예제를 폐지했다.

1804년의 백인 학살에 관하여[10)]

반노예제 혁명의 열기가 과장되었다는 사실을 인정하기에 앞서, 1804 년에 일어난 프랑스 정착민 학살 사건의 희생자 수가 터무니없이 부풀려졌 다는 사실을 인정해야 한다. 당시 사건 현장에 있었으며, 그 자신이 산토도 밍고의 정착민이었던 '카티노-라로슈'라는 프랑스인은 사건이 일어난 지 약 15년이 지난 뒤 프랑스 외무장관에게 보낸 보고서에서 비교적 공정한 시선으로 이렇게 말했다.

"아프리카인이 백인에게 저지른 학살 사건, 흑인을 헐뜯기 좋아하는 식민지 작가들에게 좋은 이야깃거리가 되고 있는 그 사건의 규모를 우리는 과연 정당하게 평가하고 있을까요? 프랑스 대혁명 이전에 산토도밍고의 백인 인구는 3만에 불과했습니다. 그후, 몇 차례의 전쟁에서, 곧 1791~ 1793년에는 식민지 군대에, 1793~1798년에는 영국 군대에 소속되어, 그리고 1801~1802년에는 르클레르 장군 휘하에서 그 가운데 일부가 장 렬한 최후를 마쳤겠지요. 그들이 유럽인을 증오하는 아프리카인에게 학살 되었다고 말할 수는 없습니다. 유럽인이 공격하면, 흑인은 맞서 싸울 수밖 에 없었을 테니까요. 이 세 차례 전쟁에서 6,000명이 사망했으리라 추정됩 니다. 이는 결코 많은 수가 아닙니다. 미합중국의 산토도밍고, 특히 미합 중국 남부에 3,000명의 정착민이, 푸에르토리코에 3~4,000명, 쿠바 섬에 10,000명, 프랑스령에 4,000여 명, 그리고 사마나, 포르토 플라타, 스페인

10) Leslie Manigat, "La révolution de Saint-Domingue débouche sur l'indépendance nationale," in *Éventail d'histoire vivante d'Haiti, Annexes documentaires*, tome 1, Port-au-Prince, 1999.

령 산토도밍고에 수백 명이 거주하고 있었습니다. 또 남아메리카 자치
지역의 육군과 해군에 1,000여 명이 소속되어 있었고, 방 Vent제도에도
정착민이 거주하고 있었습니다. 28년 동안 자연사를 당한 사람도 당연히
있었겠지요. 이 수치를 모두 더하면, 아프리카인에 의해 '말살'당한 뒤에도
산토도밍고의 백인 정착민 수가 크게 줄어들진 않은 것 같습니다. 요즘의
작가들처럼 흑인에 대한 적개심을 불태우며 당시의 상황을 판단한다 해도,
학살 사건을 겪고 난 뒤에도 백인 사회가 대체로 양호한 상태를 유지하고
있다는 사실을 누구도 부인하지 못할 것입니다."

노예무역에 대해서는 1807년에 영국이, 1815년에는 프랑스가 금지 법령을
공포했다. 하지만 노예무역은 근절되지 않았고, 브라질이나 쿠바로 방향을
전환했다. 게다가 아프리카에서 유럽인의 도래 이전에 행해졌던 북아프리카로
의 노예무역을 되살리는 일종의 역효과를 초래했다. 예를 들어, 수단의 경우
1820~1885년 동안 이집트와 페르시아만 지역으로 75만 명의 흑인 노예가
강제 이주되었으리라고 조르주 프뤼니에가 추산한 바 있다.

대서양 횡단 노예무역이 사라지자 아프리카 대륙 안에서 노예제가 되살아났
는데, 이때가 바로 식민 열강이 아프리카를 분할하면서 문명의 이름으로 노예제
를 근절하러 왔다고 큰소리치던 시기였다. 무어인이 지불하는 노예 가격이
유럽인에 비해 절반밖에 되지 않았으므로 아프리카 군주들은 예전보다 두
배나 많은 노예를 포획했다. 아프리카 왕국의 군주들에게는 팔아넘기기 위한
노예 외에도 고수익을 보장하는 땅콩 재배용 플랜테이션에서 일을 시킬 노예가
필요했다.

1848년부터 서아프리카의 프랑스령 식민지에서는 노예제 폐지가 공식화되
었는데, 이 상황에 대해 R. 보트는 다음과 같이 썼다.

그것은 서아프리카의 독립 국가와 부족사회를 (노예제가 유지되고 있던) 프랑스에 병합시키려는 계획을 방해함으로써 식민지 정복사업에 걸림돌이 되고 있다. 다른 열강이 들어오는 것을 막으려면, 노예 소유자도 프랑스의 지배 아래 편입될 수 있도록 허용해야 한다.

게다가, 식민화 세력이 비위를 맞춰야 하는 일부 이슬람교도 주민에게는 오히려 노예제 폐지가 코란에 위배되는 것이었다. 이 원주민을 결집시키기 위해 그들을 '프랑스 시민'이 아닌 '백성'이라 부름으로써 1848년 법령의 적용 대상에서 제외시켜 노예 소유권을 보장해주었다. 식민지 행정관리는 '노예'가 아닌 '포로'라는 표현을 쓰도록 했고, 이 포로가 '본국의 프롤레타리아' 계층에 비해 나은 대우를 받고 있다며 법령 위반을 정당화하려 했다.

요약해서 말하면, 1902~1905년에 이르는 약 반 세기 동안 현실 속에서 실제로 이루어진 것은 노예제 폐지라기보다 1848년 법령의 비非적용이었다.

1905년 프랑스령 서아프리카에서 노예제 폐지 법령의 집행자는 노예제 폐지를 촉진시킨다는 명목으로, 1848년 이후 공식적으로는 존재하지 않는 노예제를 규제하고 있었다.

'포로'를 해방시키는 경우에도 문제가 발생했다. 자유노동을 법으로 규제하지 않는 한, 해방된 노예가 '떠돌이' 신세로 전락할 수밖에 없었기 때문이다. 1914년 세네갈에서는 해방된 노예 가운데 다수가 강제 노역에서 벗어나려고 프랑스군 소속 원주민 부대에 자원 입대하기도 했다.

'남녀 노예를 고르는 열 가지 충고'(11세기 문서)

인종주의의 표적이 된 것은 흑인만이 아니었다.

이 글에는 정복지 주민의 특징이 남녀별로 상세히 묘사되어 있다.[11]

인도 여자는 체격이 좋고 피부는 가무잡잡하다. 창백하면서도 맑은 피부색, 좋은 냄새, 부드러움과 우아함 등 미모가 아주 뛰어나다. 그러나 빨리 늙는다. 충실하고 다정다감하며, 매우 침착하고 지혜롭고, 수다스럽다. 모욕당하는 것은 참기 어려워하지만, 인내심이 강하여 고통을 당하면서도 죽는 순간까지 불평 한 마디 하지 않는다. 인도 남자는 사람이나 재물을 잘 지키고 섬세한 수작업에 소질이 있다. 감기에 잘 걸린다. ……

예멘 여자는 이집트 여자와 비슷하다. 체격은 베르베르 여자와 비슷하고, 메디나 여자처럼 활달하고, 메카 여자처럼 무기력한 면도 있다. 아랍 베두인과도 좀 비슷한 예쁘장한 아이를 잘 낳는다. ……

에티오피아 여자는 몸매가 우아하고 부드럽고 허약하다. 폐 질환에 잘 걸리며, 노래와 춤에 소질이 없다. 성격이 예민한 편이라서 자기 고향이 아닌 곳에서는 적응하기 어렵다. 심성이 착하고 온유하다. 성격은 강인하면서도 몸은 허약하다는 점이 특이하다. 그와 대조되는 누비아 여자는 살집이 없는 편이지만 체력이 튼튼하고, 성격은 나약하다. 소화기가 약하여 오래 살지 못한다. ……

터키 여자는 미모가 뛰어나고 안색이 창백하고 우아하다. 피부는 가무잡잡하고 광택이 난다. 아주 왜소하지는 않지만, 몸집이 작은 편이다. 아이를 잘 낳는다. 유방이 큰 여자는 드물다. 그러나 몇 가지 나쁜 버릇이 있으며, 정직하지 못한 편이다. ……

아르메니아 여자는 발이 아주 투박하지만 전체적으로는 아름다운 편이다. 체격이 좋고 힘이 세고 튼튼하다. 정숙하지 못하며, 도벽이 있다. 인색

---

11) B. Lewis, *Race et couleurs en pays d'Islam*, Paris, © Éditions Payot, 1971, 1982, pp. 140-147.

하진 않지만, 성품이 거칠고, 청결하지 못하다. 아르메니아인 노예를 한 시간쯤 일을 시키지 않고 내버려두면, 십중팔구 사고가 난다. 그들의 행동을 바로잡기 위해서는 몽둥이질밖에 다른 방도가 없다. 장기간의 고된 노동에 잘 견딘다는 것 말고 장점이 없다. 아르메니아 여자는 남자에게 즐거움을 주는 데 소질이 없다. 즉, 흑인 가운데 가장 질이 나쁜 족속이 잔지라면, 백인 가운데는 아르메니아인이 그렇다고 말할 수 있다. 힘이 세고, 사악하고, 천성이 거칠고 상스럽다는 점에서도 많이 닮았다.

흑인 마르세예즈[12]

흑인의 아들 딸, 세상에서 추방된 자들이여,

한낱 가축 떼로 전락한 가련한 육신이여,

더러운 족속이여, 너희 살가죽에 상복을 걸쳐라!

땅바닥에서 고개를 쳐들고

사방을 돌아다니며 찾아보아라,

아내와 아이와 신을!

인간이라는 이름을 찾아내는 것, 그게 바로 너희들의 인생 목표다.

같은 책에 실려 있는 어느 수사의 말 역시 시사하는 바가 매우 크다.

"나는 뭇 사람에게 박해받는 자의 피부색을 물려받았지!

어떤 깃발도 사랑할 수도 증오할 수도 없어.

인간이 고통을 겪는 곳이라면 어느 곳에서나 난 존재한다네.

어느 인간 종족이 패배하고 굴욕을 당할수록

---

12) 19세기 프랑스의 작가 라마르틴이 그의 작품 『투생 루베르튀르*Toussaint Louverture*』에 수록한 노랫말이다. 프랑스의 국가 '라마르세예즈'를 패러디했음에 틀림없다. *Œuvres poétiques*, Paris, Gallimard, la Pléiade, NRF, 1963, p. 1265. Jean Métellus, Marcel Dorigny, op. cit., p. 7 인용.

그 종족은 성스러워지고, 내 조국이 되지.

너희, 인간 벌레들이여,

백인 가운데 가장 비열한 자들조차도 경멸하고,

미치광이의 조롱거리가 되고, 어린애 앞에서도 힘을 못쓰는 자들이여,

장돌뱅이에게 끌려 다니며 여기저기 팔려다니는 신세이다 보니

한 곳에 정착도 못하는 가련한 자들이여,

인간의 법으로도 하느님의 법으로도 보호받지 못하는 자들이여!"

쉘셰르 선언13)

그 참혹했던 나날에 저질러진 폭력 사태의 책임은 과연 누구에게 있습니까? 흑인을 짐승 취급하며 인간이면 누구나 갖는 감정마저 메말라 버리게 한 정착민이 아니라면 누구란 말입니까? 흑인 노예가 평원에 불을 지른 그 횃불, 그 횃불을 불타오르게 한 것은 바로 가혹한 노예제도였습니다. 흑인 노예가 야만스러운 방법으로 고발하고자 했던 것은 바로 야만스러운 주인입니다. 흑인을 한꺼번에 수백 명씩이나 학살하고 물에 빠뜨려 죽이고, 개를 풀어 물어뜯게 하고, 임신한 여성에게조차 채찍질을 서슴지 않았던 백인으로서는 복수심으로 제 정신을 잃은 노예가 저지른 잔학한 행위를 비난할 자격이 없습니다. ……

이야기를 듣는 것만으로도 소름끼치는 극심한 고통을 견디다 못한 흑인 노예에게서 격렬한 분노가 터져나오고 있지만, 그렇다고 동정심이나 연민이 모두 사라져버린 것은 아니었습니다! '바르톨로'라는 흑인 노예가 있었습니다. 그는 자기가 모시던 주인을 숨겨주었고, 동료에게 배신자 취급을 당할 위험을 감수하면서 주인이 안전한 곳으로 도피할 수 있도록 도왔습니

---

13) pp. 27-28, in Jean Métellus, Marcel Dorigny, op. cit.

다. 그런데 불행한 일이 벌어집니다! 사태가 수습된 뒤, 바르톨로는 폭동에 가담했다는 이유로 누군가에게 고발당했고, 결국 처형되었습니다. 그를 고발한 자가 누구였을까요? 바로 그가 목숨을 구해준 자였습니다. 그 비열한 자의 이름은 망쟁입니다. 이와 유사한 사례가 우리에게 가르쳐주는 것은 노예제가 주인마저 정신을 피폐하게 만들었다는 사실입니다.

*빅토르 쉘셰르(1804~1893)는 프랑스 정치가로, 식민지였던 마르티니크와 과달루페 지역을 대표하는 하원의원을 지냈다. 식민지의 노예제 폐지 법령을 마련했으며(1848년), 1851년에는 쿠데타에 반대하다가 결국 추방되었다(─역자).

아시엔토와 대서양 노예무역

아프리카에서 아메리카로 향한 노예 수송은 오랫동안 독점적으로 이루어졌는데, 이러한 노예무역 독점권을 가리켜 아시엔토Asiento라고 한다. 아시엔토는 스페인 국왕과 개인 또는 회사 사이에 체결되는 계약이었다. 스페인 국가는 보상금을 받고 사업권을 팔거나, 아니면 스페인 식민지에 유리한 방향으로 계약을 체결했다. 스페인 국왕에게 노예무역 독점권은 아프리카의 상관商館 같은 역할을 했다. 포르투갈과 달리 스페인은 상관을 갖지 못했던 까닭이다. 1580년에서 1642년까지 포르투갈이 스페인 국왕의 지배를 받았던 동안을 제외하고는 늘 그러했다.

16세기 말까지는 세비야에서 이러한 계약 대부분이 체결되었고, 포르투갈이 주고객이었다. 16세기 중엽에는 두당 20~25두카씩 일 년에 4,000~5,000명의 흑인 노예를 공급받을 수 있다는 내용의 계약이 가장 보편적이었다. 17세기에는 네덜란드가 포르투갈의 뒤를 이어 주요 고객으로 등장했고, 중요한 거래는 큐라소에서 이루어졌다. 그후, 독점권 획득은 스페인 왕위계승전쟁에서 가장 중요한 쟁점 가운데 하나가 되었으며, 펠리페 5세는 독점권을 기니 회사(회사 지부 가운데 하나가 프랑스의 생말로에 있었다)에 양도한다.

1713년 위트레흐트 조약에서 프랑스는 아시엔토를 영국에 양도했으며, 영국 정부는 사우스 시Sea 컴퍼니에 독점권을 위탁한다. 이로써 영국은 30년 동안 144,000명의 흑인 노예 운송권을 확보할 수 있게 되었다. 그러나 아메리카에서 인구가 증가하고 메스티소와 물라토 인구가 증가함에 따라 아시엔토의 가치는 감소하기 시작했다.

1817년 흑인 노예무역의 폐지로 아시엔토도 사라졌지만, 불법적인 노예 밀수는 여전했다. 그러나 미국 남북전쟁이 종결되면서 노예제가 폐지되었던 1865년을 전후로 노예 밀수도 점차 감소했다.

그 동안 아프리카에서는 새로운 식민화 시대가 도래하고 있었는데, 이때 유럽인은 노예무역과 노예제 폐지를 내세우며 식민화 사업을 정당화하려 했다. 그러면서 노예무역과 노예제를 대신할 '강제노동'이라는 새로운 노동 형태를 도입했다.

참고문헌

Yves Bénot, *La Révolution française et la fin des colonies*, Paris, La Découverte, 1987 ; *La Démence coloniale sous Napoléon*, Paris, La Découverte, 1992.

Roger Botte, "L'esclavage africain après l'abolition en 1848. Servitude et droit du sol," in *Annales* 5, septembre 2000, pp. 1009-1039.

Catherine Coquery-Vidrovitch, *Afrique noire, permanences et ruptures*, Paris, Payot, 1985, 재판. L'Harmattan, 1993.

Yvon Debbasch, "Le marronnage, essai sur la désertion de l'esclave antillais," *L'Année sociologique*, 1961, pp. 1-195.

Herbert S. Klein, *The Atlantic Slave Trade*, Cambridge, Cambridge University Press, 1999.

Am M'Bow, J Ki-Zerbo, J. Devisse, *Histoire du VIIe au XVIIe siècle*, 1978.

Bernard Lewis, *Race et couleurs en pays d'Islam*, Paris, Payot, 1982(원판 Harper and Roco, 1971).

Gérard Prunier, "La traite soudanaise(1820-1885), Structures et périodisation," in S. Daget (éd.), *De la traite à l'esclavage*, 2 vol., Paris-Nantes, 1988.

John Thornton, *Africa and Africans : The Making of the Atlantic World, 1400-1680*, Cambridge, Cambridge University Press, 1992.

Lucette Valensi, "Esclaves blancs et esclaves noirs à Tunis au XIXe siècle," *Annales ESC*, 1970.

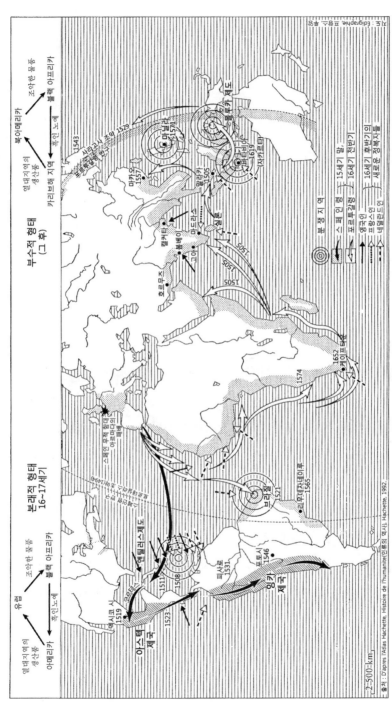

세계의 분할과 삼각무역, 15~18세기

출처 : D'apres l'Atlas Hachette, Histoire de l'humanité(인류의 역사), Hachette, 1992.

미국 남부의 노예제

파프 엔디에

1619년 스무 명쯤 되는 아프리카인이 버지니아에 도착했을 때부터 1865년 남북전쟁의 대포 소리가 멎기까지 약 두 세기 반 동안, 노예제는 미국의 사회·경제 분야에서 중요한 역할을 차지했다. 노예제는 특히, 17세기 이후 담배, 사탕수수, 벼, 면화 재배를 위한 대규모 플랜테이션이 출현하던 남부에서 급격히 증가하던 노동력의 수요에 부응하기 위한 제도였다. 이 강제노동 제도는 노동력의 조직화, 대규모의 식민지 농업을 특징으로 하는 플랜테이션과 밀접하게 연관되어 있었다. 이런 점에서 노예제는 유럽인에 의한 북아메리카 대륙 식민화의 중추적인 동력이었다.[1]

초기에는 '계약 노동자indentured servants'라고 하는 유럽인 노동력만으로도 충분했다. 영국인, 아일랜드인, 독일인 빈민은 대서양을 건너는 뱃삯을 대신

---

1) 이 문제에 대해선 참고할 만한 책이 많다. Peter Kolchin, *Une institution très particulière : l'esclavage aux États-Unis*, Paris, Belin, 1998 ; Randall M. Miller and John D. Smith(dir.), *Dictionary of Afro-American Slavery*, Greenwood, Westport, Conn., 1997 ; Ira Berlin, *Many Thousands Gone. The First Two Centuries of Slavery in North America*, Cambridge, Harvard University Press, 1998.

지불해주는 주인 밑에 들어가 일정 기간 동안 일을 했고, 주인은 계약이 만료될 때까지 그들의 노동력을 최대한 착취했다. 그러다가 17세기 말에 노동력이 크게 부족해지자, 영국은 당시 대서양의 패권을 장악하고 있던 해군의 도움을 받아 로열 아프리칸 컴퍼니라는 회사와 손을 잡고 대규모 노예무역에 착수했다. 물론 유럽인 노동자에게 지급되는 비용에 비해 흑인 노예의 구입 단가는 높았으나, 노예는 한번 구입하고 나면 평생토록 일을 부릴 수 있고 그들의 자손 역시 노예로 부릴 수 있다는 장점이 있었다.[2]

노예 대부분은 아프리카인이거나 혹은 아프리카 출신이었으며, 주인은 유럽인이거나 유럽 출신이었다. 이처럼 러시아 농노제 같은 강제노동의 다른 형태와 달리, 미국의 노예제는 흑인에 대한 백인의 지배라는 관계에 기초한 제도였다. 노예제와 인종주의가 북아메리카의 식민화라는 특수한 상황에서 상호작용을 했다는 주장에 오늘날 대부분의 역사학자가 동의한다. "인종주의가 식민화와 노예제에서 파생된 산물인가? 아니면 그 반대인가?"라는 고전적인 논쟁은 이제 사라졌다. 어쨌든 초기에는 지배 관계가 엄격하지 않았다. 그러나 흑인의 사회적 지위를 규정하는 법이 나타나면서 흑인이 식민지의 백인 사회로부터 고립되기 시작한 17세기 말부터 인종 분리가 한층 강화되었다. 1750년경에 노예제는 미국 남부 식민지의 주요 노동 제도가 되었다.

아프리카인 대부분이 먼저 카리브해 지역으로 건너왔고, 그 가운데 일부가 다시 북아메리카 대륙으로 흘러들었다. 1680년에서 1770년까지 남부의 여러 식민지에서 전체 인구 가운데 흑인이 차지하는 비율은 6%에서 40%까지 이른다. 대서양 횡단 노예무역이 금지된 해인 1808년까지, 미합중국을 구성하는 13개의 영국 식민지에서는 약 60만 명의 아프리카인을 수입했다. 이는 신대륙으로 강제 이주한 전체 흑인 노예(약 1,000만)[3] 가운데 6%에 해당하는 수치이다.

---

2) John J. McCusker and Russell R. Menard, *The Economy of British America, 1607-1789*, Chapel Hill, University of North Carolina Press, 1985.

노예무역의 금지는 또 다른 결과를 초래했다. 미국 남부 지역 사이의 노예 매매가 성행하기 시작했던 것이다. 1790년에서 1860년까지 약 100만 명의 노예가 해안 지역에서(특히 체사피크 만) 남서부로(켄터키, 테네시, 다음으로는 조지아, 미시시피, 앨라배마, 루이지애나, 텍사스) 강제 이주되었다. 주인을 따라가는 노예도 있었고, 면화나 사탕수수 농장에서 일을 시키기에 적당한 몸이 튼튼하고 젊은 노예를 찾아다니는 노예 상인에 의해 이곳저곳으로 옮겨다녔다. 가족과의 이별, 발목에 족쇄를 찬 채 앨라배마의 몽고메리, 뉴올리언스 노예 시장으로 향하는 험난한 여정 등 그 시절의 끔찍했던 기억을 떠올리는 흑인 노예의 이야기는 수두룩하다.4)

카리브해 지역이나 브라질에 비해 그 규모는 작았지만, 이런 형태의 노예 매매를 통해 아메리카 대륙 전체 가운데서도 가장 많은 수의 노예 인구를 양산해냈다. 얼핏 역설적인 것처럼 보이지만, 이는 당연한 결과였다. 미국에서는 노예무역이 금지되기 전부터 노예의 출생률이 사망률보다 높았다. 그와 달리 브라질, 자메이카, 쿠바, 산토도밍고에서 노예 인구의 유지는 전적으로 아프리카로부터의 수입에 의존했다. 따라서 그들 지역에서는 노예무역이 중지되자 노예의 수는 감소할 수밖에 없었다. 1810년의 110만이라는 미국의 노예수는 이전 두 세기 동안 아프리카에서 강제 이주된 흑인 인구의 두 배나 되는 수치였다. 그후 50년 동안, 노예 인구는 세 배 이상 증가하여 1860년에는 400만에 이른다. 이와 대조적으로 브라질과 카리브해 지역에서는 엄청난 수의 노예를 소모했다. 예를 들어, 자메이카의 경우 75만 명이 넘는 노예를 수입했으나 노예 해방이 이루어진 해인 1834년에는 311,000명밖에 남지 않았다. 1860년

---

3) Hugh Thomas, *The Slave Trade : The Story of the Atlantic Slave Trade, 1440-1870*, New York, Simon and Schuster, 1997.

4) Michael Tadman, *Speculators and Slaves : Masters, Traders and Slaves in the Old South*, Madison, University of Wisconsin Press, 1989 ; Walter Johnson, *Soul by Soul : Life Inside the Antebellum Slave Market*, Cambridge, Harvard University Press, 1999.

미국에서는 아프리카에서 들여온 흑인 수의 6배가 되었지만, 자메이카에서는 같은 시기에 절반으로 감소했다.

이처럼 특이한 미국 노예의 상황을 야기한 가장 주된 요인은 카리브해 지역이나 브라질에 비해 출생률이 높았고 사망률은 낮았다는 사실이다. 역사가 모두가 이 점에 동의하지만, 그 원인에 대해서는 이견이 분분하다. 곧 나은 생활 조건과 섭생, 다른 지역을 휩쓸었던 전염병이 나타나지 않았다는 점, 여성 인구 비율이 상대적으로 높았다는 점, 미국의 특수한 정치적 상황 …… 아마도 이 모든 요소가 결합하면서 그런 결과를 초래했을 것이다. 어느 쪽이 더욱 중요한 원인이 되었는지 명확하게 규명할 수는 없지만 말이다.[5]

그런데 미국 남부 노예 인구의 독특한 성격은 사회적·문화적으로 중요한 결과를 초래했다. 첫째, 아프리카에서 태어난 노예가 다수였던 아메리카 대륙의 다른 지역과 달리, 북아메리카에서는 노예무역이 금지되기 전부터 이미, 아메리카 땅에서 태어난 노예가 다수를 이루고 있었다는 사실이다. 미국 독립 당시, 전체 노예의 80%가 아메리카에서 태어난 사람이었다. 이들 집단의 미국화 americanization라는 주제는 그 동안 학자들 사이에 주요 논쟁거리가 되었다.

예전에 사회학자 E. 프랭클린 프레지어는 흑인 노예가 조상이 가져온 아프리카 문화를 완전히 버렸다고 주장했다. 그러나 1970년대부터 흑인 민족주의의 영향, 그리고 멜빌 허스코비츠의 선구자적인 연구로 시작된 새로운 문화사 연구가 활발해지면서 아프리카의 문화유산에 대한 재평가가 이루어졌다.[6] 사실 "그들이 모두 미국화되었는가?" 아니면 "아프리카 문화가 존속되었는가?"

---

5) Peter Kolchin, *Une institution très particulière*, op. cit., chap. 1.

6) E. Franklin Frazier, *The Negro Family in the United States*, Chicago, University of Chicago Press, 1939 ; Melville J. Herskovits, *The Myth of the Negro Past*, Boston, Beacon Press, 1958 ; Sterling Stuckey, *Slave Culture : Nationalist Theory and the Foundations of Black America*, New York, Oxford University Press, 1987. 또한 이미 고전이 된 다음 책을 보시오. Lawrence Levine, *Black Culture and Black Consciousness : Afro-American Folk Thought from Slavery to Freedom*, New York, Oxford University Press, 1977.

라는 식의 이분법은 무의미하다. 미국의 흑인 문화는 노예제의 경험을 통해 변형된 아프리카 문화에서 발원했다. 흑인 노예는 사회적으로나 문화적으로 각기 다른 아프리카의 여러 지역에서 왔지만, 혹독한 경험을 공유하면서 공통적이고 독특한 그들만의 문화를 이루어냈다. 아프리카인의 후손이 더 이상 아프리카인이 아니고 그들에게 아프리카는 먼 나라일 뿐이라는 게 사실이라 해도, 미국 남부에서 흑인과 백인 사이에 문화적 융합이 일어났다고 말하는 것 역시 터무니없다.[7]

둘째, 남캐롤라이나의 벼농사 지역을 제외하고 노예 소유주는 거의 대부분 자신의 플랜테이션에 거주했다. 일상적인 관리는 농장을 감독하는 관리인에게 맡기는 경우에도 마찬가지였다. 이는 농장주가 영국이나 프랑스 등의 본국이나 식민지 도시에 거주하던 아메리카의 다른 지역과는 다른 현상이었다. 예를 들어, 자메이카의 노예는 백인과 접촉하는 일이 거의 없었다. 하지만 미국 남부의 대농장주는 꼼꼼하게 사업을 꾸렸으며, 당시 태만하기로 정평이 나 있었던 관리인을 가까이에서 감시했고, 누가 실제 주인인지 모두가 알 수 있도록 처신했다.

여기서, 대규모 농장이 들어선 카리브해 지역과 달리 북아메리카의 플랜테이션 대부분이 소규모였다는 사실을 덧붙일 필요가 있다. 자메이카의 경우 전체 노예 가운데 4분의 3 이상이 50명 이상의 노예가 일하는 농장에 거주했으며, 절반이 150명 이상이 일하는 농장에 거주했다. 반면에 북아메리카에서는 절반 이상이 10명 미만의 노예가 일하는 농장에 거주했다. 1860년에는 농장주 가운데 2.7%만이 50명 이상의 노예를 소유했다. 소규모 농장에서 일한다는 것은 주인과 가까이에서 지낸다는 것을 뜻했다.

이처럼 미국의 노예제 지역에서는 흑인과 백인 사이에 꾸준한 상호작용이

---

7) Peter Kolchin, *Une institution très particulière*, op. cit., pp. 47-53.

존재했으며, 이는 아프리카의 문화유산이 침식되는 결과를 낳았다. 그와 달리, 카리브해 지역에서는 흑인 대다수가 아프리카의 여러 문화적 전통을 보존할 수 있었다. 자메이카에서는 노예해방 직전에 백인 한 명당 10명의 노예가 있었다면, 미국 남부에서는 흑인 한 명당 2명의 백인이 있었다.

백인과 흑인 사이의 관계가 늘 폭력적이었던 것은 아니었다. 물론 채찍질을 겪어보지 않은 노예는 드물었다. 공시대公示臺에 매달리는 형벌, 모욕, 지하 감방에 감금하는 행위, 강간은 흔한 일이었다. 그러나 18세기 말부터 도를 넘는 가혹 행위가 현저히 감소했으며, 행동 기준을 규정하는 법규가 마련되기 시작했다. 19세기에는 학대를 금하는 법이 생겨나면서, 물론 법이 엄격하게 적용되었다고 말할 순 없지만 가혹 행위를 용납할 수 없다는 게 통념화되었다.

그뿐만 아니라, 어린 시절을 함께 보낸 흑인과 백인 아이들이 어른이 되면서 노예제 질서에 감정적 요소가 끼어들기 시작했다. 미국의 백인과 흑인 관계의 특성이라 말할 수 있는, 보호와 간섭이라는 두 요소가 혼재하는 이른바 가부장적 온정주의paternalism가 다양한 형태로 나타났다. 이에 대해 유진 제노비즈는 이미 고전이 된 그의 저서 『롤 조던 롤*Roll, Jordan, Roll*』에서 상세히 분석했다.8)

주인은 자기가 부리는 노예를 '내 사람my people'이라 불렀으며, 노예가 안락한 생활을 누리고 있는지 올바르게 처신하는지를 주의 깊게 보살피는, 관대한 아버지처럼 굴었다. 그렇다고 해도 노예제의 본질적 성격인 폭력성이 완전히 사라진 것은 아니었다. 그렇지만 이러한 주인의 태도는 주인의 권위가 단지 신체적인 폭력뿐만 아니라 가부장적 온정주의 전략, 그리고 비록 제한적이긴 하나 노예를 인간으로 인식하고 대우하는 태도에서 나올 수 있다는 것을 보여주었다.

미국의 가부장적 온정주의가 다른 곳보다 더 관대하고 '바람직한 노예제'가

---

8) *Roll, Jordan, Roll : The World the Slaves Made*, New York, Pantheon, 1974.

미국에 존재했다는 것을 뜻하진 않는다. 그보다는 노예도 인간이라는 사실을 인식하고 그에 걸맞은 대우를 해줌으로써 보다 효율적으로 관리했다고 말하는 게 타당하다. 라틴아메리카에 비해 미국의 노예제가 상대적으로 완화된 모습을 띠었다고 해서 자유인과 노예 사이의 경계가 사라진 것은 결코 아니었다. 19세기에 이르러 노예에 대한 물질적 복지 정책이 강화되면서, 다른 한편에서는 그들의 행동을 제한하고 통제하는 법이 새로이 나타났던 것이다(예를 들어 문자 교육의 금지, 노예 해방의 제한, 감시와 순찰 기능의 강화). 또한 남부와 북부 사이의 정치적 긴장이 격화되면서 노예제는 더욱 엄격해짐과 동시에 가부장적 온정주의 측면도 더욱 확대되었다.

아프리카계 미국인 인구가 증가함에 따라 그들이 맡는 일도 다양해졌다. 농사일이 여전히 주된 일거리였으나, 가정의 잡다한 일이나 수공업적인 작업을 담당하는 노예가 증가했다. 특히 대규모 플랜테이션에서는 노동이 세분화되면서 목수, 대장장이, 석공, 통 제조공 등 각종 수공업 분야에서 전문적인 기술을 갖춘 노예가 출현하기 시작했다. 그러나 영세한 플랜테이션이 대부분이라서 엄격한 직업적 계층화를 이루기에는 한계가 있었다. 가정에서 일하는 이른바 '가내 노예'는 동료의 부러움을 사기도 했으나, 주인에게 더욱 종속적이었고 주인의 변덕이나 폭력에 더욱 직접적으로 노출될 수밖에 없었다.

일하는 동안에는 주인의 엄격한 감시에서 벗어나지 못했지만, 휴식 시간이 되면 노예는 주인의 눈을 벗어난 자기만의 세계에서 살아가고 사랑하고 즐기고 기도했다. 노예의 사회생활은 오늘날 역사가들이 애호하는 중요한 연구 주제가 되었지만, 예전에는 그렇지 못했다. 1950년대에 스탠리 엘킨스는 흑인 노예를 나치 수용소의 수감자와 비교했다.[9] 마치 아이처럼 수동적이 되고 얌전해진

---

9) Stanley Elkins, *Slavery : A Problem in Americcan Institutionnal and Intellectual Life*, Chicago, University of Chicago Press, 1959.

노예는 방어 능력을 모두 상실했으며, 흑인 공동체는 두 세기 동안의 노예제를 겪고 난 후 완전히 와해되고 붕괴되었다는 주장이다.

그 동안 여러 학자가 이러한 관점에 이의를 제기했다. 첫째, 라틴아메리카 여러 나라의 노예제와 비교하면, 엘킨스의 주장과 달리 미국의 노예제는 대체로 가혹한 편이 아니었고, 미국의 노예제가 '전체주의 제도total institution'는 아니라는 점이 드러난다는 것이다. 둘째, 노예 출신 흑인의 자서전적인 진술이나 1930년대에 이루어진 '연방 작가 프로젝트'의 인터뷰 내용에 기초한 새로운 사회사 연구 결과, 1970년대의 역사학자들은 흑인 노예가 독자적인 사회·가족·종교 생활을 영위하려고 노력했다는 사실에서 볼 수 있듯이, 그들이 저항 능력이나 자주성을 갖고 있었다고 주장한다.10)

비록 가족 단위의 자율권은 제한적이긴 했으나, 가족은 노예제의 파행적 측면에서 구성원을 보호했다. 주인이 가족 구성원을 마음대로 팔아넘기고 가정사를 간섭하는 일도 많았지만, 가족 사이의 결속력은 튼튼했다.11) 또한 흑인 노예의 종교가 백인에게 영향을 받은 바 컸지만(19세기에 흑인 노예 대다수가 그리스도교 신자였으며, 침례교와 감리교를 비롯한 백인 개신교 사회에서 쓰는 세례명을 갖고 있었다), 감정에 호소하는 이들만의 독특한 신앙생활 방식이 있었다.12)

---

10) '연방 작가 프로젝트' 사업에서 수집한 2천여 가지 이야기가 당시 흑인 노예의 일상생활에 관한 중요한 자료가 되고 있다. 이 자료는 조지 래위크의 책임 아래 22권으로 출간되었다. George P. Rawick(dir), *The American Slave : A Composite Autobiography*, Wesport, Conn., Greenwood, 1977, 1979. 다음 프랑스 책에 그 일부가 수록되어 있다. James Mellon, *Paroles d'esclaves : Les jours du fouet*, Paris, Seuil, Point Virgule, 1991. 다음 책도 참고할 만하다. Yuval Taylor (éd.), *I Was Born a Slave. An Anthology of Classic Slave Narratives*, Édimbourg, Payback Press, 1999. 그 외 주요 연구서는 다음과 같다. Eugene D. Genovese, *Roll, Jordan, Roll*, op. cit. ; Lawrence Levine, *Black Culture and Black Consciousness*, op. cit. ; Leon F. Litwack, *Been in the Storm so Long*, New York, Oxford University Press, 1979.

11) Herbert G. Gutman, *The Black Family in Slavery and Freedom, 1750-1925*, New York, Pantheon, 1976.

12) 이미 고전이 된 알버트 래보토의 연구를 보시오. Albert Raboteau, *Slave Religion : The "Invisible Institution" in the Antebellum South*, New York, Oxford University Press, 1978 ; John Boles(dir.), *Masters and Slaves in the House of the Lord : Race and Religion in the American South, 1740-1870*,

예배 의식에서도 하느님에 대한 복종의 서약보다 해방이나 구원의 약속에 더 큰 비중을 두었으며(흑인 노예는 약속의 땅으로 백성을 인도한다는 모세 이야기를 가장 좋아했다), 강렬하고 열성적인 분위기 속에서 예배가 이루어졌다.

제도로서 노예제는 약탈적 성격이 강하고 폭력적이고 부당한 것이었다. 그러나 일상생활 속에서 노예 대부분이 인간이면 누구나 겪는 삶의 즐거움과 고통을 경험했으며, 백인과의 관계에도 노동력 착취를 넘어서는 무언가가 있었다. 이들은 비록 취약하지만 독특하고 고유한 문화를 발전시켰으며, 주인과의 관계에도 애정이나 친밀감이 두려움이나 폭력과 공존하고 있었다.

그렇지만 이 관계가 어디까지나 이윤 추구라는 절대적인 요구에 종속되어 있었다는 점을 간과해선 안 된다. 그것은 노예의 최소한의 협조, 그리고 주인의 최소한의 양보가 결합될 때 비로소 달성된다. 주인의 양보라는 측면은 플랜테이션의 성격, 흑인의 결속력 정도, 농장주의 품성 등 해당 지역의 여러 상황에 달려 있었다. 실용주의 성향의 일부 주인은 가장 많은 양의 면화를 수확한 팀에게 현금이나 조그만 땅뙈기를 나눠주는 식으로 경제적인 동기를 부여하기도 했다. 하루 가운데 일부를 자기 밭에서 일하고 여기서 수확한 농산물을 장에 내다 파는 카리브해 지역의 노예, 또는 러시아 농노와 유사한 '원原(proto)농민' 계층이 이렇게 하여 남캐롤라이나와 조지아 주의 벼농사 지역에서 출현했다고 주장하는 역사가도 있다.13)

예전에는 노예가 자유노동자에 비해 게으르고 나태하고 효율성 면에서도 크게 뒤떨어진다는 의견이 지배적이었는데, 이는 인종주의에서 비롯된 관점이

Lexington, University of Kentucky Press, 1988.

13) Philip D. Morgan, "The Ownership of Property by Slaves in the Mid-Nineteenth Century Low Country," *Journal of Southern History* 49, 1983, pp. 399-420 ; Thomas F. Armstrong, "From Task Labor to Free Labor : The Transition along Georgia's Rice Coast," *Georgia Historical Quarterly* 64, 1980, pp. 432-437 ; Julia Floyd Smith, *Slavery and Rice Culture in Low Country Georgia*, Knoxville, University of Tennessee Press, 1985.

었다. 얼리치 B. 필립스는 노예제를 가리켜 흑인이 아프리카 부족의 동물적 상태에서 문명 상태로 나아가기 위해 반드시 거쳐야 하는 필수 단계라고 주장했다. 그는 아프리카의 식민화를 예로 들면서 당시 노예제가 '백인이 짊어져야 할 짐'이었으며, 그 당시 관대한 플랜테이션 농장주는 수익성보다 노예의 복지에 더욱 전념했다고 말했다.14)

1960년대까지 노예제의 저생산성이라는 사고가 근본적으로 재검토된 바는 없었지만, 흑인이 천성적으로 나태하다는 점 외에 다른 이유들이 제시되었다. 그 가운데 첫째는 경제적 차원에 해당되는 것이다. 곧 노예는 나태하고 낭비벽이 있고 비효율적으로 마지못해 일을 했는데, 그 까닭은 경제적 동기가 전무하고, 매우 열악한 생활 여건이 신체적·지적 능력을 현저히 감소시켰으므로 갖고 있는 능력마저 제대로 발휘할 수 없었다는 것이다.15) 두 번째는 심리적 차원에 해당되는 것인데, 노예가 주인에게 저항하느라 교묘하게 일종의 태업을 했다는 것이다.16) 이런 까닭으로 노예제도는 역사적으로 사라질 수밖에 없었고, 남북전쟁이 이를 가속화시켰다는 설명이다.

그러나 플랜테이션에서 보관하고 있던 문서의 통계학적 자료를 체계적으로 다룰 수 있는 컴퓨터 공학이나 계량 경제학 분야의 새로운 기술이 나타나면서 이 부분에 대한 새로운 해석이 대두되었다. 1960년대 초에 콘래드와 메이어의 저서 『노예제 경제학』이 이 분야에 길을 열었고, 1974년에는 논란거리가 되면서 큰 반향을 일으킨 책인 포겔과 엥거만이 쓴 『십자가의 시간』이 출간되었다.17)

---

14) Ulrich B. Phillips, *American Negro Slavery*, New York, Appleton, 1918.

15) Eugene D. Genovese, *Économie politique de l'esclavage*, Paris, Maspero, 1968.

16) Melville J. Herskovits, *The Myth of the Negro Past*, op. cit. ; Kenneth M. Stampp, *The Peculiar Institution : Slavery in the Antebellum South*, New York, Knopf, 1956.

17) Alfred H. Conrad and John R. Meyer, *The Economics of Slavery and Other Studies in Econometric History*, Chicago, Aldine, 1958 ; Robert Fogel and Stanley Engerman, *Time on the Cross : The Economics of American Negro Slavery*, Boston, Little, Brown, 1974. 이 책에 관한 비판적 해설이 다음 책에 실려 있다. Herbert Gutman(dir.), *Slavery and the Number Game : A Critique of Time on the Cross*, Urbana, University of Illinois Press, 1975. 최근에 나온 연구서에서는 노예제의 수익성을 인정하는 흐름이

이 책에서는 노예제가 산업체에 버금가는 이윤을 창출해낸 합리적인 경제 제도였으며, 1860년경에 이르러서도 쇠퇴의 기미를 보이지 않았다고 주장한다. 노예제 농업이 자본과 노동력을 집중시킬 수 있었던 까닭에 오히려 매우 효율적이었다는 것이다. 평균적인 노예는 게으르지도 무능력하지도 않았고, 오히려 힘든 노동을 잘 견뎌냈고 백인 노동자보다 훨씬 더 효율적이었다고 말한다. 그렇다고 해서 노예제 경제가 미국 남부에서 경제 발전의 주요 요인이 되었다는 것은 아니다. 이윤의 재투자 방식이 (주로 토지나 노예에 투자하는) 지역 경제의 침체를 야기했고, 다른 생산 활동을 위한 가용 자본의 양을 감소시켰기 때문이다.[18]

노동을 세분화하여 여러 팀에 각각 전문화된 일을 맡기는 이른바 갱 시스템 gang system은 적어도 대규모 플랜테이션에서는 높은 생산성을 가능케 했다. 대량생산 방식의 공장처럼 운영되는 갱 시스템에서 흑인 노예는 단조로운 일을 못 견뎌하는 자유노동자에 비해 생산성이 30~40%나 더 컸다. 유진 제노비즈는 노예가 그런 상황에서도 일의 속도를 마음대로 조절할 줄 알았다고 주장했다. 그렇지만 노예가 할 수 있는 수동적인 저항이란 극히 제한적이었고, 그것도 체제 자체를 뒤흔들기보다 가족을 보호하는 게 주된 목표였다.

이런 상황 속에서 흑인 노예는 백인 주인이 추구하는 목표나 가치에 완벽하게 동화될 수는 없었겠지만, 자유의 폭을 넓힐 수 있는 가장 확실한 담보물로써 전문 기술을 습득하려 애쓰고 열심히 일하는 것밖에 다른 도리가 없었다.

그렇지만 굴종을 거부하고 노예제의 굴레에 능동적으로 저항하는 노예도

나타나고 있다. Peter J. Parish, *Slavery : History and Historians*, New York, Harper and Row, 1989 ; Robert Fogel, *Without Consent or Contract : The Rise and Fall of American Slavery*, New York, Norton, 1989.

18) Eugene D. Genovese, op. cit. ; 또한 다음을 보시오. Fred Baterman and Thomas Weiss, *A Deplorable Scarcity : The Failure of Industrialization in the Slave Economy*, Chapel Hill, University of North Carolina Press, 1981.

있었다. 미국 남부에서 있었던 노예의 저항 운동에 관한 역사학적인 연구는 지금까지 거의 이루어지지 않았다. 백인 인구가 많았고 그 지역이 정치적으로 (독립전쟁과 남북전쟁 시기를 제외하고) 안정되었다는 점이 대규모 폭동을 일으키기에 불리한 조건이 되었다는 것은 이미 알려진 사실이다. 몇 차례 있었던 시도조차 처참한 실패로 끝났다.

그 가운데서 가장 널리 알려진 사례가 1831년 8월 버지니아주 사우스햄튼 행정구에서 일어난 폭동이다. 냇 터너의 주도로 백여 명의 노예가 일으킨 폭동은 백인 사회를 충격에 빠뜨렸는데, 이들은 단 24시간 만에 60명을 살해했다. 그러나 군대가 투입되어 폭동은 즉시 진압되었고, 반란자는 죽거나 생포되었다. 터너는 탈출하여 도피 생활을 하다가 결국 붙잡혀 1831년 11월 11일에 교수형을 당했다.[19] 개인적인 저항은 숱하게 일어났다. 주인이나 감독관의 폭력적인 행동에 분노한 노예가 폭력으로 대응하는 경우인데, 이런 경우 흑인 노예는 대부분 극형에 처해졌다.[20]

탈출도 백인 권력에 대한 직접적인 저항의 한 가지 형태였다. 북부의 자유로운 흑인이 남부의 동포를 자극했던 것이다. 그러나 살던 곳을 떠난다는 것은 결코 쉬운 일이 아니었다. 플랜테이션의 감시, 순찰대, 살상을 목표로 길들여진 순찰견, 밀고 …… 이처럼 복잡한 감시망에서 벗어날 수 있어야 하고, 몇 달씩 그것도 밤중에 길을 걸어야 했다. 탈출한 노예가 지나가는 길목마다 이들에게 숙식을 제공하며 돈을 버는 백인과 흑인 비밀 조직망이 산재해 있었다.

탈출하는 노예는 한 해에 천여 명이나 되었다. 그 가운데 일부는 남부에 머물렀는데, 이들은 척박한 황무지에 정착한 탈주 노예의 공동체로 들어갔다.

---

19) 냇 터너Nat Turner의 심문 기록을 보시오. "The Confessions of Nat Turner, the Leader of the Late Insurrection in Southampton, Va.," in Taylor, *I Was Born a Slave*, op. cit.

20) 주인을 살해한 죄로 교수형을 당한 젊은 흑인 노예에 관한 기록인 다음을 보시오. Melton McLaurin, *Celia a Slave*, Athens, University of Georgia Press, 1991.

그렇지만 탈주 노예의 공동체가 크게 번성했던 브라질, 수리남, 자메이카와 달리, 인구가 밀집된 미국 남부에서 이러한 형태의 집단적 저항은 매우 드물었다. 미국 남부의 지리적·인구학적 특수성이 공동체적 전략을 펼치는 데 장애가 되었던 것이다. 따라서 오로지 전쟁만이 노예제를 중단시킬 수 있었다. 남북전쟁이 끝난 뒤인 1865년 1월에 의결된 제13차 헌법 개정안에서 노예제는 공식적으로 폐지된다.

자살이나 자해 역시 절망에 빠진 노예가 마지막으로 선택하는 저항 형태였다. 아프리카에서 건너온 지 얼마 안 되는 노예에게서 특히 이런 일이 잦았는데, 물에 빠져 죽거나 1807년 찰스턴에서 있었던 사례처럼 단식으로 죽음을 맞기도 했다. 다른 주인에게 팔려 가족과 생이별해야 하는 노예가 손이나 발을 자해하는 경우도 드물지 않았다.

태업, 또는 일부러 작업 속도를 늦추거나 병을 핑계로 작업장에 나타나지 않거나, 음식이나 물건을 절도하는 등의 일상적이고 소박한 저항 행동은 보편적인 현상이었다. 이런 행동이 증오심이나 절망감을 해소하는 배출구 역할을 했지만, 주인의 권위를 총체적으로 거부하는 움직임은 아니었다.

식민화 초기부터 미국은 강제노동, 그 다음으로는 노예제에 상당 부분 의존했다. 마치 악성 종양이 퍼져나가듯이, 인디언을 말살하고 추방하면서 정착민이 새로운 땅을 차지함에 따라 노예제는 나중에 미국으로 편입될 영국의 식민지 전역으로 퍼져갔다. 미국 혁명도 이런 상황을 근본적으로 바꿔놓지 못했다. 미국 헌법의 아버지라 불리는 이 가운데 대다수가 노예 소유주가 아니었던가? 그러나 노예제의 폐지로 미국 남부의 사회적 관계가 격변한다. 이에 대해 피터 콜친은 "이제부터는 법에 의해 운영되는 시장이, 노동관계를 결정하는 최고 심판자 노릇을 하던 채찍을 대신하게 되었다"[21]고 말한 바 있다.

그러나 토지 재분배의 희망은 남북전쟁 종결 후 공식적으로 인정되던 공민적·정치적 권리와 더불어 곧 사라지고 말았다. 그뿐만 아니라, 예전의 가부장적 온정주의마저 잃어버린 과거의 노예 소유주, 그리고 노동 시장에서 흑인과 경쟁하게 된 백인 빈민의 인종주의 물결도 거세졌다. 19세기 말에 미국 남부는 인종 분리를 합법화하고 흑인에게 투표권을 금지하는 그 유명한 '짐 크로우' 법에 얽매여 있었다.22) 따라서 노예제는 비록 폐지되었지만, 자유를 위한 투쟁은 아직 끝난 게 아니었다.

2차 대전이 끝난 뒤에야 비로소 마틴 루터 킹 같은 카리스마적인 지도자들의 주도로 아프리카계 미국인이 인종 차별의 굴레에 도전하기 시작했다. 미국 연방최고재판소가 권리 평등을 재차 확인하면서 이들의 움직임을 뒷받침했다. 남부연합과 백인 가운데 일부가 테러 행위를 벌였지만, 1964년에 남부 흑인의 공민권이 최종 확인되었으며, 인종이나 성별에 따른 기회의 불평등을 처벌하는 규정이 의회에서 통과되었다. 세계의 가장 부유한 나라에서 흑인 인구 가운데 3분의 1이 아직도 빈곤 지수 이하의 비참한 생활 조건에서 살아가고 있긴 하지만, 1960년대 이후로 미국 흑인 대다수의 경제적·정치적 상황이 크게 개선되었다는 것도 명백한 사실이다.

노예제가 오늘날 먼 옛날의 기억, 혹은 몇 백 명쯤의 학자나 전문가 외에 누구의 관심도 끌지 못하는 일개 역사적 사실에 불과한 것인가? 사실 경제적 관점으로나(노예 노동이 미국의 성장에 주요 원동력이었다는 점에서), 또는 미국인의 의식 구조나 사회 조직 차원에서 아직까지도 완전히 사라지지 않은 인종주의적 지배 관계에 기초한 오늘날의 흑인과 백인 사이의 관계라는 관점에서 미국 노예제의 역사적 중요성은 매우 크다.

노예제의 역사적인 중요성을 인식한다면, 흑인 노예의 후손에게 마땅히

---

21) Peter Kolchin, *Une institution très particulière*, op. cit., p. 247.

22) C. Vann Woodward, *The Strange Career of Jim Crow*, New York, Oxford University Press, 1955.

지불해야 하는 정신적·재정적 보상 문제를 제기하지 않을 수 없다. 출간 당시 사회적인 반향을 일으켰던 책 『부채 : 미국은 흑인에게 어떤 빚을 졌는가*Debt : What America Owes to Blacks*』에서 법률가인 랜달 로빈슨은 수용소에 감금당했던 일본계 미국인이나 2차 대전 때 독일 공장에서 일했던 노예노동자에게 보상이 이루어진 사례를 제시하면서 흑인에게도 적절한 보상을 해야 한다고 주장했다.

그런데 미국 노예제의 경우, 보상 금액의 최저한도를 정하는 것도 쉽지 않을뿐더러 무모한 일처럼 보였으며(얼마나? 누가 누구에게 지불할 것인가?), 흑인 공동체 안에서도 이견이 분분했다. 로빈슨은 미국 정부를 비롯하여 노예제를 통해 이득을 취한 모든 기관이 재정적 지원을 맡는 재단을 만들어 대학생에게 장학금을 주고, 워싱턴에 노예제에 관한 국립박물관을 세우게 한다는 비교적 합리적인 안을 제시했다.

논쟁은 지금도 계속되고 있다. 어쨌든, 재정적 보상보다 정신적인 보상이 선행되어야 한다는 의견이 오늘날 많은 미국인에게 지지를 얻고 있다. 2001년 9월 더반에서 열린 세계반인종주의대회에서 노예제가 반인류적 범죄였음을 인정하고, 어떤 식으로든 노예제를 통해 이득을 취했던 나라는 '유감'의 뜻을 표했다. 그러나 미국은 최종 선언문에 서명하기를 거부했다. 공식적으로는 이스라엘과 시오니즘을 가해자로 취급하는 것에 반대하기 때문이라고 했지만, 사실은 미국의 노예제와 그것이 초래한 결과에 관해 국제 사회가 왈가왈부하는 것을 바라지 않았기 때문이었을 것이다. 많은 미국인뿐만 아니라 이 문제에 있어 입장이 다른 흑인 지도자들도 남몰래 안도의 한숨을 내쉬었을 게 틀림없다.

노예제와 식민화를 인류 역사의 비극적인 순간으로 인식하려는 국가 차원의 노력이 부재하다는 사실 때문에 미국을 비롯한 세계 모든 지역의 흑인이 고통스러워하고 있다는 점에서 그런 미국 정부의 태도는 매우 유감스럽다. 불행한 역사의 희생자에게 피해 보상을 하는 것뿐만 아니라, 과거사를 숨기고

사우스캐롤라이나에서 흑인노예 탈주에 관한 통계 및
탈주 노예의 동기 및 목적지[23]

	A. 직업		B. 언어 구사 능력			C. 성별		합계
	기능 보유 노예	농민 노예	탁월	미숙	미기재	남성	여성	
방문 목적	157 *21.4* *61.6*	576 *18.6* *71.9*	95 *13.0* *57.6*	26 *3.5* *55.5*	612 *83.5* *72.5*	523 *71.4* *65.3*	210 *28.6* *82.3*	733 *100* *69.4*
자유인으로 살고자	79 *41.1* *31.0*	113 *58.9* *14.1*	55 *28.6* *33.3*	3 *1.6* *6.4*	134 *69.8* *15.9*	164 *85.4* *20.5*	28 *14.6* *11.0*	192 *100* *18.2*
팔려가지 않으려고	17 *15.9* *6.7*	90 *84.1* *11.2*	11 *10.3* *6.7*	16 *15.0* *34.0*	80 *74.7* *9.5*	94 *87.9* *11.7*	13 *12.1* *5.1*	107 *100* *10.1*
처벌을 피하려고	2 *8.3* *0.8*	22 *95.7* *2.8*	4 *16.7* *2.4*	2 *8.3* *4.3*	18 *75.0* *2.1*	20 *83.3* *2.5*	4 *16.7* *1.6*	24 *100* *2.3*
합계	255 *100*	801 *100*	165 *100*	47 *100*	844 *100*	801 *100*	255 *100*	1056 *100*
플랜테이션	151 *18.3* *38.6*	673 *81.7* *49.4*	98 *11.9* *34.3*	47 *5.7* *57.3*	677 *82.4* *48.9*	656 *79.7* *48.9*	167 *20.3* *40.7*	823 *100* *47.0*
도시	121 *26.5* *31.0*	335 *73.5* *24.6*	62 *13.6* *21.7*	18 *4.0* *22.0*	377 *82.4* *27.2*	298 *65.4* *22.2*	158 *34.6* *38.4*	456 *100* *26.0*
식민지 영토 밖으로	74 *28.2* *18.9*	188 *71.8* *13.8*	91 *34.7* *31.8*	6 *2.3* *7.3*	165 *63.0* *11.9*	233 *89.3* *17.4*	28 *10.7* *6.8*	262 *100* *15.0*
오지	7 *13.7* *1.8*	43 *86.3* *3.2*	8 *15.7* *2.8*	8 *15.7* *9.8*	35 *68.6* *2.5*	50 *96.1* *3.7*	2 *3.9* *0.5*	51 *100* *2.9*
도시의 플랜테이션	38 *23.6* *9.7*	123 *76.3* *9.0*	27 *16.8* *9.4*	3 *1.9* *3.6*	131 *81.3* *9.5*	105 *65.2* *7.8*	56 *34.8* *13.6*	161 *100* *9.1*
합계	391 *100*	1362 *100*	286 *100*	82 *100*	1385 *100*	1342 *100*	411 *100*	1753 *100*

부끄러워할 게 아니라 모두가 인정하는 명료한 역사를 바탕으로 인류 역사를
세워나가야 하는 게 오늘날 우리가 해야 할 일이기 때문이다.

---

23) 다음에서 인용. p. 583 in Philip. D. Morgan, "Marronnage et culture servile," in *Annales ESC*,
no. 3, Paris, Éditions de l'EHESIS-Armand Colin, mai-juin 1982. 로마자 표기는 수를, 이탤릭체는
백분율을 나타낸다.

노예제 폐지의 단계 및 노예제 복원[1]

- 1772년 영국 : 노예제를 허용하는 어떤 법도 존재하지 않는다는 사실을 근거로 판사가 탈출한 흑인 노예 한 사람을 해방시킨다. 영국 땅에 들어온 모든 노예는 노예가 아니라 자유인이라는 판결이 내려진다.

- 1787년 영국 : 노예무역 폐지를 위한 위원회 설립.

  영국에서 해방된 흑인이 시에라리온에 도착.

- 1788년 파리 : '흑인의 친구 협회' 창설.

- 1791년 산토도밍고의 노예 폭동.

- 1792년 덴마크의 노예 매매 폐지 결정.

- 1794년 프랑스 : 국민회의가 식민지의 노예제 폐지 결정.

- 1802년 나폴레옹 보나파르트가 노예제 복원.

- 1807년 영국의 노예무역 폐지.

- 1808년 미국의 노예무역 폐지.

---

1) 이러한 결정을 전후로 발표된 반식민주의 선언문에 관해서는 이 책 5부에 수록된 마르셀 메를의 글 '반식민주의'를 보시오.

- 1815년 빈 협정 : 유럽 국가들, 노예무역 폐지에 합의.
- 1817년 프랑스의 노예무역 폐지.
- 1833년 영국 식민지의 노예제 폐지.
- 1848년 빅토로 쉘셰르의 노력으로 프랑스 식민지의 노예제 폐지.
- 1857년 오스만제국의 노예무역 폐지.
- 1865년 미국의 노예제 폐지.
- 1888년 브라질의 노예제 폐지.
- 1962년 사우디아라비아의 노예제 폐지.
- 1980년 모리타니의 노예제 폐지.

미국의 노예제 폐지 결정 이후로 노예무역이나 노예제의 폐해가 완전히 사라졌을까? 어린이에게 강제노동이나 성매매를 강요하거나, 식민시대 이후의 전쟁에서처럼 아이를 죽음으로 몰아넣는 식의 아동 착취와 학대는 아직도 사라지지 않았다. 오늘날 유니세프는 아동 착취의 근절을 위해 노력하고 있으며, 세계 각국은 세계화의 여파로 급변한 경제적 환경 속에서 새로운 일거리를 찾아낸 신종 '노예선'을 추적하고 있다.[2]

---

2) Ciaire Brisset, *Un monde qui dévore ses enfants*, Paris, Liana Levi, 1997. 오늘날 강제노동에 얽매여 있는 전세계 아동의 수는 대략 2억 5천만으로 추산된다. 그 가운데 5백만이 인도 어린이이다.

제3부

지배와 저항

신대륙

이베리아 제국주의

카르멘 베르낭

서유럽 제국주의의 형성 과정에서 최초의 근대적 형태는 스페인과 포르투갈이 완성했다. 이 두 나라가 아메리카 대륙뿐만 아니라 세계적인 규모로 이루어 놓은 식민 영토 가운데서 신대륙은 이들에게 가장 중요한 일부분이었다. 이베리아의 확장은 15세기에 포르투갈인이 처음으로 아프리카 해안을 따라 낯선 고장으로 탐사 항해를 하면서 시작되었다.

1487년에는 바르톨로메오 디아스가 아프리카 최남단에 있는 희망봉(또는 폭풍곶)에 닿았고, 이로써 아시아와 바닷길로 이어질 수 있었다. 그로부터 몇 년 뒤인 1492년에 크리스토퍼 콜럼버스가 앤틸리스제도에 상륙하고, 1498년 바스코 다 가마는 인도의 캘리컷 항에 도착했다.

이 시기에 스페인과 포르투갈은 세계를 분할했다. 1494년의 토르데시야스 조약으로 카보베르데제도에서 서쪽으로 약 1,300km 떨어진 지점에서 남북으로 선을 그어 그 동쪽은 포르투갈이, 서쪽은 스페인이 차지하게 된 것이다. 영국과 프랑스가 이미 발견한 영토도 포함되어 있었지만, 두 나라는 이 조약에서 완전히 배제되었다.

스페인과 포르투갈의 세계 분할

이슬람 군주가 통치하고 있던 필리핀은 마젤란 탐험대가 최초로 발견했는데, 필리핀을 정복하기 위한 원정대의 출발지는 누에바에스파냐(지금의 멕시코) 해안 지역이었다. 1566년 필리핀 군도로 향하는 최초의 선박이 아카풀코 항구를 떠났으며, 1568년 마닐라가 건설되었다. 1580년에서 1640년까지 60년 동안, 스페인과 포르투갈 두 왕국이 합병되면서 태평양은 스페인의 내해가 되었다. 펠리페 2세의 치하(이른바 '가톨릭 군주국Catholic Monarchy'이라 불림)로 편입된 모든 영토는 정치·경제·문화적으로 상호 연결된 하나의 방대한 공간을 이루었으며, 그 가운데서도 누에바에스파냐를 비롯한 아메리카의 부왕령副王領이 가장 중요한 역할을 했다.[1]

이 시기가 아직 중세 말을 벗어나지 못했다는 사실은 이베리아 제국주의가 19세기에, 곧 그와 전혀 다른 맥락 속에서 이루어진 영국이나 프랑스 제국의 제국주의와 성격이 달랐다는 점을 시사한다. 스페인의 아메리카 정복사를 이야기할 때 흔히 쓰는 용어인 정복, 곧 콩키스타라는 말에는 '레콩키스타 Reconquista,' 곧 8세기 초부터 이베리아 반도에 융성했던 이슬람 왕국들을 그리스도교가 재탈환하는 과업의 연장선상에 있는 행위라는 뜻이 담겨 있었다. 이처럼 이베리아 제국주의에는 스페인과 포르투갈의 정치·경제적 이해관계뿐만 아니라 아메리카 인디언의 개종과 이슬람에 대항하기 위한 그리스도교의 확장이라는 강력한 이념적 동기가 존재했다.

17세기에 뉴잉글랜드나 뉴프랑스에 정착했던 영국인 또는 프랑스인 가족과

---

1) Serge Gruzinski, "Les mondes mêlés de la monarchie catholique et autres connected histories," *Annales HESS*, janvier-février 2001, no. 1, pp. 85-117.

달리 콩키스타도르, 곧 스페인 정복자는 정착민이 아니었다. 이들의 원정은 일종의 개인 사업이었고, 그 목표는 땅을 직접 경작하는 게 아니라 인디언 노동력에 의존하여 살아가는 것이었다. 명성과 특권, 그리고 특히 부의 축적이 이 무장 군인의 행동 동기였다.

그러나 처음으로 신대륙을 개척한 이 모험가들은 곧, 그곳에 행정적·종교적 질서를 수립한 국왕에게 통제를 받게 되었고, 이 행정적·종교적 질서는 19세기 초까지 유지되었다. 이처럼 정복을 위한 원정대 활동은 식민화라는 매우 복합적인 현상 가운데 한 가지 면모에 지나지 않았다. 식민화는 단순히 정복자의 수탈, 이 한 가지만으로 환원될 수 없는 매우 복합적인 현상이었다.

인디언에게 공납 의무를 부과한 것은 식민 지배의 뚜렷한 특징이었다. 식민화는 브라질과 스페인령 아메리카가 보유한 부의 대부분을 유럽으로 이동함을 뜻했고, 이는 유럽의 산업 발달을 촉진시켰다. 아메리카 원주민이 납부하는 세금은 제국의 행정과 방위비에 충당되고, 나머지는 본국으로 유입되었다. 그렇지만 적어도 16~17세기까지 페루와 누에바에스파냐는 엄밀히 말해 식민지라기보다, 나폴리나 나바르 왕국처럼 스페인 왕권에 병합된 왕국이었다.

그와 더불어, 정복지마다 인구나 문화적 특성이 각기 달랐다는 사실을 지적할 필요가 있다. 멕시코와 페루에서는, 스페인의 도래하기 이전에 이미 화려한 도시를 건설했으며, 오랜 역사와 전통을 지닌 계층화되고 중앙집권적인 사회가 이미 존재하고 있었다. 그래서 정복 시대 이후 인구가 급격하게 감소했음에도 불구하고 상당한 규모의 인디언 노동력을 제공할 수 있었다. 에르난 코르테스와 그의 부하들은 순식간에 멕시코를 정복했지만, 르네상스 시대의 인문주의로부터 영향을 받은 초기 선교사는 아스텍 지배층과의 협력으로 과거 문화유산 가운데 일부를 지켜내기도 했다.

페루의 정복은 그보다 더디었지만 더욱 폭력적이었다. 30여 년 동안 안데스 지역은 처음에는 정복자 파벌 사이에, 그 다음에는 정복자와 국왕 대리인 사이에 벌어진 대결의 무대가 되었다. 인디언은 이러한 내전과 비슷한 상황을 이용하여 스페인 사람이 세운 마을이나 도시를 공격했다. 1572년에 이르러서야 잉카 최후의 폭동 거점이 진압되었다.

스페인령 아메리카라는 세계를 특징짓는 다른 요소도 있었다. 스페인 지배의 중심지는 누에바에스파냐와 페루였는데, 페루는 북쪽으로 누에바그라나다(오늘날의 콜롬비아)까지였다. 이 부왕령들의 북쪽, 동쪽, 남쪽의 접경 지역에서는 정복되지 않은 인디언 부족이 스페인 정착촌을 위협했다. 이 인디언 집단은 침략자로부터 무기와 말을 얻어내고 백인의 교역 활동에 참여함으로써 식민 지배에 저항했다.

유카탄반도는 지리적으로 멀리 떨어져 있고 금이 생산되지 않는다는 점 때문에 오랫동안 변방 취급을 받아, 이곳에서는 마야어가 카스티야어(지금의 스페인어)보다 우위에 있었다. 과테말라 고지대에서는 칵치켈·키체·포토만족의 인디언 귀족층을 초토화시킨 정복자에게 중앙 권력이 제대로 통제권을 행사하지 못했다. 아마존처럼 접근이 어려운 지역은 선교사가 처음으로 들어가 활동을 벌였으나, 오랫동안 식민지 대도시의 행정적 통제에서 벗어나 있었다. 베네수엘라나 리오데라플라타 같은 지역은 수세기 동안 전략적으로 중요한 위치에 있었기 때문에 경제적인 가치가 컸고, 차후 분리독립주의자가 두 주요 거점으로 삼아 투쟁했다.

포르투갈 식민화의 진행 방식은 그와 조금 달랐다. 1500년 페드로 알바레스 카브랄이 발견한 브라질은 토르데시야스 조약에 따라 다시 포르투갈에 편입되었다. 브라질 해안지역에는 아스텍이나 잉카 제국처럼 국가 체제를 갖춘 사회도 없었으며, 250만 명쯤 되는 인디언 부족이 정착이나 유목 생활을 하며 경계도 분명치 않은 방대한 영토에 흩어져 살고 있었다. 처음에 해안 지역의 인디언과는 평화적으로 접촉하며, 주로 물물교환 관계를 맺었다. 투피족은 아메리카 대륙에서는 찾아볼 수 없는 금속인 철로 된 도구를 받는 대신, 포르투갈인에게는 이국적인 새의 깃털, 특히 브라질우드brazilwood, 곧 붉은색 염료를 추출하는 파우 브라실이라는 목재를 제공했다.

포르투갈 국왕은 해안 지역을 원활히 통치하기 위해 카피타니아(대장령)라는 행정 구역을 설치했고, 예수회 선교사는 투피족을 마을로 결집시켰다. 그런데 포르투갈, 프랑스, 네덜란드 사이에 파우 브라실 목재 획득을 위한 경쟁이 벌어지면서 인디언을 강하게 압박했고, 이에 인디언은 외국인에 맞서 폭동을 일으킨다. 페르남부쿠를 영지로 불하받아 통치하던 육군 대장 두아르테 코엘료는 1546년에 상인들의 무분별한 행동에 대해 이렇게 썼다.

인디언에게서 파우 브라실을 얻으려면, 철로 된 도구만으로는 부족하다. 그밖에도 바이아산産 진주나 고급 옷감을 내줘야 하고, 심지어 검이나 화승총을 제공해야 하는 경우도 있다. 그런데 인디언이 이런 도구를 갖게 되면서 전보다 더 게을러졌다. 건방지고 오만하고, 심지어 우리에게 대들기도 한다.[2]

포르투갈 제국주의는 해양 통제권과 해상 패권에 기반을 두고 있었다. 리스본은 해상 무역의 중심지였으며, 왕궁 앞 도로변에는 식민지에서 유입된 물건을 거래하는 상점이 즐비했다. 포르투갈의 여러 식민지에는 적어도 첫 두 세기 동안에는 스페인령 식민지에서와 같은 문어발식의 관료 체제가 존재하지 않았다. 대신에 상관, 상사, 해외 식민지로 파견된 루시타니아 지방 출신 농민이 있었을 뿐이다.

브라질에서 인디언은 방대한 영토에 여기저기 흩어져 살고 있었으므로,

2) Robin Blackburn, *The Making of New World Slavery. From the Baroque to the Modern, 1492-1800*, London, Verso, 1997, pp. 163-164.

해안에서 멀리 떨어진 곳에 살던 원주민 가운데 일부는 전염병의 피해에서 벗어날 수 있었다. 멕시코나 페루의 주민처럼 중앙집권적이고 위계질서가 엄격한 사회에서 살아본 적이 없는 브라질 인디언은 노동에도 쉽게 적응하지 못했다.

포르투갈인이 브라질 내륙으로 들어가기 시작했을 때 누에바에스파냐는 벌써 스페인의 가장 중요한 식민 영토였으며, 수도인 멕시코에는 1555년에 대학이 들어섰다. 포르투갈인의 교두보 가운데 하나인 상파울루는 전체 주민 가운데 1/3이 메스티소로 이루어진 보잘것없는 마을이었다. 바로 이곳에서 포르투갈의 반데이란치스, 곧 인디언 사냥꾼 원정대가 인디언과 메스티소 용병을 이끌고 인디언 노예 포획을 위해 출발했다.

이런 형태의 원정은 19세기까지 지속되었다. 곧 근대에 이르러서도 인디언 사냥꾼이 아마존 지역의 스페인 선교 시설을 공격하여 인디언을 납치하고 노예로 팔아넘기면서 계속해서 브라질의 국경을 서쪽으로 확장시켰다. 1899년 볼리비아에 속했던 아크레 지역은 브라질의 고무 개발업자에 의해 식민화되어 독립국임을 선포했지만, 결국 1903년에 15,000파운드의 보상금을 대가로 브라질에 합병되었다. 이 사례에서도 잘 나타나듯이, 브라질의 정복은 20세기에 이르러서야 비로소 완결되었으며, 스페인의 정복사업이 끝난 뒤에도 오래도록 계속되었다.

이베리아 제국의 확장은 상당한 분량의 사법적·역사적 기록을 남겼는데, 여기서 다루어진 가장 중요한 주제는 스페인 지배의 정당성 문제였다. 스페인의 지배는 1493년의 교황 칙서에 근거하고 있었지만, 교황이 세속적인 일에 관여했다는 사실 자체가 사법적 문제를 야기했다. 프랑스의 국왕 프랑수아 1세는 어떠한 성서적 근거도 없이 스페인과 포르투갈에만 특권을 부여했다는 점을 문제 삼았다. 이처럼 인디언 개종 사명과 더불어 신대륙이라는 방대한 영토에서 배제된 유럽 국가들은 '해가 지지 않는 제국'으로 침투해 들어가려고 갖은 애를 썼다.

신대륙에서 카리브해 지역의 작은 만은 지형적으로 이방인이 침입하기에 매우 적합했다. 쿠바는 그 지역을 침투하려고 호시탐탐 노리는 프랑스, 영국, 네덜란드 소속 사략선 해적에게 손쉬운 먹이감이 되었다. 1554년에 프랑스 사략선 해적이 쿠바의 산티아고를 약탈했고, 다음 해에는 자크 소르가 아바나에 불을 지르고 얼마 동안 그곳에 정착하기도 했다. 쿠바의 전략적 가치를 잘 알고 있던 스페인 사람은 요새를 구축하여 아바나항을 지켰다. 그러나 해적의 끊임없는 위협은 17세기 내내 이 지역에서 경제적·사회적인 불안정을 야기했다.

프랑스는 1555년 브라질의 과나바라만灣에 남극 프랑스la France antarctique 를 건설하여 1560년까지 머물렀다. 그러나 종파 사이에 내분이 일어나(칼뱅파 신교도와 가톨릭 교도 사이의 대립이 그치지 않았다) 멤 데 사 총독이 이끄는 포르투갈군에게 이 지역을 내주고 만다. 멤 데 사는 프랑스인을 몰아내고 리우데자네이루에 도시를 건설함으로써 대서양 연안에 침투하려는 외국 침략 세력을 막아냈다.

그러나 평화로운 기간은 길지 않았다. 1624년에 네덜란드가 바이아를 침략하여 1년 동안 머무르고, 1630년에는 페르남부쿠를 침략하여 1654년까지 이 지역을 점유한다. 네덜란드는 또 1631~1634년에 카리브해 지역의 아루바, 토바고, 큐라소 섬에 들어와 정착했으며, 18세기 말까지 기아나를 지배했다. 그리고 1635년에는 프랑스의 아메리카제도諸島 회사Compagnie des Isles d'Amerique가 과달루페와 마르티니크를 점유함으로써 프랑스도 신대륙의 분할 에 참여했다.

마젤란 해협은 스페인령 아메리카에서 또 하나의 취약 지점이었다. 1572년 파나마 지협에서 페루를 출발하는 선단을 약탈하던 영국의 해적 프랜시스드레이크는, 1577년 스페인의 감시가 소홀한 폴스 케이프 혼False Cape Horn을 통과하는 데 성공한다. 그는 칠레 해안을 따라 칼라오 항까지 갔으나, 리마를 점령하는 데 실패한다. 이 사략선 선장은 캘리포니아 쪽으로 항해하다가 뱃머리를 돌려 태평양을 건넌다.

어쨌든 마젤란 해협이 뚫린 뒤부터 스페인 제국은 영국의 위협에 시달렸으며, 드레이크가 죽은 뒤에도 영국 해적의 습격은 계속되었다. 기아나에서는 16세기 말에 월터 롤리 경이 오리노코강 탐사를 준비하면서 영국이 잉카 제국을 복원시킬 거라는 소문을 퍼뜨렸는데, 이런 헛된 믿음은 독립 투쟁 때까지 사라지지 않았다. 카리브해 지역에서는 자메이카가 1655년에 영국의 손에 넘어갔다. 그리고 7년 전쟁(1756~1763) 중이던 1762년에는 몇 달 동안 영국이 아바나를 점령했다.

이처럼 이베리아 제국주의는 아메리카의 천연자원 획득과 해상권 장악을 위해 싸우던 다른 유럽 국가와 대립하게 되었다. 노예무역과 그 독점권은 그 당시 여러 유럽 열강이 노리던 주요 목표물 가운데 하나였다. 1810~1898년에 이베리아의 식민 지배가 막을 내리자, 프랑스와 영국은 제국주의의 새로운 형태를 실행하기 시작한다. 스페인이 쿠바와 푸에르토리코, 그리고 필리핀제도를 잃음으로써 스페인 제국주의는 미국 제국주의에 자리를 내주었고, 오늘날까지 그런 상태가 지속되고 있다.

1904년 미국이 파나마 독립에 개입한 후, 루스벨트 대통령은 아메리카의 스페인 식민지가 독립하던 시기인 1823년에 발표된 먼로독트린에 포함된 범아메리카주의 원칙을 근본적으로 수정했다. 그때부터 이른바 빅스틱big stick [정치 군사적 위압] 정책에 따라 미국은 자국의 이익을 보호하기 위해 아메리카 대륙의 경찰로 행세하기 시작했다. 2000년 10월에 이루어진 에콰도르의 달러화 시행은 라틴아메리카에서 20세기 마지막을 장식한 식민주의의 마지막 한자

락이었다.

1821년에 포르투갈로부터 독립한 브라질의 경우는 조금 예외적이다. 나폴레옹 군대가 리스본을 침략하자, 리우데자네이루로 도피해 있던 포르투갈의 황태자 돈 페드로는 독립 이후 브라질의 국왕이 되었다. 이렇게 전제군주 체제가 들어서면서 브라질은 정치적 통합을 유지할 수 있었고, 다른 라틴아메리카 국가와 달리 영토 분할을 겪지 않았다. 그리고 노예제가 폐지된 지 1년이 지난 1889년에야 비로소 공화국이 수립되었다.

동물에 의한 정복

에르난 코르테스의 원정대가 멕시코 해안을 목표로 쿠바를 출발했을 때, 원정대의 병력은 병사 508명, 승무원 100여 명, 말 17마리, 쇠뇌 사수 32명, 소총수 13명, 청동 대포 10문, 소형 경포 4문으로 이루어져 있었다. 그런데 스페인 원정대를 기다리고 있던 멕시코인은 무려 2천만 명이었다. 페루에서도 병력에서 스페인이 불리하기는 마찬가지였다. 프란시스코 피사로가 거느린 병사는 화승총수 8명을 포함한 168명뿐이었다.[3]

이러한 사실은 스페인이 아메리카를 정복 과정에서 강철로 된 칼이나 소총 같은 무기가 중요한 역할을 했다 하더라도, 틀림없이 무기 말고도 다른 요소가 작용했으리란 생각을 갖게 한다. 100명 미만의 스페인 병사가 아스텍 제국을 무너뜨리고, 카하마르카까지 피사로를 따라간 35명의 기병이 잉카 최후의 황제인 아타후알파를 생포했다.

실제로 다른 요소가 정복을 가능케 했다. 곧 멕시코에서는 틀락스칼텍족, 페루에서는 카나리족 같은 다른 인디언 부족과의 연합, 인디언의 전통적인

---

3) Carmen Bernand, Serge Cruzinski, *Histoire du Nouveau Monde*, t. 1, Paris, Fayard, 1991, pp. 296-298, 466-470.

전투 방식을 무력화시키는 스페인군의 군사적 전술, (아직은 몇 마리 되지 않았지만) 말을 처음 본 인디언의 불안감과 두려움 등이 침략자에게 유리하게 작용했다.

스페인 병사를 도와준 가장 탁월한 보조자는 이론의 여지없이 세균이다. 이 미생물은 몇 천 년 동안 구대륙과 격리되어 있던 아메리카 대륙에 상륙하자마자 급속도로 퍼졌다. 유럽에서 만성화된 상태로 잠복해 있다가 공기를 통해 전이되는 인플루엔자, 홍역, 백일해 같은 전염병은 면역력이 없는 원주민 사회에서 수많은 희생자를 냈다. 발진티푸스(멕시코에서는 '코콜리츨리'라 불렀다), 천연두 같은 그밖의 치명적인 전염병도 인디언 사회를 초토화시켰다.

전염병이 몇 차례 유행하자, 단 한 세기만에 거의 90%에 달하는 인디언 원주민이 사라졌다. 그 가운데서 가장 큰 피해를 낸 사례가 1545년 멕시코의 경우다. 그리고 1575년에 시작하여 아메리카 대륙 전역을 휩쓸고 지나간 전염병이 있는데, 그것은 1557년 이베리아 반도에서 나타난 인플루엔자였다. 이 전염병은 신대륙에 상륙한 뒤에 멕시코에서 안데스 산악지역으로, 안데스 지역에서 다시 브라질 해안까지 급속도로 확산되었다. 다음으로는 천연두가 그 뒤를 이었다.[4]

전염병이라는 재앙은 아메리카 대륙에 자생하는 식물의 약효 검증을 목적으로 하는 식물학 연구를 발전시켰다. 멕시코에서는 1552년에 스페인식 교육을 받은 인디언 출신 의사, 마르티노 데 라 크루스가 중요한 의학서를 썼는데, 그후 소치밀코 출신의 후안 바디아노가 『의학용 인디언 허브 소책자 Libellus de medicinalibus indorum herbis』라는 제목으로 이 책의 라틴어 번역본을 펴낸다. 이 책에서 저자는 열병을 상세히 설명하면서 치료 효과가 높은 식물성 약재를 소개한다. 『바디아누스 약전Codex Badianus』이라는 이름으로도 잘 알려져 있는

4) 식민지의 전염병 문제를 다룬 여러 책 가운데 최근의 통계가 수록된 다음 책을 참고했다. Noble David Cook, Born to Die. Disease and New World Conquest, 1492-1650, Cambridge, Cambridge University Press, 1998 ; 다음 책도 참고할 만하다. Alfred W. Crosby, Ecological Imperialism : The Biological Expansion of Europe, 900-1900, Cambridge, Cambridge University Press, 1986.

이 책에는 온 몸이 농포로 뒤덮인 환자가 구토하는 장면을 그린 삽화가 수록되어 있다.

이 탁월한 저서는 이베리아 식민주의가 탄생시킨 수많은 식물학 서적 가운데 하나다. 그로부터 10년이 지난 뒤, 가르시아 다 오르타라는 유대인 출신 포르투갈 의사가 인도의 고아에서 『약초 대담*Coloquios dos simples*』을 출간함으로써 인도의 여러 특산 식물을 유럽에 소개했다. 1571년에는 아메리카에서 자생하는 약초를 연구하던 스페인 의사 니콜라스 모나르데스가 세비야에서 약초의 효능과 용도를 소개하는 책을 쓴다. 이처럼 서인도에서 동인도에 이르는 이베리아 세계 전역에서 식물과 의학 지식이 자유롭게 오가고 있었다.

당연한 귀결이었을까? 1494년 12월부터 특징적인 증상으로 생식기에 염증이 나타나는 낯선 질병(매독)이 이탈리아 전역에 퍼졌는데, 그때는 프랑스의 국왕 샤를 8세가 나폴리 왕국을 정복하기 위해 이탈리아에 원정 왔던 시기였다. 이 때문에 그 질환은 '프랑스 병' 또는 '나폴리 병'이라는 이름을 얻게 된다. 스페인어로는 부바스bubas라 불렸는데, 페스트 환자에게 나타나는 서혜선종 bubo과 증상이 비슷했기 때문이었다.

1504년에 스페인 의사 로드리고 디아스 데 리슬라는 이 병을 설명하면서 병의 발원지를 히스파니올라 섬으로 규정했다. 최초의 매독 환자로 추정되는 인물은 콜럼버스 휘하에 있던 장교 마르틴 알론소 핀손으로, 그는 원정에서 돌아와 1493년에 사망한다. 매독이라는 병명은 그후 1530년에 지롤라모 프라카스토로가 붙인 것이다. 그때 벌써 이 병이 아프리카까지 퍼졌고, 그로부터 얼마 후에는 일본과 중국으로도 퍼져나갔다.[5]

유럽에서 소, 돼지, 말, 양, 염소, 닭 등의 가축이 유입되면서 아메리카 원주민의 생활이나 자연 환경에는 큰 변화가 일어났다. 말은 정복을 위한 가장 중요한

---

5) Marcel Sendrail, *Histoire culturelle de la maladie*, Paris, Privat, 1980, pp. 318-328.

도구였는데, 정복사업 초기에는 그리 흔치 않았다. 대서양을 횡단하는 항해가 말에게는 치명적이었기 때문이다. 이런 불편을 해소하기 위해 스페인 사람은 앤틸리스제도와 카리브해 연안에 종마 사육장을 설치했다. 그로부터 몇 년이 지나자 말의 수는 크게 증가했고, 그 가운데 대부분은 야생 상태로 신대륙의 초원지대를 떠돌았다.

이러한 동물의 침략은 먼저 인디언 원주민의 삶에 해로운 결과를 불러왔다. 쿠바에서는 소와 말이 기하급수적으로 증가하면서 기아로 인한 인디언의 사망률이 크게 높아졌고, 멕시코에서는 양떼가 아스텍 시대에는 매우 비옥했던 메스키탈강 유역을 황무지로 변모시켰다. 안데스 지역에서는 염소와 양떼가 산등성이를 황폐화시켰지만, 품질은 좋으나 희귀하고 값비싼 라마나 알파카 털을 대신할 양모가 대량으로 생산되면서 직물 생산이 크게 활성화되기도 했다.

리오데라플라타에서는 1536년에 정복자 페드로 데 멘도사가 말 몇 마리를 들여왔으나, 제2차 부에노스아이레스 건설 당시인 1580년에 후안 데 가라이는 야생마 수천 마리가 주변의 초원지대를 떠도는 광경을 보았다. 그 낯선 짐승을 두려워하던 인디언은 말이 어떻게 쓰이는지 곧 알아차리고, 말을 능숙하게 다룰 줄 아는 탁월한 기수가 되었다. 페드로 데 발디비아가 아라우카니아를 정복한 지 10년쯤 지났을 무렵인 1550년대에 마푸치족의 조상인 레체Reche족 인디언은 벌써 기병대를 보유하고 있었다. 인디언은 말을 이용하면서 이전에는 상상하지도 못할 만큼의 기동성을 확보하게 되었고, 이에 따라 스페인군에 대한 대항 능력도 두드러지게 커졌다.[6]

식민지에 유입된 짐승은 말뿐만이 아니었다. 정복 시대 초기부터 가축 사육 복합단지가 광범위하게 조성되어, 말을 비롯한 여러 종류의 가축이 사육된

---

6) Guillaume Boccara, *Guerre et ethnogenèse mapuche dans le Chili colonial*, Paris, L'Harmattan, 1998, pp. 276-281.

것이다. 가축의 유입은 동물에 의한 영토 점유, 곧 영토 점유의 한 가지 형태였다. 포르투갈 선원은 늘 가축을 배에 싣고 다니다가 낯선 해안에 닿을 때마다 가축을 풀어놓았다. 이런 식으로 방목된 소들이 번식하면서 뒤에 그 땅에 들어오는 식민개척자에게 주요한 식량 공급원이 되었다.

1530년에는 포르투갈인이 들여온 가축이 브라질 해안을 뒤덮었고, 스페인령 아메리카에서는 16세기 후반에 이미 이 짐승들이 그곳 풍경의 일부가 되었다.[7] 1587년에 총독 에르난다리아스가 파라나(아르헨티나)의 산타페 인근에 가축 100여 마리를 풀어놓았는데, 그로부터 15년이 지난 뒤에는 약 10만 마리로 증가했다.

소와 돼지가 흔해지자 인디언과 스페인 사람의 식생활에도 변화가 생기고, 훈제된 고기는 스페인 등 유럽으로 수출되었다. 훈제된 고기는 브라질 해안을 비롯한 여러 곳의 플랜테이션에서 일하는 흑인 노예의 식량으로도 쓰였다. 리오데라플라타에서는 야생 상태로 떠도는 소가 많아지자 소가죽을 노리는 사냥꾼이 몰려들었고, 가죽을 벗기고 난 고기는 부에노스아이레스의 주민에게 일상적인 음식이 되었다. 남쪽 초원지대에 거주하는 인디언도 쇠고기 요리를 즐겼다.

한편, 뉴멕시코에서는 동물의 수가 급속히 증가하여, 그 결과 육류와 우유가 다량으로 생산되면서 탁월한 사냥 솜씨로 이름 높았던 푸에블로족 우두머리의 권력이 약화되는, 뜻밖의 정치적인 결과를 낳기도 했다.[8] 몸집이 작은 동물도 신대륙으로 유입되었다. 그 가운데서 검은쥐는 유럽 선박에 섞여 들어왔는데, 옥수수 플랜테이션이 들어서면서 불과 몇 년 만에 아메리카 전역으로 퍼져

---

7) Pierre Deffontaines, "L'introduction du bétail en Amérique latine," *Les Cahiers d'outre-mer*, no 37, janvier-mars 1957, pp. 5-22 ; Jean-Pierre Digard, "Un aspect méconnu de l'histoire de l'Amérique : la domestication des animaux," *L'Homme* no 122-124, avril-décembre 1992, XXXII(2-3-4), pp. 253-270.
8) Ramón Gutiérrez, *When Jesus Came, the Corn-Mothers Went Away. Marriage, Sexuality and Power in New Mexico, 1500-1846*, Stanford, Stanford University Press, 1991, p. 57.

나갔다.

'서인도의 파괴'와 검은 전설

1552년 도미니크회 수사 바르톨로메오 다 라스카사스는 세비야에서 그때까지 나온 문서 가운데 가장 격렬하게 식민주의의 횡포를 비난하는 글을 발표했다. 『서인도의 파괴에 관한 짧은 보고서』는 스페인 밖에서 큰 성공을 거둔다. 1579년에는 플랑드르 출신 신교도 자크 드 미그로드가 프랑스어로 이를 『스페인 사람들의 횡포와 잔혹성』이란 제목으로 번역했고, 그 뒤에도 여러 차례 재발간 되었다. 1598년에는 드 브리가 제작한 판화가 삽화로 실렸는데, 이 사실적이고 참혹한 그림들이 스페인 사람들이 천성적으로 잔인하다는 '검은 전설'을 탄생시켰다.9)

필자에게 스페인 정복자의 횡포를 과소평가할 생각은 물론 없지만, 당시 펠리페 2세의 권력을 부러워하고 질투했던 다른 유럽 국가의 태도를 제대로 이해하려면 라스카사스의 글을 당시 상황 속에 위치시킬 필요가 있다. 사실 라스카사스의 태도는 좀 과격한 데가 없지 않았고, 그의 글 역시 묵시록적 성격이 짙은 정치적 격문이었다. 제목에서 시사하는 바와 같이, 이 도미니크회 수사는 서인도에서 저지른 횡포 때문에 스페인이 결국 하느님에게 천벌을 받게 되리라고 굳게 믿고 있었다.

이 책의 가치를 이해하려면, 정복 시대 초기, 곧 그곳에 거주하던 인디언 원주민을 거의 모두 절멸시켰던 앤틸리스제도의 비극적인 역사로 거슬러 올라가야 한다. 1502년 알칸타라 군사단의 기사 니콜라스 데 오반도가 2,500명의 병력을 이끌고 (이 가운데 바르톨로메오 데 라스카사스가 끼여 있었다) 히스파니올

---

9) Bartolomé de Las Casas, *La Très Brève Relation de la destruction des Indes*(1552), Introduction d'Alain Milhou, analyse iconographique de Jean-Paul Duviols, Paris, Éditions Chandeigne, 1995.

라 섬에 도착하면서 식민화의 역사가 시작되었다. 그때까지는 크리스토퍼 콜럼버스와 그의 형제가 제멋대로 전횡을 일삼고 있던다. 오반도는 인디언 지배를 위한 본격적인 수단이라 할 수 있는 엔코미엔다 제도를 만든 장본인이다. 중세 봉건사회에서 비롯된 이 제도는 군사적 지배를 받는 백성을 '관리 하에en commende' 둔다는 것을 의미했다. 엔코미엔다[인디언 주민이 딸린 일종의 왕실 하사 영지]를 수여 받은 사람은 위탁받은 주민을 보호하고 그리스도교로 개종시키는 대신, 이들에게 공물 납부나 강제 노역을 부과할 수 있었다.

초기 정복자는 공로에 대한 대가로 국왕에게 엔코미엔다를 하사 받았는데, 엔코미엔다의 규모는 각자 군사적 업적에 따라 달랐다. 원칙적으로 인디언은 자유인─노예로 삼을 수 있는 인디언, 곧 폭동을 일으킨 적이 있거나 식인 관습을 지닌 인디언은 제외─이었지만, 스페인 국왕의 봉신으로서 공물을 납부할 의무가 있었다. 인디언을 학대하거나 노예로 취급해서는 안 된다고 법으로 규정했으나, 초기 정복자의 폭력과 횡포로 겁먹은 인디언은 금광의 힘든 노동을 거부하고 달아나기 일쑤였다.

이런 상황에서 원주민의 노동력을 활용하는 데에는 또 다른 문제가 대두되었다. 현실적으로 인디언의 노동력을 강제로 동원할 수밖에 없는 상황이었지만, 인디언이 '농노가 아닌 자유인'이었던 까닭에 임금을 지불해야 했던 것이다. 어쨌든 1503년 메디나 델 캄포에서 이사벨라 여왕이 내린 국왕 칙서에는 그렇게 규정되어 있었다.

국왕의 감시에도 불구하고 엔코멘데로(엔코미엔다를 하사 받은 사람)와 작업반장의 횡포는 그치지 않았고, 이러한 상황은 급기야 도미니크회 선교사의 거센 항의를 불러일으켰다. 최초의 인디언 옹호자 안토니오 몬테시노스는 1511년에 엔코미엔다 제도를 비판했고, 심지어 엔코멘데로에게 파문시키겠다고 위협하면서 성사 집행을 거부했다. 이러한 비난의 목소리는 사회에 큰 파장을 불러일으켜, 몬테시노스는 스페인으로 소환된다.

국왕의 신중한 태도에도 불구하고 적어도 사법적 차원에서는 승리를 거두어, 마침내 1512년 부르고스 법령이 공포된다. 이 법령에서는 더 나은 노동조건, 곧 인디언 노동자에게 보장해야 하는 최소한의 음식이나 휴식 시간을 명확히 규정하고, 인디언은 국왕의 봉신으로서 노동의 의무가 있으나 자유인의 지위도 보장을 받아야 한다고 명시했다.

그러나 이 법령은 거의 지켜지지 않았고, 인디언에 대한 학대와 횡포 문제가 또다시 제기되었다. 이때 불굴의 투사 바르톨로메오 데 라스카사스가 인디언의 자유를 위한 투쟁에 나섰다. 그의 노력으로 1542년 『신법률*Leyes nuevas*』이라는 법전이 공포되었는데, 여기서는 페루 부왕副王, 그리고 리마와 과테말라의 사법기관인 아우디엔시아로 하여금 사법제도를 개선하고 더 효율적인 행정제도를 조직하도록 촉구했다.

적어도 원칙으로는 개인 사역이 금지되고, 인디언의 노동조건도 개선되었다. 가령 인디언은 감당하기 어려울 정도의 무거운 짐은 운반을 거부하고, 수고의 대가로 급료를 지급받을 수 있었다. 또 특혜를 점차 줄여 나가기 위해 새로운 엔코미엔다의 수여를 금지했다. 식민지의 행정 관료에게 급료 대신 엔코미엔다를 제공하던 관행이 폐지된 것이다. 그리고 기존의 엔코미엔다 수혜자가 사망하면, 해당 엔코미엔다와 그곳에서 거둬들이는 공물은 국왕에게 귀속되도록 했다.

이러한 조처가 발표되자 엔코멘데로는 매우 거세게 반발했다. 특히 페루에서는 『신법률』이 공포되자 왕권에 대항하는 폭동이 일어나, 그 지역의 선무를 위해 파견된 초대 부왕이 목숨을 잃기도 했다. 이처럼 안데스 지역에서는 특권을 폐지하기가 쉽지 않았다. 페루의 후아누코에서 추파초족 인디언을 담당하던 엔코멘데로 고메스 아리아스의 사례를 살펴보면, 그 당시 특권이라는 게 어떤 것이었는지 짐작할 수 있다.

고메스 아리아스는 공물 징수 외에도(추파초족은 공물 납부자 수가 2,000명이나 되는 비교적 큰 부족이었다) 자기 집에서 미티마에(이주민)라 불리는 인디언 40명, 30쌍의 직조공 부부, 어부 6명, 목수 20명, 돼지치기 8명, 그리고 지위가 노예와 유사한 하인 29명을 부렸다.[10] 개인 사역이 법으로는 금지되었지만, 현실에서는 명백히 행해지고 있었다.

엔코미엔다 제도의 쇠퇴는 16세기 말부터 특히 멕시코 중앙에서 두드러졌다. 1631년 통계에 따르면, 페루 부왕령의 여러 엔코미엔다에서 323,000두카를 벌어들였는데, 이는 누에바에스파냐의 엔코미엔다에서 거둬들인 수익(150,000 두카)의 두 배가 넘는 액수였다. 수익성이 가장 낮은 곳은 2,000두카의 수익에 그친 리오데라플라타 부왕령이었다.[11]

그러나 18세기에 이르면 엔코미엔다 제도의 마지막 흔적마저 사라진다. 이 제도가 사라진 데에는 인도주의가 아니라 단지 실리적인 동기가 작용했다. 재정 상태가 취약했던 국가로서는 식민지에서 거둬들일 수 있는 세수 전부가 필요했던 것이다. 강력한 재정적 동기가 인도주의를 압도했다. 어쨌든 18세기 후반에도 파라과이와 유카탄 지역, 칠레 등지에서는 엔코미엔다 제도가 존재했다. 특히 칠레, 아르헨티나 북서부(칼차키족), 누에바그라나다, 중앙아메리카 같은 주변 지역에서 그 명맥을 유지했다.

브라질에서는 초기 포르투갈 정복자가 공로에 대한 대가로 대장령 안에 있는 지주의 토지sesmarias를 하사 받았다. 이론상으로는 이들에게 그 땅에 거주하는 인디언의 노동력을 징발할 수 있는 권한이 주어졌으나, 인디언이 낯선 이방인을 피해 달아나는 일이 잦아 실제로 그 조처는 거의 시행되지

---

10) Ortiz de Zuñiga, *La Visita de Huánuco*, t. 1, 1967, p. 308.
11) 실비오 자발라가 중요한 그의 저서에서 제시한 수치를 인용했다. Silvio Zavala, *La Encomienda indiana*, Porrúa, 2ᵉ éd., Mexico, 1973, pp. 242-243.

못했다. 이곳에서 포르투갈인과 인디언의 관계는 적대적이었다. 그 결과 원칙적으로는 정착민 가족에게 생계 수단으로 제공될 토지 사용권이, 실제로는 몇몇 사람에게 집중되었다.

라스카사스가 '서인도의 파괴'라고 일컬었던 상황이 펼쳐지던 1530년대 당시, 라스카사스는 인디언의 고통을 덜어준다는 명분으로 아프리카에서 흑인 노예를 들여와야 한다고 주장했다. 그의 주장은 노예제의 정당화를 위한 이론적 근거가 되었던 아리스토텔레스 등 고대 철학자의 사고에 영향을 받은 당시의 편견에서 벗어나지 못했다. 그리고 바로 이런 점 때문에 라스카사스는 비난을 받기도 했다. 그러나 그의 저서 『인도의 역사』12)에서는 이전의 태도를 바꾸어 흑인도 인디언과 동등한 대우를 받아야 한다고 말했다.

라스카사스는 선교사가 주도하여 평화적으로 식민화할 수 있다고 믿었다. 그래서 원주민을 가톨릭이라는 틀 안으로 결집시킨 다음, 이들에게 자치권을 부여하는 일종의 보호령 제도를 구상했다. 그는 또 잉카의 후손에게 페루를 돌려줘야 한다고 생각했다. 실제로 그가 세상을 떠난 해인 1566년, 스페인 정부와 당시 빌카밤바에 피신해 있던 잉카의 왕 티투 쿠시 사이에 그런 방향으로 일종의 협약이 체결되기도 했다.

하지만 인디언이 그리스도교로 개종하고 펠리페 2세의 왕권을 인정해야 한다는 조건을 포함한 이 협정을 어느 쪽도 지키지 않았고, 그에 따라 도미니크회 수사의 꿈도 깨지고 말았다. 그렇지만 스페인 제국주의가 그 내부에서 반체제 세력을 생성시켰다는 점은 주목할 만하다. 오늘날 라스카사스는 인권 보호의 선구자로 인정받고 있는데, 18세기 말에 벌써 그런 명성을 얻었다. 유대인과 흑인 해방운동을 주창한 그레고리오 신부가 1800년에 그의 업적을 찬양했다.13)

---

12) 이 책은 1560년에 출간되었다. 제3권 102장과 129장에서 라스카사스는 흑인 노예제 문제에 대해 유감의 뜻을 표하고 있다.

13) 1995년에 출간된 라스카사스의 저서 가운데 알랭 미우Alain Mihou가 쓴 서문(59~60쪽)을 참고하시오.

그리고 1547년부터 라스카사스에게 영향을 받은 또다른 평화주의적 유토피아가 과테말라의 베라파스에서 건설되었다. 이곳에서 도미니크회 선교사는 산림 개간의 필수 도구를 제공하는 등의 방식으로, 저항하는 인디언(라칸돈족 등)을 평정하는 데 성공한다. 베라파스는 선교 단체에 소속된 최초의 영토가 되었고, 선교사는 25,000명의 인디언을 이곳으로 결집시키고 통제했다.

17세기에 예수회 선교사는 이 사례를 모델로, 포르투갈과 스페인 영토의 접경지대(파라과이, 아르헨티나, 우루과이, 브라질)를 따라 일련의 인디언 정착촌인 레둑시오네reduccione[14]를 건설했다. 이 인디언 정착촌은 그 규모가 상당했으며, 특히 파라과이에서는 15만 명이 넘는 과라니족 인디언을 결집시켰다.

가족 단위의 토지 소유를 어느 정도 인정했지만, 인디언 정착촌은 기본적으로 토지를 공동 소유하는 농업 공동체적 성격을 띠고 있었다. 수확물을 비축해 두었다가 공물을 납부하고, 농사비용에 충당하고, 고아나 미망인 등 빈민층을 구제하는 데 썼다. 여기서 인디언은 농사짓는 방법뿐만 아니라 수공업 기술, 그림이나 음악을 배웠다. 예수회 선교사가 추구한 유토피아는 어찌 보면 토마스 모어보다 오히려 가르실라소 데 라 베가가 묘사한 페루 잉카 제국의 통치 제도에서 더 큰 영감을 받은 듯했다.

어쨌거나 문필가이자 나중에 미초아칸의 주교가 된 바스코 데 키로가는 라스카사스가 인디언의 권익 보호를 위해 싸웠다는 사실을 잘 알고 있었다. 하지만 학식이 높고 관대한 그에게 영감을 준 것은 토마스 모어의 『유토피아』였다. 영국에서 토마스 모어가 참수를 당한 바로 그해에 바스코 데 키로가는 인디언 공화국의 건설을 제안한다. 그가 주장한 인디언 공화국이란 인디언이 가족 단위로 선교사의 보호를 받으며 농사짓고 살아가는 일종의 자치 지역이었다.

---

14) 스페인어 레둑시오네reduccione는 방대한 영토 여기저기에 흩어져 살던 인디언을 한곳으로 결집시킬 목적으로 설립한 마을을 가리키는 용어다.

실제로 이 모델에 따라 두 개의 마을이 설립되었는데, 하나는 멕시코(지금의 멕시코시티) 근처에, 다른 하나는 미초아칸에 있었다. 역사적으로 모든 유토피아적인 계획이 그러했듯이, 이 경우도 결국 실패로 끝난다. 하지만 정복과 착취에 몰두하던 광기와 혼란의 시기에 어떤 형태로든 질서 있는 사회를 꿈꿨던 바스코 데 키로가의 노력은 평가할 만하다. 그렇지만 오늘날 이 문제를 다시 생각해볼 때, 노동자의 삶을 계획하고 인간의 모든 활동, 여가 생활조차 합리적인 방식으로 관리하고 통제하겠다는 식의 서구화 형태에 대해서는 의구심을 갖지 않을 수 없다.

인디언의 동화

아메리카 대륙의 식민화는 그때까지 구대륙과 완전히 단절되어 살아왔던 원주민의 동화와 통합 과정이기도 했다. 구시대의 제도인 공납 제도가 인디언의 경제적 통합을 수월하게 했다는 점은 좀 역설적으로 보일 수도 있다. 공납은 혈통이 완전히 다른 특정 계층에게서 공물을 징수한다는 점에서 다른 조세 형태와 달랐다. 공물 징수의 근거는 법으로 명확히 규정되어 있었다.

인디언은 우리의 보호를 받는 대신 봉신으로 우리에게 예속되어 있으므로 다른 모든 백성이나 봉신과 마찬가지로 우리에게 봉사하고 공물을 납부하는 것은 당연하다.[15]

또한 스페인이 도래하기 이전 아스텍이나 잉카 제국의 중앙 정부가 주민에게 부과했던 강제 노역의 관행에서 공물 징수의 또 다른 근거를 찾았다. 이러한 역사적 연속성이 식민지의 조세 행정을 원활하게 했다. 그러나 정복 시대

---

15) *Leyes de Indias*[인디언 법] 제6권, 5장, 1조.

이전과 이후의 두 가지 징세 방식은 질이나 양적인 측면에서 차이가 매우 컸다. 곧 세무 조사 때 산정된 인구에 따라 정해지는 세액이 원주민의 인구가 급감함에 따라 납부자가 감당하기에 너무 무겁고 불공정한 것이 되어 버렸기 때문이다. 조세제도를 개편하려는 몇 번의 시도가 있었으나, 이러한 불균형은 식민시대 내내 사라지지 않았다.

18~50세의 성인이면 누구나 공물 납부자가 되었으나, 족장인 카시케casique와 그 가족은 공납을 면제받았다. 초기에는 코카, 농산물, 가축, 달걀, 의류, 밧줄 등의 현물을 공물로 징수했으나, 16세기 후반부터는 현금으로 징수했다. 공물 납부자는 현금을 구하려고 광산이나 직조 공장 등 다양한 업체에서 임금 노동자로 일했다. 이렇게 하여 누에바에스파냐와 페루의 광산 지역에서 임금 노동과 시장 농업은 그 지역의 경제 체제를 특징짓는 요소가 되었다.

그런데 인디언에게 전통 농업을 포기하고 광산이나 직조 공장에서 헐값으로 노동력을 제공하도록 만드는 데에는 어떤 요소가 작용했을까? 그것은 누에바에스파냐의 레파르티미엔토와 페루의 미타 제도 같은, 스페인이 도래하기 이전부터 이미 존재했던 일종의 '교대 강제 노역' 제도를 복원시킴으로써 가능했다.

페루에서는 공물 납부자 가운데 1/5이 미타 제도에 종속되어 있었으며, 이들은 팀으로 나뉘어 교대로 강제 노역 의무를 이행했다. 개인 사역이 금지되었으므로, 미타 노동자는 노동의 대가로 임금을 받아 그것으로 공물을 납부했다. 페루의 미타 제도는 뒤늦게 1565년 총독 가르시아 데 카스트로에 의해 도입되어, 그로부터 몇 년 뒤 부왕 프란시스코 데 톨레도가 통치할 때 법제화되었다. 그런데 인디언 족장에게는 다른 곳에서 이주해 온 인디언, 곧 포라스테로 forastero를 미타에 편입시킬 권리가 없었다. 따라서 이들은 떠돌이 생활을 할 수밖에 없었고, 나중에는 농촌 지역의 큰 골칫거리가 되었다. 하지만 포라스테로 역시 점차 강제 노역 제도에 편입되었다.

그런데 실제로는 미타 제도와 개인 사역의 경계는 매우 모호했다. 인디언의 도움 없이 스페인 사람들은 움직이고 먹고 살아가는 것, 곧 생존 자체가 불가능했던 것이다. "그런데도 우리는 이들이 끝장나기만을 기다리고 있었다."16) 어떤 이는 이처럼 자조하기도 했다. 1586년에 프라이 로드리고 데 로아이사는 이렇게 말했다.

그 인디언에게 무게 4~5아로바(1아로바는 11.5kg)를 초과하는 짐을 짊어지게 했다. 40km쯤 걸어갔을 때 그는 무게를 견디지 못하고 쓰러졌다. 스페인 사람은 발길질하고 머리카락을 잡아당기며 그를 일으키려 했다. 스페인 사람에게 가련한 인디언의 긴 머리카락은 짐승을 부릴 때 쓰는 밧줄에 지나지 않았던 것이다. …… 인디언은 누가 일으켜 주기를 기대하지 않았고, 노동과 무거운 세금과 공물 수탈에 쓰러져 갔다. 머리카락으로 목을 감거나 나무에 목매달아 스스로 목숨을 끊는 이들도 적지 않았다. 심지어 이러한 억압과 비참함을 아이에게까지 대물림하지 않으려고 자식을 죽이기도 했다.17)

이 글에는 유럽인의 착취에 시달리던 인디언의 비탄과 고뇌가 잘 드러나 있다.

임금노동은 신분 사회에서 계급 사회로의 전이를 가속화시켰다. 도시로 흘러 들어온 인디언은 수공업자나 날품팔이 노동자가 되었다. 그런데 인디언은 화폐 경제로 편입되자마자 곧바로 채무자 신세로 전락했는데, 이런 현상은 특히 에콰도르의 직조 공장이나 투쿠만에서 만성화되었다. 도시가 번성하면서 16세기부터 내수 시장이 크게 발달한 포토시Potosí의 경우가 특히 그러했다.18)

---

16) Silvio Zavala, op. cit., p. 214.

17) Bernand, Gruzinski, op. cit., t. 2, 1993, p. 689.

18) Carlos Sempat Assadourian가 쓴 중요한 논문에서 이 부분을 상세히 다루고 있다. "La producción de la mercancía dinero en la formación del mercado interno colonial," in Enrique Florescano, *Ensayos sobre el desarrollo económico en México y América latina(1500-1975)*, Mexico, FCE, 1979, pp. 223-292.

18세기에 내수 시장을 활성화시킬 목적으로 국왕 대리인은 인디언에게 소비재의 구입을 부추겼고, 외상으로 물품을 구입한 인디언은 평생 채무의 굴레에서 벗어나지 못했다. 이런 상황은 1780년에 안데스 지역을 혼란의 소용돌이로 몰아넣은 대규모 인디언 폭동의 원인 가운데 하나가 되었다.

정복 시대 초기부터 화폐는 물질적·잠재적 형태로 인디언 사회의 전통적 물물교환 체제 속으로 편입되어 사회적 관계나 가치 체계에 큰 영향을 끼쳤다. 이 과정에서 교회가 중요한 역할을 했다. 가령 사제가 받는 급료나 성사 비용은 개인이 구원을 받으려면 반드시 지불해야 하는 일종의 봉헌물 역할을 했다. 안데스 지역에서는 빠가르pagar(지불하다)라는 동사가 '봉헌물로 무언가를 바치다'라는 뜻으로 쓰였다. 예를 들어, '빠가르 라 띠에라pagar la tierra'라는 표현에는 '대지를 비옥하게 하려고 땅에 옥수수 술을 붓다'라는 의미가 함축되어 있었다. 마찬가지로 세례식, 결혼식, 종부성사, 장례식, 추모 미사에 드는 비용을 지불하는 관행도 인디언 사회의 전통 의례를 재해석하는 데 이용되었을 것이다.

친족 관계 역시 급격한 변화를 겪었다. 인디언 영주와 족장은 자손에게 재산을 물려줄 목적으로 재빨리 스페인의 유언장 관습을 받아들였다. 그 다음에는 농민 계층이 이를 받아들여 17세기 말에 이르러서는 이 관행이 보편화되었다. 전통적인 인디언 사회에서는 죽음을 불순한 것이라 여기고, 반드시 이를 정화해야 한다고 믿었다. 그러나 이제는 고인이 남긴 재산(토지뿐만 아니라 옷가지, 용구, 가구, 함 등의 개인 물품까지)을 없애야 할 대상이 아니라 자손에게 물려주어야 할 것으로 인식하게 되었다.

공납 제도가 불러온 결과 가운데 하나는 스페인의 도래 이전에 존재하던 복합영농이 무너지고, 그 대신 옥수수·밀·양모·쇠고기·돼지고기 등 시장이 요구하는 품목의 하나를 집중적으로 재배하는 단작농업을 강요받았다는 점이다. 인디언은 공물을 납부하고자 돼지나 양의 사육 또는 누에치기에 전념해야 했다. 이런 상황에서 전통적인 물품 유통망 역시 변화할 수밖에 없었고, 식민시대에 몇몇 유통 경로가 살아남았더라도 교역 조건은 달라졌다. 이런 현상은 아메리카 전역에 걸쳐 매우 다양한 형태로 나타났다.

그 가운데 한 가지 사례를 들어보자. 유카탄 지역에서 나는 소금은 예전과 다름없이 타바스코에서 카카오와 교환되었지만, 이런 거래를 담당하는 주체는 마야인이 아니라 메스티소와 물라토였다. 식민시대의 조세제도는 인디언에게 스페인 사람들이 요구하는 분야의 노동을 강요했고, 그 결과 중앙아메리카와 안데스 지역의 대다수 인디언이 농민이 되었다. 생산과 교환의 중심지에서 멀리 떨어진 오지의 몇몇 인디언 공동체만이, 식민화의 영향에서 완전히 벗어나진 못하더라도 전통의 일부분을 보존하고 있었다.

이러한 '도피 지역'도 사실상 정치적인 저항의 본거지라기보다 옛 전통이 잔존하는 고립 지역에 가까웠다. 그밖에도 접경 지역이나 권력 중심부에서 멀리 떨어진 주변 지역, 곧 아마존 지역이나 칠레 남부, 리오데라플라타의 평원 지대, 뉴멕시코에서 몇몇 인디언 부족이 독자적인 사회를 이루고 살았다. 그러나 이들 역시 물품 유통망에서 완전히 제외될 수는 없었다.

지역 분할

식민 정착의 결과 가운데 한 가지는 '문명'과 '야만'을 구분 짓는 경계선이 출현함으로써, 아메리카라는 방대한 공간이 재분할되었다는 점이다. 아마존 지역의 경우가 대표적 사례이다. 남아메리카 중심에 위치한 그 방대한 영토가 지리적·정치적·사회적 재편성 과정에 따라 분할되고 말았던 것이다. 정복 시대 이전에는 안데스 고지대와 아마존 밀림지역의 교류가 매우 활발했으며, 아마존 분지 전역에 부족 사이의 교역로와 매매가 이루어지는 고정된 장소인 시장이 곳곳에 산재해 있었다.

그런데 16세기 중엽부터, 포토시에서 광산업이 크게 발달하면서 식민지 경제 전반이 변화를 겪게 되었고, 아마존 지역은 선교사에게 넘어갔다. 선교사는 저항하는 인디언 부족에게는 손을 쓰지 못했으나, 순종적인 인디언을 새로운 정착촌으로 결집시켰다. 이리하여 비교적 단기간 안에 고지대와 저지대, 문명 세계와 야만 세계를 구분하는 보이지 않는 경계선이 생겨났고, 이러한 '방벽'은 20세기까지 유지된다. 도시나 도로가 전무하다는 점이 '교류의 동결'을 나타내는 징표였다.

고지대와 저지대의 교류 단절로 인한 결과(선교사의 유입 등)는 인디언 사회 조직에 큰 영향을 끼쳤다. 족장 중심의 강력한 인디언 공동체가 무너져가는 한편, 유럽인의 존재 때문에 이득을 보는 인디언 집단도 없지 않았다. 브라질의 파라와 마란호아에서는 유럽에서 건너온 백인은 얼마 되지 않고 메스티소가 인구의 대다수였다. 노예 사냥꾼의 습격에서 벗어나려고 일찌감치 인디언의 정체성을 거부한 카보클로(스페인계 백인과 인디언의 혼혈 인종)라는 인디언 집단이 일찍부터 출현했던 것이다.

오리노코강 유역에 이르는 전역에서, 당시 노예 매매를 독점하던 메스티소와 카리브족 같은 인디언 부족이 인디언을 납치해 철로 된 물건을 받고 유럽인에게 팔아넘기는 일이 벌어졌다.[19] 아마존 남부에서는 과라니어를 쓰는 치리과노족이 인디언의 노예화를 금지하는 스페인 법령을 무시하고 노예 매매에 전념했다.

아마존 산록지대에 거주하던 오마과족의 사례는 역동적이었던 당시의 상황을 한눈에 보여준다. 아마존 지역에서 곤살로 피사로와 그의 참모 프란시스코

---

19) Anne-Christine Taylor, "Une ethnologie sans primitifs. Questions sur l'américanisme des basses terres," in Serge Gruzinski, Nathan Wachtel(coord.), *La Nouveau Monde-Mondes nouveaux l'expérience américaine*, Paris, EHESS-Édtions de Recherche sur les civilisations, 1996, pp. 623-642 ; Simone Dreyfus-Gamelon, "Les réseaux politiques en Guyane occidentale et leurs transformations aux XVIIe et XVIIIe siècles," *L'Homme* no 122-124, XXXII(2-3-4), avril-décembre 1992, pp. 75-98.

데 오레야나가 이끄는 원정대가 전설적인 계피의 고장을 찾아 탐험을 떠났던 당시(피사로는 성공하지 못했으나, 오레야나는 아마존강을 발견한다), 브라질에서 건너와 투피어를 사용하는 몇몇 인디언 집단이 키토시市에서 그리 멀지 않은 나포강 상류에 살고 있었다. 이들은 계곡 사이의 고지대 세 곳을 점유하고 있었다. 그 가운데서 자칭 '진짜' 오마과족은 나포강의 발원지에 거주했고, 하류에 거주하는 13개 부족을 통틀어 '작은 아파리아족'이라 불렀다. 그리고 아마존강 상류 지역에서는 오마과족 집단이 푸투마요강에 이르는 나포강 하구를 장악하고 있었으며, 이 지역에 있던 26개의 부족 공동체가 만여 명의 인구를 거느린 '큰 아파리아족'을 이루고 있었다.

이처럼 지리적으로 광범위한 지역에 분포했던 까닭에 오마과족은 아마존강 상류, 그리고 에콰도르 고지대로 통하는 교역로를 장악할 수 있었다. 그런데 17세기 초에 이르면 철물 생산지로 접근하는 문제가 이 부족의 최대 관심사가 되었다. 여기서 스페인 사람과 메스티소, 그리고 밀림지대의 인디언 부족을 연결하는 매개체 역할을 한 것은 안데스 산지에 거주하던 키호족 인디언이었다.

그런데 철로 된 도구와 무기의 수요가 인디언 사회의 전통적인 교환 관계를 변화시켰다. 전통적으로 투피어를 사용하는 인디언 부족(오마과족을 포함)은 부족 사이의 끊임없는 전쟁에서 포획한 포로를 자기 부족에 편입시켰다. 그러나 식민시대 이후에는 철로 된 갖가지 물품을 받는 대신 그 포로를 노예로 팔아넘겼다. 오마과족은 코카마족과 연합하여 포로를 납치할 목적으로 잔혹한 습격을 벌이기도 했다. 노예시장 가운데 하나가 라마족 마을에 있었는데, 이곳에서 스페인 사람은 농장에서 부릴 인디언 포로를 구입했다.

기아나에서는 1613년에서 1796년까지 이런 형태의 인디언 포획과 노예 매매가 성행했다. 아마존강과 오리노코강 유역에 거주하던 다양한 인디언 부족이 참여한 이 거대한 유통망의 주인공은 와이니에서 마로니강 사이의 해안 지역과 오리노코강을 제외한 모든 하천 교역로를 장악하고 있던 네덜란드인, 그리고 카리브족 인디언이었다.

이곳에서도 식민 경제는 전쟁 포로를 잡아다 희생제의 제물로 바치는 인디언의 전통 풍습을 노예사냥으로 바꾸어 놓았다. 물론 인디언의 노예화는 금지되어 있었으나, 유럽인이 아니라 네덜란드 영토 바깥에 거주하는 인디언이 포획한 포로를 매입하는 것일 뿐이라는 구실을 내세우는 등 교묘히 법망을 빠져나갔다.

철로 된 물품은 페텐[지금은 과테말라 북부의 주]에서 파라과이에 이르는 남아메리카 대륙 전역에서 큰 인기를 끌었다. 이 지역에서 철로 된 검은 1540년대에 100마라베디[카스티야의 화폐] 가치의 화폐로 쓰였으며,20) 칼이나 가위, 낚시 바늘은 가치가 그보다 낮았다. 중간 상인이 물건을 매점매석하여 가격을 폭등시키거나 한꺼번에 시장에 내놓아 가격을 떨어뜨리는 등 철물 가격의 변동성이 너무 커서 나중에는 철 대신에 마테 차茶가 화폐 기능을 했다. 밀림지대의 인디언에게 벌채용 칼이나 도끼는 필수 도구였다. 이처럼 인디언 사회의 철기시대 진입은 그리스도교 개종 및 유럽 식민 지배로의 예속과 동일한 맥락 속에서 이루어졌다.

지역 분할이 이루어지면서 유럽인은 자기 멋대로 인디언 부족을 구분했다. 곧 '우호적'이거나 '순종적인' 부족과 반항적이고 '야만적인' 부족으로 나누고, 본래의 부족 이름과는 상관없이 새로운 이름을 붙였다. 그러나 칠레의 마푸치족처럼 식민 지배에서 멀리 떨어져 자율적으로 살아가던 부족 역시 정치·사회적 변화를 겪기는 마찬가지였다. 이처럼 도시에 거주하는 스페인 사람이나 크리올과 대립을 겪으면서 새로운 형태의 인디언 부족 사회가 생성되기도 했다.

어쨌든 인디언 부족은 지배 세력과 갈등을 일으키면서도 식민 경제에서 완전히 벗어날 수 없었다. 예를 들어 18세기에는 포로로 잡힌 인디언 여성

---

20) Femando Santos, *Etnohistoria de la alta Amazonia, Siglos XV-XVIII*, Quito, éd Abya Yala, 1992.

덕택에 인디언 사회에 양모로 짠 판초의 생산량이 크게 증가했다. 여기서
생긴 여분의 판초는 스페인 사람과 크리올뿐만 아니라 인디언이 드나드는
시장에서 소나 말과 교환되었고, 다른 부족의 인디언에게 은밀하게 팔려나가기
도 했다.[21]

중앙아메리카와 안데스 지역에서는 인디언을 마을로 결집시키는 식민 정책
이 인디언 사회의 전통적인 지역 구분 방식을 완전히 뒤바꿔 놓았다. 중앙아메리
카에서는 1544년부터 지역 재편성 작업이 착수되었고, 안데스 지역의 인디언
정착촌은 1570년부터 부왕 프란시스코 데 톨레도의 칙령에 따라 법적 규제를
받기 시작했다. 예수회 선교사의 주도로 마을이 건설되어 자치적으로 운영된
파라과이의 경우는 그 가운데 특이한 사례였다.

곳곳에 흩어진 작은 마을에 살던 인디언을 정착촌으로 결집시킴으로써
족장 중심의 전통적인 공동체는 마을 단위로 해체되었다. 마을은 중앙 광장을
중심으로 각종 기관(교회, 행정기관)과 주민 거주지, 외곽의 공유지로 이루어지
는, 바둑판 모양으로 구획된 도시 모델에 따라 건설되었다.

마을이라는 새로운 주거 중심지는 조세 단위(리파르티미엔토)이기도 했다.
공물이 마을 단위로 차출되었기 때문에, 스페인 본토의 마을을 본뜬 이 새로운
형태의 취락지는 점차 구성원에게 유대감을 갖게 하는 공동체의 모습을 띠어
갔다. 안데스 지역의 중앙과 남부에서는 마을을 구획할 때 스페인이 도래하기
이전에 존재하던 이원성의 원칙이 동시에 적용되었다. 유카탄 지역에서도
프란체스코회 선교사는 지역을 마을 단위로 재편성할 때 인디언 전통 사회의
사법 관할 구역을 어느 정도 존중했다.[22]

이러한 통합 정책으로 말미암아 인디언은 전통적인 삶의 터전, 곧 생산

---

21) Guillaume Boccara, *Guerre et ethnogenèse dans le Chili colonial. L'invention du soi*, Paris, L'Harmattan, 1998, pp. 294-296.

22) Nancy Farriss, *Maya Society under Colonial Rule. The Collective Enterprise of Survival*, Princeton, Princeton University Press, 1984.

활동이 이루어지는 장소일 뿐만 아니라 종교 시설이 모여 있는 신앙생활의 중심지를 포기해야 했다. 스페인식 마을은 공간을 동심원 형태로 조직했다. 종교 시설과 주거지로 이루어진 중심지와 그 주위로 주보성인이 보호하는 경작지와 방목장, 마지막으로는 멀찍이 떨어진 산악지역과 황야로 이루어진 미개척 상태의 방대한 공간이 있었다(이곳은 인디언 전통 신앙의 도피처가 된다).

베네수엘라에서 아르헨티나에 이르는 안데스 산맥 전역에서, 또 멕시코 중앙에서 이런 구조의 취락지를 흔히 볼 수 있었다. 이렇게 하여 선교사가 우상숭배라고 부르던 인디언의 전통 신앙은, 교회와 성인의 통제권을 벗어난 특정 구역으로 쫓겨난다. 실제로 식민시대 이후 벌어진 도시화와 도시를 모델로 한 마을 차원의 구획화 사업은, 이베리아의 전통에서는 유해한 것으로 여기는 외부의 무질서와 혼란을 퇴치하려는 의지를 반영했다. 문명과 야만의 대립을 뜻하는 도시와 농촌의 대립이라는 논리는 아메리카 대륙 전역에 적용되었다. 예를 들어, 푸에블로라는 단어는 마을과 마을 주민을 동시에 가리키는 말로 쓰였다. 이처럼 아메리카의 농촌 지역에서는 출신 부족보다 어느 지역에 사는지 가 더 중요한 요소로 부각되었다.

동심원으로 구획된 마을이 들어서면서 그와 다른 토지 점유 방식은 설 자리를 잃어 버렸다. 그리하여 안데스 남부 산악지역에서 기후 조건이 다른 여러 지역에 산재한 토지를 경작하며 살아가던 다부족 인디언 공동체는, 식민지 영토 구획 사업의 희생자가 되었다. 선교사에 의한 정착촌 설립이나 행정구역 개편작업 자체가 토지의 재분배를 뜻했기 때문이다. 게다가 16세기에 원주민 인구가 급감하면서 버려지는 땅이 늘었고, 이 땅은 자동적으로 스페인 사람에게 넘어가 새로운 개척지가 되었다.

한편 식민화 초기에 이루어진 토지 분배가 잘못되었다고 판단한 펠리페 2세는, 토지를 부당하게 차지한 자들을 색출하려고 스페인 사람에게 부여된 토지 소유권을 재검토하기로 결정한다. 이처럼 광범위한 토지 소유권 재분배 정책이 실시됨과 더불어, 중앙아메리카에서는 널리 흩어진 인디언을 마을로 결집시키고 전염병에서 살아남은 원주민을 한곳으로 통합시키는 것을 목표로 하는 제2차 지역 재편성 작업이 이루어졌다.

이런 조처는 인디언 사회에 거센 반발을 불러일으켰다.[23] 인디언이 불만을 가진 가장 주된 동기는, 지역 재편성 작업이 이루어지면 인디언 공동체가 또다시 땅을 잃어버릴지도 모른다는 두려움이었다(이는 근거 있는 두려움이었다). 인디언은 그림문자와 글자가 독특한 방식으로 결합된 코덱스 문서로 자기 영토의 역사를 기술함으로써 식민 지배자에게 저항했다.

17세기에 작성된 이 놀라운 문서는 '원천 권리증Primordial Title'이라는 이름으로 잘 알려져 있다. 인디언이 직접 작성한 이 토지 소유권 증서에는, 부왕 안토니오 데 멘도사를 중개인으로 하여 인디언 부족과 황제 카를 5세 사이에 체결된 최초의 조약이 언급되어 있다. 이 조약에서 스페인 국왕은 인디언 부족을 봉신으로 인정하고, 이들에게 토지를 반환하는 동시에 그들의 소유권을 보장했다. 그 대가로 인디언 부족은 국왕에 대한 공납의 의무를 수락했다. 그런데도 펠리페 2세가 버려진 땅을 차지함으로써 이 조약을 일방적으로 파기했다는 게 인디언 부족의 주장이었다.

정착 생활을 강요하는 식민 정책은 유목 생활을 하는 인디언에게 격한 반발을 불러일으켰다. 멕시코시의 북쪽에 있는 누에바갈리시아에서는 인디언이 프란체스코회 선교사에 맞서 교회를 불태우고 수사들을 살해했다. '미스톤 전쟁'이라고도 불리는 이 폭동은 북부 접경 지역의 취약성을 그대로 드러낸 사건이었다.

---

23) Margarita Menegus Bornemann, "Los títulos primordiales de los pueblos de indios," in Margarita Menegus Bornemann(coord.), *Dos décadas de investigación en historia económica comparada en América latina*, El Colegio de México, CIESAS, Mexico, Instituto Mora, UNAM, 1999, pp. 137-161.

브라질에서는 밀림에서 도피처를 찾지 못한 인디언이 식민정부의 통합 정책에서 벗어날 수 없었다. 1570년 국왕 세바스티안 1세는 포르투갈인에게 공공연히 맞서거나 식인 풍습을 행하는 경우를 제외하고는 인디언을 노예로 삼을 수 없다고 공식적으로 선언했다. 그리하여 브라질의 인디언은 예수회 선교사가 운영하는 정착촌에 수용되었다.

이곳에서 인디언은 생계 수단이 될 기술을 습득하는 대신, 일부다처제, 희생제, 근친혼 관습을 버려야 했다. 그뿐만 아니라 인디언 공용어(링구아 제랄lingua geral)인 투피어로 교리 수업을 받았다. 이러한 인디언 마을은 인근의 농장에 자유노동자를 공급했다. 그렇지만 대다수 인디언은 선교사의 감시에서 잠시도 벗어날 수 없는 정착촌 생활보다 정착민 거주 지역에서 거주하는 것을 선호했다.

이런 형태의 마을은 어느 정도 농촌 지역 인디언 부족에게 삶의 중심지가 되었지만, 그렇다고 해서 인디언에게 정착 생활이 완전히 뿌리내린 것은 아니었다. 식민시대 내내, 특히 안데스 지역에서는 주민의 광범위한 이동이 계속되었다. '포라스테로'라 불리는 인디언은 공납과 강제 노역에서 벗어나려고 본래의 공동체를 떠난 사람들이었다. 땅을 소유하지 않은 그들은 강제 노역의 의무를 면제받을 수 있는 도시나 타향 마을에 정착했다.

이처럼 농촌을 떠나 도시에서 먹고살 길을 찾으려는 인디언의 행태는 식민지 전역에서 지속적으로 나타난 현상이었다. 전통적인 제약에서 벗어날 수 있다는 점 때문에 인디언 여성도 도시 생활을 선호했다. 시장, 상점, 돈, 자본의 유통(대부, 고리대금업) 같은 요소로 특징지어지는 도시 생활이 일부 인디언을 채무자 신세로 전락시켰다면, 다른 한편으로는 인디언 여성을 전통이라는 속박과 농사일이라는 무거운 짐에서 벗어나게 했다.[24]

---

24) 중앙아메리카와 안데스 지역의 도시라는 틀 안에서 인디언 여성이 사회적으로 부상하는 과정에 관한 자료가 적지 않다. 그 가운데 에콰도르의 여러 사례가 자크 폴로니 시마르의 책에 제시되

사회 내적인 경계선

나와틀어, 키체어, 과라니어, 투피어, 케추아어, 그리고 식민 지배자의 언어인 스페인어 등 갖가지 언어가 통용되면서 민족 사이에 새로운 관계를 만들어 내기도 했다. 그러나 다른 한편으로는 전에 없던 새로운 방벽을 출현시키기도 했다. 인디언 공용어(아마존 북부에서는 투피어, 남부에서는 과라니어)를 구사하는 인디언은 카보클로, 그 언어를 모르는 인디언은 타푸야라고 부르고, 중앙아메리카와 안데스 지역에서는 스페인어를 할 줄 아는 인디언을 각각 라디노와 촐로라고 불렀다. 여전히 사비르어를 사용하며 아프리카 고유의 특성을 간직하고 있던 흑인인 보잘레와 스페인식 교육을 받았거나 포르투갈어를 완벽하게 구사하는 크리올 사이의 격차는 매우 컸다.

언어의 차이는 어느 정도 문화·사회적 격차를 포함하고 있었다. 식민화는 필연적으로 전통적인 위계질서를 파괴했고, 그 대신 새로운 사회질서를 수립했다. 그 결과 스페인 사람의 지위가 가장 높고, 인디언은 이들에게 종속되었다. 유럽인과 토착민, 정복자와 피정복민 사이의 위계 차이는 정복 시대 초기부터 두 가지 형태의 정부 또는 두 개의 '공화국,' 곧 스페인 사람의 공화국과 인디언의 공화국이 탄생함으로써 구체화되었다. 각자가 고유의 의무와 영토를 보유했다. 원칙상으로 인디언은 다른 집단에 속한 그 누구에게도 빼앗기거나 침해당할 수 없는 자기만의 땅에서 거주할 수 있도록 되어 있었다. 그러나 스페인 여성이 부재한 상황은 인종 사이의 혼합을 가속화시켰고, 얼마 지나지 않아 두 사회의 구분은 사실상 유명무실해진다.

그런데 메스티소, 곧 혼혈인의 위상도 불분명했다. 법적으로는 스페인 사람으로 인정받았지만, 이들의 이중적 정체성이 식민 권력자에게 의심을 샀기 때문이

어 있다. *La Mosaïque indienne. Mobilité, stratification sociale et métissage dans le corregimiento de Cuenca(Équateur) du XVIe au XVIIIe siècle*, Paris, EHESS, 2000.

다. 부왕령 변방 지역처럼 비교적 통제가 느슨한 지역에서는 특히 인디언과 유럽인의 경계가 뚜렷하지 않았다. 이곳의 상황을 기록한 여러 자료에서 확인할 수 있는 것처럼, 스페인 사람과 포르투갈인, 프랑스인 가운데는 인디언의 풍습을 따르며 이들과 섞여 살던 사람도 있었다.

사회 계층의 양상은 아프리카 흑인이 유입되면서 더욱 복잡해졌다. 흑인 노예는 사회적 지위가 가장 낮았지만, 주인과 가까이에서 지냈던 까닭에 각별한 신임을 받으며 권력의 하수인 노릇을 했다. 작업반장, 하인, 상인, 수공업자, 청부인이 된 흑인은 공물 납부자 신분인 인디언보다 실질적으로는 우위에 있었다. 그밖에도 해방된 흑인 노예와 노예 신분도 아니고 아메리카에서 태어났으므로 아프리카 '민족'에도 속하지 못한 물라토가 있었다. 18세기에는 인종 혼합이 보편화되면서 카스타스casts라고 불리던 '유색인' 집단을 분류하려는 시도가 있었으나, 그 다양성의 폭이 너무 커서 범주화가 쉽지 않았다.

그리고 본토 출신 스페인 사람과 신대륙에서 출생한 백인인 크리올 사이의 뿌리 깊은 차별도 언급하지 않을 수 없다. 본토 출신 스페인 사람이 영예로운 식민지 행정관료직을 독식한 반면, 주로 상업에 종사했던 크리올은 스페인 독점법에 따라 제약을 받아야 했다. 엘리트 계층 내부의 이러한 모순점은 나중에 식민지 독립 전쟁의 동기가 된다.

다음은 두 계층 사이의 갈등 양상을 이해하는 데 도움이 될 만한 이야기다. 1503년에 설립된 세비야 통상원Casa de contratacion(1717년 카디스에 설치되었다가 1790년에 폐지된다)은 해외무역 독점권을 갖고 있었는데, 이 기관은 콘술라도라는 배타적인 상인 길드와 밀접한 관계를 유지하고 있었다. 멕시코시는 신대륙의 도시 가운데 최초로 1594년에 콘술라도를 조직할 수 있는 허가를 얻었고, 리마는 그로부터 몇 년 뒤에 허가를 얻었다. 그런데 뒤늦게 상업이 발달한 부에노스아이레스에서는 18세기 말에 이르러서야 상인 조합을 결성할 수 있었다.

이처럼 엄격한 무역 독점권은 당연히 밀수 행위를 조장하여, 특히 카리브해 지역이나 리오데라플라타에서 밀수가 성행했다. 1765년에 스페인 국왕은 식민지 무역에 대한 제약을 점차 완화시켜, 제국 안의 무역을 활성화시키고자 했다. 그리하여 1789년에 누에바에스파냐와 베네수엘라는 본국의 16개 항구와 직접 교역할 수 있게 되었다. 이런 조처는 상업에 종사하던 크리올 엘리트 계층에게 유리한 상황을 만들었으며, 그때부터 시장 논리가 아메리카 부왕령이 스페인 본국에 얽매이게 하는 마지막 족쇄를 풀어버린다. 이렇게 하여 정치적 자유와 더불어 경제적 자유주의가 승리를 거두고, 아담 스미스와 중농주의 사상에 영향을 받은 크리올 무역상의 권한도 점차 강화되었다.

선교 사업 : 지배와 원조

인디언의 개종, 곧 세르주 그뤼진스키의 표현을 빌려 '정신적 식민화'는 교회의 성공작이라 말할 만하다. 세례, 결혼, 장례 같은 모든 통과의례에 대한 통제, 일부다처제의 철폐, 새로운 도덕 가치의 부과, 하위 계층의 사회적 통합은 16세기에 시작된 서구화 과정의 주요 면모였다. 그렇지만 선교 사업을 담당한 수도회의 태도나 정책, 전략이 저마다 달랐기 때문에, 당시 교회의 활동을 하나로 설명하기란 거의 불가능하다.

도미니크회, 프란체스코회, 아우구스티누스회, 자비회[1218년 바르셀로나에서 프랑스 출신 수도사 피에르 놀라스크가 창시한 수도회. 자선과 선교가 주된 활동이었다], 예수회의 선교사는 인디언을 개종시키는 방식에 대해 관점이 서로 달랐다. 수도회 사이에 갈등이 존재했을 뿐만 아니라, 수도회는 계속 재속 성직자와도 대립했다. 그러나 18세기에 이르면 재속 성직자가 주도권을 잡는다. 파로코parrocos라 불리던 시골의 주임신부는 고위 성직자와 같은 교권 세력과 갈등을 빚기도 했다.

선교 사업은 시대마다 다르게 전개되었다. 멕시코 인디언의 개종은 16세기 전반에 에라스무스식 인문주의에 영향을 받은 엘리트 수사, 특히 도미니크회와 프란체스코회 선교사에 의해 이루어졌다. 그보다 늦게 시작된 페루의 선교 사업은 주로 예수회가 맡았는데, 예수회 선교사는 먼저 이 사업에 착수한 주임신부의 방임주의적 방식에 비판적인 시각을 가지고 있었다. 아마존의 산기슭에서는 프란체스코회와 아우구스티누스회가 사업을 주도하고, 브라질에서는 예수회가 개종 사업을 독점했다.

그런데 '아메리카의 그리스도교화'라는 매우 복잡다단한 상황을 여기서 모두 다룰 수는 없다. 그래서 여기서는 서로 상반된 요소가 공존했던 선교 사업의 몇 가지 면모, 곧 폭력과 원조, 이교의 탄압과 새로운 형태의 신앙 탄생이라는 주제에 한정하려 한다.

인디언은 처음에 자신의 전통 신앙과 새로운 종교를 결합시킴으로써 그리스도교를 받아들일 수 있었다. 그렇지만 그리스도교의 보편주의와 평등주의라는 두 가지 원칙은 (전통적인 위계질서를 위태롭게 할 수 있으므로) 처음부터 문제가 되었다. 선교사가 과연 마야의 귀족층과 인디언 농민에게 똑같은 방식으로 전도할 수 있었을까? 각기 다른 조상의 후손이라고 믿는 안데스 지역의 여러 부족에게, 인간이면 누구나 아담과 하와의 자손이라고 설득할 수 있었을까?

일반적으로 인디언은 그리스도교를 믿는 체하면서 끝까지 전통 의례를 포기하지 않았다. 예를 들어 유카탄 지역에서 마야의 지배층은 교회에서 성가대의 장이라는 명예로운 직책을 맡고 있으면서도 비밀리에 전통 의례를 주재하고, 온갖 어려움 속에서도 인간을 제물로 바치는 희생제까지 치렀다.

1562년 프란체스코회의 사제 디에고 데 란다는 수천 개의 우상을 찾아냈다.

이로써 이교 신앙 행위가 계속되고 있었다는 사실이 드러나고, 곧바로 이를 응징하는 조처가 취해지기 시작했다. 마니에서 이단 심문이 열려, 5천여 명의 원주민이 고문을 당해 158명이 목숨을 잃고 수십 명이 자살했다. 그리고 수십 권의 두루마리 서책이 발견되어 메리다에서 소각 처분되었다.

페루와 누에바그라나다(콜롬비아)에서는 우상숭배 철폐를 위한 운동이 매우 격렬해, 17세기 중엽까지 50여 년에 걸쳐 지속되었다. 안데스 지역에서는 전통 신앙에 매우 강하게 집착했기 때문이다. 전통 신앙의 잔재를 찾아내려고 예수회 선교사는 우상숭배 혐의가 짙은 마을을 샅샅이 조사하고, 신앙의 물리적 매체인 성물을 파괴했다. 그렇다고 해도 호수·산·바위 등 자연에 자리 잡은 인디언 신앙의 추상적 표상까지는 파괴할 수 없었다.

선교사는 정보를 캐내려는 목적으로 인디언 사회에 고발 행위를 조장했는데, 이는 전통적인 친족 관계를 파괴하는 결과를 낳았다. 이런 정책을 시행하는 데 아이들은 가장 편리한 도구였다. 보고타 근처의 폰티본에서는 아이에게 우상을 향해 침을 뱉고, 발로 짓밟으며 망치로 부수게 했다. 전통 신앙을 욕되게 하려는 게 그 목적이었다. 인디언 모두를 교화시킨다는 명분으로 이런 행위는 만인에게 공개되었다.

페루에서도 마찬가지였다. 예수회 선교사가 이런 일을 벌이기 전에 이미 멕시코에서 프란체스코회 선교사가 우상을 숭배하는 부모를 질책하도록 아이를 선동한 적이 있었다.[25] 이러한 행동은 위험천만한 것이었다. 실제로 크리스토발이라는 아이가 신앙을 지키려는 아버지를 고발했다. 아버지는 틀락스칼라의 영주에게 고문을 당하다 끝내 목숨을 잃는 일이 벌어졌다. 이런 상황에서 비롯된 가장 참혹한 결과는 세대의 단절, 곧 전통의 파괴였다. 선교사는 인디언 아이에게 죽은 조상이 '우상숭배'를 저지른 죗값으로 지옥의 화염 속에서

---

25) Carmen Bernand, "Le chamanisme bien tempéré. Les jésuites et l'évangélisation de la Nouvelle-Grenade," *Mélanges de l'École française de Rome*, t. 101, 1989, pp. 789-815.

고통을 당하고 있다고 가르쳤다.

인디언만 감시 대상이 된 것은 아니었다. 1571년 페루와 멕시코—브라질에는 종교재판소가 없었다. 포르투갈 식민지의 유일한 종교재판소는 1560년 인도의 고아에 설치되었다—에 설치된 종교재판소는 스페인 사람, 유럽인, 아프리카인, 메스티소, 물라토의 심판을 담당했다(인디언은 종교재판소의 관할 대상이 아니었다). 종교재판관은 고발과 고문, 심지어 사형과 같은 수단까지 활용하여 스페인 사람과 흑인, 메스티소가 연루된 주술 집단 조직을 색출해, 그들을 신성모독 행위로 처벌했다. 또 신대륙에 만연한 중혼 사례를 적발하고, 특히 신교 이단자와 거짓 개종한 유대인을 탄압했다.

개종한 유대인인 마라노에 대한 탄압 사례 가운데 가장 참혹했던 것은, 1649년 멕시코에서 일어난 대규모 분서 사건26)이다. 이 사건을 계기로 이 지역의 마라노 공동체가 파괴되었고, 살아남은 사람은 화형을 면하려고 사방으로 흩어졌다. 같은 시기에 과달루페에서는 성모 신앙이 공식 승인되어, 이로써 누에바에스파냐 부왕령을 구성하는 여러 민족의 통합이 완결되었다.27)

종교재판소가 설치되기 전에 멕시코에는 교구 종교재판소가 있었는데, 이곳에서는 주로 개종한 인디언 가운데 이단 혐의가 있는 자를 심판했다. 여기서 행해진 재판 가운데 가장 유명한 사례가 1531년 무렵 테스코코족의 족장이던 돈 카를로스 오메토친에 대한 재판이었다. 프란체스코회의 사제 안드레스 데 올모스의 책임 아래 이루어진 심의 결과, 당사자는 부인했지만 결국 유죄로 판결되었다. 결국 그는 삭발과 매질을 당하고, 1539년 화형에 처해졌다. 족장이 처형되자 부족민의 거센 항의가 빗발쳤고, 멕시코시의 주교 후안 데 수마라가(스페인에서도 비스케의 마녀들을 무자비하게 탄압했던 인물이다)는 거센 비난에 직면

---

26) '마라노marrano'는 공식적으로는 가톨릭으로 개종했으나 비밀리에 유대교의 전통 의례를 지킨다는 혐의를 받았던 유대인을 가리키는 말이다.

27) Serge Gruzinski, *La Guerre des images*, Paris, Fayard, 1990, p. 189.

했다. 그밖에도 주술 행위, 마법, 희생제 등의 혐의로 수많은 인디언이 교구 종교재판소에서 재판을 받았다. 이들 모두가 끔찍한 고문을 당했지만, 화형은 모면했다.[28]

17세기 중엽에 이르러 교회는 식민지의 신앙생활 전반을 장악하게 되었다. 이때는 공연이나 볼거리를 중요시하는 바로크 문화의 영향을 받아 한창 도시화가 진행되던 시기였다. 그런데 바로 이때부터 나중에 '대중적 가톨릭'이라 불리는 특정 신앙이 형성되기 시작했다. 대중적 가톨릭이란 각종 평신도회, 공연, 퍼레이드, 종교 행렬, 성모 신앙 등의 요소로 특징지어지는 가톨릭 신앙을 말한다.

그 가운데서도 과달루페의 성모 신앙이 가장 두드러졌다. 1530년 무렵 과달루페의 성모에게 봉헌하는 소小성당이 테페약 언덕(멕시코시)의 토난친 여신의 신전이 있던 자리에 세워졌다. 그로부터 1세기가 지난 뒤에는 과달루페의 성모가 후안 디에고라는 멕시코 인디언에게 발현한 사실이 공식적으로 인정됨으로써, 과달루페의 성모 신앙은 교회법을 통해 승인을 받는다.

오늘날 미국의 모든 치카노(멕시코계 미국인) 가정에서 수호성인으로 숭배될 정도로 광범위하게 확산된 과달루페의 성모 신앙이 어떻게 탄생했는지는 여기서 자세히 다룰 수 없다. 그렇지만 라틴아메리카에서 성모 신앙이 널리 확산된 것은, 성모와 일반 민중(인디언, 메스티소, 흑인, 이 모두를 포함한) 사이의 특별한 관계에서 비롯되었다는 점은 분명하다.

페루와 볼리비아의 칸델라리아 성모, 콜롬비아 툰하의 치킨키라 성모, 부에노스아이레스 외곽의 루한 성모(라틴아메리카의 성모 신앙은 그밖에도 많다) 등이 모두는 비슷한 과정을 거쳐 탄생했으며, 이 과정에서 사회의 다양한 계층을 교회의 품으로 결집시켰다. 브라질에서는 성모가 요루바족의 다신교 신앙으로

---

28) Bernard Grunberg, *L'Inquisition apostolique au Mexique. Histoire d'une institution et de son impact dans une société coloniale(1521-1571)*, Paris, L'Harmattan, 1998.

편입되면서 심해深海의 여신 예만자와 동일시되기도 했다. 식민시대에 이러한 대중 신앙은 본래의 종교적 기능을 넘어, 그 당시 싹트고 있던 민족주의의 모태가 되었다.

그렇지만 교회의 역할을 오로지 지배와 억압의 측면에 한정해선 안 된다. 선교사와 교회 기구가 빈민이나 억압받는 사회의 약자에게 유일한 원조자 구실을 했던 것이다. 원주민을 보호하기 위해 그리스도교적인 유토피아를 구상했던 선교사는 앞에서 이미 언급했다.

인디언은 유럽의 농업기술과 수공업을 주로 선교사에게서 전수 받았다. 또 신대륙에 강제 이주된 흑인 노예의 비참한 현실에 관심을 갖고 이들의 고통을 덜어 주고자 애썼던 사람은 예수회 선교사밖에 없었다는 점도 잊어선 안 될 것이다. 물론 이들이 노예제의 정당성 자체를 문제 삼은 적은 없지만, 카르타제나항에 노예선이 드나들던 당시 상황을 적은 선교사의 기록에는 이들이 베풀었던 자선 행위가 자세히 묘사되어 있다.

흑인 노예는 주인의 횡포에서 벗어나려 하거나 주일날 쉴 수 있는 권리를 얻어내고자 할 때 교회에 도움을 청했다. 그리고 일종의 상호부조 제도처럼 운영되는 각종 평신도회가 설립되면서 인디언이나 도시 하층민은 비록 작은 규모지만 일종의 사회적 압력단체 또는 기금을 보유할 수 있었으며, 이로써 어려움을 겪을 때 상부상조할 수 있었다.

17세기에서 18세기 초까지 남아메리카의 여러 바로크 도시에서 호화로운 종교 행사가 자주 열렸다는 점은 매우 특징적인 현상이다. 바둑판 모양으로 구획된 도시와 직선으로 곧게 뻗은 도로는 각종 행진과 종교 행렬, 연극 공연, 무용 등 갖가지 화려한 볼거리를 한층 더 돋보이게 했다. 여러 민족이 행렬, 곧 각자의 수호성인을 기리는 뜻으로 평신도회에서 준비한 종교 축제에 참가했다. 18세기 중엽까지 스페인령 남아메리카의 여러 도시에서는 이런 축제가 끊임없이 열렸고, 이는 시민의 삶에서 중요한 역할을 차지했다.

이 바로크적인 사회에서 사람들은 사회를 구성하는 여러 '민족'의 문화적·인종적 다양성을 드러내고 싶어 했다. 식민시대에 '민족nation'이라는 말은 '출신이 같은' 집단을 가리켰다. 사회 계층 사이의 차이를 드러내는 것은 군주의 권력을 과시하는 한 가지 방법이었다. 흑인은 인디언이나 스페인 사람과 뚜렷이 구분되는 독자적인 민족이었고, 흑인 민족 안에도 여러 개의 작은 부족 집단이 있었다(콩고족, 기니아족, 벤구엘라족, 앙골라족, 모잠비크족 등). 이 부족 이름은 아프리카를 떠나온 노예선이 아메리카 대륙의 항구에 닿자마자 교구의 인명부에 등록된 것이다.

일반적으로 자유 흑인과 아메리카 태생의 크리올은 아프리카 출신의 흑인 노예와 별도로 자신만의 평신도회를 조직했다. 그렇지만 모든 평신도회가 도시의 공공 행사에 참여해 능동적인 역할을 했기에, 흑인이라고 해서 사회에서 전적으로 소외되지는 않았다. 종교단체인 평신도회는 질병이나 장례 같은 어려움을 겪을 때 회원끼리 상부상조하는 것이 그 주된 기능이었다. 마찬가지로 흑인 평신도회는 아직 노예 신분에서 벗어나지 못한 동포를 해방시킬 목적으로 기금을 모으기도 했다.

이러한 흑인의 평신도회는 저마다 수호성인이 있었고, 그 수호성인을 위해 공공 축제를 베푸는 것이 평신도회의 의무였다. 어쨌든 흑인 평신도회는 회원에게 강렬한 유대감을 심어 주었고, 이는 벤구엘라족·루안다족·콩고족·앙골라족 등 여러 부족으로의 분화를 촉진하는 한 가지 요소가 되었다.

흑인 행렬은 고위 성직자, 지역 유지, 동업조합, 인디언 행렬과 동등한 자격으로 행진에 참여했다. 신분의 고하를 가리지 않고 모두 화려한 의상을 입고 행진에 참가했다. 아프리카 전통 타악기는 유럽의 전통 음악과 뒤섞이며 독특하고 새로운 리듬을 만들었다.[29] 물론 이러한 축제가 지나친 음주나 불미스러운 사고를 일으키는 원인이 되기도 했다.

평신도회나 바로크적 성격의 축제 등 스페인령 아메리카의 특징적 요소가 동시대(17~18세기)의 다른 아메리카의 도시에서는 나타나지 않았다. 가령 뉴욕(당시에는 뉴암스테르담이라 불렸다)에서는 네덜란드인 신교 목사가 흑인을 소외시키고, 그들이 그리스도교에 다가서지 못하도록 차단하는 정책을 폈다.

사실 평신도회라는 틀로 흑인을 여러 부족 집단으로 분할하는 정책은 뚜렷한 정치적 목표를 지향하고 있었다. 그것은 모든 스페인령의 도시에서 다수를 이루는 흑인이 공동체 의식을 표출하지 못하도록 사전에 방지하려는 대비책이었다. 이처럼 아프리카 흑인의 '부족화ethnicization' 정책은 흑인 인구를 통제하고 분할하기 위한 수단이었다. 흑인의 음악과 무용은 '아프리카인의 정체성'이 가장 잘 드러나는 표현 양식이었다. 하지만 이러한 분리 정책이 결혼 등 일상생활의 다른 영역까지 확대되지는 못했다.

그러나 18세기 후반기부터 국왕은 사회의 근대화와 교회의 횡포를 근절시키겠다는 명분으로 축제 횟수를 제한한다. 게다가 관객에게 뜨거운 호응을 받던 흑인 무용은 새로운 심미적 기준에 합치되지 못했다. 18세기 말에 대두된 식민지 행정의 새로운 목표는 대중을 교화시키고, 유럽의 '문명화된' 모델을 신대륙에 이식하는 것이었다. 이러한 비판적 태도는 식민시대가 종결될 때까지 지속된다.

사실 이 태도는 흑인 인구가 급증하면서 머지않아 이들이 폭동을 일으킬지도 모른다는 두려움에서 비롯된 것이었다(하지만 결국 폭동은 일어나지 않았다). 이후로 수도회 선교사는 중앙아메리카와 안데스 지역의 농촌에서 선교 사업이 활발하던 시절에 누리던 영향력을 잃어버렸고, 그 대신 재속 성직자가 부상하게

---

29) John Thornton, *Africa and Africans in The Making of the Atlantic World, 1400-1680*, Cambridge, Cambridge University Press, 1992, pp. 228-229. 이 책의 저자는 유럽 음악이 아프리카에 이미 들어와 있었으며, 특히 콩고와 시에라리온에서 인기가 높았다는 사실을 지적한다.

된다.

선교 사업의 주도권이 수도회에서 재속 성직자에게 넘어가자, 당연히 소교구의 수가 증가했다. 이런 상황에서도 수도회 선교사는 제국의 변방에서 선교 사업을 계속했지만, 예수회 선교사가 추방되면서 수도회의 선교 사업은 큰 타격을 받았다. 계몽주의 사상에 영향을 받은 식민지 관료는 농촌 지역에서 횡행하던 교회의 횡포, 다시 말해 잦은 종교 행사에 드는 막대한 비용을 농민에게 부담시키고, 인디언을 하인처럼 부리며, 주임신부의 급료를 원주민에게 부담시키는 등의 행위를 거세게 비난했다. 실제로 시골 마을의 주임신부는 본당 신도에게 막강한 권력을 행사하였고, 경우에 따라 체벌을 가하기도 했다.

1740년대부터 부르봉 왕조의 개혁으로 국가 안에서 사제의 역할을 새로이 규정하고, 이들의 권력을 제한하려는 움직임이 나타났다. 이 정책은 사실상 주임신부, 대지주, 식민정부의 대리인이라는 식민지 권력의 세 축을 견고히 하는 식민지 신앙, 곧 인디언이 자기 방식으로 재해석하여 받아들인 대중적 가톨릭 신앙을 겨냥하고 있었다. 특히 멕시코에서는 주임신부가 자신의 특권을 이용하여 치부하는 일이 빈번했다.

그러나 교회의 횡포를 막으려는 정부의 자유주의적 조처는 오히려 역효과를 내고 말았다. 소성당 사제의 수입, 십일조, 최소 임금이 감소하자 주임신부는 신도에게 직접 급료를 거두고, 성사 비용을 올리며, 성당을 청소하거나 보수하는 일에 제멋대로 신도를 동원했다.

그렇지만 이러한 주임신부 때문에 인디언이 가톨릭 신앙에서 멀어졌다고 생각한다면 이 또한 오류다. 실제로 18세기 후반부터 멕시코나 안데스 지역의 농촌에서 '근본주의적' 인디언 가톨릭 신앙이 확대되면서, 인디언은 탐욕스럽고 지나치게 세속적인 주임신부에게 맞서기 시작했다. 시뮬라크르의 시대는 이미 끝났다. 그때부터 인디언은 성직자의 중개를 거칠 필요 없이 수호성인과 직접 관계를 유지하려고 했다. 과달루페의 성모 신앙은 인디언 원주민이 가톨릭을 재해석하여 자기 고유의 신앙으로 만든 대표적 사례다.

사실 그리스도교는 16세기부터 억압받는 원주민에게 더 나은 미래에 대한 희망과 착취의 거부를 표현하는 데 쓸 새로운 언어를 제공했다. 그리하여 식민시대 초기부터 정복자의 종교에서 저항이라는 주제를 빌려온 천년지복 성격의 움직임이 적지 않게 나타났다.

1556년 파라과이에서는 과라니족 인디언이 '하느님의 아들이라 믿는 아이를 앞세우며' 가혹한 착취를 일삼던 엔코멘데로에 맞서 폭동을 일으켰다. 이들은 며칠 밤낮 동안 농사일은 내팽개쳐 두고 '미친 사람처럼' 춤추고 노래했다. 또한 인디언 원정대가 '악이 없는 땅'을 찾아 밀림 속으로 떠났다가 안데스 산맥까지 도달하기도 했다. 페루에서는 육신의 부활이라는 그리스도교의 교리가 조상 숭배 전통의 인디언 사회로 유입되면서 잉카의 천년지복설이 부상하기도 했다.[30] 브라질의 바이아 외곽지역에서는 1560년대에 산티다데santidade라 불리는, 여러 종교가 뒤섞인 일종의 혼합주의 신앙이 번성했다.

선교사에게 교육을 받은 인디언은 그리스도교를 악이 없는 땅을 염원하는 전통 신앙과 결합시키고, 그리스도교의 상징들을 투피남바족의 전통 신앙과 뒤섞어 놓았다. 이 종교의 신봉자는 사탕수수 농장의 제당 공장을 습격하여 기계를 부수는 등 저항 운동을 벌였으나, 몇 년 뒤 완전히 진압되었다.[31] 그렇지만 18세기 말에 활동한 위대한 인디언 저항운동가 투팍 아마루는 교회를 적대시한 적이 단 한 번도 없었다.

---

30) 에스텐소로-푹스Juan Carlos Estenssoro-Fuchs는 후아로치리Huarochiri에서 프란시스코 데 아빌라Francisco de Ávila가 했던 설교 내용을 분석하면서 이 점을 지적했다. "Les pouvoirs de la parole. La prédication au Pérou. De l'évangélisation à l'utopie[말의 힘. 페루에서의 설교 복음화에서 유토피아로]," *Annales*, no 6, nov.-déc. 1996, pp. 1225-1257.

31) Robin Blackburn, *The Making of New World Slavery. From the Baroque to the Modern, 1492-1800*, London, Verso, 1997.

생산과 거래 : 공장

16세기 후반부터 중앙아메리카, 곧 푸에블라-틀락스칼라강과 멕시코강 유역, 그리고 키토 지방을 비롯한 안데스 지역에서는 오브라헤라고 불리는 직물 공장이 크게 번성했다. 이 기관은 동시에 종교단체 부설 취로사업장, 공장, 감옥의 역할을 했는데, 주로 인디언 노동력에 의존했다. 이곳에서는 양모, 고급 모직물인 나사, 모자, 의류, 염료를 생산했다. 노동자의 대부분은 채무자였는데, 이런 상황이 보편화되자 국왕은 인디언에게 가불해 줄 수 있는 최대 액수를 넉 달 치 임금으로 제한하는 결정을 내리기도 했다.

솜씨가 뛰어난 안데스 지역의 직조공을 확보한 키토와 페루의 스페인 공장은 일찍부터 페달식 직기를 들여왔고, 그때부터 폭이 넓어 활용도가 큰 직물인 바예타스bayetas를 생산하기 시작했다. 도미니크회, 자비회, 아우구스티누스회의 선교사는 옷감 짜는 일에 여성 노동력을 동원했던 스페인 도래 이전의 관습을 되살려, 젊은 여성이나 미망인을 오브라헤로 결집시켰다.

과만 포마 데 아얄라는 16세기 말의 오브라헤를, 일손이 더딘 자에게는 매질도 서슴지 않는 수사들이 엄중히 감시하는 감금 장소로 묘사했다. 이 공장에서 올리는 수입 가운데 일부분은 수도회로 들어갔다. 키토 근처 시그쵸스의 인디언 주민은 미타 노역 가운데 일부를 아우구스티누스회에서 운영하는 공장에서 수행했다. 이들은 노역의 의무를 빨리 끝내려고 가족 모두를 데리고 공장으로 갔다.

실제로 키토 지방이나 누에바에스파냐에는 두 가지 형태의 오브라헤가 존재했다. 국왕에게 정식 인가를 받아 17세기 초에 이르러서는 7천 명이 넘는 노동자가 일하던 안데스 지역의 공장 이외에, 더 많은 불법적인 공장이 있었다. 경영주의 횡포가 만연하여 이런 공장의 노동 조건을 법제화하는 문제는 오랫동안 국왕의 골칫거리였다. 마침내 1680년대에 이르러서야 공공연히 법을 위반하는 자에게 강력한 조처가 취해지기 시작했다. 불법적인 공장은 점차 폐쇄되었고, 감시도 더욱 엄격해졌다. 어쨌든 18세기 초에 오브라헤 제도는 쇠퇴하기 시작하여, 임금노동에 기반한 다른 형태의 직물 공장이 곳곳에서 발전했다.[32]

누에바에스파냐의 직물 공장은 주로 범법자의 노동력에 의존했는데, 마치 도형장이나 갤리선에서 형을 치르듯 죄수는 공장에서 형을 치렀다. 멕시코시 남쪽에 있는 코요아칸은 이런 상황에 대한 대표적인 사례였다. 17세기 후반에 자유노동자의 불법적인 감금 같은 불법 행위를 적발하려는 목적으로 실시된 조사 내용을 살펴보면, 이곳에서 노동자가 어떻게 살았는지 알 수 있다.

여기서 일하는 대부분의 죄수는 흑인과 물라토였다. 코요아칸시市에 있었던 라 림피아 콘셉시온 델 페드레갈La Limpia Concepcion del Pedregal 공장의 경우처럼, 죄수는 견습 노동자나 날품팔이 일꾼과 함께 숙소로 쓰는 커다란 방에 짐짝처럼 수용되었다. 그것은 그나마 나은 편이었다. 인근의 다른 공장에서는 침대조차 없어서 노동자는 바닥에 짚을 깔고 자고, 밤에는 자물쇠로 채워 숙소를 폐쇄했다. 죄수는 하루 10파운드[4.5kg]의 양모를 소모梳毛하고 세척했다. 재료를 망가뜨리면 가차 없이 처벌하고, 임금에서 그만큼을 삭감했다. 오브라헤에 관한 초기 법령은 노동자의 생활이나 급식에 대한 최소한의 조건을 규정하고 있었지만, 늘 그렇듯이 법은 지켜지지 않았다.

19세기 초에 케레타로를 방문한 알렉산더 폰 훔볼트는 공장의 습기와 더위, 소음에 충격을 받고 이렇게 묘사했다. "공장은 모두 어둠침침한 지하 감옥 같았다." 노동자는 피로와 권태에서 잠시나마 벗어나려고 도박과 음주, 동성애에 빠져들기도 했다. 그곳은 사회의 낙오자가 머무는 일종의 고립지였다.

감옥과 비슷한 또 다른 형태의 공장으로 파나데리아라 불리는 빵 공장이

---

32) Bernand, Gruzinski, op. cit., 1993, pp. 239-241 ; John Leddy Phelan, *The Kingdom of Quito in the Seventeenth Century*, Wisconsin University Press, 1967, pp. 69-85.

있었는데, 여기에서는 범법자나 주인에게서 형을 받은 노예가 일했다. 이 노동자는 발목에 족쇄를 찬 채로 일했다. 페루의 아코마요 성당의 벽에는 18세기 말 쿠스코 출신의 화가 타데오 에스칼란테가 그린 파나데리아의 일상적인 정경이 있는데, 그는 흑인과 메스티소가 발목에 족쇄를 찬 채 일하는 장면을 많이 그렸다. 리마와 부에노스아이레스의 파나데리아가 그 가운데서도 가장 참혹했다. 당시의 자료를 보면, 이곳의 노동자를 "태생이 가장 비천하고, 오만불손하며, 공장주나 작업반장 등 윗사람을 상대로 언제라도 음모를 꾸밀 수 있는 자들"이라고 평하고 있다.

플랜테이션 경제

신대륙에서 사탕수수 재배 농장과 제당 공장은 광산 수익과 함께 가장 중요한 수입원이었다. 원래 사탕수수의 원산지는 신대륙이 아니라 아시아의 중동 지역이다. 포르투갈인이 처음으로 사탕수수를 아조레스제도로 들여왔고, 1452년에는 마데이라제도에 최초의 제당 시설이 세워졌다. 불과 몇 년 만에 사탕수수 농업은 크게 번성했다.

하지만 제당 산업이 확대되면서 숲은 황폐해지고(아조레스라는 이름은 '울창한 숲'을 뜻한다), 토양이 척박해졌으며(식량작물의 재배에 부적합한 땅이 되고 말았다), 노예제가 생겨났다. 이러한 도식은 1520년대 브라질에서도 그대로 적용되어, 페르남부쿠를 시작으로 남부의 상빈센테와 에스피리토 산토로 퍼져 나갔다.

이곳들은 아조레스제도에 비해 사탕수수를 재배하기에 적합한 기후와 풍부한 하천, 방대한 경작지 등의 여러 가지 유리한 조건 덕택에 사탕수수 재배에 크게 성공했다. 16세기 후반에는 브라질의 설탕 생산량이 이전까지 유럽에 가장 많은 설탕을 공급하던 아프리카의 마데이라제도와 상투메 섬의 생산량을 크게 웃돌았다.

1580년의 경우 상투메 섬에서는 2만 아로바, 마데이라제도에서는 4만 아로바를 생산하는 데 그쳤으나, 브라질의 설탕 생산량은 18만 아로바(1아로바＝약 12.78kg)에 달했다. 1614년에는 브라질에서만 70만 아로바가 생산되었다. 1830년까지 설탕은 브라질에서 가장 중요한 수출품이었는데, 그 뒤에는 커피가 그 자리를 차지하게 된다.

브라질에서 플랜테이션 경제가 뿌리내린 데에는 멤 데 사 총독(1557~1572)의 공로가 컸다. 1570년대에 아프리카의 상투메 섬에서 플랜테이션을 경영하던 사람들은 자신이 쓰던 도구를 가지고 브라질 해안으로 들어와 정착했다. 포르투갈 국왕은 당시 네덜란드 신교도와 원수 사이였던 예수회 선교사에게 방대한 영지를 하사하고, 인구 밀집 지역에 학교를 세울 수 있도록 허가를 내주었다. 이에 예수회는 선교 사업에 필요한 자금을 마련하려고 하사 받은 영지에 방목장과 제당 공장을 세웠다.[33]

그들은 처음에는 인디언의 노동력만으로도 제당 공장을 운영할 수 있었다. 그러나 설탕의 수요가 크게 증가하면서 더 많은 생산량이 필요해져, 그때부터 몸이 튼튼하고 일에 능숙한 아프리카인 노동력이 인디언을 대치했다. 1600~1650년 사이에 20만이 넘는 흑인 노예가 브라질로 유입되었다.

플랜테이션마다 대개 엔젱뇨engenho라고 불리는, 사탕수수를 압착하는 제당 시설을 하나씩 보유하고 있었는데, 인근의 독립적인 농민도 이 제당 시설을 쓸 수 있었다. 브라질 북동부와 리스본 사이의 거리는 비교적 짧은 편이라, 유럽으로 운송하기도 비교적 수월하다는 이점이 있었다.

플랜테이션 농장주의 수입은 노예 가격(구입비와 운반비)과 설탕 시세에 달려 있었다. 17세기 중엽까지 설탕 가격은 비교적 높은 편이었다. 17세기에

---

33) Blackburn, op. cit., pp. 166-174.

이르면 흑인 노예의 수는 크게 증가하여, 브라질 전체 인구의 거의 절반을 차지했다. 그러나 같은 시기에 스페인령 아메리카에서는 흑인 노예가 전체 인구의 2%에 불과했다.

그 결과 흑인 노예를 통제하기가 쉽지 않았고, 그들은 탈주하여 떠돌이 생활을 하는 것이 보편적인 현상이 되었다. 탈주 노예로 이루어진 아프리카 흑인 사회인 킬롬보가 브라질 내륙의 곳곳에 들어섰다. 브라질의 10개 주요 킬롬보 가운데 7개가 설립된 지 2년 만에 사라졌으나, 페르남부쿠의 팔마레스에 세워진 '흑인 공화국'은 17세기 전반에 걸쳐 세력을 유지했다. 팔마레스 흑인 공화국에서는 관저를 보유하고 호위대를 거느린 왕이 주민을 통치했다.

그런데 신기하게도 이 흑인 반란자들은 그리스도교 신앙을 버리지 않았고, 심지어 성인을 위한 예배당을 세우기까지 했다. 팔마레스 흑인 공화국은 얼마 동안 평화로운 시기를 누리며 인구도 꾸준히 증가했다. 주민은 앙골라족 아프리카인과 브라질 태생의 크리울로crioulo로 구성되었다.

이 흑인 공동체는 2년의 전투 끝에 1694년 완전히 진압되었다. 200여 명의 흑인이 절벽 아래로 투신하고, 나머지 200여 명은 전투에서 목숨을 잃었다. 500여 명의 남녀 흑인은 포로로 붙잡혀 다시 노예로 팔리고, 왕은 참수형을 당했다.[34] 팔마레스는 인구로나 지속 기간으로나 가장 규모가 컸던 저항의 거점이었다. 그밖에도 여러 킬롬보 또는 팔렝케가 브라질, 특히 1763년까지 식민지 브라질의 수도였던 바이아 데 토도스로스산토스 인근에서, 또 카리브해 지역을 비롯한 스페인령 아메리카에서 광범위하게 나타났다.

자메이카와 산토도밍고의 플랜테이션이 경쟁자로 등장하면서, 1680년을 전후로 브라질의 설탕 산업은 위기를 맞는다. 18세기 전반에 쿠바의 사탕수수

---

34) 팔마레스 흑인 공화국에 관한 연구는 아주 많다. 그 가운데서 우리가 참고한 것은 다음과 같다. R. K. Kent, "Palmares, un estado africano en Brasil," in Richard Price(comp.), *Sociedades cimarronas*, Siglo XXI, Mexico, 1981, pp. 133-151(영어 원본, 1973).

생산량은 아직 미미하여, 5만여 명이나 되는 흑인 노예가 날품팔이 일꾼이나 하인으로 일하고 있었다. 이 시기에는 설탕보다는 담배가 쿠바의 주요 생산품이 었다. 스페인의 무역 독점권 때문에 흑인 노동력은 비싸고 구하기도 매우 어려웠다. 1774년에는 전체 인구 175,000명 가운데 44,000명이 노예이고, 31,000명이 해방된 흑인이었다.

그런데 1778년에 스페인과 포르투갈의 분쟁이 종결되면서 페르난도포 섬과 아나본 섬의 상관이 스페인에 이양되어, 이로써 스페인 사람은 주요 무역 거점 가운데 하나를 확보하게 되었다. 이 사건을 계기로 쿠바의 설탕 산업은 비약적으로 발전했다.[35] 게다가 산토도밍고에서 노예 반란이 일어나고, 그에 따라 산토도밍고의 설탕 산업이 붕괴된 것도 이를 가속화시켰다. 산토도밍고의 기술자와 사업가가 자본과 경험, 기술을 가지고 쿠바로 건너온 것이다. 이렇게 하여 1510년에 시작된 사탕수수 농업은 유례없는 호황기를 맞이했다.

1792년 쿠바는 자메이카와 브라질 다음 가는 세 번째 설탕 생산국이 되었다. 1807년에 영국이, 1817년에는 스페인이 노예무역을 폐지했음에도 불구하고, 1790년부터 1820년까지 369,000명의 아프리카 흑인이 쿠바로 유입되었다. 흑인 노예의 유입은 1841년까지 계속되었다.

그렇지만 이미 시대는 변했다. 설탕 산업을 장악한 부르주아 계층은 아이티처럼 흑인 노예가 폭동을 일으키지나 않을까 우려했는데, 그것은 기우가 아니었다. 1790년부터 도시와 농촌을 가릴 것 없이 빈번하게 흑인 폭동이 일어났다. 나중에는 공장 노동자의 폭동이 흑인의 탈주보다 더 보편적인 현상이 되었다. 1843년에 영국 영사의 지원을 받았던 자유 물라토 호세 미첼이 처형되었지만, 그것으로도 반란자의 조직망을 완전히 와해시키긴 못했다. 영국과 스페인의 노예무역 폐지에도 불구하고, 1851년부터 1860년까지 131,000명의 흑인 노예

---

35) Blackburn, op. cit., pp. 497-500.

가 브라질을 거쳐 쿠바로 유입되면서 노예무역은 마지막 절정기를 맞았다.

설탕 산업을 장악한 부르주아 계층은 1790년부터 1860년까지 쿠바로 유입된 72만의 흑인 노동력 덕택에 엄청난 부를 쌓았다. 하지만 사탕수수 재배가 확대되면서 자연히 농민의 경작지는 잠식되었다. 예전에 크게 번성했던 담배 재배도 점차 쇠퇴하고, 커피 재배는 1860년에 사라졌다. 이 시기에 사탕수수는 전체 농업 생산량의 89%를 차지했으며, 농장은 대부분 아바나와 마탄자스 지방에 집중되어 있었다.

그러다가 1885년 무렵 경쟁 작물인 사탕무가 부상하면서 쿠바의 경제는 쇠퇴기를 맞는다. 그때부터 설탕 산업은 철저한 기술 혁신 없이는 경쟁력을 갖출 수 없게 되었다. 거기에 유럽 시장이 폐쇄되면서부터 쿠바는 미국에 종속되었다. 미국인은 사탕수수 농장을 사들이고, 제당 시설을 집중화하고, 설탕의 유통을 안정화시켰다. 이렇게 하여 불과 몇 년 만에 미국이 쿠바의 제당 산업 전반을 장악했다. 그리고 어느덧 후진성의 징표가 된 노예제는 1878년부터 폐지되기 시작하여, 1886년에 완전히 사라진다.

이러한 위기 상황에서 '야라 전쟁'이라고도 불리는 10년 전쟁(1868~1878)이 터진다. 이 전쟁은 농민에 의해 시작되었으나, 나중에는 쿠바의 민족 시인 호세 마르티를 비롯한 지식인과 중·하위층이 연합하여 설탕 산업을 장악한 부르주아 계층, 더 나아가 스페인 왕권에 맞선 사건이다.

전쟁은 호세 마르티가 사망한 해인 1895년에 막바지로 접어들었다. 그런데 1898년 아바나항에 정박하고 있던 미국 선박 메인호에 원인 모를 폭파 사건이 일어나면서 미국이 군사적으로 개입할 수 있는 구실을 제공했다. 결국 스페인은 이를 견디지 못하고 항복하여 쿠바를 포기하고, 보상으로 미국에게 푸에르토리코와 필리핀제도를 이양했다. 이로써 아메리카에서 스페인의 패권은 종결되었다. 이때부터 먼로주의 원칙을 가장한 미국 제국주의가 그 자리를 대신 차지했고,

설탕 생산업자의 이익도 보장되었다.

설탕 산업에 역점을 둔 나라는 브라질과 쿠바만이 아니었다. 멕시코의 모렐로스 지방에서도 설탕 산업이 크게 번성했는데, 여기서는 흑인 노예나 빚 때문에 어쩔 수 없이 일해야 하는 채무 노동자의 노동력에 의존했다. 키토 북부에서는 예수회 선교사가 노예 노동력을 이용하여 8개의 대규모 농장을 운영했다. 1760년대에 예수회가 추방될 때까지 이러한 체제는 계속 유지되었다. 페루 해안 지역에서는 사탕수수 플랜테이션의 규모가 매우 커, 페루 부왕령의 노예 인구 4만 명 가운데 절반이 여기서 일했다.

모든 사탕수수 재배 지역에서는 럼주의 생산도 증가했다. 식민지 아메리카 주민의 삶에서 술은 지배적인 역할을 했다. 도시나 농촌을 가리지 않고 증류주가 대량으로 유통되었다. 옥수수나 용설란, 카사바로 만드는 전통주보다 훨씬 독한 증류주는 18세기 이후 어디서나 찾아볼 수 있었다. 만취, 알코올중독, 폭력 등 그에 따른 부작용도 적지 않았으나, 인디언 전통 사회에서 의례의 기능을 담당하던 술은 여전히 공동체의 유대를 강화시키는 역할을 했다.

흑인 노예나 인디언 노동력으로 재배된 플랜테이션 농작물은 사탕수수만이 아니었다. 담배와 인디고, 카카오도 식민지 경제에서 중요한 역할을 했다. 식민지 플랜테이션에서 재배되는 농작물은 유럽에서 고가의 사치품으로 간주되었다. 그러나 흑인 노예 노동력이 투입되면서 공급량이 크게 증가하자 가격이 점차 하락했다.

담배의 원산지는 중앙아메리카(니코티아나 루스티카)와 안데스 지역(니코티아나 타바쿰)으로 알려져 있다. 유럽에는 누가 처음으로 들여왔는지 알려진 바는 없으나, 포르투갈 주재 프랑스 대사였던 장 니코에 의해 널리 보급되기 전인 1520년에 이미 스페인에 들어와 있었다. 어쨌든 담배는 최초로 시장의 세계화가 이루어졌던 품목인 만큼 그 중요성이 매우 크다. 포르투갈인이 그 작물을 페르시아만과 인도로 들여왔는데, 바이아에서 출발하는 담배 수출 시장은 아프리카, 유럽, 그리고 북아메리카의 생로랑강 유역까지 확대되었다. 담배는 16세기에 데칸 고원에 처음으로 들어왔고, 1605년에는 일본에서도 재배되었다. 17세기 네덜란드 회화에서 볼 수 있는 것처럼, 원산지는 아라비아지만 쿠바와 브라질에서 대량 생산된 또 다른 작물인 커피와 술, 담배는 유럽인의 여가 생활에서 필수적인 요소가 되었다.

카카오는 스페인이 도래하기 이전부터 인디언 사회에서 매우 중요한 물품이었고, 화폐로도 쓰였다. 정복 시대 이전에 유카탄 지역의 상인은 소금을 가지고 와서 카카오를 사 갔다. 카카오 씨는 의례의 기능도 가지고 있었다. 카카오로 징수되는 공물 가운데 거의 절반이 과테말라 아우디엔시아(사법 행정 기구)의 관할 지역이던 소코누스코의 무더운 지역에서 생산되었다. 그 지역의 더위와 습기가 노동자를 괴롭혔지만, 카카오 재배에는 적합했던 것이다.

정복 시대 초부터 사망률이 급속하게 높아지면서 인디언 공물 납세자의 수가 급감하자, 저항적 성향 때문에 노예가 된 북부의 치치멕족 인디언을 소코누스코로 강제 이주시켰다. 이들과 함께 범법자도 플랜테이션에 수용되었다. 스페인이 도래하기 이전의 인디언 사회에서는 상류층만 즐길 수 있던 음료인 코코아가 널리 보급되면서 카카오 재배는 크게 번성했다. 이에 모험가나 식민지 관리가 카카오 재배를 장악했다. 그러나 17세기에 소코누스코의 코코아 생산은 쇠퇴하기 시작하고, 그 대신 과야킬이나 특히 베네수엘라가 새로운 카카오 생산지로 급부상했다.

그밖에 플랜테이션 농작물로 치퀼리테, 곧 양질의 청색 염료를 추출하는 식물인 인디고가 있다. 치퀼리테라는 이름은 나와틀어語이지만, 인디고는 원래 인도에서 건너온 작물이다. 염료를 추출하는 방법은 다음과 같다. 수확한 인디고를 공장으로 가져가서 몇 시간 동안 물에 담가 놓는다. 이 발효 과정을 거치고 나면 끈적끈적한 액체가 생기는데, 이를 계속 휘저으면서 3~5시간 동안 산화시키면 염료가 만들어진다.

인디고 재배는 산살바도르와 니카라과 등 태평양 연안을 따라 확대되었다. 오직 원주민만 가능했던 연지벌레(양홍 염료 추출) 양식과 달리, 정교한 기술을 요하는 작업이 아니어서 인디고 산업은 쉽게 발전할 수 있었다. 원칙적으로 플랜테이션에서 인디언을 부리는 것은 법으로 금지되어 있었으나, 법망을 피하기는 어렵지 않았다. 18세기 말에 이르면, 인디고를 재배하는 아시엔다(대농장)마다 라디노(메스티소) 노동자가 가득했다.

훨씬 나중에 나타났기에 시기로 보면 이베리아 식민주의라는 틀을 벗어나지만, 플랜테이션 농작물을 다루면서 고무를 언급하지 않을 수 없다. 스페인이 도래하기 이전부터 인디언 사회에서는 고무를 썼는데, '올맥'족이라는 부족명 자체가 '고무 생산지에 사는 사람'을 뜻한다. 포르투갈인은 아마존 지역의 인디언이 천이나 광주리에 고무를 발라 방수 처리한다는 사실을 알게 되었다.

1755년 포르투갈의 국왕 돔 호세 1세는 장화 몇 켤레를 파라에 보내 고무로 방수 처리를 하도록 했다. 1802년에는 포르투갈 정부의 명령으로 원주민의 고무 활용법을 조사했다.[36] 그 결과 수익성 있는 사업으로 판명되어, 19세기 전반기 동안 브라질의 고무 수출은 꾸준히 증가했다. 찰스 굿이어가 고무의 가황 처리 방식을 개발하고, 탄성과 방수 기능이 있는 그 물질을 산업적으로 활용할 수 있는 가능성을 찾아내면서, 1870년부터 고무 생산은 전성기를 맞는다. 1879년부터 마나우스에서는 숲에서 고무 수액을 채취하는 작업이 농업을 압도했다.

하지만 이 일도 노예 노동이나 다름없는 조건에서 이루어지는 고된 작업이었다. 세링구에이로, 곧 고무 수액 채취 노동자는 하루에 12시간씩 일했다. 이들은

---

36) Jean Piel, "Le caoutchouc, la winchester et l'empire," *Revue française d'histoire d'outre-mer*, t. LXVII, no 248-249, 1980, pp. 227-252.

고무나무를 찾아내 수액을 채취한 다음 고무 덩어리를 만들었고, 밤에는 비좁은 막사 안에 감금되었다. 게으름이나 사소한 실수에도 채찍질을 당했고, 작업반장 은 탈주하는 노동자를 사살할 권리까지 있었다. 여기서도 먼저 빚을 지게 한 다음, 노동으로 빚을 갚는 방식으로 노동력을 충원했다. 먼저 술이나 총기 같은 물건을 내준 다음, 노동으로 물건 값을 치르게 했다. 1914년 아메리카의 고무 산업이 쇠퇴하던 20세기 초까지도 아마존 전역에서는 이러한 노동력 충원 방식이 일반화되어 있었다.

1870년대에는 영국인 플랜테이션 사업가가 파라고무나무 씨앗 7만여 개를 밀반출하여, 그 가운데 2천 개를 실론 섬에 심었다. 고무나무는 여기서 다시 말레이시아와 인도네시아로 퍼져 나갔다. 이로써 아시아에서도 고무나무 재배 가 확대되었고, 아마존 지역의 고무 생산은 쇠퇴해 갔다.

금과 은 : 광산 자원

황금에 대한 열망, 머나먼 곳으로 떠나 고갈되지 않는 금광을 찾고자 하는 희망은 초기 정복자의 상상력을 자극했다. 갖가지 형태로 변주된 엘도라도 신화는 이러한 열망을 반영하며, 쿠스코의 태양 신전과 그곳에 소장된 엄청난 보물을 발견한 뒤에 정복자의 꿈은 더욱더 부풀어 올랐다.

콜럼버스의 1차 항해 때부터, 섬에서 사금을 채취할 수 있으리라는 기대가 분명히 존재했다. 자신에게는 불행의 씨앗인 줄도 모른 채 타이노족 인디언은, 히스파니올라 섬의 시바오 계곡에 금광이 존재한다는 사실을 스페인 사람에게 알려주면서부터 아메리카 땅에서 처음으로 황금 열기가 출현했다. 인디언은 농사는 내팽개쳐 두고 매우 열악한 조건에서 사금을 채취했고, 농사를 짓지 못한 인디언은 곧 굶주림에 시달리게 되었다. 이처럼 앤틸리스 지역의 금

생산은 그 지역의 인구와 생태를 파괴했다.

금을 찾는 데 혈안이 된 스페인 모험가는 콜럼버스의 부하에게 혹독한
처벌을 받았다. 인디언과 마찬가지로 코와 귀가 잘리는 형벌을 받기도 했다.
그러나 앤틸리스 지역의 금 생산량은 기대에 미치지 못했다. 그 당시 '카스티야
델 오로'[황금의 카스티야라는 뜻]라고 불리던 파나마지협에서도 마찬가지였다.
그리하여 스페인 사람은 금광을 개발하기보다 원주민이 갖고 있던 보물을
약탈해, 그것을 녹여 금괴로 만들어 유럽으로 보냈다. 콜롬비아(안티오키아,
추코)와 에콰도르(자루마, 자모라)에서 사금 채취로 수익을 올리는 경우가 더러
있었지만, 첫 황금의 시대는 16세기 중엽에 막을 내렸다.

그런데 18세기에 브라질의 미나스 제라이스에서 황금 열기가 되살아났다.
금광이 발견되면서 그 지역을 완전히 변모시켰다. 도로망이 확대되고, 관료주의
가 정착했으며, 특히 흑인 노예가 대규모로 유입되면서 그 지역의 인구를
변화시켰다. 이 지역의 광산에서 금이 얼마나 생산되었을까? 정확한 수치를
계산하기는 쉽지 않지만, 금광 채굴이 가장 활발하던 시기에 이 지역의 금광에서
얻은 총수익은 자카테카스와 포토시에서 생산된 은으로 벌어들인 수익을 초과
했다. 1735~1764년에 미나스 제라이스에서 생산된 금은 27,000kg을 넘어섰다.
게다가 미나스 제라이스 대장령(카피타니아) 북부에서 다이아몬드 광산이 발견
되면서 그 지역은 경제적 요충지로 급부상했다. 풍부한 광산 자원으로 경제적인
번영을 누리게 되자, 목축업 위주의 대규모 농원(파젠다)이 출현하기도 했다.

18세기에 미나스 제라이스 대장령은 도시의 발달, 경제 활동의 다양화,
해방 노예 인구의 증가(1767년에 흑인 노예가 아직도 전체 인구의 38%에 머물렀지만)
와 같은 요소 때문에 다른 지역에서는 찾아볼 수 없는 독특한 풍광과 분위기를
갖게 되었다. 이곳은 모든 게 화려했다. 하지만 은사로 수놓은 의복, 화려한
장신구, 사치품의 풍요로움 속에서도 검은콩이나 닭고기 같은 식품류는 귀하고

값도 매우 비쌌다.

빌라리카(오우로 프레토)시市는 예술 분야에서도 놀라운 발전을 이루어, 브라질에서 가장 아름다운 바로크 건축물이 이곳에 있었다. 나중에 디아만티나시市가 된 테주쿠 마을은 황야로 둘러싸여 있었는데, 일종의 금지구역 또는 보호구역인 셈이었다. 특별 허가를 받지 않고서는 마음대로 출입할 수 없는 지역이었는데, 이는 고가의 광물이 밀반출되는 것을 막기 위한 장치였다.

브라질의 다른 지역과 마찬가지로 미나스 제라이스에도 탈주 노예가 세운 흑인 공화국, 곧 킬롬보가 존재했다. 그 수는 많았지만 규모는 작았다. 고립 지역이라고는 하나 실제로는 인근 도시와 교류하며 탈주 노예는 도시의 자유인과 물물교환을 했다. 1740년대부터는 킬롬보를 군사적으로 진압하기 시작했다. 그렇지만 브라질 전역에서, 또 포르투갈에서 모험가들이 부를 찾아 이 지역으로 꾸준히 유입되었음에도 불구하고 금과 다이아몬드 광산업은 이미 쇠퇴의 조짐을 보이고 있었다.

스페인령 아메리카에서 가장 중요한 광물 자원은 은으로서, 페루 부왕령의 포토시와 자카테카스, 과나후아토가 3대 주요 은 생산지였다. 이들 지역에서도 인디언과 흑인 노동력이 동원되었다(누에바에스파냐에서는 주로 흑인 노동력에 의존했다). 16세기에 노동력을 징발하기 위해서는 엔코멘데로가 되어 부역 노동자를 동원하는 수밖에 없었다(페루에서는 미타라는 교대제 노역 제도를 통해 노동력을 징발했다). 아메리카에서 광산업이 수익을 낼 수 있었던 것은, 광물의 품질보다(유럽산에 비해 품질이 낮았다) 공짜나 다름없이 쓸 수 있던 노동력 덕분이었다.[37]

하지만 원석을 가공하고, 저장하고, 세금을 내고, 거리가 멀고 안전치도 않은 무역로를 통해 운반하는 데에도 막대한 비용이 들었다. 자카테카스 광산

---

37) Ruggiero Romano, *Les Mécanismes de la conquête coloniale : les conquistadores*, Paris, Flammarion, Questions d'histoire, 1972, pp. 135-147.

지역에서는 초기 40여 년 동안, 매우 저항적이던 치치멕족(멕시코의 인디언 부족군) 인디언 연맹의 위협이 끊이지 않았다. 실제로도 쿠에레타로 인근의 목장 지대와 은광이 밀집된 산악 지대 사이의 영토는 적대적인 인디언 부족이 차지하고 있었다. 그러나 1590년부터 무기가 아니라 프란체스코회 선교사가 옷이나 신발, 철제 도구나 먹을 것을 나누어주며 이 인디언 부족을 평정했다.[38]

전설에 따르면 포토시의 은광은 1545년 산에 사슴을 사냥하러 갔던 '괄파'라는 이름의 인디언이 발견하여, 그로부터 얼마 뒤에 은광을 개발하기 시작했다고 한다. 인디언 사회에서 대지의 신으로 숭배되던 그 황토빛 산은, 불과 몇 년 새에 마치 개미 소굴처럼 사람으로 들끓게 된다. 고지에 돌로 된 용광로를 설치하고 은 덩어리를 녹였는데, 나무가 부족하여 구아노를 연료로 썼다. 구아노는 바닷새의 배설물이 퇴적하여 덩어리가 된 것으로서, 페루의 해안 지역에 매우 풍부했다.

은을 생산하는 방식은 다양했다. 그 가운데 하나가 미타 제도로서, 이 제도는 인근 수백 킬로미터 안에 거주하는 모든 인디언을 관할하고 있었으며, 저항적이었던 아이마라족도 여기에서 벗어나지 못했다. 리마의 식민 권력은 인디언 노동력을 원활하게 징발하려는 목적으로, 스페인이 도래하기 이전 잉카 시대의 주州와 거의 합치되는 행정 단위를 조직하고, 이 '대장령'의 책임자로 해당 지역의 인디언 왕족을 임명했다.

이 원주민 영주는 지역 주민에 대한 실질적인 지배권을 가지고 있었다. 이들은 스페인식으로 옷을 입고, 정복자의 생활양식을 따르며, 노예와 여러 하인을 부렸다. 그러나 18세기에 이르러서 이러한 간접 통치 방식은 사라지고, 그 대신 관료주의가 확대되어 주민 통제가 더욱 치밀해졌다. 이로써 인디언 지배층의 권위가 일부 실추되었는데, 가문 사이의 알력과 권력 남용, 근거

---

38) 이 주제에 관해서는 다음 책을 보시오. Philip W. Powell, *La Guerra chichimeca, 1500-1600*, Mexico, Fondo de Cultura Económica, 1977.

없는 자만심은 이들의 몰락을 가속화시켰다.

강제 노역의 의무를 진 인디언 가운데 대다수는 가혹한 착취에 시달리면서도 (당시 포토시는 그야말로 '지옥의 입구' 가운데 하나였다) 고향으로 돌아가기보다 임금노동자로 도시에 머물고 싶어 했다. 도시에서는 부역의 의무를 다한 뒤 자유 시간을 이용하여 돈벌이를 할 수 있었기 때문이다. 도시 생활은 농민 신분에서 벗어날 가능성을 비롯하여, 몇 가지 이점이 있었다. 지금으로서는 상상조차 하기 어렵지만, 17세기에 포토시는 다양한 인종이 뒤섞여 살며 대극장 과 여러 무용 아카데미가 들어서 있던 대도시 가운데 하나였다.

또한 페루의 고지대에서 생산된 은이 유럽에 유입되면서 경제적인 대격변을 일으켰다는 사실(실제로는 스페인보다 유럽 북부의 여러 왕국이 그 혜택을 누렸다)을 잊어서는 안 될 것이다. 포토시에서 광산업이 크게 번성하면서 안데스 남부를 비롯한 여러 변방 지역에서는 직물 시장이 확대되고, 목축업과 감자 재배, 코카와 구아노 생산이 활성화되는 등의 중요한 파급 효과가 일어났다. 포토시의 전성기는 1580년에 시작되어 1620년까지 지속되다가 그 뒤 서서히 쇠퇴했다. 그러나 여전히 포토시의 은 광산은 본래의 공동체를 떠난 인디언, 곧 스페인 지배 초기에 공납을 면제받은 일종의 자유노동자인 야나코나 계층을 끌어들 였다.

멕시코에서 가장 역동적인 경제활동의 중심지는 자카테카스였다. 1546년 이곳에서 은광이 발견되면서 인디언과 메스티소, 물라토가 대규모로 유입되었 다. 그리하여 척박한 황무지 한가운데에 있던 이 도시는 북부 지역의 정복을 위한 누에바에스파냐의 교두보가 되었다. 자카테카스의 광산에서 실질적인 권력을 가진 사람은 엔코멘데로가 아니라, 엄청난 부를 축적한 광산 사업가와 상인이었다(과나후아토, 파추카에서도 마찬가지였다).

실제로 이곳에서는 페루에서와 달리 리파르티미엔토 —미타 제도의 중앙아메

리카 판이다— 보다 자유노동이 보편화되어 있었다. 그렇지만 빚을 갚고자
일해야 하는 채무 노동자가 대부분이었으므로, 자유노동자라고 해도 고용주에
게 종속될 수밖에 없었다. 그러나 포토시의 경우처럼 다양한 인종이 뒤섞여
살았고, 광산과 연관된 일자리도 매우 다양했다.

광산업은 17세기에 일시적으로 생산량이 감소한 적도 있지만, 18세기에는
기술 혁신을 통해 활기를 되찾았다. 이때부터는 더 이상 노천 채굴을 하지
않았다. 광맥을 찾으려면 수직으로 깊은 갱도를 파야 했는데, 이는 막대한
비용이 드는 작업이었다. 그렇지만 투자금에 비해 높은 수익을 올릴 수 있었고,
19세기 초에는 은의 총수출량 가운데 67%가 멕시코산이었을 정도였다. 자카테
카스의 은광은 16세기에 건너온 바스크 정복자의 후손으로 이루어진 광산
귀족층과 멕시코시의 식민 귀족층이 장악하고 있었다. 독일의 여행가 알렉산더
폰 훔볼트는 멕시코를 여행하면서 세상에서 가장 부유한 사람, 곧 귀족 작위를
구입하는 데 거금의 투자도 마다하지 않는 비스케 출신의 사업가를 만났다고
술회하기도 했다.[39]

도시의 노예와 해방 노예

사탕수수 재배와 광산업, 목축업은 막대한 노예 노동력을 필요로 하는 사업이
었다. 18세기 동안 노예선의 자유로운 통행을 방해하는 제약이 점차 사라지면서,
흑인 노예무역은 특히 스페인령 아메리카에서 크게 번성했다. 엔젱뇨라는
브라질의 플랜테이션에 매여 있으면서 가부장적 온정주의 체제 속에서 살아가
는 흑인 노예의 삶을 그린 질베르토 프레이레(20세기 초 브라질의 작가)의 소설

---

39) 자카테카스에 관한 연구나 자료는 매우 풍부하다. 그 지역의 지배 계층에 관한 연구서로는
다음 책을 추천한다. Frédérique Langue, *Mines, terres et société à Zacatecas(Mexique) de la fin du
XVIIe siècle à l'indépendance*, Paris, Publications de la Sorbonne, 1992.

속 이미지도, 카리브해 지역의 플랜테이션의 그보다 덜 낭만적인 현실도, 아메리카 노예제의 현실을 다 포착하진 못했다. 18세기 말까지 대다수 노예는 노예의 재능이나 노동력에 의존하여 살아가던, 그다지 부유하지 않은 정착민에 게 하인이자 품팔이 일꾼으로 팔렸다. 여러 스페인 부왕령이나 브라질에서 도시 노예의 역할은 매우 컸는데, 이들은 앞으로 흑인 프롤레타리아 계층의 출현을 예고하고 있었다.

그런데 도시 노예는 어떤 특성이 있었을까? 그 첫 번째는 노예와 주인의 신체적인 인접성이다. 노예가 빵 공장 같은 작업장에 딸린 숙소에 거주하는 경우도 적지 않았지만, 노예는 대개 주인집에서 기거했다. 16세기부터 정복자가 신대륙에 들여온 유럽의 봉건제적 모델을 근거로, 노예가 주인의 가족 구성원이 된 것이다.

실제로 스페인 귀족 사회에서 리나헤(가계, 가문)라고 불리던 스페인식 대가족 집단은, 가까운 친척은 물론 한 지붕 아래 모여 사는 주인에게 딸린 모든 식구, 곧 크리아도를 뜻했다. 흔히 '하인' 또는 '시종'으로 번역되는 크리아도라 는 단어에는, 누군가를 부양하고 재운다는 의미가 함축되어 있다. 크리아도라는 범주 안에도 위계질서가 있는데, 노예는 그 가운데 가장 낮은 신분이었다.

그렇지만 도시 노예가 집 안에만 머물렀던 것은 아니었다. 이들은 거리, 광장, 시장, 선술집, 도시 외곽의 경작지 등 공공장소를 자유롭게 드나들었다. 노예는 다른 사람과 접촉하면서 정보를 얻고, 소문을 퍼뜨리고 쑥덕공론을 벌이기도 했다. 이처럼 거리는 도시 노예에게 자유로운 공간이었는데, 지배 계층의 여성도 이런 자유를 누리진 못했다. 물론 오늘날의 인구 밀도만큼은 아니지만, 당시 스페인령 아메리카 도시는 인구 밀도가 높아 일부 구역에서는 익명성이 보장되었으며, 오늘날의 대도시처럼 인간관계의 약화와 같은 현상이 나타나기도 했다.

노예 가운데 대다수는 품팔이 노동자 신분으로 공장에서 일했기 때문에, 도시 노예의 자유로운 통행은 불가피한 현상이었다. 노예가 공장에서 번 돈은 주인에게 돌아갔다. 이로써 주인은 노예를 구입하고 먹여 살리는 데 들인 투자금을 회수하고, 나머지는 이익금으로 착복했다. 그리고 노예는 노예 신분에서 벗어나는 데 쓸 자금을 마련했다.

식민시대에 '기술artes mecanicas'이라 불리던 수작업에 종사한다는 것은 하위 계층에 속한다는 표시였다. 이러한 위계질서 안에서 동업조합이 최상층을 차지했다. 이처럼 차별적이고 선택적인 위계질서 속에서 흑인이 마에스터가 되기란 거의 불가능했다. 한 가지 흥미로운 점은 흑인이나 물라토가 직업 활동을 한 것은 동업조합이라는 편협하고 낡은 제도 안에서가 아니라(접근 자체가 금지되었지만 그들이 동업조합에서 일하는 경우도 없진 않았다), 16세기부터 스페인 국왕이 장려하고 나중에는 고비용의 노예제를 대치하게 된 자유 임금노동제라는 틀이었다는 사실이다. 그런데 자유 임금노동자라는 새로운 프롤레타리아 계층을 구성하고 있었던 것은 물라토와 메스티소, 곧 카스타스라는 총칭적 용어로 지칭되던 사람들이었다.

법적으로는 아프리카 출신의 흑인만 노예로 삼을 수 있었지만, 현실적으로는 흑인 노예와 그 밖의 여러 사회 계층을 뚜렷하게 구분 짓기 어렵게 만드는 애매한 상황이 적지 않았다. 인디언의 노예화는 16세기 중엽에 공포된『신법률』에 따라 금지되었다. 그러나 앤틸리스제도나 대륙의 나보리아, 안데스 지역의 야나코나 또는 페이나디요 등의 애매모호한 계층이 존재했다는 사실은, 인디언에게 자유를 박탈 또는 제한하는 게 불가능하지 않았음을 말해 준다.

18세기 농촌의 인디언 사회에 확대된 콘체르타헤는 채무에 의한 노예제의 한 가지 형태였다. 그리고 필리핀에서 아카풀코로 유입된 치노 필리피노 역시 사회적 지위가 노예와 비슷했다. 지금까지 식민시대의 다양한 예속 관계에 대한 비교 연구가 제대로 이루어진 적은 없지만, 이러한 연구를 통해 당시 흑인 노예의 위상을 더 명확히 규명할 수 있을 것이다.

식민시대에 '자유'라는 게 현실적으로는 노예 신분의 반대어가 아니었다는 점을 지적해 둘 필요가 있다. 해방된 흑인 노예의 사회적 지위는 애매했으며, 이들을 정착 생활로 유도할 목적으로 '주인'집에 거주하도록 강요하는 일도 벌어졌다.40) 지배 계층에 속한 여성의 자유도 애매하기는 마찬가지였다. 이처럼 자유의 박탈과 자유의 향유가 뚜렷이 구분되지 않는 경우가 허다했다.41)

스페인령 아메리카에서 노예의 신분은 13세기에 지혜로운 왕 알폰소 10세가 공포한 『시에테 파르티다스(7부 법전)』라는 중세 법령집에 규정되어 있었다. 이 법령에 따라 노예는 비록 자유는 박탈되었지만, 몇 가지 권리를 누릴 수 있었다. 이들에게는 노예 신분에서 벗어날 수 있는 길이 열려 있었고, 결혼이 안정된 생활과 사회 통합을 위한 조건이 될 수 있다고 생각하여 교회는 이들에게 결혼을 적극 권장했다. 주인은 정당한 이유 없이 노예를 학대할 수 없고, 제대로 먹이고 입혀야 할 의무가 있었다. 이런 조건이 충족되지 못하면, 노예는 빈민 변호인이 주재하는 법정에 출두하여 주인을 바꿔 달라고 요구할 수 있었다. 이런 경우 노예는 '매매 문서'라 불리는 일종의 영수증을 구비해야 하는데, 이 문서에는 해당 노예의 추정 가격과 그의 결점이 기록되어 있었다.

노예는 이 서류를 가지고(원칙상 주인에게는 서류 발부를 거절할 권리가 없었다) 문서에 적힌 가격을 지불하고 자신을 구입할 새 주인을 찾아다녔다. 일정 기간이 지나도 새 주인을 찾지 못하면, 다음 세 가지 가운데 하나를 택했다. 달아나거나(그것은 결코 쉬운 일이 아니었다), 옛 주인에게 돌아가거나, 아니면 '그 고장 밖으로'(다른 도시나 마을로) 팔려 가는(가장 운이 나쁜 경우였다) 것에서 하나를 선택해야 했다.

---

40) Aguirre Beltrán, op. cit., 1972, pp. 280-281.
41) Konetzke, Colección, II-1, p. 291.

법령에 규정된 내용은 이러했지만, 법이 제대로 지켜지는 경우는 드물었다. 그런데 여기서 한 가지 지적할 것은, 주인과 노예 사이에 교회와 사법제도라는 두 매개체가 있었다는 사실이다. 교회는 노예와 자유 흑인이 결혼하고 자유롭게 배우자를 선택할 수 있는 권리를 행사하는 데 원조자 역할을 했다. 주인이 노예의 결혼을 허락하지 않는 경우, 교회만이 이를 중재할 수 있었다. 부르봉 왕조의 행정 개혁으로 시작된 근대화의 영향으로, 사법부는 18세기 후반에야 권한이 강화되었다. 주인과 노예의 분쟁을 해결하는 빈민 변호인에게는 급료가 지급되었고, 대부분의 경우 노예가 승소했다. 필자는 비교적 '관대한' 형태의 노예제가 실시된 도시인 부에노스아이레스 고문서 보관소의 자료를 주로 연구하여 이런 결론에 이르렀다. 그러나 앞으로는 카라카스, 리마, 카르타제나, 키토 등 스페인령 아메리카의 다른 도시의 자료와 비교·연구하는 작업이 이루어져야 할 것이다.

노예 가격은 연령, 체력, 결점에 따라 결정되었다. 교육을 받았거나 전문 기술이 있는 노예는 대체로 고가에 거래되었다. 오로지 바깥으로 내보내 돈을 벌어 오게 할 목적으로 노예를 사들이는 경우도 있었는데, 이 경우 노예에게는 주인이 자신을 구입하는 데 쓴 돈을 모두 갚아야 할 의무가 있었다. 말하자면 17세기 프랑스의 '지원병' 또는 같은 시대의 계약 노동자, 곧 유럽 출신의 빈민으로 식민시대에 아메리카로 건너간 연한年限 계약 노동자와 비슷한 처지였다.

기술이 있거나 솜씨가 좋은 노예인 경우, 그날그날 벌어들인 돈을 모두 주인에게 주는 조건으로 주인이 노예에게 '점포'를 구입해 주기도 했다. 그러나 사업 수완이 뛰어난 노예는 통제하기가 쉽지 않았다. 예를 들어 '바실리오 발데스'라는 물라토는 부에노스아이레스에서 이발사인 주인(주인의 신분은 파르도42)였다) 곁에서 사혈 치료를 담당했는데, 그는 저녁마다 주인집으로 퇴근하기를 거부하고 아그레가도(예속 상태의 한 가지 형태)의 자격으로 점포에 거주하길 원하며 주인에게 식비를 요구했다. 이런 경우 노예가 벌어들이는 수입에 의존하여 살아갔던 까닭에 주인은 요구를 들어주지 않을 수 없었다.[43]

18세기 말 부에노스아이레스에서 작성된 문서에는 계몽주의 사상의 영향을 받은 듯한 내용도 많다. 어떤 노예는 17년 동안 노예 생활을 한 뒤에 주인에게 매매 문서를 요구하면서, 그동안 겪은 주인의 학대를 근거로 내세웠다. 노예는 주인의 성격이 '누구라도 견디지 못할 만큼 까다롭고,' '자신을 인간으로 대접한 적이 없으므로' 주인에게 예속된 채 살아가는 게 더 이상 불가능하다는 것이다. 또한 17세 소년이던 노예 호세 아타나시오는 법의 보호를 받을 수 있다는 사실을 알아내고, 자유 증서를 얻어내려고 빈민 변호인을 찾아가서 이렇게 말한다.

저의 주인은 인간 본성에 근거한 자연법을 무시하고, 저를 구입할 때 치른 비용을 갚고 자유를 찾으려는 제 뜻을 외면하고 있습니다. 그리스도교에 위배되는 노예제를 폐지하기 위해 모두가 힘을 합쳐야 하는데도 말입니다.

물론 이런 글을 작성하는 데에는 빈민 변호인의 도움이 컸을 테지만, 주인과 지척에서 지내면서 이들이 주고받는 이야기를 얼마든지 엿들을 수 있던 노예에게도 이런 식의 정치적인 문제가 낯설지 않았으리라고 가정할 수 있다.

집 안에서 해야 할 일이 너무 많아서 '자유를 구입하는 데' 필요한 비용을 마련하기 위해 밖에 나가 일할 수 없다는 것도 노예의 불만거리 가운데 하나였다. 날품팔이를 하는 노예는 가혹하게 착취당했다. 노예가 전문 기술을 가지고

---

42) 파르도pardo라는 단어의 문자적 의미는 '회색'으로, 흑백 혼혈인인 물라토의 피부색을 암시하는 말이다.

43) Archivo General de la Nación(Argentina), *Autos de Basilio Baldés*, IX-35-5-3, 1772.

있는 경우(악사, 요리사, 조향사, 가발 제작자 등), 노예가 충분한 돈을 가지고
와서 해방을 요구해도 주인은 선뜻 승낙하지 않았다. 이런 경우 주인이 내세우는
논거는, 노예가 기술을 익히는 데 든 비용을 자신이 부담했으므로 노예는
그 기술을 가지고 마음대로 이득을 취할 수 없다는 것이었다. 이는 노예제를
정당화하는 뻔뻔스럽고 졸렬한 논거 가운데 하나다.[44]

노예는 가장 큰 염원인 자유를 찾은 뒤에도 가족이 없으면 살아가기가
쉽지 않았다. 후안 로드리고라는 노예의 사례를 살펴보자. 그는 부에노스아이레
스에서 해방된 뒤 리오데라플라타를 거쳐 몬테비데오로 건너왔다. 이곳에서
마땅한 거처를 찾지 못한 까닭에, 아그레가도 신분으로 돈 도밍고 데 이라자발의
집에 머무르게 되었다. 그런데 노예였을 때보다 더 심한 학대를 견디다 못해
주인을 고소한다. 이는 스페인령이나 포르투갈령을 막론하고, 라틴아메리카
전역에 보편적이었던 갖가지 형태의 예속 상태와 노예제 사이의 경계가 불분명
했음을 잘 보여주는 사례다.

여성 노예의 경우 집안일만 시키는 것은(바깥의 위험에 노출되지 않도록)
여성 노예를 존중하는 표시였다. 여성 노예도 바깥에서 자유롭게 활동할 수
있었음에도 불구하고, 주인이 밖으로 심부름을 보내면 주인을 고발하는 여성
노예도 있었다.

주인의 폭력은 여전했다. 매질, 감금, 모욕, 욕설은 가장 빈번한 기소 사유였다.
남자보다는 여자, 젊고 건강한 노예보다 노인이나 병자가 그 희생자였다.
쓸모없어진 노예는 쓰레기처럼 버려지기도 했는데, 이런 노예는 배은망덕한
주인을 당국에 고발했다. 평생을 함께 한 노예에 대한 멸시와 무관심이 신체적인
폭력보다도 더 큰 모멸감으로 받아들여졌던 까닭이다.

---

44) 부에노스아이레스에 있는 고문서보관소의 자료에서 발췌한 이 사례들은 다음 책에 상세히
분석되어 있다. Mónica Quijada, Carmen Bernand, Arndt Schneider, *El Proceso de homogeneización : el
caso de la Argentina*, Madrid, CSIC, 2001.

그러나 노예나 해방 노예가 폭력적인(적어도 당시의 기준으로 '폭력적인') 행동을 저지르는 일도 없지 않았다. 18세기 말 부에노스아이레스에서 작성된 문서에는 주인에게 반박하고, 불복종하고, 노동을 거부하고, 주인 앞에서 모자를 벗지 않고, 주인에게 대드는 등 노예의 무례한 행동을 기록해 놓은 것이 적지 않다. 주인에게 주먹질하는 경우도 있고, 중혼이나 간통, 식민정부에 대한 비판적인 언사 등의 사유로 노예가 주인을 당국에 고발한 경우도 있었다.

하지만 독립 전쟁을 계기로 모든 형태의 예속을 거부한다는 공식적인 선언이 있었다. 미타 제도는 1811년에 폐지되었으나, 노예제는 그 뒤에도 몇 십 년 동안 지속되었다. 쿠바와 브라질에서는 각각 1886년과 1888년에 노예제가 폐지되었다. 노예제 폐지가 지연된 데에는 경제적·정치적인 요소가 작용했다. 대지주는 긴 내전으로 농촌이 황폐화되었다는 점을 내세우며 노예제 폐지를 반대했다. 다른 한편에서는 주인과 한 지붕 아래에서 사는 게 노예에게는 삶의 우여곡절을 겪지 않고 안전하게 살아갈 수 있는 최선의 길이라고 주장하는 사람도 있었다.

그러나 실제로 노예제 폐지를 망설이게 한 것은 18세기 말 카라카스에서 출현하기 시작한 흑인 프티부르주아 계층, 곧 '파르도크라시pardocracy'가 세력을 확장하지 않을까 하는 우려였다. 라틴아메리카의 '해방자' 시몬 볼리바르(1783~1830)는 이 새로운 계층에 대해 공공연히 불신을 표하기도 했는데, 이는 노예 후손의 적개심이 사회적인 폭발에 이를 수도 있다는 우려 때문이었다. 도시 노예의 생활 조건이 베네수엘라보다 훨씬 더 열악했던 페루에서는, 1821년에 '해방자' 산 마르틴이 이끄는 군대가 리마로 진입하자 흑인과 물라토가 폭동을 일으키지나 않을지 걱정하기 시작했다. 여행자의 증언에 따르면, 그 당시 리마는 평민계급pleb이 지배하고 있었다.

1840년부터 노예 해방이 보편화되었으나, 노예는 해방 자금을 마련하고자 어쩔 수 없이 빚을 지게 되었다. 그 결과 예전과 다름없는 예속 상태로 전락할 수밖에 없었다. 노예제는 1854년에 폐지되었지만, 흑인에 대한 차별은 그 뒤에도 사라지지 않았다. 이처럼 라틴아메리카의 모든 신생독립국에서는, 국가 안에서 흑인에게 어떤 사회적 지위를 부여할 것인가가 사회 문제가 되었다.

스페인령 아메리카 : 구체제의 식민화

자크 폴로니-시마르

크리스토퍼 콜럼버스가 카리브해 지역에 도착한 사건, 그리고 에르난 코르테스의 멕시코 원정이나 프란시스코 피사로의 페루 원정은 유럽 팽창의 역사에서 전환점이 된 사건이었다.[1] 이러한 대발견이 여러 면에서 카스티야 왕조의 사업이던 '레콩키스타'의 연속일 뿐이며 브라질의 경우는 포르투갈의 아프리카 해안 원정의 연장일 뿐이더라도, 또 이베리아의 식민화 사업 이전에도 대서양의 여러 섬에서 이미 개발과 착취가 시작되었더라도, 아메리카 대륙이라는 인구 밀도가 비교적 높은 영토를 정복하고, 그 지역의 국가 체제를 와해시키며, 그곳에 거주하는 원주민을 예속 상태로 몰아넣음으로써 비로소 근대가 시작되었고, 유럽 중심의 사고가 흔들리기 시작했다.

이베리아의 확장 동기를 밝히는 것이나 —이미 잘 알려져 있기에 여기서 새삼 부언할 필요가 있을까?[2]— 인디언과 흑인 노예의 착취가 어떤 형태로

---

1) Pierre Chaunu, *Conquête et exploitation du Nouveau Monde*, Paris, PUF, "Nouvelle Clio," 1969 ; Carmen Bernand, Serge Gruzinski, *Histoire du Nouveau Monde*, Paris, Fayard, 1991.

2) 다음 책을 참조하시오. Ruggero Romano, *Les Mécanismes de la conquête : les conquistadores*, Paris,

행해졌는지를 살펴보는 것은(이 부분은 이 책에 수록된 다른 저자의 글에서 잘 다루고 있다)[3] 이 글의 목표가 아니다. 여기서는 그보다 폭력과 강압에 기반한 식민 관계—폭력과 강압은 영토의 정복과 정복지 주민의 예속화라는 모든 상황에서 관찰되는 공통된 현상이다— 를 뛰어넘어서, 16~18세기에 추진된 식민화의 특수성이 어디에서 유래했는지를 이해해 보고자 한다.

카스티야 왕조의 식민화 사업은 16~18세기에 추진된 식민화의 가장 완벽한 사례이며, 그런 점에서 이전이나 이후의 여러 경험과 뚜렷이 구분된다. 아메리카 정복이 원주민인 인디언과 이들의 사회 구조와 종교 체계를 얼마나 강도 높게 파괴했는지는 이미 잘 알려져 있다.[4] 그리고 파국적인 인구 감소, 유럽 번영의 기반이 된 노예무역과 광산 개발(예를 들어 포토시 광산) 같은 것들의 규모가 어떠했는지도 마찬가지다.[5]

정복된 영토와 그곳에 거주하는 원주민에 대한 통제는 다양한 양태와 수단(규범, 사법, 조세, 정치적 차원의)에 의거하여 행해졌다. 그것들은 스페인의 정복사업이 이루어지는 동안 생성된 식민 관계에 특수성을 부여했을 뿐만 아니라, 그런 식민 관계가 지속되고 발전할 수 있게 한 요소가 되었다. 필자는 바로 이러한 식민 착취의 여러 형태의 대립과 충돌, 그것들이 힘을 발휘할 수 있었던 사법제도라는 틀, 그리고 역설적이지만 스페인의 식민화가 허용했던 사회적 이동성과 여유 공간(활동의 여지)과 같은 요소를 통해 근대의 아메리카를 고찰해

Flammarion, 1972.

3) 바로 앞 카르멘 베르낭의 글, "이베리아 제국주의"를 보시오.

4) 다음 책을 참조하시오. Nathan Wachtel, *La Vision des vaincus. Les Indiens du Pérou devant la conquête espagnole*, Paris, Gallimard, 1971.

5) 앞에 수록된 이브 베노의 글, "카리브해 지역의 인디언 말살"을 보시오. 그밖에도 참조할 수 있는 자료가 많다. Noble David Cook, *Demografic Collapse, Indian Peru, 1520-1620*, Cambridge, CUP, 1981 ; Peter J. Bakewell, *Mineros de la Montaña Roja. El trabajo de los Indios en Potosí. 1545-1650*, Madrid, Alianza Editorial, 1989 ; Enrique Tandeter, *Coacción y Mecado. La minería de la plata en el Potosí colonial, 1692-1826*, Cusco, Centro Bartolomé de Las Casas, 1992 ; Germán Peralta Rivera, *Los mecanismos del comercio negrero*, Lima, Kuntur Editores, 1990.

보려고 한다.[6]

이를 위해서는 먼저 '구체제의 식민화'가 무엇인지 그 구성 내용을 정의해야 할 것이다. 곧 이베리아 식민화 —좀 더 구체적으로는 스페인의 식민화— 의 특징적 형태는 무엇인가? 또 그 형태들이 근대라는 시기에 발전하면서 어떻게 이베리아령 아메리카라는 독특한 식민 사회를 형성시킬 수 있었는가? 마지막으로는 국왕이 설치한 행정 기관의 상호작용과 국왕 대리인이 고유의 방식으로 운영한 행정 기관, 또 식민 지배에 예속된 원주민 역시 이 행정제도에 순응하거나 아니면 이러한 제도를 역이용하여 이익을 도모하던 식민시대의 복잡한 상황, 이런 요소를 통해 식민화에 대한 도식화되고 환원주의적인 시각에서 벗어날 수 있지 않을까? 이에 대한 답을 찾는 우리의 연구에서, 안데스 지역은 '구체제 식민화'의 실험실로서 특별히 유용한 사례가 될 것이다.

인디언의 탄생과 그의 위상

크리스토퍼 콜럼버스는 인도, 아니면 적어도 마르코 폴로가 언급한 신화적인 고장 캐세이에 인접한 지팡그에 도착한 것으로 믿었다. 실제로 마르코 폴로의 『동방견문록』은 콜럼버스에게 바닷길을 따라 곧장 풍요로운 동방에 도달할 수 있다는 꿈을 심어 주었다고 한다. 최초의 대서양 횡단 항해에 뒤이은 여러 차례의 원정 끝에 새로이 발견한 영토가 '신대륙'이고, 아시아로 가는 항로(마침내 1521년에 마젤란이 발견했다)는 다른 대양으로 향해 있다는 사실이 밝혀졌다. 그러나 '인도'라는 지명은 사라지지 않았다. 신대륙이라 여겨진 그 땅은,

---

6) *Tesoro de la lengua castellana o española*(Covarrubias, 1611)에서 정의된 colonia라는 단어의 의미를 참고하는 것도 도움이 될 것이다. "Es pueblo o término de tierra que se ha poblado de gente estranjera, sacada de la ciudad, que es señora de aquel territorio o llevada de otra parte." 여기서는 로마제국의 식민지가 그 모델이다. "También se llamavan colonias las que pobladas de sus antiguos moradores les avia el pueblo romano dado los privilegios de tales."

1507년 독일의 지리학자이자 지도제작자인 마르틴 발트제뮐러가 프랑스 북부의 '생디에'라는 곳에서 아메리고 베스푸치의 『네 번의 항해*Quatuvo navigationes*』를 펴냈을 때 함께 나온 그의 세계지도에서 처음으로 '아메리카'라는 이름으로 명명되었다. 그렇지만 카스티야 왕실은 동쪽에 있는 인도와 구분하기 위해 계속해서 서인도라는 명칭을 썼다. 유럽인은 15세기가 거의 다 끝날 때까지 그 존재조차 몰랐던 신대륙의 원주민이 과연 어떤 사람들인지, 인류사에 대한 그리스도교식 관점에 비추어 원주민은 도대체 어디서 유래했는지, 또 하느님의 구원 계획에서 그들은 어떤 위치에 있는지에 관해 논쟁과 토론이 난무했지만, 그 땅의 원주민은 계속해서 '인디언'이라 불렸다.

여기서 '인디언'이라는 명칭에 어떤 의미가 함축되어 있었는지 살펴볼 필요가 있다. 그 땅에 처음으로 발을 디딘 정복자, 연대기 작가, 마드리드 궁정에서 보낸 질문서('지리학적 보고서'라는 이름으로 알려져 있다)에 대답함으로써 국왕에게 새로운 영토에 관한 정보를 보고하는 일을 맡은 식민지 관리는, 부족마다 고유의 명칭과 관습, 특성이 있었음에도 새로운 영토에 거주하는 모든 부족을 통틀어 '인디언'이라는 단 한 개의 집단으로 간주했다.

또한 카스티야 왕의 이름으로 실행된 정복사업에서 패배한 원주민은 자연스레 국왕의 새로운 백성이 되었다. 스페인의 정복사업을 정당화한다는 명분 때문에[7] 졸지에 압제자라는 오명을 쓰게 된 인디언 군주의 속박에서 해방된 원주민은 스페인 법에 따라야 했고, 그와 동시에 국왕의 보호를 받게 되었다(이는 백성에 대한 국왕의 의무였다).

이성을 지닌 자유인으로 인정받은 원주민은 1512~1513년에 공포된 부르고스 법에 따라, 국왕의 권위에 도전하는 반란자를 제외하고는 노예화될 수 없었다. 물론 인디언은 사법적으로 미성년자 취급을 받았고(단독으로 법적 행위

---

7) 스페인 정복 사업의 정당성과 권리 논쟁에 대해서는 다음 책을 참조하시오. Thomas Gomez, *Droit de conquête et droits des Indiens*, Paris, Armand Colin, 1996.

를 할 수 없었다), 종교적으로도 새 신도 또는 개종자 취급을 받았다(따라서 종교재판소가 아니라 교구장이 이들을 관할했고, 인디언은 성직을 맡을 수 없었다).

정복자의 권한으로 최상위의 영토 소유권자가 된 국왕은 새로운 백성에게 토지를 반환하고 사용권을 인정함으로써 조세를 부과하고(공납 : 18~50세의 성인에게 부과하는 인두세로서, 조세의 기본 단위인 부락별로 납부하게 했다), 노동력을 징발할 수 있는 권리를 획득했다(페루의 미타 또는 누에바에스파냐의 리파르티미엔토). 이처럼 인디언의 사회적 위상은 동시대 카스티야 왕국의 페체로와 비슷했고, 이들에게 부과된 의무는 유럽 봉건시대의 영주나 군주에 대한 의무 또는 식민시대 이전 인디언 사회의 공납이나 부역의 의무를 연상케 했다.[8]

인디언은 법적으로 특정한 의무와 권리 및 천부적 권한을 지닌 구체제 사회의 구성원으로 간주되었다(이 점은 앞으로 자세히 살펴볼 것이다). 이러한 관점은 인디언과 관련된 법률에 명백히 드러나 있다. 곧 인디언에 대한 통제와 선교, 노동력 착취를 수월하게 하기 위한 목적으로 이들을 특정 마을(레둑시온 reduccion 또는 콩그레가시온congregacion 등의 인디언 정착촌)로 결집시키고, 이들을 함부로 대하거나 나쁜 물을 들이는 것을 방지할 목적으로 스페인 사람, 흑인, 메스티소가 그곳에 거주하는 것을 금했다. 그리고 지방의원인 레히도르, 행정관인 알칼데 등으로 구성되는 카빌도(인디언 자치위원회) 같은 인디언 특별 기구의 설치를 허가했다.

이런 장치들은 스페인 사람의 공화국republica de los espanoles과는 별도로, 그렇지만 스페인 사람의 공화국이라는 모델에 충실한 인디언 공화국republica

---

8) 공납이나 부역의 의무가 스페인인이 처음으로 만든 제도가 아니라는 점을 지적할 필요가 있다. 현물 공납이나 공동 창고의 비축(곡물 등), 그리고 도로 같은 운송 시설의 유지에 노동력을 제공하고, 군 병력과 귀족이나 사제의 하인이 될 인력을 제공하는 것은 이미 잉카나 아스텍 시대에 하던 관습이었다. '미타'라는 용어도 본래 케추아어語로서, 스페인이 도래하기 이전에 쿠라카, 잉카 황제, 성소에 거주하는 사제를 위해 존재했던 노동력 징발 방식이었다. 다음 책을 보시오. John V. Murra, *La organización económica del Tawantinsuyu*, Mexico, Siglo XXI, 1978.

de los indios이 독자적으로 존립할 수 있게 한 요소였다. 이러한 분리separation 정책이 현실적으로는 완벽하게 실행되지 못했지만, 그것은 분명 국왕의 대리인이 식민지에 정착시키고자 한 모델이었다(여기서는 근대 이후의 용어인 '차별segregation' 대신에 '분리separation'라는 표현을 썼으나, '분리 발전'의 개념 및 '인종 격리' 등의 여러 특징을 이미 포함하고 있었다).9)

인디언 스스로가 이 새로운 사법적 지위를 받아들였는데, 그렇게 해야 판사나 공증인, 본당 주임신부 앞에 호출되었을 때 '어느 마을 출신 인디언indio naturel de tal pueblo'이라고 지칭될 수 있었기 때문이다. 16세기에 작성된 기록과 17세기에 선교사가 제작한 지도, 18세기의 여행기를 제외하면 식민지의 여러 자료에서 인디언 부족의 전통적인 명칭은 찾아볼 수 없는데, 그것은 이 자료가 주로 행정이나 조세와 관련된 기록이기 때문이다.

물론 인디언의 사법적 지위를 정의하는 데 스페인이 도래하기 이전의 인디언 전통 사회의 정치·사회 구조라는 잔재적 요소가 덧붙여지는 경우도 적지 않았지만(가령 어느 친족 집단 소속이라거나 또는 어느 족장 휘하에 있다는 식의), 구체제 사회의 사법적 모델은 아메리카에 확고히 정착했다. 이렇게 하여 공납과 부역의 의무는 인디언의 위상을 정의하는 데 가장 기본적인 두 요소가 되었고, 인디언에게 그것은 영원히 벗지 못할 낙인이자 나머지 식민지 주민과 뚜렷이 구분되는 얼룩이었다.

인디언에 대한 이러한 사법적 위상 말고도 그들에 대한 갖가지 편견이 있었다. 그 당시 인디언에 대한 부정적 이미지가 어떠했는지는 이미 잘 알려져 있어서, 그 내용을 여기서 길게 나열할 필요는 없을 것이다. 최초의 만남에서는 콜럼버스의 평화주의적 그리스도교 세계관이 '선량한 야만인' 또는 '자연

---

9) 다음 책에서도 '인종 격리'를 인디언을 정의하는 가장 기본적인 요소였다고 주장한다. Henri Favre, "Du colonialisme externe au colonialisme interne," *Cahiers des Amériques latines*, 29/30, 1984, pp. 29-40.

상태'라는 신화를 탄생시켰다(인디언의 식인 풍습에 대한 거부감은 있었을 테지만).
또 코르테스와 그의 부하는 테노치티틀란과 아스텍 제국의 호화로움 앞에서
넋을 잃기도 했다(인간을 제물로 바치는 희생제를 목격하고는 놀라움이 배가되었을
것이다).

그러나 인디언에 대한 긍정적 이미지는 곧 경멸적이고 부정적인 편견으로
바뀌어 인디언에 대한 갖가지 고정관념을 탄생시켰다. 인디언은 야만스럽고
비열하며, 자아 억제 능력이 부족하고, 사치·나태함·음주습관에 쉽게 빠진다는
것이 그 내용이다.[10) 피정복자로서 예속 상태에 놓여 있고 공납과 부역의
의무에 얽매여 있던 인디언은, 유럽인의 정복과 선교 사업을 통해 비로소
야만성과 우상 숭배라는 무지몽매의 상태에서 벗어날 수 있는 존재였다. 게다가
문명 상태로 진보할 수 없는 특정한 본성을 가진 존재였다.

이처럼 특정 '종족'으로 분류된 인디언은 각종 조사에서도 별도의 인간
범주로 취급되었다. 말하자면 특정한 본성을 지닌 독특한 인종이라는 것이다.
스페인 식민화의 특성으로 인종주의적 프로그램을 거론할 수는 없겠지만,
인디언에 대한 인종주의적 사고는 분명히 존재했다(인디언의 사법적 위상에
대한 해석 못지않게 명백하게 나타났다). 이는 스페인 사람이 구상했던 인디언
'국가'의 제도적 기반이 되었다.

인디언의 사법적·조세적 성격, 달리 말해 인디언 집단을 규정하기 위한
사법적 근거는 특히 안데스 지역에서 스페인 국왕이 세금 징수를 목적으로
수립해 놓은 계층 구분을 통해 더욱 분명해졌다. 스페인 국왕이 인디언에게
인정한 공유지의 경작권에 기반한 공납과 부역의 의무는, 인디언 사회의 전통적
인 미타 제도에 의거하여 그 땅을 점유한 토박이 원주민에게만 부과되었다.
따라서 그 땅을 포기한 자는 강제 노역을 면제받고, 인두세 액수도 경감되었다.

---

10) Thierry Saignes (dir.) *Borrachera y memoria*, La Paz, Hisbol/IFEA, 1993.

실제로 스페인 국왕은 포라스테로, 곧 고향 마을을 떠난 인디언에게 그런 조세 혜택을 부여함으로써 이러한 특수 상황을 인정했다.

그런데 식민화는 대규모 인구 이동을 불러왔다. 도시는 인디언을 끌어들였고, 식민개척자가 양질의 땅을 차지하면서 인디언은 삶의 기반을 잃었으며, 광산들도 인디언 노동력을 흡수했고, 전통적인 사회·정치 구조가 흔들리면서 백성에 대한 족장의 권위도 실추되었다. 이러한 요소가 인구 이동을 가속화시켰고, 그에 따라 포라스테로의 수도 증가했다.11)

그렇다고 이 이주민이 모두 떠돌이 생활을 했던 것은 아니다. 족장이나 토박이 인디언에게 땅을 빌려 농사를 짓고, 아시엔다라는 대농장에서도 일했으며, 미개척 공유지에 정착한 다음 이들 스스로 자치 공동체를 세워 국왕에게 인정받기도 했다(새로이 나타난 파르시알리다드).

그렇지만 대개의 경우 본래 속한 족장과의 관계가 단절되지는 않았다. 따라서 포라스테로는 계속해서 ‘본래의 영주’에게 공물을 바치고, 교대제 노역인 미타를 수행했다. 이처럼 인디언의 공인된 위상과 실제 현실 사이에는 괴리가 존재했지만, 스페인 사람들이 이식해 놓은 구체제의 질서가 식민지 세제의 정착을 위해 인디언의 전통 사회를 서서히 와해시켰다는 점은 분명하다.12)

포라스테로라는 신분이 세습적이었기에 세제상의 특권도 고스란히 후손에게 전이되었다. 그런데 무슨 까닭으로 모든 인디언이 그런 특권을 누리려고 하지 않았는지, 또 스페인 국왕이 그런 특권을 방치했는지 의문을 가질 만하다. 실제로 특히 18세기에 이르러 세제의 합리성과 효율성을 위해 토박이 인디언과

---

11) 포라스테로와 그 인구의 증가 문제에 대해서는 다음 책을 참조하시오. Nicolás Sánchez Albornoz, *Indios y tributos en el Alto Perú*, Lima, IEP, 1978 ; Thierry Saignes, “Parcours forains : l'enjeu des migrations internes dans les Andes coloniales,” *Cahiers des Amériques latines*, 6, 1978, pp. 33-58.

12) 그밖에도 공납이나 부역을 면제 받은 경우가 있었다. 곧 교회에 소속된 인디언(성당 관리인, 성가대장, 성가대원, 임기 중인 카빌도 의원, 수공업자 등이 있었다. 하지만 이들의 실제 특권은 매우 제한되어 있었다.

포라스테로 인디언 사이의 구분을 없애야 한다는 목소리가 곳곳에서 터져 나왔다. 그렇지만 국왕은 그런 '비합리적 관행'을 끝내 철폐하지 않았다. 스페인 국왕에게는 그밖에도 여러 수입원이 있었고, 강제 노역은 식민화 초기의 식민개척자에게 중요한 노동력 공급 수단이었을 뿐 그 뒤에는 점차 가치가 감소했다는 점 때문이었을 것이다.

인디언에게 태생적 지위를 버리고 포라스테로로 전락한다는 것은 '공화국'에 소속됨으로써 누릴 수 있는 권리, 곧 피보호권과 먹고살기 위한 수단을 상실함을 뜻했다. 다시 말해 이주민이라는 신분은 다른 형태의 예속 상태보다 더 사회적으로 취약했으며, 게다가 떠돌이 부랑자라는 혐의를 받아야 했다.

이런 상황을 이해하려면 인디언 노동력을 징발할 수 있게 한 다른 형태의 예속 상태를 살펴볼 필요가 있다. 미타 제도가 아시엔다 농장에서 필요로 하는 노동력을 충분히 공급할 수 없게 되자, 농장주는 자신이나 가족을 부양하기 위해 푼돈이라도 벌려는 가난한 인디언에게로 눈을 돌렸다. 가난한 인디언은 이전에 진 빚을 갚으려고 또는 당장 먹고살 게 없어서 가불을 할 수밖에 없었고, 이 과정에서 인디언 농업 노동자는 아시엔다 농장에 얽매인 '농노' 신세로 전락했다.

식민지 아메리카에서 페오나헤peonaje 또는 콘체르타헤concertaje라는 이름으로 불리던 일종의 채무노동제에서 인디언은 대지주에게 노동력을 제공하는 일종의 소작농이 되었다. 이 제도는 의무 노역제인 미타 제도보다 더욱 효과적으로 노동력을 고착화시켰다. 아버지가 진 빚이 저절로 아들에게 대물림되었기 때문이다. 이렇게 하여 자유노동자는 예속 상태로 전락했고, 아시엔다 농장주는 노예처럼 돈을 주고 구입할 필요도, 먹이고 재우는 데 돈을 들일 필요도 없는 종신 노동자를 확보했다. 혹시 이런 노동자가 일당을 받을 수 있는 권리를 되찾으려고 법정에 제소한다 해도, 여러 번 출두 명령을 내린 끝에 간신히 나타나 회계장부라는 문자로 적힌 명백한 증거를 들이대는 농장주 앞에서 그의 주장은 먹혀들지 않았다.

이처럼 공납과 미타 제도는 식민지라는 상황에서 인디언이라는 특정 집단을 규정짓는 요소였다. 인디언을 그 제도에 예속시킴으로써 이들을 구체제 사회, 곧 구성원의 의무와 권리가 명백히 규정된 하나의 공화국으로 편입시키려 한 것이다. 이 제도는 여러 차례 폐지와 복원(신생독립국의 국고를 채우기 위한 영속적인 세원이 사라진다는 우려 때문에)이 거듭되다가, 마침내 19세기에 완전히 폐지되었다.

하지만 그렇다고 해서 '인디언'이 사라진 것은 아니었다. 인디언의 고유 신앙과 관습, 언어를 굳이 언급하지 않더라도, 인디언의 존재는 상상의 영역에 또는 사회적인 표상 속에 지속적으로 남아 있었다. 마찬가지로 앞에서 '신농노제'라 규정한 예속 형태는 새로운 사회적 관계의 출현을 준비하고 있었는데, 이 새로운 사회적 관계는 신분 사이의 위계적 관계라기보다 계급 관계의 성격이 짙었다.[13]

그런데 다른 한편으로 식민시대부터 물려받은 인디언에 대한 인종주의적 편견은 모든 사회적 관계에서 예전과 다름없이 강하게 표출되어, 독립국이 수립되는 과정에서도 인디언을 공민권에서 철저히 배제했다. 또한 당시의 권리 평등 원칙에 따라 모든 국민을 동등하게 대우해야 함에도 불구하고 문맹이라는 이유를 들어 투표권을 주지 않는 등, 인디언을 국가의 구성원으로 통합시키려는 노력도 전혀 보이지 않았다.

---

13) Brooke Larson, *Colonialism and Agrarian Transformation in Bolivia Cochabamba, 1550-1900*, Princeton, Princeton University Press, 1988.

족장을 비롯한 식민 지배의 '매개체'

아메리카의 인디언 집단은 모두 족장의 권위 아래에 있었다. 이 우두머리를 안데스 지역의 잉카 사회에서는 쿠라카, 멕시카족(아스텍)이 지배하던 지역에서는 틀라토아니, 마야 지역에서는 바탑, 카리브제도에서는 족장 곧 카시케cacique라 불렀다. 그런데 스페인 사람이 '카시케'라는 용어를 자신이 '인디언의 세습 영주'로 인정한 자를 통칭하는 말로 사용하기 시작했다.

인디언 사회의 전통적 권력자인 족장은 사회·정치적 기본 단위를 이루는 친족 공동체의 수장(안데스 지역 잉카 사회의 아이유ayllu)이자 자연적·초자연적 질서의 수호자로서(이런 점에서 족장은 신이나 초자연적인 힘과 소통하는 매개체이기도 했다) 사회 내적인 질서를 유지하고, 백성에게 원조와 보호를 보장하며, 새로운 가정에 토지를 대여하거나 다른 지역에서 들여온 물품을 분배함으로써 살아갈 터전을 마련해 주었다.[14]

중앙아메리카에서는 특정 상인계급(포츠테카)이 다른 지역에서 이국적인 물품을 들여오고, 틀라토아니 또는 잉카가 물품을 재분배했다. 외부 세계와의 교역 활동이 비교적 활발하지 않았던 페루의 해안 지역에서는 기후 조건이 각기 다른 여러 곳의 토지를 족장이 직접 관리하여 다양한 물품을 생산하게 했다. 어쨌든 스페인이 도래하기 이전에 인디언 사회의 엘리트 계층이라 부를 수 있는 이 족장들은, 몇 개의 가족 집단만을 거느린 자부터 여러 대부족 집단을 지배하는 자에 이르기까지 그 위계가 매우 뚜렷했다.

바다 건너 멀리서 온 낯선 이방인과 처음으로 맞서야 했던 사람은 바로

---

14) 아이유와 잉카 사회의 사회·경제적 구조에 대해서는 다음 책을 보시오. John V. Murra, *Formaciones económicas y políticas del mundo andino*, Lima, IEP, 1975 ; *Etnohistoria y antropología andina. Primera y segunda jornada del Museo Nacional de Lima*, Lima, 1978-1981 ; Frank Salomon, *Los señores étnicos de Quito en la época de los Incas*, Otavalo, Instituto Otavaleño de Antropología, 1980.

이러한 족장이었다. 그런데, 어떻게 하여 소수의 스페인 정복자가 단기간에, 그리고 손쉽게 그처럼 방대한 영토를 점령하고, 적어도 겉으로는 견고해 보이는 국가 체제를 무너뜨릴 수 있었는지 오랜 기간 동안 많은 사람이 놀라워했다. 이는 낯선 고장으로 진입하는 과정에서 코르테스와 피사로, 그리고 그 뒤의 여러 정복자가 활용한 인디언 부족과의 동맹 관계의 역할을 간과한 결과다.15)

실제로 수많은 쿠라카가 낯선 이방인을 따뜻이 맞이하고 도움을 제공했다. 족장 가운데 일부는 무자비한 잉카 황제의 압제에서 벗어나려는 목적으로 그렇게 했다. 잉카 황제의 팽창 정책에는 반드시 참혹한 학살이 뒤따랐고, 이는 지역 족장의 기억 속에 생생하게 남아 있었다.

또한 스페인 사람이 도착하기 몇 년 전에 라이벌인 아타후알파와의 싸움에서 패배한 잉카의 왕 우아스카르를 지지했던 쿠라카 역시 스페인 정복자에게 우호적이었다. 이처럼 족장은 스페인 정복자에게 협조적이었지만, 바다 건너 멀리서 온 낯선 이방인이 그곳에 영구적으로 정착하고, 부를 수탈하며, 새로운 종교를 심어 놓으리라고는 아무도 예상치 못했다.

인디언이 스페인 사람을 신 또는 신이 보낸 사자로 여겼다는 이야기는, 인디언 사회의 붕괴를 설명하고 납득하기 어려운 그 사건에 의미를 부여하기 위해 만들어진 신화였다. 그 사건은 신의 섭리이거나, 아니면 낡은 시대에서 새로운 시대로 전이하는 과정에 필연적으로 따르게 마련인 재난으로 역사적 순환의 일부라는 해석이다.

누군지 모를 군주 또는 신이 보낸 사자로 행세한 정복자는 당연히 인디언 사회의 규범을 따르지 않았다. 한 번도 본 적 없는 짐승을 타고 철갑으로 중무장한 군인은 인디언 사회의 전통적인 전쟁 규율을 존중하지 않았으며,

---

15) Waldemar Espinosa Soriano, "Los Huancas aliados de la Conquista. Tres informaciones inéditas sobre la participación indígena a la conquista del Perú. 1558, 1560, 1561," *Anales científicos de la Universidad del Centro del Perú*, I, 1972, pp. 3-407.

그리스도교 사제는 불가해한 주문을 외웠다. 이처럼 스페인 사람의 아메리카 정복은 단순한 권력 교체가 아니라, 새로운 권력에 의한 새로운 지배 규범의 정착을 의미했다. 테노치티틀란이나 카하마르카에서 벌어진 일련의 사건은 앞으로 오랫동안 지속될 새로운 시대의 도래를 예고하고 있었다.

족장과 그의 백성은 정복자를 비롯하여 스페인 국왕이 영토 정복이라는 공로에 보답하고자 했던 모두에게 분배되었는데, 그것이 바로 엔코미엔다 제도다. 이는 스페인의 오래된 제도로서, 그리스도교 왕국들이 무어인에게 빼앗은 영토를 통치하는 데 쓰던 도구였다. 그런데 신대륙에서는 이 제도가 영토가 아니라 원주민을 통치하기 위한 수단이 되었다. 물론 얼마 뒤에 엔코멘데로(엔코미엔다를 하사 받은 사람)가 할당받은 인디언이 거주하는 영토의 소유권마저 주장했지만 말이다.

엔코멘데로는 할당 받은 백성을 보호하고, 무엇보다도 이들을 개종시킬 의무가 있었다. 그 대신 백성에게 공납을 요구하고, 미타 제도라는 틀 안에서 노동력을 징발할 권리가 있었다. 여기서도 앞에서 살펴보았던 조세 제도의 특징이 그대로 나타난다. 엔코미엔다 제도는 곧 온갖 횡포의 근원으로 지목되었는데, 실제로도 그러했다.

여기서 엔코멘데로와 인디언 족장 사이의 변증법적 관계에 주목할 필요가 있다. 부의 축적에 눈이 먼 엔코멘데로는 족장을 압박했지만, 전염병 또는 인디언의 탈주로 말미암아 엔코미엔다의 주민, 곧 공물 납부자의 수가 급감했다. 그리하여 가족 단위로 부과되는 공물이나 부역을 경감하고자 족장이 직접 협상에 나서기도 했고(이 점에 대해서는 스티브 J. 스턴의 책에 잘 나와 있다[16]), 나중에는 엔코멘데로에게 엔코미엔다는 부의 축적이 아닌 식민지 귀족층으로의 편입을 과시하기 위한 수단이 되었다.[17]

16) Steve J. Stern, *Los pueblos indígenas del Perú y el desafío de la conquista española*, Madrid, Alianza Editorial, [1982] 1986.

엔코미엔다 제도는 봉건제의 폐단 가운데 하나인 공권력의 사유화(엔코미엔
다가 사법권을 포함하진 않았지만)[18]와 세습 가능성 때문에 국왕에게 무거운
짐이 되었다. 엔코멘데로의 봉건 영주화를 바라지 않던 스페인 국왕은 점진적으
로 식민지에 행정조직을 정착시킴으로써 통치권을 행사하려 했다. 그리고
엔코멘데로의 세습권을 박탈하는 「신법률」(1542~1543)을 공포했을 때,[19] 이
식민지 최초의 엘리트 계층이 거세게 저항한 것은 바로 이런 맥락에서였다.

누에바에스파냐에서는 인디언에 대한 간접 통치에서 직접 통치로 전이하는
데 그다지 큰 어려움이 없었지만(1566년 마르틴 코르테스를 중심으로 한 음모가
거의 유일하다), 안데스 지역에서는 국왕에 대한 반발의 움직임이 거셌다. 페루의
정복자이자 피사로의 형제인 곤살로 피사로가 주도한 이른바 '엔코멘데로
전쟁'이 그것이다.

이 경우도 인디언 족장의 협조가 없으면 불가능한 일이었다. 새로운 정착촌으
로의 주민통합 사업, 포토시와 우안카벨리카 등 광산 지역(은과 수은의 두
주요 생산지만을 언급한다면)에 미타 제도의 도입, 공납 제도의 개혁(현물이
아닌 현금 납부로)과 같은 모든 작업이 족장의 협조를 받으며 이루어졌다. 실제로
족장이 앞장서서 자기 백성을 새로운 정착촌으로 이주시키고, 광산업자에게
미타 노동력을 제공하며, 엔코멘데로가 권력을 상실한 뒤부터는 국왕 대리인에
게 공물을 전달했다.

인디언 족장이 마지못해 스페인 권력에 협조한 측면도 없진 않지만, 지역

---

17) James Lockhart, *Spanish Peru, 1532-1560. A Colonial Society*, Madison, The Wisconsin University Press, 1968.
18) Ruggero Romano, "American Feudalism," *Hispanic American Historical Review*, 64-1, 1984, pp. 121-134.
19) 이 법은 엔코미엔다 제도를 폐지시키지 못했다. 엔코미엔다 제도는 18세기 초까지 그 명맥을
유지한다. 하지만 앞으로는 3대에 한해 세습을 인정함으로써, 국왕은 엔코미엔다에 대한 통제
권을 확보할 수 있었다. 또한 그 영지를 '총애의 시장'에 내놓음으로써 식민지 권력자들을
장악하려 했다. 실제로 17세기 이후 수많은 엔코미엔다는 국왕이 자기 뜻대로 하사하는 일종의
연금으로 전락했다.

족장은 식민화라는 상황을 자기의 권력 유지와 생존을 위해 활용했다. 세습 영주의 지위를 인정받은(장자상속이라는 스페인식 상속 제도에 따라 족장은 스페인의 도래 이전, 나아가 잉카제국 이전 시기까지 거슬러 올라가 자기가 장손임을 증명해야 했다) 족장은 공납과 부역(미타)의 의무를 면제받았다. 이로써 카스티야 왕국의 이달고(하급 귀족)에 버금가는 지위를 보장받고, 몇 가지 '특권'을 누렸다(위신을 손상시킬 수 있는 몇 가지 형벌은 면제 받고, 면허증만 갖고 있으면 무기를 소지하고 말을 타고 다닐 수도 있었다). 단 성직을 맡는 것은 금지되었다.

이처럼 족장이 인디언 공동체의 수장으로서 권력과 지위를 유지할 수 있게 한 것은, 바로 스페인 국왕이었다. 그렇지만 법적으로 인디언 사회의 세습 귀족으로 인정받았다고 해서 족장이 예속 상태를 벗어날 수 있었던 것은 아니다. 이들 역시 식민 권력의 도구로 활용되었을 뿐이라는 점을 간과해선 안 된다.

스페인의 정복과 그에 따른 무질서로 아메리카 인디언의 사회·정치적 구조는 흔들리기 시작했다. 이 과정에서 멕시카와 잉카 귀족이 가장 큰 타격을 받았다. 이들은 소멸되거나, 그렇지 않으면 권력을 상실하고, 아들의 교육은 선교사에게 넘어가고, 딸은 강제로 정복자와 결혼해야 했다. 족장 사이의 위계도 무너져 계층적 평준화 현상이 나타났다. 인적·물적 자원을 징발하기 위해 직접적인 통치권을 행사하려 했던 스페인 국왕이 대족장의 지위를 인정할 리 없었기 때문이다.

게다가 인디언 사회에서 가장 기본이었던 정치·사회적 하위 집단의 우두머리들은 평민 계층으로 흡수되었고, 혈통을 중요시하는 인디언 사회에서 전염병으로 인한 가계의 단절은 귀족 사회의 해체를 가속화시켰다. 인디언 사회가 재편성되는 과정에서 지배 계층은 서서히 와해되었다. 이처럼 전통적인 인디언 지배 계층이 크나큰 소용돌이에 휘말리고 있는 상황에서도 안데스 지역의 족장인 쿠라카는 지역 우두머리의 위상을 유지하고 있었다. 그러나 멕시카의 족장은 그렇지 못했다.

족장은 자신의 권한에 대한 전통적인 규범을 식민지라는 새로운 환경에 적응시키고 쇄신하고자 애썼다. 자기가 거느린 친족 집단의 발전과 재생산에 대한 책임자로서 새로운 가정에 토지를 분배하고, 종교적 매개자로서 수도회나 교회가 본당마다 설치해 놓은 평신도회를 관장했다. 또한 잉카의 오래된 호혜주의 원칙에 따라 마을 성당의 미화 사업을 위해 기부금을 내거나 백성의 채무를 탕감해 주었다(가령 공납의 체납분). 그리고 공공 번영의 책임자로서 법정이나 공증인 앞에 출두하여 집단의 이익을 옹호하고(이는 자신의 사회적 지위를 지켜내기 위한 처사이기도 했다), 부당한 처우를 고발했다. 족장은 스페인 사람이 도입한 토지 소유권에 관한 법규를 받아들였는데(토지거래법 등), 이는 인구가 급감하던 당시 상황에서 공동체 소유의 공유지를 지키기 위한 조처였다.

예전에 개인적으로 부리던 사용인(야나코나)을 상실한 경우, 족장은 관할 지역의 백성을 동원하여 자신의 사유지를 경작하게 했다. 노동력을 징발하는 대신 생계비를 지원하는 식의 전통적인 방식을 유지하는 것은 족장의 주요 생존 수단 가운데 하나였다. 그뿐만 아니라 족장은 식민 경제에 적극적으로 참여함으로써 나머지 평민 계층의 인디언과 차별화될 수 있었으며(이를 위해 스페인식으로 옷을 입기도 했다), 부를 상징하는 물품을 얻을 수도 있었다. 마찬가지로 법률과 사법제도에 대한 적응 능력은 족장으로 하여금 백성의 수호자란 지위를 유지할 수 있게 했다.

스페인화hispanization 및 그에 따른 사회·문화적 혼합은 족장에게 인디언 지배 계층으로서의 지위와 권력을 유지하기 위한 조건인 동시에, 언어·문자·종교·물질문화 등 스페인 사람을 특징짓는 특권적 기호의 수용을 통한 나머지 인디언과 차별화를 가능케 한 조건이었다. 족장이 식민지라는 새로운 환경에 신속하고 성공적으로 적응했다는 사실은, 식민체제가 원활하게 정착되고 발전할 수 있게 한 원인 가운데 하나였다.

족장은 조세징수를 떠맡음으로써 식민 지배의 매개체 역할을 했다. 족장은 공물 징수와 미타 노동력 제공의 책임자였다. 그렇지만 백성에게 압력을 행사하는 데에는 한계가 있었다. 식민 권력의 터무니없는 요구와 급격히 감소하던 백성의 납세 능력은 족장으로서도 어찌해 볼 도리가 없었던 것이다. 족장은 청원이나 소송을 통해 이런 상황을 타개하려 애썼지만, 이들의 지위는 불안정하고 취약하여 늘 갈등의 요소가 잠재되어 있었다.

누에바에스파냐에서는 상황이 다르게 전개되었다. 여기에서는 세습 영주가 그와 같은 생존 능력을 발휘하지 못했다. 이들은 재빨리 부동산 개발업자로 변신했지만, 지배의 매개체 역할에서는 스페인 국왕이 마을마다 설치해 놓은 지방 권력인 인디언 카빌도와 사사건건 대립해야 했다. 스페인의 시의회를 모방한(레히도르라는 지방의원으로 구성되며, 일 년 단위로 선거했다) 이 마을 회의는, 누에바에스파냐에서 크게 발전하여 나중에는 전통적인 족장 권력을 침식했다.

안데스 지역의 인디언 정착촌에도 카빌도가 설치되었지만, 족장 권력이 이를 통제하고 무력화시킬 수 있었다. 따라서 이 기구는 식민 권력을 구성하는 한 가지 요소로 부각되지는 못했다. 실제로도 이 시기의 자료를 살펴보면 카빌도는 매우 드물게 언급될 뿐이고 정치적인 역할도 명확히 드러나지 않는다. 18세기에 족장 체제가 위기를 맞은 뒤에야 비로소 알칼데[행정관, 곧 마을 행정과 사법의 책임자]와 레히도르가 식민 권력의 파트너 또는 지방행정 단위를 대표하는 매개체로 부상할 수 있었다.[20]

---

20) 18세기에 있었던 족장의 위기는 다음 책에서 상세히 분석하고 있다. Scarlett O'Phelan, *Kurakas sin sucesiones. Del cacique al alcalde de indios (Perú y Bolivia, 1750-1835)*, Cusco, Centro Bartolomé de Las Casas, 1997.

족장이나 인디언 알칼데만이 지배의 매개체 역할을 한 것은 아니었다. 그밖에 마을 본당 안에서 특정 역할을 맡고 교회를 위해 일하던 성당 관리인이나 성가대장도 어느 정도의 지위와 권한을 보장받았고, 이로써 나머지 평민 계층의 인디언과도 차별화되었다.

도시의 인디언과 인종 사이의 혼합

도시 건설은 스페인 사람이 아메리카에 들어오면서 생겨난 중요한 변화 가운데 하나였다.[21] 스페인이 도래하기 이전에도 도시가 없었던 것은 아니지만 (테노치티틀란이나 쿠스코 같은 대도시를 보고 스페인 정복자가 큰 충격을 받은 적도 있다), 식민화 과정에서 스페인의 도시 모델에 의거하여 새로운 도시가 건설되고 기존의 도시가 재건되었다. 이 시기에 바둑판 모양으로 구획된 새로운 도시가 건설되었다. 중앙 광장 주위로 권력 기관의 다양한 건물이 밀집하고, 도시 공간은 도시의 창설자와 베치노vecino에게 분배되었다. 이런 도시는 스페인 사람의 공화국을 위한 물리적이고 제도적인 표현체로 여겨졌다.

이 새로운 도시는 스페인 사람만을 위한 거주 공간이었다. 한 사회의 틀이자 식민화 초기에는 엔코멘데로의 삶의 터전이며 정치 체제이자(카빌도라는 시의회가 존재했다) 사법 기관이던(1년 임기의 행정관이 사법권과 행정권을 행사했다) 도시는, 스페인에서 건너온 식민개척자와 정착민의 구심점이자 정복지와 그곳 주민에 대한 통제 수단이었으며, 다양한 식민 권력의 집결지였다.

누구나 쉽게 짐작할 수 있겠지만, 이러한 스페인식의 이상적인 도시 모델은

---

21) 도시 문제에 대해서는 다음 책을 보시오. Francisco de Solano, *Estudios sobre la ciudad iberoamericana*, Madrid, CSIC, 1986, et *Ciudades hispanoamericanas y pueblos de indios*, Madrid, CSIC, 1990 ; Luisa Shell Hoberman et Susan Migden Socolow (éds), *Cities and Society in Colonial Latin America*, Albuquerque, University of New Mexico Press, 1986.

제 기능을 다하지 못했다. 인디언은 도시 건설에 필요한 노동력을 제공하려고 도시로 이주하고, 미타 제도의 강제 노역 의무를 수행하려고 어쩔 수 없이 도시로 들어오는 인디언도 있었다. 그밖에도 인디언은 잉여 농산물이나 수공예 품을 팔려고 또는 일반 가정이나 수도원에 하인으로 취직하려고 도시로 유입되었다. 도시가 건설되던 시기와 때를 맞춰 대량으로 인디언이 유입되면서, 두 공화국의 분리에 기초한 사법제도는 사실상 효력을 잃었다.

국왕 대리인은 스페인 사람의 소교구 근처에 인디언 소교구를 설치하고는, 농촌의 인디언 정착촌에서처럼 고향을 떠나온 인디언을 그곳으로 결집시켰다. 시 행정당국은 도심이나 스페인 사람 소교구에서 인디언 이주민을 추방하기 위한 조례를 여러 번 공포하기도 했다. 비록 엄격하고 완벽한 분리를 위한 시도는 성공을 거두지 못했지만, 이러한 시도는 도시의 공간 안에 한쪽에는 스페인 사람과 메스티소 중심지를, 다른 쪽에는 인디언 거주지를 형성시켰다.

그러나 한 도시 안에 공존하는 주민 사이의 교류나 혼합이 불가피한 상황을 맞이하면서, 스페인령 아메리카의 도시는 식민체제 교란의 주요 원인이 된다. 인디언의 도시화가 두 공화국 주민 사이의 대립 관계를 변화시켰다는 점에서, '식민체제의 교란'을 넘어 '식민 질서의 전복'이라 말할 수도 있을 것이다.

이처럼 식민지 시장이나 식민지의 교환 경제에 인디언이 참여했는데, 그 다양한 형태를 여기서 모두 살펴볼 수는 없다.[22] 어쨌든 식민체제로의 다양한 통합 양태, 또 식민 경제로의 다양한 참여 양태와 같은 요소로 인한 사회적 신분의 다양화는 인디언 사회의 변화를 야기한 주된 요소였다. 또한 인디언 사회에 활동의 여지와 폭을 허용함으로써 식민체제가 유지되고 발전할 수 있게 한 이질성(또는 불균질성)의 한 가지 요인이 되었다.[23]

22) Brooke Larson, Olivia Harris et Enrique Tandeter (comp.), *La participación indígena en los mercados surandinos. Estrategias y reproducción social. Siglos XVI a XX*, La Paz, CERES. 1987.

23) Jacques Poloni-Simard, *La Mosaïque indienne. Mobilité, stratification sociale et métissage dans le corregimiento de Cuenca (Équateur) du XVIe au XVIIIe siècle*, Paris, Éditions de l'EHESS, 2000, pp. 113-300.

사법 기관도 표면적으로는 엄격함과 격식을 추구하는 듯했지만 상당히 개방되어 있었다. 식민 경제 역시 인디언 사회의 새로운 주역이 능동적으로 활동할 수 있을 만한 공간을 열어 놓고 있었다. 이 인디언이라는 집단도 식민지 법률로 아직까지 인디언일 뿐, 생활 조건이나 방식(의복, 주거 양식, 사회성이나 친분 관계 등을 고려할 때)에서는 벌써 메스티소에 속했다.

인디언이 식민 경제에 참여할 때, 당연히 족장이 가장 유리한 위치에 있었다. 가장 중요한 생산 수단인 자본과 노동력 동원 능력을 보유하고 있던 다수의 족장은 식민 경제의 성공적인 투자자였다. 안데스 지역에서 활동한 몇몇 족장의 사례를 보면, 특히 물품 거래나 운송 분야에서 이들이 벌인 사업의 규모가 어떠했는지 짐작할 수 있다.[24] 이들이 개입하지 않은 분야는 광산업뿐이었다.

족장은 이렇게 하여 대규모의 토지와 목장을 소유하게 되었고, 그 가운데는 아센다도라는 스페인식의 대농장주가 된 사람도 있었다. 부유한 족장은 대부업에 뛰어들어 상업에 자금을 대고, 여러 채의 저택을 보유했다. 식민 경제에 참여함으로써 부를 축적한 족장은 자연히 스페인 출신 상인이나 아센다도의 세계와 가까와졌다. 실제로 족장이 남긴 유언장이나 사후 재산목록을 보면, 이들이 스페인식 복장에다 도심에 위치한 주거지, 곧 포석을 깐 안뜰이 있고 성화나 성물로 장식되고 일체의 가구를 갖춘 저택에 살았다는 것을 알 수 있다. 이처럼 족장은 성공적으로 변신했지만, 그렇다고 해서 나머지 인디언과의 관계가 완전히 단절된 것은 아니었다. 식민 행정당국은 여전히 공납의 의무를 강요했지만, 인디언 민중의 협조 없이는 식민 경제에 성공적으로 개입할 수 없었기 때문이다.

그런데 스페인식 교환 경제에 편입된 것은 족장만이 아니었다. 여기서 인디언

---

24) Diego Caqui : Franklin Pease, "Las relaciones entre tierras altas y la costa del Sur del Perú : Fuentes documentales," in S. Masuda (éd.), *Estudios etnográficos del Perú meridional*, Tokyo, Universidad de Tokyo, 1981, pp. 209-221 ; Diego Chambilla : John V. Murra, "Aymara Lords and their European Agents at Potosi," *Nova América*, 1, 1978, pp. 231-243.

상인, 수공업자, 아리에로[노새 마부]에 주목할 필요가 있다.25) 본래의 귀속 집단을 이탈했건 아니건 이 인디언은 식민시대의 새로운 인디언 사회(분화되고 불균질한)의 출현을 예고하고 있었으며, 농촌 공동체 생활을 하면서 평등주의 모델을 옹호하던 전통적인 인디언의 이미지와는 많이 달랐다(이 평등주의 모델이 스페인 도래 이전의 전통에서 유래한 것이라고 주장하지만, 스페인적인 요소 때문에 더욱 구체화되고 명확해진 것 또한 사실이다).

스페인령 아메리카의 식민화 역사의 특징 가운데 하나는 인종 사이의 혼합이 보편화되었다는 점이다.26) 가장 먼저 생물학적인 혼혈은 인디언의 위상에서 벗어날 수 있게 하는 요소였다. 실제로 메스티소는 공납과 부역을 면제 받았다. 18세기까지도 메스티소를 인디언의 조세 체계로 편입시켜야 한다는 목소리가 더러 있었지만, 이러한 제안은 채택된 적도 실행된 적도 없었다.

스페인령 아메리카에서 사회 이동은 혼혈과 동일시해도 좋을 만큼 서로 밀접한 관계에 있었으며, 혼혈은 구체제 식민화의 유연성을 담보하는 주요 요인인 동시에 구체제 식민화의 지속가능성을 나타내는 징표였다. 스페인 사람, 인디언, 흑인 사이에서 메스티소를 비롯한 모든 혼혈인이 완충작용을 했으며, 따라서 혼혈인은 신대륙에 건설되던 사회가 어느 정도 유동성을 확보하고 있다는 점을 보여주는 징표였다. 폭동이나 탈주는 식민 착취에서 벗어날 수 있는 유일한 수단도 가장 나은 수단도 아니었다. 다른 조세·사법적 위상을 획득할 수 있게 한 타향으로의 이주 외에, 혼혈은 인디언이 예속 상태에서 벗어날 수 있는 수단이었다(다른 형태의 예속 상태에 다시 얽매일 가능성도 없진 않았지만 말이다).

그렇지만 모든 혼혈인이 '평등'한 것은 아니었다. 16세기에 최초의 혼혈인은

25) Luis Miguel Glave, *Trajinantes. Caminos indígenas en la sociedad colonial. Siglos XVI/XVII*, Lima, Instituto de Apoyo Agrario, 1989.

26) Angel Rosenblatt, *La población indígena y el mestizaje en América*, Buenos Aires, Editorial Nova, 1954 ; Magnus Mörner, *Le Métissage dans l'histoire de l'Amérique latine*, Paris, Fayard, 1971.

스페인 사람 집단에 속한 것으로 간주되었지만, 혼혈 인구가 증가하고 이들 집단의 존재가 '가시화'되면서 메스티소라는 범주가 생겨났다. 그러나 현실에서는 스페인 사람과 가까운 메스티소와 인디언과 가까운 메스티소가 구분되었고(예를 들어 언어나 의복을 통해), 담론상으로 메스티소는 양쪽의 '결점'을 함께 지닌 존재로 폄하되었다. 혼혈 인구가 꾸준히 증가하는 상황에서 이들을 이상적인 식민 질서의 교란자로 보는 움직임이 나타난 것이다.

이러한 편견은 18세기, 곧 도시에 혼혈 인구가 많은 비중을 차지하게 되었을 때 또다시 나타난다. 실제로 행정기관이나 교회 등의 식민 권력은 사회질서를 바로잡기 위한 시도로, 다양한 혼혈 가능성을 제시하여 사회 계층을 세분화하기도 했다.[27] 이러한 계층화 시도는 그 당시 인종 혼합의 움직임이 얼마나 활발했는지를 보여줌과 동시에, 스페인 사람과 인디언, 흑인 가운데 누구의 '피'가 얼마나 섞였는지에 따라 개인의 사회적 위상을 규정하려 했던 인종주의적 사고가 출현하고 있음을 보여준다.

그런데 생물학적인 혼혈이건 사회·문화적인 혼합이건, 인종 혼합의 움직임이 크게 확산되었음에도 불구하고 '인디언'이라는 집단이 왜 사라지지 않았는지 의문을 가져볼 만하다. 그것은 식민지라는 상황이 인디언과 나머지 주민을 구분하는 방벽을 끊임없이 부과하고 혁신시키며 재생했기 때문이다. 여기서 메스티소는 계층 사이의 갈등을 완충하는 역할을 했다. 그리고 족장은 새로운 환경에 적응함으로써 살아남을 수 있었고, 족장 체제가 와해된 뒤에는 마을 회의, 평신도회, 공동체 공유지라는 세 개의 기구에 기반한 공동체가 그 역할을 했다.[28] 안데스 지역에서는 족장 체제가 위기를 맞았지만, 누에바에스파냐에서

---

27) Alberto Flores Galindo, *Anstocracia y plebe. Lima, 1760-1830(Estructura de clases y sociedad colonial)*, Lima, Mosca Azul editores, 1984 ; R. Douglas Cope, *The Limit of Racial Domination, Plebeian Society in Colonial Mexico City, 166-1720*, Madison, The University of Wisconsin Press, 1994.

28) Nathan Wachtel, *Le Retour des ancêtres. Les Indiens Urus de Bolivie, XXe-XVIe siècle. Essai d'histoire régressive*, Paris, Gallimard, 1990, pp. 414-435 ; Roger Rasnake, *Autoridad y poder en los Andes. Los*

는 그보다 먼저 이런 형태의 공동체 구조가 정착되었다. 식민 권력의 손길이 미치지 않는 오지에서는 이러한 공동체가 일종의 도피처 역할을 했으며, 채무노동제 같은 유사 강제 노역이 확대되었을 때 아시엔다 노동자 사이에 유대감이 싹틀 수 있었던 것도 이런 형태의 공동체를 통해서였다.

'도시의 흑인'을 대상으로 한 최근의 연구에서도 그 당시 해방 노예의 수가 상당했고(해방될 수 있는 경로가 다양했음을 시사한다) 상당수 노예가 주인에 대해 자율성을 누리고 있었다는 사실이 드러나고 있듯이,29) 흑인의 사회적 신분 역시 어느 정도 유동적이었으리라고 추측할 수 있다. 공납이나 부역의 의무라는 낙인은 아예 지워 버리거나 아니면 희미해질 수도 있었지만, 그와 동시에 사회 분할의 경계선이 이동함에 따라 그대로 유지될 수도 있었다. 사회 분할의 기반이 되는 편견이 끊임없이 재생산되었던 까닭이다. 구체제의 사법적 사고에서 유래하여 배척과 차별에 기반해 수립된 식민지 신분 질서는 식민화가 남긴 주요 유산이었다. 식민시대에 인종 혼합의 형태와 가능성이 매우 다양했다는 사실이 암시하는 것처럼, 사회적 유동성과 가변성이 남아메리카 식민화의 특징이었다고 해도 말이다.

식민 관계의 중심에 있었던 사법권

누에바에스파냐에서는 단 몇 년 새에, 페루에서는 대략 한 세대 만에, 스페인 국왕은 현지에 행정기관을 설치함으로써 아메리카의 새로운 영토에 대한 통치권을 장악했다. 구체제의 행정기관은 조세적 성격보다 사법적 성격이 강했다.

Kuraqkuna de Yura, La Paz, Hisbol, 1989 ; Antoinette Fioravianti-Molinié, "La communauté aujourd'hui," *Annales ESC*, 33-5/6, 1978, pp. 1182-1196.

29) Carmen Bernand, *Negros esclavos y libres en las cuidades hispanoamericanas*, Madrid, Fundación Tavera, 2001.

아메리카 영토를 분할 통치한 기구(부왕령 정부, 아우디엔시아[고등사법재판소],
코레히미엔토, 시의회)는 모두 특정 지역을 관할하는 사법기관이었으며, 그
수장(부왕, 아우디엔시아 의장과 몇 사람의 오이도르[심의관], 코레히도르와 테니엔
테-코레히도르, 알칼데[행정관]) 역시 재판관의 성격이 강했다. 이들 사이의
위계는 심급을 나타냈다.

이러한 위계질서의 최상층에 국왕 대리인인 부왕이 있었다. 국왕 대리인의
1차적인 임무는 인디언에게 공물을 징수하는 것이고, 1차적인 특권이자 가장
중요한 역할은 판결을 내리는 것이었다. 스페인의 정복사업과 식민화 과정에서
수립된 식민 관계 속에서 인디언에게 부과되는 공납과 부역이 가장 기본적인
요소였다면, 사법권은 식민지의 사회적 관계의 중심에 있었다.

인디언도 사법권에 접근할 수 있었다. 물론 인디언은 법적으로 미성년자
취급을 받았으며(기혼 여성이나 24세 미만 미성년자와 마찬가지로), 원주민 변호인
이라는 중재자를 통하지 않고서는 법원에 청원할 수 없었다. 이런 제한된
방식으로 국왕의 보호를 받을 수 있었다. 곧 인디언은 국왕의 자비에 호소할
수 있었고, 국왕은 인디언의 청원권을 인정하고 나아가 인디언의 의무를 규정하
는 동시에 횡포와 학대에서 인디언을 보호하기 위한 일련의 법령을 공포했다.
이 법령을 모아 놓은 것이 바로 『인디언 법령집*Recopilación de leyes de las Indias*』이다.

이 법령을 인디언 옹호자를 향한 일종의 타협안이거나 또는 식민 착취라는
불명예를 손쉽게 벗어버리기 위한 수단이라기보다 특정한 통치 방식, 곧 구체제
라는 틀 속에서 군주와 백성 사이에 수립된 관계(상호 의무와 권리로 이루어진)의
표현물로 보는 게 타당할 것이다. 인디언 보호법이란 인디언이 자신의 권리를
지키고자 할 때 원용할 수 있는 법령이며, 군주에게는 그 법령을 인정하고
적용해야 할 의무가 있었다. 따라서 사법권은 16세기에서 18세기까지 아메리카
에서 스페인 식민화의 가장 핵심적인 제도로 간주되어야 한다.

이처럼 사법권은 인디언에게 개방되어 있었는데, 인디언 집단 안의 분쟁뿐만 아니라 식민 사회의 다른 집단과의 갈등을 해결하기 위해서도 사법기관에 접근할 수 있었다. 이는 공허한 구호가 아니라 실제로 그러했다. 당시의 사법 기록은 식민지 아메리카를 연구하는 역사가에게는 말 그대로 '일용할 양식'이 며, 그 시대 사회생활의 온갖 면모를 알려주는 무궁무진한 정보의 원천이다.

이런 자료를 통해 갖은 횡포와 학대에 시달리는 인디언 민중을 위해 족장이 제기한 엄청난 양의 소송, 토지를 지키거나 세금 감면을 위해 이들이 쏟았던 노력, 이런 것들을 보고 있노라면 그저 놀라울 뿐이다. 마찬가지로 평민 신분의 인디언도 공납이나 미타 노역의 의무에서 벗어나려고, 또는 대농장의 작업반장 이나 십일조 징수자, 나아가 족장의 부당한 착취를 고발하려고 사법기관에 도움을 청했다.

승소한다는 보장도 없고, 소송이 신속하게 이루어지지도 않았으며, 소송에 드는 비용을 부담해야 했는데도 왜 인디언은 법정으로 문제를 끌어들였을까? 오히려 패소 가능성이 컸음에도 이들은 왜 멕시코시, 리마, 심지어 마드리드까지 항소를 계속했을까? 물론 당시에 폭력이 얼마나 일상화되었는지를 고려한다면, 지금까지 남아 있는 사법 기록의 분량이 아무리 엄청나다고 해도 그다지 놀라울 게 없다. 그렇지만 인디언이 왜 그런 행동을 했는지, 다시 말해 스페인 식민화가 발전하고 꽃을 피웠던 구체제라는 맥락 속에 위치시키지 않는다면 이해할 수 없는, 인디언의 그런 행동이 무엇을 의미하는지 의문을 가질 필요가 있다.

인디언이 사법기관에 접근할 수 있었다는 점은 족장이 식민 지배의 매개체이 자 공동체 이익의 책임자 역할을 공고히 할 수 있었던 수단 이상의 의미가 있다. 소송을 제기한 주체가 족장만이 아니라 광범위한 인디언 집단이었기 때문이다. 인디언 사회에 소송 행위가 보편화된 까닭을 여러 가지로 설명할 수 있다.

첫 번째 설명은 스페인의 정복사업이 사회 내적인 분쟁 조정을 위한 스페인 도래 이전의 절차와 양식을 무너뜨렸기 때문이라는 것이다. 식민 권력은 인디언 사회의 전통적인 질서를 대신하여 새로운 사회·정치적 틀을 부과했다. 곧 정복자가 강요하고 피정복민이 수용한 스페인식 제도와 기구를 통합함으로써 새로이 식민화된 인디언 사회가 출현했다는 것이다. 그것이 '식민 협정'의 주요 골자였다.

그 내용인즉, 스페인 국왕이 영토의 최상위 소유권자로서 여러 인디언 공동체에 토지 사용권을 반환함으로써(이로써 국왕은 공물을 징수할 수 있었다) 인디언이 토지 용익권을 보장받도록 하고, 이들의 권리를 침해하려는 여타 세력에게서 이들을 보호하는 보증인 역할을 한다는 것이다. 마찬가지로 스페인 국왕의 보호를 받게 된 인디언은 법률상으로 자신에게 보장된 권리를 주장하기 위해 국왕에게 호소할 수 있었다. 사회적 관계를 확립하기 위해 사법권이 가장 핵심적인 역할을 했다는 점은, 스페인 식민화를 19세기에 번성한 여러 식민화 사례와 뚜렷이 구분 짓는 주요 요소다. 이처럼 스페인 식민화는 구체제 사회의 작동 방식에 매우 충실했다.

스페인식 제도와 기구를 인디언 사회로 통합시킴으로써 수적 열세, 방대한 영토를 통제하는 행정적인 어려움, 식민화 프로그램을 실현하기 위한 인력 부족 등의 불리한 조건에도 불구하고 스페인 식민화가 신속하고 효율적으로 뿌리내리고 실행될 수 있었다. 사법권을 통해 인디언 원주민을 스페인 왕정으로 편입시켰다는 점, 그리고 인디언 스스로가 자발적으로 식민 질서를 수용하고 순응했다는 점은, 어떻게 하여 식민체제가 그토록 수월하게 정착하고 견고하게 유지될 수 있었는지 이해하기 위해 반드시 고려해야 할 요소이다.

초기에 있었던 저항의 움직임, 변방 지역의 경우를 제외하고, 대부분의 폭동이나 봉기(안데스 지역의 유일한 인디언 반란이라 할 수 있는 투팍 아마루의 봉기[1780~1781]에 이르기까지)는 근대 유럽이 겪은 무거운 세제나 굶주림으로 인한 폭동이나 반란과 같은 맥락으로 해석할 수 있다. 또한 스페인 국왕이 인디언 공화국에 부여한 특권의 존중을 요구하고, 국왕 자신이 새로운 영토에 정착시킨 관습을 상기시키려는 목적으로 일으킨 폭력적인 시위로도 볼 수 있다.

스페인의 사법권이 인디언 사회 내적 관계의 중심에 있으면서 부족 사이의 갈등이 표출되는 경로 역할을 했다는 점은 (역설적이게도) 스페인 사람이 아메리카에 정착시키고 인디언이 수용한 식민 관계를 견고하게 한 결정적인 요소였다. 강제권과 마찬가지로 사법권은 서로 불평등한 관계에 있는 여러 집단의 공존을 가능케 한, 제도적 장치의 가장 핵심적인 부분이었다.

토지 사용권을 침탈하는 대지주, 직권 남용을 저지른 관리, 파렴치한 성직자를 상대로 한 소송에서도 늘 인디언에게 불리한 판결이 내려졌던 것은 아니다. 그런데 이런 사실이 식민지의 사법권이 가혹한 식민체제를 완화시켰다는 것을 뜻할까? 그 시대의 상황을 이런 식의 용어로 설명한다는 것 자체가 시대착오의 오류를 범하는 것이다. 식민지의 사법권이 결코 속임수는 아니었지만, 그렇다고 해서 식민 착취에 대한 방패 역할을 한 것도 아니었다.

국왕 자신이 국왕의 이름으로 행해진 그 정복사업의 정당성 문제에 대해 공적인 논의의 장을 마련하고 다양한 의견을 기꺼이 경청했던 것과 마찬가지로, 인디언 보호를 목적으로 한 법령과 제도를 마련한 것은 하느님 앞에서 백성의 행복을 책임진 군주의 이미지와도 부합하는 것이었다. 스페인 식민화의 이러한 특성을 강조하는 것은 스페인 식민화로 하여금 모든 비판에서 벗어날 수 있도록 하려는 게 아니라(가치 판단을 내리려는 게 아니다), 그보다는 단지 스페인 식민화를 다른 식민화 사례와 구분 짓는 특수성을 이해해 보고자 함이다.

그렇지만 법과 실제 사이에는 괴리가 컸다. 인디언은 유리한 판결을 받은 뒤에도 이 판결 내용을 집행시키기 위해 또다시 소송을 제기해야 했다. 법정에서 내려진 판결이 현실에서는 제대로 집행되지 않아 똑같은 분쟁이 수십 년이 지난 뒤에 다시 일어나는 경우도 빈번했다. 법과 현실 사이의 괴리를 설명하기 위해 더딘 사법 절차, 재판관과 상대방의 유착 같은 상투적인 요소를 거론한다거나, 스페인 사람에게 유리하게 작용했을 편견에 혐의를 둘 필요는 없다. 현실에서 법이 제대로 지켜지지 않았던 것은 순전히 식민지라는 현실의 역학 관계 때문이었다.

따라서 식민지의 현실을 이해하려면, 식민 관계의 폭력성과 공인된 법령, 이 두 요소를 함께 고려해야 한다. 식민체제가 발전하고 지속될 수 있었던 것도 바로 이러한 모순성 덕택이었다. 법정에 소송을 제기한다는 것 자체가 식민 관계를 지속시키는 데 기여하는 것이고, 식민 사회를 구성하는 여러 집단이 충돌 없이 제 기능을 다할 수 있도록 총괄하는 규범의 수용을 돕는 것이기 때문이다.

스페인령 아메리카의 식민 관계

폭력은 정복 과정에서 생성되었다는 점에서 모든 식민 관계의 근원이었다. 스페인 권력이 확고히 자리 잡을 수 있었던 것은, 무력이나 통제권 행사 외에 기존의 사회 지배 계층 대부분을 철저히 파괴했기 때문이다. 족장을 협력자로 활용하기보다, 족장 계층을 약화시킨 다음 이들을 행정 조직이나 경제 체제로 편입시킴으로써 식민체제가 견고히 유지되고 발전할 수 있었다.

이런 요소 가운데 몇 가지는 다른 식민화 사례에서도 나타난다. 하지만 사회적 이동성의 폭, 인디언에게 허용되었으며 이들이 자신에게 유리하도록 활용할 수 있었던 행동의 여지, 한 마디로 식민체제의 구성 요소 모두에 내재되어 있던 여유 공간이야말로 스페인령 아메리카에서 특히 그 폭이 컸다. 곧 주민에게 다양한 참여 공간을 허락함으로써 이들을 통합시킬 수 있었다는 점이 남아메리카 식민화의 독창성이다.

또한 스페인식 제도와 여러 가지 새로운 형태의 사회적 관계를 기반으로 인디언 사회를 재조직했고, 인디언 사회 역시 탁월한 주도 능력을 보여주었다. 그런 점에서 인디언은 식민화의 대상에만 머물렀던 게 아니라, 식민화의 역사적 진전을 주도한 주체였다. 이 과정에서 인종 혼합의 움직임과 사법권은 식민 사회의 안정성 보장에 핵심적인 역할을 했다. 따라서 식민화 연구에서 착취와 저항이라는 단순한 이분법만 내세울 게 아니라, 동화의 모든 형태와 식민 관계를 유지하고 발전시킬 수 있게 한 장치를 함께 고려해야 한다.

필자에게 식민화의 어두운 측면을 은닉하려는 생각은 추호도 없다. 식민지 정복 과정에서 비롯된 폭력은 식민체제의 중심에 있었으며, '인종주의적' 편견도 시대의 흐름에 따라 관점이 바뀌었을 뿐 내내 사라지지 않았다. 착취, 통제, 권력 남용이 식민 관계의 고유한 특성이라고 할 수는 없지만, 남아메리카에서 근대에 등장한 식민 관계의 형태, 곧 모든 것을 통합하는 동시에 배척하고, 예속 상태의 원주민에게 법적 지위를 인정하는 등의 방식은 다른 식민화 사례에서는 찾기 어렵다. 사회적 이동 가능성, 인종 혼합, 분쟁 조정(물론 공정치 못한) 장치로서의 사법 기관, 그리고 갖가지 제도적 장치는 구체제의 식민화, 곧 구시대의 사법 모델에 따라 고안되었다. 그러나 실제로는 기존의 규범과 어느 정도 거리를 둔 채 추진된 구체제 식민화의 특징적 요소였다.

자유 독립국인 멕시코[30]

"나는 흑인 노예의 지위와 우리의 아시엔다 농장에서 일하는 인디언의 지위 사이에 어떠한 차이도 찾아볼 수 없었음을 솔직히 고백한다. 흑인 노예제가 강자의 논리라는 야만적인 법칙에서 유래했다면, 인디언의 노예화는 (지주의) 불법 행위와 약삭빠름, 그리고 자주적인 행동이 거의 불가능한 자의 순진함에서 비롯되었다. …… 그보다 더욱 놀라운 것은 누에바에스파냐의 인디언 주민이 (독립) 혁명을 거치면서 무언가를 얻었다기보다 잃었다는 사실이다. 이들은 현실적인 특권과 추상적인 권리를 맞바꿨다. …… ."

1965년 9월 26일자 「엘 파하로 베르데 El Pajaro verde」에서도 1829년 인디언 주민의 상황을 이렇게 설명했다.

"…… 분명한 것은 인디언의 처지가 조금도 나아지지 않았다는 점이다. 오히려 인디언은 날이 갈수록 점점 더 절망의 나락으로 빠져들고 있다. …… 우리가 위정자로부터 아무 것도 얻어내지 못한다면 …… 우리 아이에게 그에 대한 증오심을 심어 줄 수밖에 없다. 눈동자를 눈물로 적시며 우리에게 저지른 잔학한 행동을 아이에게 이야기해 줄 것이다. 우리는 그들을 수천 번도 더 저주할 것이며, 우리가 영원히 눈을 감는 그날, 언젠가 우리 세대 가운데 누군가는 진정한 자유를 찾을 수 있으리라는 희망도 가져가 버릴 것이다."

후안 로드리게스 데 산 미구엘은 이렇게 썼다.[31]

"…… 특권이 폐지되고 법적인 평등권이 선포된 뒤, 인디언의 특권은

---

30) 1822년에 타데오 오르티스 Tadeo Ortez가 작성한 문서로 추정되는데, 다음 책에 인용되어 있다. Robert Jaulin, *L'Ethnocide à travers les Amériques*, Paris, © Librairie Arthème Fayard, 1972, p. 67. (NDLR.)

31) 다음 책을 보시오. *L'Ethnocide à travers les Amériques*, op. cit., pp. 67-68. (NDLR.)

영원히 사라져 버렸다. 실질적인 혜택을 가져다주던 특권을 포기하는 대신, 인디언은 시민이라는 평범한 지위를 획득했다. …… 인디언은 감당할 수 없을 만큼 무거운 세금을 떠안아야 했고, …… 지주가 인디언에게 5페소를 초과하는 금액을 빌려주지 못하도록 금지하는 법령이 폐지됨으로써 인디언은 그 피해를 고스란히 감당했다. 그때부터 노동자의 채무가 눈덩이처럼 불어났던 것이다. 이런 상황에서 푸에블라주州 법령이 의결되었으며, 이 법령은 연방의회에서도 통과되었다."32)

---

32) 1829년 9월 17일에 돈 페드로 파티나 익스토린케don Pedro Patina Ixtolinque가 작성한 청원서이다. 여러 명의 지식인이 모든 백성을 대신하여 이 글에 서명했다(Luis Chavez Orozco의 고문서보관소). (NDLR.)

라틴아메리카에 대한 제국주의의 개입과 투쟁

물론 그런 면이 없는 건 아니지만, 민족주의·마르크스주의·포퓰리즘·카스트
로주의·마오쩌둥주의·인디언주의 등 라틴아메리카의 모든 정치적 운동을 반
제국주의 투쟁으로 환원시킨다는 것은 분명 잘못이다. 목표, 행동의 주체,
계획, 상황이 각기 달랐을 뿐만 아니라, 멕시코 벽면 화가들이 그린 벽화에서
에바 페론이나 체 게바라의 아이콘화化, 그리고 최근 매스컴을 통한 이미지
전략에 성공한 멕시코의 검은 스키 마스크를 뒤집어쓴 사파티스타 민족해방군
에 이르기까지, 그 모든 분쟁과 연관된 이념에서 감성적 요소가 얼마나 큰
비중을 차지하는지를 고려하지 않을 수 없기 때문이다.

그뿐만 아니라 과두제적 영향력을 행사하던 소수의 대규모 농산물 수출업자,
군벌, 중산층, 지식인, 농민, 교회, 소외 집단 등 이처럼 다양한 집단의 힘이
여러 역사적·지리적 환경에서 어떻게 행사되었는지도 고려해야 한다. 따라서
이 글의 목표는 국가들이 독립한 시기부터 21세기 초인 현재까지 라틴아메리카
에서 이루어진 반제국주의적 정치운동에 대한 완벽한 목록을 작성하는 것이

아니다. 그보다는 식민주의와 제국주의에 관한 연구를 위해 반드시 필요하고 지표가 될 만한 몇 가지 정치적 사건을 살펴보려고 한다.

유럽의 상황과 달리 스페인과 포르투갈이 장악한 이베리아령 아메리카는 거의 3세기 동안 보기 드문 정치적 안정을 누렸다. 독립 투쟁은 대부분 1750~1850년 사이에 일어났다. 이 독립 투쟁은 당연히 양식이나 성질 면에서 20세기에 제3세계주의를 출현시켰던 투쟁과 다르다. 그러나 식민체제와의 정치적 단절과 그로 인한 결과에 관한 연구에 있어 라틴 아메리카의 독립 투쟁이 시기적으로 앞선다는 점은 주목할 만한 사실이다. 약 100년에 걸친 긴 기간 동안에 일어난 폭동, 반란, 게릴라전을 자세히 다룰 수는 없고, 여기서는 본격적인 독립 투쟁 이전에 일어난 두 개의 대규모 반란을 살펴보려 한다.

그 첫 번째는 1780년부터 1781년까지 페루와 오늘날의 볼리비아 전역을 전쟁터로 만들었던 투팍 아마루의 반란이다. 투팍 아마루는 쿠스코 지역, 다음으로는 토마스 카타리 지역의 인디언 지배층에 속했던 인물이다. 크리올의 지지를 잃고, 도시의 평민 계층(특히 리마의 해방 노예 등)의 호응을 얻지 못했다는 점이 반란 세력을 약화시켰고, 결국 반란은 실패로 끝났다. 주동자들은 투옥되거나 처형되고, 인디언은 그때까지 보유하고 있던 몇 안 되는 특권을 잃었다(특히 지역 족장에게 타격이 컸다).

두 번째 대규모 반란은 투생 루베르튀르, 그 다음으로는 장 자크 데살린의 주도로 산토도밍고에서 일어난 흑인 노예와 해방 노예의 폭동이다. 이 전쟁은 1791년부터 1803년까지 지속되었으며, 흑인과 물라토의 승리로 끝났다. 이들은 자유를 얻었고, 1804년에 아이티의 독립을 선포했다. 프랑스 국왕 샤를 10세는 손해 배상금 1억 5천만 프랑을 받는 조건으로 프랑스령 산토도밍고 주민에게 '완벽하고 전적인 주권'을 인정했다. 그리고 이때부터 아이티의 빈곤화가 시작되었다.

19세기에 숱한 독립 전쟁으로 인해 사회질서가 흔들리자, 내셔널리즘 성향의 카우디요가 정치 무대에 등장했다. 그리고 1806년과 1807년 두 차례에 걸쳐 부에노스아이레스를 침략했다가 물러난 영국이 남미 신생독립국과 산업화된 유럽 사이의 의존적 관계를 수립하는 데 중요한 역할을 한다. 영국의 '아직 정형화되지 못한' 제국주의(벨리즈 및 카리브해 지역의 몇몇 주변 지역 말고는 식민 정착에 성공했던 적이 없으므로)는 특히 무역과 금융 분야에 관심을 두었다. 아르헨티나의 독재자 로사스를 압박하여 자유무역권을 얻어낼 목적으로 1840년대에 영국 해군이 라플라타강을 봉쇄하는 등 영국은 이 시기에 몇 가지 주목할 만한 행동을 보여주었다.

본격적인 반제국주의 투쟁은 아니었지만 18세기 후반에 남아메리카 전역을 피로 물들였던 두 번의 전쟁, 곧 3국동맹전쟁과 태평양 전쟁은 신新식민주의적 이해관계와 연관되어 있다. 파라과이가 브라질과 아르헨티나, 우루과이의 동맹을 상대로 벌인 3국동맹전쟁(1864~1870)은 리오데라플라타가 영국이 주도하는 세계 경제 속으로 통합되고, 파라과이가 채택한 자치적 개발 모델에 영국이 반대하면서 나타난 결과였다.

이 참혹한 전쟁으로 파라과이는 초토화되었다. 이때 남성 인구의 거의 대부분이 죽고, 인구는 130만에서 40만으로 급감했다. 20세기, 곧 1932~1935년에 볼리비아와 파라과이 사이에서 또다시 분쟁이 일어나 수많은 파라과이 국민이 목숨을 잃었다. 이러한 대량 살상이 벌어진 1차적인 동기는, 미국의 석유 회사인 스탠다드 오일이 볼리비아의 산타크루스데라시에라 지역에서 석유 매장지를 발견했기 때문이다.

19세기에 일어난 또 하나의 제국주의적 분쟁은 태평양전쟁(1879~1883)이다. 이 전쟁의 원인 역시 초석 채굴을 둘러싼 열강의 이해관계에서 찾아야 한다. 프랑스 기업은 페루와 볼리비아를 지원한 반면, 영국 기업은 칠레의 침략 행위를 지원했다. 결국 볼리비아는 태평양 연안의 항구도시 안토파가스타를 내줌으로써 바다로 나갈 모든 출구를 잃어 버렸다. 그러나 전쟁에 승리한 칠레는 초석 개발권을 얻고, 칠레 군대는 이 경험을 통해 훨씬 더 강력해졌다. 그밖에도 아마존 지역에서는 고무 산업이 급성장하면서 영국이 장악하고 있던 아크레 지방의 분리 움직임이 가속화되었다.

이처럼 남아메리카에서 영국의 경제적 영향력이 확대되는 한편, 19세기 말부터는 북아메리카 제국주의가 부상하기 시작한다. 1865년 미국은 먼로독트린(먼로독트린은 1823년 스페인과 투쟁을 벌이던 상황에서 선언되었다)을 내세우며 프랑스 군대가 멕시코에서 철수하도록 요구한다. 그 당시 프랑스는 나폴레옹 3세가 옹립한 황제 막시밀리아노를 지지하고 있었다. 그리고 1898년에 스페인 사람을 추방시킬 목적으로 미 해병이 쿠바에 상륙하면서 미국의 본격적인 개입이 시작되었다. 이러한 행동에는 설탕 산업의 통제권 장악이라는 경제적인 동기가 내재되어 있었다. 1901년에 쿠바는 플라트 수정안을 받아들여, 미국이 쿠바에 간섭할 권리와 해군기지를 설치할 수 있는 권한을 내주었다.

파나마지협의 운하 건설을 둘러싼 경제적 이해관계는 1903년 미국의 사주로 일어난 혁명의 원인이 되었다. 이 혁명으로 콜롬비아에 병합되어 있던 파나마가 독립했다. 파나마 정부는 앞으로 건설될 운하를 따라 약 20km에 달하는 지역을 미국에 양도했는데, 이 지역은 20세기 말까지 미국의 통제권 아래에 놓여 있었다. 이때부터 루스벨트 대통령은 먼로독트린, 곧 정치적으로 불안정한 라틴아메리카 국가는 국제 경찰의 감시를 받아야 한다는 원칙에 따른 이른바 빅 스틱big stick 정책에 착수하여, 미국은 금융 분야에서 자국의 이익을 위해 국제 경찰 행세를 했다.

멕시코 혁명의 파급효과를 우려한 미국은 1914년에 베라크루스에 군대를 상륙시키고 1917년까지 그곳에 주둔했다. 1915년에는 미 해병이 아이티를

점령하여, 아이티는 1934년까지 미국의 통제권 아래에 놓인다. 미국이 금융
분야의 이익을 보장받기 위해 1914년 산토도밍고에 해병대를 상륙시킨 뒤로,
도미니카공화국은 1916~1922년까지 미국 정부의 직접적인 통치를 받았다.

멕시코 혁명의 규모, 갈등을 벌인 집단의 복잡성, 토지 분배를 위한 투쟁뿐만
아니라 혁명에 참여한 다양한 정파 사이의 투쟁도 존재했다는 사실을 고려한다
면, 멕시코 혁명을 단순히 반제국주의 투쟁으로 해석하는 것은 무리가 있다.
그렇다고 해도 여기서 20세기 게릴라 부대의 최초 거점을 찾아볼 수 있다(모렐로
스의 에밀리아노 사파타, 치와와의 판초 빌라). 20세기 최초의 대규모 혁명의
특징은 내셔널리즘, 토지개혁, 반교권주의로 요약할 수 있을 것이다. 1930년
무렵 제도혁명당PRI이 정권을 장악하면서 혁명의 시대는 마침내 끝난다. 제도
혁명당은 20세기가 끝날 때까지 멕시코 정계에 군림했다.

20세기 중엽까지는 숱한 반제국주의 투쟁으로 점철된 역사였으며, 이러한
반제국주의 투쟁은 그 뒤에 나타난 여러 저항운동의 모델이 되었다. 반제국주의
투쟁에서는 공산당이 가장 중요한 역할을 했다. 브라질에서는 1925년에 카를로
스 프레스테스의 지휘 아래 1,000여 명의 반군이 국가 개혁을 요구하며 2년에
걸쳐 브라질 내륙을 횡단하는 행군 시위를 벌였다. 이 사건은 나중에 마오쩌둥의
'대장정'과 비교되었다. 중앙아메리카에서는 니카라과의 게릴라 지도자 산디
노가 1926년부터 1933년까지 미군 철수를 요구하며 끈질기게 저항했다. 살바도
르에서는 아우구스토 파라분도 마르티가 1932년에 폭동을 일으켰는데, 이는
라틴아메리카에서 공산주의자가 주도한 최초의 봉기였다.

쿠바 혁명이 일어나기 전까지 라틴아메리카의 정치사는 지역주의 성격의
공산당과 카리스마 있는 지도자가 이끄는 내셔널리즘 성향의 포퓰리즘 운동
사이의 갈등·동맹·대립의 역사였다. 그 지도자 가운데 몇몇 주요 인물을 소개하

면 다음과 같다. 아메리카 민중혁명연합APRA(페루, 1924년)을 창설한 아야 데 라 토레, 게툴리오 바르가스(1930년에 쿠데타로 정권을 장악), 후안 D. 페론(1945 년부터 1952년까지 아르헨티나의 노동당 당수), 1952년에 볼리비아 민족주의 혁명에 성공하여 정권을 잡은 빅토르 파스 에스텐소로 등이 있다. 그리고 바로 이때부터 대대적인 국유화 정책과 수입 대체 정책이 시작되었다. 이들이 과두제적 영향력을 행사하던 대지주와 광산업자에게도 적대감을 표한 것이 사실이지만, 이러한 포퓰리즘에는 분명히 반제국주의적 요소가 내재되어 있었다.

2차 세계대전 이후에는 서구와 소련의 대립이 라틴아메리카에도 파급되었다. 1954년 과테말라에서는 미국의 제국주의적 행동이 더욱 뚜렷해졌다. 유나이티 드 후르츠라는 미국 회사의 이익을 보호하기 위한 CIA의 개입으로 쿠데타가 일어나, 자코보 아르벤스 구스만의 좌파 정권을 무너뜨린 것이다.

정치적·상징적 면에서 가장 눈에 띄는 사건은 당연히 1959년 1월 8일의 쿠바 혁명이다. 반제국주의 투쟁의 모델인 쿠바 혁명은 앞으로 라틴아메리카의 여러 나라에서 일어날 모든 투쟁의 향방을 결정한 중요한 사건이었다. 최근 수십 년 동안 카스트로 체제를 비판하는 목소리가 높았지만, 그 뒤의 모든 반제국주의적 행동에 새로운 방향을 제시한 이 사건의 감성적 파급 효과를 간과해선 안 된다.

1960년대부터는 도처에 게릴라 거점이 나타났다. 콜롬비아에서는 1929년부 터 대중운동을 옹호하던 엘리에세르 가이탄의 암살을 계기로 촉발된 10여 년의 '폭력 사태'를 경험한 뒤, 1966년 콜롬비아 무장혁명군FARC이 결성되었다. 이는 라틴아메리카에서 가장 오래된 농촌 게릴라 단체인 마르케탈리아 Marquetalia가 1965년에 궤멸된 데에 대한 응답이었다. 콜롬비아 무장혁명군의 지도자 마누엘 마룰란다(일명 티로피호)는 50년이 넘는 세월을 투쟁으로 일관했다.

1960년대와 1970년대 초의 도시 게릴라전(브라질, 칠레, 우루과이, 아르헨티나) 은 쿠바의 모델에 따른 무장 해방 투쟁의 중요한 한 가지 형태였다. 1973년 9월 11일 칠레에서는 군부 쿠데타가 일어나 대통령 관저인 라모네다 궁이 폭격을 당하고, 대통령으로 당선된 살바도르 아옌데—살바도르 아옌데는 1967 년에 창설된 혁명좌파운동MIR의 지지를 받았다— 가 사망하는 사건이 일어난 다. 이 단체들은 수년 동안 지속된 강력한 진압 작전 끝에 1970년대에 모두 사라졌다.

과테말라에서는 1960년대에 몇몇 게릴라 단체가 나타나 크게 번성했다. 1961년에는 카를로스 폰세카 아마도르가 니카라과에 산디니스타 민족해방전 선을 결성했다. 1962년에 조직된 M-13은 아르벤스의 이념을 계승했다. 롤란도 모란과 마리오 파예라스가 이끌던 단체는 인디언 주민의 위상을 부각시킴으로 써 게릴라 투쟁에 새로운 바람을 불어넣기도 했다. 그런데 무장투쟁 집단 사이의 알력, 특히 1982년부터 1983년까지 에프라인 리오스 몬트 장군이 일으킨 전쟁으로 이 나라의 인디언 마을이 초토화되었다. 36년 동안 지속된 과테말라 내전은 1996년 오슬로에서 휴전협정이 체결됨으로써 비로소 종결되었다.

반제국주의 투쟁의 역사에서 또 하나의 중요한 사건은 1979년 7월 19일에 시작된 니카라과 혁명이다. 니카라과 혁명은 1990년 2월 선거에서 야당이 승리함으로써 비로소 종결된다. 이 혁명에서는 가톨릭 교회와 교회 기초 공동체 가 카스트로주의자의 도움과 함께 결정적인 역할을 했다.

1980년대의 중앙아메리카는 농촌을 본거지로 하는 좌파 단체와 무장 세력 사이의 격렬한 대결 무대였다. 공산주의 관료 체제와 관계가 악화된 몇몇 좌파 세력이 무장 투쟁을 계속하고 있던 엘살바도르에서는 십여 년에 걸쳐 본격적인 전쟁이 지속되고 있었다. 중앙아메리카를 피로 물들인 이 전쟁이 지속될 수 있던 까닭은, 에티오피아나 베트남에서 출발하여 쿠바를 거쳐 들어오는 무기 밀매 덕분이었다.

20세기 말에 이데올로기가 떠들썩하게 종언을 고했음에도 불구하고, 페루에서는 센데로 루미노소['빛나는 길'이라는 뜻. 1960년에 창설되어 1970년대에 강력한 세력으로 부상했다]라는 마오쩌둥주의 게릴라 단체가 활발하게 활동했다. 10여 년 동안 안데스 지역은 이 게릴라 단체에 의해 초토화되었고, 이 단체는 리마까지 세력을 확대하여 국가의 지리적 연속성을 침해하기에 이르렀다. 이 단체의 지도자인 아비마엘 구스만이 1992년에 체포됨으로써 이 단체는 대부분 와해되었다.

그런데 여기서 두 가지 중요한 사실을 지적할 필요가 있다. 곧 순수한 인디언 운동이 아니라 중등 교육 또는 대학 교육을 받은 메스티소로 구성된 센데로 루미노소가 무장 투쟁에 도시의 소외 계층을 끌어들였다는 점이 첫 번째이다. 다른 하나는 콜롬비아의 여러 게릴라 단체와 마찬가지로 코카인 생산과 밀매에 개입함으로써 무기와 자금을 확보할 수 있었다는 점이다.

1970년대 이후 미국의 지원을 받던 군부독재 체제에 대항하는 저항 세력은, 제2차 바티칸공의회(1962~1965)와 1968년 콜롬비아의 메델린에서 열린 라틴아메리카 주교 회의 이후에 탄생한 해방신학에 영향을 받은 종교 및 윤리 단체의 지지를 얻어냈다. 교회 기초 공동체의 영향력은 남아메리카 대륙 전역에서, 특히 엘살바도르와 페루, 브라질에서 매우 뚜렷했다.

이 공동체는 성직자와 평신도가 세운, 생각하고 행동하는 소규모 집단으로 구성되어 있었다. 도시 빈민가와 도시 안의 농촌 구역이나 농촌에 기반을 두고, 빈민을 옹호하는 활동을 벌였다. 아르헨티나에서는 군사독재 체제로부터 무자비한 탄압을 받으면서도 사회의 군대 조직화, 그리고 소외 집단, 인디언, 여성 같은 사회의 약자를 손쉬운 타깃으로 삼는 권위주의 체제에 대항하여 투쟁을 벌였다. 여성도 독재 타도를 위한 투쟁에서 중요한 역할을 했다. 1978년부터 시작된 5월 광장 어머니회 운동(아르헨티나)은 그 가운데서도 가장 대표적인 사례다.

게릴라 단체가 수명을 다했다고 믿었던 20세기 끝 무렵, 1994년 1월 2일에 사파티스타 민족해방군이 인디언 농민을 이끌고 투쟁에 나섬으로써 치아파스의 봉기가 시작되었다. 마르코스 부사령관이라는 지식인이 이끄는 이 단체는 살리나스 데 고르타리 정부가 공유지 분배를 폐지하면서 커진 인디언의 분노를 한곳으로 결집시켰다. 이 신新사파타주의는 멕시코가 미국과 함께 북미 자유무역협정ALENA 체제에 편입되던 시기에 나타났다.

국제 금융시장의 비중이 점점 더 커지고, 국제통화기금IMF의 채무 상환 요구가 거세지면서 대규모 이념 투쟁도 쇠퇴해 갔다. 그 가운데 기억할 만한 사건과 그 시기는 다음과 같다.

— 1982년 8월 : 멕시코의 극심한 금융 위기가 시작된다. 그 결과 페소화의 급격한 가치 하락, 채무 재협상, 은행 국유화로 이어졌다. 멕시코 금융 위기는 라틴아메리카 전역에 영향을 미쳤다('데킬라 효과').

— 1989년 5월 : 아르헨티나에서 카를로스 메넴이 급진적인 라울 알폰신의 뒤를 이어 대통령직에 취임한 뒤, 긴축 정책을 통해 초인플레이션을 억제하고 구조조정을 통한 신자유주의 경제정책을 편다. 이때부터 아르헨티나의 중산층과 서민층의 빈곤화가 시작되었다.

— 파나마, 바베이도스, 벨리즈의 다음으로 에콰도르가 2000년 10월에 달러 공용화를 시작한다(인디언을 수도인 키토로 모여들게 했던 장기간의 위기를 겪은 뒤에 일어난 일이다). 이때부터 대부분의 라틴아메리카 국가의 지역 경제에서 마약이 차지하는 비중이 점점 커진다.

21세기가 시작되는 지금, 라틴아메리카는 신자유주의 경제의 특별한 실험실이 되었다. 16세기에 강제로 서구화의 실험실이 되었던 것처럼 말이다.

카르멘 베르낭

프랑스령 기아나

'낙원'에서 유형지라는 지옥으로

파스칼 코르뉘엘

"유형지는 명확한 규정에 따라 통제되는, 확고부동한 처벌 기관이 아니다. 그것은 체계도, 일정한 틀도 없이 작동되는 불행을 양산하는 공장이다."[1] 알베르 롱드레[1884~1932. 프랑스의 기자, 해외 특파원. 프랑스령 기아나의 유형지 실태를 폭로하여 프랑스 사회에 큰 파장을 불러일으켰다]는 그 유명한 식민지 현황 보고서를 끝내면서 작성한, 본국의 식민성 장관에게 보내는 공개서한에서 이 말이 프랑스령 기아나 전 지역에 그대로 적용될 수 있다고 말했다.

문제는 인력 부족이 아니다. 그곳에서는 가장 중요한 요소 한 가지가 결여되어 있는데, 그것은 일관된 식민화 플랜이다.[2]

바로 이것이 식민지의 끔찍한 모순점이었고, 기아나는 그 폐해를 고스란히 감당하고 있었다. 프랑스령 기아나처럼 갖가지 식민화 플랜이 난무하면서

---

1) Albert Londres, *Au bagne, dans Œuvres complètes*, Paris, Arléa, 1992, 857p., p 13.
2) Ibid., p. 96.

실효는커녕 폐해만 양산한 경우도 드물다. 1854년 3월 30일 통과된 법령으로 본국의 기결수를 강제 이송하기 위한 유형지가 탄생하면서 이러한 상황은 정점에 이르렀다. 프랑스대혁명 당시 수백 명의 유형수가 기아나 땅을 밟은 이래, 최초의 강제 이송이 이루어진 1852년부터 1854년까지 3천여 명의 기결수가 이미 기아나에 들어와 있었다. 이것이 마나강 유역에서 마로니강 유역에 이르는 기아나 북서부의 식민화 초기 상황이었다.

숱한 오류를 범했으나 아무런 교훈도 얻지 못했다

프랑스가 프랑스 식민제국의 붕괴를 만회하려고 그때까지 보유하고 있던, 하나밖에 없는 방대한 식민 영토인 기아나 개발 계획을 세우던 1820년에 모든 게 시작되었다.[3] 흑인 노예무역이 금지되었으므로, 백인을 기아나에 보내 정착시키는 것이 기아나 개발 계획의 주된 목표였다. 기아나는 거센 해류를 타고 접근할 수밖에 없는 가장 낙후된 식민 영토였다.

새로운 정착지로는 마나강 유역이 선정되었다. 1823년에 '용병 노동자,'[4] 토목 공병, 고아로 이루어진 164명이 이 땅에 유입되면서 재난이 시작되었다. 총독 밀리우스는 정착민 가운데 일부의 방탕하고 타락한 행동, 음주 습관을 비난했다.

…… 정착민 가운데는 병기창 하수구 속에 영원히 가두어야 할 자들이 섞여 있다. 이곳 마나에 나태함, 음주벽, 부도덕한 행동을 들여온 장본인이기 때문이다. 나는 이 새로운 식민지를 불순한 요소로부터 보호하려고 노력했다.[5]

3) 기아나 외에, 그 당시 프랑스가 보유한 해외 영토는 몇 개의 섬(마르티니크, 과들루프, 생피에르에 미클롱)과 고립 지역뿐이었다. 고립 지역은 인도(상관 몇 개)와 아프리카(세네갈의 생루이와 고레 섬)에 있었다.
4) 식민지 건설을 위해 파견된 사람들을 그렇게 불렀다.

1824년 7월에 42명이 단 몇 주 만에 목숨을 잃은 사건이 있었는데, 이때 살아남은 사람은 처참한 몰골로 카옌으로 송환되었다. 이때 밀리우스 총독은 위와 같은 의견을 포기하지 않은 채, 그 지역에 "보이지 않는 적, 다시 말해 무더운 기후 탓에 고여 썩어 가는 물에서 올라오는 유독 가스"[5])가 존재한다는 사실을 인정했다. 이 시기에 기아나의 치명적인 기후 조건에 관한 공문서가 본국 정부로 쇄도했다. 여기서 교훈을 얻었을까? 결코 그렇지 않았다. 제2제정의 형무 행정당국은 자신에게 쏟아지는 비난에 이렇게 답했다.

식민지 주민의 사망률을 과장하려는 경향이 있는 것 같다. …… 유럽인이 단정 하고 절제된 생활을 하고 과도한 음주와 방탕한 행동을 삼간다면, 식민지 태생의 크리올 못지않게 그곳의 기후 조건을 잘 견딜 수 있을 것이다. 대부분의 해외 식민지에서 유럽인이 과도한 음주와 방탕한 성생활로 건강을 해치는 경우가 많다 는 게 사실이지 않은가?"[6])

현지의 기후 조건이라는 객관적인 현실은 깡그리 무시되고, 밀리우스 총독 같은 행정 관료가 주장하는 '절제의 미덕'이라는 구호만 큰 소리로 울려 퍼졌다. 밀리우스 총독은 펄펄 끓는 열과 상처로 고통 받는 정착민을 바라보면서 다음과 같은 결론을 내린다.

이 참혹한 광경을 바라보면서 나는 다음과 같은 결론에 도달할 수 있었다. 이러한 진실은 본국의 해군성 출입구에 큼지막한 글씨로 써 놓아야 한다. 곧 **"마나 지역의 식민화를 성공적으로 이루려면, 외톨이는 완전히 배제하고 검소하**

---

5) 1824년 10월 5일 총독 밀리우스Milius가 식민지 및 해군성 장관에게 보낸 공문, CAOM/ FM/SG/GUY60/F5(17).

6) Michel Pierre, *Bagnards--La terre de la grande punition*, *Cayenne 1852-1953*, Paris, Autrement, coll. Mèmoires, 2000, 262p.

고 부지런한 가족만 보내야 한다. 가족들만!"[7]

　이리하여 1824년부터 1828년까지 프랑스 쥐라 지방 출신의 몇몇 가족이 마나에 들어와 식민화에 참여했는데, 실패로 끝나기는 마찬가지였다. 이러한 시도가 있기 전에 이미, 식민화 사업의 관리를 맡고 있던 젊은 장교 프랑수아 제르베는 1821년에 당시의 상황을 분석했다. 그는 여러 가지 오류가 존재하는데, 특히 정착지 선정, 정착민에게 필요한 도구, 식량, 종자 비축 문제에 심각한 오류가 있다는 점을 다소 비장한 어조로 지적했다.

　그런데 그로부터 40년이 지난 뒤에는 상황이 좀 나아졌을까? 생로랑뒤마로니에 농작물 생산을 위한 유형지 건설의 임무를 띠고 1847년부터 마나 지역의 판무관으로 근무하던 으젠 멜리농은 다음과 같이 말했다.

　…… 1858년 2월 22일 유형수 가운데 모범수로 뽑힌 24명의 정착민에 의해 본격적인 식민화 사업이 시작되었다. 경작지의 1/3은 사탕수수, 1/3은 커피, 나머지는 식량작물의 재배에 할당되었다. …… 이들에게 농기구를 지원하기로 약속하고, …… 여자도 제공하기로 했다. 처음에 24명의 정착민은 부지런히 일했다. …… 경쟁심이 원동력이 된 것 같았다. …… 그런데 공장 건설이 계속해서 지연되었다. …… 그 때문에 수확한 사탕수수를 모두 폐기하고, 남녀 죄수의 결혼도 일 년 뒤로 연기되었다. 꿈에 부풀어 있던 정착민은 크게 낙담하여 일할 의욕마저 잃어버렸다.[8]

　1821년부터 1828년까지 이와 비슷한 상황을 본국 정부에 보고하는 공문은

7) 1823년 12월 15일 총독 밀리우스가 식민지 및 해군성 장관에게 보낸 공문, **CAOM/FM/SG/GUY59/F5**(16). 강조된 부분은 공문을 쓴 저자가 강조.
8) 판무관 멜리농Mélinon의 보고서. *Bagnards--Laterre de la grande punition*, op. cit., p. 27에서 저자 Michel Pierre가 인용.

지금까지도 많이 남아 있다. 자연 조건이 혹독한 그 지역의 식민화 사업에 장애가 된 기술적인 어려움이 몇 십 년이 지난 뒤에도 그대로 남아 있었던 것이다. 당시의 유능한 관료가 여러 차례 실패를 겪고 나서 교훈을 얻었을 법도 한데 전혀 그렇지 못했다.

마나강 유역의 식민화 사업은 늘 똑같은 각본대로 추진되었다. 꿈에 부푼 정착민이 유럽에서 건너오고, 이들을 맞이하는 총독은 든든한 재정 지원과 18개월 동안의 식량 배급을 약속하며 성공을 기원한다. 그러고 나면 정착민은 들뜬 마음으로 일을 시작한다. 그로부터 1년이 지난 뒤 정착민은 피로를 느끼기 시작하고, 재정 지원이나 식량 배급에도 문제가 생기기 시작한다. 정착민 가운데 누군가가 목숨을 잃는 일이 벌어지고, 이것은 주위 사람을 고통과 절망에 빠뜨린다. 마침내 식량 배급 기간이 끝나면 정착민은 자신의 힘으로 생계를 이어나가야 하는데, 그건 거의 불가능했다. 그 다음에 어떤 일이 일어날 지는 너무도 뻔했다.

1824년부터, 곧 식민화 초기에는 정착민 사이의 끈끈한 유대감이 지역적인 고립감을 어느 정도 해소시킬 수 있었다. 그로부터 40년이 지난 뒤에는 어떠했을 까? 이 시기의 정착민은 법을 어긴 범법자, 곧 밀리우스 총독이 그들로부터 식민지를 '정화'시켜야 한다고 말했듯이 그 시대에 '덕성스럽지 못한 자, 불순한 자'로 여겨지던 사람이었다. 이런 상황에서 과연 가족이 제대로 형성될 수 있었을까?

노동을 통해 유형수를 갱생시킬 수 있다고 믿었던 유형지에서의 장대한 꿈이, 단 몇 년 만에 마치 흰개미떼에게 서서히 파 먹힌 오두막집처럼 무너지고 말았다. …… 1866년의 통계를 보면, 전체 남성 정착민 899명 가운데 155명이 합법적인 결혼 상태에서 110명의 자녀를 낳은 것으로 기록되어 있다. …… 그런데 실제로 자급자족이 가능한 사람의 수는 126명에 불과하고, 나머지는 형을 치르는 동안

지급 받는 식량 배급에 여전히 의존하고 있었다.[9]

루이 나폴레옹은 유형지를 통한 '갱생' 가능성을 진정으로 믿고 있었다. 그러나 실제로는, 과거의 사례가 보여주듯이 열악한 삶의 조건은 정착민의 어려움만 가중시켰을 뿐이다. 식민지 총독이었던 푸리숑 제독은 1854년 이 상황을 이렇게 썼다.

이제는 의심의 여지가 없다. 이러한 사업이 앞으로도 계속된다면, 국가 재정과 총독의 명예에 더 큰 손상이 갈 뿐이다.[10]

그렇지만 이런 식의 충고를 귀담아듣는 사람은 거의 없었다. 프랑스 본토에서는 유형지를 옹호하는 주장, 곧 사회에 불필요한 자들을 멀리 치워 버림으로써 본토를 깨끗이 정화해야 한다는 의견이 팽배했던 것이다. 이러한 대중의 기대가 과거에 실패했던 경험이 주는 교훈을 근거로 하는 모든 양식 있는 행동을 배척했다. 이러한 맥락을 고려하지 않고서는 기아나의 비극을 이해할 수 없다.

이것이 과연 필연적인 귀결이었을까? 그런데 기아나의 다른 지역에서는 그와 전혀 다른 상황이 펼쳐지고 있었다. 기아나의 북서부 지역은 최선과 최악이 나란히 공존했던 곳, 곧 식민화의 면모를 적나라하게 보여주는 식민지의 축소판이었다.

쓸모없는 자들은 악마의 섬으로

프랑스령 기아나에서의 식민 정책의 문제점은 앞에서 언급한 맹목성에서

---

9) Michel Pierre, *Le Dernier Exil. Histoire des bagnes et des forçats*, Paris, Gallimard, coll. Découvertes, 1989, 192 p., pp. 70-71.
10) Michel Pierre, op. cit., p. 124.

비롯된 것만은 아니었다. 그것은 분명 의지적인 선택이었고, 1836년부터 1846년까지 마나 지역을 무대로 추진되었던 식민화의 또 다른 모델을 포기하는 것이었다.

마나의 탄생 배경은 좀 독특하다. 마나는 클뤼니의 생조제프 선교수녀회를 창시한 수녀원장 안 - 마리 자부에의 지휘 아래 477명의 해방된 흑인 노예가 건설했다. 이들은 1831년 3월 4일에 통과된 노예무역금지법에 따라 해방되었지만, 법이 제정된 해 또는 미성년자인 경우 성년이 되는 해로부터 7년 동안 국가를 위해 봉사할 의무를 지게 되었다. 따라서 1835년까지 이들의 삶은 거의 달라지지 않았고, 식민지 '주민'[11]은 법을 무효화시키려고 안간힘을 쓰고 있었다.

프랑스 식민성에서는 자유를 찾은 흑인 노예가 예전의 해방 노예처럼 떠돌이 생활을 하며 걸식하는 신세로 전락하지나 않을까 우려했다. 그리하여 프랑스 식민성에서는 오랫동안 친분이 있던[12] 자부에 수녀에게 위탁하는 게 이 특별한 흑인 집단의 '교화(선도)'를 위해 최상의 해결책이라는 결론을 내렸다. 1835년 9월 18일에 공포된 식민성 부령部令으로 '마나 체제établissement de la Mana'의 설립이 결정되었는데, 이는 특별 체제를 갖추고 있다고 해서 붙여진 이름이다.

이 특별 기관은 생조제프 수녀회의 독점적인 권한 아래 놓여 있어서, 허가받지 않은 사람에게는 접근이 금지되었다. 수녀들은 독점적인 권한을 갖는 대신 이 기관의 운영과 이곳 주민의 생활에 필요한 모든 것을 책임졌다.[13] 이 기관은 마나강의 동쪽 지류인 오르가나보강에서 네덜란드령 기아나와 경계를 이루는 마로니강까지의 영토를 관할했다.

---

11) 노예제를 옹호하던 농장주를 그렇게 불렀다.

12) 자부에 수녀는 1828년부터 1830년까지 백인 중심의 식민화 사업에 착수한 적이 있었으나, 이 시도는 성공하지 못했다.

13) 노예제 옹호자의 주장과 달리, 정부가 처음 몇 년 동안 지원한 초기 정착 보조금 25,000프랑은 사실상 충분치 못했다.

앞에서 살펴본 대로 약 15년 동안의 실패로 점철된 식민화 사업 이후, 1836년
에 마침내 마나 개척촌이 탄생했다.14) 그런데 이 마을은 어떤 '오해'에서
비롯되었다고 봐야 할 것이다. 자부에 수녀원장은 마나로 흘러 들어온 477명의
흑인이, 프랑스 부르고뉴와 프랑슈콩테 지방의 근면한 농부였던 자기 조상처럼
부지런히 일하여 번영된 사회를 건설하리라 믿었다. 그뿐만 아니라 그 사회가
파라과이의 예수회 선교사가 교화로 이끌었던 과라니족 사회처럼 발전하고
번영하리라 믿었다.15)

자부에 수녀는 이 예수회 선교사를 모델로 삼고 있었는데,16) 그곳에서는
3천 명쯤의 주민이 거주하는 과라니족 마을 하나에 백인이라고는 예수회
신부 두어 명뿐이었다. 이와 마찬가지로 마나에서도 "백인과 뒤섞일 일이
전혀 없다. 모두가 흑인이기 때문이다. 마을의 우두머리 역시 흑인이고, 보호자
한 사람만 백인이다"라고 자부에 수녀가 썼다.

자부에 수녀는 상하를 막론한 모든 사회 계층이 흑인만으로 이루어진 사회를
건설하고자 하는 계획17)이, 영국의 노예제 폐지를 계기로 1834년에 설립된
노예제 폐지론자 협회 회원에게 지지를 받을 것이라 기대했다. 실제로 자부에
수녀는 프랑스 작가 라마르틴과 협회의 중심인물인 로제 남작과 친분이 있었다.

14) 자부에 수녀가 맡은 흑인 노예 477명은, 1836년 3월 3일부터 1837년 4월 12일까지 모두 일곱
차례에 걸쳐 마나로 호송되었다.

15) 17~18세기에 예수회 선교사들은 오늘날의 파라과이와 아르헨티나, 브라질의 접경 지역에
해당하는 방대한 영토에 과라니족 인디언을 정착시켰다. 당시 예수회 선교사는 파라과이라는
방대한 교구 소속이었다. 인디언 정착촌reducion이라 불리는 수많은 마을의 잔해가 지금도
남아 있는데, 이는 그 당시 과라니족 인디언을 문명화하는 사업의 규모가 어떠했는지 짐작할
수 있게 한다. 자부에 수녀는 19세기 초에 출간되어 대중적인 인기를 누린 예수회 선교사들의
저작, 『흥미롭고 교화적인 서간 문집』을 읽고 나서 파라과이에서 예수회 선교사가 이룬 업적을
알게 되었다. 노예제 옹호자의 거센 비난에 시달리기도 했던 예수회 선교사의 사업은, 1986년
에 제작된 영화 '미션'(롤랑 조페 감독, 로버트 드 니로 주연)의 소재가 되었다.

16) *Correspondance d'Anne-Marie Javouhey*, Paris, éditions du Cerf, 1994, 4 volumes, lettre du 22 janvier
1834.

17) 자부에 수녀는 마나 개척촌에 신학교를 설립해 흑인 성직자를 양성하려는 계획을 갖고 있었다.
프랑스 본토에서는 이런 계획에 이미 착수해 프랑스 최초의 흑인 사제 3명을 탄생시켰다.

노예제의 점진적 폐지를 주장하던 협회[18] 측은 마나 정착촌이 그런 주장이
타당하다는 증거를 보여주기를 기대하고 있었다.[19]

따라서 흑인만으로 이루어진 사회에 내재된 혁명적 성격을 간파한 기아나
주민이 자부에 수녀를 보는 시선이 고울 리 없었다. 게다가 이 작은 흑인
사회는 경제적으로도 점차 자급자족할 수 있게 되었으며, 1838년 이후 곳곳에서
노예해방이 이루어지던 당시에도 어떤 사회적 혼란을 일으키지 않았다. 이런
상황에서 자부에 수녀는 마나 정착촌에 대한 수녀회의 독점권을 지키려고
온갖 애를 썼다.

1841년에는 노예 주인에게 몸값을 지불하고 식민지의 노예 자녀 3,500명을
데려다가 양육하겠다고 하면서, 프랑스 정부에 노예제의 근절에 동참해 달라고
강력히 요청하기도 했다.[20] 아이들을 교육시키고 그리스도교로 개종시키고
나면(식민지 역사에서 교육과 개종은 언제나 불가분의 관계였다) 이들이 장차 식민
지에 들어설 그리스도교 사회에 기여할 테고, 문명화된 사회의 구성원이 되리라
고 믿었던 것이다. 자부에 수녀는 마나에 신학교와 농사 기술을 가르칠 농업학교
를 세우려는 계획을 갖고 있었다.

이러한 계획이 실현될 수 없는 것은 아니었을 테지만, 결국 헛된 꿈으로
끝나고 말았다. 관공서,[21] 성당, 학교, 유치원이 들어서고, 150채의 오두막집으
로 이루어진 마을이 10년에 걸쳐 완성되었을 때만 해도 꿈이 아닌 현실이
되는 것 같았다. 그러나 여러 요소가 지배 계층의 이해관계에 부합하지 못했던
까닭에 결국에는 실현할 수 없는 것으로 판명된다. 프랑스 정부가 이런 시도를

---

18) 1840년대 초에 이르러서야 '즉각적인' 노예제 폐지라는 사고가 본격화되었다. 1848년에 빅토르
쉘셰르Victor Schoelcher에 의해 프랑스 식민지에서 노예제가 폐지된다.
19) 흑인노예 해방의 정당성을 주장하기 위해 흑인의 '유용성'을 입증할 만한 증거를 요구했다는
점에서 매우 '애매한' 요구라 할 수 있겠다.
20) 『안 마리 자부에 수녀의 서한집Correspondance d'Anne-Marie Javouhey』, op. cit., '식민지 및 해군성
장관에게 보낸 편지, 1841년 3월 1일.'
21) 오늘날의 시청에 해당.

통해 현지 주민의 교화와 개종을 기대한 것도 사실이나, 그것은 어디까지나 노예제 당시와 동일한 식민지 물품을 생산해야 한다는 조건이 전제되어 있었다.

그런데 마나의 주민이 자유 증서와 함께 불하 받은 임차지에서는 쌀, 카사바, 바나나, 타로토란 등이 다량으로 생산되었으나, 정향이나 커피, 로쿠[22]는 전혀 생산되지 않았다. 이러한 이유로 프랑스 식민지 및 해군성은 수녀회의 독점권을 폐지하고, 1847년 1월 1일자로 젊은 식물학자 으젠 멜리농을 마을의 수장으로 임명한다. 으젠 멜리농은 식민지 행정당국과 완벽하게 협조하며 마나 주민에게 식민지 작물을 재배하게 했고, 이에 낙담한 마나 주민은 부당한 처사를 바로잡을 수 있도록 프랑스 정부에 호소해 달라고 자부에 수녀에게 탄원했다.

게다가 이후로 마을 주민의 수는 조금씩 감소한 반면, 마을 행정기관을 유지하는 데 드는 비용이나 관리의 봉급은 소수의 수녀로 이루어진 예전의 수녀회를 유지하는 비용보다 훨씬 높았다. 1848년에 노예제가 폐지되면서 마나 체제의 독자성마저 사라진다. 그리고 1854년 11월 4일 총독 보나르가 식민지령을 공포함으로써 마나 체제는 공식적으로 종지부를 찍었다. 그때부터 마나는 기아나의 다른 마을과 조금도 다를 바 없는 평범한 마을quartier[23])이 되고 말았다.

이처럼 마나의 위상이 격하되면서 그에 따른 조처가 나타났는데, 이것은 크게 두 가지 차원으로 요약할 수 있다. 첫 번째는 마나 주민이 누리던 모든 사회적 특혜를 재점검하기 위한 조처이다. 실제로 자부에 수녀는 마나 주민을 위해 식민지의 사회 기반시설을 유치하고 발전시켰다.

그런데 보나르 총독은 "국가 예산으로 운영되는 병원, 다시 말해 기아나의 다른 지역에서는 찾아볼 수 없으며 오직 마나의 흑인을 위해 유지되고 있는

---

22) 로쿠rocou는 중앙아메리카 원산의 관목인 로쿠나무의 씨앗에서 추출하는 황적색 염료다. 기아
　　나 주민들은 오랫동안 로쿠나무를 재배했다.
23) 프랑스령 기아나는 '카르티에quartier'라 불리는 행정 단위로 분할되었다. 마나 개척촌 역시
　　수녀회의 독점권이 사라진 뒤에는 식민지의 한 카르티에가 되었다.

거의 불필요한 기관, 또 생조제프 수녀회에서 운영하는 여학교가 있는데도 불필요하게 세워진 플로에르멜 수도회 학교"[24]를 폐쇄함으로써 상황을 정리한다. 보나르 총독은 이를 이렇게 평했다. "…… 나는 마나 지역을 기아나의 다른 지역과 동화시키는 방향으로 정책을 펴 나가려 한다." 그로부터 얼마 뒤에 탁아소가 폐쇄되었다.

두 번째 조처는 그곳에 유형지를 설치하려는 새로운 방향의 식민지 정책과 관련된 것이다. 프랑스령 기아나의 북서부 지역에 유형지를 설치하려는 계획은 새삼스러운 게 아니었다. 프랑스 해군성 관리가 1791년부터 이미 그런 계획을 세우고 있었다.[25] 왕정복고 시대와 7월 왕정 시기에 잠시 논란의 대상이 되긴 했지만, 형사범이나 정치범 같은 범죄자를 본토에서 추방할 수 있는 수단을 찾던 당시에 다시 이 계획이 수면 위로 떠올랐고, 기아나가 유형지로 선택되었다. 그런데 본토 국민과 거의 똑같은 대접을 받던 카옌 주민과 카옌은 마땅히 보호받아야 한다는 사고가 전제되었으나, 마나 주민은 그렇지 못했다. 따라서 기아나 북서부 지역이 최적지로 떠오른 것은 당연한 일이었다.

마나에 유형수 집단 수용 시설을 설치하는 데 망설일 필요가 전혀 없다. 마나 지역을 개발하여 이득을 취하겠다는 생각을 버리기만 한다면, 그곳에 흑인이 거주한다는 사실은 장애 요소가 아니라 오히려 장점이 될 수 있다. 흑인이 유형지 건설에 필요한 노동력과 장비를 제공할 수 있기 때문이다.[26]

---

24) 1854년 8월 19일의 결정. 1854년 9월 13일의 공문을 보내 장관에게 공식 통보했다. CAOM/FM/SG/GUY61/F5(21).

25) 『기아나의 개발과 통치 방법에 관한 보고서*Exposé des moyens de mettre en valeur et d'administrer la Guyane*』에서 다니엘 레스칼리에Daniel Lescallier는 마나 지역에 유형지를 설립하여 식민화하자고 강력히 주장했다. 해군성 관리였던 레스칼리에는 1785년부터 1788년까지 기아나의 관리자 직책을 수행했다. 레스칼리에와 기아나에 대해서는 다음 책을 참고하시오. Yves Bénot, *La Guyane sous la Révolution*, Kourou, éditions Ibis rouge, 1997, 222 p.

26) 1854년 5월 18일 해군성 공문의 초고. CAOM/FM/SG/GUY61/F5(21).

기아나 총독에게 보내는 해군성 공문에도 다음과 같이 적혀 있다.

그곳에 정착민 소유지가 전혀 없다는 사실 역시 장점이다. 유형수의 작업장을 건설함에 있어 그곳에 거주하는 700~800명의 흑인은 장애 요소가 아니라 오히려 유리한 조건이다.[27]

식민개척자에게 아메리카 인디언이 살던 땅은 '처녀지,' 곧 아무도 없는 빈 땅이었다. 마찬가지로 '700~800명의 흑인'이 거주하는 마나 지역도 그런 취급을 받았다. 노예 시절을 떠올리게 하는 모든 작물 재배를 거부한[28] 흑인은 식민 지배자의 이익 실현에 전혀 기여하지 못하는 자에 불과했고, 따라서 갈리비족 인디언[프랑스령 기아나에 살던 인디언 종족]처럼 점차 소멸할 수밖에 없었다. 이런 와중에 살아남은 소수의 흑인은 미래의 유형지 시설을 예고하는 오두막집[29] 건설에 동원되었다.

물론 자부에 수녀에 의해 설립된 흑인 사회는 영구적으로 유지되기에 태생적인 한계가 있었다. 종파적이고 공동체적 성격이 강하여 1789년 프랑스대혁명의 원칙과도 전혀 합치되지 않았고, 무엇보다도 초법적 성격의 고립된 사회였다. 총독 레이를이 '마나의 자유인을 보통법 외의 규율에 따르도록 강제할 수 있을까?'라고 자문했는데, 이는 틀리지 않은 지적이었다.[30]

---

27) 1854년 5월 18일 기아나 총독에게 보낸 해군성 공문. CAOM/FM/SG/GUY61/F5(21).

28) 흑인들이 노동을 거부한 것은 아니었다. 이들은 자신에게 직접적인 도움이 되는 식량작물을 경작하려 했다. 설탕, 커피, 로쿠 같은 식민지 작물은 이들에게 아무런 도움이 되지 않았을 뿐만 아니라 노예 시절의 고통스러운 기억을 떠올리게 했다. 이러한 물질적·심리적인 이유로 그런 작물의 재배를 거부한 것이다. 그러나 노예제 옹호자는 이런 상황을 고려하지 않은 채 해방 노예를 '게으르고 태만하다'고 평했다.

29) 카르베carbet라는 오두막집은 나뭇잎 지붕으로 안마당을 덮은, 인디언 전통 가옥이다.

30) 1843년 10월 6일 기아나 총독 레이를Layrle이 식민지 및 해군성 장관에게 보낸 공문, CAOM/FM/SG/GUY61/F5(21). 마나라는 작은 고립지역이 생로랑뒤마로니의 유형지보다 훨씬 더 큰 충격을 주었다는 사실에 주목할 필요가 있다. 생로랑뒤마로니의 유형 시설은 그후로도 오랫동안 지속되었다. 이 점에 대해서는 다음 논문을 보시오. Xavier Dectot, "Le pénitencier,

어쨌든 마나 주민은 충분치 못한 예산 등 갖가지 제한 조건에도 불구하고, 본국 정부의 물적 지원 없이도 살아갈 수 있다는 것을 보여주었다. 또 노예나 유형수의 경우와 달리, 기아나의 다른 지역에서는 유례를 찾아볼 수 없을 만큼 급속하게 인구가 증가했다. 특히 유형수가 가족을 이루고 자손을 퍼뜨린 예는 거의 없었다. 이런 현상을 여러 각도로 설명할 수 있지만, 세르주 맘 람 푸크는 이렇게 설명한다.

유형수는 이중의 배척 속에서 살아가야 했다. 이들은 기아나에서도 인구 밀도 가 가장 낮은 지역에서 고립되어 살았으며, 형을 마친 뒤에도 유형수 시절과 다름없는 감금 상태에서 비참한 생활을 했다.[31]

19세기 말에 기아나에서 복무했던 해군 군의관 책임자는 유형수의 상황을 이렇게 단도직입적으로 말한다.

그들은 자손을 둬선 안 될 뿐만 아니라, 이 세상에서 흔적도 없이 사라져야 할 존재다. …… 혹시 누군가가 애매모호하고 분별없는 감상주의를 내세우며 항의 할 수도 있겠지만, 다 소용없는 일이다. 그들은 라신느[17세기 프랑스의 비극 작가]의 작중 인물이 아트레우스 가문의 자손을 이야기하는 부분과 딱 어울리는 자들이기에, 우리는 과학의 이름으로 그렇게 취급해도 좋다는 허락을 받았다. 곧 "너도 알다시피 그들은 근친상간의 피에서 생겨난 자들이다. 그런 자들이 어찌 덕성이란 걸 갖출 수 있을까!"[32]

---

le maire et le préfet. Le rôle du préfet et des administrations centrales dans la transformation de la commune pénitentiaire de Saint-Laurent-du-Maroni en commune de plein exercise," in *Cinquantenaire de la création de Saint-Laurent-du-Maroni*, 1949-1999, Actes du Colloque des 9-11 novembre 1999, Saint-Laurent-du-Maroni, 2000, pp. 123-143.

31) Serge Mam Lam Fouck, *Histoire générale de la Guyane française*, Paris, éditions Ibis rouge/Presses universitaires créoles/GEREC, 1996, 262p., p. 73.

32) Michel Pierre dans *Bagnards--La terre de la grande punition*, op. cit., p. 33.

'덕성virtue'이라는 말은 이 시대의 중요한 화두였다. 이 말은 마나에서 싹트고 있던 모든 사회복지 정책의 철폐와 그 지역 주민에게 도형장 건설이라는 임무의 부과란 두 가지 조처의 이념적 근거가 되었다. '덕성'은 1823년 총독 밀리우스가 이미 발설한 바 있으며, 18세기 내내 널리 회자되었던 용어인 '정화'로 귀결되었다. 유형수를 가리켜 '이 세상에 흔적 하나 남기지 않고 사라져야 할 존재'라고 한 군의관 간부의 말은 그 시대의 '정화'란 개념을 가장 잘 나타내고 있다. 프랑스 땅에서 제거해야 할 '덕성스럽지 못한, 불순한' 백인이란 바로 그들이었다. 그런데 불과 한 세기 전 볼테르가 '이웃에 대한 선행, 선의'33)라고 정의했던 '덕성'이 어쩌다가 이 지경에 이르렀을까?

처음에는 가벼운 논쟁거리였다. 그러던 것이 1848년에 이르러 격렬한 싸움으로 번지게 된 것은 어떤 사회적 흐름 때문이었다. 왕정복고와 7월 왕정 시대에 전성기를 맞은 박애주의라는 사회적 흐름이 그것이다. 박애주의의 주창자 가운데 일부는 빈곤을 빈민 본인의 탓으로 돌리기를 거부하면서 이들에 대한 사회적 행동으로 나아가야 한다고 주장한 반면, 다른 일부는 빈곤이 잘못된 생활 습관에서 비롯된 것이라며 오로지 빈민의 책임이라고 주장했다. 이 주제를 다룬 논문에서 카트린 뒤프라는 이렇게 쓴다.

박애주의자, 사회주의 성향의 가톨릭 신자, 사회주의자 등 사회복지 정책을 옹호하는 사람들은 아르망 드 믈렁Armand de Melun과 마찬가지로 '보호, 보장, 상부상조를 위한 범공동체적인 연대'가 필요하다고 주장했다. 이에 대해 자유주의를 표방하는 보수주의자는 사회가 백성의 미풍양속을 보존해야 한다는 막중한 임무를 부여 받았다는 주장으로 대응했다.34)

---

33) Catherine Duprat, *Pour l'amour de l'humanité. Le temps des philanthropes*, Paris, éditions du Comité des travaux historiques et scientifiques, 1993, 485p., p. XVIII.

34) Catherine Duprat, *Usages et pratiques de la philanthropie, pauvreté, action sociale et lien social, à Paris, au cours du premier XIXᵉ siècle*, Paris, èditions du Comitè d'histoire de la Sècuritè sociale, 1996,

1848년 6월 수일에 걸친 유혈 사태가 발생했다. 그 한 달 뒤인 1848년 7월 25일, 티에르Adolphe Thiers[1797~1877. 프랑스의 정치가·역사가, 프랑스 제3공화국 초대 대통령. 보수적 공화주의자였다]는 입헌 의회에 출두하여 다음과 같은 연설을 했다.

사회의 가장 중요한 목표는 사회를 구성원을 보호하는 것입니다. 따라서 사회는 좋은 법을 만들어 모든 사람의 안전을 보장해야 하는 의무를 지닙니다. 그 나머지는 덕성의 영역에 해당됩니다.35)

여기서 '나머지'란 개인의 사회적 복지를 가리킨다. 곧 건강, 은퇴, 취학, 노동 착취를 제한하는 규정36) 등이 그것인데, 이 모두가 사적인 영역에 해당한다는 것이다. 다시 말해 성실하고 덕성을 갖춘 사람이 피해를 당해선 안 되며, 성실하지도 덕성을 갖추지도 못한 자들의 공격에서 그들의 안전을 지키는 것이 국가의 임무라는 것이다. 1848년 6월 폭동 이후에 수립된 국가 권력은 악덕과 미덕이라는 이분법에 기반한 이 이데올로기를 그대로 받아들였다. 갖가지 성향의 노예제 지지자에게 '덕성스럽지 못한 자' 취급을 받은 아프리카 흑인이 그렇게 큰 희생을 치렀는데도 이런 일이 벌어졌다.37)

목소리를 높여 무언가를 요구하는 노동자도 '덕성스럽지 못한 자'로 간주되었다. 곧 불온한 사상을 지녔거나 불법 행위를 저질러 사회질서를 해치는

---

2 volumes, 1393p., p. 890.

35) Catherine Duprat, op. cit., p. 890.

36) 1841년 3월 22일 아동노동에 관한 법령이 의결되기까지 우여곡절이 있었다는 사실은 곧 당대의 이데올로기로 부상할 자유주의를 예고하는 것이었다. 어린이 노동법은 중요한 법안이었으나 적용상의 한계 때문에 현실적으로는 거의 실효를 거두지 못했다.

37) 비공식회의 또는 식민지 자문회의 등의 회의록, 행정 관료의 보고서 및 공문. 아프리카 흑인을 그런 식으로 취급한 문서는 수두룩하다. 인디언도 그에 못지 않은 취급을 받았으나, 이를 언급한 문서는 그리 많지 않다. 이는 식민지에서 인디언의 위상이 어떠했는지를(부차적인 존재에 불과했다) 보여주는 단서이기도 하다.

자들은 모두 '덕성스럽지 못한 자, 불순한 자'가 되었다. 이렇게 하여, 박애주의적인 자선 행위의 근거가 되어야 할 '덕성'이 사회복지 차원의 행동이 반드시 필요하다는 인식으로 나아가지 못하고, 도덕적 질서 확립 및 자유주의라는 당대의 지배적 사고와 합치되지 못하는 자들은 배척해도 된다는 이념의 근거가 되었다.

이러한 대대적인 사회 정화 운동의 배출구로 쓸 장소가 필요했다. 노예제가 폐지된 뒤로 경제적 가치가 없어진 식민지가 아무런 문제없이 그런 기능을 수행할 수 있는 최적의 장소로 떠올랐다. 그 가운데 '유용한' 주민은 소수일 뿐, '무용지물'인 흑인이 많이 거주하는 기아나 북서부 지역이 최종 선택되었다. 이 흑인은 이미 식민 사회의 '사라지고 없는 자들'이 되었던 것이다. 덕성이란 개념과 불가분의 관계에 있으며 18세기에는 '선의'라는 뜻으로도 쓰였던 '유용성'이라는 말에는 '수익성'이란 의미가 함축되어 있었다. '악덕'과 '무용성'은 기아나의 식민 정책이 근거하고 있던 사고, 곧 '특정 인간 집단에 대한 멸시'의 두 가지 구성 요소였다.

'멸시'는 폭력적인 태도인 동시에, 식민지의 수익 창출 논리마저 약화시킨다는 점에서 어리석은 태도였다. 상업적 식민화보다 농업적 식민화에 더 큰 관심을 두었던 자부에 수녀의 마나는, 단 몇 년 사이에 기아나에서 유례를 찾아볼 수 없을 정도로 번영했다. 그런데 프랑스 본토의 농촌에서도 식량 조달을 위한 농작물 의존형 경제에서 교환 경제로 전이되기까지는 꽤 긴 시간이 걸렸다. 그런데도 이질적인 문화가 공존하고,[38] 아프리카에서 쫓기듯 떠나와 강제 이주와 노예 경험으로 인한 상처에서 이제 막 회복하기 시작한 마나 주민에게 급속한 전이를 요구했다. 그들에게서 즉각적인 이득을 기대했지

---

[38] 비공식회의 회의록에는 마나를 건설한 흑인이 20여 개나 되는 다양한 '부족' 출신이었다고 기록되어 있다. 이 흑인은 아메리카에 들어온 지 얼마 안 되었으므로 아메리카 태생의 크리올과 어울리기가 쉽지 않았고, 그들이 구사하는 언어도 제 각각이었다는 점을 지적해 둘 필요가 있다.

만, 돌아온 것은 불신밖에 없었다. 기아나에 '악덕'이 존재했다면, 그것은 기아나의 식민 정책이 끝내 헤어나지 못한 '악'순환에 있었다.

마로니강 유역에 건설된 유형지의 '수익성'은 어떠했을까? 마나에 비교적 오랫동안 머물렀으며 생로랑뒤마로니의 유형지를 건설한 인물인 멜리농은 이렇게 썼다.

······ 지금 당장 기아나에서 유형수의 강제 이주 관행이 사라진다면, 정확히 일 년 뒤에는 유형수가 이곳에 머물렀던 흔적이라고는 하나도 남아 있지 않을 것이다.[39]

이처럼 식민화 플랜의 일환으로서 유형지 제도의 성과는 처참했다. '멸시'가 모든 동기를 파괴했던 것이다. 과거의 경험은 철저히 무시되었고, 시대적 편견과 당장의 이익만을 쫓으려는 근시안적 태도가 과거의 경험이 주는 교훈을 은닉시켜 버렸다. 노예제가 흑인을 '우매하게 만든' 원인이라고 주장한[40] 자부에 수녀의 목소리도, 사회복지 행동으로 나아가야 한다고 주장한 프랑스 본토에서의 목소리도 공허한 메아리가 되기는 마찬가지였다.

무엇보다도 먼저 사회적 평등을 위해 노력해야 합니다. 백성의 생활수준을 끌어올려야 합니다. 그들의 손을 잡아 주십시오. 가난한 사람도 타고난 능력을 개발할 수 있도록 자선 기관을 늘려야 합니다.[41]

식민 정책에 장기적인 전망이 부재했기 때문에 정책 추진에서도 일관성이

---

39) Michel Pierre dans *Bagnards--La terre de la grande punition*, op. cit., p. 32.
40) 『안 마리 자부에의 서한집』, op. cit., '식민지 및 해군성 장관에게 보낸 편지, 1841년 6월 26일.'
41) 카트린 뒤프라는 이 말에서 라마르틴 식의 사고를 읽어낸다. *Usages et pratiques de la philanthropie*, op. cit., p. 562.

결여되었고, 체제가 제대로 작동하지도 않았다. 이런 상황에서 극도의 이기주의적인 행태가 도처에 만연했다. 요령껏 제 살 길을 찾아야 하는 유형수는 말할 것도 없고, 형무 행정을 담당하는 관리도 식량과 자재를 빼돌리는 등 부패와 사기 행각이 빈번했다. 따라서 공공 재정의 손실이 상당했으며(1820년대의 상황보다 더 심각했다), 이는 범죄를 일으키는 부차적인 요인이기도 했다. 알베르 롱드레는 이런 상황을 '유형지는 썩었다'라는 한 마디로 표현했다.[42]

마나 체제가 관장하던 영토에 생로랑뒤마로니 유형지가 세워지고, 1858년 보댕 총독이 관할하기 시작했다. '범죄의 본거지,'[43] 안티 마나라 할 수 있는 생로랑뒤마로니는 이미 노예제에 의거한 식민 사회를 건설한 바 있는(노예제는 2001년 5월 10일 법령으로 프랑스에서 반인류범죄로 규정됨),[44] '인간 존재에 대한 철저한 멸시'라는 논리에서 비롯된 것이었다.

예수회 선교사가 건설한 남아메리카 인디언 정착촌에 '악이 없는 땅'이 존재하지 않았던 것과 마찬가지로,[45] 마나에도 낙원은 없었다. 그렇지만 마나에 건설되었던 흑인 사회는 '똑같은 하느님 아버지의 자손인 그들도 우리와 똑같은 인간이기에'[46] 흑인을 포함한 모든 인간 존재의 존엄성을 믿었던 한 수녀의 신념에서 비롯되었다. 이 흑인 사회는 인간 존중이라는 단순한 가치를 기반으로 차근차근 건설되고 있었다. 그런데 식민 행정당국이 이 새로운 식민화 시도를 무참히 짓밟아 버렸고, 설상가상으로 그곳에 유형지가 들어섰다. 마나 마을에서

---

42) Albert Londres, *Au bagne*, op. cit., p. 96. '유형수 선별'에 대하여: "유형수 호송대가 도착하면, '서둘러! 모두 막사로 들어가! 가장 악질적인 죄수가 나머지 죄수까지 나쁜 물을 들이도록.' 그런데 장관님, 그렇게 되는 데는 채 일 년도 안 걸린답니다."

43) Ibid., p. 55.

44) 제1조 : "프랑스 공화국은 대서양 횡단 흑인 노예무역과 인도양의 노예무역, 또한 15세기부터 아메리카, 카리브해 지역, 인도양, 유럽에서 아프리카인, 아메리카 인디언, 마다가스카르인, 인도인을 상대로 벌어진 노예제가 반인류범죄였음을 인정한다."

45) '악이 없는 땅'은 과라니족 인디언의 신화다.

46) 『안 마리 자부에의 서한집』, op. cit., '식민지 및 해군성 장관에게 보낸 편지 1838년 4월 10일.'

가장 가까운 유형수 수용소였던 샤르뱅은 그 중에서도 가장 악명 높았는데, 그곳의 참상은 다음 세기의 나치 수용소와 견주어도 조금도 뒤지지 않을 정도였다.

10년이라는 짧은 기간 동안 존재했던 마나 체제는 기아나가 지옥이었다는 오명을 뒤집어쓰지 않을 수도 있었음을 보여준 특이한 사례였다.

참고문헌

Anne-Marie Javouhey, *Correspondance*, Paris, éditions du Cerf, 1994.

Catherine Duprat, *Pour l'amour de l'humanité. Le temps des philanthropes*, Paris, éditions du Comité des travaux historiques et scientifiques, 1993, 485 p. ; *Usages et pratiques de la philanthropie, pauvreté, action sociale et lien social, à Paris, au cours du premier XIX* siècle, Paris, éitions du Comité d'histoire de la Sécurité sociale, 1996, 2 volumes, 1393p.

Arthur Henry, *La Guyane française. Son histoire, 1604-1946*, Cayenne, Imprimerie Paul Laporte, 1950.

Serge Mam Lam Fouck, *Histoire générale de la Guyane française*, éditions Ibis rouge/Presses universitaires créoles/GEREC, 1996, 262 p.

Albert Londres, *Au bagne, dans Œuvres complètes*, Paris, Arléa, 1992, 857 p.

Michel Pierre, *Bagnards—La terre de la grande punition, Cayenne 1852-1953*, Paris, Autrement, coll. Mémoires, 2000, 262 p. ; *Le Dernier Exil. Histoire des bagnes et des forçats*, Paris, Gallimard, coll. Découvertes, 1989, 192 p.

아이티 : 프랑스의 패권에서 미국의 제국주의로[*]

레슬리 마니가

재능이나 기술에서 (미국 국민보다) 더 뛰어난 국민은 보기 드물다. …… 아무리 그렇다 해도 우리의 관세와 금융을 고스란히 넘겨줌으로써 그들에게 전적으로 의존한다는 것은 생각조차 하기 싫다. 그런 상황과 우리 조국의 몰락 가운데 하나를 택해야 한다면, 차라리 조국의 몰락을 택하리라.

로잘보 보보Rosalvo Bobo 박사(1915년)

생도밍그라는 이름의 프랑스 식민지였던 아이티는 1804년에 근대 역사상 최초로 자체적으로 독립을 이룬 흑인 국가이자, 19세기를 통틀어 오로지 원주민의 혁명운동으로 '탈식민화'에 성공한 유일한 사례다. 그런데 20세기 초에 이르러 이 작은 주권국가는 세계 열강과의 '불평등한 관계'의 희생물이 되었고, 이 상황은 앞으로 이 나라의 정치·경제적 미래를 좌우하게 되었다.

아이티는 독립 당시부터 프랑스, 독일, 영국, 미국이라는 네 열강의 각축장이 되었다. 19세기 말에 4대 열강 사이의 경쟁은 여러 압력 집단을 형성시켰는데, 이 집단은 그 '무장 평화' 시대의 유럽에 존재하던 진영(블럭)과 정확히 일치했던

* "Haiti, the Shift from French Hegemony to the American Sphere of Influence at the Beginning of the XXth Century : the 'Conjoncture of 1910-1911,'" in *The Carribean Yearbook of International Relations*, éd Leslie Manigat, Leyden, Mouton(ed), 1976, pp. 188-215.

것은 아니다. 게다가 열강이 경쟁적으로 노리던 아이티 역시 이러한 정치적 놀음에 뛰어들고 있었다. 아이티도 정치적 독립을 이룬 이상 제한적이긴 하나 주도권을 행사할 수 있다는 인식에 따라 열강의 경쟁 관계를 적절히 활용하려 애썼던 것이다.

아이티의 국민 가운데 대다수가 아직까지 프랑스가 우세한 상황을 이용하여 미국의 야심을 저지할 수 있는 방법을 찾으려 하는 한편, 미국이라는 방패를 독일의 전진을 저지하는 수단으로 삼으려는 이들도 있었다. 당대의 통찰력 있는 민족주의자 가운데 한 사람이며 장관이자 국회의원이던 루이 에드가 퓌제는, 1910년 12월 17일 미 국무성에 보내는 보고서에서 "아이티의 장래에 대한 독일과 프랑스의 독점적 지배권, 암암리에 아이티를 점령하려는 두 나라의 공동 계획을 저지하기 위해서는 워싱턴에 도움을 요청할 수밖에 없다"라고 썼다.

아이티의 정치 지도자 가운데는 분쟁이 일어날 경우 열강의 압력이 들어올 가능성에 대비하여, 유럽의 작은 국가들과 돈독한 경제적 관계를 유지하려는 이들도 있었다. 어느 프랑스 장관은 그 상황을 비꼬아 이렇게 말했다. "벨기에가 해군을 보유하지 않았다는 점 때문에 아이티가 그 나라를 선택한 건 아닐까요?"

아이티가 행동의 자유에 한계가 있음을 인정하지 않을 수 없는 상황에서, 1883년 아이티의 외무장관은 이렇게 선언했다. "프랑스와의 사랑의 결혼이 이루어질 수 없기에 아이티는 어쩔 수 없이 미국과 정략결혼을 선택해야 할 것 같다."

이러한 아이티의 수동적 태도에도 불구하고 민족주의 정서에서 비롯된 국민의 요구는 상당했다. 아이티 국민의 제2의 천성이라 말할 수도 있을 강한 민족주의 정서는 미 국무장관 엘리후 루트의 말대로 '아이티와의 관계에서 가장 큰 장애물'이었다. 이에 대해 아이티 주재 프랑스 대표단 단장은 프랑스 외무장관 델카세에게 보내는 보고서에서 다음과 같이 썼다. "아이티 국민은 미국인이 (유럽인과 마찬가지로) 자기보다 피부색이 조금 더 흰 사람일 뿐이라고 생각한다. 백인 가운데 흑인을 가장 멸시하는 사람이 미국인인데도 말이다."

이처럼 아이티는 독립 당시부터 외국인에게 재산의 소유나 자유로운 상업 활동을 금지하고, 외국의 민간 기업에게 무겁고 강제적인 조건을 부과함으로써 편협한 경제적 민족주의라는 장벽 뒤에 틀어박혀 있었다. 이는 아이티 개발에 끼어들고자 하는 외국인에게 매우 효과적인 장애물이 되었다. 이리하여 이 지역에서 국제 관계의 역사에서 보기 드문 '불평등 관계'가 성립되기도 했다.

그런데 20세기로 넘어오는 전환기에 영향력의 판도에 변화가 생겼다. 프랑스의 위상이 추락하고, 그 자리를 미국이 차지하게 된 것이다. 언제부터 이러한 변화가 일어났을까? 역사가 가운데 일부는 그 시기를 1차 대전 당시라고 말한다. 실제로 1915년 7월에 미국은 유럽이 전쟁으로 옴짝달싹하지 못하던 상황과 아이티의 정치적 무질서를 이용하여 아이티의 군사적 점령에 착수했고, 이로써 그 뒤 20여 년 동안 아이티의 국정을 지배할 수 있었다.

그렇지만 가장 중요한 변화는 1914년 이전에 이루어졌다. 패권의 전이가 그보다 일찍 시작된 것이다. 새로운 '보스'가 출현한 것은 1909년부터 1911년까지 몇 년 동안이었다. 바로 이 시기에 미국은 새로운 패권국으로서 무기를 준비하고 있었는데, 그것은 다름 아닌 경제와 금융 분야의 진출이다. 그런데 경제와 금융 분야의 성공적인 진출이 미국의 군사적 개입과 정치적 우월권 확보의 원인이었는지, 아니면 이익집단의 주도적인 행동이 주된 동기였는지 의문을 가져 볼 만하다.

패권의 전이 과정은 세 명의 선수가 참여한 게임이었다. 아이티라는 판돈을 걸고 미국과 프랑스가 게임을 벌였던 것이다. 그런데 실제 선수는 셋이 아니라 넷이었다. 독일이라는 참가자가 적극 개입하고 있었기 때문이다. 역설적인 것은 프랑스를 쫓아내고자 미국이 독일을 상대로 게임을 벌였다는 점이다. 이에 대해 미 국무장관 랜싱은, 아이티에서 미국이 추진하는 정책의 성공 여부가 독일의 태도에 달려 있다고 말했다. 1909년 아이티 주재 프랑스 공사가 프랑스 외무부에 보내는 보고서에 적힌 내용도 다르지 않다. "아이티에서 미국의 실질적인 적은 프랑스가 아니라 독일이다."

그런데 여기서 간과하지 말아야 할 것은, 독일과 프랑스가 1870년 이후 유럽 안에서는 철저한 적대 관계였지만(물론 그동안에도 간간이 화해나 심지어 서로 접근하려는 움직임까지 있었다) 1909년부터 1911년까지 아이티 문제에 있어서는 어느 정도 협력 관계에 있었다는 사실이다.

따라서 두 나라 공동의 적은 미국이었으며, 영국은 적어도 아이티 문제에서는 미국에 대한 독립적인 지위를 포기하고 있었다. 이번에는 영국이 미국의 정책에 동조했던 것이다. 영국은 미국과 마찬가지로 아이티 지식인 그룹의 지도자 안테노르 피르민에게 적대감을 표했다. 그가 근대화, 긴축정책, 경제·사회구조의 혁신, 그리고 장차 아이티에 들어설 실력 본위 사회라는 틀 안에서의 최소한의 정치적 자유주의 등을 통한 국가 혁신 정책을 준비하고 있다는 사실 때문이었다.

아이티 사회에서 싹트고 있던 이러한 자치주의는 외세, 그 가운데서도 특히 미국의 계획과 배치되는 것이었다. 미국의 장관 퍼니스는 다음의 외교 문서 작성에 참여했는데, 영국 정부는 이 문서를 아이티 정부에 보낸다. "미국의 이익을 보호해야 하는 경우를 제외하면, 영국은 아이티 근해에 군함을 파견하지 않을 것이다." 이처럼 영국과 미국 정부는 프랑스와 독일에 맞서 공통된 금융 정책을 펴고 있었다.

아이티에서 열강의 위상과 상호 이해관계

열강이 아이티에 관심을 가진 것은 네 가지 이유 때문이었다. 그 첫 번째는 아이티의 전략적인 위치다. '신대륙의 지브롤터'라 불리기도 했던 천혜의 요새 생니콜라항을 비롯하여, 그 당시 한창 공사 중이던 파나마운하가 개통되면 아이티가 파나마 항로에 위치한다는 점이 열강의 구미를 자극했던 것이다. 미국은 1891년부터 생니콜라항에 관심을 보이기 시작했다.

기선(증기선)이 클리퍼선(범선)보다 우위를 점하게 된 그 당시, 열강은 상선이 항해 도중에 석탄을 비축할 수 있는 중간 기착지를 찾고 있었다. 그런데 대부분 지역이 식민화된 바다 한가운데에 위치한 아이티 같은 독립국에 연료 보급을 위한 중간 기착지, 그것도 사방으로 트인 항구를 확보한다는 것은 대단한 특권이었다. 이 때문에 독일도 아이티의 여러 항구에 관심을 두고 있었다.

두 번째 이유는 산업혁명이 진행되고 있던 당시, 아이티가 경제적인 변화를 모색하고 있었다는 사실이다. 19세기 말까지 아이티는 독립 전쟁 당시 파괴된 식민시대의 유산을 보수하여 사용하고, 독립 이후에 건설한 사회 기반시설을 가지고 그럭저럭 살아갈 수 있었다. 그러나 인구가 증가하고, 19세기 후반에 이르러 급격히 발전한 경제와 기술이 아이티 국내로도 유입되었으며, 아이티의 고립 정책에도 불구하고 경쟁 관계에 있던 열강의 압력이 거세지는 상황에서 자유노동과 봉건적 구조가 결합된 체제로는 더 이상 힘을 발휘할 수 없었다.

하지만 근대화를 위해서는 자금이 필요했고, 이런 상황에서 풍부한 자금력을 갖춘 금융 열강이 아이티라는 무대로 들어오게 되었다. 아이티에는 사탕수수, 카카오, 바나나, 임업 자원, 커피, 유전(1906년 에드몽 루맹에게 정유 사업에 필요한 석유 매장지가 양여되기도 했다) 등 개발할 만한 자원이 있었던 것이다. 18세기에 생도밍그가 누렸던 경제적 번영이 아직까지 사람들 기억 속에 남아 있었던 만큼, 이런 개발 계획은 사람들의 관심을 끌기에 충분했다. 그러나 이런 계획에는 아이티의 실제 잠재력과 아무런 관계가 없는 것도 섞여 있었고, 게다가 아이티의 실제 잠재력이 제대로 평가된 적도 없었다.

세 번째는 미국, 프랑스, 독일, 영국의 상인이 아이티의 대외무역을 통제하고 있다는 사실(외국 무역상은 분쟁이 생기면 주저 없이 자국 공관에 도움을 청했다)이 아이티의 주도적 행동을 방해하는 요인이 되고 있었다는 점이다. 외국 상선이 아이티의 수출항 사이의 교역까지 장악하고 있었으며, 이는 유럽인에게 가장 인기 있는 두 가지 물품, 곧 고품질의 생마르크산産 커피와 화학 염료로 대치되기 전까지 독일인이 특히 좋아하던 천연염료 캄파치 목재(로그우드) 무역에 아이티가 주도적으로 나설 수 있는 가능성을 차단시켰다.

열강이 아이티를 주목한 네 번째 이유는 아이티에 정착한 외국 기업이 아이티 국민의 채무를 보증하고 있었을 뿐만 아니라, 비수확기마다 어려움을 겪는 아이티 정부를 '원조'하고 있었다는 사실이다. 이런 상황에서 아이티 국민의 채무는 늘어날 수밖에 없었고, 언제든지 자본의 환류나 모라토리엄 선언 같은 조처가 나타날 수 있는 형편이었다.

여기에 또 한 가지 이유를 덧붙인다면, 흑인 국가는 자치 능력이 없다고 여겨지던 제국주의 이념의 시대에 나타난 비정상적 현상인 흑인 공화국의 말로가 어떠할지 열강이 섣불리 예단하고 있었다는 점이다. 이러한 이론은 서구 열강의 아프리카 분할, 그리고 민주주의 원칙의 수호자를 자처하는 미국 사회에서 인종차별이 유지되고 있는 현실을 정당화하기 위한 도구로 쓰이기도 했다.

위협받는 프랑스의 패권

20세기 초 아이티에서 프랑스는 문화와 테크놀로지, 이 두 가지 영역에서 패권을 누리고 있었다. 아이티는 프랑스어를 쓰고, 프랑스식 교육제도를 통해 엘리트를 기르며, 1801년에 체결된 종교 협약에 따라 프랑스 외무성이 관할하던 성직자단이 종교를 장악했다. 간단히 말해 일종의 '프랑스 취향'이 아이티 사회를 지배하고 있었다. 아이티 국민은 미국산 버지니아 담배보다 프랑스산 스카페를라티를 더 좋아했다. 아이티 국민에게 프랑스는 일종의 본보기 모델이었다. 19세기에 '아이티는 검은 프랑스였다'라는 미슐레(19세기 프랑스의 역사가)의 지적은 틀린 말이 아니었다.

프랑스의 패권은 무역 분야에서도 나타났다. 아이티에서 생산된 커피와 캄파치 목재는 프랑스의 여러 항구, 특히 르아브르로 향했다. 아이티의 가장 중요한 고객이던 프랑스는 아이티의 전체 수출품 가운데 2/3를 흡수하고, 프랑스에서 생산된 고가의 사치품, 서적, 기계는 아이티로 수출되었다. 그 당시에는 프랑스산 기계가 독일제보다 평판이 높았다. 1889년 비밀리에 체결된 의정서에 따라 갖가지 특혜를 누리던 대서양 해운 회사 덕에 아이티의 모든 항구에서 프랑스 국기가 펄럭거렸다. 대서양을 가로지르는 해저 케이블도 프랑스 소유였다.

또한 역사학자 피에르 르누뱅이 '프랑스는 금전등록기였다'라고 말했듯이 금융 분야에서도 마찬가지였다. 프랑스는 1825년부터 1896년까지 아이티 채무의 주요 채권국이자 유일한 채권국이었으며, 프랑스 외무성에 따르면 아이티는 성실하게 채무를 상환하고 있었다. 이뿐만 아니라 아이티 국립은행과 중앙은행이 모두 프랑스 기업이었다. 아이티의 민족주의자에게 아이티 은행은 그야말로 '외국 자본의 바스티유'였다.

그러나 20세기로 넘어오면서 프랑스의 패권이 위협받기 시작했다. 프랑스에게는 아이티 산업에 대한 투자가 거의 없다는 약점이 있었다. 그뿐만 아니라 프랑스는 아이티에서 미국과 충돌하는 것을 피해야 한다는 강박관념이 있었으며, 패권을 지키기 위해서라면 어떠한 싸움도 불사하겠다는 각오 따윈 없는 듯했다. 프랑스 외무장관 피숑이 그 당시 포르토프랭스 주재 프랑스 공사관을 지휘하고 있었다는 점을 고려한다면, 아이티에서 프랑스 패권이 약화된 것은 적어도 정보 부족 때문은 아니었다.

미국은 우선 무역 분야에서 프랑스의 패권을 위협했다. 미국은 1907년부터 1908년까지 아이티의 총수입량의 67%를 장악했는데, 1900년에서 1910년까지 그 규모가 두 배로 증가했다. 지리적으로 가까운 미국은 유럽에 비해 운송비가 절반밖에 들지 않았다. 게다가 미국은 작업복, 건축 자재 등 대량 소비를 위한 저렴한 물품을 아이티에 수출했다.

특히 미국의 파나마운하 정책에서 미국의 위협은 전략적 성격을 띠게 된다. 1905년 엘리후 루트는 편지에서 그 상황을 이렇게 요약했다. "우리는 카리브해 지역에서 질서를 유지하고, 파나마로 향하는 항로를 통제해야 합니다." 미국이 이 지역에 진출한 단계는 이미 잘 알려져 있는 바 그대로다. 곧 1898년에 쿠바와 푸에르토리코, 1903년에 파나마, 1907년에는 도미니카 공화국에 진출한다. 이러한 구도에서 아이티는 말 그대로 '샌드위치에 끼인' 신세가 되었다.

미국의 위협은 금융 투자 분야에서도 나타났다. 투자금은 1898년의 5천만 달러에서 1911년에는 2억 달러, 1920년에는 5억 달러로 증가했다. 중앙아메리카에서는 1899년부터 활동을 시작한 유나이티드 후르츠 회사가 1900년에 바나나 농장 건설과 철도 부설을 위해 1,700만 달러를, 1913년에는 8,300만 달러를 투자한다. 이처럼 아이티는 미국 자본에 둘러싸여 있었다.

1905년에 철도 부설을 위한 투자금이 들어온 것을 시초로, 1908년에는 전차와 전기 시설을 위한 투자로 이어졌다. 철도 부설을 위한 맥도널드 계약서에는 철도 주변의 토지를 불하 받아 사용할 수 있는 권리를 명시하고 있었는데, 이는 해당 지역의 지하·지상·공중에까지 모두 적용되는 독점권이었다. 물론 모든 계약이 이런 형태를 갖춘 것은 아니다. 그렇지만 어쨌든 이런 형태의 진출에서 미국의 거대 은행들이 수취인 역할을 했으며, 이로써 미국은 아이티 경제에 적극적으로 개입할 수 있는 수단을 갖추게 되었다.

미국의 위협은 문화 분야에서도 두드러졌는데, 필자의 생각으로 이것은 대략 1908년부터 1910년까지 아이티의 국내 여론을 양분시킨 논쟁거리였다. 라틴 문화를 옹호하는 부류와, 실용주의·효율성·수익성 및 사회적 규율과 기업가적 추진성 등 앵글로색슨의 정신을 옹호하는 부류가 대립한 것이다. 이 시기에 새로운 문화 모델이 아이티 사회에 등장하고 있었다.

유럽에서도 새로운 경쟁자가 등장했는데, 바로 빌헬름 2세 치하의 독일이었다. 벌써 오래전부터 독일은 아이티산 커피의 주요 수입국이었으며, 함부르크의 커피 시장은 규모에서 프랑스 르아브르의 커피 시장 바로 다음이었다. 독일은 맥주, 시멘트, 직물을 수출했는데, 특히 철강 제품과 의약품이 주력 수출품이었다.

독일은 아이티 사회의 취향에 맞추어 프랑스 제품을 모방하고, 아이티의 도로 사정에 맞추어 물품을 포장하여 수출함으로써 서서히 아이티 사회를 파고들었다. 미국에서 들어오는 물품은 포장 단위가 너무 커서 운반할 수 없을 정도였다. 게다가 독일은 다른 유럽 국가보다 30%까지 상품 단가를 낮췄다. 1901년에 독일 정부가 아이티산 커피의 관세 문제(프랑스와 똑같은 특혜를 달라고 요구했다)로 아이티 정부를 압박하는 등 통상 분야에서 매우 적극적인 태도를 보였다.

그뿐만 아니라 독일 상선은 아이티의 항구를 연결하는 역할을 담당하고,

전체 커피 생산량 가운데 약 2/3를 운반하고 있었다. 일주일마다 두 척의 상선이 함부르크와 포르토프랭스를 오간 반면, 1910년에 프랑스 르아브르와 연결하는 선박은 한 달마다 단 한 척에 불과했다.

독일은 아이티의 항구를 연결하는 증기선 항로의 개설 같은 계획 말고도 철도 건설에 관심이 있었다. 독일의 기업체 가운데 하나가 벌써 아이티 북부 바이외에 들어와 열대작물을 재배하는 플랜테이션을 경영했으며, 500여 명의 아이티 노동자가 이 농장에서 일했다. 독일인은 특히 주식 시장에서 탁월한 수완을 발휘한 투자의 명수였다.

독일이 아이티와 여러 차례 외교적 분쟁을 일으켰다는 사실에서도 나타나듯이(적어도 1870년부터 1900년까지 프랑스나 미국과는 외교적 마찰이 존재하지 않았다), 독일은 아이티에서 관세 통제권을 통한 패권 장악을 위해 안간힘을 쓰고 있었다. 미국은 라틴아메리카와 아이티에서 독일의 침투 시도를 예의 주시하여, 시어도어 루즈벨트와 엘리후 루트는 먼로독트린을 수호하기 위해 독일과의 전쟁 가능성까지 염두에 두고 있었다.[1]

패권 장악을 위한 결정적 싸움(1909~1911)

이런 상황에서 나타난 새로운 현상은 아이티 정부가 외국 열강 사이의 분쟁에 개입하기 시작했고, 아이티의 미래를 좌지우지할 수도 있을 그 문제들의 정치적 성격을 인식하게 되었다는 점이다. 국립은행의 설립 문제는 단지 경제적 관계의 장악뿐만 아니라, 국립은행이 아이티에서의 모든 대출이나 투자를 결정한다는 점에서 아이티에서의 패권을 좌우하는 주요 사안이었다. 미국의 달러 외교는 독일의 제국주의 외교정책Weltpolitik을 압도했으며, 또한 먼로독

---

1) 먼로독트린은 어떤 형태든 유럽이 아메리카 대륙의 문제에 개입하는 것을 반대한다는 원칙이다.

트린을 내세우며 프랑스의 패권에 도전했다.

그 당시 존재하던 아이티 국립은행은 프랑스 은행인 소시에테 제네랄과 프랑스의 산업·상업은행이 합작해서 만든 프랑스 소속의 유한책임회사였다. 이 회사의 사업권 유효 기간은 1930년까지 50년으로 한정되어 있었다. 이 은행은 상업은행과 및 발권은행의 기능과 함께, 국세청의 기능도 수행했다. 따라서 아이티 정부와의 협력은 필수적이었으며, 이 은행은 어느 정도 정부 부처의 기능까지 수행했다. 아이티든 다른 나라든 정부의 요구에 부응하지 않을 수 없었으므로, 이 은행은 국가 안의 작은 국가 또는 국가 안의 한 기관으로 간주되었다.

그런데 이 시스템은 제대로 작동되지 못했다. 그 까닭은 이 은행이 아이티 통화의 유통에 미치는 영향을 고려하지 않고 중요한 결정을 내리는 일이 빈번했기 때문이다. 이처럼 아이티 국립은행은 회사 본연의 업무에 충실한 기업이었을 뿐, 국가 차원의 업무에는 무관심했다. 그리하여 1905년 아이티 정부는 이 은행의 국세청 기능을 박탈한다. 그러자 은행은 곧 적자로 전환되었고, 정체 상태로 빠져들었다. 은행의 파산은 이제 시간 문제였다.

아이티 국립은행이 1880년 설립 당시의 기대에 부응하지 못했으므로 국립은행을 다른 은행과 경쟁하게 해야 한다는 의견이 대두되었다. 그리하여 1893년에 다른 아이티 은행을 설립하려 했으나, 자본 부족으로 끝내 무산되었다. 이런 상황에서 외국 열강이 은행 설립을 위한 갖가지 안을 제시했다.

도미니카공화국에서처럼 국가의 세수 장악을 노리고 있던 미국은 두 가지 계획을 제시한다. 그런데 미 국무성은 모건 은행 소속의 주요 인사에게 "아이티에서는 도미니카공화국에서와 같은 계획이 없다"라고 답변했다. 오스트리아에서 제시한 계획안은 자본이 충분치 않아서 무산된다. 그 가운데 드레스덴 은행에서 제시한 계획안이 실현 가능성이 가장 커 보였는데, 독일 자본이 절반을 담당하고 나머지는 프랑스와 미국이 각각 1/4씩 투자한다는 내용이었다. 하지만 이 계획도 성사되지 못하고, 아이티 정부와 재협상을 시도한 아이티 국립은행의 노력도 수포로 돌아갔다.

독일과 프랑스 은행이 합자회사를 세우고, 이 두 은행이 담보물로 관세 통제권만을 요구하면서 새로운 국면을 맞는다. 이 컨소시엄의 가장 큰 장점은 두 은행이 각각 자기 나라 정부의 지원을 받고 있다는 점과 새로운 아이티 국립은행을 도입하려 한다는 사실이었다. 프랑스-독일 합자회사는 지역의 정치인을 매수하는 등 1910년 7월로 예정된 국회 의결을 위해 갖은 노력을 다했다.

한편 내셔널시티뱅크와 스파이어스 앤드 사이 그룹이 참여한 미국 컨소시엄이 채무 상환을 위한 1,250만 달러의 대출과 함께 화폐개혁 및 금융 분야의 구조조정을 약속하고, 대출금 상환에 대한 담보물로 관세 수입의 일부를 요구하는 것 외에 관세 통제권을 요구하지 않겠다고 하면서 여러 분야에 투자하겠다는 계획안을 제시한다. 아이티의 여러 사업 분야에서 우월한 위치를 차지하려는 게 그 목적이었다. 프랑스-독일 컨소시엄 계획을 무산시키는 것을 목표로 하고 있던 이 계획은 미 국무성의 공개적인 지지를 받았다.

이 가운데 어떤 안건도 아이티 의회에서 심의조차 되지 못했다는 점에서 첫 번째 판에서는 미국이 승리를 거두었다. 그뿐만 아니라 미국은 미국-아이티 우호관계의 표시로 경쟁자인 상대방의 계획안을 열람할 수 있는 권리를 얻어냈는데, 이는 아이티 국내 문제에 대한 일종의 간섭권을 행사할 수 있게 되었음을 의미했다. 이렇게 하여 미국은 프랑스-독일 컨소시엄이 제시한 사업 계획이 승인 절차를 밟는 과정에 개입하여 이를 비판할 수 있게 되었다.

미국은 그 계획이 아이티의 은행 시스템이나 관세 통제권에서 미국을 배제시킴으로써 미국의 이익을 침해하고 있다는 점을 지적했다. 미 국무성에서 보낸 외교 통첩에는 "프랑스-독일의 계획안을 인가한다면, 아이티에서의 우리의 모든 행동을 재고하지 않을 수 없습니다"고 적혀 있었다. 하지만 프랑스-독일의 안건은 별 문제 없이 국회에 상정되었고, 전쟁성 장관의 협박에도 불구하고 결국 통과된다. 이때 아이티를 방문한 독일 장관은 "미국이 아이티를 상대로 공갈 협박하고 있다"고 말하면서, 프랑스가 지원하고 있으니 전혀 두려워할 게 없다고 아이티 국민을 안심시켰다.

미국의 위협은 그 뒤에도 얼마 동안 계속되었으나, 미국의 개입이 혁명을 불러올 수 있다는 두려움 때문에 이런 행동을 중단했다. 한편 유럽에서는 프랑스와 독일 사이의 관계가 악화되고 있던 상황에서 프랑스 정부는 그 사업에 대한 미국의 비판을 참작할 것이고, 앞으로는 아이티 문제에 미국과 공조하겠다는 뜻을 워싱턴에 전달했다.

그런데 1910년 10월에 프랑스-독일 컨소시엄은 미국에게 사업에 동참할 것을 제안한다. 미 국무성은 아이티 역사상 처음으로 미국 은행이 아이티에 진출할 수 있는 절호의 기회로 여기고 이를 수락했다. 그 뒤로는 모든 게 수월했다. 미국은 직원을 서서히 미국화시킴으로써 아이티 국립은행을 미국의 기관으로 만들었다. 그리고 바로 이때부터 관료주의화와 미국화 움직임이 더욱 가속화되었다. 미 국무성에서 지점장을 임명하기 전(1911년)까지 내셔널시티뱅크의 미국인 대표가 아이티 국립은행 뉴욕 지점의 대표직을 맡기도 했다. 이렇게 금융 기관을 장악한 미국은 관세 통제권, 나아가 국가의 통치권마저 장악하기에 이른다.

1915년 미국이 아이티를 군사적으로 점령함으로써 아이티에서의 패권 다툼은 일단락되었다. 이때 워싱턴 주재 아이티 대사관 담당관이었던 알랭 튀르니에는 그 당시 미국의 정책을 '마키아벨리적'이라고 평하면서, 은행은 아이티 장악 계획을 실현시키기 위한 트로이의 목마로 쓰였다고 말했다. 그와 달리 역사학자 데이나 G. 먼로는 아이티 사회를 지배하던 무질서와 정치적 혼란, 외국 열강에 대한 막연한 두려움이 미국에게 지배당하게 된 주요 원인이며, 지식인이 그토록 염원한 근대화의 요구에 아이티 사회가 적응하지 못했다는 점이 사회적 혼란으로 귀결되었으며, 미국만이 개입할 수 있다는 먼로독트린에 따라 미국 정부가 해결사로 나섰다고 주장했다.

그 뒤에 상황은 새로운 국면을 맞는다. 가장 먼저 경제적 이해관계가 서로 다른 두 개의 주체가 충돌했다. 곧 미국의 민간 기업 쪽에서는 군사적 개입을 강력하게 주장한 반면, 미국의 정치 지도자들은 아이티 문제에서 유럽의 개입 가능성을 철저히 제거하는 게 선결 과제라고 주장한 것이다. 게다가 아이티 국민은 미국과의 관계가 급격히 증대되는 상황에서 기대와 우려가 뒤섞인 모순적인 태도를 보여주었다. 아이티 국민은 자기 힘으로는 결코 아이티의 근대화를 이룰 수 없으리라 생각했다. 미국에 대한 아이티 국민 대다수의 모호한 태도는 1915년 미국의 군사적 개입 석 달 전에 대통령 선거에 출마한 로잘보 보보 박사의 아이티 국민을 향한 호소문에도 잘 나타나 있었다.

재능이나 기술에서 (미국 국민보다) 더 뛰어난 국민은 보기 드물 것입니다. 나는 그 위대한 국민을 마음속 깊이 존경합니다. 우리나라에서 미국 기업가들이 특혜를 누리는 대신, 우리도 그 나라에서 마음껏 특혜를 누릴 수만 있다면 더 이상 바랄 게 없겠지요. 그렇지만 우리의 관세와 금융을 고스란히 넘겨줌으로써 그들에게 전적으로 의존한다는 것은 생각조차 하기 싫습니다. 그런 상황과 우리 조국의 몰락 가운데 하나를 택해야 한다면, 차라리 조국의 몰락을 택하겠습니다.

아이티에서 이념과 여러 정치운동, 1915~1946[*]

다비드 니콜스

여기서 필자가 다루려는 세 가지 저항 운동은 민족주의, 흑인주의, 사회주의다. 민족주의는 미국의 군사적 영토 점령과 프랑스의 문화적 제국주의에 맞서 싸우던 운동으로, 민족주의자는 미군 철수와 크리올 토착민 문화의 발전을 주장했다.

흑인주의는 물라토가 아이티의 경제·사회·정치 분야를 장악하고 있는 현실과 유럽의 문화와 취향을 그대로 받아들이려는 사회적 흐름에 대항하기 위해 나타난 움직임이었다. 흑인주의자는 흑인 권력을 주장하고, 아프리카에서 유래한 관습과 신앙이 아이티 사회에서 얼마나 중요한 역할을 하는지 인식시키려고 노력했다.

사회주의 운동은 아이티의 자본가와 외국인이 아이티 경제를 장악하고 있는 현실과 '자유주의 기업' 시스템, 그리고 이러한 경제적 현실에서 비롯된 빈부 격차를 비판했다. 그러나 이러한 현실에 대한 해결책에서는 사회주의자

---

* David Nichols, *Annales ESC.*, no. 4, julliet-août, Paris, Armand Colin-Éditions de l'EHESS, 1975, pp. 655-657, 662, 663, 665.

사이에도 크게 의견이 엇갈렸다. 한편에서는 국가 주도의 계획 경제나 전문가로 이루어진 정부를 주장하고, 다른 한편에서는 노동자 계층이 모든 국가 기관을 장악하고 결국에는 마르크스주의 전망에 따라 프롤레타리아 국가 건설로 나아가야 한다고 주장했다.

미군 점령기에 민족주의는 노동자·농민 계층에서 도시 중산층 및 물라토 엘리트 계층에 이르기까지 광범위한 사회 계층에게 지지를 받았다. 또 흑인주의는 특히 교사, 법률가, 의사 등 흑인 지식인 중산층의 이념이었다. 그리고 마르크스주의 성향이건 테크노크라시(기술주의) 성향이건 그 당시 아이티의 사회주의는 물라토 엘리트 계층의 일부를 지배하던 이념이었다. 사회주의 옹호자는 인종 사이의 정치적 대결 대신 계층 사이의 투쟁을 내세웠다.

미국의 점령

이러한 저항의 움직임이 출현한 배경을 이해하려면, 무엇보다도 미국의 아이티 침공과 점령이 아이티 사회에 어떤 충격을 가했는지 살펴보아야 한다. 1915년 7월 28일은 아이티 국민의 기억 속에서 영원히 지워지지 않을 날이다. 바로 그날 미 해병대가 아이티에 상륙했으며, 이로써 앞으로 거의 20년 동안 지속될 미군 점령기가 시작되었다.

미국이 군사적 개입을 정당화하려고 내세운 구실 가운데 하나는 아이티의 정치적 혼란이었다. 실제로 아이티에서는 20세기 이후에도 여러 번 정부가 바뀌었으며, 심지어 대통령 삼Sam이 프랑스 대사관으로 피신했다가 쫓겨난 뒤 군중에게 살해당하는 일까지 벌어졌다.

아이티의 국민 대다수가 미국의 군사 개입을 반대했지만, 군사적인 저항은 미미했다. 아이티의 민족주의자는 「아이티 앵테그랄」, 「라 파트리」, 「라 리그」,

「라 트리뷴」 같은 신문이나 잡지를 통해 자신의 의견을 표출했다.1) 엘리 게랭과 조르주 실뱅은 이 시기에 민족주의 운동을 이끌었던 사람 가운데 가장 돋보이는 인물이다. '애국 연맹' 같은 단체가 조직되어 미군 철수를 위한 기나긴 투쟁에 착수했다.

1915년의 군사적 저항은 미미했던 반면, 1918년에는 곳곳에서 농민 반란이 일어났다. 샤를마뉴 페랄트, 브누아 바트라빌 같은 사람이 '카코스cacos'라 불리는 이 '자유' 농민을 이끌었다. 농민 반란의 1차적인 원인은 미 행정 당국이 '코르베'라는 강제노동 제도를 도입하고자 했기 때문이다. 농민 반란군의 규모는 엄청나 헌병대 병력만으로는 대응할 수 없을 정도였다. 이런 상황에서 미 해병의 직접적인 개입이 불가피했고, 미국에서 지원군 병력이 급파되었다.

이처럼 민족주의 운동의 1차적인 정치적 목표는 미군 철수였다. 하지만 민족주의자는 그밖에도 아이티 고유의 독자적인 크리올 문화의 발전에 관심이 컸고, 실제로도 그에 기여했다. 정치적인 혼란을 겪은 뒤인 1929년 미국은 아이티에 조사단을 파견한다. 몇 달 동안의 공석 기간이 지나고 1930년 친미 성향의 루이 보르노의 뒤를 이어 민족주의 정치가 스테니오 뱅상이 대통령직에 취임했는데, 이는 민족주의자가 거둔 최초의 정치적 승리였다. 그로부터 4년 뒤 미국은 군대를 철수하고, 스테니오 뱅상의 지지자는 그를 아이티의 두 번째 '해방자'로 선언했다. 민족주의자가 마침내 첫 번째 정치적 목표에 도달한 순간이었다. 문화 분야에서도 대부분의 아이티 지식인은 아이티 문학이 결코 프랑스 전통의 일부분이 될 수 없음을 주장했다.

그런데 1934년부터 여러 면에서 대립되면서도 서로 밀접한 관계에 있던 두 개의 이념이 이미 저항 운동의 이념으로서 민족주의를 대치하고 있었다.

---

1) G.-S. Jean-Baptiste, "L'Attitude de la presse port-au-princienne sous l'occupation américaine 1915-1926[미군정 아래(1915-1926) 아이티의 수도 포르토프랭스에서 언론들의 태도]," 미출간 박사학위 논문, 아이티 국립대학, 민족학과, 1968.

그것은 흑인주의와 사회주의다.

흑인주의자와 민족주의자

흑인주의자도 민족주의를 표방했다. 그러나 이들이 아이티와 아프리카의 관계를 강조하고, 아이티 사회에 내재된 인종주의적 요소를 공공연히 떠들고 다닌다는 점이 스테니오 뱅상을 비롯한 '부르주아' 민족주의자의 심기를 불편하게 했다. 민족주의자는 인종을 국가보다 우선시하는 흑인주의자의 '아프리카주의'가 아이티 공화국의 기반을 무너뜨린다고 생각했다. 말하자면 아이티 사회의 분열을 조장한다는 것이다.

이에 대해 스테니오 뱅상 대통령은 "우리나라의 인종주의적인 신비주의가 비극적인 보복의 악순환에서 영원히 헤어나지 못할 것 같아서 매우 안타깝습니다"라고 한탄했다.[2] 그는 또 흑인주의 작가가 틈만 나면 아프리카를 거론하지만, 실제로 아프리카 땅으로 건너가 정착하고 싶어 하는 사람은 아마 단 한 사람도 없을 것이며, 그들의 정신적 고향은 '프랑스 파리'라고 말했다.[3]

미군정을 향해 가차 없는 비난을 퍼부었던(처음에는 미국과 협력했지만) 민족주의자 단테스 벨가르드는, 과거에 아이티 주민 사이에 참혹한 내전을 야기하기도 했던 '잘못된 인종주의 사고'를 비난하면서 이는 히틀러의 인종주의와 다를 바 없다고 말했다. 아이티는 '흑인종과 황인종의 우정 어린 협력'[4]을 통해 세워진 단 하나의 국가라는 것이다. 또 이렇게 썼다. "파리의 최신 유행에 따라 또는 뉴욕 할렘가 나이트클럽의 탭댄서처럼 옷을 차려입은 젊은 댄디가

---

2) *En posant des jalons*, I, J. Port-au-Prince, 1939, p. 41.

3) Ibid., I, p. 153.

4) Dantès Bellegarde, "La race n'existe pas," *La Phalange*, 1er avril 1939 ; "La nation haitienne," *La Phalange*, 22, avril 1939.

작가나 변호사 같은 동포 앞에서 거들먹거릴 수 있다고 믿는다는 게 놀라울 뿐이다. ……"5) 또한 벨가르드는 부두교가 '아주 오랜 옛날에 원시 아프리카인의 유치한 상상력'이 빚어낸 허무맹랑한 우주론에 지나지 않기 때문에, 모든 아이티 국민에게 권장할 만한 종교가 될 수 없다고 말했다.6)

---

5) Dantès Bellegarde, "Vaudou et civilisation chrétienne," *La Phalange*, 27 mai 1939.

6) *Haiti et ses probléalmes*, 1942, p. 95.

아시아

네덜란드령 동인도의 식민주의

토마 보피스

프리슬란드와 스헬데강 사이,
바닷가에 해적 왕국이 있네. ……

2차 대전이 일어나기 전까지만 해도 네덜란드는 영국과 프랑스 다음의 세 번째 식민 강국이었다. 1931년 파리에서 열린 국제식민박람회의 공식 안내서에서 네덜란드 항목의 작성자는 네덜란드 식민주의의 특성을 다음과 같이 지적했다.

네덜란드는 네덜란드, 네덜란드령 동인도, 수리남, 큐라소라는 네 영토로 이루어진 왕국이다. 이는 필자 개인의 의견이 아니라, 그 나라 헌법 제1조에 규정된 내용이다. 이처럼 법률상으로 네덜란드는 식민지를 보유하지 않는다. 네덜란드 국민은 식민지를 자기 본래의 영토로 간주하기 때문이다.[1]

네덜란드는 해외 원주민을 네덜란드 본국에 동화시키려는 목적으로 매우 효율적인 식민 팽창 정책을 고안해 냈다. 17세기부터 네덜란드령 동인도에서도 그 정책이 시행되었는데, 지금부터 살펴보고자 하는 것이 바로 이 부분이다.[2]

1) 『국제식민박람회 공식 안내서 l'Exposition coloniale internationale』, Paris, 1931, p. 133.

네덜란드령 동인도, 곧 '적도를 따라 구불거리는 에메랄드빛 띠'3)는 오늘날 인도네시아라 불리는 지역이다. 네덜란드령 동인도는 자바, 수마트라, 보르네오 (칼리만탄), 셀레베스(술라베시 섬), 이리얀 자야, 몰루카제도, 발리 같은 주요 영토를 포함하고 있었다.

상인 국가의 탄생

여러 차례의 동맹과 정략결혼 끝에, 16세기에 이르러 카를 5세와 다음으로는 그의 아들 펠리페 2세는 '해가 지지 않는' 제국의 황제가 되었다. 특히 스페인, 네덜란드, 포르투갈이 이 제국에 속해 있었다. 이처럼 복잡한 지정학적인 상황은 상인이나 모험가들이 자유롭게 여행하고, 해외의 낯선 지역에 대한 정보가 자유롭게 유통될 수 있는 조건을 만들어 주었다.

그러나 이 방대한 제국은 곧 해체의 길을 걷는다. 홀란트 출신 오렌지-나사우 공公 빌렘(1533~1584)이 가톨릭 군주에 맞서 무기를 든 것이다. 신교로 개종한 북부의 7개 주가 결집하여 1579년 위트레흐트 동맹을 맺고, 그로부터 2년 뒤인 1581년에는 이 주들이 연합하여 네덜란드연방공화국을 수립했다. 스페인 에게 전략적 가치가 컸던 플랑드르의 주요 도시는 바타비아 반란 세력 진영을 선택했다.

이런 상황에서 펠리페 2세는 전세를 역전시키려고 과감한 정치적 조처를 취한다. 그는 오렌지-나사우공 빌렘을 암살하고, 갑문 시스템을 이용하여

---

2) 수리남과 네덜란드령 앤틸러스제도의 식민주의에 대한 연구를 위해서는 다음 책을 참고하시오. G. Van de Louw, B. Verstraete, *L'Émancipation dans la littérature néerlando-phone des Caraïbes*, Lille, Université Lille III--La maison Coornhert, 1997.

3) 이 유명한 문구는 네덜란드 작가 물타툴리Multatuli의 소설, 『막스 하벨라르, 네덜란드 무역 회사의 커피 매매*Max Havelaar ou les ventes de café de la Compagnie commerciale des Pays-Bas*』(1860)에서 유래한 것이다. 프랑스어판, Arles, Actes Sud, 1991, p. 397.

안트베르펜항을 봉쇄하며, 홀란트 선박이 리스본항에 입항하는 것을 금지시켰다. 그러나 경제적인 압박을 통해 네덜란드에 보복하려는 목적으로 취해진 이 군사적 조처는 전혀 예기치 못한 결과를 불러온다. 이런 조처가 오히려 신생 공화국의 번영을 촉진시켰던 것이다.

제국의 항구에 접안할 수 없자, 네덜란드는 중간에 기착하지 않고 곧장 인도까지 항해할 수 있는 기술을 개발했다. 또한 안트베르펜항이 봉쇄되자 그 항구는 대표적인 무역항의 위상을 잃어버렸고, 그 대신 암스테르담이 새로이 떠올랐다. 그때는 부유한 유대인과 신교도가 스페인 가톨릭의 박해를 피해 수백 명씩 암스테르담으로 유입되던 참이었다. 1585년 펠리페 2세의 군대가 안트베르펜을 다시 탈환했을 때, 이번에는 네덜란드인이 자기들의 교역 활동이 위태로워질 수도 있다는 점을 인식하고 플랑드르의 대표적 항구를 봉쇄했다.

이처럼 새로워진 경제 환경에서 몇몇 네덜란드 무역상이 1594년에 동방 국가들과 교역하기 위해 회사를 설립했는데, 이것이 반 베레Van Verre 회사 곧 원방遠方회사다. 다음해 코르넬리스 데 하우트만이 이끄는 최초의 원정대가 인도를 향해 떠나, 이 원정대는 1596년 6월 22일 반텐에 도착한다. 자바 섬의 서부에 있는 이 항구는 당시 동인도 군도에서 교역 활동의 중심지였다.

이 원정대에게는 전쟁이나 영토 정복 따위의 의도는 애당초 없었고, 상인은 배에 향신료를 가득 싣고 유럽으로 돌아가는 것 말고는 관심이 없었다. 2년 4개월에 걸친 이 항해의 결과는 기대에 미치지 못했다. 원정 비용을 제하고 난 나머지 수익이 얼마 되지 않았던 것이다. 그러나 항해하면서 얻은 귀중한 정보와 반텐 군주와 체결한 조약은 다른 상인의 탐욕과 모험심을 자극했고, 이들은 그 새로운 엘도라도를 향해 선단을 파견한다.

그러나 경험이 부족했던 이 상인들의 향신료 시장 개척은 체계적으로 이루어지지 못했다. 우후죽순처럼 설립된 소규모 회사의 난립, 무분별한 경쟁(젤란트와

암스테르담의 경쟁이 특히 치열했다)과 같은 요소 때문에 수많은 원정대가 실패를 맛보아야 했다. 그뿐만 아니라 물품이 과잉 공급되면서 가격이 폭락하고, 그 때문에 무분별한 여러 투자가들이 파산했다.

이러한 비조직적이고 불합리한 상황을 매듭짓고 적대적인 세력을 한곳으로 결집시키고자 투자가들이 연합한다. 이들은 1602년 더욱 강력한 민간 회사를 설립했는데, 이것이 바로 VOC(Vereenigde Oost Indische Compagnie)라 불리는 연합동인도회사, 곧 네덜란드 동인도회사다. 이 회사는 오렌지 - 나사우공과 네덜란드 의회로부터 인도에서의 무역 독점권과 함께 그곳에 요새를 구축하고 군대를 보유할 수 있는 권리를 얻어냈다.

동인도회사에서는 17인회, 곧 17명의 이사로 구성된 이사회가 회사의 실권을 장악했다. 그리고 8개의 지부가 암스테르담에, 4개의 지부가 젤란트(미델뷔르흐)에, 그리고 로테르담과 델프트, 호른, 엥크호이젠시市에 각각 하나씩, 나머지 하나는 중소도시가 번갈아 가며 그 역할을 맡았다. 17인회의 이사는 근속 연수나 투자금 액수에 따라 선출되었다.

동인도에 파견된 회사 대리인의 주된 임무는 해당 지역의 우두머리와 향신료 —주로 후추, 정향, 육두구[넛맥이라고도 한다], 계피, 장뇌4)— 의 가격을 협상하는 일이었다. 네덜란드로 들어온 다음 유럽 전역으로 팔려 나가는 이 향신료는 투자가에게 부의 원천이었다. 투자가는 이 수익금을 다음 항해나 호화로운 저택을 건설하는 데 투자했다. 이처럼 동인도는 오늘날까지 네덜란드인에게 자랑거리로 남아 있는 그 황금의 세기를 탄생시킨 장본인이었다.

초기에 네덜란드 동인도회사는 아직 영토 정복에는 관심이 없었다. 그보다는 오랜 기간 항해하는 상선에게 식량이나 물품을 보급할 중간 기착지를 확보하고, 인도 항로를 따라 상관을 설치하는 게 주된 관심사였다. 그들은 회사의 번영을

---

4) 무역상들은 또한 벵골산 아편, 금, 은, 주석, 도자기, 코끼리를 취급했다.

위협할 수도 있을 영토 전쟁에 휘말리는 것을 바라지 않았던 것이다. 노련한 중개인이었던 동인도회사의 직원 역시 상업적인 업무에만 몰두했을 뿐, 교회의 선교 사업 따위에는 관심이 없었다.

세계 제일의 해상 강국으로 바다의 절대적 지배자였던 네덜란드는 동인도 군도로의 접근 통제권을 마음껏 행사했다. 동인도회사는 자유무역을 거부하고, 아무리 하찮은 경쟁 상대라도 제거하려 애썼다. 이처럼 회사의 1차적 목표는 동인도 군도 전역에 대한 독점권을 장악하는 것이었다. 그리하여 다른 유럽 국가를 설득 또는 위협함으로써 이들의 접근을 사전에 차단하기 위한 매우 효과적인 방법을 고안했다.

예를 들어 네덜란드 당국은 그 지역을 항해하는 것이 얼마나 위험한지 일부러 과장하고, 그 지역의 지리 정보나 지도를 철저히 비밀에 부치기도 했다. 동인도회사의 독점권을 침해하는 외국인이나 같은 네덜란드인에게도 제재를 가했다. 그 지역을 무단 항해하는 선박은 조사를 받고 나포되었으며, 밀수 사실이 드러나면 사형에 처했다.

그로부터 1세기가 지난 뒤 프랑스의 탐험가이자 작가인 부갱빌도 비슷한 체험을 한다. 그때에도 몰루카제도의 항구에 기착하는 것은 공식적으로 금지되고 있었다.

> 우리가 이제 막 항구에 도착하여 닻을 내리고 있을 때, 두 명의 네덜란드 병사가 배로 올라왔다. 그 가운데 프랑스어를 구사하는 병사가 상관商館의 주재관을 대신하여 묻는다고 하면서, 네덜란드 회사에 소속된 선박만 입항이 허용된다는 사실을 모르지 않을 터인데 무슨 일로 이 항구에 들어왔는지를 내게 물었다.[5]

---

5) Louis-Antoine de Bougainville, *Voyage autour du monde*, Paris, Gallimard, 1982. [프랑스 출신 탐험가이자 작가인 부갱빌은 1766년부터 1769년에 걸쳐 이 책『세계 일주 여행』을 썼다. 1982년에 출간된 수정본은 원문 확정, 활자의 현대화, 서문 및 자료의 첨가 등 보완 작업을 거친 것이다.]

동인도회사의 17인회는 향신료의 과잉 생산과 가격 하락을 우려했다. 그래서 시장을 조절하려고 정향 재배를 암보이나 섬, 테르나테 섬, 티도레 섬, 몰루카제도에 집중시키고, 다른 지역에서는 이 귀중한 나무를 뿌리까지 뽑아 버림으로써 생산지를 한정하는 정책을 폈다. 반다제도에서는 15,000명의 주민이 살해되거나 강제 이주되어, 이 지역은 육두구 생산의 중심지가 되었다. 이렇게 하여 네덜란드 동인도회사는 단 몇 십 년 만에 경쟁자들이 접근할 수 없는 폐쇄적인 경제 공간을 성공적으로 만들어냈다.

그런데 반텐 군주가 교역 물품에 엄청난 관세를 부과함으로써 네덜란드인의 상업 활동을 저해하는 장애 요소로 등장한다. 이에 대한 타개책으로 동인도회사의 군대는 동쪽으로 몇 킬로미터쯤 떨어진 곳에 있는 작은 항구인 자카타라를 점령하고, 그곳을 모든 무역 활동을 총괄하는 확실한 전략 거점으로 삼았다. 그리고는 1619년에 이 도시를 '바타비아'라고 부르기로 한다.

이 새로운 상황에서 반텐은 결국 살아남지 못했다. 바타비아는 오늘날 인도네시아의 수도인 자카르타가 되었지만, 반텐이라는 이름은 역사에나 존재할 뿐이다. 네덜란드인은 이 새로운 도시를 건설하고 치장하는 일에 인도, 버마, 벵골, 스리랑카, 동남아시아의 여러 섬과 발리, 셀레베스 섬에서 유입된 노예를 활용했다. 1630년에 바타비아의 노예 인구는 천여 명에 지나지 않았으나, 그 세기 말에 이르면 25,000명으로 전체 인구의 반 이상을 차지했다.

그때부터 이곳에서는 중요한 상업 거래가 이루어졌는데, 화물이 유럽으로 향하기 전에 최종적으로 집결되는 장소도 바로 이곳이었다. 이 시기에 네덜란드 동인도회사는 동인도 총독인 쿤Jan Pieterszoon Coen(1589~1629)을 이곳에 상주시켰다. 총독의 정치적 기능은 고국에서 멀리 떨어진 이곳에서 자국의 경제적 이익을 위한 모든 사업을 성공적으로 추진하는 것이었다. 또한 동인도 주둔군의 최고 통수권자로서 조약에 서명하고, 동인도회사 이사회의 권한을 위임받아

회사 업무를 총괄했다. 이 막강한 대리인은 동인도의 실질적인 지배자로서, 몇 년의 임기 동안 거의 절대적인 권력을 행사했다.

17세기 초에 자바는 여러 명의 이슬람 군주, 곧 술탄의 통치를 받았다. 강력한 마타람 제국[6]을 세운 술탄 아궁(1613~1646)의 군대가 1629년 바타비아를 포위한다. 그러나 네덜란드 군대가 이를 격퇴하고, 술탄은 자바의 대귀족에게 권위를 잃게 된다. 그렇다고 해서 마타람 제국의 위협이 완전히 사라진 것은 아니었다. 그리하여 동인도회사 쪽에서는 술탄을 달래기 위한 조약을 체결하여, 자바 섬의 중앙과 동부에 위치한 모든 지역에 대한 술탄의 완전한 소유권을 인정했다.

그러나 마타람 제국의 군사적 위협을 인식하게 된 동인도회사는 영토 정복사업을 재검토하지 않을 수 없었고, 이때부터 해양과 상관의 획득뿐만 아니라 방대한 영토 정복을 목표로 하는, '팽창주의'라 이름 붙일 수 있는 식민화의 두 번째 단계로 접어든다. 동인도회사는 후방을 지키고 해안 지역에서의 입지를 강화하기 위해, 1677년부터 1684년까지 서서히 바타비아 남쪽에 있는 프리앙간 지방을 점령했다.

이리하여 예전에는 두려운 적수였던 반텐은 1684년 동인도회사의 속국으로 전락한다. 네덜란드 해군 역시 전략적인 위치에 있던 두 개의 항구를 점령한다. 1641년에는 말레이반도에 있는 말라카항을, 1668년에는 셀레베스 섬의 마카사르항을 탈취했다. 그렇지만 드니 롱바르가 지적한 것처럼 이러한 정복사업은 매우 느리게 진행되었다.

우리가 착각하지 말아야 할 것은 정복이 극도로 천천히 진행되었다는 사실이

---

6) 마타람 제국은 반둥에서 자바 섬의 동쪽 끝까지, 그러니까 자바 섬의 3분의 2에 해당하는 넓은 지역을 차지하고 있었다. 이 지역의 주요 도시로는 수라카르타('솔로'라고도 한다)와 요그야카르타가 있다.

다. 네덜란드의 인도네시아 정복은 1차 대전이 시작될 무렵에야 비로소 끝났다.[7]

바타비아에서는 자바의 중국 상인과의 긴장이 격화되고 있었다. 네덜란드인은 중국 상인의 경제적 역동성을 두려워했지만, 자기 상품을 아시아 시장으로 유통시키려면 그들의 도움이 필요했다. 그런데 1740년에 브라질과 경쟁을 벌이던 자바의 사탕수수 시장이 붕괴된다. 이때 수많은 중국 상인이 파산하고, 쿨리 노동자도 일자리를 잃었다. 동인도회사는 이들을 노동력이 부족한 실론으로 보내기로 결정한다. 그런데 이 노동자를 배에 싣고 가다가 일부러 바다에 빠뜨려 몰살시켰다는 소문이 떠돌았다. 쿨리 노동자는 폭동을 일으켰고, 바타비아까지 공격을 시도했다. 결국 10월 9일부터 11일까지 동인도회사의 군대가 진압 작전을 벌여, 이 과정에서 5천~7천 명의 중국인 노동자가 바타비아에서 학살당했다.

자바 군주 사이의 암투 역시 이슬람 왕국들의 평화를 크게 위협하는 요소였다. 군주들은 힘을 합쳐 네덜란드의 침략에 대항하기보다 개인의 이익 추구에 더 열을 올렸다. 이들이 서로 싸우면서 세력이 약화되는 것은 동인도회사가 바라는 바였다. 왕위 계승이라는 극도로 민감한 문제가 닥쳤을 때, 이들의 경쟁 관계는 더욱 격화되었다. 일부다처제를 인정하는 이슬람 왕국에서, 통치권을 행사하던 군주가 사망했을 때 통치권을 노리는 경쟁자는 한둘이 아니었다. 이들은 권력을 차지하려고 치열한 싸움을 벌였고, 네덜란드 총독은 이 기회를 이용하여 심판자 행세를 했다.

해결할 수 없을 것 같은 문제도 총독이 어느 한 사람을 지지함으로써 곧 해결되었다. 동인도회사의 직원은 회사의 우월권을 인정하는 후보자, 다시 말해 자기에게 우호적인 후보자에게 지원을 약속했다. 따라서 네덜란드의

---

7) Denys Lombard, "Indonésie-Histoire," *Encyclopédie Universalis*, p. 202.

군사 억제력에서 혜택을 받을 수 있는 후보자가 왕권을 차지할 가능성이 가장 높았다. 이 후보자는 그 대가로 네덜란드인에게 왕국의 토지 가운데 일부를 양도해 주었다. 그가 왕위에 오르고 난 뒤, 동인도회사는 어떤 농작물을 어떤 방식으로 재배할지 농사 지침을 일러주어 국왕의 지위에 걸맞게 생활할 수 있도록 도와주었으며, 유럽에서 들여오는 엄청난 양의 사치품 구입을 권유했다.

왕은 기꺼이 단일 작물 재배를 받아들였고, 그 대신 동인도회사는 왕에게 정치적인 통치권을 보장했다. 이 교묘한 정책은 동인도회사에 대한 자바 군주들의 경제적 의존도를 높였고, 이들은 물건을 구입하러 왕국 밖으로, 특히 갖가지 물품이 집결되는 바타비아까지 건너가기도 했다. 이렇게 하여 동인도회사는 점차 자바의 드넓은 개인 소유지를 단 한 번의 선전포고도 없이 합법적으로 차지하게 되었다. 18세기 말에는 자바의 거의 모든 지역을 장악한다.

동인도회사의 해산과 국가 체제의 설립

여러 가지 원인(아직까지 완전히 규명된 바는 없지만)이 동인도회사의 파산을 야기했다. 그 가운데 그렇게 완벽한 배타주의는 언젠가 소멸될 수밖에 없다는 점을 첫 번째 원인으로 들 수 있다. 18세기 말 동인도회사는 그 방대한 영토를 군사적으로 봉쇄할 수 없는 처지가 된다. 한 예로, 쇠퇴하는 네덜란드 해군을 대신하여 막강한 해양 세력으로 등장한 영국 함대가 자바와 몰루카제도의 항구를 거리낌 없이 드나들었다.

군주들도 네덜란드인과 체결한 조약을 무시하고 다른 유럽 상인에게 기꺼이 물건을 팔았다. 또한 세계의 다른 지역에서도 향신료 플랜테이션이 나타나면서 바타비아의 독점권은 사실상 유명무실해졌다. 1753년 프랑스인 피에르 푸아브르(1719~1786)가 네덜란드인에게서 육두구 묘목 다섯 그루와 정향 묘목 몇 그루를 훔쳐다가 인도양 모리셔스 섬의 그 유명한 팡플무스[자몽] 정원에 심어 재배에 성공한다. 그는 그밖에도 후추와 계피를 비롯한 수십 종의 식물을 들여와 대규모 플랜테이션 재배를 계획하고 준비했다.

밀수도 크게 성행했다. 선장이나 선원들이 회사의 선박을 이용하여 사적인 이득을 취하는 일은 다반사였다. 1795년에 일어난 나폴레옹 군대의 홀란트 침공 역시 바타비아 상인에게 불리한 결과를 불러왔다. 그때부터 동인도 군도는 프랑스의 통치를 받게 되었다. 해상 패권의 상실과 경쟁, 수익의 감소, 프랑스군의 네덜란드 점령과 같은 요소가 심각한 적자 상태를 야기했고, 네덜란드 동인도회사는 1800년 1월 1일 마침내 해산되었다.

동인도회사가 파산한 뒤에는 네덜란드 정부가 그 뒤를 이어 식민지 수탈의 직접적인 책임자가 되었다. 처음에는 교역 활동을 통제하는 일이 쉽지 않았다. 여전히 농업이 번성했고 상업 활동 역시 활발했지만, 이제부터 능동적인 역할을 맡게 된 외국인이 수익의 대부분을 자신들의 고국으로 끌어가고 있었다. 대내적으로도 상황은 불안정하고 위험했다. 자바의 토착 군주들은 겉으로는 고분고분하게 굴면서도 완전히 순종하는 법이 없었다. 대외적으로는 영국 함대가 1806년에 바타비아만의 인근 섬들을 초토화시켰다. 영국군의 공격이 빠른 시일 안에 개시되리라는 것은 분명했기에, 바타비아를 수호하기 위한 군비 강화가 무엇보다도 시급했다.

이런 상황에서 1807년 1월 28일 나폴레옹의 열렬한 추종자인 네덜란드의 원수 헤르만 빌렘 단델스(1762~1818)가 동인도 총독으로 부임한다. 이 권위적인 인물은 영국의 공격에 대비하는 전력 증강에 매진했다. 그는 자바 토착 군주들의 권력을 억누르고, 자바의 방어력을 강화시켰다. 또한 자바 전역을 횡단하는 방대한 도로망을 구축함으로써(마차가 다닐 수 있는 도로들) 병력의 이동을 원활하게 했다. 그리고 원주민 민병대를 조직하고, 세마랑에 포병학교를 세웠다. 하지만 이러한 노력에도 불구하고, 단델스가 거느린 8천여 명의 병력은 대규모의 막강한 영국군의 공격에 속수무책으로 당할 수밖에 없었다.

1811년 9월 18일, 결국 자바 섬은 영국군에게 넘어간다. 그리고 인도 총독의 보좌관이던 토마스 스탬포드 래플스 경(1781~1826)[8]이 이 지역의 행정을 책임지게 되었다. 래플스는 영국의 군사력을 과시하면서 군대를 파견하여, 네덜란드 동인도회사가 이미 착수한 동인도 군도의 영토 정복을 다시 추진한다. 그후 자바는 외국 군대의 공격이라는 위협에서 벗어날 수 있었고, 또다시 경제적인 호황기를 맞았다. 영국이 이 지역의 통치를 맡았던 이 짧은 기간 동안 영국의 행정조직은 깊숙이 뿌리를 내리진 못했다. 그렇지만 래플스가 추진한 몇 가지 정책적인 방향은 주목할 만하다.

그는 벵골에서 이미 실험을 거친 토지 임대 제도를 도입하려 했다. 곧 토지를 정부 소유지로 간주하고, 농민에게 토지 임대료에 해당하는 토지세를 쌀이나 현금으로 납부하게 하는 것이다(토지의 등급에 따라 전체 수확량의 1/3에서 절반에 해당하는 액수). 또한 자바의 섭정에 대한 통제를 강화하고, 지역 업무에도 개입했다(1812년 중앙 자바에 네 번째 군주로 파쿠 알람을 옹립하여, 요그야카르타의 술탄을 견제토록 했다).[9]

나폴레옹 군대의 패배로 네덜란드는 독립을 되찾는다. 그리고 1814년 8월 13일에 체결된 런던조약으로 네덜란드는 해외의 영토를 돌려받았다. 그로부터 2년 뒤, 곧 주권 이양이 종결된 뒤에 영국군은 동인도 군도에서 철수했다. 네덜란드 상인과 끝까지 싸우기로 결심한 래플스는 1819년 리아우-조호르

---

8) 자바 섬에 관한 탁월한 보고서인 *The History of Java*(1817) 저자이기도 하다.

9) Denys Lombard, "Indonésie-Histoire," op. cit.

술탄에게 싱가포르시를 건설할 수 있는 허가를 얻어냈는데, 그곳에 자유무역항을 건설하는 게 그 목적이었다. 이렇게 하여 그는 예전에 거의 독점적으로 바타비아에 집중되었던 교역 활동 가운데 많은 부분을 아시아 항로의 요충지에 자리 잡은 새로운 도시로 끌어들일 수 있었다.

짧았던 영국의 지배 기간은 네덜란드인 특유의 개척 정신이 되살아나는 계기가 되었다. 네덜란드는 국가 권력이 동인도 전역에 미치도록 하려는 목적으로 단델스와 래플스가 추진한 정책을 계승하여 발전시켰다. 네덜란드의 의도는 이미 상업적인 차원을 벗어나 있었다. 영토를 점령하고 그곳에 또 하나의 네덜란드를 건설하겠다는 의지가 명백하게 드러난 것이다.

가령 동인도에 정착한 네덜란드 농민은 홀란트식의 해안 간척지를 건설하겠다는 야심을 공공연히 드러냈다.10) 정착민은 합법적으로 자신의 땅에 머물고 있는 것으로 생각했다. 일상생활 속에서 정복지를 가리키는 말로 '식민지colony'라는 용어는 거의 쓰지 않고, 그보다는 고국인 네덜란드를 '아버지 나라 vaderland,' 동인도를 '어머니 나라 moederland'라고 부름으로써 두 지역의 정서적 유대감을 강조했다.

두 지역 사이에 농산물의 교역이 이루어지면서 이러한 유대감은 더욱 강화되었다. 1817년 5월 18일 보이텐조르히(오늘날의 보고르)에 식물원이 설립되면서 동인도 전역에 엄청난 파급 효과를 일으켰다. 이때부터 세계의 갖가지 식물들이 과학적 연구를 위한 실험실이었던 이 식물원으로 유입되었다. 식물학자들은 몇 가지 종류를 선별한 다음, 새로운 환경에 대한 적응 능력을 실험했다. 만일 동인도의 토양과 기후에 잘 적응하면, 식물의 종자나 꺾꽂이용 가지를 네덜란드 정착민에게 제공하여 대규모 재배에 착수하도록 했다.

바로 이런 방식으로 동인도에 홍차(1826년), 야자유 채취용 야자나무(1848년),

10) F. Colombijn, "The Javanese Model as Basis for Nineteenth Century Colonial Policy in West Sumatra," *A Journal of Indonesian Human Ecology*, Depok, 3, 1995, pp. 32-33.

키니네의 원료인 기나나무(1854년), 담배(1863년 오늘날의 메단인 델리에서) 플랜
테이션이 생겨났다. 그러나 부의 주된 원천은 커피와 사탕수수, 쌀이었다.
열대 기후의 여러 지역에서 자생하던 식물인 쌀은 본래 동인도 군도의 가장
중요한 식량작물이었다.

사탕수수는 인도 등 여러 지역을 여행한 중국인 승려 법현(파히엔이라고도
한다)에 의해 서기 400년 무렵 처음으로 자바에 들어왔다. 네덜란드 동인도회사
는 1637년부터 중국 상인의 도움으로 사탕수수 무역에 착수한 바 있었다.
사탕수수는 재배하는 데 비용이 많이 들뿐만 아니라 손이 많이 가는 작물이었다.

커피(코페아 아라비카, 코페아 리베리카)[11]는 1696년부터 바타비아 상선들의
화물창에 실려 유럽으로 수입되었다. 그러다가 19세기 초에 이르면, 사탕수수와
커피가 예전에 네덜란드 상선들이 다량으로 취급하던 주요 품목인 향신료들을
밀어내기 시작한다. 이렇게 네덜란드인은 자기들의 이해관계에 맞추어 동인도
의 풍광마저 서서히 바꾸어 놓았다. 그리고 토착민을 쫓아내, 그 자리를 차지하
려고 이들의 전통적인 경작 방식을 없애 버렸다.

네덜란드군은 전략적인 입지를 강화하고 정복사업 추진을 위해 자바 이외의
영토로 침투해 들어갔다. 몇몇 군주들은 협력을 약속하는 조약을 체결하여
충돌을 피하려고 한 반면, 나머지는 침입자들과 맞서 싸웠으나 이기는 경우는
드물었다. 1817년부터 1906년까지 특히 롬보크, 발리, 수마트라, 보르네오에서
숱한 전투가 일어났는데,[12] 인명 피해의 규모는 가늠하기 어렵다. 숱한 전투를
거치는 동안 네덜란드는 점점 더 넓은 영토를 장악했다.

---

11) 1901년부터 코페아 아라비카, 코페아 리베리카를 대신하여 병충해에 강한 코페아 로부스타
　　품종이 본격적으로 재배되었다.
12) 이 시기에 벌어진 주요 전투들은 다음과 같다. 암보이나 섬과 몰루카제도에서 일어난 폭동
　　(1817), 파드리 전쟁(1821-1838), 잠비 전쟁(수마트라, 1858-1907), 팔렘방 폭동(1848), 람풍 폭동
　　(수마트라, 1825-1856), 자바 전쟁(디포네고로[자바의 왕자, 저항운동가. 1785-1855]의 반란,
　　1825-1830), 발리 전쟁(1846-1849), 플로레스 전쟁(1846), 콩시 전쟁(1850-1854), 반쟈르마신 전
　　쟁(보르네오, 1859-1906).

동인도의 총독 요하네스 반 덴 보스(1780~1844)는 1830년 12월 4일에 동인도군이라는 새로운 군대를 창설한다.[13] 백인 지휘관들이 통솔하는 동인도군은 주로 그리스도교로 개종한 섬 주민으로 구성되었는데(암보이나인, 메나도인, 티모르인, 마두라인, 부기족), 이들은 높은 충성심과 전투력으로 정평이 나 있었다. 인도네시아인이란 유대감이 형성되기 전이어서, 이들은 동인도 군도의 적대적인 다른 부족과 치열하게 싸움을 벌였다.

동인도군에는 케팅 베렌이라 불리는 병사가 소속되어 있었다. '사슬에 묶인 곰'을 뜻하는 이 별칭은, 장터에서 흥을 돋우는 역할을 하던 짐승에서 유래한 듯하다. 이들은 군복무를 통해 형을 치르기로 한 형사범들로서, 위험한 작전일수록 형기도 큰 폭으로 줄었다. 몇몇 유명인이 네덜란드 식민 군대에 입대한 적이 있는데, 그 가운데 1876년 22세의 나이로 입대한 프랑스 시인 랭보도 있다. 랭보는 동인도에 도착한 지 얼마 뒤에 탈영하여 프랑스로 돌아갔다.

가급적 전쟁을 피하고 토착 군주들을 효과적으로 통제하기 위해, 1843년부터는 네덜란드 델프트에 새로 설립된 종합기술학교에서 식민지 관리를 양성하기 시작했다. 내무 행정관 Binnenlands Bestuur, 또는 BB라는 애칭으로 불리던 이 식민지 관리는 동인도의 현실에 정통한 사람들이었다. 이들은 동인도 군도의 여러 가지 언어를 유창하게 구사하고, 다양한 부족의 각기 다른 풍습과 관습을 완벽하게 이해하고 있었다. 따라서 이들은 위임받은 지역을 관리하고, 본국 정부에게 명령을 받은 상업상의 업무를 이행하는 데 적임자들이었다.

동인도회사 시절과 마찬가지로 지역의 우두머리들은 자기 백성에 대한 권한을 유지하고 있었다. 곧 과거에 토착 군주의 대리인 역할을 했던 섭정이 농민에 대한 전적인 통제권을 가지고 있었다. 귀족 가문 출신으로 경력을 갖춘 인물인 파티[14]가 섭정의 고문 역할을 했다. 중요한 인물인 섭정은 마을

---

13) 사람들에게 친숙한 KNIL(네덜란드령 동인도 로열 아미Koninklijk Nederlands-Indisch Leger)이라는 명칭은 1933년부터 사용했다.

촌장인 베도노에게 영향력을 행사했다. 이러한 원주민 지배 계층을 가까이에서 관리하고 농업 생산성을 향상시키기 위해 네덜란드인은 새로운 제도를 고안했다. 토착민의 전통적인 통치 체제에 네덜란드식 행정조직을 덧씌운 것이다.

토착 군주들과 귀족층은 자바의 봉건시대 이래로 큰 변화 없이 지금까지 명맥을 이어오고 있다. 그런데 그 오래된 사회 조직 위로 완벽한 형태를 갖춘 행정조직이 덧씌워진다. 하층 계급은 건드리지 않고 상층으로 침투한 것이다. 이로써 사회가 예전과 다름없이 운영되고 있다는 믿음을 주면서, 필요에 따라 현명하고 실속 있는 방향으로 정책을 추진할 수 있었다.[15]

자바의 모든 상위 계층, 곧 자바의 귀족들 모두는 그들을 지원 또는 감시하는 네덜란드 정부 소속의 관리를 한 사람씩 곁에 두고 있었다.

이러한 관료 체제는 세 등급으로 나뉘어졌다. 교육을 거의 받지 못한 사람들은 3등급 관리로 잡다한 업무나 비서직을 맡았다. 1등급 관리는 주로 아다트라는 동인도 주민의 관습법을 전문으로 하는 법학 박사들로 구성되었다. 이들은 델프트 종합기술학교에서 2년의 학업을 마친 뒤 동인도로 파견되어 변호사나 판사로 일하며, 계약의 체결, 소유권, 유언장 작성, 상속권 등의 문제를 치밀하게 조정하고 해결했다.

네덜란드 정부는 자바 주민의 삶 전반을 서서히 장악하고 통제했다. 중요한 정책 방향을 결정하는 것부터 생산수단과 부의 원천까지 모두 장악했다. 사법권을 장악한 식민 당국은 원주민에게 네덜란드식 사법제도를 법적·도덕적 가이드

---

14) 자바의 귀족 계층에 관해서는 다음을 참고하시오. Romain Butrand. "La rencontre coloniale, une affaire de mœurs? L'aristocratie de Java face au pouvoir hollandais à la fin du XIXe siècle" in *Genèse* no. 43, juin 2001, pp. 32-52.

15) Pierre Gonnaud, *La Colonisation hollandaise à Java*, Paris, Augustin Challamel, 1905, p. 447.

로 제공함으로써, 판사나 변호사들을 통해 원주민의 사생활과 윤리적인 삶에까지 침투했다. 이는 어떤 형태의 군사적 원정이나 정치적 행동보다도 더욱더 위험천만한 시도였다.16)

이렇게 하여 네덜란드인은 경제, 농업, 사법, 정치제도, 군대, 해상 무역 등 인도네시아 사회의 모든 분야를 통제하게 되었다.

법을 전공하진 않았으나 델프트 종합기술학교에서 일정 기간의 학업을 이수한 사람들은 대개 2등급 관리가 되었는데, 이들은 인도네시아 각 지방으로 파견되었다. 이들이 처음으로 맡는 직책은 국가 검사관으로서, 베도노와 함께 말을 타고 일 년 내내 특정 구역 안의 마을을 순회하는 업무를 맡았다. 검사관들은 사법제도가 원활하게 운영되고 있는지를 점검하고, 지역 우두머리들을 만나서 조언을 하고, 플랜테이션의 운영 상태를 점검했다. 이들은 지역 우두머리들의 요구 사항을 상부 행정기관에 전달하는 역할도 맡아, 그들의 특별한 배려를 얻어내기도 했다. 이뿐만 아니라 원주민의 생활 습관에 관한 심층적인 보고서를 작성함으로써, 원주민의 불만 사항을 알아내고 사전에 폭동을 방지하는 데에도 일조했다.

그들 바로 위의 직책인 부지사는 특정 행정구역을 담당하는 책임자로서, 중소도시에 상주했다. 이 식민지 관리는 자바의 전통적 위계질서에서 파티에 해당하는 직위였다. 이들 가운데 능력을 인정받은 사람들은 지사라는 주요 직책으로 승진했는데, 지사는 섭정령과 같은 크기의 영토를 관할했다. 지사는 섭정에게 '맏형,' 곧 고문의 역할을 했다. 섭정이 혹시 공부를 하고 싶어 한다거나 행정가로서의 업무를 배우려 한다거나 네덜란드어를 배우고 싶어 하면, 지사는 후견인으로서의 지위를 잃지 않으려고 대개 이를 만류했다. "가장 근본적인 진실은 네덜란드인이 원주민을 무지 상태에 방치함으로써 자기들의 우월성을

---

16) Pierre Gonnaud, op. cit., p. 548.

확고하게 하려 했다는 점이다."17) 따라서 "네덜란드의 식민 정책은 …… 원주민과 유럽인 사이에 언어라는 울타리를 설치함으로써 원주민이 외부 세계와 접촉하지 못하도록 차단하는 것이었다."18)

원주민 사회의 전통적인 통치 방식에 네덜란드식 행정조직을 덧씌우는 이른바 '중첩' 체제는 소수의 행정 인력만으로도 충분했다.

> 1844년에는 18명의 지사와 32명의 부지사, 1866년에는 18명의 지사와 60명의 부지사와 100명의 검사관, 1897년에는 22명의 지사와 78명의 부지사와 114명의 검사관이 있었다.19)

이처럼 네덜란드 식민 권력은 동인도 사회의 모든 위계질서 속에 존재했다. 1833년에 총독 요하네스 반 덴 보스는 보고서에 이렇게 썼다.

> 제 개인적인 견해로 우리는 어떠한 수단을 동원해서라도 지역 우두머리들을 우리 편으로 만들어야 합니다. 실제로 저는 이것을 다각도로 시도해 보았습니다. 감당할 수 있는 한도에서 그들의 상속권을 존중하고, 합당한 예우를 갖추어 대접하며, 경제적인 어려움에 처했을 때 도움을 주고, 그들이 탐내는 토지의 소유권을 인정했습니다. 간단히 말해 토착 군주의 치하에 있을 때보다, 우리의 행정 조직에 편입되어 있을 때 더 큰 만족감을 얻을 수 있도록 말입니다. ……20)

네덜란드 관리의 가장 중요한 사명 가운데 하나는 플랜테이션을 관리하고, 1834년 반 덴 보스 총독이 만든 정책인 강제 재배 제도를 추진하는 것이었다.

---

17) G. Bousquet, *La Politique musulmane et coloniale des Pays-Bas*, Paul Hartmann, 1954, pp. 128-129.
18) Ibid., p. 129.
19) J. Chailly-Bert, *Java et ses habitants*, Paris, Armand Colin, 1900, pp. 207-208.
20) Denys Lombard, *Le Carrefour javanais : Essai d'une histoire globale*, vol. 1, Paris, EHESS, 1990, p. 88(cf. également BKI XI, 1863, p. 295).

동인도 식민정부는 인도네시아인에게 더 적극적이고 체계적인 토지 활용을 요구했다. 반 덴 보스 총독은 네덜란드가 인도네시아 농민의 노동력 가운데 1/5을 마음대로 쓸 수 있게 하고, 토지의 1/5(특히 자바, 셀레베스 북부, 수마트라 서부)에는 오직 커피, 사탕수수, 인디고, 홍차, 후추, 계피만 재배하고 다른 식량작물의 재배는 일절 금지한다는 결정을 내렸다.

이러한 정책을 시행하는 데 자바의 사회 조직이 동원되었다. 노동이나 수확물 감시를 맡게 될 섭정에게는 특별 수당이 지급되었다. 몇몇 지역에서는 수익의 일부를 마을 주민에게 분배함으로써 마을 주민도 번영의 혜택을 누릴 수 있게 했다. 그렇지만 돈에 눈먼 섭정이 농민에게 사전에 지정된 할당량보다 더 많은 수확량을 요구하는 일이 빈번했고, 탐욕스러운 네덜란드인 식민지 관리는 이를 방치했다.

수출용 작물을 재배하는 면적은 규정된 한도를 크게 벗어났다. 전체 경작지 가운데 1/5이 아니라 1/3 또는 절반, 심지어 경작지 전체에 사탕수수 재배하는 경우도 있었다. 1년에 70일을 넘지 못한다는 규정을 어기고 240일 또는 그 이상의 기간 동안 노동력을 차출했다. 그뿐만 아니라 도로, 항만, 관공서 건설에 투입될 무임금 노동력을 강제 징발했다. 농장에서 지급되는 헐값의 임금(농작물 시세에 따라 달라졌다)도 별다른 이유 없이 삭감되기 일쑤고, 토지세는 끊임없이 증가하여 15년 동안 두 배로 뛰었다. 강제 재배 농작물 가운데는 …… 그 지역 토양에 적응하지 못하는 것이 많았다. 경작지와 노동 시간을 박탈당한 농민은 식량작물 재배를 소홀히 할 수밖에 없었고, 따라서 산출량이 많지 않은 조생종 벼를 재배하게 되었다. 이렇게 생산된 쌀마저 인구가 많은 섬으로 반출되었다. 이런 상황에서 1843년 체리본 지역에 기근이 닥쳤다. 배고픔을 견디다 못한 수천 가구가 피난을 떠나고, 피난을 가다가 탈진하여 쓰러진 사람도 부지기수였다. ……21)

---

21) Roger Vailland, *Borobudur, Voyage à Bali, Java et autres îles*, Paris, éditions Kailash, 1996, pp. 75-76.

이 시기에 강제 재배 제도를 격렬하게 비판하는 책이 출간되었는데, 1860년에
출간된 그 유명한 작품『막스 하벨라르, 네덜란드 무역회사의 커피 매매』가
그것이다. 이 자전적 소설에서 물타툴리(라틴어로 '나는 많은 고통을 겪었다'를
뜻한다)라는 필명으로 더 잘 알려진 작가 에두아르드 도우스 데케르(1820~1887)
는, 자신이 직접 겪은 일을 이야기하면서 자바 주민에게 가해진 수탈과 억압을
고발했다.

그 당시 네덜란드 정부 소속의 부지사였던 작가는 주민을 학대했다는 죄목으
로 레바크의 섭정 카르타 나타 네가라를 책 속에서, 또 당국에 직접 고발했다.
그러나 본국으로 보낼 막대한 부를 비축하기 위해 자바인 협력자의 도움이
절실했던 그의 상관은 이런 행동을 좋아할 리 없었다. 당국에 직접 고발하고
유럽에서 책을 출간해 큰 반향을 불러일으켰지만, 물타툴리는 끝내 인도네시아
지배층과 네덜란드 권력 사이의 유착 관계를 끊지 못했다.

노예제 문제도 17세기 이후로 거의 개선되지 않았다. 네덜란드인과 마찬가지
로 자바 귀족층은 아주 오래전부터 누려온 노예제 관행을 쉽게 벗어버리지
못했다. 1824년 일간지「바타비아 소식*Bataviasche Courant*」에서는 당구대, 월세
방, 가구 매매 광고란에 노예 매매 광고가 섞여 있다.

1859년 5월 7일 네덜란드에서 노예제 폐지가 결정되고, 1860년 1월 1일부터
법이 시행된다. 노예 소유주는 노예를 해방시키는 대가로 정부에게 보상금을
받았다. 그러나 생계 수단이 전무했던 노예는 해방된 뒤에도 주인 곁에 머무르는
경우가 적지 않았다. 이처럼 법이 제정되었음에도 불구하고 노예제 관행은
그 뒤에도 오랫동안 지속되었다. 1875년까지도 정부는 노예해방을 위해 막대한
금액을 보상금으로 지출했다. 발리에서는 1877년에 노예제가 폐지되었으나,
롬바크에서는 1901년까지도 7,741명의 노예가 존재했다.[22]

---

22) S. Kalff, *De slavernij in Oost-Indië*, Baarn, Hollandia-Drukkerij, 1920, p. 33.

1860년 네덜란드 작가 물타튤리가 외친 반식민주의 주장[23]

내 말이 믿어지지 않겠지만, 나는 이 책을 내가 아는 몇 가지 언어로, 그리고 내가 앞으로 배우게 될 여러 언어로 번역하려고 합니다. 이는 네덜란드 정부에게서 얻어내지 못한 것을 유럽의 다른 나라에게 부탁하기 위해서입니다. 언젠가 유럽 각국의 수도에서 이런 노래가 울려 퍼질지도 모르겠습니다. "동東프리슬란드와 스헬데강 사이, 바닷가에 해적 왕국이 있네. ……"라는 노래가! 그래도 아무 소용이 없다면, 나는 말레이어, 자바어, 순다어, 알푸르어, 부기어, 바탁어[24] ……로 번역하겠습니다. 그러고는 예전에 나, 물타튤리가 도움을 주기로 약속한 바 있는 가련한 순교자의 마음속에 전투력을 불어넣는 군가, 그들의 클레왕[인도네시아의 전통 검] 칼날을 세우도록 하는 노래를 가르칠 것입니다. 가능한 한 합법적인 방식으로 …… 어쩔 수 없는 경우에는 폭력적인 방식으로 해방과 원조를 약속했습니다. 이 책은 틀림없이 '네덜란드 무역회사의 커피 매매'에 부정적인 영향을 끼칠 것입니다! 나는 파리 한 마리 해치지 못하는 나약한 문인도 아니고, 사자와 같은 용기로써 임무를 수행하면서도 겨울철의 마르모트처럼 참을성 있게 배고픔을 견디는, 모욕당한 희생자 하벨라르처럼 유순한 몽상가도 아닙니다. 이 책은 시작에 불과합니다. …… 나는 필요하다면 힘과 창날로 무장할 것입니다. …… 제발 그런 일이 일어나지 않기를 바랄 뿐입니다! 아니, 그런 일은 결코 일어나지 않으리라고 나는 믿습니다! 그래서 나는 당신에게 이 책을 바칩니다. 국왕이자 대공이자 군주이신 당신, 빌렘 3세 폐하께. …… 아니, 당신은 그보다도 높으신 분입니다. …… 저 멀리 동방에서 적도 주위를 휘감은 에메랄드빛 띠, 그 눈부신 동인도 제국의 황제 폐하이신 당신께 …… 존경하는 폐하께 감히 여쭙겠습

---

23) Multatuli, *Havelaar* op. cit., pp. 396-397(NDLR).
24) 순다어, 알푸르어, 부기어, 바탁어는 모두 자바 섬에서 사용되는 언어이다(NDLR).

니다. 하벨라르라는 한 인간이 슬리메링, 드루크스토펠 같은 천박한 자들에게 희생당한 게 진정 황제 폐하 본인의 뜻이었는지를! 또한 바다 건너저 멀리 3천만이 넘는 당신의 백성이 폐하의 이름으로 착취와 억압에 시달리는 게 정녕 당신의 뜻인지를 말입니다!

네덜란드 정부의 후퇴와 토지 민영화

군사적 정복사업이 진전됨에 따라 플랜테이션 경작은 네덜란드 정부가 자바 섬처럼 개발하려고 한 수마트라 섬으로 확대되었다. 1859년부터 네덜란드 식민개척자는 인도네시아의 부족한 노동력을 보충하려고 수천 명의 중국인 쿨리苦力를25) 그 새로운 영토로 데려왔다. 게다가 인도네시아인은 일꾼으로서 평판이 그리 좋은 편이 아니었다.

노동력이라면 중국인이 으뜸이다. 말레이인은 게으르고, 자바인은 일을 잘하지만 중국인을 따라가지는 못한다. 게다가 중국인은 우리가 지급하는 임금의 절반밖에 받지 못하는 인도보다 우리 동인도를 선호한다.26)

게으른 원주민이라는 식민시대의 신화는 네덜란드의 제국주의 정책을 정당화하는 근거가 되었고, 원주민에게 자치 능력이 없다는 주장을 입증하는 데 동원되기도 했다. 정착민은 '미성숙한' 원주민을 문명화시킬 임무를 지닌 당연한 후견인으로 자처했다. 편협한 정신의 소유자 요하네스 반 덴 보스 총독은 자바인의 지능이 12~13세 어린이의 지능에도 못 미친다고 주장했다.27)

---

25) 1850년에 네덜란드령 동인도에 거주하는 중국인은 약 25만 명이었다.
26) Marie-Thérèse Gadala, *Fleurs océaniennes, Java-Bali*, Paris, Les Presses françaises, 1938, p. 48.

그러나 실제로는 유능한 자바 농민이 네덜란드식의 대농장 경작 방식을 좋아하지 않았을 뿐이다. 이들 역시 부지런히 일했지만, 자기 방식대로 자기 리듬에 따라 일하고 싶어 했다. 마을(캄퐁)과 가까운 곳에 있는 조그만 논밭(사와)에서 일하는 것이 자바의 전통적인 경작 방식이었다. 인공적으로 물을 대는 논밭에서 물소(크루바우)에 쟁기를 매어 땅을 갈아엎고 모내기를 했다. 이 논밭은 대개 마을 주민 모두가 공동 소유하는 공유지였다.

강제 재배 제도는 네덜란드에서 토르베케(1798~1872)가 이끄는 자유당이 정권을 획득하면서 폐지되었다. 그렇지만 강제 재배 제도가 철폐된 것은 인도주의적 차원이 아니라 국가 주도의 농업 경영 방식이 유지비용에 비해 수익성이 낮고, 또 동인도에 정착하기를 희망하는 민간인 사업자가 많았다는 사실 때문이었다. 1870년에 두 개의 법이 이 제도에 종지부를 찍었고, 자유주의 시대가 시작되었다.

설탕법에서는 정부가 더 이상 사탕수수 플랜테이션을 확장할 수 없는 상황에서, 1878년부터 사탕수수의 생산량을 해마다 1/13씩 감소시켜 1890년에는 모든 사탕수수 농장을 민간에 이양하겠다는 내용을 규정했다. 네덜란드 정부에게 큰 수익을 가져다주던 정부 주도의 커피 재배는 1918년에 이르러서야 완전히 사라진다. 그리고 농지법에서는 토지 소유권과 임대에 관한 내용을 새로이 규정했다. 동인도라는 군도는 대부분 미개간지로 이루어져 있었다. 정부는 그 땅을 개간함으로써 합법적인 소유주가 되었으며, 경작자가 없는 땅에 대해서는 아무도 소유권을 주장하지 않았다.

그러나 오랜 세월 동안 원주민이 점유해 온 땅과 관련된 문제는 그리 간단치 않았다. 쟁쟁한 법률가를 거느리고 있었음에도 불구하고, 네덜란드 정부는 토지 소유권 문제를 완벽하게 해결하지 못했다. 네덜란드 법률에 따르면 원주민

---

27) S. H. Alatas, *The Myth of the Lazy Native*, London, Krank Cass, 1977, p. 61.

은 자신이 땅의 소유주라는 사실을 증명해야 했는데, 만일 그렇지 못하면 그 땅은 저절로 국가에 귀속되었다. 섭정과 군주는 귀족이라는 특권적 지위 덕택에 공인된 소유권 증서를 가지고 있었다.

그러나 일반 농민은 아주 오랜 옛날부터, 적어도 네덜란드인이 도래하기 이전부터 그 땅에 터를 잡고 살아왔지만, 증거로 내세울 만한 법적 증서를 갖지 못하여 소유권을 주장할 수 없었다. 이러한 부당함을 인식했는지 아니면 더 이상 잃을 게 없다고 판단했는지, 네덜란드 의회는 강제 재배 제도로 운영되던 토지를 1879년부터 해마다 1/10씩 줄여 나감으로써 섬 주민에게 재분배될 수 있도록 하는 결정을 내렸다. 그리고 이렇게 돌려받은 땅을 섬 주민이 자유롭게 사용하거나, 또는 유럽 정착민에게 79년 동안 장기 임대해 줄 수 있도록 했다.

이로써 수익 분배에 참여할 수 있게 된 자바 주민은 집약농업에 관심을 갖게 되었고, 네덜란드 정부의 개입 없이도 자발적으로 집약농업을 실시했다. 자바 농민은 특히 사탕수수 재배를 통해 수익을 올렸다. 그때부터는 인도네시아인의 자유 노동력, 그리고 1869년 수에즈 운하가 개통된 뒤 항해가 더 안전해지고 항해 시간도 짧아지면서 대규모로 유입된 새로운 개척자가 동인도의 농업과 산업에 활력을 불어넣는 주인공이 되었다.

이 시기에 나타난 새로운 요소 가운데 한 가지는, 예전에 비해 월등히 많은 네덜란드 여성이 유입되면서 동인도 사회의 풍경을 바꿔 놓았다는 점이다. 네덜란드 남성이 인도네시아 여성과 결혼하는 비율이 감소했고, 이는 유럽인과 원주민 공동체 사이의 간격을 더욱 벌려 놓는 결과를 초래했다.

1870년의 쿨리법으로 플랜테이션에서의 노동력 사용에 관한 새로운 규정이 나타났다. 대다수가 중국인이던 쿨리 노동자를 고용하는 경우 계약서에 계약 기간을 명시해야 하는데, 그 기간은 3년을 초과할 수 없고 재계약하는 경우에는 1년 6개월로 한정했다. 계약을 파기하는 경우 형사처벌을 가함으로써, 정부는 노동자의 운송, 숙박, 의료 경비에 막대한 자금을 부담해야 하는 고용주에게 어느 정도 보장을 해 주었다.

경찰이 탈주한 쿨리를 체포하여 주인에게 데려가면, 농장주는 공개적으로 매질을 했다. "어느 날 쿨리 몇 사람이 행방을 감췄다. 이스난이 말을 타고 뒤쫓아 가서 붙잡아 왔다. 쿨리 세 사람은 우리집 마당에서 서로 바짝 붙은 채 웅크리고 앉았다. 아버지는 욕설을 퍼붓기 시작했다. 그러고는 한 사람씩 차례대로 매질했다……"라고 에드가 뒤 페롱이 그의 작품 『고국』에서 이야기한 바 있다.[28]

자바와 중국 남부에 인력 채용을 위한 사무소가 설치되었다. 그렇지만 대부분 글을 읽을 줄 모르던 쿨리는 계약서의 내용을 이해하지 못했고, 따라서 앞으로 어떤 생활을 하게 될지 상상조차 할 수 없었다. 수마트라로 향하는 배에서의 생활 조건도 비참했다. 위생 시설이나 식량이 부족하여 질병이 자주 발생했다. 심지어 배삯을 쿨리 자신이 앞으로 플랜테이션에서 받을 임금으로 갚아야 하는 경우도 있었다.

플랜테이션에 도착하는 날부터는 고된 노동이 시작되었다. 계약서로는 동인도로 가야 할 사람이 저도 모르는 사이 수리남의 플랜테이션에 도착하는 일도 있었다. 쿨리법은, 미국이 이를 새로운 형태의 노예제로 간주하고 네덜란드령 동인도에서 생산된 농산물의 수입을 금지하겠다고 위협하고 난 뒤인 1936년에 폐지되었다.

어쨌든 자유주의 정책은 결실을 맺었고, 네덜란드 경제는 번영기를 맞았다. 19세기는 네덜란드의 두 번째 황금 세기였다. 1880년부터 식민지 개발업자는 수도 바타비아에 웅장하고 호화로운 본부를 둔 유명 은행 또는 대기업체로 점차 흡수되었다. 대내적으로는 영토 정복을 위한 전쟁이 계속되었고, 그에

---

28) Edgar du Perron, *Le Pays d'origine*, Paris, Gallimard, 1980, p. 223.

따라 저항운동도 날로 격화되었다.

1898년에 식민 군대의 병력은 최고조에 달하여, 1,442명의 장교와 42,235명의 하사관과 병사를 보유하고 있었다. 19세기 말에는 매우 참혹했던 두 차례의 전쟁이 있었다. 아체(수마트라 서쪽 끝에 있던 이슬람 왕국) 전쟁은 1873년부터 1903년까지 네덜란드 쪽의 전사자 만여 명, 아체인 사망자 7만 명이라는 엄청난 희생을 치르게 했다.[29]

에드가 뒤 페롱은 이때의 참상을 그의 소설 『고국』에서 이렇게 이야기한다.

아체에서는 두어 걸음만 내디뎌도 폭도가 달려들었다. 지난번 나는 내 몸에 흠집 하나 내지 않고 두 사람을 쓰러뜨렸다. 그자들은 동작이 번개처럼 민첩하고 너무나 태도가 단호해서 잠시 생각할 겨를조차 주지 않았다. 운 좋게 그 가운데 한 사람을 쓰러뜨린다 해도 살인죄를 저질렀다는 죄책감이 들기는커녕 자부심이 든다. 그자들은 한낱 들짐승일 뿐이기에, 들짐승을 쓰러뜨린 나는 인간으로서의 자부심을 느낄 뿐이다![30]

가공할 싸움꾼이던 아체인은 네덜란드 병사에게 가차 없이 보복했다. "아체인에게 붙잡혀 난도질당한[31] 우리 병사의 얼굴에는 영국 국기가 새겨져 있었다."[32] 완강하고 잔인하기로 악명 높던 네덜란드 장군 반 회츠는 길고 치열한 전투 끝에 저항 세력의 주요 우두머리들을 체포했다. 그는 눈부신 전과를 올린 공로를 인정받아, 1904년 7월 20일 동인도 총독으로 임명된다.

수마트라에서는 1903년부터 1907년까지 소규모 전투가 계속되었다. 1904년 2월 8일부터 7월 23일까지 반 달렌 중령은 끝까지 저항을 포기하지 않던

---

29) 아체인을 Atjehens이라고도 표기한다.
30) Edgar du Perron, op. cit., p. 385.
31) 'Tjing-tjang'은 '난도질하다'라는 뜻.
32) Edgar du Perron, op. cit., p. 386.

아체인의 동맹 세력인 고조인Gojos과 알라세르인Alassers 토벌을 위한 원정에 나선다. 이 작전은 곧 살육전으로 변모했다. 마을은 모두 파괴되고, 주민은 집단 학살을 당했다. 모두 2,900여 명이 목숨을 잃었는데, 그 가운데 1,150명이 여성이었다.

네덜란드 사진작가 네브가 촬영한 끔찍한 사진들이 그 당시 일상적으로 자행된 학살 사건을 생생하게 증언한다. 사진에서 병사는 아무렇지도 않다는 듯 쾌활한 표정으로 카메라 앞에서 포즈를 취하고 있다. 한 원주민 출신 병사는 마치 아프리카에 사파리 여행을 온 사람이 방금 사냥한 사자의 몸에 발을 올려놓고 포즈를 취하듯이 죽은 이의 시신에 발을 올려놓고 있다. 쿠타 레에서 벌어진 전투에서 반 달렌은 휴전 협정이 체결되었는데도 승리감에 도취하여 총을 쏘는 병사를 진정시키려고 권총으로 부하를 위협하기도 했다.

네덜란드령 동인도 전쟁의 역사에서 길이 기억될 만한 또 하나의 참혹했던 전쟁이 있다. 롬보크 섬에서는 라자(군주) 카랑 아셈Anak Gde Ngurah Karang Asem이 수익성이 높은 교역 활동에 대한 통제권을 행사하고 있었다. 그런데 이는 독점권을 강화하려는 동인도 총독의 심기를 불편하게 했다. 라자는 역시 높은 수익을 보장하는 아편 공장을 소유하고, 외국 상선 회사에도 투자하고 있었다. 그뿐만 아니라 싱가포르에 본거지를 둔 영국인과 무기 밀매를 한다는 의심을 받고 있었다.

이에 네덜란드 정부는 군사적인 개입에 나서기로 결정한다. 늘 그러했듯이 네덜란드인은 선제공격을 정당화하고, 적국인 영국 정부의 심기를 거스르지 않기 위해 교묘한 술책을 쓴다. 곧 롬보크 섬에 거주하는 소수민족인 사사크족이 자력으로는 라자 군대의 위협에 맞설 수 없다는 구실을 내세운다. 그 지역 세력의 균형을 회복시키기 위해, 또 라자의 군대에게 위협받는 마을을 보호하기 위해 네덜란드가 도움을 제안한 것이다. 실제 동기는 순전히 경제적인 것이었지만, 인도주의라는 대의를 위해 서슴없이 행동하는 구원자 행세를 했다.

네덜란드군은 1894년 7월 6일 롬바크에 상륙한다. 그리고 8월 25일 밤, 라자의 병사는 식민 군대를 기습 공격했다. 이때 100여 명이 죽고, 300여 명이 부상을 당했다. 다른 전투에 비해 인명 피해가 그리 큰 편은 아니었지만, 이때 네덜란드군의 명예가 크게 실추되었다. 네덜란드군은 이에 대한 보복으로 롬보크의 수도인 카그라네가라를 공격했다. 이때 도시는 약탈당하고, 쿨리의 곡괭이질로 완전히 폐허가 되었다.

이 전투에서 아직 나이 어린 중위 한 사람이 영웅으로 떠올랐는데, 그가 바로 뒷날 네덜란드의 국가 영웅이자 유명한 총리가 되는 헨드리쿠스 콜레인 (1869~1944)이다. 1998년에 역사학자 헤르만 랑에펠트가 그의 일생을 다룬 전기에서, 콜레인이 전쟁을 치른 뒤 아내와 부모에게 보낸 편지를 공개함으로써 콜레인이 직접 가담했던 끔찍한 일이 세상에 드러났다. 네덜란드 국민은 국가의 영웅인 콜레인이 살려 달라고 애원하는 여자와 아이까지 가차 없이 처형했다는 사실을 알게 되었다.

아내에게 쓴 편지에서 그는 식민군 병사가 떠맡아야 했던 끔찍한 임무를 이렇게 말했다. "나는 살려 달라고 애원하는 아홉 명의 여자와 세 아이를 붙잡아 처형장으로 보내야 했습니다. 내키지 않는 일이었지만, 나로서는 어찌할 도리가 없었어요. 병사들이 총검으로 그들을 죽였습니다."[33] 그의 아내는 편지지 여백에 "저런, 끔찍해라"는 문구를 적어 놓았다. 이 싸움에서 네덜란드군 은 장교 14명과 병사 165명을 잃고, 200여 명의 부상자를 냈다. 그리고 카랑 아셈 쪽은 대략 2,000명이 목숨을 잃었다. 군주 자신은 바타비아의 타나아방 감옥으로 끌려가 수감되어, 그로부터 1년 뒤에 사망했다.

식민군 병사가 그 '끔찍한 임무'를 수행하지 않아도 되는 경우가 있었다.

---

33) Récit de la bataille de Tjakra Negara à Lombok par Hendrikus Colijn, 1894. J. de Bruijn, H. Colijn, *De slag om Tjakra Negara. Een verslag in drie brieven*, Amsterdam, VU Uitgeverij, 1998.

발리에서는 남녀노소를 가릴 것 없이 마을 주민 모두가 가장 좋은 옷을 차려입고 네덜란드 군대 앞으로 행진하는 일이 벌어졌다. 적군에게 죽임을 당하기보다 당황해 하는 적군 앞에서 단검으로 몸을 찔러 집단 자살하는 편을 택한 것이다. 발리에서는 이 역사적인 사건을 '종말'이라는 뜻의 푸푸탄이라 부른다.

전투에서 승리를 거둔 뒤 병사들은 대개 예술 분야 전문가의 도움을 받으며 전리품 수거에 동원되었다. 이렇게 수집된 보물 가운데 금으로 된 물건은 녹여서 금괴로 만든 다음 국고로 회수하고, 나머지는 여러 박물관으로 향했다. 하지만 이 예술품이 어디서, 어떻게 획득되었는지는 박물관 안내판이나 미술 서적에서 드물게 언급될 뿐이다.

1906년 발리에서 일어난 푸푸탄 사건[34]

발리 주민은 죽기로 결심했다. 이 세상 어떤 것도 발리 주민의 죽음을 향한 행진을 멈출 수 없었다. 화포도, 백발백중 명사수의 사격도, 네덜란드 군인이 발사를 멈춘 때의 갑작스러운 고요도 그들을 저지하지 못했다. 수백 명이 빗발치는 총탄을 맞고 쓰러지고, 나머지 수백 명은 단검을 들어 자기 가슴을 찔렀다. 옛날부터 내려온 신성한 의례에 따라, 칼날이 정확히 심장에 꽂히도록 견갑골 위를 찔렀다. 남자 다음으로 여자와 아이들이 뒤따랐다. 머리카락에 꽃을 장식한 소년소녀, 어머니의 품에 안긴 젖먹이, 가슴팍은 청년과 같지만 백발이 성성한 나이 든 노예, …… 모두 꽃을 장식해 꽃향기가 매캐한 연기 냄새와 화약 냄새, 들척지근한 피 냄새, 그리고 곧 이곳을 엄습할 죽음의 냄새와 섞였다.

---

34) Vicki Baum, *Sang et volupté à Bali*, Paris, Stock, Le Livre de poche, 1966, p. 495(NDLR.)

팍스 네덜란디카, 곧 네덜란드의 패권에 의한 평화는 1차 대전 직전에야 비로소 완결되었다. 이때 대부분의 영토가 정복되어(오늘날 인도네시아의 국경에 해당하는), 전투도 점차 드물어졌다. 그 뒤에 벌어진 전투로는 1916년의 잠비 전투, 1926년 공산주의 단체 진압을 위한 군사 행동, 1927년 타파눌리(수마트라) 에서 벌어진 몇 차례의 군사 행동을 꼽을 수 있다.

모호한 원주민 정책 : 민족주의 운동의 탄생

20세기 초 네덜란드에서는 의회에서 자유당이 영향력을 상실함으로써 종교 적 성향의 정부가 들어서게 되었다. 1901년에 프로테스탄트 정당 ARP(반혁명당) 의 당수 아브라함 카이퍼가 새로 구성된 정부의 총리로 임명되고, 그는 곧 가톨릭교도와 연합한다. 따라서 이때 의결된 법안은 종교적 색채가 강했다.

같은 해 네덜란드 여왕이 해마다 하는 정례 연설에서 '원주민 정책'이라는 개념을 공식적으로 언급한다. 여왕은 네덜란드가 강력한 그리스도교 국가로서 식민지(동인도, 수리남, 네덜란드령 앤틸리스제도)의 주민에 대한 도덕적 임무를 갖고 있음을 천명하면서, 동인도 빈민의 삶을 개선시키려고 노력해야 한다고 말했다.

1903년 카이퍼 정부는 해외 식민지의 빈민 계층, 특히 사망률이 매우 높았던 수마트라에 거주하던 십만여 명의 쿨리의 사회적·경제적인 상황에 대한 상세한 보고서(렘레브 보고서)를 주문한다. 사회주의와 노동조합이 세력을 확장하던 상황에서, 모든 형태의 프롤레타리아 혁명에 반대하는 정부로서는 사전에 그런 움직임을 차단하려면 선수를 치는 것밖에 다른 도리가 없었다. 어쨌든 이러한 원주민 정책은 자선 단체에 재정적 지원을 했으며, 몇몇 인도네시아 젊은이에게 유럽식 교육을 받을 수 있는 기회를 마련해 주었다.

그렇지만 네덜란드 정부의 진정한 의도는 아주 모호했다. 그 정책의 목표가 식민지 주민의 사회적 행복을 창출하는 것이었는지, 아니면 충분한 생산성을 보장받기 위해서는 자격을 갖춘 노동력을 기르는 것과 함께 노동자의 처우를 개선하는 것이 무엇보다도 중요하다는 점에서 결국 플랜테이션 농장주의 이익을 대변하는 것이었는지는 지금까지도 불분명하다.

어쨌든 이러한 표면상의 선의에도 불구하고, 네덜란드 정부는 동인도의 교육 제도를 개선시키는 데 거의 노력을 기울이지 않았다. 따라서 인도네시아 주민의 교육 수준은 매우 낮았다. 이들을 정치나 경제 분야에 있어 무지 상태로 방치하는 게 낫다고 판단했기 때문이었을까? 네덜란드령 동인도에는 대학이 없었고, 대학에 진학하고자 하는 학생은 머나먼 네덜란드로 자비를 들여 유학을 떠나는 수밖에 없었다. 따라서 부유한 가정의 자식만 이런 혜택을 누릴 수 있었다. 인도네시아의 젊은이가 우수한 성적으로 학업을 마친다고 해서 유럽의 엘리트 계층으로 편입될 수 있었던 것도 아니다.

차별이나 신분제도에 익숙한 동양인은, 고등교육을 서민층 토착민과 구분되고 식민 지배세력, 곧 특권층과 어깨를 나란히 하는 데 필요한 수단으로 여겼다. 그런데 토착민 지배 계층의 야심을 저지하는 장애물이 있었다. 장애물이란 바로 권력을 절대로 양보하지 않겠다고 굳게 결심한 유럽인, 입으로는 평등주의를 주장하면서 교양과 학식을 갖춘 토착민조차 백인 사회로 받아들이기를 꺼리는 유럽인이었다. 그리하여 예속 상태를 운명처럼 받아들이고, 따라서 주인이 어느 나라 사람인지도 개의치 않던 말레이와 자바, 베트남의 농민이나 힌두교도와는 별도로 능동적이고 야심만만한 두 집단 사이에 싸움이 벌어졌다. 이때부터 유럽인 사회는 교육의 기회를 부여하여 자기 수준으로 끌어올렸으나, 백인 사회로 받아들이는 것은 꺼렸던 토착민 엘리트와 맞서 싸워야 했다.[35]

---

35) Pierre Gonnaud, *La Colonisation hollandaise à Java*, op. cit., p. 557.

유럽에서 교육을 받은 인도네시아 지식인은 그로부터 몇 년 뒤에 나타날 민족주의 운동을 탄생시킨 장본인이었다. 1915년까지 동인도에서 정당은 금지되었으나, 조합이나 단체를 결성하는 권리는 보장되었다. 그리하여 인도네시아의 역사에서 정치의식의 태동과 독립 투쟁의 시작을 알리는 두 개의 중요한 단체가 결성되었다. 1908년에 조직된 부디우토모 운동은 인도네시아 국민을 '무지라는 암흑에서 벗어나게' 하는 것을 목표로 탄생한 자바의 학생 조직이었다. 또 1912년에 창설된 이슬람 단체인 사레카트이슬람은 대규모 대중적 민족주의 단체 가운데 하나로 성장하여, 1916년 이 단체의 회원 수는 36만을 넘어섰다.

이러한 민족주의적 압력을 진정시키려고 동인도 정부는 네덜란드의 엄격한 감시를 받는 조건으로 앞으로 식민지를 독립시켜 주겠다고 약속한다. 인도네시아인이 평정심을 유지하고 식민 권력에 순종한다면 언젠가 자치권을 내주겠다고 제안한 것이다.

그뿐만 아니라 식민정부는 민주주의의 환상을 심어 주기 위한 술책을 쓴다. 1917년에 다양한 정파의 대표 기관인 식민지 국민의회가 구성된다. 실질적인 권한은 갖지 못한 식민지 국민의회는 네덜란드 의회에 종속된 하위 기관으로, 네덜란드령 동인도에서 추진되는 정책에 의견을 개진할 수 있는 권리만 가지고 있었다.

식민지 국민의회는 네덜란드인 26명, 토착민 30명, 중국인과 아랍인 공동체 대표자 5명의 총 61명의 의원으로 구성되었다. 이러한 민족별 분배는 유럽인, 동양인(중국인, 아랍인, 힌두교도), 토착민의 세 그룹으로 구분되는 당시 네덜란드령 동인도 사회의 모습을 반영했다. 그런데 이 세 그룹의 경계가 뚜렷했던 것은 아니다. 1930년에 유럽인은 전체 인구의 0.4%인 240,417명이었는데, 그 가운데 인도네시아인이 8,948명(유럽인과 결혼한 인도네시아 여성), 중국인이 3,000명, 그리고 미국인과 일본인도 섞여 있었다. 이처럼 유럽인 그룹은 매우 불균질하고 계층화되어 있었다.

일반적으로 유럽인 아버지에게 공식적으로 인정받은 아이만이 유럽인 그룹에 소속될 수 있었다. 동인도에서 출생한 순혈 네덜란드인을 토토크Totoks라 불렀는데, 실제로는 유럽인 아버지에게 친자임을 인정받은 혼혈인인 인도Indo's가 이 그룹의 60%를 차지했다.

네덜란드인으로 인정하는 것과 네덜란드인으로 대우하는 것은 별개의 문제였다. 여론이 혼혈인에게 호의적이지 않았던 것이다. 법이 혼혈인에게 허용하고 인정하는 것을 사회적 여론은 받아들이지 못했고, 합법적으로 혼혈인에게 허용된 일자리조차 내주기를 꺼렸다. 여론은 혼혈인을 온갖 악행과 악의의 진원지로 간주하고, 무능하고 비열한 자들이라는 오명을 뒤집어씌웠다.[36]

다양한 민족이 섞여 살던 방대한 땅, 인도네시아의 인구는 1930년에 6,500만에 달했으며, 극소수의 귀족층과 절대 다수의 노동자와 농민으로 구성되어 있었다. 그 가운데 중국인 인구는 125만 명이었다.

역설적이게도 '원주민 정책'의 시대는 네덜란드령 동인도의 군사 정책에서 가장 참혹한 정책을 폈던 시기의 하나였다. 식민군KNIL(Koninklijk Nederlands-Indisch Leger)은 1913년까지 꾸준히 강경한 군사 작전을 벌였다. 식민군은 늘 최첨단 대량 살상용 무기로 무장했다. 20세기 초에 다시 전쟁이 시작되었다(1906년부터 1908년까지의 발리 전쟁, 1907년부터 1908년까지 플로레스 전쟁, 1905년 셀레베스 섬에서 벌어진 도라쟈 전쟁). 네덜란드는 여전히 제국주의적 야심이라는 진정한 의도를 은닉했다. 겉으로는 선의를 내세우며 독립의 희망을 심어 주면서, 동인도 군도의 실질적인 지배자로 영원히 머물겠다는 확고한 결심을 끝내 포기하지 않았다.

---

36) J. Chailly-Bert, *Java et ses habitants*, Paris, Armand Colin, 1900, p. 95.

1920년대에 새로운 저항의 움직임이 나타났다. 1920년에 공산당(PKI)이 창설되었다. 공산당 지도자들이 파업과 무장 봉기를 준비하는 등 위협적인 세력으로 등장할 기미를 보이자, 1927년 공산당을 불법 집단으로 간주하여 금지하고 지도자들은 수용소에 감금했다. 바로 그해에 수카르노는 인도네시아 국민당(PNI)을 결성하고, 수동적 저항이라는 방식을 통해 독립을 요구했다. 수카르노는 1930년부터 1933년까지 강제 유배되었다.

1932년에 수탄 샤리르와 무하마드 하타는 친공산주의 성향의 정당을 창당하고, 유배지에서 돌아온 수카르노는 이들과 연합한다. 세 사람은 모두 1934년에 투옥되고, 네덜란드 비밀경찰은 반대 세력을 색출하는 데 나선다. 네덜란드 점령기에 몇 번이나 투옥을 당했던 인도네시아의 유명한 작가 프라무디아 아난타 투르(1925~2006)는 그의 소설에서 수감 생활과 난폭한 간수에 대해 이렇게 이야기했다.

네덜란드인 한 사람이 들어왔다. 그는 총검이 달린 총을 들고 있었다. 그는 뭐가 그리 재미있는지 킬킬대며 총으로 내 왼쪽 관자놀이를 툭툭 쳤다. 그러는 동안 그 혼혈인은 오른쪽 관자놀이를 내려쳤다. …… 마침내 구타가 끝났다. 혼혈인은 거만한 표정을 지으며 내게 말했다. '이걸 잘 봐!' 그는 내게 주먹을 보여주었다. 그의 다섯 손가락에는 칼날로 베인 듯한 흉터가 있었다. '이게 뭔지 알아? 수라바야에서 인도네시아 놈들에게 습격을 당했을 때 입은 부상의 흔적이지.' 나는 그 단단한 주먹을 유심히 살폈다. 그런데 갑자기 주먹이 눈앞에서 사라지더니, 나는 다시 한 번 턱을 얻어맞았다. 얼마나 세게 얻어맞았는지 머리가 떨어져 나가는 듯했다. 하마터면 넘어질 뻔했다. 또다시 한 바탕 웃음보가 터졌다. '어때? 맞을 만해?' 네덜란드인이 폭소를 터뜨렸다. 그때 네덜란드인이 한 사람씩 모여들었다. 그들은 내 눈과 귀를 향해 주먹세례를 퍼부었다. 나는 정신을 차릴 수 없었고, 그들의 말소리도, 웃음소리도 더 이상 들리지 않았다.[37]

　정치 무대에서는 1920년대부터 식민지 국민의회 의원과 정부 각료, 사업가들이 모여 농지 임대 문제의 해결을 위한 협상에 착수했다. 79년이라는 임대 기간이 만료되는 1949년까지는 아직도 긴 세월이 남아 있었는데도 말이다. 플랜테이션 농장주는 1870년의 법령과 똑같은 조항에 따라 임대 기간이 일률적으로 자동 연장될 수 있기를 바랐고, 네덜란드 정부는 인도네시아인의 토지 소유권 제한을 계획하고 있었다.

　그런데 정부는 반 볼렌호벤 등 민법에 정통한 네덜란드의 법률가와 법학 교수의 압력으로 후퇴하지 않을 수 없는 처지가 되었다. 이들은 1870년의 법령이 모든 형태의 토지 강제수용에서 토착민 공동체를 보호하고 있다고 주장했고, 정부는 이를 반박했다. 이 문제는 계약이 만료되는 1949년 이전에 저절로 해결된다. 네덜란드 식민군이 처음으로 외부의 공격에 맞서 싸워야 하는 처지에 놓인 것이다.

　일본이 진주만을 공격한 날인 1941년 12월 7일, 네덜란드는 일본을 상대로 선전포고를 하고, 1942년 일본군은 자바를 공격했다. 체계적인 훈련을 받지도 못하고 현대식 장비를 갖추지도 못한 식민군은 제대로 싸워 보지도 못하고 참패했다. 일본 점령기 동안 대략 14만의 유럽인이 강제 수용소에 감금되고, 그 가운데 약 7%가 수용소에서 목숨을 잃었다.

　2차 대전 때 독일의 강제수용소에서 일어난 비극에 비해 '경미한' 피해라고 할 수도 있지만, 한 가지 지적할 게 있다. 일본군이 물론 '나치의 유대인 학살 계획'과 비슷한 어떤 것을 채택한 적은 없지만, 네덜란드인이 참혹한 조건 속에서 서서히 고통을 당하며 죽어 가도록 방치했다는 사실을 말이다.

---

37) Pramoedya Ananta Toer, *La vie n'est pas une foire nocturne*, Paris, Gallimard, 1993, p. 80.

독립을 위한 투쟁

1942년 3월 8일부터 1945년 8월 15일까지의 일본 점령기는 네덜란드령 동인도에서 유럽인이 지녔던 위상과 권력의 해체를 가속화시켰다. 1945년 8월 17일, 수카르노 대통령과 하타 부통령은 인도네시아의 독립을 선포했다. 그리고 일본이 항복한 지 한 달여 만에 처음으로 연합군이 자바에 상륙했다. 1945년 9월 28일 바타비아에 입성한 영국과 인도 연합군은 네덜란드를 반대한다는 문구로 뒤덮인 도시를 목격한다.

연합군은 대략 25만 명의 일본군 병력을 무장 해제시키고, 민간인, 연합군, 네덜란드군 등 수용소에 갇힌 14만 명의 전쟁 포로를 석방시키고 보호하는 이중의 임무를 수행해야 했다. 수용소에서 석방된 네덜란드인은 이번에는 인도네시아인의 위협과 협박의 대상이 되었다.

그 당시 인도네시아인은 한시바삐 네덜란드인을 자신의 땅에서 몰아내고자 모든 수단을 동원하여 공포 분위기를 조성하고 있었다. 심지어 과거에 겪은 모욕이나 원한을 보복하려고 옛 주인을 살해하는 일까지 벌어졌다. 이 혼란스러웠던 시기를 가리켜 '베르시압Bersiap'이라 부르는데, 이 말은 '항상 경계를'을 뜻하는 인도네시아인의 슬로건으로, 2차 대전 직후 네덜란드가 다시 인도네시아의 지배권을 탈환하려던 시도에 맞서 싸운 민족주의자의 결연한 의지가 담긴 표현이다.

그러나 15만 병력의 네덜란드군이 영국군의 비호 아래 인도네시아에 상륙한다. 이때부터 동인도 군도 곳곳에서 치열한 전투가 벌어졌다. 독립을 위한 인도네시아의 본격적인 무장 투쟁이 시작된 것이다. 1946년 8월에 영국이 다시 한 번 중재에 나서, 1947년 3월 25일 킬런 경의 중재로 링가쟈티협정이 체결되었다. 여기서 네덜란드는 자바, 마두라, 수마트라에 대한 인도네시아

공화국의 지배권을 인정하고, 인도네시아 공화국은 비非인도네시아인의 본래
의 권리와 재산을 인정하며 네덜란드 여왕을 수장으로 하는 네덜란드-인도네
시아 연합과 인도네시아 연방을 수립하는 데 협력하기로 합의한다.

하지만 협정서의 잉크가 채 마르기도 전에 양쪽은 각자 자신에게 유리하도록
협정 내용을 해석한다. 표면적인 합의였을 뿐, 각자 서로 다른 목표를 지향하고
있었던 것이다. 인도네시아인의 목표가 독립이라면, 네덜란드인은 도덕과 청교
주의에 기초한 문명화의 사명을 목표로 했다. 네덜란드인은 인도네시아의
발전이 자기 손에 달려 있다고 굳게 믿는 듯했다.

네덜란드 정부는 1947년 5월 27일에 협정 조건을 수락하지 않으면 전쟁을
지속하겠다는 내용의 최후통첩을 보냄으로써 행동을 개시했다. 네덜란드 정부
는 동인도의 상실은 국가적 재난이므로 어떤 대가를 치르더라도 이를 막아야
한다고 주장함으로써 군사작전을 정당화했다. 당시 네덜란드에서는 "동인도를
잃으면 네덜란드도 끝장이다"라는 구호가 곳곳에서 울려 퍼졌다.

1947년 7월 21일부터 8월 4일까지 네덜란드군은 경제적 목적의 단순한
'치안유지작전Eerste politionele actie'(또는 Operatie Product)이라 불리는 군사작
전에 착수했다. 네덜란드군은 자바 섬의 동부와 중앙, 수마트라에서는 팔렘방의
산유 지역과 메단의 플랜테이션 지대를 점령했다. 인도와 오스트레일리아의
요청으로 유엔 안전보장이사회는 8월 5일에 휴전 명령을 내리지만, 군사작전은
계속되었다. 그러자 이번에는 미국이 네덜란드에 압력을 가하고, 결국 네덜란드
는 협상 테이블에 나타난다. 미국은 인도네시아가 소련의 영향으로 공산주의
진영으로 합류하지 않을까 우려하던 참이었다.

1948년 1월 17일 자카르타항에 정박한 미국 전함 렌빌호의 선상에서 새로운
협정이 체결되었다. 하지만 렌빌협정의 내용은 이전보다 진전된 게 없었다.
인도네시아 연방이 출범할 때까지(인도네시아공화국 역시 연방에 포함될 예정이었

다) 인도네시아에 대한 네덜란드의 주권을 재차 확인한 것이 협정의 주된 내용이었다.

동인도에서 어려움을 겪던 시기에 치러진 네덜란드의 1948년 선거는, 사회주의 진영을 약화시키는 대신 보수주의자의 입지를 강화시켰다. 1948년 12월 18일, 네덜란드는 이전보다 훨씬 더 강력한 제2차 치안유지작전Tweede politionele actie에 돌입한다. 이때 바타비아 군대는 인도네시아 공화국의 영토를 대부분 점령했다.

그러자 미국은 또다시 압력을 행사했다. 네덜란드가 군사 행동을 중단할 때까지, 마셜정책의 일환으로 네덜란드에 제공하기로 한 지원금을 유보하겠다고 경고한 것이다. 전쟁 자금을 마련하기 위한 별다른 수단이 없었던 네덜란드는 세 번째로 협상을 수락한다. 1949년 12월 27일, 헤이그에서 열린 회담에 참석한 인도네시아 대표 모하마드 하타는 네덜란드 여왕에게서 인도네시아 공화국으로의 주권 이양을 얻어낸다.

그런데 1950년 레이몬드 웨스터링Raymond Westerling이라는 네덜란드군 장교가 최후의 한판을 벌인다. 이 특이한 인물은 상부의 명령에도 불구하고 인도네시아의 독립을 인정하지 않았다. 그는 식민군 병사로 이루어진 특공대를 이끌고 반둥으로 향했다. 이는 쿠데타를 일으켜 인도네시아 민족주의자를 쓰러뜨리기 위한 행동이었다. 전쟁이 끝난 후, 네덜란드에서는 그의 성급하고 무자비한 행동 방식(고문, 처형)이 논란거리가 되기도 했다.

1950년 레이몬드 웨스터링의 쿠데타 기도[38)]

내가 보낸 최후통첩에서 지정된 기한이 만료되었다. 그때까지 나는 어떠한 공식적인 답변도 받지 못했다. 행동으로 옮길 때가 된 것이다. 앞서

---

38) Raymond Westerling, *Mes aventures en Indonésie*, DR, pp. 195-196(NDLR).

언급했듯이, 공화주의자가 내가 먼저 행동하기를 바란다는 사실을 나는 잘 알고 있었다. 내가 먼저 행동한다면 그들이 좋아할 테지만, 하는 수 없었다. 내 입으로 말을 취소하고 반反연방주의자가 제멋대로 행동하게 내버려두겠다고 생각하지 않는 한, 나로서는 선택의 여지가 없었다.

그래서 쿠데타를 결심했다. 그 일은 지금까지 내가 벌여 왔던 모든 것을 훨씬 능가하는 행동이었다. 나는 파순단Pasundan에서 헌병대 대장을 맡고 있었다. 내 행동의 영향력은 이 주州의 경계선을 넘어 인도네시아 전역으로 파급될 것이었다. 실제로 나는 연방 정부의 수도인 자카르타를 점령하기로 결심했다. 나의 목표는 거짓 공화주의자로 구성된 정부를 무너뜨리고, 동인도 군도 전역에 대한 지배권을 장악하는 것이다.

실행에 옮기기 전, 내가 앞으로 어떤 역할을 해야 할지 명확히 할 필요가 있었다. 나 자신을 위해 권력을 차지하려는 게 아니었다. 인도네시아를 다스리는 백인 군주가 된다거나 순다 열도를 통치하겠다는 생각 따위는 애당초 없었다. 나 자신은 아무래도 상관이 없었다. 나는 인도네시아의 민중을 위해 행동했을 뿐이다. 나 자신이 아니라 수백만 원주민을 위해, 이들을 배반하고 연방 창설 계획을 받아들이겠다고 한 뒤 그 약속을 어긴 공화국 정부를 무너뜨리기로 결심했다.

연방 헌법은 눈속임일 뿐이며, 정부 각료 가운데 진심으로 연방 창설에 동의하는 극소수 인물은 인질들뿐이었다. …… 나는 민중의 압제자를 몰아내고, 그 대신 독재자가 아니라(아무리 합리적이거나 선의를 갖고 있다 하더라도 독재자는 안 된다) 일본에 협력했던 적도 앞으로 모스크바에 협력하지도 않을 진정한 인도네시아 민족주의자로 구성된 정부를 수립하려 했다.

뉴기니 서부, 곧 이리얀 자야는 1963년이 되어서야 인도네시아로 합병되었다.

인도네시아가 스스로 독립을 선포하고 4년 여 동안이나 전투를 치른 뒤에야 비로소 독립이 실현된 것이다. 이 시기의 전투에서 인도네시아인 남녀노소 10만~15만 명이 목숨을 잃었다고 추정되지만, 정확한 숫자는 알 수 없다. 네덜란드군은 2,500명의 전사자를 냈다.[39)]

경제적·사회적 결과

동인도를 잃었음에도 불구하고 네덜란드 경제는 전쟁이 끝난 뒤에도 계속해서 눈부시게 발전했다. 그러나 인도주의적인 측면에서는 위기를 맞고 있었다. 1945년부터 1960년까지 보복을 당할지도 모른다는 두려움 때문에 본의 아니게 인도네시아를 떠나야 했던 사람들이 네덜란드로 물밀 듯이 밀어닥쳤다. 네덜란드 이민국은 그 당시 네덜란드로 유입된 인구를 대략 30만으로 추정한다.

매우 불균질한 이 이민자 집단은 일본군 강제수용소에서 석방된 토토크(식민지 태생 네덜란드인), 혼혈인 '인도Indo's,' 그리고 식민군에 복무했던 다양한 민족 출신의 병사로 구성되어 있었다. 이들은 전쟁 때문에 아직도 혼란스럽고, 또 사회적·정치적으로 전환기를 맞고 있던 네덜란드에 도착했다.

이들에 대한 네덜란드인의 태도가 늘 우호적이었던 것은 아니다. 혼혈인은 '인도는 물러가라'고 외치는 소리를 듣게 되었고, 식민군 '용병'인 몰루카제도 출신의 병사는 본의 아니게 아무런 연고도 없는 나라에 들어와 살게 되었다. 이들은 1950년에 남몰루카 공화국이라는 독립 국가를 세우려고 했지만, 이 지역이 곧 수카르노의 군대에게 점령되는 바람에 계획은 수포로 돌아갔다. 인도네시아의 초대 대통령은 통일된 공화국을 세우고자 했던 것이다.

그리고 네덜란드 정부는 용병의 공로를 제대로 인정해 주지 않았다. 이들은

---

39) 전사자를 6,200명으로 추산하기도 한다.

네덜란드에 들어온 뒤 다시 네덜란드군으로 편입되기를 바랐으나, 강제 퇴역되어 임시 수용소에 수용되었다. 네덜란드 정부는 이 몰루카인이 곧 자기 나라로 돌아가 사면 받게 되리라 예상했다. 하지만 동포의 원한은 쉽게 풀리지 않았고, 이들은 끝내 고향으로 돌아가지 못했다.

몰루카인 용병은 옴짝달싹 못하게 된 자신의 처지를 세상에 알릴 목적으로 학교, 기차, 대사관, 지방 청사를 공격하여 인질극을 벌이는 등 1975년과 1977년, 1987년에 테러를 저지른다. 그러나 이런 행동은 여론에 악영향만 끼쳤을 뿐, 이들의 처지는 조금도 개선되지 않았다. 1988년에 이르러서도 400여 명의 몰루카인이 부흐트의 낡은 수용소에 수용되어 있었다.

나머지 이민자 집단은 별다른 문제없이 네덜란드 사회에 적응하며 살았다고 공식적으로 알려져 있다. 하지만 이들 역시 고향 땅에서 강제로 쫓겨났다는 상처를 아직도 간직하고 있다. 마음의 상처를 치유하기 위해 이들은 네덜란드 땅에 동인도의 정취를 되살리려고 애썼다. 이들은 고향에서 쓰던 물건, 향기, 식민시대 인도네시아의 유명한 쌀 요리인 레이스타펠 같은 토속 음식 등 옛 기억을 떠올릴 만한 것을 네덜란드로 들여왔다.

이러한 이국적 정취는 네덜란드령 동인도와 아무런 상관이 없는 사람들의 일상 속으로도 스며들었다. 강제로 추방당했다는 고통스러운 기억을 뛰어넘어 풍요로운 다국적 문화라는 자산을 이루어낸 것이다. 이주민 공동체는 자기만의 독특한 문화를 전국 각지로 파급시켰다. 오늘날 동인도를 실제로 체험했던 이민 1세대는 점점 사라지고 있지만, 그 후손이 동인도의 전통 축제나 관습을 지켜 나가고 있다. 가령 파사 말람(전통적인 야시장)이라는 대규모 행사 때, 이들은 갖가지 민속 공연을 벌인다. 수많은 혼혈인과 토토크를 받아들였다고 해서 '동인도의 미망인'이라는 별명이 붙은 도시인 헤이그에서 해마다 6월에 열리는 파사 말람 행사가 가장 유명하다.

이민자 가운데는 나중에 유명 작가가 된 사람도 있는데, 이들이 쓴 작품은 여러 나라의 언어로 번역되었다. 헬라 하세, 아드리안 반 디스, 예룬 브루어스의 작품은 프랑스에서도 큰 성공을 거두었다. 이러한 자전적 소설에서는 엄청난 시련을 겪은 사람이 고통을 치유하려는 듯 그 시대를 들춰내 이야기할 수밖에 없는 절박한 욕구가 느껴진다. 무슨 까닭으로 어느 날 갑자기 고향에서 내쫓김을 당했는지 도저히 납득할 수 없어서 그 옛날 아름다웠던 시절, 곧 '템포 둘루40)를 글로써 재구성해 보고자 한 것이다.

네덜란드령 동인도에 대한 향수41)

자나는 네덜란드를 좋아하지 않았다. 적어도 집 안에서는 그렇게 말했다. 자나와 그녀의 아버지가 고향을 가장 그리워했다. 망고나무와 자두나무 과수원, 씨앗을 아무 데나 던져 놓아도 금방 나무가 자라 열매를 맺는 비옥한 땅, 물과 낙엽과 거름을 풍부히 머금은 땅. 아! 섬들을 온통 감싸던 갈색 향기!

그들은 네덜란드의 잿빛 하늘에도, 바닷가의 혹독한 겨울 날씨에도, 두꺼운 외투에도, 고향에서의 새하얀 빛은 어디서도 찾아볼 수 없는 우중충한 건물에도 도무지 익숙해지지 않았다. 여름철에 오후 4시가 되면, 우리는 정원에 모여 차를 마셨다. 아직까지도 불그스레한 모래언덕을 등지고서 그들은 해질녘의 미지근한 열기를 꿈꾸었다.

링시르 쿨론lingsir kulon('서쪽 하늘의 석양빛'이라는 뜻)은 태양이 모습을 감추고 장밋빛 도는 붉은색 그림자마저도 관목 숲 너머로 사라지기

---

40) 포르투갈어에서 유래한 Tempo라는 말은 '시간'을, doeloe 또는 dahoeloe라는 말레이어는 '지나간 과거'를 뜻한다. 따라서 템포 둘루는 '그리운 옛 시절' 정도의 뜻이다. 인도네시아어 철자법이 개정된 뒤, 지금은 Tempo Dulu라고 표기한다.

41) Adriaan Van Dis, *Les Dunes coloniales*[식민지의 모래언덕], Arles, Actes Sud, p. 100(NDLR).

> 직전, 동인도에서 볼 수 있는 가장 아름다운 빛이었다. 하지만 아쉽게도
> 이곳에서 내리는 비는 우리를 춤추게 하지 못하고, 나무는 새벽빛을 받으
> 면서도 향기를 피워 올리지 못한다! 동인도에서 아침의 하늘은 늘 초록빛
> 이었다.

네덜란드에서 식민주의 문제는 늘 양면성을 띠었다. 네덜란드인 스스로가
떠맡은 문명화 사명의 일환이었는지, 아니면 원주민에 대한 가혹한 착취와
무장 개입으로 보아야 하는지 이 두 태도 사이에서 망설였던 것이다. 물타툴리라
는 인물이 있었는가 하면, 숱한 학살과 토착 문화의 파괴를 주도했던 자도
분명히 존재했다. 이처럼 네덜란드에서 식민 역사의 연구는 길고 험난한 작업이
었고, 이 작업은 지금도 계속되고 있다.

역사가들이 고문서, 특히 영토 확장을 위한 전쟁에서의 참상을 입증하는
옛 자료를 세상에 드러내기까지는 꽤 긴 시간이 걸렸다. 네덜란드의 역사에서
파란만장했던 그 시대는 오랫동안 은닉된 채로 남아 있었다.

식민시대의 역사는 오랫동안 면죄부를 받지 못하고, 학생의 관심도 거의 끌지
못했다.[42] 간단히 말해 식민화와 탈식민화 시대에 대한 역사학적인 이미지가
전무했으며, 그 필요성을 아무도 인식하지 못했다. 그 시대는 '역사'가 되지 못했
다. 그냥 삭제되고 은닉되고 사라지고 말았다.[43]

그러나 네덜란드 국민의 정신을 일깨우는 계기가 되었던 몇몇 사건이 있었다.

---

42) 오늘날에는 그렇지 않다. 네덜란드에서 식민시대의 연구는 역사학의 주요 분야로 인정받고
있다.
43) H. L. Wesseling, "Fin des empires, fin des nations?" in Pim den Boer, Willem Frijhoff(재판), *Lieux
de mémoire et identités nationales*, Amsterdam, Amsterdam University Press, 1993, p. 281.

1969년 1월 17일, 어느 텔레비전 프로그램이 네덜란드 국민에게 큰 충격을 준다. 퇴역 군인으로 심리학자가 된 후에팅M. Hueting이라는 사람이 네덜란드령 동인도에서 네덜란드군이 저지른 범죄 행위를 폭로한 것이다.

그 프로그램은 사회에 큰 충격을 주었다. 퇴역 군인들은 그의 주장을 철저히 부인했다. 그러나 많은 사람이 충격을 받고 조사를 요구했으며, 범죄자를 법정에 세워야 한다고 주장했다. 정부는 이러한 요구를 받아들일 수밖에 없어서 조사를 명령했다. 이때 작성된 '진상조사서'라는 이름의 보고서는 성격이 아주 모호했다. 근거 자료가 충분치 않았고, 몇몇 사소한 사건이 언급되었을 뿐이다.[44]

이 보고서는 1995년이 되어서야 공식 출간된다.

다른 나라와 마찬가지로, 네덜란드 사회는 자기의 어두운 역사를 은닉하기 위한 스크린을 만들어 평온하고 이상화된 역사를 꾸미는 데 탁월한 재능이 있었다. 오랫동안 네덜란드 국민은 도덕적 의무와 같은 미덕을 권유하는 자신의 신교적 가치를 문제 삼는 것을 꺼렸다. 과거의 잘못을 인정해야 한다는 사고가 문명화의 사명을 짊어지고 있다고 확신해 마지않는 국민 의식과 충돌을 일으킨 것이다. 각종 기념행사가 열릴 때마다 도처에서 국가의 책임에 대한 논쟁이 거세게 일어났다.

1994년 가을에 프론케 프린센(요한 코르넬리스 프린센)이라는 옛 탈영병의 귀국 문제가 또다시 여론에 불을 지폈다. 1947년에 그 '반역자'(적어도 네덜란드 퇴역 군인에게는)는 인도네시아인의 편에 서서 동포에게 서슴없이 총을 겨눴던 적이 있었다. 그런데 중환자가 된 그가 1998년에 네덜란드로 돌아와 치료를 받고 싶어 한 것이다. 그의 귀환을 허용할 것인가 하는 문제를 놓고 또다시 뜨거운 논쟁이 벌어졌다. 결국 그는 살해 협박이 쏟아지는 가운데 경찰의

44) H. L. Wesseling, "Fin des empires, fin des nations?" pp. 281-282.

보호를 받으며 귀국한다.

네덜란드에서는 식민시대가 거론될 때마다 늘 사과와 용서의 문제와 부딪쳤다. 1995년 8월 5일, 베아트릭스 여왕이 인도네시아를 방문했다. 인도네시아가 독립한 이후 네덜란드 국왕의 첫 공식 방문이었다. 이때 네덜란드의 주요 일간지들은 네덜란드 백성이 인도네시아에서 저지른 범죄 행위를 공식적으로 인정하도록 촉구했다. 그러나 여왕은 슬픔을 표했을 뿐 사과는 하지 않았다.

21세기가 시작된 현재까지도 네덜란드 안의 동인도 공동체는 자기들 문제를 이슈화하려고 다각도로 노력하고 있다. 네덜란드로 송환되면서 재산을 박탈당한 사람, 전쟁 때 봉급을 지급 받지 못한 군인 출신 이민자들은 몇 년 전부터 네덜란드 정부를 상대로 그에 대한 보상을 요구했다. 이에 대한 응답으로 네덜란드 정부는 1998년에 토토크와 혼혈인의 물적 피해 규모를 조사할 위원회 (반 갈렌 위원회)를 설치했다.

정부에서는 배상금으로 1억 2,500만 유로를 제시했는데, 본국으로 송환된 토토크와 혼혈인 가운데 지금까지 생존한 사람이 144,000명이므로 한 사람에 900유로씩 지급되는 셈이다. 이들이 겪은 정신적·물질적 피해를 고려할 때 이는 터무니없이 적은 액수였고, 동인도 공동체에서는 정부의 이 제안을 거절했다. 동인도 공동체를 대표하는 여러 단체는 2억 5000만 유로를 요구했다. 2000년 네덜란드 정부는 또다시 1억 9000만 유로를 제안하고, 공동체는 마침내 이를 수락했다. 이 보상금은 앞으로 각종 동인도 기념사업에 쓰일 예정이다.

최근 몇 년 동안 템포 둘루, 곧 '그리운 옛 시절'을 기리는 기념물들이 네덜란드에 세워지고, 2001년 헤이그에는 동인도 기념관이 복원되었다. 반면 암스테르담에 당당히 서 있던 독재자 반 회츠 장군의 동상은 철거되어, 아른헴 근처 브론베크에 있는 식민군 박물관 정원 한쪽 구석으로 옮겨졌다. 그리고 여러 단체가 살해되거나 전투 중에 목숨을 잃은 인도네시아인 모두(희생자

수가 정확히 얼마인지 아직까지 조사된 바 없다)를 기억하기 위한 기념물 건립을 제안했지만, 정부 쪽에서는 지금까지 아무런 대답이 없다. 네덜란드에서는 아직도 인도네시아인의 희생은 네덜란드인의 희생만큼의 가치를 인정받지 못하고 있는 듯하다.

맺음말

네덜란드에서는 지금도 식민시대의 연구나 기념사업이 아무런 문제없이 이루어지는 경우가 거의 없다. 과거의 사실을 부풀리는 사람이 있는가 하면, 그것을 아예 부인하는 사람도 있기 때문이다. 프랑스에서와 마찬가지로, 식민화의 정당성이나 결과에 관한 문제는 오늘날 초미의 관심사로 떠오르고 있다. 상처가 아물기에 50년의 세월로는 충분치 못했는지, 아직도 상처가 그대로 남아 있는 것 같다. 인도네시아와 네덜란드의 젊은 세대는 헝클어진 실타래처럼 혼란스러운 과거사를 물려준 조상을 칭송하거나, 아니면 그들과 화해하려고 기억의 횃불을 다시 집어들었다. 많은 이에게 그 시대의 역사는 흐릿한 사진처럼 남아 있으며, 네덜란드령 동인도는 그들 자신의 뿌리와 정체성에 숱한 의문을 품게 했다.

일반 가정이나 국가 기관에 보관된 자료를 발굴하고 연구해 온 사람들의 노력으로 퍼즐이 조금씩 재구성되고 있다. 하지만 이들은 세상 밖으로 드러내기를 꺼려하는 '역사의 침묵'에 부딪칠 때가 아직도 많다고 한다. 정말로 피부색에 따라 특권 수혜의 정도가 결정되었을까? 동인도의 유럽인이 진정으로 인종주의자, 나아가 파시스트였을까? 네덜란드령 동인도에서 네덜란드의 역할을 계몽주의적 진보가 아닌, 3세기 동안의 억압과 착취로 단순화시킬 수 있을까?

뿐만 아니라 그 상황을 상대화시키려는 사람도 있다. 곧 당시의 식민화를 오늘날의 민주주의라는 척도로 평가해서는 안 되며, 또 우리를 판단하는 자들은 자신들의 행동은 어떠했는지 우리를 평가할 만한 자격이 있는지를 먼저 생각해 보기 바란다. 또한 네덜란드인 가운데 인도네시아의 독립을 위해 싸운 사람도 적지 않았다는 사실을 잊어선 안 된다. 그리고 어찌됐든 과거 몇 세기 동안 네덜란드인은 인도네시아인에게 식량 문제를 해결해 주었고, 그렇게 방대한 영토를 개발하여 쓸모 있는 땅으로 만들어 주지 않았는가(관개 시설, 철도, 플랜테이션, 여러 도시와 항구의 건설). 요약해서 말하면, 수십만 명쯤의 네덜란드 인이 8천만이나 되는 인도네시아인을 몇 세기 동안 오직 권위주의적인 방식만으로 통치한다는 게 과연 가능한 일인가?[45]

참고문헌

소설 및 여행기

Vicki Baum, *Sang et volupté à Bali*, Paris, Stock, Le Livre de poche, 1966.

Louis-Antoine de Bougainville, *Voyage autour du monde*, Paris, Gallimard, 1982.
　　pour l'établissement du texte, la modernisation de la graphie, la préface
　　et le dossier.

Jeroen Brouwers, *L'Éden englouti*, Paris, Gallimard, 1998 ; *Rouge décanté*, Paris,
　　Gallimard, 1995.

Louis Couperus, *La Force des ténèbres*, Paris, Le Sorbier, 1986.

P. A. Daum, *Uit de suiker in de tabak*, Amsterdam, Querido, 1963((1883-1884).

Adriaan Van Dis, *Les Dunes coloniales*, Arles, Actes Sud, 1999.

Marie-Thérèse Gadala, *Fleurs océaniennes. Java-Bali*, Paris, Les Presses françaises,
　　1938.

---

45) 인도네시아에서 네덜란드인이 이룬 사업의 내용이나 규모를 더 상세히 알고자 한다면, 다음을 참고하시오. Thomas Beaufils, "Des polders sous l'Équateur. L'héritage spatial des Néerlandais en Insulinde" in P. Pelletier, C. Taillard, "Identités territoriales en Asie orientale," in *Nouvelles Organisations régionales en Asie orientale*, Paris, 2003.

Robert Van Gulik, *Le Jour de grâce*, Paris, 10/18, Union Générale d'Éditions, 1992.

Hella S. Haasse, *Le Lac noir*, Arles, Actes Sud, 1991 ; *Les Seigneurs du thé*, Paris, Le Seuil, 1996.

Rudy Kousbroek, *Het Oostindisch kampsyndroom*, Amsterdam, Meulenhoff, 1995.

Multatuli, *Max Havelaar*, Arles, Actes Sud, 1991.

Edgar du Perron, *Le Pays d'origine*, Paris, Gallimard, 1980.

Pramoedya Ananta Toer, Pram, *La vie n'est pas une foire nocturne*, Paris, Gallimard, Connaissance de l'Orient, 1993 ; *Le Monde des hommes*, Paris, Poyot et Rivages, 2001.

M. H. Székely-Lulofs, *Rubber*, Amsterdam, Manteau, 1984.

Roger Vailland, *Borobudur, voyage à Bali, Java et autres îles*, Paris, éditions Kailash, 1996.

Raymond Westerling, *Mes aventures en Indonésie*, Paris, Hachette, 1952.

논문 및 참고도서

S. H. Alatas, *The Myth of the Lazy Native*, London, Krank Cass, 1977.

Thomas Beaufils, "La Hollande, l'autre pays du structuralisme," *Gradhiva*, no 21, Paris, Jean-Michel Place, 1997 ; "L'énigme du pavillon hollandais," *Gradhiva*, no 26, Paris, Jean-Michel Place, 1999.

Pim den Boer, Willem Frijhoff(réd.), *Lieux de mémoire et identités nationales*, Amsterdam, Amsterdam University Press, 1993.

G. Bousquet, *La Politique musulmane et coloniale des Pays-Bas*, Paul Hartmann, 1954.

E. Breton De Nijs, *Tempo Doeloe, fotografishe documenten uit het oude Indië*, Amsterdam, Querido, 1961.

J. De Bruijn, H. Colijn, *De slag om Tjakra Negara. Een verslag in drie brieven*, Amsterdam, Querido, 1961.

Muriel Charras, "L'Indonésie, un archipel-nation," *Géographie universelle-Asie du Sud-Est-Océanie*, Roger Brunet(dir.), Belin-Reclus, 1995.

F. Colombijn, "The Javanese Model as Basis for Nineteenth Century Colonial

Policy in West Sumatra," *A journal of Indonesian Human Ecology*, Depok, 3, 1995, pp. 25-41.

Robert Cribb(éd.), *The Late Colonial State in Indonesia. Political and Economic Foundations of the Netherlands Indies 1880-1942*, Leiden, KITLV Press, 1994.

Pierre Gonnaud, *La Colonisation hollandaise à Java*, Paris, Augustin Challamel, 1905.

Guide officiel de l'Exposition coloniale internationale, Paris, 1931.

J. Chailly-Bert, *Java et ses habitants*, Armand Colin, 1900.

Cees Fasseur, *The Politics of Colonial Exploitation : Java, the Dutch, and the Cultivation System*, New York, Ithaca, 1992.

Cees Fasseur, *De Indologen, Ambtenaar voor de Oost 1825-1925*, Amsterdam, Uitgeverij Bert Bakker, 1993.

W. R. Van Höevell, *De emancipatie der salven in Neerlands-Indië : eene verhandeling*, C. M. Van Bolshuis, 1848.

Vincent Houben, "Wachten op een mentale dekolonisatie," *Ons Erfdeel*, janvier-février, no 1, 1996.

J. P. B. de Josselin De Jong, *De Maleische Archipel als ethnologische studieveld*, Leiden, Ginsberg, 1935.

S. Kalff, *De slavernij in Oost-Indië*, Baarn, Hollandia-Drukkerij, 1920.

Denys Lombard(éd), *Rêver l'Asie*, Paris, éd. de l'École des Hautes Études en sciences sociales, 1993 ; *Le Carrefour javanais : essai d'une histoire globale*, volume I, *Les limites de l'occidentalisation*, Paris, éditions de l'EHESS, 1990 ; avec la collaboration de Michel Bruneau, "De la mosaïque ethnique aux États nationaux," *Géographie universelle-Asie du Sud-Est-Océanie*, Belin-Reclus, 1995, p. 39.

J. A. C. Mackie(éd.), *The Chinese in Indonesia*, Hong Kong, Singapore, Kuala Lumpur, Heinemann Educational Books(Asia) Ltd, 1976.

Tibor Mende, *L'Asie du Sud-Est entre deux mondes*, Paris, Le Seuil, 1954.

J. W. B. Money, *Java or How to Manage a Colony*, Singapore, Oxford University Press, 1985 재판.

Rob Nieuwenhuys, *Oost-Indische Spiegel*, Amsterdam, Querido, 1972.

Herman Obdeijn, "Vers les bords de la mer du Nord. Les retours aux Pays-Bas
induits par la décolonisation," in Jean-Louis Miège, Colette Dubois, *L'Europe
retrouvée. Les migrations de la décolonisation*, Paris, L'Harmattan, 2000, pp.
49-74.

Simon Schama, *L'Embarras de richesse. La culture hollandaise du siècle d'or*, Paris,
Gallimard, 1991.

Ewald Vanvugt, *De schatten van Lombok. Honderd jaar Nederlandse oorlogsbuit uit
Indonesië*, Amsterdam, Uitgeverij Jan Mets, 1995 ; *Het dubbele gezicht van
de koloniaal*, Haarlem, In de Knipscheer, 1988.

H. L. Wesseling, *Indje verloren, Rampspoed geboren*, Amsterdam, Uitgeverij Bert
Bakker, 1988.

Wim Willems, Remco Raben, Edy Seriese, Liane Van der Linden, Ulbe Bosma,
Uit Indië geboren. Vier eeuwen familiegeschiedenis, Zwolle, Waanders Uitgevers,
1997.

인도 : 식민화의 첫 세기(1757~1857)

자크 푸슈파다스

식민화의 역사를 이야기할 때, 인도라 부르는 지역은 히말라야 산맥에서 인도 최남단에 있는 코모린곶까지, 또 벨루치스탄에서 미얀마에 이르는 방대한 영토, 곧 역사적으로 통합된 적이 거의 없는 방대한 공간인 남아시아를 가리킨다. 1757년부터 영국이 전개한 이 지역의 정복사업은 한 세기가 넘는 오랜 기간에 걸쳐 일관성 없이 이루어졌다. 이 과정에서 당시 세계에서 가장 방대한 식민 영토였던 인도 제국이 탄생했다.

인도 제국은 위상과 문화적 색채가 매우 다양한 영토의 집합체로서 1947년에 독립하고, 이 제국이 분열하여 오늘날의 인도, 파키스탄, 방글라데시, 미얀마란 네 나라를 탄생시켰다. 그런데 영국의 역사 기록에서는 오랫동안, 인도의 정복을 프랑스 동인도회사와 벌인 경쟁과 무굴제국의 쇠퇴로 인한 혼란이라는 두 가지 상황에서 영국인의 무역 활동을 보호할 필요성 때문에 영국 동인도회사의 현지 직원에게 부과된 일련의 군사적·외교적 행동에서 비롯된 뜻밖의 결과로 해석했다. 반면 인도의 민족주의 역사 기록에서는 영국의 인도 정복을 폭력적인 수단을 이용하여 인도를 매우 혹독한 착취에 굴복시키려는 목적으로 한 의도적인 사업으로 평가했다.

그러나 오늘날의 역사가는 이처럼 단순화된 이분법을 크게 완화시킨다. 곧 영국이 단지 당시의 혼란스러운 상황 때문에 위태로워진 상업적 이해관계를 지키려고 팽창주의적 소용돌이 속으로 휘말려 들었다는 주장은 잘못이며, 영국은 기존의 정치·경제·사회구조를 변화시키거나 파괴하기보다 개별 상황마다 자기 이익에 부합하도록 그것을 최대한 활용하면서 서서히 인도 대륙을 굴복시켰다는 점을 밝혀낸 것이다. 실제로 당시 그곳에는 비용 면에서 경제적이면서도 매우 효율적인 식민 개입의 한 가지 형태가 존재했고, 그것의 1차적 동기는 선교 사업이나 진보주의 등의 이념도 아니고 패권주의적 영토 확장도 아닌, 다만 최소한의 물적·인적 비용으로 최대한의 수익을 창출하려는 대단히 실용주의적인 시도였다.

정복

식민화 의도

한 가지 분명한 것은 영국의 인도 정복이 사전에 짠 특정 계획에 따라 이루어지지 않았다는 점이다. 유럽의 다른 무역회사와 마찬가지로, 18세기 중엽 영국 동인도회사가 인도에서 보유한 영토는 데칸고원의 양쪽 지역과 갠지스강 삼각주의 여기저기에 흩어져 있는 몇몇 고립지뿐이었다. 고립지라고 해야 몇 km²의 넓이에 수공업자가 모여 사는 마을 몇 개가 들어서 있는 정도였다.

그런데 1757년 플라시에서 로버트 클라이브가 이끄는 영국군이 벵골 태수(나와브)의 군대를 물리치고 승리를 거두었던 전투(일반적으로 이를 영국이 인도를 정복하기 시작한 사건으로 본다)로부터, 그로부터 정확히 1세기가 지난 뒤 대영제국의 북인도를 온통 뒤흔들어 놓은 세포이 항쟁이란 '대반란'이 일어나기까지, 영국 동인도회사는 인도 대륙의 거의 2/3를 병합하고 나머지 속령에 남겨 놓은 인도 군주들에게도 지배권을 행사하게 되었다.

　장기간에 걸친 이처럼 방대한 사업이 아무런 사전 계획 없이 추진되었다는 점은 사실 수긍하기 어렵다. 그렇지만 적어도 처음에는 대영제국의 일관된 '인도 정책'이라는 게 존재하지 않았다는 점은 분명하다. 심지어 런던에는 인도 관련 업무에 개입할 수 있는 기관이 하나가 아니라 둘이 있었는데, 영국 정부와 동인도회사의 투자자가 선출한 이사회가 그것이다. 게다가 이 두 기관이 인도 현지에서 근무하는 동인도회사의 대리인에게 행사할 수 있는 영향력도 제한적이었다. 런던과 캘커타 사이에 전보가 오가는 데에도 평균 16개월이 걸렸기 때문이다. 따라서 회사의 현지 직원에게 주어진 자율성의 폭은 매우 클 수밖에 없었다. 또한 캘커타, 봄베이, 마드라스(세 개의 '주 또는 관할구')에 설치된 영국 정부의 대행기관도 서로 독립적인 관계에 있어서 런던과도 각자 개별적으로 연락을 취했다.

　그러나 무엇보다도 1784년에 동인도회사의 업무를 감시하는 정부 기구인 감독원이 설립되면서 점차 명령 계통이 명확해진다. 그렇다고 이 시대의 상황을 논하면서 명확하고 일관된 팽창주의 정책이 존재했다고 말할 순 없다. 동인도회사 쪽에서는 군사적인 모험이 필연적으로 비용이 많이 들뿐만 아니라, 아직도 취약한 무역망을 위태롭게 할 우려가 있어 얻는 것보다 잃는 게 더 많다고 판단했다. 영국 국내의 일반 여론이나 정부의 의견도 이와 비슷했다. 심지어 1782년 영국 하원은 이렇게 선언했다. "영토의 정복과 확장 사업을 추진하는 것은 우리나라의 정책이나 명예, 우리 국민의 희망에 전혀 부합하지 않는 조처다." 또한 1786년 영국 하원이 인도 총독 워렌 헤이스팅스를 향해 줄기차게 비난을 퍼부은 것은, 무엇보다도 그가 명분 없는 전쟁을 일으켰다는 점 때문이었다.

그러나 날이 갈수록 팽창주의를 옹호하는 사람은 점점 더 늘어 갔고, 이들은 세 가지 중요한 근거를 내세우며 팽창주의를 정당화했다. 곧 이미 합병된 영토를 지켜야 한다는 필요성, 팽창주의가 결국 영국인의 무역 활동이나 사업에 도움이 될 수밖에 없다는 점, 정복사업이 예속 상태에 놓인 토착민에게 '문명화' 의 혜택을 줄 수 있다는 점이 그것이다.

이뿐만 아니라 인도의 남서부 마이소르 왕국과의 제3차 전쟁 때(1790~1792) 영국에서는 민족주의 열기가 한층 고조되었다. 프랑스가 마이소르 왕국의 티푸 술탄을 지원하고 있다는 사실도 틀림없이 이에 한몫했을 것이다. 어쨌든 영국의 국내 여론은 그 뒤부터 군사적 정복사업이나 인도에서의 합병 시도를 완강하게 반대하진 않는다. 물론 무엇보다도 군사작전에 막대한 예산이 소요된 다는 점 때문에 식민지 내부나 본국을 가릴 것 없이 팽창 정책은 뜨거운 논란거리가 되었고, 심지어 본격적인 내적 갈등의 원인이 되기도 했지만 말이다.

영국의 국내 여론이 처음에는 인도에서의 팽창 정책을 선뜻 지지하지 않았다 는 사실은, 무굴제국의 와해로 야기된 불안정하고 혼란스러운 상황에서 자신을 보호하고, 그 혼란스러운 상황을 교묘하게 이용할 줄 알았던 뒤플레와 그 후계자가 운영하던 프랑스 동인도회사와의 경쟁에서 이기기 위해서는 영국 동인도회사가 방대한 영토를 기반으로 한 영토 권력으로 변모할 수밖에 없었다 는 이전 시대의 주장에 대한 근거가 되었다. 이 이론에 따르면, 1757년 벵골 지역을 장악한 영국 동인도회사가 프랑스 용병의 도움으로 군대의 현대화를 이룬 이웃 인도 국가들의 위협 때문에 어쩔 수 없이 군대를 파견하여 방어 차원에서 정복사업을 추진했다는 것이다. 간단히 말해, 영국은 자기들이 글자 하나 쓴 적 없는 각본에 따라 연기자 노릇을 했을 뿐이라는 주장이다. 이 주장이 사실이라면, 영국인은 세계에서 가장 뛰어난 연기자임에 틀림없다.

그러나 이러한 해석은 최근의 연구에서 크게 신뢰를 잃고 있다. 오늘날의 연구에서는 무굴제국의 쇠퇴기에는 사회적 혼란이 그리 심하지 않았다고 한다. 그 당시 이슬람의 역사 기록의 상투적인 고정관념에서 영향을 받은 무굴제국 말기에 사회적 혼란이 극심했다는 주장은, 그 뒤 식민지 인도에 강제로 부과된 팍스 브리타니카[영국의 패권에 의한 평화]를 돋보이게 하려는 목적으로 식민주의 사관에 의해 더욱 발전하고 고양되었다. 그러나 최근 20년 동안 이루어진 지역별 역사 연구에서는 당시 상황이 결코 그렇지 않았다는 점을 밝혀냈다.

물론 1707년 무굴제국의 마지막 황제 아우랑제브가 죽은 뒤, 약 반 세기 동안 인도 대륙의 여러 지역에서 폭력적인 무질서와 파괴 행위가 만연했던 것은 사실이다. 하지만 상업 활동이 활발하고, 통치자들이 엄격하게 장악하고 있던 벵골 지역은 결코 그렇지 않았다. 벵골 지역이야말로 식민지 정복사업이 시작된 곳인데도 말이다. 그뿐만 아니라 최근에, 인도 대륙의 전근대적 국가 대부분이 여러 층위의 중간 권력을 포함하는 분권화된 구조를 이루고 있었으며, 중앙집권적인 지배 형태는 몇몇 일시적이고 극단적인 경우에만 나타났을 뿐이라는 사실이 드러났다.

따라서 150년 동안 지속된 무굴제국의 해체가 인도 대륙의 전반적인 붕괴라기보다는, 무굴제국이라는 범인도적 초국가 체제가 사라지자 인도 대륙의 역사에서 가장 오래 지속되었던 '분할과 정치적 유동성 체제'로 복귀했다는 것을 뜻한다고 보는 편이 타당할 것이다. 무굴제국을 계승한 주요 지역 국가들이 식민 정복의 시대에 자본주의적 근대화의 길로 접어들었다는 점(이는 여러 면에서 같은 시기 서유럽 국가들의 행보와 비슷하다)을 오늘날 거의 모두가 인정한다. 따라서 18세기의 정치적 상황 때문에 인도 대륙 전체가 침체의 늪으로 빠져들었다는 주장은 설득력이 없다. 분열과 경제적인 번영이 공존했던 경우는 인도 대륙의 역사에서 빈번했다. 남아시아는 16세기부터 18세기까지 세계에서 가장 규모가 큰 직물 생산의 중심지 가운데 하나였다. 동쪽으로는 동남아시아로, 서쪽으로는 멕시코까지 직물을 수출함으로써 유럽을 포함한 세계 각지의 생산품과 치열한 경쟁을 벌였다. 이처럼 인도는 기술적인 면에서도 유럽에 뒤지지 않았다.

또한 당시 인도의 상업적·산업적 발전 잠재력은 엄청났다. 17세기에 베르니에[프랑수아 베르니에. 프랑스의 여행가이자 의사. 무굴 황제 아우랑제브의 시의 역할을 한 적도 있다]가 쓴 여행기에서 유래한 전설에서 언급되는 것처럼, 인도가 세계의 '금과 은의 무덤'까지는 아니라 해도 온 세계에서 생산된 금과 은 가운데 상당량(특히 은괴)을 흡수했던 것은 분명한 사실이다. 인도의 수출량은 엄청났지만 수입량은 그에 비해 보잘 것 없었기 때문이다. 한 마디로 말해 그 당시 인도는 격동기를 겪고 있었을 뿐 무질서하지 않았고, 경제적으로도 번영을 누리고 있었다.

팽창의 동기

인도 대륙에서 영국의 팽창주의적 의도가 애초부터 존재했던 게 아니라면, 또 프랑스 동인도회사와의 경쟁에 직면한 영국의 동인도회사가 그 당시 한창 쇠퇴하던 인도 대륙의 내부에 휘말리지도 않았다면, 과연 식민 정복사업의 동기는 무엇이었을까? 영국의 인도 정복사업이 중상주의 시대의 식민주의가 이미 쇠퇴의 길로 접어들고, 계몽주의 사상가와 중농주의자의 글에서 당시 부상한 자유주의 사상에 의해 식민주의의 원리가 비판받던 시기에 나타났다는 역설적인 면이 존재하므로, 이 문제에 대한 답은 그리 간단치 않다.

또한 산업혁명의 상승기를 맞은 영국이 시장 개척이라는 필요성 때문에 인도 정복사업에 착수했다는 설명도 오늘날에는 신뢰를 잃고 있다. 인도를 정복한 것은 산업화에 따라 대량으로 생산된 물품이 유입되어 세계 무역이 변화를 겪기 이전에 일어난 일이다. 예를 들어 인도에서 영국 랭커셔 지방에서 생산된 직물과의 경쟁이 심각한 문제가 된 것은 1820년대 말부터다. 곧 인도가 영국산 직물의 귀중한 판로가 된 것은 사실이지만, 그렇다고 해서 시장 개척을 위해 인도 정복사업이 이루어진 것은 아니었다.

동인도회사는 중상주의 시대에 속해 있었으며, 18세기 중엽까지만 해도 이 회사의 목표는 여전히 인도와 유럽 사이의 아주 오래된 무역 활동에서 자기 몫을 늘리는 것이었다. 따라서 위에서 제기한 문제에 대한 답은 인도 내부에서, 또한 유럽인이 그곳에서 개인적인 이익을 위해 행하던 상업 활동이라는 측면에서 찾아야 한다.

17세기 말부터 동인도회사는 회사의 현지 대리인이 회사일 이외에 개인 자격으로 행하던 '인도에서의' 상업 활동에 대한 통제를 사실상 포기했다. 이는 회사 직원이 아닌 영국인이 인도로 건너와 다른 아시아 지역과 '불법적인' 거래를 일삼는 것을 막으려는 노력을 포기한 것이나 똑같은 처사였다. 곧 동인도회사는 인도와 영국 사이의 무역 독점권을 완강히 지켰던 한편, 개인 무역업자인 유럽인이 자신의 선박으로 인도 해안 전역과 인도양을 누비고 다니며 사업을 벌이는 것을 묵인했다.

플라시에서 무력시위를 벌인 뒤 클라이브는 벵골의 태수 시라지웃다울라를 폐위하고, 그의 휘하에 있던 장군 미르 자파르를 태수로 옹립한다. 영국의 음모에 가담한 대가로 태수 자리를 차지한 미르 자파르는 클라이브에게 상당한 액수의 보상금을, 나머지 동인도회사 직원(민간인이든 군인이든)에게도 적지 않은 수당을 지급하기로 약속한 바 있었다.

이렇게 군사적·정치적인 영향력이 커지면서, 동인도회사가 얻어낸 특권의 비호를 받으며 활동하는 데 익숙한(개인의 이익을 위해 불법적으로 특권을 유용하는 일이 비일비재했다) 영국의 개인 무역업자는 벵골 안에서의 상업 활동 같은 고수익의 새로운 활동 영역을 획득하게 되었다. 영국인은 이 분야에 재빨리, 그리고 대규모로 투자하기 시작한다. 그리하여 1760년대에 이르면 이 지역에서 생산되는 소금, 아편, 구장나무 열매(비틀 넛)의 대부분을 영국인이 장악한다.

인도에서 영국인은 본국으로 향하는 상선의 화물창을 채워 넣기 위해 수공업자나 농민에게 선금을 지급하는 방식(토착민 상인이 이를 중개했다)으로 강제권을 행사하고, 자기에게 필요한 인력이나 물자를 징발하고, 지역의 토착 권력이 부과한 독점권을 위반하고, 상업 활동에 부과되는 세금을 회피하려고 불법행위를 저지르는 등 식민화의 모든 요소가 여기서도 어김없이 나타났다. 그리고 동인도회사도 토착 권력과의 힘겨루기에 능란하게 대처했다. 경쟁 상대인 프랑스에 맞서기 위해 병력 증강에 힘썼던 영국 동인도회사는, 18세기 중엽에 이르러 대규모 전투에서도 전세를 유리하게 이끌 수 있을 만큼의 해군과 육군 전력을 갖추게 되었다.

그런데 개인 사업가들이 동인도회사보다도 더욱 대담하게 활동을 벌이고 있었다. 이들은 매우 다양한 물품을 취급하고, 물품을 구입하기 위해서라면 내륙 깊숙이 들어가는 것도 마다하지 않았다. 따라서 이들의 활동은 잠재적으로 토착 권력과의 갈등을 야기할 수 있는 매우 중요한 요인이 되고 있었다. 총독을 포함한 동인도회사의 직원 모두가 이러한 개인적 상업 활동에 연루되어 있었다. 이들은 개인 차원의 상업 활동을 통하여 큰 재산을 모아 영국으로 돌아갈 수 있기를 기대했다.

이런 점을 고려한다면, 회사의 업무를 다룰 때에도 개인적인 이익과 충돌하는 경우 이들이 어떻게 처신했을지 짐작하기는 어렵지 않다. 그뿐만 아니라 본국 정부에 대해 누렸던 자율권 덕택에, 이들은 정치적·군사적으로 매우 유동적이었다. 그런 상황에서 정부 당국의 결정 사항을 전달받기까지 1년 반을 기다리는 것은 불가능하다고 주장하면서 계속해서 편의주의적인 정책을 행사할 수 있었다.

어쨌든 그 지역에 대한 영국의 통제권이 확대되면서 개인 사업가의 이익 창출 가능성도 대폭 커졌다. 토착 권력의 독점권을 뒤흔들고, 관세나 사법 규정을 무시하고, 낮은 금리로 돈을 빌리고, 인도인과 거래할 때 강제로 자기에게 유리한 조건을 부과할 수 있게 되었던 것이다.

이뿐만 아니라 동인도회사의 직원은 자기에게 허락된 공권력을 마치 개인적인 특혜라도 되는 듯 돈을 받고 팔아 짭짤한 부수입을 올렸다. 이처럼 공권력 남용이 횡행하자, 벵골 태수는 이를 구실로 아우드(또는 오우드) 왕국 및 무굴 황제와의 동맹을 약속 받은 뒤 1763년 동인도회사에 맞서 무기를 든다. 당시 무굴 황제는 델리에서 극히 제한적인 권력을 행사하는 데 머물렀으나, 상징적이나마 인도 전역에 걸쳐 여전히 영향력을 행사하고 있었다. 그러나 동맹군은 1764년 부크사르에서 패한다.

다음해 동인도회사는 벵골 지역의 행정권과 조세징수권diwani을 획득하고, 그 지역의 왕권은 동인도회사의 수하에 있으면서 실질적인 권한은 박탈당한 어느 태수에게 넘어간다. 이리하여 사실상 직접 통치권을 갖게 된(민사 분야까지) 동인도회사는 공식적인 책임은 질 필요 없이, 권력에 따른 실질적인 이득을 취할 수 있는 절대적으로 유리한 상황을 맞게 되었다.

이런 상황에서 동인도회사는 민간·군사 분야의 지출과 물품 구입비를 모두 그 지역의 세수로 충당할 수 있게 된다. 또한 수출용 물품을 구입할 때에도 시장의 법칙에 따르기보다, 수공업자를 비롯한 물품 생산자에게 자기들이 정해 놓은 가격에 물품을 공급하도록 강요했다. 이러한 종류의 불공정하고 터무니없는 사업 조건은 바로, 프랑스령 인도 총독이었던 뒤플레가 파리로 송환되었을 때 자신이 인도에서 벌인 사업을 정당화하려고 프랑스 정부 당국자에게 눈속임용으로 제시했던 것이었다.

그리고 이때부터 예전에 비해 훨씬 더 방대한 활동 영역이 유럽의 개인 사업가 앞에 펼쳐진다. 가령 인도에 체류하면서 혹시 닥칠지도 모르는 위험을 감수할 수 있을 만큼 배짱이 두둑하고 수완이 있는 영국인 젊은이라면, 누구나 벵골에서 단 몇 년 만에 엄청난 재산을 모을 수 있었다. 그 당시 인도로 떠나는 유럽인의 유일한 목표는 돈을 버는 것이었으며, 개인적인 상업 활동과 치부를 위한 공권력 남용이 가장 확실한 돈벌이 수단이었다. 이리하여 동인도회사는 세월이 흐름에 따라 한낱 '사적인 이해관계를 보호하는 조개껍데기'[1] 신세로 전락하고 만다.

이처럼 개인적 이해관계라는 논리가 벵골 지역에서 시작된 식민 팽창의 진정한 동기였다. 바로 동인도회사 직원에 의한 '하위 제국주의sub-imperialism' 라 불리던 것이다. 1763년 코로만델 해안을 시작으로 인도 서부(말라바르, 구자라트 이들 지역의 장악은 봄베이 상인의 선동에 의해 이루어졌다)까지, 인도 대륙의 다른 해안 지역으로 영국의 지배권을 넓혀 나가는 과정에서도 동일한 논리가 지배했다.

물론 영국 정부가 처음부터 영토 정복을 목표로 한 것은 아니었다. 그러나 동인도회사의 직원이 영국 정부의 이름으로 인도에서 어떤 정책을 펴는지, 또 이들이 군 병력을 어떻게 사용하는지에 대해 영국 정부는 어떠한 통제권도 행사하지 못했다. 또한 애당초 동인도회사의 대리인에게 거창한 정복사업 계획 같은 게 없었다 하더라도, 이들은 지역 통치자에게 조세징수권과 교역상의 특권(통상권), 생산자·상인·금융업자에 대한 통제권이나 강제권을 포함한 조약 을 강요했다. 이로써 지역 통치자에게서 서서히 권력을 박탈하여, 나중에는 이들을 예속 상태로 몰아넣거나 아예 제거해 버렸다.

그 뒤로 영국군은 해안 지역을 시작으로 갠지스강 상류로, 또 데칸 중부

---

1) E. Stokes, *The Peasant Armed : The Indian Rebellion of 1857*, Oxford, Clarendon Press, 1986.

지역으로 정복사업을 펼쳐 나갔다. 이때부터 동기는 더 복잡해진다. 이제부터는 본격적으로 정치적이고 군사적인 동기가 대두되기 시작한 것이다. 곧 동인도회사가 장악한 영토와 인접한 지역을 안정화시키고, 내륙의 여러 토착 국가에서 프랑스의 적대적인 음모(좀 과장된 측면이 없지 않았다)를 저지해야 한다는 필요성이 그 첫 번째 동기였다.

게다가 동인도회사는 파산의 위험을 무릅쓰고라도 점점 더 증가하는 군사비를 그 지역의 세수로 충당해야 할 처지에 놓여 있었는데, 이는 플라시 전투 이전에 이미 데칸의 동부 해안에 위치한 카르나티크에서 프랑스 군대와 교전을 벌이던 시기에 시작된 바 있다. 그 당시 동인도회사는 카르나티크 왕국의 왕위 계승자와 조약을 체결했는데, 조약 내용은 동인도회사가 그에게 군대를 제공하는 대신 군대 유지비로 몇 가지 조세 수입을 할당받는다는 것이다. 그 뒤 수십 년 동안 이런 형태의 조약이 계속해서 체결되었다.

그런데 관할 지역 안의 하나 또는 몇 개의 행정구의 세수를 동인도회사의 군대에게 넘겨준 인도 군주가 정해진 기한 안에 신속하게 세금을 거둬들이지 못할 경우가 있어, 동인도회사는 해당 지역의 조세 행정을 직접 떠맡겠다는 야심을 품게 되었다. 이렇게 하여 동인도회사는 1760년 카르나티크의 몇몇 방대한 행정구를 병합했다. 이는 벵골 전역의 조세 운영권을 장악하기 5년 전에 일어난 일이다. 1770년대 말에 이르면, 마라타 동맹[18세기 초 인도에서 성립된 마라타인人 세력의 연합체. 일종의 독립국이었다]에 대한 완충국 역할을 하는 사실상의 보호령이었던 아우드 왕국의 전체 예산에서 동인도회사가 거두어 가는 부분이 그 지역의 전체 세수 가운데 절반에 육박했다.

이러한 조세 수입은 특히 인도 남부의 마이소르 왕국과의 전투에 드는 비용에 충당되었다. 같은 시기에 벵골 지역에서 거둬들인 세수 가운데 일부가 마드라스와 봄베이의 방위비로 지출되었던 것처럼 말이다. 아우드 지역은 면화, 인디고, 초석, 설탕 무역에 뛰어든 동인도회사의 직원 및 수상쩍은 무역상 등 유럽인 개인 사업가로 들끓었다. 이곳에서 그들은 아무 거리낌 없이 법과 규정을 어기고, 태수(나와브)나 그의 백성과 수시로 분쟁을 일으키는 등 마치 정복자인 양 행세했다. 이처럼 경제적·정치적 요소가 뒤얽힌 상황에서, 처음에 는 일개 무역회사였던 동인도회사는 점차 외교 및 군사적 행동 주체로, 그러다가 세금 징수 기관으로, 나중에는 영토 권력으로 변모해 갔다.

19세기 초(1805년)에 이미 동인도회사는 방대한 인도 제국의 직접적인 통치권 자가 되었고(갠지스 평원의 3/4, 동부 해안 전역, 데칸 남부와 서부 해안 가운데 일부), 아우드와 마이소르 같은 예속 상태에 놓인 대규모 왕국들을 간접 통치했 다. 동인도회사는 사전에 준비된 일관된 계획도 없이, 그때그때의 정황에 따라 경제·외교·군사적 압력 수단을 주먹구구식으로 조합하는 방식을 구사하 여 대략 50년 만에 인도 제국을 장악했다.

그렇다고 해도 동인도회사의 1차적 목표는 오랫동안 상업적인 이윤 추구였 다. 이러한 정복사업에서 군사적인 원정이나 정규전의 역할을 무시할 순 없다. 그렇지만 동인도회사가 애당초 영토 확장을 목표로 하지 않았으며, 가능한 한 여러 속국에서 거둬들인 세수의 한도 안에서 군사비를 충당하려고 애썼던 까닭에 군사 활동은 제한적일 수밖에 없었다. 다시 말해 정치적인 압박, 지역의 통치자·자본가·상인 등 토착 지배 계층 가운데 일부의 이해관계에 따른 협력과 같은 요소를 교묘히 활용하여 패권을 유지하려 애썼던 동인도회사는 피치 못할 경우에만 군사 행동에 나섰다.

온 세계의 다른 식민지에서와 마찬가지로, 인도에서도 식민지 정복은 폭력과 음모의 혼합에서 비롯된 결과물이었다. 식민시대에 토착민이 개인적인 이익을 위해 식민 지배자에게 협조했다는 사실은 다음 세대의 인도인에게 비밀스러운 상처의 원인이 되었다. 이 문제는 오늘날까지도 완전히 청산되지 못한 채

남아 있다.

회사 통치[2]

체제의 성격

당연히 이윤 추구가 최우선 목표인 상인의 회사가 인도라는 영토 제국을 지배한다는(따라서 책임은 질 필요 없는 무분별한 수탈이 가능했다) 납득할 수 없는 사실은, 영국에서도 끊임없이 논란거리가 되었다. 그렇지만 영국 정부는 18세기 후반에 이르러서도 예기치 못한 흐름이 중대한 정치적 타격을 가져올 수도 있다는 우려 때문에, 인도라는 머나먼 고장의 업무를 직접적으로 떠맡으려는 생각 따위는 추호도 없었다.

또 영국 정부는 인도 속령들의 방위비가 그곳에서 얻을 수 있는 수익을 곧 넘어설지도 모른다는 점을 우려했다. 그리하여 영국 의회는 만기가 될 때마다 동인도회사의 특허장을 갱신해 주고, 1767년에는 동인도회사가 특허장 덕택으로 올린 수익금 가운데 일부를 납입금 명목으로 해마다 영국 정부에 납부토록 했다. 그런데 특허장으로 동인도회사에 부여된 아시아와의 무역 독점권은 정치적·경제적 자유주의가 부상하여 공인된 이념으로 정착하던 그 당시 점차 시대착오적인 것이 되어 갔다. 어쨌든 정치적·군사적으로 복잡하게 뒤얽힌 당시의 상황에서 정복사업에는 막대한 비용이 소요되었다. 따라서 동인도회사는 막대한 빚을 지게 되었고, 투자가는 배당금을 받지 못하는 경우 인도 경영에서 철수해야 할 지경에 이른다.

이런 상황에서 벵골 지역에서 활동하는 유럽인 개인 사업가의 횡포를 비난하는 목소리가 높아지고, 식민지 정복을 위한 전쟁이 오직 탐욕 때문에 야기되었다

---

2) 회사 통치 곧 'the Company Raj'는 '영국의 인도 식민통치'를 뜻하는 'the British Raj'에서 따온 표현이다. '라지'는 '통치'라는 뜻의 힌디어다.—역자

는 주장이 곳곳에서 터져 나왔다. 그리고 클라이브, 헨리 웨렐스트, 워렌 헤이스 팅스 같은 동인도회사의 고위 책임자가 본국으로 돌아온 뒤 떠들썩한 소송에 휘말리는 사태가 벌어지자, 영국 정부는 인도 업무에 대한 영구적인 정치적 감시 기구나 제도를 설치하지 않으면 안 될 처지에 놓였다.

인도 업무에 대한 제도적인 감시, 이것이 바로 동인도회사의 활동에 관한 의회의 감시권을 표명한 첫 번째 행동인 1773년의 규제법과 동인도회사에 대한 영국 정부 직속의 감독원 설치를 규정한 1784년의 인도법의 목표 가운데 하나였다. 규제법에서는 그때까지 자치권을 누렸던 세 개의 주 또는 관할구를 5년 임기로 캘커타(윌리엄 요새)에 상주하는 총독이 감독하도록 한다고 규정했다. 그리고 총독 곁에 4명의 위원으로 구성된 집행위원회를 둠으로써 총독의 권력을 제한했다. 그 결과 워렌 헤이스팅스 총독의 임기(1772~1785)에서 처음 몇 년 동안에는 내부의 거센 반발에 직면하여 식민정부 기능이 마비되기도 했다.

인도법에서는 비상시에 집행위원회의 반대를 무시할 수 있는 권리와 마드라스와 봄베이주州에 대한 더욱 실질적인 권한을 총독에게 부여했다. 그와 함께 동인도회사 이사회의 동의 없이 단독으로 선전포고를 할 수 없게 했다. 그리고 런던에 3명의 위원으로 구성된 정치적 감시 기구인 감독원을 설치하여(의장은 정부 각료가 맡았다), 동인도회사 이사회와 협조하여 인도 정책의 기본 방향을 결정하는 임무를 맡게 했다(그러나 상업적인 문제는 일절 관여하지 않았다).

총독은 당연히 감독원의 결정 사항을 적용시켜야 할 의무가 있었다. 그러나 인도와 영국 사이에 소통이 이루어지는 데는 아직도 긴 시간이 소요되었으므로, 현실적으로 총독이 누리는 자유의 폭은 매우 컸다. 게다가 인도 현지 사정에 어두운 런던 당국자가 내린 결정은 인도의 현실에 맞지 않았고, 적용하는 것도 거의 불가능했다. 따라서 민간이나 군부의 고위 책임자, 또는 식민지의 여러 압력단체가 제시하는 매우 엇갈리는 의견 가운데 하나를 선택하여 최종 결정하는 것은 어쩔 수 없이 총독의 몫이었다.

그렇지만 인도 업무를 운영하는 데에 비록 거리로는 먼 곳에 있을지언정 영국 의회가 최상위 책임자라는 것은 이제는 돌이킬 수 없는 명백한 사실이었다. 1793년 동인도회사의 특허장이 만료되었을 때, 동인도회사의 경쟁 세력이 압력을 넣어 동인도회사의 독점권은 크게 완화되었으나 아직 폐지되지는 않았다. 하지만 그때부터 동인도회사는 회사 소속 선박의 화물창에 개인 무역업자의 물품을 실을 공간을 남겨 둬야 하는 처지가 된다.

상황이 완전히 달라진 1813년에 이르러서야 자유무역 주창자들이 동인도회사의 독점권 폐지를 이루어 냈는데, 이는 인도와의 교역 분야에 한정된 것이었다 (따라서 벌써 오래전부터 동인도회사의 가장 중요한 수입원으로 떠오른 중국과의 교역에서는 독점권이 그대로 유지되었다). 그러다가 특허장이 만료되는 1833년에 동인도회사는 인도 대륙과의 모든 교역 활동을 사실상 중단한다. 그때부터 1858년에 해산될 때까지 동인도회사는 영국 정부의 일개 인도 경영 대리 기관으로 남았다.

처음에 영국인은 상인으로서 인도에 발을 들여놓았다. 그런데 1765년부터 통치 기능까지 맡으면서 이들은 세금 징수를 최우선 과제로 삼기 시작했다. 이에 따라 이들이 실시하는 정책 방향이나 행정 운영 방식의 최종 목표는 식민지의 세수를 보장받고, 나아가 이를 개선시켜야 한다는 절대적 요구를 충족시키는 것이었다. 식민 당국의 책임자 모두가 신임을 잃지 않으려면 그 기본 방침을 기준으로 자신의 행동을 정당화시킬 수 있어야 했고, 그것은 또 모든 행정관리의 행동에 대한 최종 판단의 기준이 되었다.

이러한 판단 기준을 총독 콘월리스는 1793년에 이렇게 정의했다. "해당 지역의 영토를 점유함으로써 식민지 경영이 동인도회사와 영국을 위한 최대한

의 수익 창출에 기여했는가?" 1820년대부터 조세 확보라는 기본 목표 위에 개혁이라는 새로운 목표가 추가되었을 때에도, 세금 징수라는 목표의 중요성은 조금도 훼손되지 않았다. 따라서 인도의 발전을 위한다는 명분으로 행해진 인도의 식민지 경영에 쓰일 자금(실제로는 대영제국의 위세와 경제적 이익을 위해 쓰였다)을 자체의 세수로 조달해야 한다는 근본 원칙은 조금도 달라지지 않았다. 식민지 정복사업이 가장 활발하게 추진된 1810년대까지, 관할 지방의 세수 확보를 위해 처음에는 적대적인 토착 국가로부터 이들 지역을 방어하는 전략을 구사했고, 다음에는 적대적인 토착 국가와 전쟁을 벌이곤 했다. 그 당시 군사비는 식민정부 예산의 40%를 초과하는 경우가 많았으며, 그 뒤에는 대략 1/3 정도로 안정화되었다.

동인도회사는 관할 지역에서 세금을 징수하기 위해, 좀 더 일반적으로 말해 그 지역의 통치를 위해서 통치 기구를 확대해야 했다. 그리하여 서기, 대리인, 상인으로 구성되고 근속 연수에 따라 위계질서가 뚜렷했던 동인도회사의 소규모 중상주의적 관료 체제는 새로운 과업, 곧 무굴제국의 해체로 탄생한 지역 국가(무굴제국의 강력한 통치 전통은 아직도 도처에 남아 있었다)의 운영과 관리를 맡게 되었다. 군대의 유지, 질서 유지, 세금 징수, 사법 판결 같은 것이 동양이라는 낯선 환경에서 동인도회사가 떠맡게 된 광범위한 임무였다.

소수의 인원으로 구성된 상부구조에 지나지 않았던 영국인 동인도회사 직원이 완전히 토착민으로 이루어진 통치 기구를 통솔하게 되었다. 최상층에서의 업무 감독은 이전 시대 토착 군주의 궁정에서와 마찬가지로 토착민 파벌 사이의 경쟁 관계의 쟁점이 되지 못했을 것이다. 그러나 동인도회사는 인도의 대금융업자와 상인, 자민다르(대지주)라는 귀족층의 도움이 절실했다. 그리고 이 토착민 엘리트 계층 역시 예전과 마찬가지로 권력 보유자(이번에는 영국의 식민 지배 세력이었다)의 호의를 얻으려고 서로 경쟁을 벌였고, 그들의 내적인 경쟁 관계를 활용하려고 애썼다.

동인도회사의 직원은 조직의 모든 직급에서 필요한 경우 지역의 지배 계층에게 협력을 얻어내고, 이전 시대의 전통적 관행을 계승하면서 각자의 임무를 수행했다. 그러면서도 이들은 새로운 업무 수행과 급속한 부의 축적이라는 개인적 야심을 동시에 추구했는데, 이런 상황은 부패와 권력 남용이라는 부작용을 낳을 수밖에 없었다. 동인도회사는 직원의 개인적인 상업 활동을 묵인하는 대신 이들에게 넉넉지 않은 봉급을 지급하고, 퇴직한 뒤에도 연금을 지급하지 않았다. 따라서 동인도회사의 직원이 나중에 본국으로 돌아간 뒤에 안정된 삶을 누리고자 온갖 수단을 동원하여 개인적인 치부에 몰두한 것은 어찌 보면 당연한 일이었다.

역사가들은 영국인이 자바의 네덜란드인처럼 지역 사회를 운영할 때 최소한의 간섭 정책에 그치면서 예전에는 돈을 주고 구입했던 그 지역의 생산물을 강압적인 방식으로 취득하는 것에 만족하지 않고, 무슨 까닭으로 플라시 전투 이후 수십 년에 걸쳐 토착민 사회의 전통적인 통치 원리와 구조, 절차를 점진적으로 와해시키는 정책을 택했는지 오랫동안 의문을 품었다. 앞에서 살펴본 대로 당시 이들의 목표는 인도를 시장경제 체제로, 또는 영국 산업혁명의 수요에 대한 천연 원료의 공급지로 빠르게 변모시키는 게 아니었다. 그보다는 인도라는 방대한 납세자로부터 최대한의 수익을 창출하는 데 관심이 컸다. 그런데 이것은 인도의 각종 매개 기구를 통제, 또는 가능하다면 완전히 제거함을 뜻했다.

이러한 절차는 매우 천천히 진행되었다. 1790년대 콘월리스 총독 시대에 이르러서야 마침내 벵골 지역에서 식민시대 이전의 통치 체제와 단절하겠다는 의지가 본격적으로 나타나기 시작했다. 남인도에서는 토마스 먼로 총독이 주장했던 행정조직 개편작업이 다음 세기 초에 비로소 착수되었다. 뿐만 아니라 식민지 경영의 원칙과 방식을 결정할 때 동인도회사 안에서나 인도에서나 아니면 영국 본토에서나 전혀 합의점을 찾지 못했다.

그래서 결국에는 인도 제국의 각 지방마다 고유의 통치 '전통'을 갖게 되었는데, 식민지 행정관리는 각자 자신이 언어를 구사할 줄 아는 지방에서 임기를 마칠 때까지 근무하는 경우가 대부분이었기에 지방마다의 특색은 매우 두드러졌다. 고유의 통치 '전통'이란 정복사업이 끝난 뒤 몇 십 년에 걸쳐 각각의 지역에서, 식민 당국자 내부의 이념적 역학 관계 또는 지역적 특성이나 시시각각 달라지는 정황에 따라 나타나는 요구가 복합적으로 작용하면서 탄생했다.

'회사 통치,' 곧 동인도회사의 인도 통치를 군사독재 체제 또는 점령군 체제로 규정하는 경우가 있는데, 이는 지나친 단순화이다. 물론 동인도회사의 병력은 1790년에 115,000명, 1805년에는 155,000명에 달했다. 이처럼 동인도회사의 군대는 유럽식으로 훈련·조직된 상비군 가운데 그 당시 세계에서 가장 규모가 큰 군대의 하나였다. 그뿐만 아니라 군사비로 식민정부 예산의 상당 부분을 소모하고, 민간인 인력이 충분치 못한 관계로 행정조직의 많은 직책을 군인이 차지한 것도 사실이다. 따라서 식민지 통치 체제에서 군대가 중추적 역할을 했으며, 소수의 영국인이 1억 8천만 인도인(1750년 인도의 인구로 추산되는 수치다)을 지배할 수 있었던 것도 막강한 영국 군대에 대한 보편적인 믿음이 있었기에 가능했다.

그렇다고 해도 동인도회사의 군대가 거의 전적으로 토착민으로 이루어졌으며, 정기적으로 봉급이 지급되는지에 따라(이는 여러 차례 일어난 반란의 주된 동기였다) 이들의 충성도가 좌우되었다는 점을 간과해선 안 된다. 따라서 회사 통치 체제는 힘의 논리에 의거한 군사적 점령 체제라기보다, 용병 군대와 개인적인 이익 추구에 관심이 많은 일부 토착민 엘리트 및 사업가의 협조를 기반으로 조세 수탈을 목표로 한 관료주의 체제였다.

동인도회사의 통치 체제는 인도 대륙의 나머지 영토에 비해 가난하고 인구 밀도도 낮은 인도 영토의 일부분 ─정복사업이 종결되었을 당시, 전체 영토의 1/3 가량─에서 군사권과 외교권을 박탈당했지만, 영국인 지사 또는 식민 당국자의 감시를 받으며 어느 정도 대내적인 자치권을 보유하고 있던 크고 작은 왕국의 군주와 강제로 조약을 체결함으로써 간접 통치권만 행사했다.

당연히 이러한 체제는 상부에서 강제로 부과된 것이었던 만큼 토착민 사회에는 거의 뿌리를 내리지 못했다. 이러한 괴리는 세월이 흐를수록 완화되기는커녕 점점 더 강화되었다. 처음에 동인도회사의 행정은 이전 시대 토착민 체제의 행정을 계승하는 데 역점을 두었다. 그러나 1785년 워렌 헤이스팅스가 퇴임한 뒤, 1784년의 인도법에 따라 선출된 총독은 동인도회사의 고위직 출신이 아니라 영국 본토에서 임명된 정치인이나 고위직 군인이었다.

인도 현지에서 생활한 경험이 없는 이들은 인도의 지배 세력에도, 식민지에서 근무하는 영국인 당국자의 내적 분쟁에도 이렇다 할 영향력을 행사하지 못했다. 그리하여 식민 행정체제는 점차 동인도회사 시절의 상업적 성격, 또는 식민시대 이전 토착민 사회로부터 답습한 행정 방식에서 벗어나게 되었다. 그리고 그 대신 더 전문적이고 실력 본위의 영국식 행정조직으로 탈바꿈했다.

당시 인도의 공무원 조직은 평균 400명 정도의 인원으로 구성되었고, 행정조직의 활동을 규제하던 임기응변식의 잡다한 규정은 1793년 총독 콘월리스 경에 의해 『콘월리스 법전』이라는 체계로 집대성되었다. 이때부터 공직자에게 통치 및 행정 업무, 그리고 각종 권력 남용과 부패의 근원이 되었던 개인적 상업 활동을 엄격히 구분하도록 했다. 그 대신 공무원의 봉급을 대폭 인상함으로써 공직 사회의 부패를 없애고, 좀 더 수준 높은 인력을 끌어들일 수 있는 여건을 마련했다. 그렇다고 공무원의 개인적 상업 활동이 단번에 사라지지는 않았지만, 어쨌든 이런 경향은 서서히 감소하여 공무원이 직접 상업 활동에 참여하는 대신 독립적인 무역상에게 투자하는 형식으로 변모했다. 동인도회사는 오래전부터 인도에서 활동하는 이 소수의 개인 무역업자를 용인해 왔다.

웰즐리 총독 시대(1798~1805)에 이 공무원 조직은 토착민에 대해 인종적 배타주의라는 태도를 띠기 시작했다. 그때까지 동인도회사의 영국인 직원에게 덧씌워졌던 무능과 부패 혐의가 이제 인도인에게 전가된 것이다. 이렇게 하여 앞으로도 오랫동안 인도인은 행정조직의 하위 직급에서 벗어나지 못했다(사법 기관을 제외하고).

이런 가운데 동인도회사는 통치 방식이나 절차에 무굴제국 시대의 언어와 격식을 도입함으로써, 적어도 외관으로나마 정치적인 정당성을 갖추고 있는 것처럼 보이려고 애썼다. 동인도회사는 1835년까지 페르시아어를 공식적인 행정 언어로 유지하고, 사법제도를 서서히 영국식으로 변모시키는 한편 인도인 에게는 그들의 전통적 법률(힌두법과 이슬람법)을 그대로 적용했다.

그렇지만 행정 업무를 수행할 때 토착민 인력으로 구성된 방대한 하부구조에 의존하지 않고서 동인도회사의 제한적인 행정 인력만으로 인도라는 방대한 영토와 그 많은 인구를 통치할 수 없었다. 가장 기본이 되는 행정 단위는 행정구였는데, 조세징수원이라 불리는 행정구의 책임자가 직위 이름이 가리키 는 것처럼 담당 구역의 징세 업무를 맡았다. 그밖에 부수적인 업무로 사법권을 행사했는데, 권력 분리를 주장하는 자유주의 이념과 공직자의 포괄적인 권한을 인정하는 인도 전통 사회의 이념 가운데 어느 쪽을 우선시하느냐에 따라 사법권이 부여되거나 회수되었다.

행정구라는 기본 행정 단위에서 주민과 접촉하기 위해서는 행정관리의 그 지방 언어 구사 능력이 주요 관건이었다. 하지만 영국인 관리가 지방 언어를 유창하게 구사하는 경우는 매우 드물었다. 이뿐만 아니라 지역마다 천차만별인 관습법이 행정의 각 분야에서 성문법 못지않게 중요한 역할을 했다. 게다가 행정관리의 잦은 인사이동은 담당 구역에서 경험과 지식을 충분히 쌓기에 불리한 여건이었다.

따라서 이들은 업무를 수행하기 위해 조수, 서기, 회계원, 통역관 등의 인도인 인력에 상당 부분 의존하지 않을 수 없었다. 이에 따라 식민 행정의 일상적인 정경을 일부분 결정지은 주체도 바로 이 인도인 실무진이었다. 간접 통치라는 틀에서 군주 국가에 배치된 지사 및 식민 당국자의 경우는 더욱 인도인 보조자에게 의존했다.

이 토착민 인력은 잦은 인사이동으로 현지 사정에 능통치 못한 조세징수원에게 필수적인 인력인 동시에, 이해나 동화가 불가능한 존재였다. 그리하여 조세징수원이 인도인 하급 직원의 이해관계에 따라 저도 모르는 새에 농락당하는 일도 드물지 않았다. 그렇지만 토착민 사회의 통치보다는 세금 징수와 세수의 안정화를 위한 사회질서 유지가 최우선의 업무였던 까닭에, 조세징수원은 그들의 업무에 지장을 받지 않는 한 인도인 직원의 횡포를 묵과했다.

조세징수

동인도회사가 영토 권력으로 변모함에 따라, 오래전부터 인도에서 국가의 가장 중요한 수입원이었던 토지세는 동인도회사 예산의 중추적 토대가 되었다. 이런 상황은 앞으로도 오래도록 지속된다. 19세기 중엽까지도 식민정부의 수입 가운데 절반이 토지세에서 비롯되었고, 아편 독점권으로 인한 수익과 농산물 수출에 부과되는 관세까지 고려한다면 국가의 전체 수입에서 농업이 기여하는 부분은 거의 70%를 차지했다.

그동안 만성적인 적자 예산에 시달리던 동인도회사는 벵골 지역의 조세징수권을 획득하면서부터 그 지역에서 최대한의 수익을 올리려 안간힘을 썼다. 그러나 1765년 당시 동인도회사는 조세를 징수하기 위한 필수적인 수단이나 능력을 갖추지 못한 터라, 인도인 대리인에게 징세 업무를 맡긴다. 그런데 이들을 통제할 수 있는 사람은 아무도 없었다. 이런 상황에서 인도인 대리인은 곧 개인적인 치부를 위해 농민을 착취하고, 조세 수입의 일부를 빼돌린다는 혐의를 받게 된다.

그리하여 1772년 워렌 헤이스팅스 식민정부는 이들에게 의존하지 않고 자체적인 징세 기관을 설립하기로 결정한다. 식민정부는 각 행정구마다 영국인 조세징수원을 한 사람씩 임명했다. 처음에 이 조세징수원은 세금을 가장 많이 납부하는 사람에게 징세 업무를 대행토록 했다. 그 결과 조세 수입이 매우 낮은 수준에 머물렀을 뿐만 아니라, 농민이 소작료를 받아 가는 지주에게 부당하게 착취당하는 폐단이 나타났다. 그래서 오랜 기간의 심사숙고 끝에 자민다르에게 직접 세금을 거두기로 결정한다.

자민다르는 무굴 시대 이래로 농촌 지역을 지배하던 특권적인 세습 계급이자, 식민정부에 의해 완전한 토지 소유권을 인정받은 대지주이다. 세금 액수는 농민이 지불하는 지대 총액의 90%로 영구적으로 고정시켰다. 식민정부 관료는 이렇게 해도 나머지 수익은 모두 자민다르에게 돌아가므로, 이들이 농업에 대한 투자를 소홀히 하지 않을 것이라고 생각했다. 말하자면 벵골 지역에서 영국식 농업혁명을 기대한 것이다.

이러한 내용을 담은 『콘월리스 법전』은 1793년에 정식으로 공포되어, 당시 영국이 직접 통치하던 영토, 다시 말해 인도 동부 전역(캘커타주) 및 당시 마드라스주州의 전 지역에 해당하는 시르칼스 지방 해안과 타밀 지역의 일부분에서 실행되었다. 그러나 이 단순하면서도 경제적인 해결책은 곧 그 문제점을 드러낸다. 식민지 법률에 의해 완전한 소유권을 인정받은 자민다르(이들의 소유지를 경작하는 소작농의 권리는 충분히 보장되지 못했다)는 사업가라기보다 지주로 행세했고, 그 결과 소작인에게 부과되는 부담을 가중시켰던 것이다. 소작농의 권리를 보호하는 실질적인 법률은 19세기 후반에야 비로소 구체화되기 시작했지만, 토지 공급량이 감소함에 따라 저항 능력마저 상실한 대다수 농민에게 사실상 그 법률은 유명무실했다. 이는 식민시대에 인도 동부의 방대한 농촌 지역 주민을 짓누르던 재앙이었으며, 이들은 끝내 이 상황에서 헤어나지 못한다.

식민정부 역시 세액을 동결함으로써, 농산물 가격의 상승에 따른 수익의 증가분을 세금으로 추징할 수 있는 가능성을 사전에 박탈당하고 말았다. 따라서 『콘월리스 법전』 적용 지역에서 날로 치솟는 부동산 가치와 농산물 가격에 비해, 토지세 세액은 극히 미미한 수준에 머물러 지주가 엄청난 혜택을 입었다.

그 뒤에 정복한 영토에서는 똑같은 오류를 되풀이하지 않는다. 마지막으로 마이소르 왕국을 함락시키고 그 밖의 몇몇 영토를 병합함으로써 웰즐리 경이 총독으로 재직하던 시기인 1802년에 정복사업이 완전히 마무리된 마드라스 주에서는, 토지 경작자(라이야트 곧 토지세를 납부하는 부유한 농민)과 협의하여 토지세 과세 기준을 정기적으로(대개 30년마다) 조정하기로 결정한다. 1818년 마라타인을 격퇴하고 정복한 인도 서부의 몇몇 영토(이 지역과 이전에 정복한 영토를 합하여 봄베이주를 탄생시켰다)에서도 동일한 유형의 과세체계가 확립되었다. 마지막으로 1849년에 정복한 펀자브 지역을 비롯하여, 대부분 1801년부터 1803년까지의 기간 동안 점유한 갠지스 평원 북부와 1856년에 합병된 아우드 왕국에서는 각각의 마을 공동체와 협의하여 세액을 정했다. 곧 해당 지역 농민 사회의 공동체적 전통에 따라 공동체 구성원이 세금을 분담토록 하고, 토지세 과세 기준은 정기적인 재평가 과정을 거쳐 조정하도록 했다.

일반적으로 동인도회사가 정복된 지역에서 처음으로 부과한 조세 수준은 매우 높은 편이었다. 그렇지만 식민시대 이전 체제에서 동일 지역에서 부과되던 세율이 어느 정도였는지는 알아내기도 쉽지 않을 뿐더러, 설령 공식적인 수치를 알고 있더라도 현지에서 실제로 징수된 액수와는 상당한 괴리가 있었다. 또한 식민 당국의 조세 청구가 땅을 직접 경작하는 농민 계층에게 얼마나 큰 타격을 입혔는지도 정확히 측정하기 어렵다.

식민 당국의 조세 청구는 상당 부분 '매개체' 곧 자민다르, 라이야트와리 제도의 적용 지역에서는 라이야트(대부분이 소작인을 거느린 부농)에게, 마할와리(마할은 과세 단위 지역을 말한다) 제도의 적용 지역에서는 토지 경작자 공동체에 부과되었다. 물론 이 매개체는 토지 임대료나 합법 또는 불법적인 소작료 형태로 농민에게 조세 부담을 전가시키고, 나머지 수익은 착복했다.

그런데 문제는 이 지주가 과연 꽤 넉넉한 이윤을 착복할 수 있을 만큼, 또는 농사가 잘 되거나 경기가 좋을 때 지대나 소작료를 마음대로 올릴 수 있을 만큼 농촌 마을에서 충분한 영향력을 가지고 있었는가 하는 점이다. 이에 대한 답은 지역에 따라 다르고, 한 지역에서도 마을마다 달랐다. 이는 해당 지역 농민의 저항 능력 또는 그 당시 농민 계층의 유일한 무기였던 노동력 부족이라는 상황을, 이들이 얼마나 잘 활용할 수 있었는가에 달려 있었다.

또 그 대답은 시기에 따라서도 달랐다. 인구가 증가함에 따라(20세기 초까지 인구 증감률은 기복이 매우 컸지만, 대체적으로 증가 양상을 보였다) 노동력 공급의 과잉과 공급되는 토지의 부족 현상이 지주에게 유리한 조건을 만들어 주었다. 달리 말하면, 합병 뒤 초기 몇 십 년 동안에는 모든 지역에서 토지세 과세 기준이 너무 높게 책정되었다는 게 틀림없는 사실이다. 그러나 그렇다고 해도 식민정부의 조세징수가 인도 농민 계층의 생활수준에 미친 파급 효과가, 인도 전역에서 일률적으로 식민시대 이전의 여러 토착민 체제에서보다 더 막중했다는(따라서 기근 악화의 원인이었다는) 인도 민족주의자의 주장은 입증하기가 매우 어렵다.

게다가 1840년대부터 식민정부는 과세 기준을 정기적으로 재조정하기로 한 지역에서, 토지세 세율을 인하하는 정책을 실시하기 시작했다. 실제로 식민정부는 이들 지역에서 지주가 세금 납부를 지체하거나 불이행하는 일이 줄고, 토지 개간 사업에 적극성을 보임에 따라(이로써 과세 가능한 토지 면적이 증가했다) 세수 총액이 감소되기보다 오히려 증가하고 있다고 보았다. 이 분야에서 식민지라는 상황이 초래했던 가장 부정적인 결과는 세금을 얼마나 징수했느냐의 문제가 아니라, 식민지 상황이 가난한 농민을 지주의 착취에 무방비 상태로 내몰았고 그 와중에 농민의 처지는 더욱 취약해질 수밖에 없었다는 점에 있었다.

다시 말해 식민 당국자는 소작농의 권리를 실질적으로 보호할 수 있는 장치를 하나도 마련하지 않은 채 지주에게 토지 소유권을 부여했고, 사법제도를 설치함으로써 그 절차를 이해하고 소송비용을 감당할 만한 금전적 능력이 있는 엘리트 계층의 전유물로 만들었으며(이는 소작인을 비롯한 농민에 대한 착취를 더욱 수월하게 했다), 농촌 지역에 저임금의 치안 조직을 설치하여 운영함으로써 이 부서에 소속된 공무원이 지주에게 쉽게 매수될 수 있는 구실을 제공했다.

어쨌든 식민지의 조세 수입에는 넘어서지 않는 게 여러모로 이로운 어떤 적정선이 있었다. 동인도회사는 조세 수입 덕택에 1765년부터 본토와의 교역량이 엄청나게 증가했고, 그때부터 식민지의 세수는 식민지의 정치적·군사적 지배를 위한 재정적 토대가 되었다(따라서 식민지 정복사업을 추진할 수 있도록 재정적으로 뒷받침한 것은 인도인 납세자 자신이었다).

1813년 영국과의 무역 독점권이 폐지된 뒤로는 식민지의 조세 수입으로 중국으로 갖고 가서 팔(불법적으로) 값비싼 아편을 인도에서 사들이고, 또 런던으로 신고 갈 차茶를 구입했다. 이는 1833년 동인도회사의 무역 독점권이 완전히 폐지될 때까지, 동인도회사의 교역 품목 가운데 가장 중요한 수입원이었다.

이뿐만 아니라 이러한 조세 수입은 영국에게 나머지 아시아 지역에서의 영향력과 무역 활동 영역의 확대를 위한 전략적 수단을 제공했다. 실제로 동인도회사 소속의 인도군은 1820년부터 1850년까지, 마지막으로 신드(1843)와 펀자브(1849) 지역을 합병함으로써 인도 대륙의 정복사업을 완결하고, 아프가니스탄을 공격하며 버마(1826년부터 단계적으로 합병이 진행되었다)와 말레이 반도로 진격했다. 그뿐만 아니라 동인도회사의 군대는 본토에서 파견된 병력과 연합하여, 페르시아만과 아라비아, 메소포타미아, 마지막으로 중국에 군사적으로 개입했다. 늘 그랬듯이 이것은 상업적 이윤 추구라는 구체적이고 실리적인 동기를 전제로 한 팽창 사업이었다.

따라서 식민정부는 납세자가 견딜 수 없을 정도의 액수를 징수함으로써 황금알을 낳는 닭을 죽이는 어리석음을 범해선 안 될 터였다. 심지어 『콘윌리스 법전』 원칙을 포기한 뒤에 확고하게 자리 잡은 라이야트와리, 그 다음으로는 마할와리와 같은 토지 소유권과 토지세 징수에 관한 제도에 내재된 이념을 '가부장적 온정주의'라고 규정하기도 했는데, 이는 이 제도가 공정성과 해당 지역의 전통을 존중한다는 두 요소를 구현하고 있다는 뜻이었다. 게다가 식민시대 초기부터 끝까지 식민정부는 토착민 지주의 횡포로부터 농촌 주민을 지켜주는 보호자를 자처했다. 그렇지만 불행하게도 당대의 지배적 이념이던 자유주의, 정치적인 신중함, 식민 행정당국의 사회적 차원의 보수주의와 같은 요소 때문에, 마음대로 소작료를 올리고 정당한 이유 없이 소작인을 내쫓는 등과 같은 지주의 횡포를 실질적으로 저지할 수 있는 법률의 적용은 19세기 후반에 이르러서야 비로소 현실화되었다. 요약해서 말하면, 공정성을 자랑하던 식민지 조세정책은 결국 외국 지배 세력에게 자금을 대주는 수단에 불과했다. 이 외국 지배 세력은 처음에는 식민지의 상업적 수탈을 유일한 목표로 내세웠으나, 나중에 그것은 주요 목표 가운데 하나가 되었다.

식민지 수탈

여기서 한 가지 지적할 것은 인도가 주민 이주용 식민지였던 적이 없었다는
사실이다. 그곳의 기후나 위생 조건은 유럽인에게는 목숨을 위태롭게 할 정도로
매우 위협적이라고 알려져 있었고, 실제로 1760년대 벵골 지역에 거주하던
유럽인의 평균 수명은 40세를 넘지 못했다. 따라서 인도에서의 모험이 막대한
부를 줄 순 있었지만, 그것도 어디까지나 목숨을 부지하고 난 뒤의 일이었다.

인도 대륙의 영국인 인구는 대부분 군인 또는 민간인 행정관리로 부임한
단기 체류자로 구성되었고, 전체 인원도 그 지역의 인구와 비교할 때 극소수에
불과했다. 1820년대 말에 이르러서도 35,000명의 군인과 3,500명의 행정관리,
개인적인 활동에 종사하는 2천 명의 이민자 정도였고, 그 가운데 식민지 태생의
영국인은 극소수였다. 이와 같이 인도는 식민체제에 대한 전통적인(또 환원주의
적인) 이분법에 따른다면 '개발을 위한 식민지'였다. 그렇지만 이 '개발 또는
수탈'이라는 개념도 영국 경제가 중상주의 시대를 벗어나 산업 자본주의 시대로
진입함에 따라 점차 성격이 달라졌다.

1760년대 초 동인도회사는 수출용 물품을 구입하고자 해마다 인도에 대략
40만 파운드를 투자했다(수입한 금이나 은으로). 그러다가 벵골 지역의 조세징수
권을 획득한 뒤로는 그 지역의 조세 수입으로 물품 구입비를 충당하기 시작했다
(결국 공물 징수나 다름없는 행태였다). 1770년대 말에 이르러서는 동인도회사의
연간 상업 투자금이 100만 파운드를 크게 넘어섰고, 그 뒤에도 줄곧 투자
액수가 100만 파운드 언저리를 맴돌았다.

당시 동인도회사가 취급했던 교역 품목에 대한 세계의 수요가 변동 폭이
컸다는 사실을 거의 반영하지 못하는 이러한 정체 현상은, 부분적으로는 아직
산업화 단계에 진입하지 못한 벵골 지역에서 충분한 양의 물품을 구입하기가
쉽지 않았으리라는 사실로 설명될 수 있다. 그런데 주된 이유는 그 지역의

조세 수입 가운데 거의 전부가 식민정부의 유지비와 군비로 흡수되었다는 사실에 있다. 이때부터 동인도회사는 물품 구입비를 마련하기 위해 차관에 의존할 수밖에 없는 처지가 된다.

영국으로의 물품 발송은 동인도회사에 부과된 일종의 의무였고, 그 때문에 영국에 배가 도착하자마자 손해를 무릅쓰고 헐값에 물건을 팔아넘기는 일도 벌어졌다. 사실 영국으로의 물품 발송은 무엇보다도 대영제국에서 동인도회사에 부과한 막대한 액수의 부담금(home charge라 불리던 것으로서, 설비 구입과 은퇴한 식민지 관리에게 지급되는 연금, 런던에서 매입한 공채 이자, 특히 투자자에게 지급되는 배당금에 소요되는 자금을 가리킨다) 마련에 필요한 자금을 본국으로 이송하는 한 가지 방식이었다. 식민지로 건너온 영국인이 그곳에서 벌어들인 돈을 본국으로 보낼 때에도 그 돈으로 물품을 구입하여 영국으로 발송했다는 점에서, 1813년 이전이나 이후의 개인적 상업 활동 역시 방식에서는 동인도회사와 다를 게 없었다.

17세기 말부터 이러한 상업 활동의 주요 품목은 값비싼 벵골산 면직물이었고, 동인도회사는 유럽과 아시아, 특히 중국에서 가장 중요한 물품 공급자로 부상했다. 1765년 이후 동인도회사는 벵골 지역의 주요 면직물 생산 단지에 회사 직원을 배치했다. 그러고는 본의 아니게 재택 근무하는 종업원 신세로 전락한 인도인 직조공이 생산한 물품을 독점하고, 토착민 사이의 거래를 방해하려고 직원이 강압적인 방식을 쓰는 것을 방조했다.

그런데 동인도회사의 실질적인 경쟁자는 영국의 직조 산업이었다. 18세기 말부터 영국의 직조 산업은 맨체스터의 직물 사업가가 로비로 얻어낸 관세의 보호를 받으며, 본토 시장에서 '캘리코'라 불리는 벵골산 면포를 몰아내기 시작했다. 그리고 1820년대부터는 가격 경쟁력 확보를 위한 생산비 조절에 성공함으로써 다른 유럽 시장, 더 나아가 아시아 시장에서도 벵골산 면직물을 추방한다. 그러나 동인도회사가 오래전부터 취급하던 또 다른 주요 품목인 견사 수출만큼은 본국의 경쟁자로부터 그 위상을 지킬 수 있었다.

이러한 전통적인 취급 품목 말고 새로운 품목이 출현하는데, 그 가운데 가장 중요한 것은 인디고였다. 동인도회사는 벵골과 비하르 지방에 정착한 유럽인 플랜테이션 농장주에게서, 해마다 다량의 인디고를 사들인 다음 런던으로 가져다가 팔았다. 런던 시장에서 거래되는 인디고는 유럽 전 지역은 물론, 세계 각지로 다시 수출되었다. 이처럼 인디고는 본토로 자금을 이송하는 데 쓴 상품 가운데 가장 중요한 품목이었다.

플랜테이션 농장주는 농민에게 현금을 선지급하고 인디고를 재배하게 했다. 이들은 특히 초기에는 농민이 계약 조건을 수락하고 이행하게 하려고 신체적인 구속이나 폭력도 서슴지 않았다. 이런 상황을 벵골 지방의 파리드푸르 행정구 담당 영국인 조세징수원은 이렇게 썼다. "인도인의 피를 묻히지 않은 채 영국으로 들어오는 인디고는 단 한 궤짝도 없다."

벵골 총독부가 조세징수원에게 보낸 공문(1810년 7월 13일).

최근 우리 총독부에서는 이 지역 여러 곳에서 인디고[3] 플랜테이션 사업자로 정착한 유럽인이 저지르는 횡포와 억압 행위를 예의 주시하고 있습니다. …… 그 가운데 신원이 확인된 플랜테이션 농장주가 저지른 것으로 공식 확인된 범법 행위는 다음과 같이 몇 가지 종류로 나눌 수 있습니다.

1) 살인 행위에 관한 법적 정의에 완전히 부합하는 건 아니지만, 어쨌든 토착민의 사망을 야기한 폭력 행위.

2) 미납금 회수 등의 이유로 토착민을 불법적으로 감금하는 행위, 특히 쇠사슬로 결박한 채 감금하는 행위.

---

3) 인디고 플랜테이션 재배는 1777년 벵골에서 처음으로 시작되었다(NDLR.).

3) 플랜테이션 농장주 사이의 폭력적인 싸움에 동원할 목적으로, 인디고 농장 일꾼이나 외부인을 모집하여 사병私兵 조직을 만드는 행위.

4) 농민을 비롯한 토착민에게 불법적으로 신체적 체벌을 가하는 행위.

…… 여러분 각자가 담당한 행정구에 정착한 인디고 플랜테이션 농장주 가운데 작업장에 쇠사슬을 비치한 사람이 있는지 즉시 확인할 수 있도록 필요한 조처를 취해 주십시오. 혹시라도 쇠사슬이 발견되면, 곧바로 폐기 처분하도록 명령하십시오. 농장주가 명령에 따르지 않을 경우에는 총독부에 신고해 주십시오. 그러면 총독부에서는 (캘커타에) 출두하라는 명령과 함께 행정구에서 강제 퇴거 명령을 통보할 것입니다.

…… 총독부에서는 인디고 플랜테이션 농장주 사이에서 농민을 비롯한 토착민에게 불법적인 체벌을 가하는 일이 공공연히 벌어지고 있다는 사실을 잘 알고 있습니다. 이런 관행이 근절될 수 있도록 노력해 주십시오. 이러한 불법행위가 자행되고 있음을 확인했지만, 고등법원에 형사소송을 제기할 만큼 중대한 사유가 되는지 판단하기 어려울 경우 총독부에 보고하면, 우리는 행위 당사자에게서 이 지역 체류 허가증을 회수할지의 여부를 검토하여 결정을 내릴 것입니다.

갠지스 평원의 농민이 전통적으로 재배하던 또 다른 작물인 사탕수수, 곧 설탕의 수출은 다른 작물과는 완전히 다른 방식으로 이루어졌다. 유럽인 무역상은 농민과 직접 거래하지 않고 인도인 상인에게서 물품을 구입한 것이다. 게다가 유럽 시장에서 앤틸리스제도산 설탕과 경쟁해야 했고, 또 영국에서는 벵골산 설탕에 높은 관세를 부과했기 때문에 설탕 무역은 인디고에 비해 규모가 훨씬 작았다.

동인도회사는 인디고와 설탕 수출에서는 대개 개인 사업가에게서 구입한 물품을 취급했지만, 아편의 경우는 그와 달랐다. 비하르 지역의 동인도회사 직원은 개인 무역업자 자격으로 활동하면서, 1760년대에 이미 인도인 아편 상인을 밀어내고 그 자리를 차지한 바 있다. 그런데 1773년 동인도회사는 중국과 영국 사이의 차 무역에 필요한 자금을 마련하려고 아편 거래를 공적인 독점권 아래 두기로 결정한다. 바로 이때부터 동인도회사 직원은 개인 차원이 아닌 동인도회사 직원으로서, 생산 규모나 방식을 엄격히 통제하면서 아편 재배 농민과 거래하기 시작했다.

농민에게 구입한 아편은 동인도회사 소속 공장에서 가공 처리되고, 이 과정을 거친 완제품은 캘커타의 개인 무역업자에게 팔렸다. 자체적으로 상선을 보유하던 일종의 대행 회사(개인 무역상이 소속되어 있었다)가 중국으로 아편을 운반하여 거래했는데, 중국의 금지법에도 아랑곳하지 않았다. 이 대행사는 런던의 동인도회사 앞으로 발행된 어음을 받고 광둥 지방의 동인도회사 직원에게 물건을 넘겼다. 이 자금은 중국산 차를 구입하는 데 쓰이고, 동인도회사는 중국산 차를 영국 시장으로 수출했다. 아편 독점권으로 벌어들인 수익은 동인도회사의 총수입 가운데 약 15%에 달했다.

1765년 이후 벵골 지역의 대외무역이 비약적으로 증대되었다는 사실이 그 지역에 이점보다는 부정적인 결과를 더 많이 불러왔다고 생각할 만한 근거는 많다. 1765년까지 동인도회사는 수출용 물품을 구입할 때 그 비용을 수입한 금이나 은덩이로 지불했으나, 그 뒤로는 조세 수입으로 투자금을 충당했다. 마찬가지로 유럽인 개인 무역상도 현지에서 축적한 자금이나 영국인 관리의 투자금(식민정부가 조세 수입을 가지고 지급한 봉급을 영국인 관리가 개인 무역상에게 투자한 것이다)으로 수출용 물품을 구입했다. 이처럼 인도는 막대한 '부의 해외 유출'(1900년을 전후로 민족주의 운동 이념가들이 만든 표현이다)의 희생자였다. 이리하여 인도가 창출한 부의 많은 부분이 상업적 이윤 또는 부담금의 형태로 국외로 유출되었다.

생산 방식에서도 저임금 노동자로 전락한 수공업자나 수확한 농산물을 강제로 부과된 가격에 팔아넘겨야 하는 농민에게 불리한 경제 외적인 제약이 작용했다. 자유 경쟁이 보장되는 상황이라면, 수요 증가와 시장 농업의 비약적 발전, 고용 증대 같은 요소에서 창출될 수도 있을 수익을 전혀 내지 못했다. 또한 생산 활동 가운데 그 어떤 것도 주변 경제에 최소한의 파급효과도 일으키지 못했다. 실제로 이 생산 활동은 소규모 농업이나 재래식 수공업, 곧 생산비가 매우 낮은 분야에 속해 있었다.

그러나 유럽인은 최저가에 물품을 구입하여 해외시장에서 비싼 가격으로 팔아넘김으로써 높은 이윤을 보장받을 수 있었다. 수출용 물품을 실어 나르는 선박을 선적하는 주체는 거의 다 유럽인이었으며, 대부분이 수출업 대행 회사였다. 대행 회사 사이의 경쟁은 금융업 분야에서도 나타났는데, 당시 경제활동의 중심지였던 캘커타에서 특히 두드러졌다(내륙이나 오지에서는 아직도 토착민 금융업자가 영향력을 행사하고 있었지만).

식민지 상황에서 성공적으로 활동한 인도인 사업가도 더러 있었다. 또 플라시 전투 이전에 벵골 지역의 자본 잠재력이 충분히 토착민의 활발한 상업 활동을 뒷받침할 수 있을 정도였다는 주장도 있다. 하지만 유럽 자본의 경쟁력이 너무 막강하여 토착민 사업체가 번성하기에는 한계가 있었다. 또한 식민지의 항구도시가 성장하여 갖가지 새로운 일자리를 만들고 막대한 농산물 수요를 창출했지만(농촌 지역에는 도움이 됐을지 모르나), 내륙의 오래된 도시는 쇠퇴의 길로 몰아넣었다.

19세기 초까지도 동인도회사나 개인 무역상의 상업 활동은 중상주의 형태에 머물러 있었다. 중상주의 형태란 지난 수세기 동안 경험해 온 방식 그대로, 오랜 전통의 이국적인 물품을 토착민에게서 구입한 다음 세계 각지로 재수출하

는 것이다. 동인도회사가 영토 권력으로 탈바꿈한 뒤에도 규모만 달라졌을
뿐이었고, 이때부터는 국가 주도의 중상주의 형태로 나타난다.

그런데 동인도회사의 무역 활동이 무엇보다도 인도의 자본을 영국으로
이송하는 송금 무역의 한 방식이었다는 점과 중상주의라는 시대착오적인 이념
이 그대로 유지되었다는 사실 사이에는 어떤 연관성이 있어 보인다. 이러한
구체제 시대의 상업 질서는 기술의 현대화, 대량 생산, 영국 사회도 이미
진입했던 산업화 시대의 냉혹한 경쟁적 행태와 전혀 어울리지 않는 것이다.
실제로 1813년까지 동인도회사의 독점권 유지는 인도에서의 수출업 확대를
위해 영국 자본이 인도로 유입되는 데 결정적 장애물이었다. 혁명전쟁이나
제국이라는 상황 역시 불리한 여건이었다.

이러한 구도는 1815년 이후 변화하기 시작한다. 이때부터 영국은 주요 산업국
이 되고, 수도인 런던 역시 온 세계의 상업과 금융의 으뜸가는 중심지가 된
것이다. 마지막으로 마라타인을 궤멸시킴으로써 1818년에 대부분의 정복사업
이 완결된 인도는 이때부터 영국의 영향을 받으며 현대적 의미의 식민 경제,
다시 말해 한창 성장하던 영국 본토의 산업을 위한 원료 공급지이자 생산비
절감으로 인도산 물품과의 가격 경쟁력을 확보한 영국의 산업 생산품을 위한
보호 장치가 없는 시장이라는, 구조적인 종속 경제로 본격적으로 탈바꿈하기
시작한다. 대외무역이 인도 대륙 전체의 경제활동에서 차지하는 부분은 얼마
되지 않았지만, 대외무역은 그러한 변화의 주요 수단이 되었다. 어쨌든 1815년
부터 1857년 세포이 항쟁이 일어나기까지 인도의 대외무역은 액수로나 물량으
로나 4배 이상 증가했다.

그런데 바로 이 시기에 인도의 경제와 사회의 여러 특징, 곧 그 뒤로 인도의
사회·문화적인 후진성과 발전을 저해하는 장애물로 규정될 요소가 구체적으로
드러난다. 물론 정복 시대 이전의 인도 대륙이 보여주었던 누구도 부인 못할

성장 잠재력만 내세우며, 인도가 식민화되지만 않았다면 틀림없이 자본주의와 산업화의 길을 걸었으리라고 장담할 수는 없다. 그렇지만 한 가지는 분명하다. 곧 인도의 토착민 자본은 동인도회사의 통치 때문에 전통적으로 새로운 투자 영역을 제시하는 임무를 맡았던 토착 군주 체제에서의 세무 행정과 금융업 책임자로부터 박탈되었고, 유럽인 사업가 때문에 주요 수출 활동에서 배제되었으며, 산업 분야에서는 결코 넘어설 수 없는 유럽과의 경쟁에 내몰림으로써 토지, 국내의 상업 활동, 고리대금업과 같은 매우 지역적이고 전근대적인 하위 활동 영역에 머무를 수밖에 없었다. 말하자면 인도의 토착민 자본은 시대를 역행하여 '전근대화 또는 퇴보'의 길을 걸었던 것이다.

인도의 탈산업화 문제는 오랫동안 역사학자 사이에 논쟁거리가 되었다. 민족주의 역사가들은 영국의 경제적 지배 때문에 인도가 '탈산업화'의 희생물이 되었다고 주장한다. 물론 수공업의 쇠퇴는 몇몇 지역과 분야에서 명백하게 나타났다. 그렇지만 19세기에는 수출용 물품을 생산하는 수공업의 모든 분야가 똑같은 운명을 겪었다. 따라서 설령 인도가 식민화되지 않았더라도 쇠퇴의 움직임은 불가피했을 것이다.

그런데 19세기 말 이전의 경제활동 인구에 대한 신뢰할 만한 통계가 없으므로, 인도 대륙의 전반적인 경제 차원에서 실제로 탈산업화가 일어났는지 입증하는 것은 거의 불가능하다. 지역적인 편차가 있긴 하지만, 식민시대가 끝날 때까지 인도 대륙의 총인구 가운데 수공업자가 차지하는 비율이 매우 높았다는 사실은 잘 알려져 있다. 그런데 이런 사실은 산업화를 향한 움직임의 약화를 뜻한다는 점에서, 식민지 인도의 경제 발전이라는 관점에서 볼 때는 상당히 우려할 만한 징후였다. 그때부터 인도는 식민지의 경제적 종속이라는 굴레에 갇혀 옴짝달싹못하는 신세가 되었다.

인도는 영국 산업의 생산품(특히 직물)을 위한 시장으로 전락했을 뿐만 아니라,

자국의 농업 생산물(인디고, 견사, 아편, 면화)을 반제품 형태로 수출했다. 이 수출품은 대부분 현지에서 거둬들인 세수에서 비롯된 식민지 투자금으로 구입된 것으로서, 이것들을 해외 시장(특히 중국)에서 판매하여 얻은 수익은 영국에서 필요로 하는 물품을 구입하는 데 충당되었다. 이러한 식민지 삼각 무역(특히 캘커타-광둥-런던 경로)이라는 수탈 구조는 동인도회사 시절의 유산으로서, 동인도회사의 무역 활동이 중단된 뒤에도 그 명맥을 유지했다. 이러한 무역을 통해 영국은 해마다 인도로 하여금 자본의 손실을 강요했다. 이는 식민지의 자본 축적과 투자를 저해하는 대신 영국의 국제 수지 균형에는 크게 기여했다.

유럽 기업체가 인도의 산업을 지배했기에 인도인 사업가는 고수익의 경제 분야에서 대규모 투자를 하거나 사업에 뛰어들 수 없었다. 비교적 늦게(1818년) 정복된 지역인 인도 서부의 몇몇 토착민 상인 공동체만이 경제 분야에서 영향력 있는 역할을 유지할 수 있었을 뿐이다. 이들은 1850년대에 인도 면직물 산업 분야에서 현대적 시설을 갖춘 최초의 생산 단지를 설립하기도 했다.

식민 지배자와 피지배자

인종 사이에 거리 두기

얼핏 놀랍게 느껴질 수도 있겠지만, 1760~1780년대까지 아무런 제약 없이 이루어진 침략과 경제적 수탈의 시기에 인도인을 대하는 유럽인의 일반적인 태도는 아직 오만이나 멸시가 아니었다. 오만과 멸시의 태도는 18세기 말부터 보편화되었다. 벵골 지역의 영국인, 특히 고위직 관리나 유력 인사는 매우 다양하고 이국적인 인도의 방대한 문명에 큰 관심을 보이고, 인도 문명을 열등하다고도 생각지 않았다. 워렌 헤이스팅스는 캘커타에서 인도학 연구를 권장하고, 캘커타 최고재판소 소장이자 나중에는 산스크리트어로 된 고전

희곡의 걸작인 고대 인도의 시인 칼리다사(4~5세기)의 작품 『샤쿤탈라』를 처음으로 번역한 윌리엄 존스가 주도했던 벵골 지역 아시아협회의 창설을 지원하기도 했다.

그렇지만 한 가지 분명한 것은 인도에 대한 관심이 처음부터 인도 국민 대다수의 문화나 신앙에 대한 연구보다 힌두교나 인도 이슬람의 지적 전통, 다시 말해 브라만이나 울라마(이슬람 지식층)의 지적 전통으로 향해 있었다는 점이다. 실제로 이 인도의 엘리트 계층이 영국인의 인도에 대한 시각에 끼친 영향력은 세월이 흐름에 따라 점점 더 커졌다.

이는 동인도회사의 지도부가 자신들이 축출한 토착민 체제와의 연속성이라는 카드를 보란 듯이 꺼내들며 동방 이미지를 가장하려고 갖은 애를 썼다는 사실과도 무관하지 않다. 실제로 동인도회사는 화폐를 주조할 때 허울뿐인 무굴 황제의 초상화를 새겨 넣고, 페르시아어를 행정과 사법 분야의 공식 언어로 유지하며, 인격권에서는 힌두교도와 이슬람교도에게 그들 고유의 관습법을 적용하고, 그리스도교의 선교 활동을 저지하는 대신 인도의 두 토착 종교 기관에게는 지원을 아끼지 않았다. 그뿐만 아니라 유럽인 남성과 인도인 여성의 동거가 흔했고(그 당시 인도에 건너와 정착한 유럽인 여성은 극소수에 불과했다), 특히 내륙 지방에서는 인도식 생활 방식에 따라 살아가는 유럽인이 적지 않았다.

그러나 이러한 사고방식은 1790년대부터 달라지기 시작한다. 그때는 동인도회사가 영토 권력으로 거듭난 지 약 25년이 지난 뒤로서, 마침내 '상인 통치'의 시대에서 벗어나 근대적인 통치 시대로 진입하던 시기였다. 물론 인도에 거주하던 유럽인이 당시의 인종주의적 편견에서 완벽하게 자유로웠던 것은 아니지만, 적어도 그런 편견이 두 인종 사이의 교류와 긴밀한 협력, 사업상의 제휴(유럽인 동업자가 늘 지배적인 위치에 있던 것도 아니다)에 장애가 되었던 것 같진 않다.

그런데 그 뒤에는 토착민 사회와 거리를 두고자 하는 욕구가 소수의 영국인 권력자 사이에서 보편화되었다. 이러한 욕구는 우월성 강박관념과 억압된 두려움이 뒤섞인 심리 상태로서 편협한 교조주의 색채를 띠었으며, 나중에는 인종 분리 개념으로 변질되었다. 이러한 인종주의에도 불구하고 인도인 여성과 동거하는 관행은 사라지지 않았으나, 이 인도인 여성은 유럽인 사회에서 배척을 당했다. 이때부터 영국인은 일종의 망명자 집단처럼 저들끼리 살고, 토착민 사회와의 관계도 하인이나 직속 부하와 어쩔 수 없이 맺는 관계 또는 지역 유력자와의 공적이고 냉담한 관계에 머물렀다.

자유주의적 개량주의

1820년대부터 빅토리아 시대 초기에 급격히 부상했던 자유주의 사상에서 영감을 받은 어떤 개량주의의 흐름이 인도 식민 사회로 침투하기 시작했다. 그러면서 이전 세기에 에드먼드 버크나 워렌 헤이스팅스 같은 이들이 찬탄해 마지않던 '위대한 인도 문명'이라는 사고는 온데간데없이 사라졌다. 그 대신 인도는 온갖 미신의 보존소 또는 사회적 후진성을 여과 없이 보여주는 충격적인 사례라는 오명을 뒤집어쓰게 되었다.

영국에서는 그리스도교 국가 가운데 가장 진보된 나라가 인도 대륙을 정복한 것은 문명화 사명의 구현이며, 인도인을 사회적 억압과 관습의 굴레에서 해방시키고 풍습의 개혁과 법률 개정 및 교육을 통해 진보의 길로 인도해야 하는 의무가 있다는 사고가 확산되었다. 이때 전혀 기반이 다를 뿐만 아니라 서로 대립적인 두 가지 사고가 이 교화적인 동시에 진보적인 개량주의로 집결했다. 여기에는 인간 영혼의 구원을 추구하는 선교사는 물론, 근대화가 식민 지배를 공고히 하는 데 도움이 될 뿐만 아니라 식민 지배를 더 수익성 높은 사업으로 탈바꿈시킬 것이라고 확신하는, 자유무역을 옹호하는 사업가도 참여했다.

두 가지 사고 가운데 하나가 벤담과 제임스 밀의 공리주의이다. 이는 이성과 과학의 우월성에 대한 근대 서구의 믿음이 표명된 원칙으로서, 세속적 쾌락주의를 기반으로 하는 사고였다. 그리고 다른 하나는 신교의 원리주의와 인종주의 성향을 함께 띤 복음주의 운동이다. 이것은 18세기 말부터 흑인 노예무역의 폐지와 선교 사업의 확장을 위해 활동을 벌였는데, 19세기에 이르러서는 세계에 흩어져 있는 영국 식민지에서 추진되던 영국의 원주민 정책에 막강한 압력을 행사했다. 복음주의자는 특히, 인도에서 전통적으로 군주가 담당하던 토착 종교에 대한 보호 기능을 보장하는 등 동인도회사가 자신의 이익을 위해 용의주도하게 채택했던 보수주의를 비난했다(복음주의 운동가는 영국 동인도회사를 가리켜 '젖이 말라버린 비슈누 신의 유모'라 조롱했다).

이러한 형태의 개량주의를 가장 먼저 실천한 주체는 일련의 그리스도교 선교단이었다. 동인도회사는 정치적인 신중함을 발휘하여, 1813년 동인도회사의 독점권이 폐지될 때까지 이들 선교단이 동인도회사의 인도 영토에는 정착하지 못하도록 했다. 하지만 그 뒤 선교단은 인도 전역으로 퍼져 나갔고, 학교와 보건소를 세우는 등 본격적으로 선교 사업을 전개했다.

그 다음으로는 벤담의 추종자였던 자유주의 성향의 벤팅크 경이 총독으로 재직하던 시기(1828~1835)에 새로운 사고가 식민지 최고 권력자 사이에 퍼졌다. 이때 사회 개혁을 표방하는 여러 조처가 탄생했다. 곧 사티sati(죽은 남편의 시신과 함께 산 채로 아내를 화장하는 상위 카스트의 풍습)라는 관행과 여아 살해가 금지되고, 서그thug(여행자를 함부로 살해하던 일종의 강도단)라는 종교적 결사체를 근절시켰다. 이 모두 상징성이 큰 조처지만, 부수적이거나(사티) 다소 몽환적인(서그 조직) 현상을 대상으로 한 것이어서 인도 사회에 미치는 파장은 제한적이었다. 어쨌든 동인도회사 체제가 그리스도교 선교 사업에 호의적인 태도를 보이면서부터, 인도 사회에 '불경한' 체제라는 동인도회사의 이미지가 더욱 강하게 자리 잡았다.

또한 영국인으로 이루어진 식민정부와 식민지 주민 사이의 매개체 역할을 할, 영어를 구사할 줄 아는 인도인 계층을 양성하고자 영국식 교육을 확대하기로 결정한다(바로 이때부터 행정과 사법 분야의 공식 언어가 페르시아어에서 영어로 바뀌었다). 벤팅크 총독 휘하의 집행위원회에 참여했던 역사가 매콜리는, 이 사업에 함축된 '인도 문화에 대한 멸시'를 1835년에 작성한 유명한 글 「교육에 관한 짧은 논고」에서 다음의 한 구절로 표현했다. "유럽에 있는 괜찮은 도서관의 서가 하나가 인도와 아라비아의 전통 학문 전체와 필적하는 가치를 지닌다."

그러나 이 새로운 교육정책은 벵골 지역 지식인 계층의 한 분파인 개혁파가 추구하는 방향으로 추진된다. 개혁파의 상징적인 인물 람 모한 로이(1772~1833)는 브라모 사마지라고 하는 개혁 운동의 창시자로서, 이성·과학·자유에 대한 인식을 통해 힌두교를 혁신해야 한다고 주장한 열렬한 운동가다. 이 지식인은 이전 세대가 같은 목적으로 페르시아어로 교육과정을 마친 것과 마찬가지로, 자기 아들에게 영국식 교육을 받게 한 다음 정부 기관에서 일하게 하려고 1818년에 캘커타 힌두학교를 설립했다. 이 학교는 인도 최초의 유럽식 대학 교육 기관이었다. 그 뒤에는 식민정부 또는 여러 선교단의 주도로 세 개 주州의 수도에 차례로 대학이 들어섰다. 이로써 인도는 비서구 세계에서 근대적인 고등교육 제도가 가장 먼저 자리를 잡은 나라가 되었다.

근대화라는 목표는 사회 기반시설의 확대와 발전된 기술의 확산, 특히 도로망의 개선과 하천·해양의 항로 개척, 관개시설의 확충(이는 토지세 수익과 기근 방지를 위해 반드시 필요한 조건이었다) 같은 요소가 충족되지 않고서는 도달할 수 없는 것이었다. 실제로 벤팅크 정부는 이러한 방향으로 사업을 추진하기도 했다. 그러나 이는 장기적인 사업이라 진전이 더딜 수밖에 없었는데, 식민정부의 재정 지원 순위에서 뒤로 밀려나는 경우가 대부분이었기 때문이다.

달하우지 경이 총독으로 재직하던 시기(1848~1856)에 이르러서야 정복사업이 시작된 뒤로 가장 활발하게 사업이 추진되었다. 마침내 1854년 캘커타와 아그라를 연결하는 전선이 설치됨으로써 인도는 전신 시대를 맞이한다. 같은 해 달하우지 총독은 영국 정부를 설득하여, 지난 10년 동안 미루었던 인도의 철도 부설 계획을 승인 받는다. 그는 세 개 주의 항구도시와 내륙의 주요 도시를 연결하는 진입축을 따라 철도를 건설하면, 군사적 측면의 전략적 가치는 물론 식민지의 경제적 수익을 높이는 데 가장 효과적인 수단이 될 것이라고 주장했다. 바로 이러한 취지에 의거하여 철도 부설 계획이 수립되어 곧 첫 철도 노선 공사에 착수했다.

인도의 '전근대화'

오늘날의 역사가들은 인도에서 영국의 '식민지를 위한 사업'이 어느 정도 성과를 올렸다는 점을 인정하더라도, 얼마 전까지만 해도 의심 없이 받아들여졌던 인도가 그 당시 '개혁의 시대'로 진입했다는 주장을 인정하지 않는다. 그 까닭은 첫째, 당시 영국 본토를 뒤흔들었던 개량주의적 사고의 흐름(그리스도교에 속하건 진보주의 성향이건)과 실제로 식민지에서 추진되었던 경제와 사회 분야의 정책 사이에 놓인 커다란 간격을, 오늘날에 이르러서야 제대로 가늠할 수 있게 되었기 때문이다.

실제로 식민지에서는 정치적인 신중함, 책임자의 잦은 교체, 현지 사정이나 예산의 제약, 본국 정부의 정권 교체에 따른 여파, 각종 이익집단의 서로 모순되는 압력과 같은 요소 때문에, 애초의 의도가 그대로 실천적 조처로 이행되는 경우가 드물었다. 사회적·제도적 개혁이나 기술의 현대화가 실제로 추진된 경우는, 영국 식민통치의 안정화와 수익성에 대한 요구가 상대편의 압력을 압도할 만큼 또는 식민 정책의 변동성에 휩쓸리지 않을 만큼 명백하게 대두될 때뿐이었다.

두 번째로 들 수 있는 것은, 20여 년 전부터 학자들이 인도 식민화의 가장 중요한 결과 가운데 하나(물론 식민화로 인해 근대화와 혁신이 도입되었다는 점도 부인할 수 없는 사실이지만)가 토착민 사회를 갖가지 방식으로 정체시켰고, 나아가 당시 유럽인 오리엔탈리스트가 만든 '인도성indianity,' 곧 정태적인 동시에 비非시간적인 인도에 대한 '본질주의적' 이미지에 부합되도록 인도 사회를 '전근대화'시켰다는 점이라는 것을 깨닫기 시작했기 때문이다.

식민시대에 두드러졌던 경향 가운데 하나는, 농민 인구가 증가하면서 시골 마을에서 정착 생활을 하는 농민의 생활 방식이 널리 확산되었다는 점이다. 그런데 인도에 거주하는 영국인 대다수는 이것을 '영원한, 곧 초超시간적인' 인도의 진정한 모습이라 여겼다. 이러한 변화는 부분적으로 식민지 정복사업이 진전됨에 따라 정치권력과 토착 군주의 궁정 세력이 사라지고, 그에 따라 일자리를 잃은 병사와 수공업자, 심부름꾼, 사제가 농사지을 토지로 귀환했다는 사실로 설명할 수 있다. 그러나 가장 주된 원인은 인도의 전체 인구 가운데 많은 수를 차지하던 유랑 민족이 농촌 마을이라는 틀 안으로 편입되어 서서히 정착 생활에 적응해 갔다는 점이다.

식민 질서가 수립됨에 따라, 어디서나 그렇듯이 식민 지배자가 늘 '원시적이고 비도덕적이며 비생산적'이라고 규정한 유목 생활은 탄압의 대상이 되었다. 이러한 탄압정책은 예전에는 농촌 지역을 광범위하게 떠돌아다니며 정착 농민과 다양한 형태의 교류를 지속해 왔던(따라서 이들을 주류 사회와 단절된 '부족민'으로 보는 시각은 어느 정도 식민화가 만든 고정관념이다) 삼림지대의 주민을 변방 지역으로 몰아넣는 결과를 불러왔다.

또한 이러한 탄압 정책은 삼림지대를 개간하거나 광활한 목축 지대에 기대어 살던 유랑민인 화전민과 목축인 집단을 서서히 정착 생활로 유도했다. 본래 이들은 식민 당국자가 '평정' 및 통제, 또는 과세를 목적으로 추진했던 모든 형태의 통합 정책에 저항하는 등, 식민 지배 세력에게는 다루기 쉽지 않은 존재였다. 그뿐만 아니라 토지세 등록이나 토지대장 같은 식민지 관행이 실시됨에 따라, 강압적인 주인을 만나거나 전쟁이나 재난이 닥쳤을 때 언제라도 이동하던 상당수 농민 인구를 정착 생활로 유도했다.

이처럼 광범위하게 진행된 정착 생활로의 전이와 더불어, 인도 사회에 브라만식 사회질서가 보편화·공식화되는 경향이 나타났다. 이러한 맥락 속에서 소외 집단과 유랑민 집단이 촌락이라는 공동체 사회로 편입되면서, 인도라는 위계질서가 뚜렷한 사회에서 이들에게 최하위 계층, 곧 불가촉천민이라는 낙인을 씌운다. 그리고 정복사업이 진전됨에 따라, 어쩔 수 없이 피정복민 신세로 전락한 귀족층은 무사 계급의 지위를 상실하고, 이 가운데 대다수는 권력 행사와 연관된 다른 역할, 말하자면 종교 기관의 후원 사업이나 브라만 계층에 대한 물적 지원 같은 일을 떠맡게 되었다(이로써 브라만 계층의 사회적 영향력은 한층 더 공고해졌다).

동인도회사 역시 상위 카스트에서 군 병력을 충원하면서 상위 카스트의 전통적 금기를 존중하겠다고 약속하고, 군주의 권위 및 카스트제도의 위계질서를 인정했다. 식민지 사법기관도 토착민에게 그들 고유의 법률을 적용시키고자 하는 취지에서 식민 지배 세력의 보조자 역할을 하던 브라만에게 산스크리트어 법조문 해석에 관해 자문을 구하고, 개별적인 브라만식 판례를 모아서 모든 힌두교도에게 적용할 수 있는 고정화된 법규를 만들어 내기도 했다.

간단히 말해 토착민의 뇌리에 식민정부의 정통성을 확고히 심고자 애썼던 식민정부는, 기회가 있을 때마다 공공연히 '전통'의 계승자이자 수호자임을 자처했다. 그런데 인도 사회를 이루는 다양한 전통 가운데 오리엔탈리스트가 브라만 조력자의 도움을 받으며 힌두교 전통으로 규정했던 것은, 배타적이고 특권적인 상류층의 지적 전통이었다.

이는 인도의 카스트제도를 가장 차별적이고 경직된 브라만식의 개념으로 고착화시키는 결과를 불러왔다. 이에 따라 동양학의 지식은 권력을 위해 봉사하는 효율적인 보조자 역할을 했다. 이렇게 하여 '팍스 브리타니카'는 역설적이게도 인도 대륙의 역사상 처음으로 동양식 독재체제 모델에 근접한 어떤 통치 체제, 곧 요지부동의 사회적 틀로 고착화된 무수히 많은 촌락을 일방적으로 통치하는 형태의 절대적인 관료주의 체제를 현실화시켰다.

그렇지만 인도에 대한 오리엔탈리즘식 사고의 영향으로 식민정부가 카스트 제도를 인정함으로써 힌두 사회의 매우 완강한 위계질서 개념을 승인하는 등, 브라만식 사고에서 영향을 받은 일종의 사회 '공작'을 실행했다는 게 사실이라 해도, 최근 몇몇 역사가가 주장하는 것처럼 인도의 카스트제도가 영국의 식민통치 시대에 생긴 전통이라고는 말할 순 없다. 식민화된 인도가 전근대적인 사회 형태 속으로 서서히 고착화되었다는 게 사실이라면, 이 같은 비극은 식민체제가 식민지 주민의 사회적 이념마저 좌지우지할 수 있으리라는 과도한 자신감 때문에 빚어진 결과다.

식민화에 대한 저항과 대반란(세포이 항쟁)

앞서 살펴본 것처럼 정복 시대에 인도의 엘리트 상인이 자신의 이익을 위해 영국인과 협력하는 경우가 드물지 않았다. 지역의 우두머리나 왕족 출신 인사도 마찬가지였다. 이들은 동인도회사와 토착 권력(경쟁 또는 종속 관계에 있었다) 사이의 갈등 상황을 잘 활용하여, 식민체제라는 틀에서(비록 이들이 식민체제를 경멸하거나 증오하는 등 그것을 인정하진 않았지만) 권력이나 위상을 획득하기 위해 유리한 입지를 차지하려 했다.

그와 달리 중앙 권력이 통제하기 어려운 삼림이나 산악 지대 같은 변방 지역은 물론, 정복된 지역에서도 무장 투쟁이라는 저항의 움직임이 나타났다. 이러한 투쟁은, 전투에서 패하여 수탈을 당하고 무거운 세금 부담 때문에 파산지경에 이르렀지만 저항 정신을 잃지 않았던 지역의 우두머리가 개입할 경우 장기간 지속되었다. 정복사업이 종결된 지 20여 년이 지난 뒤에도 일부 자민다르가 갠지스 평원의 중심부에 있는 요새화된 마을 속에 틀어박힌 채, 자신의 수익과 농민에 대한 자신의 위상을 지키기 위해 동인도회사의 위세에 아랑곳하지 않고 지속적으로 저항했다.

이러한 매우 지역적이고 산발적인 폭력적 저항운동은 지금까지도 인도인에게 자랑스러운 기억으로 남아 있지만, 당시에는 모두 참담한 패배로 끝나고 말았다. 그렇지만 이러한 저항 운동은 동인도회사의 지역 당국자로 하여금 세제의 완화 또는 권리나 특권의 양도 같은 정책으로 나아가게 했다. 그밖에도 산적의 약탈 행위, 지주를 상대로 벌인 소작인의 투쟁, 유목민이나 삼림지대의 주민과 그들을 착취하거나 그들과 경쟁 관계에 있던 평야 지대의 농민 및 대부업자 사이의 분쟁이 있었고, 또 도시에서도 영국산 제품과 경쟁하느라 큰 피해를 입은 수공업자의 끊이지 않는 소요, 곡물 폭동, 종파 사이의 갈등이 있었다.

다소 만성화된 이러한 소요 사태가 과연 명백한 반反영국 투쟁이었는지는 지금까지도 분명치 않지만, 그 가운데 대부분이 식민지라는 당시 상황과 어느 정도 연관되어 있었다는 점은 틀림없는 사실이다. 어쨌거나 이처럼 소요가 끊이지 않았다는 사실은 정복된 인도 사회가 진정으로 '평정'되기까지는 수십 년이 걸렸으며, 일부 지역에서는 정복사업이 종결된 뒤에도 오랫동안 질서 유지와 전쟁 상황을 뚜렷이 구분하기가 매우 어려웠다는 점을 잘 보여준다.

이처럼 인도 사회는 '회사 통치'의 시기, 그러니까 식민체제가 안정화되기까지 줄곧 혼란스러웠다. 그리고 도시와 농촌, 지배 계층과 서민층, 농민 사회와

'부족민' 집단 가운데 어느 쪽도 이 혼란스러움에서 벗어나지 못했다. 그런데 이처럼 불균질하고 지리멸렬한 저항의 움직임에는 늘 지역적 틀을 넘어서는 지휘 체계, 또는 최소한 시기적 일치 같은 요소가 결여되어 있었다. 바로 이런 사실이 예전에 세포이의 난이라 불리던 1857년의 대반란, 곧 세포이 항쟁과 구분되는 점이다.

세포이 항쟁의 여러 요소는 이미 이전 세기의 수많은 폭동 속에 모습을 드러냈다. 그러나 세포이 항쟁의 경우에는 연쇄적으로 폭동이 터지면서 단 몇 주 만에 인도 대륙의 북부 전역을 소용돌이로 몰아넣었다. 이는 일시적이나마 식민체제의 존재 자체를 위협하고, 더 나아가 식민체제를 정치적인 면에서 새로운 시대로 방향을 전환하게 하는 등 엄청난 파급 효과를 가져왔다.

플라시 전투 100주년이 되는 해에 일어난 세포이 항쟁의 의미는 오랫동안 논란거리가 되었다. 식민주의 사관에 따르면 세포이(인도 제국 군대의 토착민 병사)의 반란이지만 민족주의 사관에 따르면 인도 최초의 독립 전쟁이다. 그밖에도 자유 획득을 위한 진보주의 운동이거나 구체제 복원을 위한 반동 복고주의 운동으로, 또 대지주 계층의 봉건적 반동의 움직임이거나 가난을 견디다 못한 농민의 폭동으로, 아니면 다종파적 세속 운동이거나 성전聖戰으로, 또한 반식민주의 폭동이거나 저항운동가와 식민 지배 세력 협력자 사이의 내전 등으로 해석된다. 사실 각각의 주장마다 어느 정도 일리가 있다.

동인도회사의 용병 부대는 과거에도 이미 수차례 반란을 일으켰다. 그런데 1850년대 초부터 영국인 지휘관이 용병을 대하는 태도는 어설프기 짝이 없었다. 인도인 용병을 바다 건너 버마로 파견하여 싸우게 하고(상위 카스트 출신 한두교도에게 항해는 금기시되었다), 하위 카스트에서 병력을 충원하고, 해외 근무자에게 지급되던 수당을 없앴다. 또한 다수의 용병을 배출한 아우드 왕국이 1856년 달하우지 총독에 의해 급작스럽게 병합되자, 그 지역 출신의 용병은 치욕과 분노를 느꼈고, 이들의 가족은 식민정부가 부과하는 무거운 세금 부담에 시달리게 되었다.

그러다가 마침내 기름을 바른 탄약통이 병사에게 지급되면서 일이 터진다. 탄약통의 끝부분은 입으로 물어 떼어내야 하는데, 탄약통에 바른 기름이 돼지와 소의 기름이라는 소문이 퍼진 것이다. 1857년 5월 델리 근처에 있던 병영에서 일어난 폭동을 시작으로, 반란은 삽시간에 갠지스 평원 전역으로 퍼져나갔다. 반란군은 델리를 장악한 뒤, 궁궐에 유폐되어 지내던 늙은 무굴 황제를 명목상의 권좌에 복귀시켰다. 폭동은 몇 주 만에 갠지스 평원 고지대의 모든 주둔지로, 또 아우드 지역을 가로질러 비하르 접경 지역에 이르는 평원으로 퍼졌다. 반란자는 마침내 인도 중앙과 라자스탄 일부 지역까지 세력을 확장했다.

반란 지역에서는 영국의 행정조직이 와해되었고, 그 지역의 세포이 용병뿐만 아니라 왕족과 대지주, 농민 계층도 반란에 가세했다. 이는 몰락한 귀족 계층의 과거에 대한 향수, 수탈과 모욕을 겪은 왕족과 지역 유지의 원한, 지역의 대가문에 대한 전통적인 충성심과 무거운 세금 부담에 대한 불만에서 비롯된 농민의 결속 같은 요소가 뒤섞여 나타난 결과였다. 거기에 영국식 사회 개혁 운동, 각종 선교 단체에 의한 선교 사업과 근대화, 유럽인의 일상화된 인종주의적 오만함에 대한 분노와 같은 요소 때문에 야기된, 종교적 색채가 가미된 불편함과 불만이 널리 확산되어 있었다는 점을 덧붙일 수 있다.

그렇지만 정복된 지 얼마 안 되어 식민 당국의 통제가 확고했던 펀자브 지역이나, 지역의 지배 계층이 식민체제와 끈끈한 관계를 유지하던 벵골 지역, 북인도에 대해 늘 독립적인 태도를 유지하던 데칸 지역은 반란에 동참하지 않았다. 그리하여 영국은 펀자브, 봄베이, 마드라스의 병력과 본국에서 파견된 증원군을 동원하여 반란 지역을 하나씩 탈환했다. 1857년 9월 델리를 장악한 것을 시작으로 1858년 5월 인도 중앙에서 반란 세력을 진압하고(반란군이

여기서 마라타인의 수장 페슈와를 복원시킨 직후였다) 같은 해 12월에는 마지막으로
아우드 지역을 되찾으면서 사태가 일단락되었다.

세포이 항쟁은 영국인 식민 사회의 양심과 우월감에 큰 타격을 입혔다.
이때 여자와 어린아이를 포함한 유럽 출신의 민간인이 겪어야 했던 갖가지
시련과 학살 소식이 본국에 알려지면서 영국 사회가 집단적 히스테리에 휩싸이
기도 했다. 이에 대한 보복도 폭동 못지않게 극도로 참혹했다. 이때의 정신적
충격은 영국인과 인도인 사이의 관계에 지울 수 없는 상처를 남겼다.

세포이 용병에게는 자격을 갖춘 지휘관, 사전에 계획된 치밀한 전략, 통일된
행동과 같은 요소가 결여되어 있었다. 따라서 세포이 항쟁은 결국 조직화되지
못한 지역 폭동의 총화에 지나지 않았고, 영국인은 치밀한 전략과 계획에
따라 반란 세력을 하나씩 진압할 수 있었다. 영국에 맞서 폭동을 일으키는
동안에도 인도인은 피지배자의 한계를 벗어나지 못했다. 군대에서 상위 직급은
모두 영국인이 차지하고, 인도인 용병은 하위 직급에 머물러야 했기 때문이다.
따라서 세포이 용병은 식민통치 시기에 태어나 전술에 대해서는 전혀 아는
바 없는 왕족의 지휘를 받으며 싸워야 했다. 게다가 영국이 반란을 진압하는
과정에서도 식민체제에게서 보호와 혜택을 받는 왕족, 토지와 상업용 농산물
가격의 급등으로 막대한 부를 축적할 수 있었던 지주, 갠지스 평원 출신이
아닌 인도인 용병대 등 인도인의 도움이 큰 역할을 했다.

이처럼 세포이 항쟁이 인도의 모든 지역과 모든 인도인의 참여를 얻지
못했다는 점은, 그 뒤 세포이 항쟁을 이기주의적인 지역 지배 계층의 적개심과
혼란스러운 상황을 이용하여 이득을 취하려던 일반 평민의 범법 행위에 의해
악화된 일개 반란으로 해석하려는 식민주의 역사가에게 논거를 제공했다.
그와 달리 민족주의적 신화에서는 세포이 항쟁을 인도 전역으로 확산된 일련의
독립 투쟁이고, 인도 국민에게 최초의 영웅과 순교자를 제공한 중요한 역사적

사건으로 해석한다. 그러나 오늘날의 역사가들은 대체로 세포이 항쟁은 일개 반란이라는 차원을 훨씬 넘어서지만 전국적 규모의 독립 전쟁으로 보기에는 무리가 있는 움직임이었다는 의견에 동의한다.

세포이 항쟁은 식민시대 이전의 질서를 회복하는 것을 목표로 했으나 진정한 민족주의 이념을 전파하진 못했다는 점에서 원칙적으로는 전통적 성격의 저항 운동이었다. 그렇지만 민족적 다양성과 이슬람과 힌두교 사이의 적대감이 공동의 적 앞에서 눈 녹듯 사라졌다는 점에서, 분명히 이질적인 요소가 존재함에도 불구하고 매우 통합적인 대중운동이었다. 또한 그것은 틀림없는 정치운동이었다. 무굴 황제 또는 마라타인의 페슈와를 복위시켰다는 사실에서도 드러나듯이, 주권의 이양과 식민 권력의 축출이 궁극적인 목표였기 때문이다.

비록 실패로 끝나긴 했지만, 세포이 항쟁은 식민체제와 영국인과 인도인의 관계를 눈에 띄게 변화시켰다. 영국 의회에서 제정된 법률에 의해 1858년 8월부터 공식적으로 동인도회사 체제가 종결되고, 이로써 인도는 영국 국왕에게 직접 통치를 받는다. 그로부터 얼마 뒤 빅토리아 여왕은 전국의 모든 대도시에 화해 성명서를 공포하라는 명령을 내린다. 선언문에서 여왕은 토착 군주를 보호하고 토착민의 종교와 관습을 존중하겠다고 약속하고, 영국인을 살해한 자를 제외하고 반란에 가담한 자들은 모두 사면하겠다는 뜻을 밝힌다.

그러나 다른 한편으로는 이전 시대의 개혁주의 움직임이나 정치적 간섭주의 대신, 정치적인 신중함과 사회적 차원의 보수주의가 부상한다. 이때부터 군주 국가의 합병을 중단하고, 토착 군주에게도 예를 갖추기 시작했다. 특히 토지 귀족층에 대한 배려를 아끼지 않았는데, 이는 세포이 항쟁 당시 수많은 우두머리를 배출한 이 계층을 자기편으로 만듦과 동시에, 이들에게 충성스러운 농민 계층까지 효율적으로 포섭하기 위한 전략적인 행동이었다.

그리고 전반적으로 인도 사회의 계급제도를 한층 더 강화시켰다. 그러면서 인도군에서 인도인과 영국인의 비율을 합리화하고(세포이 용병은 10만 명 이하로 제한하는 대신, 영국인은 2만 명 이상으로 그 비중을 높였다), 카스트나 종교에 따라 군대 조직을 재편했다. 이로써 여러 개의 동질적인 공동체로 분화된 인도군은 거의 반란을 일으킬 수 없게 되었다. 이렇게 세포이 항쟁 이후 질서를 재정비한 뒤, 영국의 식민통치는 절정기로 접어들었고 이는 1차 대전이 일어날 때까지 계속되었다.

1857년 8월 31일자 『런던타임스』의 논설

너무도 끔찍한 폭력이 영국인 남성과 여성에게 자행되었다는 소식을 듣고 우리 영국인은 새로이 깨달은 바가 있다. 로마 시민을 지켜 주던 상像보다도 더 높은 우리의 상에게 보호를 받는 우리 영국인은, 이와 같이 극한적인 상황에서조차 그렇게 끔찍한 위험에 직면하는 일은 결코 없으리라 생각했다. 팔라디움4)과도 비슷한 어떤 것이 영국인의 피를 물려받은 사람이라면 누구나 최악의 능욕만큼은 겪지 않도록 지켜 주리라 믿었다.

하지만 그것은 착각이었다. 우리 영국인이 어떤 사람인지 잘 알고, 우리의 권력과 우월성과 규율을 모를 리 없으며, 우리의 호의로 혜택을 입고, 우리가 나서서 자력으로는 감히 엄두도 내지 못할 수준까지 삶의 질을 향상시켜 준 자들이 …… 영국인에게 차마 못할 짓을 저지르고 말았다. 영국인이라면 누구나 지니는 신성불가침 특권을 깨뜨리고, 말로 표현 못 할 잔인함의 구렁텅이 속으로 고개를 숙인 채 뛰어들면서 말이다. ……

예전에 비굴하고 고분고분하게 굴던 자들이 ─주인이 보는 앞에서 땅바닥을 기어 다녔던 자들이다─ 지금은 광기 어린 오만함이 하늘을 찌를

---

4) 외부 침략자에게서 트로이를 지켜 주던 팔라스Pallas상(아테나 여신상)을 가리킨다.

듯하다. 마치 더 없는 관능적 쾌락을 탐닉하듯이, 그들은 무례함에 몸을 내맡긴 채 쾌락을 맛보고 있다. 장막이 벗겨지자마자 그들은 탐욕스럽게 성소를 향해 달려들어 그곳을 더럽혔다. 신전의 대리석을 세상에서 가장 치욕스러운 오물로 더럽히고, 폐하의 얼굴에 침을 뱉으며, 많은 이들에게 존경을 받는 영국 국왕의 왕권을 모욕했다.

그 비열한 자들이 그렇게까지 우리에게 모욕적인 짓을 저지른 것은 우리의 위세가 사라졌기 때문이 아니다. 결코 그렇지 않다. 그들이 우리의 권위를 모독하고 실추시키려 안간힘을 쓰는 까닭은 우리의 권위가 예전과 다름없이 온전하고, 그것에서 벗어날 길이 없음을 저들 자신이 잘 알기에 벌어진 일이다.

작금의 사태는 이기주의와 탐욕으로 제정신을 잃은 병사가 저지른 광란의 폭동일 뿐, 그 이상도 그 이하도 아니다. 대개 민족주의적 폭동으로 나아가게 하는 정직한 애국심이란 눈곱만큼도 찾아볼 수 없기 때문이다. …… 그렇지만 지금 영국에서 파견된 증원군이 인도에 속속 도착하고 있다. 영국 군대와 인도 사이에 가로놓인 공간이 시시각각 줄어들고 있다는 사실을 그들 자신이 잘 알고 있을 것이다. 그자들에게 미래는 암흑과 공포일 뿐, 오직 현재만이 존재할 뿐이므로 그것을 제멋대로 이용하려고 작심한 듯하다.

지금 우리는 인도인의 진면목을 목격하고 있다. 민간 차원이든 군사적 차원이든 통제 가능한 권력이 존재치 않을 때 비로소 드러나는 진정한 얼굴을! 인도인에게 종교는 형식적인 것에 불과하고, 그들의 신앙은 우매함 덩어리이고, 그들의 양심은 사문화된 문서와도 같다.

참고문헌

C. A. Bayly, *Rulers, Townsmen and Bazaars : North Indian Society in the Age of British Expansion, 1770-1870*, Cambridge, Cambridge University Press, 1983.

S. B. Chaudhuri, *Civil Disturbances during British Rule in India, 1765-1857*, Calcutta, World Press, 1955.

A. N. Chowdhury-Zilly, *The Vagrant Peasant : Agrarian Distress and Desertion in Bengal, 1770-1830*, Wiesbaden, Harrassowitz, 1982.

B. S. Cohn, *Colonialism and its Forms of Knowledge : The British in India*, Princeton, Princeton University Press, 1996.

Rajat Datta, *Society, Economy and the Market : Commercialisation in Rural Bengal, c. 1760-1800*, Delhi, Oxford University Press, 2000.

M. H. Fisher, *The Politics of the British Annexation of India, 1757-1857*, Delhi, Oxford University Press, 1993.

Ranajit Guha, *Elementary Aspects of Peasant Insurgency in Colonial India*, Delhi, Oxford University Press, 1983.

P. J. Marshall, *East Indian Fortunes : The British in Bengal in the Eighteenth Century*, Oxford, Clarendon Press, 1976 ; *Trade and Conquest : Studies on the Rise of British Dominance in India*, Aldershot, Variorum, 1993 ; *The British Discovery of Hinduism in the Eighteenth Century*, Cambridge, Cambridge University Press, 1970.

C. H. Philips, *The East India Company, 1784-1834*, Manchester, Manchester University Press, 재판 1961.

S. N. Sen, *Eighteen Fifty Seven*, Delhi, Publications Division, 1957.

E. Stokes, *The Peasant Armed : The Indian Rebellion of 1857*, Oxford, Clarendon Press, 1986 ; *The English Utilitarians and India*, Oxford, Clarendon Press, 1959.

A. Tripathi, *Trade and Finance in the Bengal Presidency, 1793-1833*, Calcutta, Oxford University Press, 재판 1979.

New Cambridge History of India(Cambridge, Cambridge University Press) : Vol. II, 1 : C. A. Bayly, *Indian Society and the Making of the British Empire*, 1988.

Vol. II, 2 : P. J. Marshall, *Bengal : The British Bridgehead. Eastern India, 1740-1828*, 1987.

Vol. III, 2 : Sugata Bose, *Peasant labour and Colonial Capital : Rural Bengal Since 1770*, 1993.

Vol. III, 4 : T. R. Metcalf, *Ideologies of the Raj*, 1994.

Vol. IV, 3 : S. Bayly, *Caste, Society and Politics in India from the Eighteenth Century to the Modern Age*, 1999.

식민지 인도의 저항 투쟁

정복 초기(1757년)부터 1857~1858년의 세포이 항쟁까지

— 차례로 합병된 여러 지역에서 지역의 우두머리나 실력자(인도 동부의 자민다르, 남인도의 폴리가르, 북인도와 인도 중앙의 라지푸트족과 로힐라족 등)이 식민지 조세정책에 대항하여, 또는 전통적인 정치 질서를 무너뜨린 데 대항하여 벌인 저항운동(나중에 이들이 거느린 농민도 가담했다).

— 평야 지대 주민의 세력이 확장됨에 따라(이는 평정과 경제의 상업화를 용이하게 했다) 입지가 약화된 부족민의 저항. 특히 봄베이주의 빌족(1820년대), 인도 동부의 콜족(1829~1833)과 산탈족(1855~1856)의 움직임이 두드러졌다.

— 대지주와 소작농의 토지 분쟁. 이슬람교도와 힌두교도의 종교적 적대 관계와 맞물릴 때 분쟁은 더 격렬해지고 장기화되었다. 가령 벵골 동부의 파라이지(1820~1850년대), 말라바르의 마필라족(모플라족이라고도 함)의 움직임(19세기 내내와 그 뒤에도 만성화되었다).

— 도시민의 폭동 : 기아와 실업 문제로 인한 폭동, 상인과 식민지 조세제도, 이슬람교도 및 그리스도교로의 개종에 대항하여 벌인 저항의 움직임.

— 군대의 반란(급여 지급의 지연, 종교적인 동기, 영국인 지휘관의 지도력 결핍 등).

이러한 지역 차원의 소규모 대중적 소요 사태를 주도한 사람은 대부분 '전통적인' 엘리트 계층 출신의 인사였다. 이러한 소요 사태가 산발적이긴 하나 지속적으로 일어났다는 사실은, 팍스 브리타니카라는 다소 의례화된 이미지를 상대화시켰다. 일부 지역에서는 이러한 소요가 자주 되풀이되었고, 심지어 만성화되는 양상을 보여주기도 했다. 오직 한 가지 원인 때문에 발생되는 경우도 없진 않았으나, 여러 가지 동기가 복합적으로 작용하는 경우가 대부분이었다. 이는 식민지라는 상황과 연관된 총체적인 불안이 식민시대 내내 인도 사회에 팽배해 있었다는 점을 나타내는 징후다.

1857~1858년의 세포이 항쟁은 그 모든 면모가 결집된, 형태를 갖추지도 조직화되지도 못했지만 강력했던 대규모 폭동이었다. 세포이 항쟁이 참혹하게 진압됨으로써 식민지 정복사업이 종결된 뒤 곧바로 착수되었던 개혁의 움직임이 모두 중단되고, 빅토리아 시대 전성기의 보수주의적이고 중앙집권적인 영국 정부 주도의 식민통치 시대가 시작되었다.

세포이 항쟁에서 대중적 민족주의의 도래까지(1858~1917)

세포이 항쟁 이전의 전통적인 소요 사태는 1858년 이후 서서히 사라진다(그 대신 식민정부와 토착 왕족 및 대지주 사이의 관계가 한층 더 공고해지고, 군비가 증강되고, 소통 체계 및 행정제도가 개선되었다).

그러나 대개 종교적 색채를 띤 격렬하고 급진적인 대중적 소요 사태가 아직도 곳곳에서 나타났다. 빈민층의 일부가 이러한 움직임에 가담했다.

— 인구가 적지 않던 삼림이나 산악 지대에 거주하는 부족민의 움직임(천년지
복설 성향을 띤 경우도 드물지 않았다). 그 가운데 주목할 만한 것으로는 람파
지역의 폭동(1879~1880)과 비르사 문다의 주도로 이루어진 비하르 지방의
문다족 폭동(1899~1900)을 들 수 있다.

— 말라바르 지역에서 마필라족이 일으킨 여러 차례의 소요 사태(1910년까지).

그밖에도 평민층 농민이나 비교적 여유 있는 농민이 대지주나 세무 당국
또는 대부업자에 맞서 일으킨 토지개혁 운동이 확대되는 양상이 나타나기도
했다.

— '인디고 폭동'(1859~1862, 벵골 지역 인디고 플랜테이션에서 일하던 농민의
저항운동).

— '데칸 폭동'(1875, 마하라슈트라 지역에서 농촌 사회의 대부업자에 대한 저항의
움직임).

— 벵골 지역 파브나 행정구의 농민이 벌인 반反자민다르 운동(1873, 지나치게
높은 토지세에 저항하는 움직임이었다). 이것은 평화적인 시위였으며, 그 뒤 벵골
지역의 여러 행정구에서 이것을 모방한 저항의 움직임이 나타났다.

— 다양한 형태의 반反조세 운동(아삼 지역, 1894년의 마하라슈트라 지역,
1896~1897년의 구자라트 지역, 1900년 등).

1860년대부터 갖가지 클럽이나 저항 단체 같은 틀에서 출현하고, 그 뒤
1885년에 이르러 인도국민회의라는 통일된 표현체를 갖게 된 인도의 민족주의
지식인 계층은, 산발적인 저항운동이 일어날 때마다 일시적으로 협조했을
뿐 일관성 있는 행동으로 나아가진 못하고 있었다. 그러다가 '스와데시' 운동이

일어났을 때(1905~1906), 벵골 지역에서 나타난 광범위하게 농민층을 규합하려는 움직임에서 처음으로 적극 개입한다. 스와데시 운동은 1905년 영국이 결정한 벵골 지역의 분할 계획을 저지하기 위해 전개된 움직임으로, 반식민주의와 외국 상품의 배척을 표방한 민족주의 운동이다.

같은 시기 벵골 지역에서는 반영 테러리즘을 실천하는 소규모 비밀 조직이 생겨났고, 이런 움직임은 그 뒤 펀자브 지역과 마드라스주, 마하라슈트라 지역, 더 나아가 유럽과 미국의 이민 사회로 확산된다. 해외에서는 인도인 혁명가로 이루어진 소집단이 산발적으로 활동을 벌였는데(선전, 외국 혁명 단체와의 연계, 무기 유통), 바로 여기서 러시아의 10월 혁명 이후 최초의 인도인 공산주의자가 배출되었다.

간디 시대의 저항운동(1917~1947)

1915년 남아프리카에서 고국 인도로 돌아온 간디는, 처음에는(1917~1918) 혼자서 제한적인 규모의 저항운동을 펼쳤다. 그러나 이때부터 이미 비폭력 운동이라는 독창적인 투쟁 방식을 실천하고, 도덕적 갱생이라는 메시지와 함께 사심 없는 빈민층의 수호자란 이미지를 퍼뜨리기 시작했다(비하르 지역 참파란 행정구에서 일어난 인디고 재배 농민의 저항운동, 구자라트 지역 카이라 행정구 농민의 반조세 운동, 아메다바드 직조 공장 노동자의 파업에 개입). 그러다가 1919년 롤라트법이라는 예외법에 저항하기 위해 온 국민이 동참하는 시위의 날을 성공적으로 조직함으로써 단숨에 인도국민회의 운동의 지도자로 부상한다. 인도가 독립으로 나아가는 과정에서 주목할 만한 대중적 민족주의 운동은 다음과 같다.

— 비협조 운동(1920~1922).

— 시민불복종 운동(1930~1931, 1932~1934).

— '인도를 떠나라Quit India' 운동(1942).

　공식적인 민족주의 이념에 따른다면, 이 30년 동안의 역사는 지식인층과 일반 국민이 공통된 목표인 국가의 독립을 위해 서서히 결집하던 시대의 역사였다. 그리고 간디라는 카리스마 있는 지도자가 있었기에 이러한 과정은 더욱 가속화되었다.

　그러나 실제로는 '부르주아'(영어 구사 능력이 있는 지식인 계층과 부유한 농민층) 민족주의 연합이 지배하던 간디의 인도국민회의는, 부족민이나 빈민층 농민의 급진적인 보복성 움직임을 억압하거나 식민 권력의 탄압에 내맡겨 버렸다(정치적인 활용 가치가 없다고 판단될 경우). 또한 인도의 공산주의 운동도 그 역할이 매우 미미했다. 이런 상황에서 상부로는 사회주의 색채를 띠어 가고, 농촌의 하부 조직은 보수주의 성향을 띠었던 부르주아 민족주의 연합이 독립한 뒤에 권력을 장악했다.

자크 푸슈파다스

인도의 영국인(1858~1947), 또는 '냉소주의' 시대

마리 푸르카드

1830년부터 1880년까지 세계 최강의 열강으로 부상한 영국은 온 세계의 식민화된 영토 및 주민의 약 90%를 차지하고 있었다. 나폴레옹 전쟁이 종결될 무렵에 영국이 누렸던 경제적·정치적·문화적 패권을 그대로 드러내는 과도하고 엄청난 영국의 지배권은, 인류 역사에서 유례를 찾아볼 수 없는 것이었다. 인도 대륙이라는 단 하나의 식민지만으로도 로마 제국이 절정기에 보유했던 영토보다 더 넓고, 주민 수도 더 많았다.

부다 에트마드, 『세계의 소유』, 2000.

예전의 파렴치한 행위, 클라이브의 약탈 행위, 세포이 항쟁의 진압 ……
이것들은 오늘날 하나씩 드러나는 역사적 진실에 비하면 하찮은 일화처럼 보인다. …… 1940년대에 모든 게 완결되었다. 인도에서 영국의 식민통치는 기력이 다하여 기진맥진한 상태에 놓여 있었다. 결산의 시기가 도래한 것이다. 아직도 영국인 특유의 마키아벨리즘을 구사해 볼 여지가 좀 남아 있었지만, 종말에 이르렀다는 인식이 그나마 이런 행동을 저지했다.

자크 베르크, 『세계의 탈소유』, 1964.

견유학파 철학자는 죄악에 대한 경멸에서 풍습이나 예의범절에 대한 경멸로 전이해 갔다. 그리하여 이들은 뻔뻔하고 파렴치한 자들이 되었다. 부끄러움을 모르는 것을 덕목으로 삼은 것이다.

콩디악, 『고대사』 III, 48.

인도를 정복하는 데 영국은 단 한 푼도 치르지 않았는데, 이는 인도 자신이 그 비용을 고스란히 감당했기 때문이다. 1858년 영국 의회에 보낸 각서에서 영국 동인도회사는 이 점을 자랑스럽게 지적했다.

지난 100여 년 동안 인도의 영국령 영토는 바로 그 영토에서 제공받은 수단으로 획득하고 수호했다. 따라서 영국 국고에서 지출된 비용은 단 한 푼도 없다.

인도인 용병 부대뿐만 아니라, 인도 대륙에 주둔한 영국 군대의 유지비까지 인도인이 부담했다. 그뿐만 아니라 인도는 아시아와 아프리카에서 벌어진 영국의 식민지 정복사업에 소요되는 인도 군대의 재정적 부담까지 상당 부분 떠맡았다. 이에 대해 어느 영국인 역사가는 대영제국은 '헐값으로'[1] 얻은 거나 마찬가지다라고 말하기도 했다.

그런데 바로 이런 점이 영국의 인도 대륙 점유와 지배를 형용하는 단어인 '냉소주의cynicism'의 주요 특징 가운데 하나다. 이중 언어, 마키아벨리즘, 비잔티니즘[비잔틴 신학자처럼 미묘한 문제에 관한 무익한 논쟁에 집착함을 뜻함], 이것들은 냉소주의의 가깝고 먼 친척쯤 되는 개념으로서, 영국 식민통치 지도자와 그들의 정책에 관해 논하는 글에서 자주 나타나는 용어다.

'식민주의'라는 단어는 그 용어가 가리키는 현상이 급속하게 쇠퇴의 길로 접어들던 시기에 일상적으로 통용되기 시작했다. 식민주의는 기술에서 뒤떨어진 농업 지역을 희생시키는 대신, 산업화에서 앞선 국가가 팽창하는 과정에 개입하고 기여했다. 유럽인은 자신의 문명만이 오직 하나밖에 없는 진정한 문명이라 생각했는데, 유럽인에게 문명이란 정신적 산물이 아닌 오로지 기술 수준으로만 평가되는 것이었다.

---

1) V. G. Kiernan, *European Empires from Conquest to Collapse 1851-1960*, Leicester, Leicester University Press, 1982, p. 140.

힌두교의 고대 서사시 『라마야나』 또는 코란을 읽었는지, 엘로라의 힌두 석굴 사원을 보았는지의 여부는 조금도 중요치 않았다. 대포도 직기도 화승총도 없다는 이유로 그들은 야만인 취급을 받았다.[2]

이런 관점으로 볼 때, 식민주의는 무엇보다도 근대의 산업화된 문명과 다른 형태의 여러 문명 또는 문화(주로 농경문화) 사이에서 벌어진 투쟁의 역사였다.

그런데 어떻게 해서 서구 문화의 확산이 피정복민으로 하여금 식민 지배자에 맞서 저항하게 했을까? 피정복민의 투쟁과 시련의 역사는 그동안 수많은 역사서에서 충분히 다루었다. 결론적으로 말한다면, 식민주의에 치명타를 가한 주체는 식민 지배자 자신 또는 그들의 문명이었다. 식민시대에는 산업 생산품뿐만 아니라 지적 생산품도 식민지로 유입되었기 때문이다. 따라서 유럽인은 머지않아, 얼마 전에 고국에서 그들 자신이 투쟁하면서 기치로 내걸었던 바로 그 이상을 내세우며 자신에 맞서 투쟁하는 식민지 민중의 움직임을 목격하게 된다.

2차 대전 때 마침내 결정적인 시점이 도래한다. 나치와 파시스트의 횡포에 맞선 민중의 투쟁이 당연히 온 세계에 반향을 불러일으켰던 것이다. 여기서도 유럽인이 모범을 보였고, 그후 무장 투쟁을 비롯한 갖가지 형태의 투쟁이 아시아의 밀림 지대와 마그레브 지역의 모래사막으로 확산되었다. 이렇게 하여 '식민체제의 몰락'이라는 마지막 장이 시작된다.

1917년 러시아에서는 소비에트 정권이 수립되었다. 소비에트 정권을 수립한 레닌이 온 세계의 식민화된 지역을 자본주의 세계의 '보호구역'이라 선언하자, 공산주의자는 곧 식민지 민중을 대상으로 대대적인 선동 사업에 착수했다. 이것은 곧 엄청난 결과를 불러왔으며, 특히 2차 대전이 끝나자마자 서유럽

---

2) R. Luraghi, *Histoire du colonialisme, des grandes découvertes aux mouvements d'indépendance*, Turin, UTET, trad. fr. Gérard & Co, Verviers, p. 10.

국가로 하여금 식민주의를 청산하도록 몰아세웠다. 19세기에 이미 어떤 새로운 태도가 나타났다.

　　아스텍 문명의 경이로운 보석 세공품을 펄펄 끓는 도가니 속에 던져 넣어 금 덩어리로 만들던 스페인 정복자의 시대는 지나간 지 오래되었다.[3]

　이때부터 비서구 문명에 대한 대대적인 관심이 나타나 꾸준히 확대된다. 엑조티시즘 문학은 기술 문명에 대한 '페이소스적 보상'이라는 점에서 어쩌면 기술 문명의 발전에 따른 필연적인 결과였다.

　이에 대해 사르트르는 『상황』 5권의 '식민주의와 신식민주의'에서 이렇게 말했다.

　　'피토레스크'란 개념은 전쟁과 적을 이해하지 않으려는 거부의 태도에서 유래했다. 실제로 아시아에 대한 우리 유럽인의 지식은 처음에는 '격앙된' 선교사와 병사에게서 비롯되었다. 그 뒤에는 여행자(상인과 관광객)가 그 땅을 밟았는데, 이들은 '냉정함을 되찾은' 전사다. 수탈은 쇼핑이라 불리고, 전문화된 업소에서 유상으로 강간이 행해진다. 그렇지만 근본적인 태도는 조금도 달라지지 않았다. 예전에 비해 토착민을 살해하는 일은 훨씬 드물어졌다. 그러나 지금은 누구 하나 예외를 두지 않고 일괄적으로 그들을 멸시한다. 이것은 집단 학살의 문명화된 형태다.[4]

　인도는 아주 오랜 옛날부터 신화와 귀중품 —진주, 다이아몬드, 향수, 장미수, 코끼리, 호랑이 등— 의 고장으로서, 모든 민족이 탐내던 대상이자 지혜의 보고였다. 헤겔도 '인도, 갈망의 나라'라고 쓰지 않았던가! 그러다가 마침내

---

3) R. Luraghi, op. cit., p. 14.

4) J.-P. Sartre, *Situations*, V : *Colonialisme et néocolonialisme*, Paris, Gallimard, NRF, 1964, p. 181.

정복의 시대가 지나가고, 조직화의 시대가 도래한다. 총독 달하우지 경 (1812~1860)이 조직화 사업을 일부분 떠맡게 되었는데, 그는 수탈과 조직화, 냉소주의와 탁월한 행정, 훼손과 근대화 사업 등 '브리티시 라지,' 곧 영국의 인도 식민통치의 근본적인 이중성을 가장 잘 구현한 인물이었다.

영국도 다른 식민 열강 못지않게 탐욕스럽게 굴긴 했지만(조직화에 매우 탁월했으므로, 어쩌면 더 탐욕스러웠다고 말할 수 있다), 영국의 역할을 오직 비생산 적인 수탈에 한정시킬 순 없다. 영국인은 자신의 행정제도와 문화의 장점을 피정복민에게도 전해 준 몇 안 되는 식민 지배자 가운데 하나였다. 영국인이 인도 문명을 가장 처음 접한 사람도, 가장 깊숙이 파고들었던 사람도 아니었지만 (영국인 특유의 경험주의적 사고방식 때문에 차마 그렇지 못했을 것이다), 늘 그 지역의 관습과 신앙을 극도로 존중함으로써 인도 토착민의 정서를 해치지 않으려고 애썼다. 그들이 강경하게 개입하는 경우는 전통적인 종교의식에서 비인간적인 요소가 관찰될 때뿐이었다.[5]

그뿐만 아니라 영국인은 인도 전역에 평화와 질서를 정착시키고, 효율적으로 유지했다. 또한 모든 인도인을 하나의 통치 체제에 결집시켜 역설적이게도 인도인 모두에게 공동의 적을 제공함으로써, 그때까지 존재한 적이 없던 현실, 곧 '인도라는 국가'[6]의 토대를 마련하는 데 크게 기여했다. 다시 말해 오늘날까 지도 카슈미르 지역에서 스리랑카에 이르기까지 모든 인도인에게 유일한 소통 수단인 영어를 도입하고, 통일된 민간 행정제도와 사법제도를 수립하며(지역 전통을 존중한다는 차원에서 기존의 몇 가지 사법제도는 존속시켰지만), 단일화된 중량·계량·화폐 제도를 보급하고, 통합된 인도 시장을 창설했다.

그렇지만 모든 식민 국가에서 발생한 일이 결국 인도에서도 일어나고 말았다. 영국의 근대 자본주의 경제와 농업, 그리고 수공업 중심의 인도 경제가 충돌하면

---

5) 바로 앞에 수록된 글, 자크 푸슈파다스의 "인도 : 식민화의 첫 세기"를 참고하시오.
6) Luraghi, op. cit., p. 135.

서 인도 경제가 무너져 버린 것이다. 이것은 식민 지배의 가장 큰 비극이었고,
위에서 열거한 여러 장점에도 불구하고 영국의 식민화 사업이 결국 인도의
상황을 서서히 악화시켰던 대재앙이었다고 말할 수밖에 없는 까닭이 여기에
있다.

1858년부터 인도 독립까지 역사적 상황

1857년에 일어난 참혹했던 세포이 항쟁(반란자 수백 명이 교수형을 당하거나
대포의 포구에 결박당하여 발사된 대포알과 함께 '공중분해'되었다)의 즉각적인
결과[7]로 동인도회사가 폐지되고, 인도는 영국 국왕의 권한 아래로 넘어간다.
이때 나타난 형식적인 차원의 가장 큰 변화는, 동인도회사의 감독원을 대신하게
될 인도 담당 국무장관이 임명되었다는 점이다. 영국의 여러 식민지를 담당하는
식민성Colonial Office과는 별도로 인도성India Office이 설립되었다. 고위 관리로
구성된 이 기관은 영국과 인도 사이의 원거리 교통·통신이 획기적으로 개선되기
(1869년 수에즈 운하의 개통, 전신의 보급[8]) 시작한 1860년대 말부터, 조세 행정의
감시 등 식민정부의 활동에 대한 엄격한 통제권을 행사했다.

영국은 세포이 항쟁이라는 끔찍한 사태 앞에서 한 걸음도 물러서지 않고
가차 없이 반란 세력을 진압했지만, 그 와중에도 교훈을 끌어낼 줄 알았다.
그들은 사태가 진정되자, 이때 표출된 요구 가운데 일부를 들어주려고 애썼던
것이다. 지폐가 도입되고 은행이 설립되면서 금융업의 발전을 위한 토대가
마련되고, 이를 계기로 영국인 자본가가 인도에 기업체를 설립하기 시작했다.
이에 대한 여파로 19세기 말에는 국산품 애용을 권장하는 스와데시 운동이
일어났다. 그리고 이때 인도 자본으로 이루어진 두 은행이 설립되었다(봄베이의

---

7) 앞의 글, 자크 푸슈파다스의 "인도 : 식민화의 첫 세기"를 참고하시오.
8) C. Markovits, *L'Asie orientale*(sous la direction de Rotermund), Paris, Nouvelle Clio, 1999, p. 424.

뱅크 오브 인디아, 마드라스의 인디언 뱅크).

또한 조로아스터교의 일파로서, 오래전 이슬람의 박해를 피해 페르시아에서 건너와 인도에 정착한 파르시교도가 역동적이고 검소하며 미래에 대한 비전을 지닌 부르주아 계층을 형성했다. 이들의 영향으로 대규모 면직물 산업이, 특히 알라하바드에서 크게 발전했다. 그리고 캘커타에서는 황마 섬유 산업, 칸푸르에서는 양모 산업이 번성했다. 부유한 파르시교도인 잠솃지 타타가 세운 철강 회사 타타는 1913년부터 철강을 생산했다. 이 회사는 현재 인도 굴지의 대기업 타타 그룹으로 성장했다.

1885년 은퇴한 어느 영국인 관리의 주도로 캘커타에서 인도국민회의가 결성되었다. 이론상으로 인도국민회의의 유일한 설립 목적은 인도 국민의 실질적인 요구 사항을 정부에 전달하는 것이었다. 영국 부왕[해외 식민지에서 국왕을 대리하여 근무하던 고위 행정관. 영국령 인도에서는 국왕의 직접 통치가 시작되는 1858년부터 인도 총독이 부왕으로 불렸다]은 인도국민회의의 결성을 열렬히 환영했다. 그러나 얼마 지나지 않아 인도국민회의 쪽에서는 자신들이 제안한 개혁안이 전혀 실현되지 않았음을 깨달았고, 이때부터 인도국민회의는 정치투쟁으로 나아갔다. 바로 이 시기에 이슬람과 힌두교 공동체 사이에 분열의 조짐이 나타나기 시작한다.

이슬람교도는 인도국민회의에 참여하지 않았는데, 이러한 행동은 앞으로 중대한 결과를 초래한다. 이슬람 지지자가 입법회의 구성을 위한 선거에서 힌두교도와 이슬람교도가 따로 투표하자고 요구하여, 이것이 받아들여졌기 때문이다. 근시안적 사고를 지닌 영국인 관리는 두 종파 사이의 분리 움직임을 환영하고 은근히 부추겼는데, 인도를 분할함으로써 더 오랫동안 인도를 장악할 수 있으리라는 기대 때문이었다.

그러나 머지않아 이들은 사소한 책략 따위가 통하던 시대는 이미 끝났다는 사실을 깨닫는다. 마침내 인도가 역사적 대격변의 시기로 접어들고 있었던 것이다. 1909년에는 입법회의 소속의 인도인 의원에 의해 자유선거 원칙이 도입되어, 선거를 통해 구성되는 지방의회가 설립되었다. 사법제도가 재정비되고 개선되었으며, 법정에서 인도인 판사가 영국인 판사와 나란히 자리 잡게 되었다.

또한 새로운 조세제도가 수립되고, 1906년에는 주로 부유층에게 부담이 큰 누진세가 시행되었다. 관개시설을 확충하는 사업이 추진되어 농민에게 물을 공급하고, 대학과 연구소 또는 의학·물리학·화학·생물학 연구를 위한 각종 재단이 설립되었다. 대학에서는 유럽의 역사, 곧 유럽 국가들이 어떻게 건설되고 어떻게 하여 통일된 자유주의 국가를 이룩했는지를 가르치고, 인도의 젊은이는 자유주의와 민주주의, 영국식 의회정치 같은 정치 원리를 습득했다.

람 모한 로이⁹⁾가 추진한 혁신 운동과 비슷한 운동이 생겨났는데, 이는 서구 문화를 바탕으로 힌두교 원칙을 혁신시키고자 하는 움직임이었다. 인도의 전통 문화가 인도로 침투하려는 공산주의 이념을 효과적으로 막는 역할을 했지만, 인도는 결국 소련을 비롯한 해외 공산주의 단체에서 많은 도움을 받는다. 그러면서도 인도는 독자적인 노선을 고수할 수 있었는데, 이는 식민체제에 맞서 싸우는 데 필요한 독자적인 이념을 인도 국민에게 제시한 어느 위대한 인물 덕분이었다. 20세기 한가운데에서 그는 아소카 황제 시대 이래로 조금씩 형성되어 온 인도 고유의 전통을 최우선의 가치로 회복시키려고 노력했다. 그가 바로 봄베이 출신의 변호사 간디인데, 깡마른 그의 모습은 곧 온 세계에

---

9) 람 모한 로이Ram Mohan Roy(1772~1833)는 브라만 가문 출신으로서, 종교 개혁가이자 정치인이다. 영어, 페르시아어, 아라비아어, 산스크리트어에 능통했던 그는 1804년부터 1815년까지 동인도회사 집행부에서 근무하기도 했다. 그는 여러 종교의 경전을 연구하고, 당시 인도 사회의 폐습을 퇴치하기 위한 운동을 벌였다(그 가운데 특히 죽은 남편의 시신과 함께 아내를 산 채로 화장시키던 관습인 '사티'를 없애야 한다고 주장했다). 근대 인도의 '아버지'라 불리는 그는 1828년에 브라마 사마지 운동을 창설했다. 이 운동을 통하여 그는 인도가 서구식 교육을 도입함으로써 전통적인 정신은 간직한 채로 중세를 벗어나 근대로 진입할 수 있기를 바랐다.

알려진다.

간디는 인도의 독립이야말로 자신이 가장 중요하게 여기는 '도덕적 갱생'의 길로 가기 위한 첫 번째 단계라 생각하여, 인도의 독립에 관심을 두게 되었다. 그는 인도 대륙의 유구한 역사와 문화를 돌이켜보면서, 분명히 수많은 결점을 안고 있지만 물질적이거나 탐욕스럽지 않은 사회를 발견했다. 간디는 바로 그 이상理想, 곧 기계문명이 앗아가 버린 수작업에 기초한 단순하고 소박한 삶으로 되돌아가야 한다고 생각했다. 마르크시즘과는 거리가 멀었던 간디가 생산 수단의 변화에서 사회 변화의 본질을 찾아냈던 것이다.

또 그는 비난받아 마땅한 기계문명 사회가 폭력에 기반하여 세워졌다고 생각했다. 그런 사회가 식민주의를 생성시킨 것은 당연한 일이라는 것이다. 식민주의는 부당한 것이고, 폭력이 부당함을 야기하는 것은 너무도 당연하기 때문이다. 간디는 서구 사회가 직면한 위기의 근본적인 원인을 탐구함으로써 인도 국민의 해방을 위한 지침을 제시했다. 곧 인도인은 정의에 대한 의지를 행동으로 실천해야 한다는 것이다.

그러나 정의라는 것은 폭력을 기반으로 성립될 수 없으므로, 투쟁은 반드시 '비폭력'적이어야 한다. 간디는 러시아의 공산주의 노선을 채택하지 않으면서도 자본주의 사회에 내재된 부정적 요소를 물리치려고 애썼다. 간단히 말하면, 지배층과 서민층을 결집시키고 외국의 지배 세력과 협조하지 않는, 이른바 '비폭력적 사회주의'를 채택한 것이다. 이러한 간디의 행동은 결국 인도의 식민통치 조직을 마비시켰고, 영국은 협상에 나서지 않을 수 없는 처지가 된다. '무관의 왕'이 식민 지배 세력에게 맞서기 위해 인도 국민에게 인도인의 전통과 정서에 가장 부합하는 무기를 제공했던 것이다.

영국은 온건한 양보 및 타협 정책의 일환으로 전시 내각에 두 명의 인도인을 영입하고, 세계평화회의에 인도인 대표 한 사람이 참가토록 했다. 그러나 인도에서는 긴장 상태가 계속되었고, 펀자브 지역에서 강경한 진압이 있은 뒤로 인도 국민의 불만은 점점 더 고조되었다. 간디는 행동으로 나아가야 할 때가 되었다고 판단했다. 남아프리카에서 장기간 체류한 뒤 인도로 돌아온 간디는, 인도국민회의에 영향력 있는 인물이 없다는 사실을 깨닫고는 인도국민회의 지도부를 장악한다. 그는 '영국의 지배'에 대한 항의의 표시로 최초의 비폭력 운동에 착수하여 곧 큰 성공을 거두었다.

영국은 이러한 움직임을 강경하게 진압하여 초기에 근절시키고자 했다. 이리하여 암리차르[10]에서 다이어 장군이 평화적인 집회를 하는 군중에게 발포 명령을 내렸고, 이는 379명의 사망자와 1,200명의 부상자를 낸 본격적인 학살이 되고 말았다. 런던에서는 다이어 장군이 영국령 인도를 구했다고 평가하는 사람도 있었지만, 실제로는 그야말로 인도를 잃게 만든 장본인이었다.

1920년에 소집된 인도국민회의는 인도 독립이라는 목표를 명확히 밝혔다. 간디는 가능하다면 대영제국이라는 틀 안에서, 어쩔 수 없다면 그 틀 밖에서 인도 전역에 걸쳐 비폭력 저항운동을 이끌었다. 그 뒤 곳곳에서 폭력 사태가 일어나자, 간디는 저항운동을 중단하기로 결정한다. 그리고 얼마 뒤 그는 체포되어 6년형을 선고받는다.

그가 감옥에 갇혀 있는 동안, 인도국민회의는 네루라는 역동적이고 정력적인 인물을 지도자로 선출했다. 네루 역시 변호사 출신으로 간디의 사상에 큰 영향을 받은 인물이다. 마하트마 간디는 1924년에 석방되어, 곧 인간 갱생을 위한 전국적인 대규모 운동에 착수했다. 음주 습관을 배격하고, 산업화에

---

10) 암리차르 학살에 관하여 살만 루시디Salman Rushdie는 이렇게 썼다(『상상의 나라들Patries imaginaires』, Paris, Christian Bourgois, 1993, p.115). "1919년, 펀자브 지방에서 영국인은 크게 당황했다. 인도인이 또다시 폭동을 일으키지나 않을까 염려했던 것이다(1857년의 대반란 다음으로). …… 군법회의에서는 혹시 다이어 장군에게 유죄 선고를 내릴지 모르겠지만, 식민주의자의 입장이 달랐다. '외국놈'에게 본때를 보여준 그는 영웅이었다. 영국으로 귀환했을 때에도 영웅으로 환영받았다. 심지어 그를 위한 모금 운동이 벌어졌고, 이로써 그는 큰 부자가 되었다. 타고르는 그 학살 사건에 대한 영국인의 반응을 보고는 진저리를 치며 귀족 작위를 반납했다."

반대해 수공업을 옹호하고, 불가촉천민의 권익 보호를 주장했다. 그리고 1930년
3월 12일부터 4월 16일까지 그 유명한 '소금 행진'을 벌였다.

간디가 무엇보다도 인간 쇄신을 우선시했다면, 그의 제자라 할 수 있는
네루는 인도의 독립에 역점을 두었다. 네루는 식민주의가 피지배자뿐만 아니라
지배자까지 정신적으로 피폐하게 만드는 체제이므로, 이를 없애는 것만이
근본적인 해결책이라고 생각했다. 이처럼 네루와 간디는 둘 다 인간성 회복을
가장 중요한 목표로 삼았다. 간디는 제2차 시민불복종 운동(1932~1933)에 착수
하여, 또다시 체포된다. 그렇지만 전국적으로 그의 지지자는 엄청나게 늘었다.
그러자 1935년 영국은 이에 굴복하고 타협안을 제시했는데, 민주적인 선거를
통해 지방의회를 구성한다는 것이 그 내용이었다. 이때부터 지방의회가 거의
대부분 인도국민회의의 품으로 넘어갔다.

마침내 제2차 세계대전이 발발한다. 이때 인도가 할 수 있는 것은 무엇이었을
까? 자유를 위해 싸우던 영국은 당연히 인도를 독립시켜야 한다는 압력을
받았지만, 영국은 이를 모르는 체했다. 그러나 인도 국민의 지도자들은 입장을
분명히 밝혔다. 인도가 나치 독일이나 일본 같은 침략자 편에 설 수 없다고
선언한 것이다. 물론 "나중에 국민의 영웅이 된 인물인, 국민회의파를 탈퇴한
민족주의 정치가 수바스 찬드라 보스의 군사적 행동도 있었지만"[11] 말이다.

또한 스리 오로빈도는 조국 인도의 이름으로 나치 독일에 반대한다는 뜻을
공개적으로 선언하고, 인도가 민주주의 국가의 승리를 위해 협조해야 한다고

---

11) 수바스 찬드라 보스Subhas Chandra Bose(1897~1945)는 간디 및 네루와 결별한 뒤, 인도 독립을
위해 히틀러에게 도움을 얻으려 했으나 실패한다. 결국 일본과 손을 잡고, 1942년 퇴각 당시
말레이시아와 싱가포르에서 일본군에게 붙잡힌 영국군 소속 인도인 포로 가운데 1/3(대략 2만
명)을 넘겨받아 즉석에서 조직한 군대에 편입시켰다. 이들은 1944년 일본군과 함께 아삼 지역
을 공격하는 데 참여했는데, 이는 연합군의 버마 침공을 지연시키려는 목적으로 일본군 사령부
가 벌인 일종의 교란작전이었다. 작전은 실패로 끝났으나, 전투에서 목숨을 잃은 인도인 병사가
일부 인도 국민에게 공감을 얻어냈다는 점에서 상징적인 측면에서는 어느 정도 성과를 올렸다
고 볼 수 있다.(Markovits, "Le mouvement national et la décolonisation de l'Inde (1919- 1947),"
Historiens et géographes : Dossier Inde, 1989, p. 233).

주장했다. 실제로 인도인 병사는 연합국의 승리에 지대한 공헌을 했다. 250만 명이 영국군 진영에서 싸우려고 자원입대하고, 800만 명이 군대의 보조 업무 분야에서 일하고, 500만 명은 군수용품을 생산하는 공장에서, 그리고 100만이 넘는 인도인은 운송 분야에서 일했다.

그렇지만 국민회의의 지도자들은 연합국을 지원하는 것이 곧 영국의 식민주의를 인정한다는 뜻은 아니라는 점을 분명히 나타내고자, 영국에 대한 정치적·이념적 투쟁을 중단하지 않아서 그동안에도 갈등이 그치지 않았다. 전쟁이 끝나자, 새로이 들어선 영국의 노동당 정부는 어떤 식으로든 사태를 끝내지 않을 수 없는 상황을 맞는다. 결국 인도는 독립을 이루어냈는데, 그것은 필연적인 결과였다.

마침내 1947년 영국의 식민통치가 종결되고, 영국 군대는 인도를 떠난다. 영국 국왕은 인도 제국의 황제라는 칭호를 반납했다. 그런데 이때 하나의 인도가 아니라 두 개의 국가가 탄생했고, 간디는 크게 실망한다. 오래전부터 이슬람교도는 별도의 조직을 만들어 세력을 규합하며 서서히 분리 독립을 준비하고 있었다. 이슬람연맹 회원은 힌두교도가 다수인 인도에서 통일된 국가가 탄생할 경우, 소수인 이슬람교도 공동체가 소외될 수밖에 없으리라는 점을 우려했다. 이리하여 독립이 선포되자 한쪽에서는 인도 연합이, 다른 쪽에서는 이슬람 국가인 파키스탄이 설립된다. 인도는 영국 연방의 틀에 남아 있는 채로 공화국을 선포했다.

몇몇 역사가가 그런 해석을 제시한 바 있지만, 영국령 인도는 '성공한 탈식민화의 모델'이 되진 못했다. 식민 열강과 인도 민족주의 사이의 무력 충돌은 피할 수 있었지만, 무기력해진 식민 권력이 무관심하게 지켜보는 가운데 인도 안의 공동체 사이에서 참혹한 유혈 사태가 벌어졌던 것이다. 영국 정부의 정책을 인도 분할이라는 불행을 야기한 유일한 원인으로 매도할 순 없겠지만,

영국 정부의 책임이 크다는 점을 아무도 부인하지 못할 것이다.

인도의 분할은 또한 늘 종교 공동체 사이의 대립을 넘어서고자 했던 인도 민족주의자에게도 중대한 실패였다. 인도국민회의에서는 무엇보다도 실용주의적인 이유 때문에 결국 체념하고 말았는데, 이것은 진나[12]와 이슬람연맹의 요구를 들어준다면 앞으로 통일된 국가를 통치하기가 매우 어려워질 것이라는 우려 때문이었다. 그래서 이슬람교도가 다수인 지방이 연합하여 독립된 국가를 세우도록 내버려두는 게 낫다고 판단했다(이 나라는 1971년에 또다시 둘로 분열된다). 앞으로도 "인도의 정치 현실은 혼란스러운 탈식민화 과정의 유산인 '공동체주의'의 흔적에서 벗어날 수 없게 된다."[13] 어쨌든 인도는 1950년에 식민체제를 완전히 청산했다.

인도에서 영국 식민주의의 특징적 면모와 주요 수치

크리스토퍼 콜럼버스와 바스코 다 가마의 시대로부터 시작된 서구의 패권은, 19세기의 마지막 3분기부터 거의 무제한적인 지경에 이른다. 본국이 감당해야 할 인적 비용을 제한하기 위한 필수 조건으로 소수의 백인이 다수의 동양인과 흑인 인력에 의존한다는 점은, 근대 이후의 식민시대 전기간을 통틀어 가장 중요한 특징 가운데 하나였다. 게다가 백인의 수적 열세는 식민제국이 왜 그렇게 급속하게 몰락했는지, 또 백인에게 병리학적인 위험성이 매우 높았던 열대 지역을 제어하기가 왜 그렇게 어려웠는지를 설명해 주는 중요한 사실이기도 하다.

---

12) 무하마드 알리 진나Muhammad Ali Jinnah(1876~1948)는 시아파 이슬람 정치인으로서, 이슬람 연맹을 이끌고 인도 분할을 지지했다. 인도가 분할된 뒤, 1947년에는 파키스탄이라는 새로운 나라를 세웠다.

13) C. Markovits, op. cit., p. 236.

이런 상황에서 1830~1840년 식민지에서 키니네가 말라리아 치료제로 사용되기 시작하고, 19세기 중엽에는 감염 지역에서 먼 곳으로 도피하는 이른바 '도피 전략'으로 숱한 인명 피해를 예방할 수 있었다.14) 인도에서도 그와 비슷한 전략을 써서 영국군 병사의 사망률을 1860년대 69%, 19세기 말에는 15%, 1920~1924년에는 7% 감소시켰다.

어쨌거나 여러 가지를 고려하여 최종적으로 내릴 수 있는 결론은 다음과 같다. 열대지방 곳곳에서 식민 지배자는 적대적인 환경의 비위생적인 상태에 노출될 유럽인 병사와 행정관리의 수를 줄이는 대신, 토착민 매개자와 조력자에게 도움을 받을 수 있었기에 그 머나먼 고장에서 백인의 지배가 가능했다.15)

마찬가지로 유럽인은 인도에서도 현지인 매개자의 도움 없이는 아무 것도 할 수 없었다. "수천 명의 노예, 하인, 조수, 동업자, 협력자가 유럽인 주위에서 바삐 움직였다."16) 여기서도 식민 군대에 토착민을 편입시킴으로써 질병이나 적군의 공격에 노출될 유럽인 병사의 수를 제한할 수 있었고, 이는 본국이 감당해야 할 식민지 유지비를 감소시키는 데 크게 기여했다.

토착민을 군대에 편입시키는 것은 오래된 관행이었다. 포르투갈인이 16세기 초부터 실시한 뒤 나중에는 인도로 유입되었는데, 인도의 영국인만큼 그 관행을 극한으로 밀고나간 사례가 없었다. 동인도회사의 군대는 1857년 세포이 항쟁이 일어나기 직전까지 31만 명 이상의 세포이 용병을 받아들였는데, 이는 전체 병력의 약 90%에 해당하는 수치다. 그러다가 1881년에는 64%로 감소하고,

---

14) D'après P. D. Curtin, *Death by Migration. Europe's Encounter with the Tropical World in the Nineteenth Century*, Cambridge, Cambridge University Press, 1989.

15) B. Etemad, *La Possession du monde : Poids et mesures de la colonisation*, Paris, éditions Complexe, 2000, p. 34.

16) F. Braudel, *Civilisation matérielle, économie, capitalisme XVe-SVIII^e*, t. 3 : Le Temps du monde, Paris, Armand Colin, 1979, p. 421.

20세기 전반기에 다시 한 번 상승의 움직임이 있었다.

인도군은 해외에서 전개된 영국의 팽창사업에도 참여했다. 버마(1824~1885년에 걸쳐 여러 번), 페르시아(1856~1857), 중국에 여러 번(1839~1842, 1857~1860), 1900년 의화단의 난이 일어났을 때, 아프가니스탄(1878~1880), 이집트(1882~1885), 아프리카 동부와 중앙(1897~1898, 1902~1904), 19세기 말에는 아프리카 서부에도 파견되었다. 19세기에 이처럼 대규모로 현지인 병력을 징집한 경우는 어디에서도 찾아볼 수 없었다. 영국의 경우처럼 인도와 같은 규모의 '인력 탱크'를 보유한 식민 열강이 없었기 때문이다.

식민지 당국자는 특히 라지푸트족, 자트인人, 시크교도, 구르카족[네팔에 거주하는 용맹한 부족] 같은 '호전적인 부족' 출신의 용병을 채용했다. 비교적 높은 봉급을 정기적으로 받는다는 점이 토착민 병사를 동인도회사의 군대로 끌어들이는 매력적인 요소로 작용했다. 또한 정복자의 군대에 편입된 피정복민에게는 군대의 질서가 식민 사회에서보다 덜 부당한 것처럼 보였을 수도 있다.

1913년에 이르면 76,000명의 영국군 병사가 3억 1,500만 인구의 인도를 장악하고 있었다. 영연방 자치령에 한해 본국이 식민지 정복과 방어에 소요되는 재정을 감당했다. 개발(수탈)을 위한 식민지에서는 1860년부터 1912년까지 군비 지출이 전체 예산의 35~40%를 차지했다. 인도의 경우 영국 정부는 그 상당 부분을 식민지에 떠맡겼다.[17] 게다가 1853년과 1862년에 최초의 철도 노선이 건설되었고, 인도는 철도를 보유한 아시아 최초의 식민 영토가 되었다. 1870년에는 대륙간 전신 케이블이 설치되었다.

식민화가 인도 대륙의 토착민에게 얼마나 큰 타격을 입혔는지 평가하는 문제는 오늘날까지도 역사가를 당혹스럽게 한다. 아메리카나 오세아니아 대륙

---

17) L. E. Davis, R. A. Huttenback, *Mammon and the Pursuit of Empire. The Political Ecnomy of British Empire, 1860-1912*, Cambridge, Cambridge University Press, 1986, pp. 154-156.

의 경우와 달리, 인도에서는 서구 세력의 군사적 정복으로 인해 새로운 질병이 유입되지 않았다. 이뿐만 아니라 인도 주민의 사망률이 최고조에 달했을 때는 정복사업과 군사원정의 시기(1757~1857)가 아니라, 19세기 후반기, 곧 영국인 식민 당국자가 위생 및 의료 조처를 인도 주민 전체에 확대시키려고 노력하던 시기였다.

식민지 상황에 관한 통계를 보면, 말라리아와 각종 호흡기 질환, 폐결핵, 이질이 1872년부터 1921년까지 인도인의 사망 원인 가운데 약 90%를 차지했다. 달리 말하면, 식민지 인도의 심각한 인구 위기를 초래한 것은 외부에서 유입된 질병(페스트, 스페인 독감)이나 대기근(일반적으로 대기근의 책임을 영국인 식민 지배자 탓으로 돌리지만)이라기보다는, 갖가지 풍토병(특히 말라리아)이 널리 확산되었기 때문이었다. 말라리아라는 전염병 하나가 1년에 100만여 명의 목숨을 앗아갔다.

19세기 중엽부터 영국의 식민통치 아래에서 인도의 근대화가 추진됨으로써 이전 시대의 지역 균형이 급작스럽게 깨졌다. 인도의 근대화가 전통적인 경제 구조의 와해, 인도 대륙의 역사에서 유례를 찾아볼 수 없는 주민 사이의 혼합, 환경 파괴를 야기하면서 인도 대륙의 병리학적 생태 환경을 크게 변화시켰다. 이는 면역력을 갖지 못한 가난한 인도 주민을 외부에서 유입된 질병 및 이제는 전국적으로 확산된 풍토병에 노출시켰다.

그렇다면 혹시 인도가 식민화되지 않았다면 근대화에 따른 인적 손실을 피하거나 축소시킬 수 있었을까? 이에 대한 답은 학자마다 크게 엇갈린다. 아이라 클라인은 새로운 병리학적 생태 환경과 연관된 경우는 1901년부터 1921년까지 통계상 나타나는 인도인 사망자 2억 8천 명 가운데 약 10%에 불과하다고 평가한다. 나머지는 아득한 옛날부터 인도 대륙을 강타해 온 갖가지 원인 때문에 사망했다는 주장이다.

식민지라는 상황 때문에 '공식적인' 통계 자료가 정복 시대 초기의 '조악한' 산정 수치에 못지않게 신빙성이 떨어지는 경우가 많다. 바다 건너 멀리서 온 침략자의 인구조사에 피정복민이 선뜻 응할 리 없기 때문이었다. 따라서 식민지 통계 작업은 피정복민의 태도에 따라(저항적인지 능동적으로 참여하는지에 따라), 또 시기와 장소에 따라 달라질 수밖에 없다. 피정복민이라 해도 역사의 주역이라는 위상을 완전히 잃어버리진 않기 때문이었다.

영국의 지배권이 인도와, 1940년 무렵에 인도 대륙 전체 인구의 약 1/4을 거느리고 있었으며 영국의 직접 통치를 받던 지방보다 더 많은 자치권을 누리고 있던 600여 개의 군주 국가로 이루어진 영국령 인도에 똑같은 흔적을 남긴 것은 아니다. 최근 인도에서 실시된 설문조사에서는 '응답자 가운데 1/3이 인도가 영국의 식민지였다는 것을 모르고 있다'[18) 사실이 드러나기도 했다.

그것이 통계 수치이건 산정된 수치이건, 식민지 인구 통계는 대부분 불확실하다. 행정당국에 의한 인구조사는 무엇보다도 식민 통치자의 필요 때문에 이루어진 것이었다. 인도의 인구 문제에 정통한 학자 가운데 한 사람인 킨즐리 데이비스는 이렇게 말했다.[19) 먼저 그는 인도에서 체계적인 인구조사가 1867~1872년부터 시작되었는데, 당시 인도의 경제 발전 수준을 감안하면 이는 인구통계 분야에서 '세계 평균'을 상회하는 수준이었다고 지적한다. 또한 이 사업을 실시하는 동안 부딪쳤을 그 지역만의 독특한 어려움을 이렇게 설명한다.

수억의 인구가 모여 사는 매우 다채롭고 방대한 대륙을 상상해 보라. 게다가 그 가운데 대부분은 글자를 모르는 시골 사람이었다. 밀림이나 산악 지대에 고립된 채 살아가는 사람, 숫자나 계산에 관한 것이라면 무엇이든 적대시하는 미신에

---

18) B. Etemad, op. cit., p. 146.

19) K. Davis, *The Population of India and Pakistan*, Princeton, Princeton University Press, 1951, pp. 4-7.

집착하는 사람, 정치 또는 종교적 분파에 폐칩되어 외부 세계에 무조건 적대적인 사람, 심지어 석기시대의 야만인과 거의 다름없이 살아가는 사람도 있었다. 이런 점을 고려한다면, 인구조사를 실시할 당시 얼마나 큰 어려움을 겪었을지 충분히 짐작할 수 있다.

인도인이 인구조사에 선뜻 응하지 않은 것은 전통적인 금기나 근거 없는 두려움 때문이었다. 토착민은 조세 부과, 부역, 재산의 몰수, 강제 유배 등을 두려워하며 가족의 수를 줄이거나 아예 숨어버리기도 했다.

1880년 이후 식민 열강의 경쟁 관계에 변화가 나타난다. 새로운 경쟁자(독일, 이탈리아, 벨기에, 일본, 미국)가 무대에 등장하면서 영국과 프랑스의 고전적인 대결 구도가 더 복잡한 게임으로 바뀐 것이다. 1913년부터 1938년까지는 식민제국의 절정기였다. 식민화의 역사에서 두 세계대전 사이의 기간은 팍스 콜로니아, 곧 안정된 식민 지배 체제에 예속된 인적·물적 자원에 대한 체계적인 수탈의 시대였다.

기근과 영국의 책임 문제 : 사회적 냉소주의

1860년대부터 대략 1920년까지 인도는 계속되는 식량 부족과 기근에 시달렸는데, 이는 식민시대 전체를 통틀어 가장 심각한 시기였다. 1865~1866년에는 벵골, 오리사, 남인도가, 1868~1870년에는 라자스탄과 인도 중앙이 타격을 입었다. 1876~1878년에도 대기근이 닥쳐 남인도에서 약 400만 명이 사망했다. 또한 1896~1900년에는 봄베이주를 비롯한 중부의 여러 지방에서 500만 명이 목숨을 잃었다. 그리고 1907~1908년 북인도에 또다시 기근이 닥친다. 1860년대부터 1920년까지 약 50년 동안 인구 증가율—1871년부터 10년마다 인구조사가 정기적으로 실시되었고, 그 자료가 지금까지도 잘 보존되어 있다—은 인도 전역에서 연간 0.4%를 넘지 못했다.

1918년에는 스페인 독감이 크게 유행하여, 말라리아와 콜레라 때문에 신체적으로 이미 허약해지고 1896년부터는 페스트 때문에 타격을 입은 인도 주민에게 막대한 인명 피해를 냈다. 이는 50년에 걸친 심각한 인구 위기에 종지부를 찍은 사건이었다. 연속적인 기근이라는 식민시대의 특이한 현상은 예나 지금이나 역사가 사이에서 '식민 권력의 옹호자와 적대자 사이의 과학적이라기보다는 이념적 대결의 대상'[20]이 되고 있다.

식민 권력이 중앙집권적 행정부라는 형태로 확고히 자리를 잡고, 국가 주도의 인구통계가 이루어지며, 특히 1880년부터 점진적으로 기근법이 적용되면서 농촌의 위기는 예측이 가능한 새로운 현실이 되었다.

기근이라는 것이 아직도 시중에 떠도는 풍문의 대상에 지나지 않는 측면도 없지 않지만, 이제부터는 기근이라는 현실을 명확히 규명할 수 있게 되었다. 곧 강수량 부족, 곡물 가격의 상승, 사망률의 증가, 인구 증가율의 감소, 이런 것이 식민지 관리가 예의 주시해야 할 지표들이다.[21]

또한 민족주의 운동이 탄생하면서 기근 문제는 정치투쟁의 쟁점이 되었다. 인도인 언론인·변호사·교사·공무원은 기근을 가리켜, 19세기 말에 널리 회자되었던 나오로지[22]의 말처럼 '인도의 빈곤성'을 나타내는 가장 충격적인 징후라 주장했다. 그러나 영국 행정당국은 기근을 불안정한 기후 변화 탓으로 돌렸는데, 예를 들어 1902년 부왕 커즌 경은 우리 인간으로서는 어찌할 수 없는 변덕스러운

---

20) R. Lardinois, "Les famines en Inde : la colonisation en question(인도의 기근, 식민화의 책임 문제)," *L'Histoire*, no 139, 1990, p. 35.

21) Ibid.

22) 다다바이 나오로지Dadabhai Naoroji(1825~1917)는 파르시교도 민족주의 언론인이자 저술가로, 1892-1895에 영국 하원의원을 지냈다. 인도의 빈곤 문제를 다룬 여러 권의 정치서를 썼다.

기후가 기근의 유일한 원인이라고 말했다.

그런데 1870년부터 1920년 사이에 기근이 집중적으로 나타났다는 사실을 설명하는 데에, 식민지 관리처럼 그 기간 동안 해마다 가뭄이 되풀이되었다는 점 한 가지만을 원인으로 내세울 수 있을까? 마르크스주의 역사가 로메쉬 찬드라 더트 같은 인도의 민족주의자은, 농촌 사회의 빈곤이 지나치게 높은 토지세 세율 때문이라고 강력하게 주장했다. 그런데 롤랑 라르디누아가 지적한 것처럼 농산물 가격은 1870년부터 1915년까지 두 배로 상승한 반면, 토지세의 실질 가치는 1850년부터 감소했다.

그러나 19세기 말 교통수단이 비약적으로 발달하면서 인도에서 저비용으로 생산할 수 있는 수출용 작물의 재배가 확대되었다. 면화, 밀, 쌀 그리고 영국 대기업의 지원을 받은 아편, 황마, 홍차가 그것이었다. 1890년—이 해에 인도의 무역 수지가 흑자로 전환되었다!—에는 이 여섯 가지 작물이 전체 수출량의 60%를 차지했다. 그렇다면 수출용 작물 생산의 증가가 식량작물 생산의 감소를 불러왔을까? 1860~1880년대에 곡물 재배 면적이나 곡물 생산량이 감소되었다는 내용은 어디에서도 찾아볼 수 없다. 그렇다고 해도 19세기 후반기 동안 전통적 농업의 조건이 서서히 악화되었다는 점은 틀림없는 사실이다.

농촌 사회에서 기근은 치명적이었다. 기근이 들면 가장 먼저 농사일이 줄어들어 농민의 일자리가 감소하고, 수공업자에게는 전통적인 주요 고객의 주문이 중단되어, 모두에게 현물이든 현금이든 수입이 급감하는 결과를 낳았다. 다음으로는 곡물(특히 조 같은 잡곡) 가격이 3배, 심지어 4배까지 폭등함으로써(기근이 닥쳤을 때 흔히 나타나는 현상이다) 모두가 큰 타격을 받았다. 그러면 대부와 내팔이 필수적인 생활 조건이 되었다. 기근이 들 때마다 조직된 공식 위원회의 보고서를 비롯하여 당시의 상황을 증언하는 기록을 살펴보면, 농촌 사회의 부채 규모와 증가 속도가 어떠했는지 잘 나타나 있다.[23] 이는 1875년 인도 중부를 혼란에 빠뜨렸던 폭동의 주요 원인이었으며, 그 뒤로 여러 차례 농지법이 제정되었으나 근본적인 치유책은 되지 못했다.

1920년 이후를 살펴보면, 1943~1944년에 벵골 지역을 휩쓸었던 대기근이 인도에서 마지막으로 나타난 대규모 기근이었다. 벵골 지역의 기근은 1920년대를 전후로 나타나기 시작한 경제와 인구 차원의 새로운 환경 속에서 발생했다. 이 시기에 사망률의 급감으로 인한(특히 영아 사망률이 크게 감소했다) 인구 증가가 본격적으로 시작되었고, 이러한 경향은 1970년대까지 지속된다.

그러나 이러한 인구 증가에도 불구하고 농업 분야에서는 이전보다 나아진 게 없었다. 1891년부터 1947년까지 농업 생산은 상업용 작물 재배에만 집중되었다. 그러다 보니 1920년을 전후로 인구와 경제 추이가 엇갈리는 현상이 나타난다. 곧 인구가 증가하던 시기에 오히려 농업 생산은 퇴보하여, 이것은 당연히 농민 계층의 빈곤화를 야기했다.

1880년에 최초로 기근 위원회가 설치되고, 기근법이 제정되었다. 이는 기근이라는 재앙을 통제하기 위한 주도면밀한 간섭주의를 뜻하는 것이었다. 가장 먼저 빈민층에게 곡물을 구입할 수 있는 자금을 제공했는데, 그로 인한 재정 압박이 수많은 논쟁을 불러일으켰다. 1877년 부왕 리튼 경은 "인도 농민의 생존을 위해 그렇게 엄청난 재정 지출을 감내해야 하는가?"라고 한탄하기도 했다. 같은 시기, 영국 정부의 특사로 마드라스에 파견된 리처드 템플은 난민 구호소에서 지급되는 봉급과 식품 배급량을 줄이도록 명령했다. 1877~1878년 정부에 의해 창설된 '기아 구호 보조금'마저도 그로부터 몇 년이 지난 뒤 거센 비판을 받았는데, 공공사업을 담당하는 부서의 사금고가 되었다는 게 그 이유였다.[24]

어쨌든 영국의 경제 및 사회 정책은, 특히 관개시설을 위한 대규모 공사,

---

23) R. Lardinois, op. cit., p. 37.

24) R. Lardinois, op. cit., p. 38.

철도망 구축 등을 통해 기근을 억제하는 데 어느 정도 기여했다. 그렇지만 다른 한편으로는 이러한 정책이 초래한 경제·사회·환경 차원의 파급효과를 거론하며 그 정책은 종종 비난의 대상이 되었다(주민 보호를 위한 일상적인 사업보다 고수익 사업을 우선시했다는 점, 관개시설에 의한 토질 악화, 말라리아의 확산 등). 하지만 그 정책이 특히 펀자브 지역에서 상업용 작물의 재배가 확대되는 데 기여하고 건기에도 토지를 활용할 수 있도록 했다는 점은 이론의 여지가 없다.

또한 철도망의 구축에 따라 교통과 운송이 크게 개선되면서 지역 시장 사이의 교류가 활발해졌고, 기근 같은 재난이 닥쳤을 때에는 곡물 운송을 더욱 원활히 할 수 있었다. 그리고 산업의 성장(1919년부터 1939년까지 연간 약 4%의 성장률을 기록했다) 및 산업 분야의 일자리 창출, 도시의 확장과 같은 요소가 주민의 소득원을 다양화함으로써 기근으로 인한 파급 효과를 두드러지게 감소시켰으며, 인도가 독립하던 때에 이르면 기근은 거의 사라진다.

그러나 대략 1920년대부터 농작물 생산량은 정체 상태를 벗어나지 못하고 산업의 발달도 지체되었으나, 인구는 꾸준히 증가하여 식량 사정은 점점 더 악화되었다.[25] 이러한 모순적 상황에 대한 해석은 역사학적 관점에 따라 크게 엇갈린다. 민족주의 역사가들은 기근을 자국의 부가 영국으로 '유출'되어 초래된 인도 빈곤의 결과라고 보는 반면, 그 반대자들은 영국 식민정부가 실시한 구호와 예방 정책이 없었더라면 인도는 자력으로 도저히 그 재앙을 극복할 수 없었을 것이라고 주장한다.

롤랑 라르디누아의 엄밀하고 절제된 연구에 의거하여 이루어진 식민시대 인도의 기근에 관한 우리의 분석이 혹시 냉소주의라는 결론에 이르지 못했다면, 이 문제를 다룬 최근의 한 연구서에서는 영국인의 책임 문제에 대해 더 암울한

---

25) Ibid., p. 39.

시각을 제시한다. 미국의 학자 마이크 데이비스는 그가 벌이는 반제국주의 투쟁의 일환으로, 책 제목을 『후기 빅토리아 시대의 홀로코스트 : 기근 엘니뇨와 제3세계의 성립』26)이라 붙였다. 그는 1896년부터 1908년까지 일련의 기근에 의한 인도의 상황을 통찰력 있는 시각으로 그리고 있는데, 특히 '연회장의 해골'(연회의 흥을 깨는 사람을 뜻한다. 언뜻 블랙 유머의 냄새가 풍긴다)이라는 표제가 붙은 장章에서 영국 정치인을 신랄하게 비판한다. 그의 비판적인 분석 내용 가운데 우리의 관심을 끄는 부분은 다음과 같다.

인도의 식민통치자는 빅토리아 여왕의 즉위 60주년 기념행사(1897년)가, 훗날 인도국민회의에서 로메쉬 찬드라 더트가 진술한 것처럼, '인도가 동인도회사의 손에서 영국 국왕에게로 넘어간 이래로 되풀이되어 온 재앙 중에서도 가장 큰 재앙이 닥친 해'에 거행되리라고는 짐작조차 못했을 것이다. 그때 인도 대륙은 1876년과 같은 규모의 기근이 또다시 닥칠 리 없다고 확신하면서 몬순을 기다리고 있었다.

그리고 1880년 리처드 스트레이치가 책임을 맡았던 조사위원회의 보고서 덕택에 지역별 기근법도 이미 마련되어 있었다. 이 기근법에서는 지역의 구호 활동에 대한 지침을 제시하는 동시에, 20년 전 식민정부를 충격에 빠뜨렸던 폭동과 비슷한 소요 사태가 벌어질 경우에 대비하여 (기근 지역에서의) 새로운 질서유지 수칙을 규정하고 있었다. 그뿐만 아니라 '기근 지원금,' '보장 기금'이 1878년에 설치되어, 캘커타에 극심한 가뭄이나 홍수가 닥쳐도 북서부 전선에서의 지속적인 군사원정 같은 다른 당면 과제에게 재정적인 피해를 끼칠 위험 없이 구호 사업에 충분한 자금 지원을 할 수 있게 되었다.

또한 최근에 한 경제학자가 지적한 것처럼, 당시 벌써 "생산과 분배를 조절하기 위한 조건이 혁신적으로 개선되어 있었다." 1만 6천㎞에 달하는 새로운

---

26) Mike Davis, *Late Victorian Holocaust : El Niño Famines and the Making of the Third World*, London, New York, Verso, 2001, p. 141.

철도가 부설되고(그런데 철도 부설 비용의 상당 부분을 기근 기금이 떠맡았다), 버마에서 생산된 엄청난 양의 밀 잉여분이 대영제국 관할의 경제 체제로 통합되어 농촌 주민에게도 비교적 충분한 양의 식량을 지원할 수 있는 형편이 되었다.

말하자면 '기근'이라는 게 닥칠 수 없는 상황이 된 것이다. 식량 부족 사태가 벌어지면, 버마가 펀자브 지역과 인도 북서부 지방에 식량을 공급하기로 되어 있었다(역으로 버마에 기근이 들면, 인도에서 식량 원조를 받을 수 있었다). 마찬가지로 마드라스와 봄베이도 상부상조의 관계에 있었다. 이렇게 되자 엘진 경은 빅토리아 여왕을 이렇게 안심시킨다. "특히 철도 등 교통수단이 크게 개선되어, 이제는 식민시대 초기의 관리는 상상조차 못했을 만큼 매우 효과적으로 기근을 퇴치할 수 있습니다."

그런데 현실에서는 교통수단의 발달이라는 게 무의미해질 수도 있음이 드러났다. 우기에 강우량이 크게 부족하여, 펀자브와 북서부 국경 지대, 오우드, 비하르, 마드라스주에서 1896년 봄철 수확기에 큰 피해가 났다. 중부의 여러 지방과 라지푸타나(오늘날의 라자스탄 지방) 동부에서는 그 피해가 더 컸는데, 이들 지역에서는 지난 3년 동안의 기상 악화와 흉작으로 농민 계층의 빈곤화가 이미 시작되고 있었기 때문이다. 이에 인도의 모든 지역에서 곡물 가격이 상승하고, 가을철 우기에 또다시 강우량이 부족해지자 곡물 가격은 가파르게 치솟았다.

게다가 지난해의 밀 생산량이 감소한 것을 보충하고자 영국이 다량의 밀을 수입하는 바람에, 특히 인도 북부의 밀 생산지대에서도 곡물 비축량이 크게 줄었다. 엘진 경이 말한 운송 분야의 '혁신적인 개선'은 수확량이 부족한 행정구에서나, 강우량 부족을 겪지 않은 행정구에서나 똑같은 수준으로 농산물 가격을 올려놓는 데 기여했을 뿐이다. 이런 상황에서 시장 논리를 금과옥조처럼 신봉하던 영국인 관리은, 조 같은 구황작물의 가격이 유럽에서 빵을 만드는 데 쓰이는 밀 가격을 넘어서는 것을 보고 당혹감을 감추지 못했다.

영국인이 자랑스러워하던 기금, 곧 인도인의 거센 항의에도 불구하고 기금의 많은 부분을 아프간 전쟁 비용으로 유용되기도 했던 기근 기금 쪽에서도 당혹스럽기는 마찬가지였다. 1897년 1월 런던에서 '인도의 기근 구호'를 위한 운동의 첫 회의가 열렸을 때, 사회주의 운동의 지도자 헨리 하인드먼은 연설하다가 경찰관에게 이끌려 연단을 내려와야 했다. "그해의 부담금 수납을 일시 중단하고, 전액을 기근 퇴치를 위한 자금으로 써야 한다"고 주장했기 때문이다.

영국 정부는 인도 민족주의자의 경고도, 식량 가격의 상승에 특히 취약한 계층, 곧 날로 증가하는 빈민층 보건담당 영국 관리의 경고도 못 들은 체했다. 당시의 시사평론가들은 인도 빈민층의 영양 결핍 상태가 인도의 역사에서 유례를 찾아볼 수 없는 수준이라고 평가했다. 그러나 런던의 인도성에서는 1876년에 그랬던 것처럼, 1896년에도 인도 빈민층의 구호문제라는 '골칫거리'를 직시하고 해결하려는 열의를 보여주지 않았다.

식량 가격이 상승하자, 가뭄은 곧 기근이라는 재앙으로 변모했다. 1896년 인도 북서부와 중부 여러 지방에서 기근의 조짐이 나타나기 시작했다. 그해 10월에 비하르 지역과 봄베이주에서는 경찰이 곡물을 약탈하는 자들에게 총을 발사했다. 이들은 경찰서와 법정에서 이렇게 외쳤다. "도둑질한 우리를 체포하여 감옥에 가두시오. 감옥에서는 적어도 굶어 죽는 일은 없을 테니까."

미국의 선교사 마거릿 데닝은 어느 가난한 이슬람교도 농부의 이야기를 이렇게 전했다. 농부는 밭과 집, 심지어 부엌살림까지 팔아 치우고 난 뒤, 자식 가운데 맏아들을 선교사에게 '내줘야' 할 처지에 놓였다. 이슬람 계율에 어긋나는 행동이란 걸 잘 알면서도 이런 결심을 한 것은, 아이를 먹이고 가르칠 형편이 되지 않았기 때문이다. 소년은 아버지의 뜻을 이해했다. 아이는 아버지에게 작별 인사를 하고, 아무 것도 요구하지 않고 집을 떠났다. 그로부터 얼마 뒤, 정부는 마지못해 근처에 빈민 구호소를 열었다. 하지만 농부와 그의 아내, 그리고 막내 아이는 살아남지 못했다. 열악한 위생 상태, 부족한 식량 배급, 과도한 노역에 희생되었던 것이다.

이와 같은 사례는 부지기수였고, 이러한 상황은 국제사회에 이슈화되기 시작했다. 이때 "영국이 인도를 통치하는 첫 번째 동기는 인도인을 위해서고, 수익이나 명성이나 권력은 그 다음 문제"라고 주장하여 미국인을 안심시키는 데 시인 에드윈 아놀드 경 같은 사람이 동원되기도 했다. 그러나 그의 지나친 인색함을 질책하는 논설을 실은 「스펙테이터」 등의 주요 언론에게 떠밀려, 부왕은 ─아프간 국경 지대에 산재한 저항 성향의 마을을 파괴하는 데 정신이 팔려 있었다─ 마지못해 피해가 가장 큰 몇몇 행정구에 구호 시설을 세우는 데 합의한다.

하지만 그는 개인 차원의 자선 행위에는 완강히 반대하고, 국제 선교단체의 소환 명령에도 응하지 않으며, '과장된' 보도를 한다고 주장하면서 언론을 맹비난했다. 엘진은 또 곡물 수입 자금을 상인에게 선지급 또는 미리 지불하지 말도록 벵골 지방 정부에 명령했다(당시 버마는 엄청난 양의 쌀 잉여분을 유럽으로 수출하고 있었다). 그리고 식민정부는 북서부 국경지대에서 지속되고 있던 전쟁에 막대한 예산이 소요되자, 인도인과의 공식적인 약속을 위반하면서 '기근 기금'에 투입될 자금 가운데 1/3을 삭감했다(1.5루피에서 1루피로).

1897년 12월 엘진은 중부의 여러 지방을 여행하다가 자발푸르시市를 지나치게 되었다. 1895년에 극심한 가뭄을 겪은 뒤로는 더 이상 강우량 부족에 시달리진 않았지만, 월 단위 사망률은 9월부터 다시 상승할 기미를 보이고 있었다. 식민정부는 구호 사업과 곡물 가격의 통제를 실시해 달라는 눈물겨운 호소를 얼마 전에 거절한 바 있었다. 30여 년 전에 마드라스에서의 템플이나 리튼이 그랬던 것처럼, 엘진은 상황을 직접 눈으로 보면서도 태연하고 냉담했다.

요 며칠 동안 인도르와 괄리오르를 지나쳤고, 지금은 자발푸르시에 인접한 이 지방을 돌아보면서 나는 최근의 극심한 강우량 부족에도 불구하고, 이 지역이 경제적인 번영을 누리고 있는 것 같아서 놀라움을 감출 수 없었다.

'부왕 전용 열차의 살롱 창문'[27] 너머로 바깥 풍경을 흘끗 내다보고 나서 (어느 기자가 이렇게 전했다) 내뱉었을 법한 이 말은, 인도의 국민을 욕되게 하는 것이었다. 인도인은 천성적으로 게으르고 거지 근성이 있는 민족이라고 확신했던 엘진은, 인도 대륙에 공리주의에서 비롯된 규율과 징계에 기초한 낡은 제도인 '빈민 구호소' 제도를 도입했다. 고된 노동을 견딜 수 없을 만큼 허약한 사람을 위해 세워진 이 빈민 수용소는 가난한 인도 농민에게 환영받지 못했다. '그리스도교로 강제 개종시키지나' 않을지, 멀리 해외로 보내지나 않을지(이것은 힌두교도에게 금기시되었다) 두려워했던 것이다.

특히 곤드족이나 바이가족 같은 부족민은 빈민 구호소의 수용 생활을 견디지 못했다. 이에 대해 어느 선교사는 이렇게 말했다. 부족민은 "빈민 구호소의 규율에 얽매여 살아가느니, 차라리 자기들이 살던 오두막이나 태어나고 자란 밀림 속에서 죽는 편을 택했다." 기근 문제를 담당한 영국인 관리도 비슷한 말을 했다. "빈민 구호소에 대한 거부감이 죽음에 대한 두려움을 능가한다는 사실이 여러 사례에서 드러난 바 있다."

국제 구호 단체에서 파견된 어느 미국인 조사관은 빈민 구호소의 비참한 상황을 목격하고(특히 급식 문제) 경악을 금치 못했다. "지급되는 음식이라고는 날 밀가루와 약간의 소금뿐이었다. 게다가 조금만 눈여겨보아도 밀가루에는 흙이 섞여 있음을 금방 알아차릴 수 있었다." 메논파의 한 선교사는 뉴욕의

---

27) Davis, op. cit., p. 147.

「크리스천 헤럴드」 편집자에게 다음과 같은 글을 써 보냈다. "평소 천 명에 50명 미만이던 이 행정구의 사망률이, 식량 부족 때문에 천 명에 627명이라는 믿기 어려운 수치까지 치솟았습니다."

1896년 여름 서혜선종성腫 페스트가 아마도 홍콩을 출발한 선박에 실려, 마이크 데이비스가 말한 대로 '은밀하게' 봄베이에 상륙했다. 당시 봄베이는 이 세계적인 유행병이 창궐하기에 매우 이상적인 환경을 갖추고 있었다. 사방에서는 악취가 진동하고, 지나치게 인구가 밀집된 빈민굴에는 엄청난 수의 쥐가 서식하고 있었다. 벌써 몇 년 전부터 보건 담당 관리가 영국인 당국자에게 슬럼가의 위생 상태 개선하는 데 최소한의 자금이라도 투자하지 않으면, 그곳은 곧 '엄청난 재앙을 야기할 전염병'의 온상이 되고 말 것이라고 경고한 바 있었다. 빅토리아 시대의 스타 플로렌스 나이팅게일도 여러 차례 전염병 퇴치를 위한 캠페인을 벌였으나, 유럽인 도시민은 정수나 배수 시설의 개선을 위한 세금 증가에 완강히 저항했다.

페스트에 이어 곧 식량 부족 사태와 콜레라까지 가세하면서, 봄베이에서 하층 카스트 출신 노동자 가운데 1/5이 목숨을 잃었다. 사태의 심각성을 가장 먼저 깨달은 사람은 무역상이었다. 해외의 여러 무역항에서는 봄베이를 출발한 밀 적재 선박을 검역하기 시작했다. 무역상은 이런 형태의 엠바고가 확산되어 인도 서부의 대외무역이 붕괴되지나 않을까 우려했다. 그런데 바로 이 시기에, 전염병에 감염된 구호 식량이 철도로 운송되는 과정에서 가뭄과 기근으로 이미 큰 타격을 받은 데칸 고원에서 가트28) 지역을 따라 페스트가 급속하게 퍼졌다. 이는 근대화와 빈곤의 증대라는 두 요소가 짝을 이루어 막대한 인명 피해를 불러온 또 하나의 사례였다.

새로운 전염병법이 공포됨으로써, 오만한 인종주의자로 정평이 나 있는

---

28) 가트ghats : '변방지역'이라는 뜻. 데칸 고원의 서쪽과 동쪽 가장자리를 일컫는 말로, 고원지대와 바다 사이의 좁고 기다란 해안지대를 가리킨다.

인물 W. C. 랜드는 "페스트 감염자로 의심되는 사람을 구류 또는 격리시키고, 그들의 재산과 소지품은 불태워 없애고, 페스트의 은신처라고 추정되는 주거지는 마음대로 수색하고 방역하며, 주민을 소개하고 심지어 마을을 파괴하여 없애고, 각종 축제나 성지 순례를 금지하는" 등의 전권을 행사하게 되었다. 랜드는 그 조처가 "전염병 퇴치를 위해 지금까지 취한 조처 가운데 가장 강력하다"며 자랑했다. 영국인이 인도인 환자를 살해한 다음 '인체의 진액을 추출하여 유럽인에게 인기 높은 마법 연고를 만드는 데 쓴다'는 소문이 한동안 그 지역에 떠돌았다.

한편 인도 전역에서는 빅토리아 여왕의 즉위 60주년을 기념하는 행사가 성대하게 펼쳐지는 가운데 곳곳에서 불미스러운 일이 발생한다. 라호르의 시청에서는 영국인 관리와 인도인 시민이 회의하는 도중에 어린 인도 중등학생이 몰려들어, 모금 운동이 빅토리아 여왕을 위한 기념관 건립보다 굶주린 고아를 위해 전개되어야 한다고 주장하는 일이 벌어졌다. 기근과 페스트로 큰 타격을 받았던 푸나에서 특히 대영제국의 오만함이 극한으로 치달았는데, 많은 학자가 이때의 상황을 제2차 인도 반란의 조짐으로 해석했다. 6월 22일, 랜드와 그의 수행비서가 총독부 청사에서 열린 빅토리아 여왕의 즉위 60주년 기념을 위한 불꽃놀이 행사를 참관한 뒤 자동차를 타고 행사장을 빠져나오려는 순간, 두 명의 인도인 애국지사가 두 사람을 살해한다. 그 뒤에도 이와 비슷한 사건이 곳곳에서 일어났다. 그러자 새로운 치안법이 공포되었는데, "식민정부가 주도하는 기근 구호 사업이나 페스트 퇴치 사업에 조금이라도 비판적인 태도를 보이는 토착민은 '형사처벌'하겠다는 내용이었다."[29]

같은 시기에 평소 영국 정부의 자선 행위를 찬양하던 「세계 선교 리뷰」라는 잡지에서는, 영국 정부가 사태의 심각성을 과소평가하고 신속한 국제 구호

---

29) M. Davis, op. cit., p. 152.

사업 조직을 위한 선교사의 노력을 고의적으로 방해한다고 주장하면서, 정부의 이중 언어, 곧 이중적 태도를 비난했다. 또한 「코스모폴리탄」에서는 빅토리아 여왕을 위해 세운 거대한 기념물을 찍은 사진 옆에 인도 중부 지방의 기근 피해자 사진을 나란히 실었다. 그리고 사설에서는 "런던에서 산정한 수치에 따르면, 여왕의 즉위 60주년 기념사업에 직접 또는 간접적으로 모두 1억 달러 이상이 지출되었다"고 썼다. 그런데 엘진 총독을 비판하는 사람이 깨닫지 못한 한 가지 충격적인 사실이 있었다. 곧 여왕을 위한 기념행사에 쏟아 부은 천문학적인 액수에 비해, 1억의 인도인을 나락으로 빠뜨린 기근을 퇴치하는 데 들인 액수가 얼마나 보잘것없는지를!

1898년 세계의 언론은 기근으로 사망한 1,100만 인도인에 관한 기사를 '세기의 기근'이라는 제목으로 보도했다. 그러나 이 음울한 기사 제목을 빼앗아 간 대재앙이 있었는데, 그것은 1899~1902년에 더욱더 엄청난 피해를 야기한 가뭄과 대기근이었다. 커즌은 엘진보다도 대영제국의 엄격한 제국주의 정책을 더욱더 잘 실천한 인물이었다. 그는 굶주림으로 고통 받는 농촌 주민을 향해 이렇게 말했다. "헤픈 자선 사업으로 인도의 재정 상태를 위태롭게 하는 정부는 언젠가 중대한 비판에 직면할 것이다. 또한 무차별적인 적선으로 도덕적 기강을 약화시키고 주민의 신뢰를 떨어뜨리는 정부 역시 공적 범죄를 저지른 범죄자다." 이 말에 대해 벵골 지역 행정부의 탁월한 고참 관리였던 C. J. 오도넬은 이렇게 비꼬아 말했다.

인도의 모든 지역에서 연이어 기근이 발생하고 도처에서 페스트가 창궐하는 요즘, 마침내 우리는 '대영제국의 부왕다운 부왕'을 맞이하게 된 것 같군요![30]

20년 전에 리튼이 그랬던 것처럼, 커즌은 결국 '치밀하게 계획된 기근'의

30) Ibid., p. 164.

설계자 역할을 떠맡게 된다. 허버트 스펜서가 은밀하게 확산되어 가는 쇼비니즘의 영향으로 영국인의 정신이 시대를 역행하여 또다시 야만적이게 되었음을 경고하는 동안, 대중 언론에서는 남아프리카에서 보어인의 예기치 못한 저항에 직면한 영국군의 전투 상황만 집중적으로 보도할 뿐 인도에서의 '홀로코스트'는 모른 체했다.

국제사회의 지원 가운데 가장 규모가 컸던 것은 런던이 아니라 미국 토피카시에서 답지했다. 캔자스주 주민이 '인도 농민과의 연대감을 표하려고' 곡물 20만 포대를 보낸 것이다. 뒤이어 아메리카 인디언 부족과 미국 흑인 교회 소속의 여러 단체에서 보낸 구호품이 도착했다. 1901년 저명한 앵글로색슨계 의학 잡지인 『더 랜싯*The Lancet*』에서는, 최근 10년 동안 인도의 초과사망률에 대한 최소 추산치(1901년 센서스의 통계를 가지고 산정했으며, 페스트로 인한 사망자수를 뺀 나머지 수치)를 1,900만 명으로 집계했다. 킨즐리 데이비스, 아이라 클라인, 피에르 르 루아 등 여러 역사가도 1896~1902년의 기근을 감안한 근사치로서 이에 동의한다.

이러한 '세기 말'의 대기근과 뒤이어 나타나 인도의 여러 지방에서 210~320만의 사망자를 낸 1907~1908년의 엘니뇨/가뭄/기근이라는 삼중고는 20세기의 첫 10년 동안 인도 사회에 집단사라는 어두운 그림자를 드리웠다. 장기간 굶주림에 시달려 면역력이 약해진 인도 북부와 서부의 가난한 농민은 말라리아와 결핵, 페스트 같은 전염병이 유행하자 한꺼번에 수백만 명씩 쓰러졌다. 그 가운데 페스트는 우타르프라데시와 펀자브 지역에서 기근으로 가장 먼저 타격을 받은 여러 행정구에 창궐했고, 1914년에 또다시 800만 명의 희생자를 냈다.

이런 일이 누적되면서 인도 대륙의 생산력에 끼친 피해는 실로 엄청났다. "1880년 이래로 농업 분야에서 이루어진 발전이 여러 차례 기근이 닥치는

동안 모두 소멸되고 말았다." 인도의 작가 스리바스타바는 펀자브 지역에서
노역에 투입되는 가축의 92%가 1896~1897년에 죽었다고 말한 바 있다. 마찬가
지로 봄베이주에서는(『뉴 캠브리지 히스토리』에서, 탐린슨에 따르면) 가축의 수가
1930년대까지 1890년대의 수준에 이르지 못했다. 봄베이주와 중부의 여러
지방에서 1900년의 경작지 면적이 1890년에 비해 12% 감소한 원인의 하나가
바로 노역 가축의 부족 때문이었다. 피해가 극심했던 행정구에서는 경작지
면적이 25~41%까지 감소했다. 이런 상황에서 그 지역의 인구 증가율도 정체될
수밖에 없었다. 인도 대륙 전체의 인구 상황을 고려할 때, 출생률과 사망률
사이의 지수가 비교적 양호했던 시기는 1880년대밖에 없었다.

이러한 사태를 겪으면서 영국인은 어떤 교훈을 얻었을까? 가장 완벽한
공식 보고서라 할 수 있는 '1899~1902년 봄베이주의 기근에 관한 보고서'에서
는 "초기부터 대대적인 무상 원조를 실시했다면" 인명 피해를 상당히 막을
수 있었다는 점을 인정하고 있으나, "그렇게 막대한 비용을 어떤 나라도 감당하
지 못했을 것"이라고 주장한다(그러나 마이크 데이비스는 18세기에 무굴제국이
그런 형태의 구호 사업을 벌인 적이 있다는 점을 지적하며 반론을 편다). 마찬가지로
기근 위원회에서 작성한 1901년의 보고서(All-India)에서도 주민에게 지급된
원조가 '과도했다'라는 최종 결론을 내렸다(실제로는 기근 피해자 가운데 겨우
1/5이 영국 정부의 원조를 받았다).

식민시대의 조작된 인간 범주, '범죄 부족민' : 법적 냉소주의

영국의 식민통치에서 벌어진 자의적인 식민지 개편작업의 한 가지 사례라
할 수 있는 '범죄 부족'이라는 인간 범주는, 인도 사회의 고유한 개념이 아니라
영국 식민체제의 행정가와 법률가가 19세기의 인도에 도입한 어떤 개념을

나타낸다. 범죄 부족이라는 명칭은 전통적으로 '약탈'이나 '범법 행위'(이러한
표현 역시 영국인 식민 당국자가 설정한 것이다)를 업으로 삼아 온 몇몇 사회
집단에 붙여졌다. 범죄 부족이라는 말은 특정 부족의 정체성을 나타내는 '부족'
이라는 단어에, 서구 사회의 법체계에서 유래한 형법과 관련된 '범죄'라는
말이 결합된 표현이다. 따라서 범죄 부족이라 지칭되는 집단은 '일탈'이라는
서구의 개념에 비추어 보았을 때 범죄자일 뿐이었다.

이 집단은 본래 인도 대륙에 다양한 형태로 존재하는 수많은 사회 집단에게
배척을 당하기는커녕, 계급적 차등과 배척의 부재를 주요 원칙으로 하는 인도
사회 안에서 자기 고유의 방식대로 당당하게 살고 있었다.[31] 범죄 부족민을
대상으로 한 이 새로운 법적 장치를 연구 대상으로 할 때, 식민 행정당국이
도입한 '목록화' 사업(특히 센서스[인구조사]나 가젯티어즈[지명색인 작업] 같은)
이라는 더 일반적인 틀 속에 그것을 위치시켜야 한다.

1830년부터 복음주의와 공리주의 흐름의 영향으로 어떤 변화가 시작되었다.
물질적인 이익 추구를 중요시하는 공리주의는 그 철학적 기반을 정치경제학이
라는 분야에 두고 있었다. 따라서 공리주의는 어떤 사회 정책을 출현시켰는데,
그 정책의 내용 가운데 하나가 인도 토착민 사회에서 몇 가지 '폐습'을 퇴치하는
것이었다. 이 폐습 가운데는 특히 죽은 남편과 함께 산 채로 아내를 화장시키던
관습과 평신도회 같은 성격의 노상 강도단인 서그thugs의 범죄행위가 포함되어
있었다.

사실 그전까지 식민정부는 인도 사회의 전통적 질서와의 근본적인 단절을
시도한 적이 없었다. 식민정부는 전통적으로 토착민 마을이 자체적으로 담당했
던 방어와 통제 기능 가운데 일부를 떠맡는 정도에 머물렀다. 그러나 형법
분야에서 서구의 개념이 인도 사회 전반에 적용될 강제적 성격의 법률로

31) M. Fourcade, "Les dénommées 'tribus criminelles' de l'Inde britannique : violence coloniale, violence traditionnelle," *Purushartha*, 16 : *Violences et non-violences en Inde*, Paris, éd. de l'EHESS, 1994, p.187.

법제화되면서, 마침내 근본적인 변화가 시작되었다. 그 출발점이 1871년의 범죄 부족 처벌법(CTA)이다.

이 법령에서는 총독의 위임으로 모든 지방 정부가, 개인이나 재산에 위해를 가하는 몇 가지 범주의 범법 행위를 '비교적 일관되게 저지른다고' 판단되는 모든 집단·부족·계급을 '범죄자'라고 판결할 수 있는 권한을 갖는다고 규정했다. 이는 소송 절차 없이도 특정 집단 전체를 범죄자 집단으로 매도할 수 있다는 것을 뜻했다. 이제부터 행정당국은 범죄 집단을 구금하는 등의 강력한 제재를 가할 수 있는 권한을 갖게 되었다.

부왕 직속 집행위원회에서 법무를 담당했던 J. V. 스티븐스가 1871년의 CTA 법안 채택을 위해 했던 연설문에서 일부를 인용해 보자.

인도 사회를 특징짓는 요소 가운데 가장 중요한 것은 카스트제도입니다. 이 제도에 따라 상인도 카스트를 이루고, 목수 가문은 지금부터 100년, 500년 뒤에도 대대손손 목수 가문으로 남아 있을 것입니다. 그때까지 대가 끊이지 않는다면 말입니다. 이러한 사실을 염두에 둔다면, '직업적인 범죄자'라는 게 무얼 뜻하는지 쉽게 이해할 수 있습니다. 조상이 아득한 옛날부터 범죄자였으며, 지금의 후손도 카스트 법에 따라 범죄를 저지르도록 운명 지어져 있고, 서그라는 범죄 집단을 대상으로 했던 것처럼 소탕 정책을 펴지 않는다면 미래의 후손 역시 조상과 마찬가지로 범죄를 저지르며 살아갈 게 뻔한 그런 부족 집단을 가리키는 말입니다.

따라서 범죄자라 선고 받은 자들은 애초부터 범죄자였고, 수명이 다할 때까지 틀림없이 범죄자로 살아갈 것이라는 점을 잊지 말아야 합니다. 범죄를 저지르는 것은 그의 직업이요, 그가 속한 카스트요, 그가 믿는 종교라 말할 수도 있으므로 교정한다는 것 자체가 불가능한 일입니다.[32]

---

32) G. Shankar, *Born Criminals*, Varanasi, Kishor Vidya Niketan, 1979, p. 61.

용어를 혼용(카스트, 부족, 직업)하고, 종교·민족·세속 차원의 개념을 구분 없이 사용(영국식 법령의 편의를 위해 동일선에 놓고 고려하고 있다)하는 등 어휘를 부적절하게 사용하고 있는 점은, 힌두교 사회의 현실과 그에 대한 식민정부의 시각 사이의 괴리를 그대로 드러낸다. 연설문에서도 범죄 부족민은 상호의존성을 기본 원칙으로 하는(이런 점은 외국인의 눈에 쉽게 포착되지 않는다) 인도의 카스트제도에 대한 철저한 이해에 기반한 것이 아니라 식민정부의 일방적이고 자의적인 기준에 의거하여 제정된 법령을 원활하게 적용하기 위한 단순한 형법상의 범주로 규정하고 있을 뿐이다.

'범죄 부족'이라 불리는 범주(인도 대륙의 진정한 원주민이라 할 수 있는 아디바시인人은 포함되지 않았다)에는 약탈을 생존 수단으로 살아가는 집단, 경우에 따라(기근, 자연 재해 ……) 일시적으로 약탈을 행하는 집단, 사회에서 추방된 자나 출신 카스트에서 이탈한 자, 또는 다양한 카스트 출신의 이탈자가 모인 집단이 포함되어 있다. 다양한 출신·카스트·종교에 속한 자를 모두 끌어들이는 일종의 용광로였던 셈이다.33)

이러한 개방성 때문에 범죄 부족이 다양한 출신의 구성원으로 이루어져 있었다는 점에 대해서는 오래전부터 역사가들이 동의했다. 따라서 범죄 부족은 정체성의 개념이나 순수성을 보존해야 한다는 사고에는 무관심했지만, 부족마다 고유의 집단 탄생 설화와 어린 시절부터 체득한 가치, 고유의 윤리 체계를 보유하고 있었으며, 부족마다 고유의 직능이라 할 수 있는 특정 범죄행위를 업으로 삼았다.

범죄 부족 처벌법에서는 각 행정구의 행정관에게 그 집단을 조사하여 등록시키고, 거주지를 지정해 주거나 교정 시설에 감금하는 등의 조처를 취할 수 있는 권한을 부여했다. 교정 시설의 운영을 맡은 담당자는 경찰이 아니라

---

33) J. Pouchepadass, "Délinquance de fonction et marginalisation coloniale : les 'tribus criminelles' dans l'Inde britannique," in (collectif) *Les Marginaux et les exclus dans l'Histoire*, Paris, Plon, 1979, p.130.

전문화된 공무원이었고, 1910년부터는 자선단체나 선교 단체가 맡았다(런던선
교회, 구세군).

　1871년의 범죄 부족 처벌법(그리고 그 뒤의 개정안)을 탄생시킨 이념적 모태가
무엇이었는지 살펴보면, 그 법령이 당시의 범죄 개념에서 비롯되었음을 알
수 있다. 인도에서 영국인이 규정한 범죄의 정의는 인도 사회와 문화의 구조와
작동 방식에 대한 영국인의 시각 및 인도인에 대한 예속화와 지배를 정당화하는
통치 이념과 연관되어 있었다.[34] 식민 권력의 사법 정책이 인도 사회에 대한
그릇되고 편의주의적인 시각에 기반하여 수립되었던 까닭에, 예기치 못한
결과를 불러오는 경우가 빈번했다(1994년에 발표된 필자의 논문을 참고하시오).
영국 식민 당국은 윤리적 차원의 사고를 '국가 권력'[35]이라는 개념과 함께
융합시켜 버렸다.

　공식적으로 범죄 부족이라는 통보를 받으면, 그 집단은 범죄 부족이라는
명칭에서 벗어나기 위해 사법제도에 도움을 청할 수도 없었다. 항의가 접수되었
으나, 곧 묵살되고 말았던 것이다. 입법자는 대체로 당대의 범죄 이론과 합치되
는 '유전성 범죄'라는 사고를 인정하고 있었다. 범죄 부족으로 분류된 집단에게
는 영원히 지울 수 없는 낙인이 찍혔고, 사회적으로나 행동학적으로 특이한
성질을 지닌 집단으로 간주되었다. 집시, 유랑 민족, 부랑 민족도 범죄 부족으로
간주되었는데, 이는 유랑 생활을 '범죄의 온상'이라 여기던 그 시대의 사고와
무관하지 않다.

　예외적으로 인도 중부 지방을 담당한 어느 고등판무관은, 유랑 집단이 지역
경제와 사회 속에 통합되어 살아가는 경우가 많다는 점을 이렇게 인정했다.
"이 부족 모두가 고유의 부족 이름과 생업으로 삼는 수공업 분야를 하나씩

---

34) B. Cohn, "Notes on the Study of Indian Society and Culture," in M. Singh, B. Cohn, *Structure and Change in Indian Society*, Chicago, J. L. Aldine.

35) Ibid., pp. 5-6, 78.

가지고 있다. 따라서 이들은 지나는 마을마다 언제나 환영을 받는다."36)

그러나 영국 정부는 목축업에 종사하는 유목민, 음유시인, 걸인, 행상인 모두를 통틀어, 또 카스트와 부족을 구분하지도 않은 채 떠돌이생활을 하는 집단을 모두 일괄적으로 범죄자로 몰았다. 또한 부족마다의 고유한 역사성은 전혀 고려되지 않았기에, 범죄 부족에 대한 식민지 당국자의 시각은 정태적일 수밖에 없었다.37) 이처럼 1871년 범죄 부족 처벌법의 내용은 범죄의 인과성에 관한 동시대의 사고, 또 소외 혹은 일탈에 관한 식민시대의 사고에 따라 작성된 것이었다.

식민체제는 감시와 강압의 기능을 함께 수행하는 기관인 치안 조직에 기반하고 있었다. 그런데 식민당국이 치안 조직을 유지하는 데 투여하는 자금은, 식민지 수탈의 주요 동기인 이익 추구에 지장이 되어선 안 된다는 우려에 의해, 또 통제 및 식민지의 수익 창출이라는 두 요소가 충족되는 한 인도 사회에 대한 간섭은 최소한으로 줄이겠다는 의지에 의해 한정되었다.

1952년에 이르러서야 인도 전역에서 범죄 부족 처벌법의 폐지가 현실화되었다. 그때부터 범죄 부족의 범법 행위는 다시 보통법의 영역으로 넘어갔다. 하지만 그렇다고 해서 "그 집단의 범법 행위가 눈에 띄게 늘진 않았다."38) 범죄 부족이라는 사법적 범주는 해당 주민의 고유한 생활 방식은 전혀 고려하지 않은 채 식민 당국자가 자의적으로 만들어낸 것이어서 당연히 실효를 거두지 못했고, 결국에는 폐기될 수밖에 없었다.

---

36) A. A. Yang, *Crime and Criminality in British India*, Tucson, University of Arizona Press, 1985, 144, no 25.

37) S. Nigam, "Disciplining and Policing the 'Criminal by Birth.' Part 2 : The Devlopment of Disciplinary System 1871-1900," *The Indian Economic and Social History Review*, 27(3), 1990, pp. 257-287.

38) J. Pouchepadass, op. cit., p. 149.

아편, '최초의 드러그 머니' : 윤리적 냉소주의

인도인의 마약 상용 관습은 음주 습관과 더불어 오랫동안 영국이 인도를 식민통치하기 위해 동원한 수단 가운데 하나였다. 지중해가 원산지인 양귀비는 아라비아인에 의해 인도와 중국으로 들어왔는데, 인도의 기후에 완전히 적응한 것은 이슬람 예언자의 시대(서기 570~632년) 직전쯤으로 추정된다.[39]

16세기의 마지막 25년 동안에 처음으로 인도를 여행한 영국인은, 벵골 지역의 파트나와 아그라에서 온 물품 가운데는 '엄청난 양의 아편'이 들어 있었다는 말을 한 바 있다. 이 말에서도 알 수 있듯이, 그 당시 말와(인도 중부)와 파트나 지역에서는 아편 재배가 성행했는데, 이들 지역은 19세기와 오늘날까지도 아편의 주요 생산지로 남아 있다. 말와산 아편 또는 벵골산 아편이라는 명칭에서도 그 흔적을 찾아볼 수 있다. 16세기 초와 무굴 황제 악바르 시대에 양귀비는 가장 중요한 과세 물품이어서, 조세 행정당국의 엄격한 통제를 받았다.

유럽인은 아편 거래의 규모를 유례를 찾아볼 수 없을 만큼 엄청나게 증대시켰고, 이를 향신료와 면직물·견직물을 구입하기 위한 자금을 마련하는 수단으로 활용했다. 포르투갈인, 다음으로는 17세기의 네덜란드인에 뒤이어 영국인은 막대한 수입원인 아편 생산을 직접 관리하고 생산량을 증대시켜 그것을 식민통치의 주요 수단으로 삼고자 했다.

타자, 곧 식민지 주민을 아편중독자로 만듦으로써 아편이 제국주의 정책에 필요한 자금을 마련하기 위한 수단으로 활용되었다는 점에서, '드러그 머니'라는 표현을 역사상 처음으로 적용시킬 수 있는 경우는 아마도 이 시기일 것이다.[40]

---

39) Marie-Claude Mahias, "Le tabac et l'opium en Inde : leur rôle dans l'histoire des Nilgiri," in A. Hubert et P. Le Failler, *Opiums : les plantes du plaisir et de la convivialité en Asie*, Paris, L'Harmattan, 2000, p. 216.

40) Ibid., p. 217.

인류학자 마리 - 클로드 마이아스의 이 말은 매우 적절한 지적이다.

인도의 아편 수출은 1858년의 톈진조약으로 합법화되었다.[41] 힌두교 군주국에 속한 지역이었던 말와에서 생산된 아편에서 거둬들이는 세금과 함께, 아편 독점권에서 발생하는 수입은 그때부터 식민정부의 전체 수입에서 적지 않은 부분을 차지했다. 곧 1891~1892년에는 11%, 1911~1912년에는 9%나 되었다. 캘커타항을 통해 수출되는 갠지스강 유역의 아편은 인도의 전체 아편 수출량 가운데 2/3 이상을 차지했다.

수출용 마약은 농민이 공급하는 원재료를 가지고 식민정부의 허가와 감독을 받아 운영되는 공장에서 제조되었다. 그러다가 식민정부는 20세기 초에 이르러 국제사회의 비판이 날로 격화되자, 1907~1911년에 중국과 일련의 조약을 체결하면서 아편의 제조 및 거래를 단계적으로 폐지하기로 한다. 비하르 지역의 아편공사公社는 1910년에 해산되었다. 1차 대전 이후 인도의 식민정부는 아편 수출에 대한 완전한 통제권을 행사하게 되고, 제네바 협정에 따라 아편 수출을 과학적·의학적 목적에 한정하기로 결정한다. 인도 정부는 1920년대 말부터 인도 대륙의 군주 국가에서 아편 생산을 중단시키려 노력하여, 1935년에는 마침내 인도의 아편 수출이 완전히 중단되었다.

영국인이 유입되기 전에도 인도인은 아편을 사용했으나, 극소량을 적절한 용도에 쓰는 정도였다. 이를 간디는 이렇게 말했다. "영국인이 들어오기 전까지 인도에서는 정부가 나서서 아편 사용이라는 악습을 장려하고, 조세징수를 목적으로 해외 수출을 기획했던 적이 없었다." 간디의 말처럼 영국인이 인도에 정착하고 난 뒤 아편 소비량이 크게 증가했다. 1880년에 버마 주재 고등판무관은 영국 정부에게 다음과 같은 내용의 공식 보고서를 제출했다.

---

41) J. Pouchepadass, "L'opium," in *Paysans de la plaine du Gange : le district de Champaran 1860-1950*, Paris, École française d'Extrême-Orient("EFEO" CLVII), 1989, p. 458.

그런 마약을 상용하면 신체적·정신적인 기력을 떨어뜨리고, 신경계를 손상시키고, 몸을 여위게 하고, 체력과 지구력을 감소시킨다. 또한 사람을 게으르고 나태하고 청결치 못하게 만들고, 자존심을 없애고, 빈곤과 범죄를 야기하는 가장 중요한 원인이 되고, 감옥마다 무기력하고 나약한 존재가 들끓게 된다(이들은 머지않아 이질이나 콜레라의 희생자가 된다). 또한 농업의 확대와 그에 따른 토지 세수의 증가를 막고, 자연적인 인구 증가를 중단시키고, 다음 세대의 체질을 약화시킨다.

그런데 1895년 식민정부 소속의 위원회에서는 그보다 낙관적인 공식 보고서를 런던으로 발송한다. 보고서의 주요 부분은 다음과 같다.

인도에서 아편 사용은 악습이 아니다. …… 의학적 용도라 말할 순 없겠지만, 약 대용으로 아편을 사용하는 게 보편화되어 있다. 의약품 못지않게 탁월한 효능을 내는 경우도 있고, 부작용을 일으키는 경우는 거의 없다. …… 따라서 인도에서는 양귀비 재배나 아편 제조와 사용을 허용하는 문제를 구태여 의학적 용도에 한정시킬 필요가 없다. 인도인은 조상 대대로 쌓아 온 경험을 바탕으로, 조심스럽게 아편을 다루고 사용할 줄 알기 때문이다.

게다가 아편의 사용은 인도인의 삶에서 일상적인 관습이므로 우리가 나서서 막을 필요가 있을까? 인도인의 아편 상용자 가운데 대다수는 습관성 중독자가 아니다. 필요할 때 소량만 복용할 뿐, 욕구가 사라지면 곧바로 복용을 중지한다. 아편은 누구나 쉽게 접할 수 있는 가장 흔하고 인기 있는 민간요법이다. 인도인은 피로를 예방하거나 감소시키는 데, 말라리아 예방약으로, 당뇨 환자에게는 설탕의 양을 줄이는 데에도 쓰이고, 일반적으로 모든 연령층에서 진통제로 쓰인다. 극소량의 아편을 쓰는 것은 갖가지 소아 질환을(!) 치료하는 중요한 방법 가운데 하나다. 그러므로 의사의 처방 없는 아편 판매를 금지한다면, 그것은 수백만 인도인에게 비인간적이고 어리석은 조처가 될 것이다(!)

당시에는 아편 복용이 인간의 신체와 정신에 어떤 영향을 미치는지 잘 알려지지 않았다는 점을 내세우며 이 보고서 내용을 정당화시킬 수 있을까? 그로부터 3년 전인 1892년 영국에서 5천 명의 의사가 아편을 피우거나 복용하는 것은 인간의 신체와 정신에 유해하므로, 영국에서와 마찬가지로 인도에서도 아편을 유해물로 간주하고 취급해야 한다고 선언한 바 있었다. 또한 국제연맹 소속의 어느 위원회에서는 의학적 용도의 연간 아편 소비량을 인구 만 명 당 6kg 미만으로(따라서 1명에 0.6g) 규정했다. 그러나 1900년대 캘커타에서는 연평균 소비량이 인구 만 명 당 144kg으로, 아편 상용자 1명이 엄청난 양을 소비하는 셈이었다.

1923년 식민정부 소속의 경제위원회에서 보고서를 발간했는데, 여기서는 '중요한 조세 수입원인 아편 판매를 계속 유지해야' 한다며 세율 인하를 검토한다는 것은 있을 수 없는 일이라고 주장했다. 신교 목사인 존 리긴스는 아편에 관한 그의 소책자에서 이렇게 썼다. "영국의 지배권이 정착되자마자, 영국인 하위 공무원은 인도에 시장을 개척할 목적으로 토착민에게 무료로 아편을 나눠줬다." 다른 신교 목사 C. F. 앤드루스는 이렇게 말했다.

1921년 선교회 목사인 J. N. 로이는 아삼 지역 입법회의에, 그 지방에서 아편 판매를 해마다 10%씩 줄여 나가자는 내용의 법안을 발의했다. 이 법안은 절대 다수의 지지로 통과되었다. 반대 의사를 표명한 사람은 식민정부의 관리와 유럽 인, 그리고 몇몇 인도인 유력자뿐이었다. 그러나 행정권을 보유한 정부는 끝까지 입법기관의 의견에 따르지 않았다. ……

간디의 추종자들은 음주와 아편을 근절하기 위한 운동을 전개했다. 순전히 윤리적 차원의 이러한 노력은 결실을 맺어, 아삼 지방에서는 소비량이 50%까지 감소했다. 그동안 정부는 무슨 일을 했을까? 전국을 순회하며 음주와 아편의 폐해를 역설하던 63명의 설교자 가운데 44명을 감옥에 가두어 버렸다.

영국인은 "정부가 백성에게 그 마약을 공급하지 않는다면, 백성은 불법적인 경로를 통해 마약을 구입할 것이다. 따라서 정부 당국자가 기존의 수요를 충족시키는 동시에 해당 물품에 매겨진 세금을 거둬들이는 것은 지극히 당연한 일이다"라고 식민정부를 비판하는 이들에게 대답했다.

뉴욕에서 발간되는 「네이션」지에 기고한 1925년 6월 2일자 캘커타발 서신에서 가트루드 마빈 윌리엄스는 이렇게 썼다.

> 단 하루 동안 관찰한 결과, 행정당국에서 운영하는 캘커타의 아편 매장 가운데 단 한 곳에서만 아편 구매자가 남녀를 포함하여 2,300명이나 되었습니다. 나는 캘커타시를 가로지르는 간선도로 초링기가街 인근에 위치한 여러 지점 가운데 한 곳을 찾아가 보았습니다. 철로 된 작은 격자창 너머로 한 사람이 카운터 뒤에 웅크리고 앉아 끈적끈적한 갈색 아편 조각을 녹색 종이에 말고 있었습니다. 그 옆에서는 다른 사람이 1아나(약 0.02유로)짜리 동전을 쉴새 없이 거둬들이고 있었습니다.
>
> 길게 줄지어 차례를 기다리는 사람의 행색을 보니 출신이 각양각색이었습니다. 1아나짜리 동전 하나면 대략 아편 7그레인을 구매할 수 있었습니다. 정부 독점권을 옹호하는 사람은 지정된 매장에서 고객 한 사람에게 한정된 양을 팔게 되어 있다는 점을 강조합니다. 그렇지만 내가 현장에서 알아본 결과, 고객 한 사람에 판매할 수 있는 양은 1톨라, 곧 188그레인으로 제한되어 있었지만, 마약 애호가가 날마다 찾아와 구입해도 아무런 문제가 없었습니다. 그뿐만이 아닙니다. 하루 동안에도 인근에 있는 여러 매장을 차례로 돌아다니며 구입할 수도 있고, 이미 들렀던 매장에 5분이 지난 뒤 되돌아가 구입할 수도 있었습니다.

아편 거래에 관한 '정부 차원의 규제'라는 것의 실제 상황은 대체로 이러했다. 그 가운데 가장 심각한 것은 어린이의 아편 복용 실태였다. 캘커타나 봄베이의 공장에서 여성 노동자는 작업 도중에 아기가 잠에서 깨어 보채는 일이 없도록, 아침마다 아기에게 아편을 먹여 하루 종일 잠을 재웠던 것이다. 농촌에서도 여성이 밭에 나가기 전에 아편을 먹여 아기를 재우는 일이 빈번했다.

오늘날 인도는 공식적으로 아편의 주요 생산국이자 소비국으로 알려져 있다. 하지만 양귀비 재배는 정부의 엄격한 통제를 받아, 접근하기가 쉽고 정부의 허가를 받은 지역에서만 재배되고 있다.

벵골 지역의 '선동' 문서에 대한 식민정부의 검열 : 지적 냉소주의

18세기 프랑스 역사의 전문가 로버트 단턴은 영국의 인도 통치 마지막 시기에 벵골 지역에서 출간된 문서를 어떻게 검열했는지에 관해 새로운 지평을 열었다.[42] 그는 먼저 박학다식한 사서이자 당대 최고의 '출판계 경찰관'이었던 윌리엄 로울러라는 인물을 우리에게 소개한다.

로울러는 16개 항목의 칸을 채워 넣게 되어 있는 서류를 책상 한가득 쌓아 놓고 일에 열중했다. 책상 주위에는 1879년 벵골 지역에서 출간된 엄청난 양의 책이 쌓여 있었다. 그의 업무는 빈 칸에 무언가를 적어 넣는 것이었다. 처음 몇 개의 칸에는 책제목, 저자명, 출판사 등을 써넣었는데, 이는 1867년 총독부 집행위원회에서 채택된 인도 총독 법령 25호에 의해 공포된 법에 따라 새로이 출간된 서적을 등록하기 위해 필요한 정보였다. 이렇게 책을 등록하고 2루피를 지불하면, 출판사는 영국의 식민통치를 받던 인도의 모든 지역에서 저작권을 보장받고, 사법적 소추의 대상에서 제외될 수 있었다. 등록되지 않은 책은 불법 서적으로 간주되어, 책 발행인은 식민정부에게 5천 루피의 벌금과 함께 2년 징역형을 받았다.

---

42) R. Darnton, "Un-British Activities," *The New York Review of Books*, 12 avril 2001, VIII(6), pp. 84-88.

이뿐만 아니라 식민정부는 벵골 지역에서 출간된 모든 서적을 지방 청사의 자료실에 보관했다. 이 문서에 관한 정보를 기록해 놓은 카탈로그는 일반 대중에게 공개되지 않았고, 인도 내무행정조직 안에서만 비밀리에 유통되었다. 다른 지방 정부에서 제작된 카탈로그와 마찬가지로 '비밀 문서'로 취급된 것이다. 이 카탈로그들은 식민정부의 모든 관리로 하여금 인도 대륙 전역에서 발간된 모든 문서, 아니면 적어도 책 발행인이 자진 신고한 모든 서적의 내용과 성격을 한눈에 알아 볼 수 있게 했다.

1868년부터 1905년까지 카탈로그에 등록된 서적은 총 2십만여 권에 달했다. 벵골 지역에서만 같은 시기에 제작된 카탈로그의 수가 대략 15권이었으며, 카탈로그는 한 권에 500쪽이 넘었다. 여기에는 제국주의 절정기였던 당시 식민지 주민의 문화적·지적 생활에 대한 식민 당국의 관점이 잘 드러나 있었다. 실제로 윌리엄 로울러는 '작성자 소견'이라는 표제가 붙은 마지막 16번째 칸에 카탈로그의 독자, 곧 인도 내무행정조직의 관리가 그 책에서 저자가 무엇을 말하고자 하는지 명확히 알아볼 수 있도록 소설이나 시, 희곡 작품의 줄거리를 요약해 놓았다. 이처럼 카탈로그는 '브리티시 라지' 소속 행정관리를 위한 서적 요약 목록이었다.

펀자브 지역 행정구의 행정관이나 런던의 인도성 장관은 카탈로그를 통해 인도인이 무슨 생각을 하는지, 또 어떤 일을 공모하는지를 파악할 수 있었다. 16번째 칸의 잠정적 독자는 인도의 식민통치자였다. 이들에게는 인도 대륙의 수많은 언어로 인쇄되어 다량으로 쏟아져 나오는 문서에 관한 정보가 필요했다.

그런데 무슨 까닭으로 식민정부는 정보를 수집하기만 했을까? 로울러 같은 사람이라면 아무런 양심의 가책 없이 불태워 버릴 수도 있었을 책에 왜 아무런 제재를 가하지 않았을까? 카탈로그를 제작했다고 해서 과연 그것을 검열의 한 가지 형태로 볼 수 있을까? 물론 그럴 수 없다. 그렇지만 제국주의와 토착민의 저술 활동의 역사에는 단순한 억압 관계를 넘어서는 무언가가 존재한다는 것이 분명하다.

1556년부터 인도 대륙에서 인쇄된 서적이 나오기 시작했다. 하지만 이것은 해안을 따라 곳곳에 흩어져 있던, 선교사가 정착하여 활동하던 소규모 고립지 몇 곳의 상황일 뿐이었다. 그러다가 1800년 무렵에는 팸플릿이나 정기간행물까지 포함하여 출판물의 개수가 2천여 가지에 이른다. 19세기 후반기에 이르면 인도인 대다수가 문맹이라는 어찌할 수 없는 장벽에도 불구하고, 서적은 인도 사회 깊숙이 파고들었다.

영국인은 1857~1858년의 세포이 항쟁으로 인한 엄청난 피해를 목격한 뒤 토착민과의 문화적 차이를 인식하게 되었고, 이에 새로운 형태의 제국주의로 방향을 전환한다. 새로운 형태의 제국주의란 권력의 확장에 정보의 축적을 결합시키는 것으로서, 기본적으로는 자유주의를 표방하고 있었다. 1867년의 출판 및 서적등록법은, 1857년의 충격과 1858년의 농민 반란으로 아직까지 안정을 찾지 못한 인도 사회의 질서를 회복시키기 위해 추진한 주도적인 행동 가운데 하나였다. 영국 의회는 1858년 동인도회사를 해산하고 영국 국왕이 인도를 직접 통치했는데, 그때부터 정보의 근대적 수단, 다시 말해 '서류에 빼곡히 적힌 기록'에 의존하는 행정조직을 통해 인도를 통치하기 시작했다.

1853년부터 식민지의 모든 것을 조사하고 수집하고 분류하기 시작했다. 출간된 서적을 카탈로그로 만드는 작업도 결국 이러한 사업의 일환이었다. 실제로 제국주의 권력의 의도대로 설립된 인도 출판물 '센서스'가 존재했다. 매콜리의 주장에 따라 영국식으로 인도의 엘리트 계층을 양성하려고 만들어진 교육 기관에서는 동양과 서양의 전통에 영향을 받은 인도 근대문학을 발전시켰다(가령 '벵골 르네상스' 운동). 동시에 존중과 경멸의 뉘앙스가 담긴 칭호인 '바부'[43]라 불리는 사람들이 카탈로그 작성에 참여했는데, 영국의 식민통치

체제가 정착하는 과정에 이들이 기여한 바는 결코 적지 않았다.

1871년 8월 이전까지는 16번째 칸이 서류의 표준 서식에 포함되지 않았다. 16번째 칸에서 빅토리아 시대 영국인과 뱅골 지역 인도인의 상상력이 충돌하면서 점점 더 복잡한 반응을 야기했고, 그러다 보니 이 '작성자 소견' 칸의 내용이 급속히 늘어났다. 1875년에는 16번째 칸이 마치 신문 칼럼과 같은 모양새를 갖추고, 그 안에 담긴 '작성자 소견'은 잡지에 실리는 서평처럼 되었다.

찬드라 나트 보스가 윌리엄 로울러의 뒤를 이어 그 일을 담당하기 시작한 1897년부터는 인도인이 카탈로그의 작성을 맡았다. 그러나 단턴이 지적한 것처럼(2001년) '바부'라 불리는 인도인 사서가 섹스보다는 '문헌학적 정확성' 추구에 더 큰 관심을 둔 것처럼 보인다는 차이점에도 불구하고, 작성자 의견 칸의 어조는 예전과 다름이 없었다.

1870년대 영국인 사서는 뱅골 문학을 '조화롭지 않은 요소의 기이한 조합'이라 평가했다. 그런데 1890년대에 이르러 인도인이 카탈로그 작성을 맡았을 때부터는 '불가해'를 뜻하는 갖가지 표현 대신에 경멸의 태도, 다시 말해 당시 잡지마다 넘쳐 났으며 캘커타의 빈민층에서 내륙 오지의 농민에게까지 행상인에 의해 광범위하게 유포된 엄청난 양의 대중문학에 대한 경멸의 태도가 자리를 잡았다. 이 대중문학은 도시에서 일어날 수 있는 끔찍한 이야기(외설, 살인, 추리, 매춘)부터 농촌 사회의 환상(동화, 마법, 모험, 점성술)까지 다루었다.

문화의 수호자 역할을 담당한 '카탈로그 작성자'는 문명이란 것을 산스크리트화44) 또는 고전적인 순수의 세계로 복귀하려는 문화의 흐름과 동일시했다.

---

43) '바부Babu'라는 힌디어는 인도인 사무실 직원을 가리키는 동시에 교육을 받은 사람, 곧 신사를 뜻한다. 또는 아버지라는 의미의, 어느 정도 지위가 있는 존경할 만한 사람을 가리키는 말이다. 여기서는 식민 통치 체제의 산물, 다시 말해 영국인에게도, 동포인 인도인에게도 경멸의 대상이 었던 영어를 할 줄 아는 영국 물이 든 인도인을 가리킨다.

44) 이것은 인도 인류학자 M. N. 스리니바스Srinivas가 제시한 개념으로, 하위 카스트에 속한 사람이 신분 상승을 기대하며 브라만 계층의 사람을 모방하려는 경향을 이르는 말이다. 대개 '신분 상승'을 뜻하는 용어로 쓰인다.

이러한 경향은 영국인과 인도인이 협력하여 이룩한 영국 식민통치의 한 가지 속성으로, 여기에는 '스스로 부과한 오리엔탈리즘'의 요소가 내재되어 있었다.

16번째 칸을 통해 알 수 있는 것은 영국의 식민체제가 문학을 위험 요인으로 인식하고 감시했다는 점이다. 카탈로그 담당자는 인도인이 외국법에 예속되어 있는 현실을 개탄한 서적과 인도인의 퇴락과 빈곤, 권력 상실(이는 독립 정신과 문화적 우월감 등으로 명성이 자자했던 고대 아리안족의 영광과 대조되는 주제였다)을 한탄하는 엄청난 양의 서적을 카탈로그에 등록했다.

정보 획득의 수단이자 통제 수단이었던 카탈로그 작업과는 별도로, 검열 자체의 성격은 어떠했을까? 영국인은 '감시'하되 '처벌'하지는 않았다. 영국의 식민통치 아래에서 출판물은 국가의 자주권을 잃어버린 현실을 마음껏 한탄할 수 있는 자유를 누렸다. 이처럼 기이한 현실은 영국이 벵골 지역의 분할에 착수한 1905년까지 그대로 유지되었다.

영국인은 벵골 지역의 분할을 통해 관료주의 체제를 굳건히 함으로써 인도를 더 원활히 통치할 수 있으리라 믿었다. 영국 인구의 두 배가 넘는 8,500만 인구를 보유한 방대한 지역이었던 벵골은, 총독 보좌관 한 사람과 여러 곳에 분산된 행정구 담당관이 통치하기에는 무리가 있었다. 그러나 벵골 주민에게 이 지역의 분할은 정치적 통합체의 심장부를 도려내는 치명적인 상처였다. 이들은 그것을 '통치를 위한 분할'이라는 식민체제의 냉소주의적 전략에서 비롯된 것으로 여겼다. 분할 이후 동東벵골이라는 새로운 지방과 아삼 지역은 의존적이고 고분고분한 이슬람교도 공동체를 영국인에게 헌납했다. 그렇지만 캘커타의 민족주의 지식인, 다시 말해 박학다식한 하급 직원인 바부로 구성되었으며 당시 새로이 부상하던 지식인 집단은 다른 지역에서 건너와 서西벵골에서 활동하는 설교자에 비해 영향력을 잃게 되었다.

도처에서 탄원서가 쇄도하고 항의 집회가 열렸으나 아무 소용이 없었다.

부왕 커즌 경은 그의 허리를 지탱하던 철로 된 코르셋보다도 더 완강하게 굴었다. 1905년 8월, 그의 뒤를 이어 부왕으로 부임한 같은 토리당 소속의 민토 경은 그의 상관, 곧 1905년 말 자유당 정부가 들어서면서 런던의 인도 업무담당 국무장관으로 취임한 존 몰리의 권유에도 불구하고, 인도 토착민의 청원에 역시 무관심한 태도로 일관했다. 그러면서도 지방의회에 인도인을 포함시키는 등 갖가지 개혁을 지원했다.

하지만 벵골 지역의 지식인은 그가 벵골 분할을 '기정사실'처럼 이야기하자, 다시 한 번 영국식 교육을 통해 습득한 원칙과 현실 사이에 큰 괴리가 있음을 깨닫고 실망감과 배신감을 느낀다. '구걸' 정책, 곧 인도국민회의당 안의 온건파가 권장한 협조 정책이 실패로 끝나자, 벵골의 민족주의자는 국산품 애용을 장려하는 대신 영국산 수입품을 배척하는 보이콧 운동인 스와데시에 착수했다. 외국 산업에 대한 보이콧 운동은 곧 법원, 학교, 내무행정조직 등 각종 제도에 대한 보이콧 운동으로 이어지고, 결국 스와라지(독립)를 요구하기에 이른다.

민족주의 단체는 식민체제에 속박된 공민사회를 대체할 수 있는 사회 형태를 찾는 과정에서, 오늘날 힌두교 원리주의의 선구자라 할 수 있는 힌두교 부흥운동의 영향을 받은 바가 컸다. 그러나 이러한 전략은 캘커타 주민의 30%를 차지하는, 소수이긴 하나 무시할 수 없는 벵골 지역의 이슬람교도와 갈등을 빚는다.

민토 경의 후원으로 1906년 말 인도이슬람연맹이 결성되자, 영국인이 '통치를 위한 분할' 정책을 편다는 벵골 주민의 믿음은 더욱 확고해졌다. 1907년 봄, 코밀라와 미멘싱에서 힌두교도와 이슬람교도가 충돌하면서 두 공동체의 거리는 더욱 벌어진다. 질서를 회복한다는 구실로 영국인은 인도인의 공민권을 일시 정지시키고, 벵골에서 펀자브에 이르는 지역에서 주동자를 체포하기 시작했다.

한편, 1907년 12월에 열린 연례 회의에서 인도국민회의당이 분열되자 힌두교도도 분열되었다. 힌두교 극단주의자는 정치적으로 온건한 전통적 엘리트 계층과 협조적인 관계를 유지할 수도 없었을 뿐만 아니라, 문맹과 빈곤 상태에서 벗어나지 못한 농민 대중을 동원할 능력도 없어서 점점 더 고립되어 갔다. 1908년 4월 30일, 무자파르푸르에서 폭탄 테러로 두 명의 영국인이 목숨을 잃고, 1912년 민토의 후임으로 부임한 하딩 경이 폭탄 테러로 부상을 입기까지 그와 비슷한 일이 도처에서 벌어졌다.

수도가 델리로 이전되고, 1911년 벵골이 다시 통합되고 뒤이어 제1차 세계대전이 발발하면서, 민족주의 소요의 첫 단계는 막을 내린다. 이처럼 민족주의가 표출되고 폭발한 데에는 처음부터 언론이 결정적인 역할을 했다. 이를 주도한 사람은 문인으로서, 이들은 영국과 인도의 문학에서 많은 영향을 받았다. 이들은 신문이나 잡지 또는 도서관을 중심으로 결집했다.

가요, 희곡, 시, 팸플릿 등 다양한 장르의 문학이 선동의 징후를 추적하는 영국인 관리에게 매우 유익한 자료가 되었다. 식민정부 소속 관리는 벌써 40여 년 전부터 카탈로그를 열람해 왔던 터라, 다양한 종류의 인도 문학을 잘 알고 있었다. 그러나 1905년 이후부터 문제의 성격이 달라진다. 곧 "민족주의의 분출을 억누르려면 그 정보를 어떻게 사용해야 할까?"

억압이 검열의 형태를 띠자, 예전에 유럽에서 시행되었던 방식 그대로 경찰 조직이 개입하게 되었다. 저자와 출판인을 체포하고, 출판사를 급습하여 수색하고, 편지나 소포 같은 우편물을 조사하고, 심지어 비밀 정보원을 동원하여 인도인의 집회에서 어떤 말이 오갔는지, 학교에서 학생에게 어떤 책을 읽히는지 등을 보고하게 했다. 이 과정에서 '선동적'이라고 판단되는 문서가 그동안 카탈로그에 등록된 것이라는 사실이 명백해졌다.

인도 현지에 근무하는 영국인이 볼 때, 표현의 자유는 영국의 인도 통치를 불가능하게 만들지도 모르는 서구식 사치일 뿐이었다. 민토 경은 이들의 의견을 받아들여 존 몰리에게 언론을 통제하기 위한 전권을 달라고 요구했다. 그런데 언론의 자유는 존 몰리가 숭상하는 자유주의의 신조에서도 가장 신성한 것이었다. 매주 의회에서 질의 때마다 자유주의라는 이상과 제국주의라는 현실 사이의 모순성이 부각되었다. 인도 업무에 정통한 헨리 코튼 같은 의원이, 인도에서 적용되는 영국 법령에 자유주의가 결핍되어 있음을 온 세계에게 노출시켰던 것이다.

민토와 몰리가 두 대륙을 오가는 전보를 통해 치열한 논쟁을 벌이는 동안에도 식민정부의 하급 관리는 검열과 단속에 관한 내용으로 인도 내무행정조직의 비밀 통신문을 작성했다. 어느 민족주의 단체를 급습했을 때, 경찰이 압수한 문건에는 아리스토텔레스의 『정치학』을 비롯하여 『일본의 각성』, 『주세페 마치니의 삶과 저작』 등 영어 서적이 섞여 있었다. 식민정부는 1838년에 처음으로 출간되어 그 뒤 여러 공공 도서관에서 흔히 볼 수 있었던 책인 『동인도회사의 역사』 재판본도 불온 문서로 분류했다.

식민정부 집행위원회의 법률 담당 위원은 소송에서 서적의 적합성이나 출판 날짜보다, 텍스트에 '어떤 의미가 숨어 있는지'를 문제로 삼았다. 먼저 혐의가 있는 저자들을 체포하여 구금한 다음, 식민정부 관리가 법정에서 유죄 판결을 내렸다. 이는 영국의 자유주의적 제국주의에 내재된 모순성이 적나라하게 드러나는 부분이다.

영국인은 인도인에게 부과한 법률을 자신도 존중하겠다고 서약했다. 그러나 '선동'이라는 개념은 영국의 식민통치 아래에서 특별한 의미를 갖고 있었다. 1857년의 세포이 항쟁 이후 혼란스러운 상황에서 작성된 1860년의 인도 형법에 따르면, '선동'은 '정부에 대한 불만의 감정을 조장하는 자'에게 적용되는 개념이었다. 그런데 '불만'이라는 말의 뜻은, 1898년 정부가 법률 조항 124A에 다음과 같은 주석을 덧붙일 때까지 불분명한 채로 남아 있었다. "불만이라는

표현은 국가에 대한 불충을 비롯한 모든 적대적인 감정을 포함한다." 이렇게
법령의 내용이 명확해지자, 그로부터 10여 년 동안 식민정부는 저작물을 통하여
난동을 교사한 수십 명의 저자를 사법 당국에 기소한다. 그 가운데 대부분이
징역형(주로 6년형)과 함께, 무거운 벌금형이나 숨 막힐 듯이 무더운 만달레이의
감옥에 '강제 유배'되는 형벌을 받았다.

　법정에서도 전문적인 법률 용어와 격식 —판사에게 사용하는 경칭인 '각하'
라는 호칭 등— 을 통해 영국식 사법제도의 정당성을 과시했다. 하지만 인도인도
능란하게 게임에 응했다. 영국식 교육기관에서 학업을 마친 인도인 변호사는
변론 중에 영국의 판례, 필요하면 셰익스피어나 밀턴 같은 영국 작가의 작품을
인용했다. 지난 수십 년 동안 수집된 카탈로그 자료 같은 귀중한 자료를 확보하고
있던 식민정부의 관리 역시 인도 문학에 대한 폭넓은 지식을 마음껏 과시했다.
중대 사안일 경우에는 카탈로그 작성자가 직접 법정에 출두하여 증언했다.

　그리하여 법정은 상대방이 해석한 내용에 모순되는 부분은 없는지 추적하는
해석학의 전쟁터로 변모했다. 바깥에서는 총성이 멎은 지 오래되었지만, 법정에
서는 아직도 제국주의가 텍스트 해석을 통한 상징적 패권 다툼으로 간혹 그 모습
을 드러냈다.45)

　아래의 인용문은 1910년 『팔리치트라』라는 문예지에 발표된 시의 일부분으
로서, 당시 법정에서 '선동적' 저작물이라고 판결을 받았던 출판물의 대표적인
사례다. 이 시의 저자가 확인되지 않은 터라(작가도 나중에 체포되어 2년 징역형을
선고받는다), 잡지 발행인이 124A 조항에 따라 선동죄 판결을 받고 2년 징역형을
선고받았다. 이 사건을 담당한 판사는 판결문에서 중대한 범죄를 저지른 만큼
종신 유배형에 처하는 게 마땅하지만, 관대한 처벌을 내리는 것이라고 말했다.

45) R. Darnton, op. cit., p. 87.

다음은 법원에 소속된 공식 번역가가 벵골어 원문을 영어로 옮긴 것이다. 그런데 이 글의 어디에 선동적 요소가 있는가?

아수라(악마)가 짓밟은 난다 정원에는 파리자트꽃이 한 송이도 보이지 않는다. 걸인의 옷을 걸친 인드라니는 마음속 깊은 곳에서 찢어질 듯한 고통에 시달린다.

대부분의 유럽인이 뜻을 이해하지 못했을 이 시구에 대해 행정구 담당 행정관은 '완벽하게 선동적인 글'이라 평가했다. 그의 주장을 들어보자. 곧 이 시는 '일반 독자'가 뜻을 파악할 수 없을 만큼 난해하지 않다. 힌두교 신화에 대한 기초적인 지식이 있는 사람이라면 누구나 쉽게 이해할 수 있을 만큼 뜻이 명료하기 때문이다. 인드라니는 '어머니 인도'를 가리키고, 꽃이 만발한 정원은 영국인이 망가뜨린 낙원이다. 아수라라는 악마는 영국인이고, 그들의 적인 걸인 신세로 전락한 인도인은 폭동을 일으켜 압제자를 쓰러뜨리려고 음모를 꾸미고 있다. 당시 상황 때문에 시에 함축된 메시지는 사건 담당 판사에게 더욱 명료했다.

이 시가 발표된 것은 …… 지난 7월 중순이다. 시가 출간되기 직전에 영국인 남성과 여성, 특히 영국인 관리를 겨냥한 일련의 테러 사건이 있었다. 따라서 힌두교도 동포를 결집시켜 인도에 거주하는 영국인을 죽이는 일에 나서도록 선동할 목적으로 작가가 이 시를 썼다는 점은 명백하다. 이런 형태의 문학 작품이 벵골의 젊은 세대에게 얼마나 해로운 영향을 끼치는지를 고려한다면 …… 이 사건은 결코 가벼이 다룰 수 없다. 그러므로 본인은 피의자에게 징역 2년형을 선고한다.[46]

---

46) Darnton, op. cit., p. 88.

그렇지만 판사의 이러한 해석이 아무런 논란 없이 그대로 받아들여졌던 것은 아니었다. 변호사와 검찰 측의 치열한 논쟁을 거치고 나서야 판사는 확정된 판결을 내릴 수 있었다.

그렇다면 왜 이렇게 소란스러운 법정 싸움을 벌였을까? 식민 당국자는 법정에서의 의례적인 행사를 거치지 않고서도 얼마든지 저자와 출판인을 감옥에 가둘 수 있었다. 그러나 이들에게는 식민통치의 정당성을 토착민에게, 아니 그보다는 자신들에게 과시해야 할 필요가 있었다. 영국의 식민통치가 법치주의 체제로 인정받지 못한다면 강압적인 통치 체제로 낙인찍힐 위험이 있고, 판사가 언론 및 출판의 자유를 존중하지 않는다면 전제 정치의 앞잡이 취급받을 수밖에 없기 때문이다. 그렇다고 해도 영국 본토에 거주하는 영국인처럼 인도인이 자유롭게 언어를 사용하도록 내버려둘 수는 없는 노릇이었다. 그리하여 '반감'을 '불만'으로, 또 '불만'은 '선동'으로 필요에 따라 단어의 뜻을 자의적으로 해석했다. 언어 해석에서 인도인이 영국인을 능가하는 경우도 있었지만, 상황은 늘 힘이라는 최후의 수단을 가진 영국인에게 유리했다. 영국인은 늘 모순 더미라는 진창 속을 허우적거렸는데, 그 가운데 백미는 '자유주의적 제국주의'라는 개념이었다.

이런 관점으로 볼 때, 식민정부의 관리가 사법 절차라는 극한의 '격식'에 의존했던 것은 어쩌면 현실을 그대로 받아들이기가 어려워 자발적으로 맹목성의 늪에 빠지려 했던 것은 아니었을까?

결론

지금까지 우리는 인도에서 자행된 식민주의의 횡포와 해악을 몇 가지 차원에서 살펴보았다. 특히 영국 식민통치의 절정기와 쇠퇴기의 상황에 초점을 맞춘 우리의 연구에서 영국 식민통치의 '냉소주의적' 측면이 잘 드러나는 네 가지 분야를 살펴보면서, 네 경우 모두 인도인은 늘 식민 권력에 의해 '범죄자' 취급을 받았다는 사실을 알 수 있었다.

그렇다고 해서 식민주의 이전 시대와 전통적인 토착민 사회를 무조건 높이 평가할 필요도 없다. 그보다는 매순간 모든 관점을 상대화시키려고 노력해야 한다. 교육받은 엘리트 계층이건 일반 서민 계층이건 수많은 인도인은 영국인이 인도를 떠나는 것을 바라지 않았다. 1947년에 농업 분야의 상황은 최악이었지만, 투입된 자본 가운데 인도인 자본이 50% 이상을 차지했던 경공업 분야는 호황을 누리고 있었다.

인도에 깊이 뿌리를 내린 수많은 영국인이 인도가 독립된 뒤에도 죽을 때까지 인도에 남았다. 그동안 축적된 정서적·철학적·심미적 유대감이 인도를 쉽게 떠나지 못하게 한 것이다. 그밖에도 영국인과 인도인 사이에는 정착민과 정복지 주민 사이의 관계라는 요소, 곧 이분법적 대립 관계를 넘어서는 결코 단순치 않은 심리학적 요소가 내재되어 있었다.

에드워드 사이드는 10년 전에 나온 그의 저서 『문화와 제국주의』에서, 어떻게 하여 소설이라는 문학 장르가 제국주의적 태도와 준거, 경험이 형성되는 데 막중한 역할을 했는지('모든 국가가 그 자체로 서사이므로'),[47] 또 어떤 방식으로 서구의 식민 지배가 역으로 여러 식민지 국가에서 '엄청난 문화적 저항의 노력'을 촉발시켰는지를 몇몇 주요 문학 작품을 통해 밝혀냈다.

이러한 주장은 20여 년 전에 나온 그의 저서 『오리엔탈리즘』에서 이미 나타난 바 있다. 『오리엔탈리즘』에서 그는 오리엔트라는 개념이 왜 오리엔탈리스트, 곧 서구인의 발명품인지, 그리고 특히 어떻게 하여 이러한 발명품이 나머지 세계에 대한 백인의 '우월성'을 정당화하기 위한 도구로 쓰였는지를

---

47) E. Said, *Culture et impérialisme*, trad. fr., Paris, Fayard, 2000(éd. originale 1993), p. 13.

밝혀낸 바 있다.

    바로 이러한 발명품을 매개로, 우리가 포괄적으로 포스트모더니즘이라 부르는 어떤 모호한 비판적 사고가 인도 역사학계로 침투하기 시작했는데, '하위주체 연구'[48) 그룹이 그 대표적인 예다. 그로 인한 결과 가운데 가장 명백한 것은 식민주의에 대한 비판이 경제와 정치 분야에서 문화 분야로 이동해 갔다는 점이다.[49)

    인도 사회에 대한 식민주의적 '이미지 또는 역사 해석'이 지배욕에 의해 고무된 서구인의 상상력의 '산물'이라고 주장하면서 에드워드 사이드가 가했던 비판은, 우리에게 식민시대 자료의 무분별한 사용을 경계해야 한다는 점을 가르쳐주었다. 그러나 다른 한편으로는 마르크 가보리오가 지적한 것처럼, 에드워드 사이드의 비판이 "식민시대와 포스트 식민시대의 혹독한 현실과, 아직 정체성이 유동적이라 갈등 요소가 전무했던 황금기라는 신화적 양식에 의거하여 재구성된 식민시대 이전 시기의 역사적 연속성을 단절시켜, 역사학 연구를 그르치고 고갈시킬 수 있다"[50)는 위험이 있는 것도 사실이다.

    그러므로 식민시대의 작가가 수집한 기본 자료를 '역사학적 방법으로' 사용하여, 원초론이라는 암초를 피함과 동시에 여러 정체성이 형성되고 변모해 온 인도 역사의 연속성을 회복시킬 수 있을 것이다.

---

48) '하위주체 연구Subaltern Studies'는 대략 20년 전부터 하위주체, 곧 지배 계층의 패권에 종속된 '하위' 집단을 연구해 온 인도의 역사학자 그룹을 가리키는 표현으로, 이들이 펴내는 잡지 『하위주체 연구』는 지금까지 10여 권이 나왔다. 안토니오 그람시의 개념에서 따온 '하위주체'라는 표현은 농민 계층뿐만 아니라, 이념적·문화적 차원의 모든 권력 관계를 가리키는 말이다.

49) J. Pouchepadass, "Les Subaltern Studies ou la critique postcoloniale de la modernité," *L'Homme*, 156 : *Intellectuels en diaspora et théories nomades*, Paris, éd. de l'EHESS, 2001, p. 172.

50) M. Gaborieau, "Indentités musulmanes, orientalisme, ethnographie. Faut-il réhabiliter les auteurs coloniaux?," *Purushartha*, 22 : *La Question indentitaire en Asie du Sud*, Paris, éd. de l'EHESS, 2201, p. 88.

에드워드 사이드는 『문화와 제국주의』에서 특히 디킨스와 키플링, 포스터, 콘래드, 카뮈의 작품에 의거하여, 영국·프랑스·미국의 '제국주의 문화'를 중점적으로 연구했다. 무엇보다도 그는 서구의 지배가 20세기 전반부터 어떻게 에메 세제르, 살만 루시디, 라빈드라나드 타고르, 프란츠 파농 같은 식민지 국가 출신의 작가와 예술가에게 도전을 받았는지를 밝혔다. 그러면서 역설적이게도 제국주의가 두 세계 사이의 거리를 좁혀 놓았다는 사실이 오늘날 명백히 드러나고 있음을 지적했다.

동양인과 서양인의 중복된 경험, 식민 지배자와 피지배자가 서로 경쟁 관계에 있는 각자의 전망, 지리와 역사, 서사(내러티브)를 가지고 공존하며 대립했던 문화적 터전의 상호 의존성, 이런 요소를 무시하거나 소홀히 취급하는 것은 지난한 세기 동안의 인류 역사에서 가장 중요한 부분을 놓치는 것이다.[51]

따라서 서구의 역사가들은 죄의식, 또는 자크 베르크의 기발한 표현을 빌린다면 '식민주의 오이디푸스 콤플렉스'에 시달리고 있는 듯한 서구 사회에 지금 한창 유행하는 '가식적인 양심'이라는 막다른 골목에 빠지지 않도록 노력해야 한다. 또한 과거 식민지였던 나라의 역사가들은 오늘날까지도 그 위력을 조금도 잃지 않은 민족주의, 또는 '자기 정체성 우선의' 태도라는 함정에 빠지지 않도록 유의해야 한다.

작가 살만 루시디는 1982년 포클랜드 전쟁에서 승리한 뒤 들뜬 분위기에서 마거릿 대처 수상이, 남대서양에서의 승리가 영국인이 '세계의 1/4을 지배했던' 백성이라는 점을 입증한 것이라고 말함으로써, 식민주의라는 낡은 돛대에 다시 한 번 깃발을 올렸다는 사실을 우리에게 상기시켰다. 그러고는 "그런 위치에 있는 정치 지도자가 그 시점에 제국주의 정신을 원용할 수 있었던

---

51) E. Said, op. cit., p. 23.

것은, 대처 수상이 모든 계층의 백인 영국인이 스스로에 대해 가지고 있는 이미지의 한가운데에 제국주의 정신이 도사리고 있다는 점을 너무나도 잘 알고 있었기 때문"이라고 말했다. 그 '자정의 아이'는 이렇게 말을 덧붙인다.

나는 백인 영국인이라는 표현을 썼다. 왜냐하면 대처 수상이 대영제국에 대해 의견이 다른, 백인이 아닌 2백만 영국인을 상대로 말하지 않았을 게 틀림없기 때문이다.[52]

대처 수상 자신이 제국주의 교육의 산물이며 그런 대처 수상이 역시 '위대한 장밋빛 시대'에서 유래한 백성에게 연설했다는 점에서, 승리감에 도취된 대처 수상의 빅토리아 시대 풍의 연설은 사실 시대착오적이다. 100년 전에 똑같은 연설을 했더라면, 모두에게 전폭적인 지지를 받았을 게 틀림없다.

철저히 자기 시대에 충실하기란 쉽지 않은 법이다! 역사에서 과거는 늘 현재라는 시점에 비추어 다양한 모습으로 나타난다. 과거 역사와 그 역사에 대한 오늘날의 인식 사이에는 늘 끊임없는 상호작용이 존재하기 때문이다. 포크너의 말처럼 "과거는 결코 죽지 않는다. 심지어 과거는 아직 끝나지도 않았다."[53] 따라서 식민시대의 역사를 이해하는 것은 오랜 시간에 걸쳐 이루어지는 작업일 수밖에 없다. 그것만이 포스트식민주의이건 포스트모더니즘이건, 또는 요즘 들어 크게 유행하는 그 어떤 '포스트 무엇'을 넘어서서 인류 역사를 이끌어 온 주역의 공과를 냉철하게 평가할 수 있는 유일한 방법이기 때문이다.

52) S. Rushdie, *Patries imaginaires*, trad. fr. Paris, Christian Bourgois, 1993(éd. origmale 1991), p. 146.
53) H. Arendt, *La Crise de la culture. Huit exercices de pensée politique*, Paris, Gallimard, 1972, p. 20.

반식민주의의 다양한 시각

여기서 우리는 매우 대조적인 정치적 흐름에서 유래한 두 가지 반식민주의 관점을 차례대로 살펴보고자 한다. 첫 번째는 작가이자 공산주의 성향의 여성 언론인 앙드레 비올리[1]가 인도에서 5개월 동안 체류한 뒤, 미국인 학자 캐서린 메이오의 저서 『영국인과 협조하는 인도』(1929년에 프랑스어로 번역, 갈리마르출판사에서 출간되었다)에 대한 응답으로 1930년에 쓴 『영국인에게 저항하는 인도』에서 제시된 관점이다.

두 번째는 반영주의자이면서 2차 대전 때 나치 협력자로도 유명한 앙드레 쇼메[2]의 저서 『순교자 인도』에서 제시된 관점이다. 이 책은 1942년 장-르나르

---

1) 앙드레 비올리Andrée Viollis(1879-1950)는 저술가이자 언론인으로, 잡지 『방드르디Vendredi(1935-1938)』의 공동 발행인이었다. 이 주간지는 프랑스 공산당과 가까운 인민전선의 성향을 반영하고 있었다. 1938년 『방드르디』가 폐간된 뒤에는 L. 마르탱-쇼피에Martin-Chauffier, A. 위름제Wurmser와 함께 좌파 계열 주간지 『라 뤼미에르La Lumiére』의 제작에 참여했다. 2차 대전이 끝난 뒤에는 프랑스 공산당에 합류했다.

2) 앙드레 쇼메André Chaumet는 1935년부터 DNB(독일 공식 언론사)에서 급여를 받는 'Weltdienst'의 통신원이었는데, Propaganda Abteilung의 창립자로 밝혀진 바 있으며, 수상쩍은 인사와 친분이 있었다는 혐의를 받고 있는 인물이다. 앙드레 쇼메라는 인물을 자세히 알기 위해 도움이 될

출판사3)에서 '오늘날의 문제' 총서에 포함되어 출간되었다.

첫 번째 시각 : 앙드레 비올리

『영국인에게 저항하는 인도』의 서문을 쓴 인도학 학자 실뱅 레비는 저자에게 이렇게 찬사를 표했다.

"그렇다. 저자 앙드레 비올리의 말처럼, 인도는 영국인에게 저항하고 있다. 나를 비롯하여 인도를 잘 안다고 자부하고 인도에 남다른 애착을 갖고 있는 사람은, 그렇게도 온유하고 순종적이며 권위를 존중하는 나라에서 증오가 생겨나 점점 자라다 마침내 폭발하는 사태를 목격하는 고통을 겪었다. 왜 그렇게 되었을까?

이 책에서 앙드레 비올리는 현지에서 인도인의 입을 통해 직접 전해들은 이야기로 그 까닭을 우리에게 설명한다. 저자는 놀라우리만큼 공정한 시각으로 인도인의 말을 우리에게 전한다. …… 인도에서 영국인이 이루어 놓은 공적에 대한 언급도 잊지 않는다. 그러나 문제는 그게 아니다. ……

영국을 한낱 때로는 변덕스러운 동맹국으로 평가하고 말 것인가? 다른

만한 책은 다음과 같다. Pascal Ory, *Les Collaborateurs 1940-1945*[1940~1945년의 나치 협력자], Paris, Le Seuil, 1976.

3) 출판인 장 르나르Jean Renard는 1937년 10월에 장 르나르 출판사를 세웠다. 1939년에 징집된 그는 1940년 6월 프랑스가 전쟁에 패하면서 전쟁 포로가 되었고, 1942년 2월이 되어서야 석방되었다. 1945년 11월 17일, 그는 나치 점령기에 적군과 내통했다는 혐의로 기소된다. 죄목은 1940-1944년 사이에 그의 출판사에서 발간된 138권의 책 가운데 1941-1943년에 나온 19권이 반유대주의, 반프리메이슨, 반영, 친독 성향의 책이었다는 점이다. 이 소송의 최종 판결문 내용은 다음과 같다. "포로수용소에서 석방되어 출판인으로 복귀한 뒤 그는 친독 성향의 책을 몇 권 발간했으나, 몇 달 뒤에 이 일을 그만두었다. 그 뒤 이 책들을 폐기처분하여 시중에 널리 보급되는 것을 막았다. 회사에 막대한 손실을 끼칠 수 있는 이러한 행동은 앞서 저지른 잘못을 상쇄할 만한 것이었다." 결국 소송은 기각되었고, 법원은 간단한 직업상의 징계와 함께 불기소처분을 내렸다.(Fouché Pascal, *L'Édition française sous l'Occupation, 1940-1944*, Paris, Bibliothèque française contemporaine de l'université Paris-VII, 1987, p. 115.)

나라와 달리 영국은 현대 사회의 기반이 된 정치적 자유와 권리를 일군 나라다. 그런데 무슨 운명의 장난인지 영국은 지금 자신이 이룩해 놓은 자유와 권리를 요구하는 수많은 민중을 탄압하는 압제자가 되고 말았다. 식민체제를 망쳐 놓은 것은 바로 이 애매한 태도다."

1920년대 말 앙드레 비올리에게 답지한 서신에서 발췌한 부분

어느 파르시교도 사업가의 편지 : "이곳(봄베이)의 사정은 날로 악화되고 있습니다. 국민회의 지도자도 한 사람씩 체포되었습니다. …… 우리 국민 가운데 가장 뛰어난 사람 15,000~20,000명이 전국 각지의 감옥에 갇혀 있습니다. 그 떠들썩한 원탁회의는 시간 낭비일 뿐입니다. 이런 상황에서 벗어날 수 있는 길은 단 하나뿐입니다. 그런데 영국인이 과연 조세 통제권과 예산 집행권을 우리에게 넘겨줄까요? 모든 문제가 여기에 달렸습니다."

어느 간디 지지자의 편지 : "우리는 반드시 영국인을 이 땅에서 쫓아내야 한다고는 생각하지 않습니다. 그들과 협력 관계를 유지할 수 있다면 우리도 기쁠 것입니다. 하지만 그들의 지배를 받는 게 아니라, 형제처럼 동등하게 영국인을 우리 땅에 맞아들이고 싶습니다. 몇 세기 동안 속박의 굴레에서 퇴락하고 상처받은 우리의 영혼과 정신을 되돌려 준다면, 우리는 기꺼이 그들을 맞을 것입니다."

어느 청년연맹 회원의 편지 : "얼마 전 나는 마드라스 지방의 여러 마을을 돌아보았습니다. 그동안의 여러 불공정한 조처 때문에 농촌 주민은 너무나도 비참하게 생활하고 있었습니다. 그래서 곳곳에서 자본주의의 화신인 대영제국을 반대하는 움직임이 표출되고 있으며, 지금은 믿기 어려울 정도로 급속하게 퍼지고 있습니다."

교량과 철도 건설에 참여했던 어느 영국인의 편지(앙드레 비올리는 이 사람은

본래 공정하고 명료한 정신의 소유자이나, 토착민을 대하는 태도는 매우 오만하고 완강하다는 점을 지적한다) : "오늘날 우리가 겪는 고통 가운데 많은 부분이 우리 자신 탓이라는 사실을 지금에야 깨달았습니다. 인도인도 우리와 마찬가지로 이 지구에 존재할 권리를 가지고 있다는 것을 진작 깨닫지 못했으니 말입니다. 게다가 인도인은 벌써 지구의 상당 부분을 점유하고 있지 않습니까? 세상은 정신을 차릴 수 없을 만큼 빠른 속도로 변하고 있습니다. 우리도 변하는 세상과 함께 변하지 않으면 안 될 때가 된 것 같습니다. ……"

어느 힌두교도 정치경제학 교수의 말 : "그들(영국인)은 마치 도둑처럼 우리나라에 슬그머니 무단 침입했습니다. 그러고는 도둑처럼 행동했지요. 인도는 영국의 젖소입니다."

이에 대해 앙드레 비올리는 이렇게 쓴다. "젖소! 인도에서 나는 신문이나 잡지, 건물 벽면, 게시판, 깃발, 연설, 민족주의 시위 등에서 이 단어를 얼마나 자주 보고 들었는지 모른다!"

영국인이 없는 인도 : 여러 사람의 증언

어느 힌두교도 정치경제학 교수의 고백 : "19세기 중엽 치열했던 가격 전쟁 끝에 모든 게 끝장나 버렸습니다. 인도 현지 기업이 파산하고, 도시로의 자연스러운 인구 유입이 중단되고, 모든 항구가 마비되고, 농촌 지역의 수공업자는 일거리가 없어 일손을 놓아야 했습니다. 농민은 영국 공장으로 헐값으로 팔아넘겨 영국인의 배를 불리는 데 쓰일 원료를 생산하는 것 말고 달리 할 일이 없었습니다.

…… 그것만이 아닙니다. 영국은 인도의 발전을 저지할 목적으로, 우리인도가 자주권을 빼앗기지 않았다면 틀림없이 착수했을 사회와 종교의 개혁을 가로막았습니다. 예를 들어 1830년 식민정부는 전국의 모든 학교에서 영어만

쓰게 함으로써 우리의 교육을 망쳐 놓았습니다. …… 우리 아이들의 지적
능력이나 배우려는 열의는 어느 나라의 아이들 못지않습니다. 그런데 영국의
지배를 받은 지 한 세기가 지난 지금, 우리 국민의 지적 수준은 어떻습니까?
전 국민의 90%가 문맹으로, 3억 가까운 인구가 무지의 암흑 속에서 헤어나지
못하고 있습니다.

　또한 인도 국민의 '각성'을 막으려고 식민 지배자는 우리에게 노예근성을
심어 놓았습니다. 그러고는 도리어 우리 인도인을 탓하고 있습니다. 한 세기가
넘는 기간 동안 그들은 우리 영혼을 예속화하고, 우리의 의지를 무력하게
만들고, 민족주의 정신의 분출을 막으려고 우리의 정신을 마비시켰습니다."

　앙드레 비올리 : "그렇지만 수많은 영국인 희생자를 낸 1857년의 항쟁이
있었잖아요?"

　— "그것은 불만을 품은 병사와 권력과 특권을 서서히 박탈당하고 있음을
깨닫고 불안해진 귀족층(라자)이 벌인 단순한 군사 반란이었지요. ……"

　앙드레 비올리 : "그렇다면 지금은 어떤가요?"

　— "오! 지금은 많이 다릅니다. 지난 40년 동안 일어난 사건을 주의 깊게
살펴본다면, 영국인의 정치적 이기주의가 이제는 그들 자신에게 총부리를
겨누고 있다는 사실을 알게 될 겁니다. 영국인 덕택에 우리 국민의 애국심,
다시 말해 우리 국민이 종족과 카스트를 초월하여 단결하게 하고, 나라의
독립을 위해 분연히 일어서게 하는, 인도 역사에서 유례를 찾아볼 수 없는
새로운 단결심이 형성되었습니다. 물론 영국인이 의도적으로 그렇게 만든
것은 아닐 테지만 말입니다."

　봄베이 출신 경제학자와의 대담 : "어느 비옥한 고장에서 주민 가운데 90%가
굶주림에 시달리고 있다면, 그것은 명백한 체제의 잘못 아닌가요?"

앙드레 비올리 : "그렇게 말할 수도 있겠죠 하지만 그 책임이 오직 영국인에게만 있을까요?"

— "충격적인 사례 한 가지만 들어보겠습니다. 세계의 쌀 생산량 가운데 64%가 인도에서 생산되고 있습니다. 그런데도 인도의 농민은 굶주림으로 죽어가고 있습니다. 도저히 참을 수 없게 하는 모순적인 상황이 지금 인도 땅에서 펼쳐지고 있습니다!"

인도 농민의 빈곤 상태

영국인은 이렇게 대답했다 : "우리는 인도 농민의 빈곤을 매우 유감스럽게 생각합니다. 그러나 잘못은 누구에게 있을까요? 우리는 최선을 다했습니다. 그동안 건설한 도로와 철도망이 모두 수백 마일에 달합니다. 우리는 수많은 다리를 놓고, 시장을 열고, 우물을 뚫었습니다. 수천 헥타르에 달하는 토지를 개간하여 아마, 쌀, 밀, 조, 면화의 주기적인 경작을 가능케 했습니다. 우리의 정성과 노력으로 이루어 놓은 셀 수도 없을 만큼 많은 관개시설은 말할 것도 없고요.

우리가 비옥한 땅으로 변모시킨 펀자브 지방에서는 관개시설이 된 토지만 수천만 에이커에 이르고, 마드라스 지방에서는 700만 에이커나 됩니다. 그뿐만이 아닙니다. 전적으로 우리 영국인이 창설해 놓은 협동조합 운동, 우리가 설립하고 우리 자본으로 유지해 왔으며 비겁하게도 정작 이해 당사자는 무관심했지만 우리가 인내심과 열정으로 지켜 온 농업은행은 언급할 필요조차 없겠죠? 그런데도 왜 우리를 비난하는 겁니까?

세금? 세금은 우리가 이 땅에 들어오기 전에도 존재했습니다. 지금보다도 더 무거운 세금이 공정하지 않게 부과되지 않았던가요? 그러므로 인도인의 종교적 편견과 세속적 관습에서 비롯된 그들의 태만과 게으름 때문이 아닐런지요? 조혼 풍습이 오히려 민족을 쇠약하게 하고, 채식 습관이 인도인을 허약하게 만들고, 숙명론이 인간의 의지를 파괴하고 진보를 죄악시하게 하고, 카스트제도가 인도 국민 가운데 6천만이나 되는 인구를 인간으로서의 정상적인 삶과 사회 활동에서 소외시키고 있지 않습니까? ……

자민다르[4]도 인도인입니다. 농촌 마을의 재앙인 바니야[5]라는 고리대금업자도 마찬가지로 인도인입니다. 인도인 가운데도 큰 부자가 많습니다. 그렇지만 인도 국민을 일으켜 세우려고 애쓰는 사람은 아무도 없습니다. 농민에게 물어보십시오. 영국인이 행정관리, 조세징수원, 지주일지언정 차라리 이들을 선호한다고 말할 겁니다. 더 공정하고 인간적이며, 무엇보다도 인도의 재앙인 부패에 덜 오염되었기 때문이죠. 우리는 원칙적으로 이 나라의 종교와 풍습을 존중했습니다. 그런 우리가 인도의 종교와 풍습에서 비롯된 악덕과 결함에 대한 책임까지 져야 합니까? ……"

인도인이 반박했다.

—"그렇다면 대체 누구의 책임이죠? 우리 것을 빼앗아 간 자들이 영국인이 아니면 누구입니까? 18세기에 우리 인도에는 여러 대도시와 세계 각국의 배가 드나드는 항구가 들어서기 시작했습니다. 우리 기업가와 무역상은 광범위한 계층을 형성했고, 이들의 활동 영역은 날로 커져 갔습니다. 그러다 보니 이들이 세력이 약화되고 분열된 전통적인 귀족층인 라자를 대신하여 공공분야에서도 중요한 역할을 맡게 되었습니다.

그러나 영국이 개입하면서 이 자연스러운 진전의 움직임이 서서히 중단되어 버렸습니다. 19세기에 이르러 이런 작업이 더욱 체계적이고 집요하게 이루어졌는데, 언뜻 순수해 보이는 관세나 금융에 관한 일련의 조처가 모두 이에 해당됩니다. 이 모든 조처의 궁극적인 목표는 우리의 상업과 산업을 파괴하는 것이었습니

---

4) 자민다르는 사전적 의미로 토지 점유자, 곧 지주를 뜻한다.
5) 상인과 대부업자들로 구성된 인도의 카스트.

다. 그뿐만 아니라 인도에는 여러 대학과 각종 기술전문학교가 있었고, 마을마다 초등학교가 있었습니다. 그런데 오늘날에는 초등학교에 다니는 어린이가 겨우 4%밖에 되지 않고, 국민의 98%가 아직도 문맹 상태입니다. 문맹 상태에서 벗어나지 못한 농민이 어찌 진보할 수 있고, 삶을 개선시킬 수 있단 말입니까? ……

자민다르, 바니야? 그들은 영국의 보호를 받거나 적어도 관용의 혜택을 받은 자들입니다. 위생 문제? 농촌 주민에게 위생을 가르치고 농촌 마을을 청결하게 하기 위해 도대체 무얼 했습니까? 우리에게 자주권이 있었더라면 우리는 틀림없이 영국인의 비난거리인 우리의 편견과 풍습을 개선시키고자 노력했을 것이고, 개혁을 주장하고 추진했을 것입니다. 영국인이 우리의 정상적인 발전을 중단시키고 우리 국민의 삶을 마비시킨 게 과연 우리의 잘못 때문에 벌어진 일일까요?"

앙드레 비올리의 옛 인도인 동창생의 증언 : 내[앙드레 비올리]는 예전 옥스퍼드에서 수학하던 시절에 스리니바사를 알았다. 그도 나처럼 코르푸스 크리스티 칼리지에서 강의를 듣고 있었다. …… 그에게 관심을 갖는 여학생은 나밖에 없었다. 영국인 여학생은 벽안의 눈동자로 그를 쳐다보는 법도, 그에게 친절한 미소를 건네는 법도 없었다. 그들은 '어떻게 하면 저런 유색인에게 관심이 생길 수 있지?'라며 경멸하듯 나를 쳐다보았다. ……

그의 외모는 마치 몸집이 작은 페르시아 왕자 같았다. …… 나는 마침내 그에 대해 자세히 알게 되었다. 그는 벵골 북부의 부유한 브라만 가문 출신이었다. 하지만 여느 벵골인처럼 수다스럽진 않았다. 그는 말이 거의 없었고, 혹시 입을 열더라도 그가 경탄해 하는(겉으로는 그렇게 보였다) 영국의 정치제도에 관한 이야기뿐이었다. 그의 유일한 인생 목표가 영국인처럼 옷을 입고, 영국인이

좋아하는 스포츠를 즐기고, 영국인의 생활 방식과 사고방식을 따르는 데 있는
것 같았다. 그는 영국에서 가장 어려운 시험의 하나인 인도 내무행정 공무원
시험을 준비하고 있었는데, 그 엘리트 조직의 모범적인 공무원이 되는 것을
꿈꾸고 있는 듯했다. 어느 날 나는 그에게 물었다.

"그럼, 너희 나라에서 정복자와 지배자 행세를 하는 영국인을 위해 네 인생을
바칠 셈이니? 정말 그 사람들을 좋아하는 거야?……"

그는 좀 머뭇거리다가 낮고 떨리는 목소리로, "그렇지 않아. 난 그들을
미워해"라고 말하고는 다시 입을 다물었다. 잠시 뒤 그가 입을 열었다. "영국인을
물리치려면 그들이 갖고 있는 무기가 필요해. 영국 행정조직의 구조, 통치
비법, 힘의 원천, 이런 것들을 잘 알고 있어야 하지. 그래서 우리 인도인이
그 모든 조직에 침투해 들어갔던 거야. 앞으로 우리가 충분한 인력을 확보하고
힘을 갖게 되었을 때, …… 아! 그날이 오면, ……"

훗날 그는 옥스퍼드 시절을 회상하면서 앙드레 비올리에게 이렇게 고백했
다 : "그때 나는 매우 불행했어. 기후나 풍습 때문만은 아니었지. 우리 인도인의
피부는 지나치게 예민한 것 같아. 영국인이 조롱하고 비난하는 그 짙은 색의
피부 말이야! 피부에 생채기를 내지 않고 지나간 날이 단 하루도 없었어.

물론 동기생이 우릴 따돌리진 않았지. 억지로라도 우리와 어울리라는 명령을
받은 것 같았어. 하지만 우리와 이야기할 때면 어조가 달라졌지. 늘 방어
또는 경멸의 뉘앙스가 풍겼어. 교수님이 우리를 집으로 초대했을 때에도 부인이
나 딸이 우리에게 말을 건넬 때 어찌나 격식을 차리던지. …… 그 말을 듣고
있노라면 거북하기 짝이 없었어! 그건 예의가 아니라 모욕이었어!

고국으로 돌아온 뒤에도 달라진 게 없었어. 학위 소지자임에도 멸시와 천대가
우리를 따라다녔거든. 늘 피부색이 문제였어. 영국인 가운데 가장 비천한

자에게도 우리의 학자와 사상가, 위대한 시인은 '유색인종'에 불과했으니까. 예를 하나 들면, 백만장자이자 대기업을 거느린 파르시교도 타타도 콜롬보의 어느 호텔 입구에서 쫓겨난 적이 있었어. 봄베이로 돌아온 뒤 그는 인도에서 가장 크고 화려한 타지마할 호텔을 세우고, 인도인을 백인보다 더 정중하게 대접하라고 직원에게 명령했어.

브라만도 예외일 수 없었지. 가장 고귀한 가문 출신의 인사도 유럽인만을 위한 기차역 대기실에서 부역장에게 쫓겨났으니까. 어떤 사람은 영국인 공무원에게서 1등칸에서 나가 달라는 말을 듣고 그에 대한 보복으로 영국인 비서, 독일인 가정부, 프랑스인 요리사 같은 백인을 1등칸에 앉혔다는 이야기도 있어! …… 그런 이야기는 너무 많아. ……

공무원 같은 비교적 나은 직종에서도 우리 인도인에게 돌아오는 것은 하위 직급뿐이야. 능력이 엇비슷한 영국인에 비해 인도인이 정상에 도달하기란 하늘의 별 따기처럼 어려워! 탁월한 능력, 추진력, 기획력, 권위, 이 모든 것을 갖춘 인도인일 경우, 일부러 한직에 보내 한평생 그곳에서 푹 썩게 하지. 혹시 그가 고분고분하게 굴지 않는다면, 갖가지 방법으로 괴롭히다가 끝내 기를 꺾어 놓고야 말지. ……"

— "그럼, 넌? 혹시 그 사람처럼?"

— "아! 그동안 내가 어떻게 처신했느냐고? (그가 격렬하게 소리쳤다) 영국인에게 신임을 얻으려고 몇 년 동안 얼마나 많이 참고 아부하고 …… 머리는 얼마나 많이 썼는지! 그런 식으로 생각하고 행동하는 사람은 나 혼자만이 아니야. 수천 명이나 되는 인도인이 지금 식민정부의 각 직급에서 일하고 있어. 식민 지배자의 비호를 받으며 명예와 부를 거머쥘 수 있었던 이전 세대의 몇몇 배반자를 제외하고(그 수도 날이 갈수록 줄어들고 있지만), 마음속으로 영국인이 이 땅에서 나가기를 바라면서, 물론 정도의 차이는 있겠지만 공공연히

능동적으로 식민통치에 저항하는 활동에 참여하지 않는 사람은 단 한 사람도 없을 거야.

영국인은 왜 여기에 머무르는 걸까? 그들은 예나 지금이나 이 땅에서 외국인으로 행세하고 있어. 무굴제국이 들어서면서부터 이슬람교도가 우리 땅을 정복했어. 그건 사실이야. 하지만 이슬람교도는 이 땅에서 정착하여 결혼하고 자손을 퍼뜨리고, 태어나고 죽어 갔어. 그들은 힌두교도 고문과 대신을 적극적으로 임용했는데, 실질적으로 국정을 이끌었던 사람은 바로 그들이었지. ……"

나는 슬쩍 말을 떠보았다.

"바로 그 브라만, 무굴 황제를 가까이에서 보필했던 그 대신이 무굴제국의 파멸을 준비하고 완결시켰다는 주장도 있어. 그렇지?"

그는 대답 대신 가벼운 미소를 짓고는 말을 이었다.

"그런데 영국인은 오로지 우리를 수탈하여 부를 쌓으려는 목적으로 이 땅에 들어왔어. 그들은 성년이 된 뒤 이곳에 들어왔지. 아내와 자식은 본국에 남겨둔 채 말이야. 따라서 그들의 관심사는 여기서 큰돈을 벌어 영국으로 돌아가는 것뿐이야. 그들이 고향으로 돌아가 편안한 여생을 보내는 데 쓸 자금을 우리 인도인이 대주는 셈이지. 수억 인구의 빈곤이라는 엄청난 대가를 치르면서 말이야. …… 영국인은 자기 나라로 돌아가 그곳에 영원히 머무르길 바랄 뿐이야! 우리는 자력으로 전진하는 데 필요한 경험과 지식을 영국인에게 배웠어. 하지만 이젠 그들의 도움 같은 건 필요치 않아. ……"

— "그래도 영국인에게 감사하는 마음이 조금은 있을 텐데. …… 영국의 탁월한 행정관리가 인도를 변모시킨 것은 사실이잖아. 그걸 부인할 순 없겠지!"

— "정말 그럴까? 영국인이 인도에 들어오던 당시 우리는 혼란의 시기에서 빠져나오는 중이었고, 우리의 전통과 이상에 따라 새로운 도약의 길로 나아갈 준비를 하고 있었어. 그런데 영국인은 '자신의' 문명을 강제로 부과하여 우리의

발전을 중단시켰어. 그들이 이 땅에서 이루어 놓은 게 있다면 그건 자신을 위한 것일 뿐, 우리의 뜻에 따른 행동은 아니었어. 이젠 정말 지긋지긋해!"

두 번째 관점 : 앙드레 쇼메

앙드레 쇼메는 그의 책『순교자 인도』에서 이렇게 지적한다. "이 책에 인용된 사례는 모두 영국 식민 당국에 소속되었거나, 또는 중립적인 여러 위원회에서 벌인 조사 자료에서 따온 것이다. 따라서 조사자 쪽에서는 몇몇 사실을 과장하기보다 오히려 침묵하려 했을 것이라는 점을 염두에 두어야 한다."

만일 영국인이 들어오지 않았다면, 인도는 어떻게 되었을까?

"영국인이 인도를 예속화하지 않았더라면, 인도의 국가 경제가 얼마나 발전했을지 의문을 가져볼 만하다. 그 뒤로도 수년 동안 농업과 가내 수공업이 결합된 생산 방식이 계속해서 경제 활동의 튼튼한 토대를 형성했을 것이다. 인도 수공업자가 만들어낸 물건의 품질이 서양식 기계로 제작된 물품을 쉽게 따라잡을 수는 없었을 것이다. 하지만 적절한 관세 정책을 실시함으로써 범국가적 산업화로의 점진적 이행이 수월하게 이루어졌을 터이고, 이로써 다른 나라에 대한 경쟁력도 확보할 수 있었을 것이다. 농업 분야에서는 현대의 기술적 수단을 도입함으로써 인도의 모든 국민에게 충분한 식량을 조달함은 물론, 온 세계의 식량 문제 해결에도 기여했을 것이다."

"대략 1850년 무렵에 경제 활동의 자연적 기반이 완전히 붕괴됨으로써 체계적인 수탈을 위한 모든 조건이 갖추어졌다. 이때 농업과 수공업 사이의 균형이 깨졌다. 지나치게 무거운 세금 부담을 지게 된 농민은 가내 수공업으로 벌어들이는 수입을 완전히 포기해야 했다. 옷감을 짜서 벌어들이는 수입으로 겨우 세금을 내고 나면, 얼마 안 되는 농산물만으로는 먹고살기도 어려웠다.

그해의 수확량에 상관없이 막대한 양의 밀과 쌀이 해외로 반출되었기 때문에 식량 문제는 더욱 악화되었다. 그 결과 농민은 점점 더 많은 빚을 지고, 토지와 집을 잃었으며, 다음으로는 기근이라는 대재앙이 닥쳐 이미 피폐해진 지역을 완전히 초토화시켰다."

"19세기 중엽은 인도에 영국의 원료 공급지이자 소비 시장이라는 역할을 떠맡기는 것을 목적으로 하는 경제정책을 지속시키고자 안간힘을 쓰는 영국과 인도 안의 적대 세력이 지속적으로 투쟁을 벌이던 시기였다. 인도의 적대 세력은 서서히 영향력을 증대시켰는데, 나중에는 영국에서 교육을 마친 뒤 고국의 비참한 현실을 깨닫고 마침내 저항의 길로 나선 인도 지식인층이 합세했다.

인도인이 그 모든 대중운동을 하나의 거대한 국민운동으로 결집시킬 수 있는 인물로 간디를 추대하자, 적대 세력은 영국 식민체제에 위협적인 존재가 되었고, 영국은 이들을 상대로 싸움을 벌였다(은밀한 책략이나 폭력적인 탄압 같은 방식을 동원했다). 처음에는 수입관세를 최저 수준으로 유지하는 방식으로 인도 자본의 기업 설립을 방해했다. 필요한 원료를 충분히 공급할 수 있다는 점 때문에 인도가 일종의 독점권을 행사할 수 있었던 분야에서만 몇몇 기업이 설립되어 발전할 수 있었는데, 황마 산업이 대표적인 경우다.

그러다가 1차 대전 중에 영국으로 원료가 공급되지 않으면서 상황이 달라진다. 1914년부터 1919년까지 불과 몇 년 새에 거대한 면직물 생산업체가 탄생했다. 면직물 생산을 위한 직기의 수가 1913년부터 1930년까지 94,136대에서 186,407대로 증가했으며, 황마 산업 분야에서는 36,050대에서 61,834대로 증가했다. 제철업과 광산업도 번성하기 시작하고, 차茶 생산을 위한 여러 플랜테이션이 설립되었다. 이렇듯 인도가 식민화를 겪지 않았더라면, 비약적인 경제

성장을 했으리라는 것은 자명하지 않은가?"

영국-인도 연합군, 대영제국의 도구

인도는 영국이 추진하던 '제국주의 사업'의 시발점이었다. 인도를 수호하려고 영국은 아덴, 남아프리카, 수에즈 운하, 이집트, 아프리카 동부, 팔레스타인, 아라비아, 키프로스, 이라크, 벨루치스탄, 인도차이나, 극동 아시아와 태평양과 인도양의 몇몇 거점 지역을 차례대로 확보해야 했다.

1차 대전이 발발한 지 얼마 뒤에 인도의 총독이자 부왕이었던 린리스고 경은 인도인이 영국 편에서 '자유와 민주주의를 위한 싸움'에 동참해야 한다고 선언했다. 실제로 인도인 병사는 유럽 및 아시아와 아프리카의 여러 전선에 참전했다. 621,000여 명의 인도인 병사와 475,000명의 민간인이 전쟁에 동원되었다.

1934년 12월 12일(의회 회기 중에), 랜즈버리는 버컨헤드 경이 쓴 『회고록』을 참고하면서, 유럽 전선에 참전했던 몇몇 영국군 병사가 '인도인 부대가 겪어야 했던 참혹한 비극'을 목격한 당시의 충격을 이야기했다. 인도인 부대는 막대한 피해를 대가로 치르며 영국군 원정대와 연합하여, 1914년 가을에 있었던 독일군의 첫 번째 대규모 공세를 저지했다. 이로써 대영제국은 위기를 모면할 수 있었다. …… 햇살이 따사로운 고국을 떠난 인도인 부대는 긴 항해 끝에 프랑스에 도착했다. 그 가운데 대다수는 앞으로 맞서 싸울 적수가 누구인지조차 알지 못했다. 러시아군을 상대로 싸울 거라고 생각하는 이들도 있었다! 현대적인 전술 경험이 일천한 인도인 병사는 곧장 참혹한 살육전이었던 이프르 전투에 투입되었다. 랜즈버리 의원은 이렇게 말을 이었다.

"나는 우리 유럽 국민들의 자유와 자주권 수호를 위한 싸움에 그 인도인 병사를 끌어들였다는 점을 강조하고 싶습니다. 그런데도 오늘날 우리는 그들을 가리켜 자치 능력이 없는 백성이라 말하고 있습니다!"

공장 노동자의 실태

가내 수공업이 금지되면서 일자리와 먹을거리를 빼앗긴 수백만 인도인이 농업으로 내몰렸다. 그러나 농사만으로는 식량 문제를 해결할 수 없었다. 이들은 일자리와 식량을 구하러 공장으로 몰려들었다. 일정한 주거지도 없고 늘 식량도 부족했던 인도인 노동자는 전적으로 기업주에게 예속될 수밖에 없었다. 그런데 1차 대전 기간과 그 뒤에 인도의 산업은 급속도로 발전했다. 1931년 통계에 따르면, 대략 1,800만 인구가 산업 시설이나 광산에서 일했지만, 이는 전체 노동자 인구 가운데 약 11%에 불과한 수치였다.

1921년 인도의 총인구 3억 1,900만 가운데 영어를 읽고 쓸 줄 아는 인구는 전체 인구의 약 7%에 해당하는 2,260만 명이었고, 그 가운데 공장 노동자로 일하는 사람은 소수에 불과했다. …… 생산 비용이 영국에 비해 훨씬 더 저렴한 인도의 직물 산업이 영국의 직물 산업에 강력한 라이벌로 등장하기 시작했을 때에야, 비로소 영국 기업가는 착취에 시달리는 가련한 인도인 노동자에게 관심을 갖고 이들을 위한 사회적 조처를 요구했다.

1875년에 인도 직물 산업의 노동 조건에 관한 조사위원회가 조직되고, 그로부터 6년이 지난 뒤 최초의 노동 관련 법령이 공포되었다. 이 법령에서는 7세 미만 아동의 노동을 금지하고, 12세 미만 어린이의 노동시간을 하루에 9시간으로 고정시켰다. 그렇지만 노동시간에 관한 규정이 없는 12세 이상의 어린이와 성인 남녀는 마음대로 부릴 수 있었다.

기업주는 대부분 출생 신고가 되어 있지 않아서 어린이의 정확한 나이를 알지 못한다는 점을 내세웠다. "방적 공장 안으로 들어가자, 저 멀리까지 일렬로 늘어서서 일하고 있는 아이들이 시야에 들어왔다. 아이들은 우리를 공장 감독관이라고 생각하는 것 같았다."6)

1891년이 되어서야 여성의 노동시간이 11시간으로 제한되고, 1910년에는 남성의 노동 시간이 12시간으로 제한되었다. 그로부터 12년 뒤인 1922년에 노동법이 개정되어, 일주일 평균 노동시간을 60시간으로 줄였다. ……

1834년 대영제국 전역에서 노예제가 공식적으로 폐지되었으나, 인도인은 공장에서의 노동조건 말고도 고대의 노예제에 못지않은 가혹한 제도에 시달리고 있었다. 흑인 노예제가 폐지되자 남아프리카, 기아나, 말레이제도와 영국의 식민통치를 받던 그 밖의 여러 영토에서 노동력 수요가 급작스럽게 증가했다.

임금노동자 고용을 꺼리던 영국인이 고안한 제도는 연한 계약 노동제였다. 명목상으로는 자유노동 계약이지만, 빈곤과 기근이라는 대재앙을 경험했던 지역 출신의 인도인은 영국령 식민지에서 5년의 노동 계약을 맺지 않을 수 없는 처지였다. 이들이 목적지에 도착하자마자 고용주는 이 노동자를 소나 말처럼 부리고, 터무니없이 적은 액수를 지급했다. 고향으로 돌아가기 위한 교통비조차 모으기 어려워, 평생 동안 노예 생활에서 벗어나지 못하는 이들도 많았다. 이 제도는 1922년 '공식' 폐지되었으나, 현실적으로는 그 뒤에도 노동조건이 나아지지 않았다.

인도 노동조합의 지도자로 국제노동회의에 인도를 대표하여 참석했던 조쉬가 1925년 1월 국제노동회의에 제출한 공정하고 객관적인 보고서에는, 당시 인도 노동자의 생활 조건이 상세히 기록되어 있다. 그 가운데 일부를 인용하면 다음과 같다.

"인도의 공장에서 노동시간은 2년 전까지만 해도 상당히 길었다. …… 몇 년 전까지 봄베이의 면직물 공장에서는 하루에 16시간까지 일을 시킬 수 있었다. 기업주는 이구동성으로 노동자 스스로가 더 많은 임금을 받으려고

---

6) 토마스 존스톤Thomas Johnstone은 하원의원이고, 존 F. 사임John F. Sime은 던디Dundee 행정구의 황마와 대마 산업 부문 노동조합의 사무국장이었다.

장시간 노동을 자청한다고 말하곤 했다.

공장의 노동조건에 관한 1922년의 법령은 기계를 쓰고 20명 이상의 노동자를 고용하는 비교적 규모가 큰 공장에만 적용되므로, 수많은 소규모 공장에서 일하는 노동자는 이 법령의 보호를 받지 못하고 있는 형편이다.

공식적인 자료에 따르면, 1921년에도 광산 노동자는 하루에 17~18시간씩 일했다. 오늘날 인도는 여성이 지하 갱도에서 일하는 유일한 나라다. …… 이 사실은 인도의 산업 부문 노동에 관한 국제노동사무소BIT의 (최근) 보고서에 근거한 것이다."

대대수가 영국인 기업주인 칸푸르 등의 직물 산업 단지에서는 매우 치졸한 방법으로 노동자에게 노동시간을 속인다. 하루에도 여러 차례 공장의 시계를 멈추게 함으로써 시계가 없는 노동자를 속이는 것이다. 또는 기계가 회전한 횟수를 기준으로 노동시간을 계산하는 경우도 있다.

공장에서 임신 여성에 대한 처우

1919년 워싱턴에 있는 국제노동회의에서는 인도 정부에 출산 전후의 여성과 수유기 여성의 고용 실태 관한 조사를 요구했다. 1921년 인도 정부는 이에 대한 답변으로 여성 노동자 대부분이 형편상 임신해도 일을 그만둘 수 없으며, 임신 여성에 대한 전반적인 원조 사업을 추진할 수 있을 만큼 충분한 여성 의사의 인력을 확보할 수 없는 상황이라는 내용의 보고서를 제출했다. ……

1924년 어느 입법회의 의원이 출산 전후의 여성을 공장과 광산, 차 지배 플랜테이션에서 일을 시키는 것을 금지하고, 그 기간 동안 지원금을 지급하자는 법안을 제출했다. 그러나 인도 정부는 그런 조처의 필요성이 전혀 검증된 바 없으며, 이러한 제안을 수용한다면 앞으로 중차대한 결과를 초래할 위험이 높다는 이유를 내세우며 그 법안을 거부했다.

그렇지만 다음에 묘사된 상황을 보면, 임신 여성을 보호하는 대책을 마련하는 게 인도의 수많은 여성 노동자에게 얼마나 시급한 일이었는지 알 수 있다.

"황마 공장에서 일하는 여성 노동자의 상황은 벵골 지역에서도 단연 최악이다. 여기서도 출산한 여성을 위한 어떠한 지원 대책도 마련되어 있지 않다. 게다가 출산 때문에 일터에 나오지 못한 여성 노동자는 마치 개인적인 사유로 일을 그만둔 것으로 간주되어 가차 없이 해고된다. 출산한 뒤에 곧바로 복직하려고 작업반장에게 한 달 치 봉급을 주는 경우도 있고, 많은 여성 노동자가 출산 직전까지 공장에 나와 일한다. ……

평균적으로 여성 노동자에게서 태어난 아이 천 명 가운데 660명이 돌이 되기 전에 사망한다. …… 임신한 여성은 해산하는 순간까지 황마 섬유의 부스러기에서 나오는 먼지로 자욱한 공장에서 일한다. 출산한 뒤에도 몸을 회복할 새도 없이 곧장 일터로 복귀한다. 공장에 갓난아기를 데리고 와서 기계 옆에서 아이를 돌본다. 여성 노동자가 한쪽 팔로는 아기를 안고 다른 팔로는 기계를 돌리는 모습은 이곳에서 드물지 않은 광경이다."

1937년 임금 관련 법령이 공포되기까지, 임금 지급 문제는 전적으로 기업주의 재량에 맡겨져 있었다. 지급 시기도 기업주 마음대로 정했다. 많은 기업주가 임금의 일부를 현물로 지급했다(따라서 호소할 데 없는 노동자를 속이는 것은 너무나도 쉬운 일이었다).

1935년 2월 6일, 하원 회의에서 영국 노동당의 당수 애틀리는 이렇게 말했다. "그 나라에서 공장 노동자의 생활 조건은 한탄스러울 정도입니다. 그곳의 상황은 도시의 슬럼가를 연상케 합니다. 공장이 밀집된 행정구의 주거 상황은 어떤가요? 좁고 꼬불꼬불한 골목길, 썩어가는 쓰레기 더미, 도처에서 악취를 내뿜는 시궁창. 창문도 환기구도 전혀 없는 초라하고 비좁은 방에서 여러 명이 부대끼며 살아가고 있습니다. 산업화에서 비롯된 최악의 징후가 지금

인도에서 나타나고 있습니다. 바로 우리 영국인의 식민 영토에서 말입니다. 따라서 그 책임은 우리에게 있습니다."

마리 푸르카드

참고문헌

Arendt, H., *La Crise de la culture. Huit exercices de pensée politique*, Paris, Gallimard, 1972.

Ballhatchet, K., *Race, Sex and Class under the Raj. Imperial Attitudes and Policies and their Critics, 1793-1905*, New Delhi, Vikas Publishing House, 1980.

Berque, J., *Dépossession du monde*, Paris, Le Seuil, 1964.

Braudel, F., *Civilisation matérielle, économie, capitalisme XVe-XVIIIe*, t. 3 : *Le Temps du monde*, Paris, Armand Colin, 1979.

Chaumet, A., *L'Inde martyre*, Paris, Jean Renard("Problèmes actuels"), 1942.

Curtin, P. D., *Death by Migration, Europe's Encounter with the Tropical World in the Nineteenth Century*, Cambridge, Cambridge University Press, 1989.

Darnton, R., "Un-British Activities," *The New York Review of Books*, 12 avril 2001, VIII(6), pp. 84-88.

Davis, K., *The Population of India and Pakistan*, Princeton, Princeton University Press, 1951.

Davis L. E., R. A. Huttenback, *Mammon and the Pursuit of Empire. The Political Economy of British Empire, 1860-1912*, Cambridge, CUP, 1986, pp. 154-156 (chap. 5 de l'ouvrage consacré aux coûts de la défense de l'Empire britannique).

Davis, M., *Late Victorian Holocausts ; El Niño Famines and the Making of the Third World*, London, New York, Verso, 2001.

Etemad, B., *La Possession du monde : poids et mesures de la colonisation*, Paris, Complexe, 2000.

Fouché, P., *L'Édition française sous l'Occupation, 1940-1944*, Paris, Bibliothèque de littérature française contemporaine de l'université Paris VII, 1987.

Fourcade, M., "Les dénommées 'tribus criminelles' de l'Inde britannique : Violence coloniale, violence traditionnelle," *Purushartha*, 16 : *Violences et non-violences en Inde*, Paris, éd. de l'EHESS, 1994, pp. 187-211.

Gaborieau, M., "Indetités musulmanes, orientalisme, ethnographie. Faut-il réhabiliter les auteurs coloniaux?" *Purushartha*, 22 : *La question identitaire en Asie du Sud*, Paris, éd. de l'EHESS, 2001, pp. 47-70.

Kiernan, V.G., *European Empires from Conquest to Collapse, 1851-1960*, Leicester, Leicester University Press, 1982.

Klein, I., "Population growth and mortality," I : "The climateric of death," *IESHR*, vol. 26(4), 1989, pp. 387-403, "Population growth and mortality," II : "The demographic revolution," *IESHR*, vol. 27(1), 1990, pp. 33-63.

Lardinois, R., "Les famines en Inde : La colonisation en question," *L'Histoire*, no 139, 1990, pp. 32-39.

Luraghi, R., *Histoire du colonialisme des grandes découvertes aux mouvements d'indépendance*, Turin, UTET, trad. fr. Gérard et Cie, Verviers, 1964.

Mahias, M.-C., "Le tabac et l'opium en Inde : leur rôle dans l'histoire des Nilgiri," in A. Hubert et P. Le Failler, *Opiums : Les plantes du plaisir et de la convivialité en Asie*, Paris, L'Harmattan, 2000, pp. 207-238.

Markovits, C., "Le mouvement national et la décolonisation de l'Inde(1919-1947)," *Historiens et géographes : Dossier Inde*, 1989, pp. 227-237; *L'Asie orientale*(4 chap.), s. dir. Rotermund, Paris, Nouvelle Clio, 1999, pp. 409-509.

Ory, P., *Les Collaborateurs 1940-1945*, Paris, Le Seuil, 1976.

Pouchepadass, J., "Délinquance de fonction et marginalisation coloniale : les 'tribus criminelles' dans l'Inde britannique, in (collectif) *Les Marginaux et les exclus dans l'histoire*, Paris, Plon, 1979, pp. 122-154 ; "L'opium" in *Paysans de la plaine du Gange : le district de Champaran 1860-1950*, Paris, École française d'Extrême-Orient("EFEO" CLVII), 1989, pp. 456-467 ; "Les Subaltern Studies ou la critique postcoloniale de la modernité," *L'Homme*, 156 : *Intellectuels en diaspora et théories nomades*, Paris, éd. de l'EHESS, 2000, pp. 161-185.

Rushdie, S., *Patries imaginaires*, trad. fr. Paris, Christian Bourgois, 1993, éd. orig. 1991.

Said, E., *Culture et impérialisme*, trad. fr. Paris, Fayard, 2000, éd. orig. 1993.

Sartre, J.-P., *Situations*, V : *Colonialisme et néocolonialisme*, Paris, Gallimard, NRF, 1964.

Shankar, G., *Born Criminals*, Varanasi, Kishor Vidya Niketan, 1979.

Viollis, A., *L'Inde contre les Anglais*, préf. de S. Lévi, Paris, éditions du Portique, 1930.

Yang, A. A., *Crime and Criminality in British India*, Tucson, University of Arizona Press, 1985.

인도차이나의 프랑스 식민주의

피에르 브로쉐

모순은 모든 것의 본질이다.

— 레닌

프랑스 제2제정(1852~1870)은 베트남왕국[1]을 시작으로, 캄보디아 왕국과 메콩강 유역의 라오 공국들을 차례로 정복함으로써 인도차이나반도의 정복에 착수한다. 그렇지만 정복사업을 완수하고 속령을 조직화하고 통치한 것은, 계몽주의 시대의 가치와 '자유, 평등, 박애'를 자신의 신조로 삼으며 자유주의와 민주주의를 표방한 제3공화정(1871~1940)이다.

또한 수많은 인도차이나인이 프랑스의 지배를 억압이라 여기고 이에 맞서

---

[1] 여기서 필자가 사용한 베트남越南이란 단어는 19세기에 중국과의 국경에서 까마우곶까지 남북으로 길게 뻗어 있던 왕국을 가리키는 것으로, 쟈 롱 황제가 자신이 통치하던 영토에 붙인 이름이다. 쟈 롱 황제 이전의 군주들은 이 지역을 다이베트大越라 불렀다. 1820년에 쟈 롱 황제에 뒤이어 즉위한 민 망 황제는 이 지역을 다이남大南이라 명명했지만, 일상적으로 통용된 것은 베트남이라는 명칭이었다. 프랑스인이 사용했던 안남安南(즉 평정된 남부)이란 명칭은 '난웨(남베트, 곧 南越)가 천 년 동안 중국 천자가 지배하던 변방 지역이었다'는 점을 상기시키려고 중국인이 일상적으로 사용하던 것이었다. 이러한 명칭을 채택함으로써 프랑스인이 노렸던 것은 자기들이 이전 시대의 '종주국'을 계승했을 뿐이라는 명분이었다(뜨 득 황제 역시 프랑스에 대항하기 위해 청 황제에게 도움을 청하지 않았는가!). 프랑스라는 새로운 지배세력은 한술 더 떠서 베트남 왕국을 왕국의 중부에 해당하는 작은 영토로 축소시켜 버린다. 이렇게 하여 나머지 지역인, 통킹이라 불리는 북부와 코친차이나라 불리는 남부는 '피보호' 군주의 권한(명목상의)에서 벗어나게 된다.

투쟁을 벌였으나, 다른 한편으로 프랑스의 지배는 이들에게 따라야 할 본보기이
자 저항운동을 위한 영감의 근원이었다. 이처럼 식민주의는 대내적으로나
대외적으로 모순을 내포하고 있었는데, 이 모순은 두 경우에 모두 식민주의의
진전을 위한 원동력이었다.

정복과 정당화

프랑스는 베트남 남부의 여러 지방을 병합하고(1860, 1862, 1867), 캄보디아를
보호령으로 만들어 타이 왕국과 대치하면서 인도차이나반도의 남부에 정착했
다. 그 다음에는 북쪽으로, 다시 말해 궁극적인 목표였던 중국을 향해 서서히
전진한다. 프랑스는 베트남 북부인 통킹 지역을 장악하려고 전쟁을 벌이는데,
이 지역을 흐르는 송코이강이 메콩강보다 중국으로 접근하기에 더 편리한
통로였기 때문이다.

국제 관계에서 '간섭의 권리 또는 의무'가 특정 개념이나 도구로서 자리를
잡기 전이었던 당시, 유럽 국가들은 경제적 자유주의 또는 종교의 자유(당연히
그리스도교 신자의 자유를 말한다)라는 명분으로 간섭권을 행사했다. 그때는
나폴레옹 3세가 프랑스를 통치하던 시기였다.

중국으로 진입한 지 20년이 지난 뒤, 이번에는 공화주의자 쥘 페리(1832~1893)
가 팽창주의 횃불을 넘겨받는다(쥘 페리는 팽창주의 이론가였다). 그는 레옹
강베타(1838~1882)의 뒤를 따라 재화, 물품, 그리스도교 선교사의 자유로운
왕래는 물론, 제국주의 열강 사이의 경쟁과 관련된 전략 지정학적 동기까지
'문명화 사업'에 포함시켰다. 그는 의회에 출두하여 군비 증강의 요구를 정당화
하기 위해 행한 연설, 곧 조르주 클레망소[1841~1929. 프랑스 급진 좌파를 이끌던
그는 쥘 페리의 식민지 정책에 비판적인 입장을 취했다]를 향한 그의 답변에서

이렇게 말했다.

> 문명이 아직까지 야만 상태에 머물러 있는 지역을 개방시키고자 할 때, 그것을
> 전쟁 도발 행위로 볼 수 있을까요? 1860년에 프랑스와 영국이 중국을 향해 몇몇
> 항구를 개방하고 문명 세계와의 직접적인 소통을 요구했는데, 이런 프랑스와
> 영국의 행동을 전쟁 도발 행위로 볼 수 있을까요?2)

달변으로 이름 높았던 당대 최고의 변호사 가운데 한 사람인 쥘 페리는
식민 팽창주의를 이와 같이 고귀한 의도로 치장했다.3)

그로부터 얼마 뒤, 동일한 이념적 맥락에서 인도차이나 총독 폴 두메는
베트남의 합병과 프랑스의 주도로 이루어진 인도차이나 국가들의 인도차이나
연방으로의 통합을 정당화하려고 그 지역의 과거와 미래를 이렇게 언급한다.

> 베트남에서 프랑스는 아시아에서 맡게 될 막중한 경제적·정치적 역할을 수행
> 하는 데 필요한 완벽한 도구를 얻기 위해 한 걸음씩 나아가고 있다. 베트남 제국은
> 지금부터 한 세기 전에 역사상 가장 강력한 국가가 되었는데, 당시 베트남인에게
> 조언하고 방향을 제시한 것은 프랑스인이었다. 지금은 프랑스 영토의 일부가
> 되어 근대화된 제국으로 탄생한 새로운 인도차이나는, 예전에 조상이 꿈조차
> 꾸지 못했을 번영과 영광에 언젠가 도달할 것이다.4)

---

2) 1883년 12월 10일 회기 중.

3) J.-M. Gaillard, *Jules Ferry*, Paris, 1989, chap. 6, p. 585. 1885년 7월 28일 쥘 페리는 식민지 확장의
   정당성과 동기에 관한 총체적인 보고서를 하원에 제출했다. *Les Constructeurs de la France d'outre-mer*,
   anthologie par R. Delavignette, C.-A. Julien, Paris, 1945, pp. 292-298.

4) P. Doumer, *Indochine française(Souvenirs)*. 다음에서 인용 P. Ajalbert, *L'Indochine par les Français,
   une anthologie*, Paris, 1931. 이 부분에서 폴 두메는 당시 프랑스 사회에서 통용되던 어떤 생각을
   그대로 원용하고 있다. 곧 프랑스 사제 피뇨 드 베엔[1741~1799. 파리 외방전교회 선교사.
   인도를 거쳐 인도차이나에서 선교 활동을 하다가 베트남 통일 운동에 개입하게 되었다]의 도움
   으로 응웬 가문의 후계자 응웬 푹 안(앞으로 쟈 롱 황제가 되는 인물)이 남부를 탈환하고 나서
   베트남 전역을 장악했다는 것이다. 실제로 피뇨 드 베엔 신부는 왕자의 군대와 함대를 통솔하기

기 드 모파상[5]

　그리하여 요즘 들어 중국과의 전쟁 이야기가 사람 입에 오르내리고 있다.[6] 왜 그럴까? 그 까닭을 아는 사람은 아무도 없다. 지금 이 순간에도 정부 각료는 그곳 사람을 죽이라는 명령을 내릴지 망설이고 있다. 사람을 죽이라고 명령하는 것은 별로 문제될 게 없지만, 단 한 가지 이들이 염려하는 것은 어떤 구실을 내세울 것인가 하는 문제다. 합리적인 동방의 나라 중국은 대량 학살로 이어질 게 너무도 뻔한 그 전쟁을 막아 보려 애쓰고 있다. 반면 야만스러운 서방 국가인 프랑스는 전쟁을 부추기고, 전쟁을 일으킬 구실을 찾으며, 전쟁을 열망하고 있다. ……

　전쟁! …… 싸우고, …… 죽이고, …… 사람을 학살하고, …… 문명 시대라 자부하는 오늘날, 인간의 정신과 재능이 철학과 과학의 진보를 이루어 낸 이 시대에 학교에서는 사람을 죽이라고 가르친다. 그것도 아주 먼 거리에서 수많은 사람을 한꺼번에, 또 완벽하게 살상하라고 가르친다. 사랑하는 가족이 있고 범죄를 저지른 적도 없는 순진무구한 사람들, 그 가련한 자들을 학살하라고 가르친다. 프랑스 대통령 쥘 그레비는 가장 파렴치한 살인자, 끔찍한 방법으로 여성을 살해한 자, 노인 살해자, 아동 교살범 같은 자들을 끝내 사면하고야 말았다. 또한 쥘 페리는 프랑스 국민

위해 사제를 털어 프랑스인, 선원, 병사, 기술자를 모집했다. 외국인에게(포르투갈인의 수가 프랑스인보다 더 많았다) 주요 지휘권을 맡겼으나, 최고위직은 베트남인이 차지했다. 그리고 전쟁에서 살아남은 극소수 외국인은 나중에 명예로운 작위나 특권으로 보상받았다(피뇨 드 베엔 신부의 전기를 참조하시오. *Mgr Pigneau de Béhaine. Evêque d'Adran, dignitaire de Cochinchine*, par F. Mantienne, MEP, *Études et documents 8*, 1999). 이처럼 폴 두메의 주장은 잘못된 것이었으나, 적어도 인도차이나의 정복과 지배를 정당화하기 위한 논거 역할은 톡톡히 했다.

5) Guy de Maupassant, *Gil blas*, 1883년 12월 11일. pp. 193-194, in *La France colonisatrice*, coll. "Les reporters de l'histoire," no. 3, Liana Lévi-Sylvie Messinger, 1983(이 책에 인용된 부분은 마르크 페로가 발췌).

6) 1884년 12월 18일 프랑스는 중국을 향해 선전포고했다. 그 당시 중국은 통킹 지역에 개입하여 영향력을 행사하고 있었다(NDLR.).

> 뿐만 아니라 국회의원까지 놀라게 할 만큼 일관성 없는 외교정책으로,
> 아무런 양심의 가책 없이 수천 명의 선량한 우리 젊은이를 죽음으로 몰아
> 넣으려고 한다.
>
> 그런데 가장 충격적인 것은 프랑스 국민 가운데 정부의 정책에 반대의
> 뜻을 표하는 사람이 아무도 없다는 사실이다. 이럴진대 전제군주제와 공
> 화제 사이에 무슨 차이가 있단 말인가?

정치적 국경을 초월하는 경제적 패권의 팽창을 주장했던 폴 두메[1857~1932.
프랑스 제3공화정 13대 대통령, 1897~1902년에 인도차이나 총독 역임]는 인도차이
나라는 공간을 중국 남부, 특히 윈난 지방에 영향력을 행사할 수 있는 프랑스의
권역으로 만들고 싶어했다. 하이퐁항과 윈난성省을 연결하는 윈난 철도는
폴 두메의 야심찬 계획을 명백하게 드러낸 표현물이었다.[7]

정복, 평정, 방어는 인도차이나 주민과 영토에 대한 프랑스의 패권을 나타내
는 식민시대 수사학의 세 가지 키워드였다. 프랑스는 이 사업을 효율적으로
추진하려고 베트남 사회의 모순점과 인도차이나반도의 여러 민족 사이의 적대
관계를 적절히 활용했다. 프랑스는 가톨릭교도, 크메르 크롬(코친차이나 지역의
캄보디아인), 베트남 북부와 중부에 거주하는 산악지역의 소수민족에게서 동맹
세력과 협조자를 충원했다. 베트남인을 억압하는 데 라데족이나 토족 크메르족
용병을 동원한 것이다.

프랑스 정부는 1927년에 바로Barrault 대위가 코친차이나 지역에 관해 피력한
의견에 동조하고 있었다.

---

7) Ch. Fourniau, "Politique coloniale et politique mondiale : Doumer et le Yunnan," in *Mélanges en l'honneur de Louis Miège*, Publications de l'université de Provence, 1992, pp. 49-72.

서로 다른 문명을 지닌 민족이 공존한다는 상황이야말로 프랑스가 지배하기 위한 가장 좋은 수단이라는 게 확연히 드러나지 않는가?[8]

바로 이 점을 통킹 지역 '평정' 정책의 기본 방침으로 삼았던 갈리에니 대위는 이렇게 말했다.

정치적인 행동은 매우 중요하다. …… 만일 어느 군 지휘관이 자신이 담당한 영토에서 매우 정확한 민족 지도를 완성한다면, 그 지역의 완벽한 평정을 이룬 것이나 마찬가지다. …… 인종, 민족, 부족, 가족 같은 모든 인간 집단은 공통되거나 상반된 이해관계의 총화를 나타낸다. 존중해야 할 풍습이나 관습이 있는 것과 마찬가지로 증오나 경쟁심이 존재하게 마련이므로, 이것들을 식별하여 우리의 이익에 부합하도록 적절히 활용할 줄 알아야 한다. ……[9]

이러한 '통치를 위한 분열'이라는 고전적인 정책은 앞으로 인도차이나 국가들이 독립하게 되었을 때, 또 1945년부터 1989년까지 인도차이나반도가 전쟁의 소용돌이에 휘말렸던 시기에도 그 파급효과가 남아 있었다.

모든 전쟁이 그렇듯이, 프랑스의 지배를 정착시킨 전쟁 역시 수많은 전사자와 처형자, 불에 타 초토화된 마을, 민간인 학살, 수많은 강제 징용자,[10] 총살당한 탈주 노동자 등 헤아릴 수 없는 폐해를 남겼다. 그뿐만 아니라 갖가지 전염병(말라리아, 이질, 발진티푸스, 콜레라)과 굶주림으로 수많은 사람이 목숨을 잃었다. 마찬가지로 높은 발병률과 사망률을 기록한 프랑스 원정군의 인명 피해도 상당했다.

---

8) Barrault, *Extrême-Asie*, sept.-oct. 1927, p. 146.

9) Gallieni, *Les Constructeurs de la France* ……; op. cit., p. 403.

10) P. Devillers, *Français et Annamites. Partenaires ou ennemis? 1856-1902*, Paris, 1998, p. 375. "내가 하노이에 도착했을 때, 강제로 징발된 쿨리가 이미 11,000명에 달했다. 그로부터 8일 뒤, 장군이 내게 최소 6천 명의 쿨리를 더 징발해 달라고 부탁했다고 총독 콩스탕스Constans가 고백했다."

프랑스 군대는 현지인 보충 병력과 함께 통킹 지역을 완전히 초토화시켰다. 그 지역 주민은 이미 국경 지대를 누비고 다니던 중국인 무장 단체에게 시달릴 대로 시달린 뒤라서 타격은 더욱 컸다. 역사학자 C. 푸르니오는 그의 책에서 퓌지니에 신부의 기록을 인용하고 있는데, 퓌지니에 신부는 1884년에 "마을 가운데 절반이 불에 타고 약탈당했다"고 말하면서 프랑스 원정군의 약탈 '방식' 에 관해 여러 증언을 남겼다.

그 지역의 마을을 차례로 통과하던 당시, 마을 주민이 순순히 굴복하지 않을 경우 우리에게 무엇이든 죽이고 빼앗을 권리가 주어졌다. 따라서 닭고기나 돼지 고기가 모자라는 일이 없었다. …… 우리는 저녁 10시나 11시쯤 출발하여 마을로 향했다. 그리고는 잠들어 있는 마을 주민을 급습했다. 우리는 남자, 여자, 아이를 가리지 않고, 총의 개머리판이나 총검으로 무참히 살해했다. 그것은 집단 학살이 었다.[11]

클로드 파레르, 『문명인』[12]

― 중국인은 도둑이고, 일본인은 살인자다. 베트남인은 도둑이고 살인 자다. 설령 이것이 사실이라 해도, 나는 중국인, 일본인, 베트남인, 이 세 민족이 유럽인이 지니지 못한 덕성과 우리 서구 문명보다 더 진보된 문명을 갖고 있다는 점을 인정한다고 분명히 말씀드릴 수 있습니다. 그러 므로 마땅히 우리를 지배했어야 할 그 사람들을 지배하게 된 우리는 적어 도 사회적 도덕성만큼은 그들을 능가해야 하고, 식민 지배자인 우리는 살인자나 도둑이 되어선 안 될 것입니다. 하지만 이것은 헛된 망상일 뿐입

---

11) Ch. Fourniau, *Annam-Tonkin, 1885-1896. Lettrés et paysans vietnamiens face à la conquête coloniale*, Paris, 1989, p. 22. G. Dreyfus, *Lettres du Tonkin―1884-1886*, Paris, 2001.
12) Claude Farrère, *Les Civilisés*, Ollendorf, 1905년 공쿠르상 수상, 재판 Kailash, 1997. (이 책에 인용된 부분은 마르크 페로가 발췌).

니다. ……

누군가가 물었다.

— 왜 그렇죠?

— 까닭은 이렇습니다. 우리 프랑스 국민은 식민지를 모든 계층의 낙오 자와 범죄 경력이 있는 전과자의 마지막 은신처이자 최후의 방편이라 여깁 니다. 그리하여 프랑스 본토는 훌륭하고 유능한 사회 초년병을 아끼고 간직하는 대신, 사회의 쓰레기들은 나라 밖으로 몰아냅니다. 따라서 이곳 에는 불한당, 무용지물, 무위도식하는 식충이, 소매치기뿐입니다.

이곳 인도차이나에서 농사를 짓는 자들은 프랑스에서 땀 흘려 일해 본 적도 없는 자들입니다. 과거에 파산했던 자들이 상업 활동에 종사하고, 학창 시절의 낙제생이 학식이 높은 현지인 고위 관리에게 명령을 내립니 다. 법정에서 유죄판결을 받았던 자들이 재판하고 판결을 내립니다. 그렇 기 때문에 온 세계를 통틀어 서구인이 아시아인보다 지적 수준이 열등하다 는 게 틀림없는 사실인 것처럼, 이 나라에서 서구인이 아시아인보다 도덕 적 수준이 낮다고 해도 놀라워할 이유가 전혀 없습니다. ……

갈리에니 대령은 어쩔 수 없이 그런 '방식'을 쓸 수밖에 없었던 당시 상황을 해명하면서도, 그것이 토착민에게 어떤 영향을 끼쳤을지 애써 감추려 하지 않았다.

공포의 순간이 지나가면, 토착민 사회에서는 폭동의 씨앗이 자라날 것이다. 거듭되는 폭력 행위 때문에 분노가 쌓이면, 언젠가는 반드시 폭동으로 나타날 것이기 때문이다.[13]

---

13) *Les Constructeurs...*, op. cit., p. 409.

1885년 7월 5일, 프랑스군이 베트남 중부에서 베트남 제국의 왕궁이 있던 후에라는 성곽도시를 공격했을 때에도 학살(프랑스군 사망자는 11명이었던 반면, 베트남인은 1,500명이 목숨을 잃었다)과 도시의 방화와 약탈이 자행되었다. 왕궁, 고문서 보관소, 도서관 등 귀중한 문화유산이 잿더미가 되고, 전투에 참가한 지휘관은 약탈한 재물을 착복했다. "두 달 동안이나 지속된 무자비한 약탈 행위는 …… 베이징의 여름궁전 약탈의 사례를 훨씬 능가했다."14)

1883년부터 1896년까지 지속된 베트남 북부와 중부의 정복과 '평정' 사업이 종결되었을 때, 이 지역은 '파국적인 인구 감소'의 장이 되어 있었다. 1910~1920년에 이르러서야 정상적인 인구 증가율을 회복할 수 있었다.

캄보디아(1863년)와 라오스(1893년)에서도 그러했듯이, 베트남에서도 토착민을 예속하고 저항의 움직임을 진압하고 난 뒤에는 국가의 주권을 찬탈하는 단계로 이어졌다. 이때부터 이 세 나라는 순전히 명목으로만 보호령 체제에 놓였으며, 실제적인 통치 방식은 '토착민은 자치 능력이 없다'15)는 원칙에 따라 서서히 직접 통치의 방식으로 향했다.

인도차이나 총독은 새 국왕을 임명함으로써 국가의 주권 찬탈에 착수했다. 주이 떤 황제가 선정되는 과정에 대해 작가 롤랑 도르즐레스가 쓴 글을 보면, 황제의 옹립과 폐위가 얼마나 제멋대로 이루어졌는지를 짐작할 수 있다. 1907년 프랑스인이 타인 타이 왕을 폐위한 뒤, 위원단이 왕궁에 도착했다.

나이 어린 왕자(왕과 후궁 사이에서 태어난 아이였다)가 울면서 발을 동동 구르고 어머니를 불러 댔다. 그런데도 위원단장은 아랑곳하지 않고 아이를 밝은

14) Le journaliste Penne-Sieffert, 인용 Charles Fourniau, op. cit., pp. 34-35.
15) Nguyen The Anh, *Monarchie et fait colonial au Vietnam(1875-1925). Le crépuscule d'un ordre traditionnel*, Paris, 1992.

곳으로 데려가더니, 무표정하게 아이를 주의 깊게 관찰했다. 그리고는 마치 한 배에서 태어난 새끼 강아지 가운데 살려 둘 한 마리만 고르는 사람처럼, 아이의 몸을 만지작거리며 이렇게 말했다. "그래, 이 아이는 제법 쓸 만해 보이는군요." ...... "그 아이가 마음에 드시나요? 그럼, 그렇게 결정합시다."[16]

이러한 관행은 그 뒤에도 지속되어, 30여 년이 지난 뒤에도 프랑스인은 노로돔 시아누크를 사이공고등학교의 기숙사에서 데려다가 왕좌에 앉혔다. 관례상으로 첫 번째 왕위 계승자였던 그의 사촌 모니렛 대신 그가 왕위에 오를 수 있었던 까닭은, 그가 좀 더 온순하고 고분고분하다고 판단했기 때문이었다.[17]

이렇게 왕위에 오르고 나면 군주는 수동적인 정치적 지위로 격하되고 말았는데, 이는 전제군주 체제의 위신을 크게 손상시켰다. "캄보디아 국왕에게 자문을 구하는 사람은 아무도 없었다. 1884년부터 1945년까지 크메르 백성은 국왕을 가리켜 '예, 예'라는 말만 되풀이하도록 길들여진 앵무새라 불렀다. 보호령 체제는 처음 설치되던 순간부터 사실상의 독재체제였다."[18]

국왕에게는 자유로운 예산 처분권도 없었다. 식민정부는 왕에게 세비를 지급하고, 식민정부의 수입을 인도차이나의 총예산 속에 포함시켜 버렸다. 프랑스인 총지사가 각료 회의를 주재하고 최종 결정을 내렸으며, 각 지방에서도 프랑스인 지사가 현지인 고위 관리(만다린)를 통솔했다. 곧 "프랑스인은 명령하고, 베트남인은 복종하고, 모든 지위와 직급의 관리는 비굴하게 프랑스인의 비위를 맞추려고 안간힘을 썼다."[19]

---

16) R. Dorgelès, *Sur la route mandarine*, Paris, 1925, p. 140.

17) N. Sihanouk, *L'Indochine vue de Pékin. Entretiens avec J. Lacouture*, Paris, 1972, p. 27.

18) 1900년 무렵에 익명의 작가가 쓴 시의 일부분. 이 시는 로마자 표기법(꾸옥 응우quoc ngu)으로 다음 책에 실린 바 있다. *Nghien cuu lich su, Recherches historiques*, no 73, 1965, pp. 21-29.

19) Ibid., p. 143. 지식인이자 민족지도자였던 판 쭈 찐도 보호령 체제 하에서의 베트남 고위관리의 독직행위와 비열한 태도를 고발했다. 그러면서도 이런 말을 덧붙인다. "아무런 죄가 없어도,

인도차이나를 '관리용 식민지'라 불러도 좋을 만큼, 이곳에는 하위 직급까지 프랑스인 관리의 수가 많았다. 이러한 식민주의 관료 체제의 궁극적인 목표는 식민 지배자와 피지배자 사이에 거리를 유지하고, 인도차이나인 공무원을 하위 직급으로 몰아넣음으로써 유럽인의 지배권을 영속화하는 것이었다.

정치·사법제도가 어떠하든, 식민지 체제이건 보호령 체제이건, 식민주의는 소수 외국인이 다수의 토착민을 지배하는 체제를 정착시켰다. 소수의 지배자와 다수의 피지배자는, 19~20세기에 통용되던 인류에 대한 분류학적 용어에 따르면, 백인종과 황인종이라는 두 '인종'에 속했다.

이러한 이원성은 사법적·정치적·사회학적 차원으로 재해석되어, 식민지 거주민을 몇 가지 위상으로 구분해 놓았다(유럽인, 토착민, 토착민이 아닌 아시아인, 프랑스령 식민지 주민과 보호령 주민). 백인이 의사 결정권이나 지휘권을 장악하는 사회적·직업적 위계질서 속에서 이러한 이원성은 한층 더 강화될 수밖에 없었다.

19세기 과학주의가 만들어 낸 인종차별주의적 준거를 고려하지 않고서는 식민주의를 제대로 분석할 수 없다. 당시의 많은 공화주의자나 '인도주의자'와 마찬가지로, 쥘 페리는 우수한 인종과 열등한 인종이 존재한다는 사고에 동조했다. 그렇다고 해서 '열등한 인종'을 제거해야 한다고 주장하는 부류에 속했던 것은 아니다. "우수한 인종은 어떤 의무를 지고 있는 만큼, 그에 따른 권리를 갖고 있다는 것을 다시 한 번 말씀드립니다. 열등한 인종을 문명화해야 한다는 의무 말입니다. ⋯⋯"[20]

프랑스인에 대한 태도가 공손치 못하다고 판단되면, 사회적 지위에 관계없이 누구나 가차없이 처벌받는다. ⋯⋯ 이는 베트남인이라면 누구나 겪는 일상적인 일로, 두려움과 분노를 야기하는 원인이 되고 있다."(1908년 총독 폴 보에게 보낸 편지의 일부분, p. 235. *Anthologie de la littérature vietnamienne*, t. 3, XIXe siècle-1945, Hanoi, 1975) 그러나 판 쭈 찐은 프랑스 보호령체제라는 틀 안에서 베트남을 진보시키고자 하는 개량주의 노선을 택한다.

인종차별주의는 식민체제 전반에 영향을 미쳐, 인종주의적인 의견과 행동, 다시 말해 식민 지배자와 피지배자 사이의 일상적 관계 속에서 인종차별적이고 모욕적인, 때로는 범죄적인 행동과 여론을 야기했다(인도차이나에서 남아프리카와 같은 인종차별 정책은 없었다고 해도 말이다). 인도차이나에서 발행되는 신문이나 잡지에는 인종차별적 성격의 폭력과 모욕과 부당함으로 얼룩진 일상적이고 사소한 사건으로 가득했다.

알베르 사로Albert Sarraut[1872~1962. 식민성 장관과 인도차이나 총독 시절 비교적 관대하고 온건한 식민지 정책을 폈다고 평가 받는 인물이다]가 '인종차별적 판결'에 대해 경고한 바 있지만, 살인 혐의로 기소된 프랑스인이 무죄로 풀려나거나 집행유예 판결을 받거나 얼마 안 되는 보상금을 지급하는 것으로 면책 받는 일이 비일비재했다. 베트남인을 살해한 두 명의 프랑스인이 무죄로 석방되는 것을 보고, 프랑스 국적을 취득한 어느 베트남인 금융업자는 1937년 프랑스인 친구에게 이런 글을 써 보냈다.

끔찍한 범죄임에 틀림없지만, 두 민족이 함께 살아가는 사회에서 종종 일어날 수 있는 사건입니다. 그러나 이 사건에서 우리가 주목해야 할 것은, **우리가 가지고 있는 모든 환상을 일시에 무너뜨린**[21] 프랑스인 엘리트 집단이 내린 판결문입니다. 베트남인 한 사람의 생명의 가치에 대한 프랑스인의 사고가 그대로 드러나는 판결문 말입니다. ......[22]

이처럼 식민체제에서 인종주의적 요소는 사회적 불평등과 긴장 관계를 악화시켰으며, 정치적 대립을 더욱 첨예하게 만들었다.

---

20) 1885년 7월 28일 하원 회의. *Les Constructeurs de* ……; p. 295에서 인용.
21) 글쓴이 자신이 강조한 부분.
22) 해외 고문서 보관소, 프랑스 해외원정군 보호재단, 350.

식민지 수익 창출의 극대화

인도차이나에서 프랑스의 정복사업 초기부터 경제적 팽창과 천연자원 및 인적 자원의 수탈이 정복사업의 가장 중요한 동기였다는 점은 명백하다. 프랑스인이 코친차이나(베트남 남부)에 정착하자마자, 라 그랑디에르 제독은 사이공을 '제2의 싱가포르'로 만들고자 했다. 1819년 영국이 건설한 싱가포르는 이미 번영을 누리는 엠포리움emporium, 곧 상업의 중심지였다. 그리고 네덜란드는 1830년에 총독 반 덴 보스가 자바에 설치한 강제 재배 제도Kultuurstelsel로 엄청난 수익을 올리고 있었으며, 스페인은 1840년에 필리핀 경제를 세계 경제로 편입시킨 바 있었다.

타이 왕국은 바우링조약을 체결한 뒤, 1855년에 유럽인에게 문호를 개방했다. 얼마 전에 개방된 동북아시아(중국, 일본, 한국)와 영국이 모든 지역을 점유하고 있던 인도 대륙 사이에서, 동남아시아는 19세기 후반에 유럽인의 각축장이 되었다.[23]

통킹으로 진격하기로 결정한 뒤프레 제독은, 1873년 7월 28일 본국 정부에 보낸 전보에서 자신의 결정을 이렇게 정당화했다.

> 장 뒤퓌[24]의 시도가 성공함으로써 사실상 통킹은 개방되었다. 앞으로 영국과 독일과 미국의 무역 활동에 엄청난 파급효과가 있을 것이다. 유럽 각국과 중국이 침공하기 전에 통킹 지역을 점유함으로써, 프랑스가 유일한 진입로를 확보하는 것은 절대적으로 필요하다. 지원은 전혀 필요 없다. 내가 가진 수단으로 작전을 수행할 것이다.[25]

---

23) *The Cambridge History of Southeast Asia*, vol. II, chap. 1, Cambridge, UK, 1992.
24) 장 뒤퓌Jean Dupuis는 무역상이자 모험가로서, 주요 활동 무대는 중국 남부 지역이었다. 송코이 강의 자유 통행권을 확보할 목적으로, 프랑스 최초로 1873년 통킹 지역을 원정하는 데 프랑스군을 끌어들였다.

  1897년 당시 인도차이나 총독이던 폴 두메는 인도차이나반도의 모든 국가를
결집시키는 정치·행정 조직인 인도차이나연방을 창설했는데, 이는 식민지
경제정책을 효율적으로 추진하기 위한 것이었다. 경제정책에 수반한 위생과
교육 분야의 정책26) 역시 궁극적으로는 효율성과 생산성, 수익성을 확보하기
위한 행동이었다.

  그렇지만 이런 행동을 오직 도구주의나 실리주의 차원으로 축소시켜서도
안 될 것이다. 초기의 두 행정가, 곧 베트남-통킹 지역의 총지사 폴 베르,
총독이었던 장-마리 라네상은 세계적으로 알려진 생리학자이자 프랑스 아카데
미 회원이며 의사였다. 둘 다 공화주의자이자 프리메이슨 회원으로, 자신의
철학적·정치적 신념—특히 유럽 문명에 내재된 진보주의 정신에 대한 믿음—과
통치자로서의 역할을 밀접하게 연관시켰다.27) 그러나 불행하게도 두 사람의
임기(2년 미만)는 길지 않았고 , 따라서 이들의 사고도 현실에 적용되지 못했다.

  프랑스 당국은 알베르 사로가 '식민지 개발'이라 일컬었던(그의 저서 『프랑스
식민지의 개발과 활용 방안La Mise en valeur des colonies francaises』[1923]에서) 바로
그 사업을 추진하기 위해 법을 제정하고, 자본을 모집하고, 현지에서 새로이
개척한 여러 경제 분야에 필요한 인력을 충원했다.

  프랑스 당국은 영토의 지상과 지하를 국유지로 선포하고, 토지와 광산 개발권
에 관한 법령을 제정함으로써 농업 활동과 광산 개발을 프랑스인과 인도차이나
인에게만 허가했다. 이는 프랑스인이 유입되기 이전에 광업 분야에서 거의
모든 독점권을 행사하고 있던 중국인을 배제하기 위한 조처였다. 이때부터
이 분야의 가장 강력한 자본주의 회사 가운데 하나였던 통킹석탄회사가 통킹에

---

25) A. Thomazi, *La Conquête de l'Indochine*, Paris, 1934, p. 114.

26) L. Monnais-Rousselot, *Médecine et colonisation, 1860-1939*, CNRS éditions, 1999 ; Trinh Van Thao, *L'École française en Indochine*, Karthala, 1995.

27) Ph. Devillers, *Français et Annamite* ⋯⋯; op. cit.

서 생산되는 석탄의 채굴 및 판매에 대한 독점권을 가졌다. 그 결과 인도차이나는 1939년 만주에 뒤이어 동아시아의 두 번째 석탄 산지가 되었다.[28]

토지 개발권에 관한 매우 관대한 정책이 시행됨에 따라, 프랑스인 개인 사업자와 기업체가 쌀과 고무나무 재배를 위한 대규모 단지와 그보다는 규모가 작은 커피와 차 재배 단지를 장악하게 되었다. 1931년에 프랑스인은 10억 2,500만 헥타르에 달하는 조차지를 확보하고 있었다.[29] 이곳이 비록 인구 밀도가 높은 지역은 아니라 해도, 그곳에서 대대로 농사짓고 살던 토착민을 쫓아내는 결과를 불러온 것은 분명한 사실이었다.

메콩강 삼각주 지역에서도 법 절차나 토지 등기제도에 무지한 토착민 자유 경작자를 희생시키고, 2,000~10,000/15,000헥타르의 대규모 벼 재배 단지가 건설되었다. 토착민은 대농장의 소작인 신세로 전락할 수밖에 없었는데, 채무 때문이나 계약 내용을 전혀 모른 채 계약 조건에 얽매여 노동했다는 점에서 식민시대 남아메리카의 노예노동과 상황이 매우 비슷했다.

이러한 상황은 결국 숱한 토지 분쟁을 야기했는데, 토지 점거와 토지 소유에 관한 식민지법의 위반 같은 행동이 빈번하게 나타난 1936~1938년에 갈등은 극한으로 치달았다. 토지 개혁에 관한 의견이 대두된 적도 있었으나, 프랑스 행정당국은 단 한 번도 실행에 옮기지 않았다. 이는 식민체제의 사회적 토대를 형성하고 있던, 대농장을 소유한 프랑스인 및 토착민의 이해관계를 침해한다는 것은 상상조차 할 수 없는 일로 간주했기 때문이다.[30]

그 밖의 지역, 곧 코친차이나와 캄보디아, 베트남의 접경 지역에서도 대기업 체가 고무나무 재배를 위한 플랜테이션을 설립했다. 이곳에서도 이동식 화전 경작과 채집·수렵에 종사하며 생계를 꾸리던 소수민족(가령 캄보디아와 베트남

---

28) SFCT, 1956년 연례 보고서.

29) Ch. Robequa, in L'Évolution économique de l'Indochine française, Paris, 1939.

30) P. Brocheux, The Mekong Delta, Ecology, Economy and Revolution, 1860-1960, Wisconsin-Madison, 1995.

의 접경 지역인 미못 지역의 스티엥족)이 삶의 터전을 빼앗기는 일이 벌어졌다.31)

　건설 사업, 토지 개간, 경작지 확장을 위해 필수적인 대규모 인프라 구축 사업—수로와 도로망의 확충, 수자원과 농업용수의 확보—을 추진하려면 막대한 자본이 필요했다. 투자금 가운데 대부분이 프랑스-벨기에 합작회사인 알레-리보 그룹, 옥타브 옹베르 프랑스 식민지 금융회사 같은 여러 대기업체 또는 파리 금융시장에서 발행한 공채를 통해 조달되었다.

　1차 대전이 끝나자, 인도차이나에 대한 투자 열기가 프랑스 금융가를 사로잡았다. 1915~1925년에 37개의 인도차이나 회사가 프랑스에 지부를 설치했다. 1924년에는 상장주 총액이 13억 프랑에 달하고, 비상장주의 주가 총액은 207,527,500프랑이었다. 공채까지 포함하면 프랑스의 투자금 총액은 30억 프랑을 상회했다.32)

　이러한 투자금이 유입되기 전까지 식민정부는 조세징수라는 수단으로 현지에서 자금을 마련했다. 본국에서 발행된 공채를 상환할 수 있었던 것도 조세수입 덕분이었다. 인도차이나의 조세제도가 확립된 것은 인도차이나연방 일반 예산이라는 제도를 설치한 폴 두메의 총독 재직 시기였다. 조세의 대부분은 간접세 형태로 징수되었다. 이 점을 폴 두메는 이렇게 썼다.

　　유럽인이 소수인 지역에서, 권력은 본국의 이익과 식민지에서의 공공의 이익을 수호하기 위해 행사되어야 한다. …… 직접세는 순전히 해당 지역의 이익을 위한 사업에 투입될 것이다. 그러나 간접세는 …… 제국의 사업, 다시 말해 총체적

---

31) CAOM(해외 고문서보관소), fonds Concessions 11. 1927년에 7건의 조차지 요청이 있었는데(조차지의 총면적이 27,560헥타르에 달했다), 이는 오래전부터 점유하고 있던 토지를 모두 빼앗기게 된 17개 스티엥족族 마을의 주민을 분노케 했다. 1937년에도 이와 비슷한 항의의 움직임이 있었다(CAOM, fonds Résidence supérieure du Cambodge, 242).

32) CAOM, fonds Agence économique de l'Indochine, 927.

인 이익을 위한 사업비로 충당하는 게 여러모로 타당하다.[33)

이러한 원칙에 따라 폴 두메는 소금·술·아편이라는 세 가지 일상적인 소비 품목(그 가운데 소금은 인도차이나 주민에게 생필품이었다)에 대한 징세 제도를 수립했다. 식민시대 이전에는 소금 채취와 주류 제조가 자유롭게 행해지고, 아편의 제조와 판매는 베트남 황제나 캄보디아 국왕이 중국인에게 위탁했다. 그런데 폴 두메는 소금·술·아편에 대한 국가의 독점권을 확립함으로써, 이 세 품목을 인도차이나 조세제도의 세 마리 '짐바리 짐승'으로 만들었다. 1942년 에는 국가 총수입의 29%를 차지할 정도로, 2차 대전이 끝날 때까지 이 세 가지 조세는 인도차이나 일반예산의 가장 수익성 높은 수입원이었다.[34)

모두 알다시피 베트남인(느억 맘이라는 베트남식 생선 젓갈)이나 캄보디아인(쁘 라호 크라는 절인 생선)의 일상적인 식생활에서 소금이 차지하는 비중은 매우 크기 때문에, 소금세가 식민지 주민에게 얼마나 큰 부담으로 작용했을지는 누구나 쉽게 짐작할 수 있다. 예전에는 자유롭게 소금을 생산하던 염전업자는 식민정부 산하의 공사(公社)에 소속된 종업원으로 전락했다. 이렇게 프랑스 제3공 화정은 1789년 대혁명으로 본국에서는 폐지된 치욕스러운 염세를 인도차이나 식민지에서 복원시켰다.

토착민 사회의 축제나 의례에서 매우 중요한 역할을 하던 술에 대해서도 프랑스 대기업인 인도차이나 증류회사가 주류 제조업 독점권을 얻어(이는 인도차이나 세관과 공사에서 불하 받은 특권이다), 배급업자를 마음대로 선정하는 등 거래 시장에 대한 통제권을 행사했다. 소금세와 주류세가 시행되자 주민은

---

33) 폴 두메의 글로 다음 책에서 인용. H. Guermeur, *Le Régime fiscal de l'Indochine*, Hanoï, 1909, 재판 Paris, L'Harmattan, 1999, pp. XV-XVI.

34) 1942년에 아편으로 인한 수익은 2,200만 피아스터에 달했고, 술로는 1,800만 피아스터, 소금으로는 700만 피아스터를 벌어들였다(CAOM, fonds Conseiller politique, 98). Ch. Descours-Gatin, *Quand l'opium finançait la colonisation en Indochine française*, Paris, 1992.

당국에서 지정한 양밖에 구입하지 못했고, 가택 수색과 압수 권한이 있는 세관원의 엄중한 감시를 받는 처지에 놓였다.[35]

그 당시에도 아편은 인체를 쇠약하게 하고, 따라서 개인이나 사회에 유해한 물질로 간주되었다. 이렇듯 도덕적 지탄의 대상이 된 마약은 여러 종교단체와 국제기구로부터 퇴치 대상으로 지목되었으며, 몇몇 국가에서는 금지되고 있었다. 그러나 인도차이나에서는 식민정부가 아편 사용을 합법화하고, 심지어 인도차이나 세관과 공사가 고수익 사업인 중국과의 아편 밀매에까지 직접 가담했다.[36]

이 세 가지 조세(그 가운데 특히 주류세와 소금세)는 식민지 주민과 식민 당국을 직접적인 대립 관계로 몰아넣음으로써, 식민체제의 강압적 성격을 대변하는 식민지 수탈 수단이었다. 응웬 아이 꾸옥(호 찌 민)이 1925년에 쓴 소책자 『프랑스의 식민화에 대한 비판』에서 고발하고자 한 것도 바로 이런 상황이었다.

세금을 현금으로 납부하게 함으로써 식민지 주민의 어려움은 더욱 가중되었다. 일상적인 거래에서 아연으로 된 사펙이라는 화폐를 쓰던 베트남 및 통킹 지역의 농민은 세금을 납부하려고 피아스터라는 화폐를 구입해야 했다. 납기일이 가까워질수록 두 화폐 사이의 환율이 치솟아 농민을 더욱 어려운 상황으로 몰아넣었다. 식량작물 재배와 물물교환 방식으로 살아가던 고지대의 소수민족도, 잉여 농산물을 팔아 세금을 내려면 예전보다 훨씬 더 많은 양을 생산해야 하는 처지에 놓였다.

세금 징수가 체계적으로 이행되진 못했지만, 직접세 항목인 토지세와 인두세

---

35) D. Niollet, *L'Épopée des douaniers en Indochine*, Paris, 1998.

36) Ph. Le Failler, *Opiun et pouvoir colonial en Indochine. Du monopole à la prohibition(1897-1940)*, Hanoi, édit. EFEO, 1999.

는 식민지 주민에게 큰 부담이 되었다. 개인 과세 카드가 신분증처럼 사용되었기 때문에 납세자는 마치 불심검문을 당하듯이 수시로 세금을 납부했는지 조사를 받았고, 체납자는 곧바로 감옥에 수감되었다.

행정관리나 선교사가 여러 차례 경고했다는 사실에서도 나타나는 것처럼, 세금 액수가 납세자의 납부 능력을 넘어서는 경우가 빈번했다. 반조세 폭동이 지방 단위(1908, 1930~1931, 1937~1938)에서 작은 마을로 확산되었는데, 이곳의 폭동은 더 빈번했지만 산발적이어서 예전보다도 언론이나 사법 당국의 주목을 끌지 못했다.

자연을 개발하고 수탈하기 위해서는 막대한 저임금 노동력을 동원해야 했다. 송코이강 삼각주 지역, 중북부 해안의 평야 지대 등 비교적 인구 밀도가 높은 베트남 북부의 평야 지대는 인력 충원을 위한 기지이자, 캄보디아 및 베트남 중부 고지대의 플랜테이션으로 인력을 파견하는 출발 기지였다. 베트남 중부의 고지대 역시 쿨리라 불리던 노동자, 곧 라오스의 광산이나 삼림지대의 개간 사업장으로, 또는 뉴헤브리디스제도의 머나먼 플랜테이션이나 뉴칼레도니아의 니켈 광산으로 파견되는 노동자를 공급하던 곳이었다.[37]

물론 식민 경제가 채택한 노동력 매매 방식이 노예제나 농노제는 아니었지만, 매우 혹독한 노동 조건을 전제로 하는 억압적인 예속의 한 가지 형태임에는 틀림없었다. 노동자는 돼지우리 같은 '픽 펜pig pen'[38]에 실려 운반되어, 하루 12시간씩 고된 노동을 했다. 대부분 작업반장이나 난폭한 감시인의 매질과 독단에 시달리고, 말라리아나 이질 같은 전염병이 닥치면 수십 명씩 쓰러져 갔다. 따라서 플랜테이션 노동자의 사망률은 매우 높았다.

당시 노동자 사이에서 유행하던 짧은 단가나 애가 가사에서는 고무나무도

---

37) J. Vanmai, *Chân Dâag. Les Tonkinois de Nouvelle-Calédonie au temps colonial*, Nouméa, 1980.
38) J. Conrad, *Typhoon*.

병이 들면 쉬도록 내버려두는데, 플랜테이션의 쿨리가 죽어서 남긴 "수만 구의 유골은 고무나무를 살찌우는 데 쓰이고," "우리가 흘리는 땀방울은 프랑스인을 살찌운다"며 한탄했다.

물질적 환경—주거, 급식, 위생, 보건—이 개선된 뒤에도 농장 중간 관리자의 독단과 폭력은 끝내 사라지지 않았다. 이에 대해 1936년 프랑스 공화국의 검사장은 "그들의 노예 상인 같은 사고방식이 증오심을 부추기고 있으므로" 이들을 엄격히 처벌해야 한다고 주장했다. 코친차이나 총독이었던 파제스도 1937년 쿨리 노동자를 "마치 죄수나 비렁뱅이처럼 취급하여, 작업반장 휘하에 있는 조수가 매질 아니면 멸시와 모욕적인 언사로 이들을 괴롭히는"[39] 미슐랭 회사의 고무나무 플랜테이션을 고발했다.

식민체제는 인구 이동을 부추김으로써 인도차이나 국가들의 인구 모자이크 현상을 더욱 두드러지게 했는데, 그렇다고 해서 민족 사이에 실질적인 융합이 이루어진 것은 아니었다. 이는 앞으로 식민체제가 종결된 뒤 새로이 탄생한 여러 국가에서 민족 사이의 충돌이 현실화되는 데 유리한 터전을 제공했다.

식민주의 프랑스는 인도차이나 내부에서 인도차이나인(특히 베트남인) 노동력을 활용했을 뿐만 아니라, 수많은 토착민 노동자와 용병을 본국으로 데려다가 두 차례에 걸친 세계대전 때 최전방과 후방에 투입했다. 원칙상으로는 자원자였으나, 실제로는 대다수가 그렇지 않았다.

1915~1919년에 42,922명의 토착민 보병과 49,180명의 노동자가 프랑스로 파견되었다.[40] 1939년 당시 식민성 장관이던 조르주 망델은 8만 명의 인도차이나인을 보내 달라고 요청했으나, 1940년에 28,000명이 도착했다(8천 명의 토착민 보병과 2만 명의 노동자). 그 가운데 15,000명이 독일 점령기까지 프랑스에

---

39) P. Brocheux, "Le prolétariat des plantations d'hévéa au Vietnam méridional. Aspects sociaux et politiques (1927-1937)," *Le Mouvement social* 90, 1975, pp.55-86.

40) CAOM, fonds Agence FOM 271, "Contribution de l'Indochine à l'effort de guerre de la métropole," 1920.

남아 있었는데, 이들은 비참한 조건에서 수용소 생활을 했다.[41]

　세계의 프랑스령 식민지 가운데 인도차이나는, 당시 패권적 지위를 누리고
있던 인도차이나은행을 통해 본국이 식민지 경제를 좌지우지하던 지역이었다.
금융 및 통화가 이러한 경제 체제의 두 중심축이었는데, 인도차이나은행은
곧 그 체제의 핵심을 담당하게 되었다. 프랑스의 몇몇 대규모 은행이 합작하여
설립한 인도차이나은행은 일찍부터 독립된 기관의 지위를 획득하여, 공화정
프랑스에서 매우 중요한 특권인 통화 발행권을 갖게 되었다. 그뿐만 아니라
1888년부터 식민지 예비 기금을 맡아 관리하게 됨으로써, 식민정부의 필수적
보조기관으로 부상한다. 자금 관리 비용으로 연이율 2.5%를 선취하는 조건으로,
자금을 단기 투자할 수 있는 권리를 보유한 것이다.

　인도차이나은행은 2차 대전까지 이 역할을 수행했는데, 그러다 보니 1945년
3월 9일에 이르러 식민정부는 인도차이나은행에 2억 피아스터의 채무를 지게
되었다. 게다가 2차 대전 때에는 일본 점령군과의 경제적 교류에서 중재자
역할을 인도차이나은행이 맡아, 2차 대전이 끝날 무렵 요코하마 정금正金은행
계좌에 예치된 32톤의 금을 보유했다.

　1933년 인도차이나은행은 경제 위기로 큰 타격을 받은 인도차이나 경제를
건전하게 만들어 달라는 요청을 받는다. 이때 인도차이나은행은 27개의 회사를
흡수함으로써 대규모 기업은행으로 부상함과 동시에, 자회사였던 인도차이나
부동산은행과 인도차이나 부동산회사의 도움으로 엄청난 부동산까지 보유하
게 되었다. 이렇게 인도차이나은행은 최고의 절정기를 맞았으나,[42] 다른 한편으

41) Lê Huu Khoa, "La communauté vietnamienne, 1940-1946," *Approches-Asie*, 10, 1989-1990, Nice.
　　1940년에 노동자의 통역을 맡아 프랑스에 왔던 레 후 코의 증언을 참조하시오. *Itinéraire d'un
　　petit mandarin*, Paris, 1997.

42) M. Meuleau, *Des pionniers en Extrême-Orient. Histoire de la Banque de l'Indochine. 1875-1975*, Paris,
　　1990.

로는 여러 곳의 반감을 사는 계기가 된다.

경기 침체가 시작되자, 쌀 수출을 비롯하여 '본국'으로 향하는 인도차이나의 수출을 재정비하려는 움직임이 나타났다. 그렇지만 아직도 통화가 제국 안의 관계를 긴밀하게 하는 수단이자, 식민 예속의 표시 역할을 했다. 실제로 예전에 는 은 본위였던 인도차이나 피아스터가 1931년부터 금 본위로 바뀌었고, 그로부 터 얼마 지나지 않아 프랑스 프랑으로 바뀌어(1936년) 환율이 1피아스터에 10프랑으로 고정되었다. 피아스터와 프랑의 관계를 더욱 긴밀하게 하고, 유동성 이 매우 컸던 환율을 고정 환율 체제로 전환시킨다는 이 두 가지 조처는, 인도차이나에 투자한 본국의 자금 및 본국으로 회수되는 수익금의 가치를 보장하기 위한 것이었다.

인도차이나가 제국 경제에 편입된 것은 좀 더 넓은 의미로 세계 경제로 편입됨을 뜻하는 것이었다. 이러한 이중적 관계는 동시에 의존성과 취약성을 야기하는 원인이 되었다. 곧 '여러 아시아 식민지에서 나타난 1929년의 경제 대위기'는 식민제국의 전반적 위기를 예고하는 서막으로서, 그 여파로 일어난 것이 제2차 세계대전이다. 그런데 그 전쟁이 처음에는 '제국의 관계'를 강화시키 는 듯했으나, 곧 인도차이나공산당이 식민체제의 종말이 임박했음을 알리는 수단으로 활용했다.

문화적 침입, 사회적 모욕, 정치적 억압

프랑스는 베트남 왕국에 대해 지배권을 행사하는 동안 줄곧 강력한 저항에 직면했다. 처음에는 국가 차원의 저항이, 다음으로 국가가 항복한 뒤에는 고위 관리가 주도한 일반 백성의 저항이, 마지막으로 민중의 자발적인 저항이 있었다. 이것들은 단지 두 국가, 두 군대, 군대와 토착민 사이의 투쟁이 아니라,

서로 다른 두 문화 세계의 충돌이었다.

과학기술의 발전으로 한층 더 견고해진 우주와 인간 사회에 대한 진화론적 사고는, 프랑스인을 비롯한 모든 서구인에게 문화 사이에는 위계질서가 있다는 믿음을 갖게 했다. 그 가운데는 문화 사이의 위계질서를 '인종' 사이의 위계질서 ('백인'이 최정상을 점하는)와 혼용하는 이들이 있었다. 이러한 사고는 식민화가 근대화된 문명을 전파한다고 믿던 유럽인에게 그들의 지배권을 정당화하는 이념적 근거가 되었다. 유럽인은 뒤떨어진 문화를 개명시키는 게 자신의 사명이라고 생각했다.[43]

'강요된 진보와 최선'이라는 역설 앞에서 어느 프랑스인은 이렇게 자문했다.

우리가 베트남 백성을 '보호하게' 된 뒤로 어쩌면 그들이 이전보다 더 행복해 졌을 수도 있겠지요(아르놀프에게 '보호받는' 나이 어린 아녜스[17세기 프랑스 작가 몰리에르의 희곡 『여자 학교』에 나오는 주인공]처럼 말입니다!). 우리가 이 땅에 들어오기 전, 예전 시대의 신분제도에서 비롯된 가공할 만한 빈부 격차가 조금씩 사라졌으니까요. …… 의학 분야에서도 갖가지 전염병과 질병이 감소한 게 사실입니다. 통계자료에 따르면, 베트남의 인구도 크게 증가한 것으로 나옵니다. ……

그러나 문제는 바로 여기에 있습니다. 곧 친절하고 우호적이나 전혀 소통할 수 없는 외국인을 주인으로 섬기는 것이, 풍습과 언어를 공유하는 같은 민족이지만 무자비한 주인에게서 날마다 매질에 시달리는 것보다 과연 더 행복할까요? …… 공동의 이익을 위해 함께 일하고, 자기 방식을 강요하는 게 아니라 그들의 방식을 존중하면서 온건한 통치 방식을 구사하며, 채찍을 쓰지 않으면서 신뢰감 을 얻는 방법도 있을 텐데 말입니다. ……[44]

---

43) Cl. Liauzu, *Race et civilisation. L'autre dans la culture occidentale. Anthologie critique*, Paris, 1992. 다음 책도 참고할 만하다. A. Ruscio, *Le Credo de l'homme blanc*, Paris-Bruxelles, 1995.

44) J. Tardieu, *Lettre de Hanoï*, Paris, 1997, pp. 22-23. 시인 장 타르디외Jean Tardieu는 인도차이나 미술학교를 세운 빅토르 타르디외의 아들이다. 인용된 부분은 그가 인도차이나에서 병역 의무

이러한 유럽인의 사고와 매우 비슷한 다른 흐름, 곧 중국의 영향을 받은 전통적 사고가 베트남 사회에 존재했다는 사실을 지적할 필요가 있다. 그러나 이것은 야만 상태에서 문명 상태로 사회가 진보한다는 믿음에 기반한 비非인종 차별적 성격의 문화 중심적 사고였다. 이 사고에 따라 베트남에서는 고지대의 소수민족이 야만인 취급을 받고 있었다. 베트남의 엘리트 계층이 유럽식 근대성을 쉽게 받아들일 수 있었던 것은 아마도 그런 사고의 영향일 것이다.

처음에 베트남인은 자신의 고유성과 민족성에 내재된 고유 가치를 내세우며, 일본인이나 타이인 같은 다른 아시아인처럼 독자적으로 진보할 수 있는 능력이 있다고 주장했다.

베트남인에게 프랑스 지배권에 굴복하는 것은 영토와 정치적 주권(맛 느억mat nuoc)뿐만 아니라, 자신들의 영혼(맛 혼mat hon)을 잃어버리는 것이었다. 서구의 이념이 세계를 장악한 뒤로 사회적 다위니즘은 중국의 지식인 사회뿐만 아니라, 이들의 영향으로 베트남 지식인 사회까지도 뜨겁게 달군 '민족'과 조국—'조상의 땅'—의 생존에 관한 모든 논쟁에 끼어들고 있었다.

전통주의자는 한자를 폐지하고 그 대신 꾸옥 응우(베트남어의 로마자 표기 체계)를 도입한 것과 1919년 중국식 관리 채용 시험을 폐지하고 프랑스식 교육제도를 도입한 것을 민족 정체성을 침해하는 행위로 여겼다. 이런 조처는 실제로 그리스-로마 문명과 프랑스 문화 사이의 관계와 마찬가지로, 몇 백 년 동안 베트남 사회에 막강한 영향력을 행사하던 중국 문명과의 끈질긴 관계를 단번에 끊어 버렸다.

그렇지만 식민체제로서는 자신의 문화를 근대화시키려는 피지배자의 주도적 행동을 무제한으로 용납할 수 없었다. 1907년 통킹 응야 툭東京義塾('하노이[東京]에 세워진 정의를 숭상하는 학교'라는 뜻. 학교 이름이자 사회 혁신 운동의 이름이

를 이행하던 때인 1928년 1월에 작가인 로제 마르탱 뒤 가르Roger Martin du Gard에게 보낸 편지의 일부다.

다)이라는 이름으로 알려진 문화 독립운동을 금지시킨 것도 바로 이런 맥락에서였다. 통킹 응야 툭 운동은 1907~1908년에 베트남 중부와 남부에서 나타난 주이 떤維新(근대주의)이나 민 떤(새로운 빛) 같은 숱한 행동을 일으켰던 문화적·정치적인 움직임에서 비롯된 것이다.[45]

중국식 교육을 받은 지식인이 아직도 대다수를 차지하고 있던 지식인 계층 역시, 유럽의 근대성을 도입하여 민족 문화에 접목시키기로 결정함으로써 방향을 급선회한 바 있었다. 프랑스식 교육을 받은 새로운 지식인이 이들을 계승했고, 이 '1925년 세대'는 베트남 사회의 근대적 진보를 확고하게 주장했다.

프랑스 지배에 대한 문화적 저항은 정치적 저항운동과 뗄 수 없는 관계에 있었다. 이 새로운 지식인은 식민지배자를 물리치기 위해서는 그들이 보유한 무기를 빌려와야 한다고 생각했다. 판 쭈 찐, 부이 꽝 찌에우, 후인 툭 캉 의 온건한 개량주의, 과격한 자유주의에 영향을 받은 응웬 안 닌의 급진주의, 호 찌 민과 타 투 타우를 비롯한 마르크스주의와 그 아류인 레닌주의와 트로츠키 주의 같은 흐름이 당시 인도차이나 정계를 지배하고 있었다.

인도차이나공산당의 창설은 특히 중요한 사건이었다. 레닌주의와 제3인터내셔널(인도차이나공산당은 1931년에 가입했다)이 만든 식민지 해방과 세계혁명론 은 베트남 반식민주의자에게 그들의 투쟁을 정당화하는 논거뿐만 아니라,

---

45) *Prose et poïsies du DKNT*[통킹 응야 툭의 시와 산문], ïdition trilingue[3개국어 판본], Hanoi, EFEO, 1997. 주이 떤, 민 떤 운동에 관해서는 다음 책을 보시오. D. Marr, *Vietnamese Anticolonialism, 1889-1925*, Berkeley, 1971 ; *Vietnamese Tradition on Trial 1920-1945*, Berkeley, 1981.
1920~1928의 시기에 대해서는 다음 책을 보시오. Hue Tam Ho Tai, *Radicalism and the Origins of the Vietnamese Revolution*, Cambridge, Mass., 1992 ; Trinh Van Thao, *Vietnam, du confucianisme au communisme*[베트남, 유교에서 공산주의로], Paris, 1990.
'프랑스에서의 귀환retours de France' 시리즈의 하나에서 응웬 안 닌은 이렇게 썼다. "그들은 식민주의자가 인도차이나에 수립해 놓은 체제에 대한 기소장을 프랑스인에게서 직접 전달을 받았다. …… 그들은 1789년 프랑스대혁명의 원칙과 인도주의 사상을 기치로 내세우며 공개적으로 투쟁했다." 소책자 *La France en Indochine*[인도차이나에서의 프랑스](1925년 4월)에서 발췌 (BDIC-Nanterre).

반식민주의라는 대의를 승리로 이끌어야 한다는 의지와 이상을 구현한 조직을 제공했기 때문이다. 호 찌 민이라는 인물의 인생 역정이야말로 이러한 상황을 잘 대변하는 좋은 사례다.46)

강제로 프랑스식 제도를 부과하려는 식민 당국의 정책에 맞서 여러 차원에서 저항운동이 확대되어, 동화정책을 추진하려는 움직임이 모두 무산되었다. 인도차이나인의 민족성이 수세기에 걸쳐 형성되었고(그 가운데 베트남인의 민족성이 가장 민감하고 역동적이었고, 나머지 인도차이나인은 소극적인 저항에 머물렀다), 이에 외부 세력이 어떤 모델을 강제로 부과할 경우 절대로 굴복하지 않는다는 점을 프랑스인도 인정하지 않을 수 없었다. 그렇다고 해서 과연 프랑스가 실용주의적 식민 정책을 운영했던 영국을 모델로 하여(영연방 자치령처럼), 인도차이나의 지식인을 고위직에 기용하겠다는 생각을 한 적이 있을까?

2차 대전까지도 인도차이나의 교육 상황은 취학 연령기의 모든 어린이에게 의무교육을 실시해야 한다는 이상에서 한참 빗나가 있었다. 취학기 아동의 10명 가운데 7명이 학교에 다니고, 1943~1944년에 하노이 대학의 학생 수는 1,500명에 불과했다. 2차 대전 당시에도 의과대학은 단기 과정이라서, 박사 학위를 소지한 전문의가 아닌 4년의 학업 과정만 마친 '인도차이나인 의사'를 양성했다. 그 밖의 다른 고등교육기관에서도 하급 간부를 양성하는 데 머물렀다.

물론 프랑스로 유학을 갈 수 있도록 허가를 받은 학생도 극소수였다. 프랑스 국적을 취득하는 것도 무척 까다로웠고(1939년에 300건), 설령 프랑스인으로 귀화했더라도 프랑스 국민이라면 누구나 누릴 수 있는 권리를 모두 부여받지 못했다. 공무원 사회에서 자격증 보유자도 임금과 승진에서 차별을 받았는데, 이는 프랑스에서 학위를 취득해도 마찬가지였다.

승진 문제에서 가장 명백하고 충격적인 불평등 사례는 프랑스군에 소속된

---

46) P. Brocheux, *Hô Chi Minh*, Paris, 2000.

인도차이나인 장교에게서 찾아볼 수 있다. 이들 모두가 프랑스인으로 귀화하여 대다수가 1차 대전 때 쌓은 무공으로 훈장을 받았으나, 최고위 직급으로 승진하는 것은 원천적으로 차단되었다. 도 후 찬 중령의 사례는 매우 상징적이다. 이 장교는 오래전에 귀화한 가문 출신으로, 1913년 파리 고등군사연구원에서 학업을 이수하도록 허가해 달라고 요청했다. 그러나 당시 프랑스군 참모본부장이던 조프르 장군은 다음과 같은 사유로 요청을 기각했다. "그의 출신을 고려하여 판단하건대, 도 후 찬 중령은 군 최고위급으로 승진할 수 없다. 이런 조건에서 고등 군사 교육과정을 이수하게 하는 것은 불필요한 일이다."[47] 인종적 위계와 직업적 위계의 조화로운 공존이 불가능한 시대였다.

지금까지 살펴본 바와 같이, 토착민과 유럽인 사이의 위상과 사회적 처우의 격차는 '백인'의 지배권 보장을 목표로 하는 '인종적 구분'이라는 사고에서 비롯된 것이었다. 1926년 총독 알렉상드르 바렌이 마치 미래의 일을 예견이라도 하듯이 본국의 식민성 장관에게 했던 말은, 번듯한 자리를 탐내는 '베트남인 제3신분'이 엄연히 존재하므로, 이들이 목소리를 높여 요구하는 게 보기 싫다면 차라리 너무 늦지 않게 그 자리를 줘 버리는 게 나을 거라는 경고의 메시지였다.

식민주의는 죽어 가면서도 결코 항복하지 않았다

소제목으로 쓴 위의 문장은 인도차이나에서 식민체제 말기의 상황을 설명한 것이다. 이렇듯 베트남인을 비롯한 여러 인도차이나의 민중은 프랑스 식민 지배자에게서 독립을 되찾기 위해 끝까지 치열한 투쟁을 벌어야 했다.

인도차이나에서 프랑스의 지배가 확실히 인정받은 적은 단 한 번도 없었다.

---

47) Colonel Rives, 프랑스군 소속 인도차이나인 장교에 관한 두 편의 글, in *Bulletin de l'Association nationale des anciens d'Indochine*, 1er et 2^{e} trim. 2000. 도 후 찬Do Huu Chanh의 사례는 예외적인 게 아니었다. 리브Rives 대령이 언급한 인도차이나 출신 장교 모두가 똑같은 장벽에 부딪쳤다.

식민정부가 거의 완벽하고 효율적인 감시와 억압 장치를 고안한 것은 바로 그 때문이었다. 인도차이나 치안국, 토착민 위병대, 토착민 식민 주둔군, 해병대, 유럽인 외인부대, 해군, 공군, 감옥과 유형지 등이 바로 그런 장치였다. 언론과 출판, 영화는 모두 검열 대상이 되었고, 집회와 조합의 결성도 금지되었다. 영장 없이 피의자를 구금할 수 있었으며, 구타부터 고문에 이르기까지 신체적 가혹행위가 일상적으로 행해졌다. 혼란기에는 특별 법정이 운영되었다.48)

1916~1926년은 비교적 안정된 시기였으나, 그 뒤에는 학생 사회(1926~1929년)와 지식인 사회에서 저항의 움직임이 되살아나 나중에는 전국으로 확산되었다. 대표적인 것으로 1928~1929년의 노동자 파업과 농민의 반조세 시위, 1930년 옌바이에서 일어난 토착민 주둔군의 반란, 1930~1931년 베트남 전역으로 확산된 농민 봉기가 있다(베트남 북부의 소비에트 농민운동이 그 가운데 가장 주목할 만한 사건이다).49)

그 다음으로는 1933년부터 코친차이나에서 스탈린-트로츠키주의 단체인 '투쟁'50)이 벌인 합법적인 활동이 있는데, 1936년에 프랑스 인민전선이 이를 계승하여 확대시켰다. 1936~1938년은 모든 프랑스 식민지에서 정치적·사회적 저항의 움직임이 가장 활발한 시기였다.51)

48) P. Morlat, *La Répression coloniale au Vietnam (1908-1940)*, Paris, 1990 ; Ngo Van, *Au pays de la cloche fêlée. Tribulations d'un Cochinchinois à i'époque coloniale*, Paris, 2000 ; P. Zinoman, *The Colonial Bastille. A History of Imprisonment in Vietnam, 1862-1940*, Berkeley, Cal., 2001.

49) P. Brocheux, "L'implantation du mouvement communiste en Indochine française : le cas du Nghe Tinh, 1930-1931," *Revue d'Histoire moderne et contemporaine*, 1er trim. 1977.
하노이 고등법원의 재판장 모르쉐M. Morché가 이끌었던 조사위원회의 기록에는 진압 작전으로 인한 희생자의 수가 명시되어 있지 않다. 그러나 프랑스 외인부대 사령관 랑베르Lambert가 "철저히 진압하고, 죽이고, 구금자의 수를 최소한으로 줄이라"는 구두 명령을 받았다고 진술한 것으로 미루어 보아, 희생자가 수백 명에 달했으리라고 추측할 수 있다. CAOM, Nouveau Fonds Indochine, 1597. (그런데 1930년 5월 1일부터 1931년 4월까지 폭동 가담자 수는 모두 합해도 수천 명에 이르진 않았다.)

50) '투쟁'이라는 단체는 잡지를 발간하고, 사이공 시의원 선거에도 참여했다.

51) D. Hémery, *Révolutionnaires vietnamiens et pouvoir colonial en Indochine. Communistes, trotskistes et nationalistes à Saïgon de 1932 à 1937*, Paris, 1975.

인도차이나공산당은 15,000명이 가담한 무장 폭동을 일으켜 1940년 코친차이나에서 마지막으로 저항의 불씨에 불을 지폈으나, 프랑스 육·해·공군이 연합하여 이를 분쇄했다. 공식적인 자료에는 반란자 106명이 처형되었다는 점만 기록되어 있을 뿐, 주민에게 경각심을 불러일으키려고 1941년 5월까지 시장이 서는 마을 광장에서 3~10명씩 집단 총살형에 처했다는 사실은 누락시켰다.

그 뒤에도 혹독한 진압 작전이 계속되어 (베트남 쪽의 주장에 따르면) 5,248명이 목숨을 잃고, 수천 명(프랑스 쪽은 5,848명, 베트남 쪽은 8,000명이라 주장한다)이 체포되어 1939년 (세롤 법령52)에 의거하여) 체포·구금되어 있던 사람과 함께 풀로 콘도르(지금의 콘손 섬), 선라, 라오바오 등의 유형지와 타라이 및 바토 수용소, 그리고 전국 각지의 감옥에 수용되거나 수감되었다.53)

2차 대전 초기 인도차이나는 안정기—무자비한 탄압 정책으로 강요된 평화였지만—를 맞고 있었다. 프랑스 식민 지배 체제는 프랑스의 국력과 경제적인 번영 및 무적의 군대라는 세 가지 요건을 전제로 하는 것이었다. 그렇지만 역사의 흐름은 바뀌고 있었다. 세계적인 대공황 때문에 프랑스의 국가 경제는 타격을 받았고, 계급투쟁 때문에 사회질서가 흔들리고 국민의 결속력에도 손상이 가기 시작했다. 그뿐만 아니라 프랑스 군대는 패배하여 본토가 독일군에게 점령을 당한다. 식민 지배자의 초라한 모습이 적나라하게 드러난 것이다.

1931년 5월에서 9월까지 동아시아에 조사차 파견된 식민군 감찰관 앙리 클로델 장군은 당시 상황을 이렇게 말했는데, 이는 앞날을 예견하는 듯한

---

52) 1939년 9월 26일에 공포된 세롤Sérol 법령으로 인도차이나 공산당과 그에 속한 조직들이 모두 해산되었다.

53) P. Brocheux, "L'occasion favorable, 1940-1945, Les forces politiques vietnamiennes pendant la Seconde Guerre mondiale," in *L'Indochine française 1940-1945*, P. Isoart (éd.), Paris, 1982, pp. 131-178. 프랑스 쪽의 공식 통계에 따르면, 유럽인은 사망자가 셋, 부상자가 셋이었고, 베트남인은 민병 대원과 지역 유지까지 합하여 30여 명이 사망했다.

통찰력 있는 경고였다.

그렇지만 사회운동은 억지로 막을 수 없습니다. 어떠한 장애물이 나타나도 뚫고 지나갈 테니까요. 군대가 눈에 보이는 무장된 적군을 물리칠 순 있겠지만, 사고를 바꿔 놓을 수도 사회를 개선시킬 수도 없습니다. 경찰도 사람을 체포하여 감금할 수 있지만, 그들의 사고마저 가둬 놓을 순 없습니다.[54]

1940년 이후 프랑스는 보호국의 역할을 다하지 못했다. 1941년 타이가 프랑스의 보호를 받던 소수 캄보디아인과 라오족의 영토 7만㎢를 점유하는 것을 보면서도 아무런 조처를 취하지 못했다. 또 일본은 일본군의 주둔과 군대에 필요한 물자 보급을 프랑스 식민정부에 요구했다.

1945년 3월 9일, 프랑스 식민 정권은 무너지고 프랑스군은 무장 해제되었다. 또 일본 점령군은 인도차이나의 토착민 군주에게 독립을 인정하고, 연합군에 항복했다. 이러한 일련의 사태가 벌어지면서 정치적인 공백이 생겼다. 베트남인은 이런 상황을 이용하여 1945년 9월 2일 베트남 민주공화국을 선포함으로써 독립국이 되었다.

그러나 프랑스는 이러한 상황을 용납하지 못하고, '인도차이나에서 프랑스의 지배권을 회복하고자' 했다. 이는 1940년에 겪었던 패배의 기억을 지워 버리고 다시 한 번 프랑스를 세계열강의 반열에 올려놓으려는 욕구에서 비롯된 것이었다. 그러나 1945년 당시 프랑스의 상황도, 또 전세계의 상황도 이를 허락하지 않았다.

프랑스 제4공화정(1947~1959)의 정치 지도자가 인도차이나반도를 앞으로 9년 동안이나 지속될 참혹한 전쟁으로 몰아넣은 것은 무지와 오만함 때문이었다. 사람들 기억 속에 각인될 만큼 충격적인 최초의 사건은, 1946년 11월

---

54) CAOM, NF Indo 2328.

프랑스 해군과 공군이 자행한 하이퐁 폭격이다. 이때 6천 명이 넘는 민간인이 목숨을 잃었는데, 프랑스 쪽에서는 희생자가 6백 명쯤이었다고 주장했다(설령 그렇다고 하더라도 프랑스의 군사 행동이 엄청난 피해를 야기했다는 점은 부인하지 못할 것이다).

어쨌든 1945년 10월 이후, 전쟁은 코친차이나 지역을 초토화시켰다. 전쟁이 끝났을 때 프랑스군의 사망자는 만 명 이하였던 반면, 베트남의 전사자는 3~4만 명에 달했다. 민간인 사망자까지 합하면, 희생자는 40~50만 명에 육박했다.

1991년의 부다렐 사건은 당시 프랑스군 포로에게 가해진 부당한 처우를 다시 한 번 상기시키는 계기가 되었다. 이때 프랑스 원정군 소속의 포로 및 실종자의 명단과 이들이 어떻게 되었는지 알려 달라는 프랑스 쪽의 요구에 대해, 보포르 장군이 자신의 견해를 써넣은 서신(1955년 3월 11일자)이 공개되었다. 그 가운데 일부를 인용하면 다음과 같다.

> 상호주의에 따라 …… 우리도 상대방 포로의 명단을 공개해야 하는데 …… 이는 우리를 곤란하고 난처한 입장으로 몰아넣을 우려가 있습니다. 상대방 포로 명단에는 수용소에서 사망한 포로 4,500명 이상의 이름이 포함되어 있기 때문입니다. …… 공식적인 자료를 가지고 산정해 보면, 사망하거나 처형당한 인도차이나인 전쟁 포로의 수가 모두 9,000명을 상회할 것으로 추정됩니다.[55]

전쟁은 1950년부터, 특히 북부 지역에서 국제법의 교전 법규를 벗어난 양상으로 전개되었다. 북부뿐만 아니라 도처에서 전쟁은 게릴라전과 이에 대한 토벌

---

55) 보포르Beaufort 장군은 제네바협정 국제감시위원회의 활동을 돕기 위해 파견된 프랑스군 책임자였다. 편지는 보나푸Bonnafous 대령이 작성한 미출간 박사 학위논문 292쪽에서 인용했다. Bonnafous, *Les Prisonniers de guerre du corps expéditionnaire français en Extrême-Orient dans les camps Viêt-minh, 1945-1954*, université de Montpellier-III, 1985.

작전의 형태로 나타났는데, 이런 상황은 민간인마저 전쟁의 소용돌이로 몰아넣어 엄청난 피해를 겪게 했다. 이런 형태의 분쟁에서 해당지역 주민은 자발적이건 아니건 전쟁 세력에 연루되기 마련이다. 마찬가지로 당시 인도차이나에서는 '소탕 작전' 또는 '토벌 작전,' 구금, 인질 납치, 고문, 약식 처형, 학살, '세뇌'가 일상적으로 행해졌는데, 여성이나 어린이라고 해도 여기서 제외되지 않았다.

그밖에도 약탈, 무장 탈취, 강간 등 군인에 의한 범죄행위가 만연했는데, 일반 주민이 그 피해자였다.[56] 이처럼 인도차이나 전쟁은 전쟁 상황에서 야기될 수 있는 모든 폐해를 양산했지만, 식민지라는 상황은 프랑스군 병사에 의한 인종주의 성격의 멸시와 범죄행위를 용인했다. 이 '추악한 전쟁'에서 '베트남놈을 쳐부수자,' '낙nhac('농민'을 뜻하는 베트남어 나크의 줄임말)을 끝장내 버리자,' '유색인을 박멸하자' 등의 구호가 난무하는 등 상황은 극한으로 치달았다.

인도차이나 전쟁이 '냉전 시기에 뜨거운 전선'으로 변모하면서, 프랑스는 식민 전쟁을 일으켰다는 비난에서 벗어날 구실을 찾을 수 있었다(적어도 주요 동맹국인 미국에게는). 프랑스는 인도차이나 전쟁을 국제 공산주의에 대항하는 '자유 세계'의 최전방으로 바꿔 놓았고, 이를 위해 '민족주의란 맞불'을 지폈다. 하지만 '바오 다이'라는 카드를 활용하여 지배권을 유지하려는 계획은 쉽게 이루어지지 않았고, 그러는 동안 프랑스의 지배권은 와해되기 시작했다. 프랑스의 이러한 행태 때문에 베트남 민족주의자가 프랑스 편에 서기를 망설였다. 캄보디아 국왕 노로돔 시아누크가 '모든 것에서 손을 떼겠다'는 프랑스 정부의 무책임을 간파하고 나서, '독립을 위한 십자군 원정'에 나서고자 1953년에 프놈펜을 떠난 것도 바로 그 때문이었다.

---

56) 1947년 4월 23일 프랑스의 식민지 고등판무관 볼라르Bollaert는 프랑스 원정군의 모든 직급의 지휘관들에게 비밀 훈령을 통보했는데, 이는 집단적이건 개인적이건 프랑스군이 자행한 범죄행위에 관한 것이었다. "이러한 범죄행위는 곧바로 중단되어야 한다." 그는 상급 지휘관들까지 연루되어 있다는 점을 명시했다. CAOM, fonds Conseiller politique, 139.

결론

프랑스 아카데미 회원이자 베트남-통킹 지역의 총지사였던 폴 베르[1833~
1886. 프랑스의 생리학자, 정치가]는 프랑스가 '문명화와 진보의 비밀'을 가지고
있다고 말하면서, 앞으로 "상인과 기업가 …… 부와 자원을 창출하는 사람으로
넘쳐 나는 식민지, (또한) 식민 지배자와 피지배자가 함께 일하는 자유 시민의
영토가 될 것"이라는 낙관적인 전망을 제시했다.57)

뒤이어 부임한 총독들의 사고도 다르지 않았다. 1905~1906년에 폴 보는
지적 근대화가 경제적 식민화의 밑거름이 될 거라고 주장했고, 1917년 알베르
사로는 "우리의 식민지를 경제 강국으로 성장시켜, 이들과 함께 공동 번영의
길로 나아갈 것"이라는 눈부신 전망으로 사람을 현혹시켰다. 1925년 급진적
사회주의자 알렉상드르 바렌이 총독으로 임명됨으로써 진보주의적 개혁에
대한 인도차이나인의 희망(아니면 환상?)을 되살리는 듯했다.

이처럼 프랑스 제3공화정의 고위 정치 지도자가 연설에서 제시한 눈부신
미래를 약속하는 전망은 그 뒤 어떻게 되었을까? 프랑스 식민화 사업의 갖가지
이상과 긍정적인 의도에 대한 천명은 그 뒤에도 계속해서 되풀이되었다. 그러나
이것은 지배와 수탈이라는 현실을 지워 버리지는 못했으며, 위생이나 교육에
관한 담론이나 행동 역시 그런 현실을 보완해 주지 못했다.

호 찌 민은 베트남 민주공화국의 독립 선언문에서 1789년 프랑스가 채택한
'인간과 시민의 권리 선언'을 위반했다는 점을 지적했다. 또한 프랑스의 작가
장 타르디외는 군사적 정복이야말로 프랑스 식민통치가 지닌 원죄이므로,
프랑스 국민의 개인적인 행동으로 속죄할 수 있는 게 아니라고 말했다.

---

57) 1886년 3월 28일에 행한 연설. *Le Progrès saïgonnais*, 1886년 4월 1일자에서 인용.

…… 베트남인 친구에게 신뢰감을 얻으려고 내가 아무리 친절하고 호의적이고 상냥하게 군다 해도, 내가 그들의 땅을 정복하고 그들의 재산을 수탈한 국민의 한 사람이란 사실을 잊게 할 순 없을 겁니다.[58]

장 폴 사르트르는 알제리에 관해 쓴 글에서 '식민주의가 체제'[59]라는 사실을 강조했다. 그 체제의 성격은 두 가지인데, 첫 번째는 본국의 금융 및 산업 분야의 자본주의 활동(자본주의적 이익집단을 지원하는 일에 정부가 적극 개입한다는 매우 프랑스다운 현상까지 포함하여)을 식민지에 이식해 놓았다는 점이다. 어느 베트남인은 프랑스인 관리에게 이렇게 썼다.

…… 아무리 대단한 선의를 가지고 있다 해도, 정부 부서의 책임자(이를테면 당신 같은)나 총독 같은 관리이, 프랑스나 인도차이나에서 절대적인 지위에 있으면서 프랑스인과 베트남인 프롤레타리아 계층을 정치·경제·사회·개인적으로 예속화시키는 강력한 금융 및 수탈 세력 전반을 개선시킨다는 것은 절대로 불가능한 일입니다.[60]

글쓴이는 사회적 관계라는 마르크스주의 관점에 기댐으로써, 식민주의의 억압과 자본주의의 억압을 구분 짓는 어떤 요소를 간과하고 있다. 유럽인 프롤레타리아가 자신과 마찬가지로 억압에 시달리는 식민지 민중과 연대해야 한다는 사고에 무관심한 것도 바로 그 점 때문이었다.

식민주의의 억압과 자본주의의 억압을 구분 짓는 요소가 바로 식민체제의 두 번째 성격으로서, 식민 지배자와 피지배자 사이의 관계를 악화시키는 인종주

---

58) *Lettre de* ……; op. cit., pp. 13-15.

59) *Les Temps modernes*, 123, 1956, pp. 1372-1386.

60) 1927년 5월 15일, 학교 교사인 응웬 반 바가 베트남 치안국 책임자 소니Sogny에게 보낸 편지, CAOM, fonds SLOTFOM, III, carton 39, dossier 838.

의 이념이 그것이다. 이 중요한 사실은 드골이 측근 가운데 한 사람과 알제리인에
관해 이야기하는 동안에도 잠시 언급된 바 있다. "굴욕 …… 알제리인이 겪었을
굴욕감을 잊어선 안 됩니다. ……"61)

61) 이 문제에 관해서는 어느 베트남 여성이 쓴 회고록이 많은 도움이 될 것이다. 저자는 사이공에
있던 가톨릭 계열의 여학교(Couvent des Oiseaux. 프랑스식 교육기관이었다)에서 학업을 마친
엘리트 여성으로서, 프랑스인에게 차별과 멸시를 당한 뒤 민족 해방 투쟁에 합류했다. Xuân
Phuong, *Ao dai*, Paris, Plon, 2001.

| 부록 |

베트남인 노동자의 비참한 상황[*]

이 글은 인도차이나의 정치 감찰관이었던 M. D.(D모 씨)가 1928년에 작성한 보고서의 일부분으로, 프랑스에서도 발간된 베트남 정기간행물 『라 레쥐렉시옹 *La Résurrection*』에 발표되었다.

『라 레쥐렉시옹』 3호(2호는 발매 금지되었다)에 다음과 같은 제목으로 실렸다.

'사디즘인가? 야만인가?'

가혹행위와 체벌 — 플랜테이션의 십장인, 23세의 벨기에인 M. V.라는 사람이 인력 관리를 총괄하고 있었다. 그런데 쿨리 노동자가 M. V.(특히 이 사람의 폭력성을 강조했다) 및 그 휘하에 있는 감시인이 자행한 폭력 행위에 항의하는 호소문이 접수되었다. ……

3월 27일과 28일 미못 지역의 여러 플랜테이션에서 조사가 이루어지는

---

[*] Félicien Challaye, *Un livre noir du colonialisme*[식민주의 흑서], "식민화에 대한 기억," Paris, Les Nuits rouges, 1998, pp. 162-165에서 인용.

동안, 제출된 신고서를 근거로 다음과 같은 몇 가지 사실을 유추할 수 있었다.

1) 12명의 쿨리에게 각각 20대씩 등나무 채찍으로 체벌을 가한 사건 —
3월 21일, 아침 점호를 마친 뒤인 4시 30분에서 5시 사이에, 농장을 탈영했다가
붙잡힌 12명의 쿨리가 미못 지역 노동조합의 책임자인 M. d'U.의 명령에
따라 감시인에게 각각 20대씩 매질을 당했다. M. V.는 자신은 명령에 따랐을
뿐이며, 탈영자에게는 20대씩 채찍질이 가해진다는 것을 사전에 경고한 바
있다고 진술했다.

이 사실은 M. d'U.가 3월 26일에 작성한 진술서에서 확인되었다. 내가
이 사실을 안 것은 M. V.의 증언을 통해서다. 조사 당시 쿨리 노동자의 증언
내용에는 이 사실이 누락되어 있었다.

2) M. V.가 레 반 타오라는 쿨리에게 쇠심줄로 된 채찍으로 26대를 때린
사건 — 위의 집단 체벌이 가해진 날 밤, 3명의 통킹 출신 쿨리가 탈영했다.
그 가운데 후옌 캇 장(하이즈엉성省), 쿠통 출신 649번 쿨리인 33세의 레 반
타오만이 붙잡혔다. 그는 통킹에 남아 있는 아내와 세 아이에게 보낼 생활비를
벌려고 농장에서 일했다.

그는 곧 붙잡혔고, 밤 11시쯤 작업반장 한 사람과 두 명의 감시인이 그를
M. V.에게 데려왔다. 노동조합장 M. d'U.의 관사 건물에 있는 방에 거주하고
있던 M. V.는 레 반 타오를 베란다 기둥에 묶으라고 명령했다. 두 팔로 기둥을
감싸 안게 하고, 손목에는 수갑을 채우도록 했다(농장 관리사무소를 수색한
결과 많은 수의 수갑이 나왔다). 레 반 타오는 그 자세로 밤을 꼬박 지새웠다.
다음날인 3월 22일 새벽, M. V.는 손목에 수갑을 채운 레 반 타오를 아침
점호를 위해 수용소 앞 광장에 모여 있던 쿨리 노동자 앞으로 데려갔다.

그는 레 반 타오가 소속된 팀의 작업반장에게 다리를 붙잡으라고 명령하고, 신원이 확인되지 않은 ─쿨리 가운데 아무도 그가 누구인지 가르쳐주지 않았다 ─ 다른 베트남인에게는 팔을 붙잡으라고 명령했다. 레 반 타오를 비롯한 여러 쿨리(645번 티엔 칸, 642번 반 틴, 그밖에 16명의 증인)의 진술 내용을 종합하면, 레 반 타오는 지면에서 20cm 정도 높이에 매달려 있었고, 바지는 벗겨져 있었던 것 같다.

날이 밝기 전이라서 석유램프를 켜고 체벌이 행해졌다. 레 반 타오는 그 자세로 M. V.에게 직접 쇠심줄 채찍으로 26대를 맞았다. 채찍질은 피부에 상처를 냈는데, 3월 27일 내가 직접 그 쿨리 노동자의 몸을 확인해 보니 상처에 염증이 생겨 곪아터져 있었다(첨부된 의사 진단서를 참고하시오). 그러고는 상처를 치료하지도 않은 채 레 반 타오를 일터로 보냈다. 구타가 가해지는 동안 다리를 붙잡았던 것으로 확인된 작업반장 레 반 토안은, 자신도 여러 차례 매질을 당한 적이 있기에 M. V.의 명령에 복종하지 않을 수 없었다고 진술했다.

M. V.는 레 반 타오와 관련된 모든 사실을 인정했다. 단 한 가지, 고소인과 18인의 증인이 이구동성으로 26대의 채찍질이 가해졌다고 진술한 반면, 그는 20대를 때렸다고 주장했다. ……

3) M. V.가 세 명의 여성(한 명은 임신한 상태였다)과 쿨리 한 사람에게 채찍질로 체벌을 가한 사건 ─ 3월 25일 하루 일과가 끝날 무렵, '동'이라는 마을에서 2~3㎞쯤 떨어진 공사장에서 작업하던 인부들에게 식수를 공급하는 일을 맡은 쿨리 한 사람이 지쳐 쓰러지는 바람에 식수가 동이 난 적이 있었다. 그래서 인부 가운데 몇몇이 너무 목이 말라서 작업을 잠깐 중단하고 물을 마시러 작업장을 이탈했다.

이들은 길을 가다가 맞은편에서 걸어오던 M. V.와 마주쳤고, M. V.는 이들을 붙잡아 공사장으로 데려갔다. 간단한 조사를 마친 뒤, M. V.는 물을 마시러 가도 좋다고 허가를 받고 작업장을 이탈한 사람은 풀어 주었다. 그리고 세 명의 여성(간호사가 되려고 콤퐁솜 병원에서 견습 과정을 밟고 있는 응웬 반의 아내인 21세의 번호 9번 응웬 티 트엉, 임신 6개월째의 30세 미망인 번호 1021번의 응웬 티 리엔, 세 아이의 어머니인 36세 여성 응웬 티 논)과 312번 노동자인 19세의 미혼 남성 응웬 반 티를 체포했다.

M. V.는 네 사람에게 바닥에 엎드리라고 명령했고, 이들은 곧바로 실행했다. 전신줄로 손잡이를 감은 엄지손가락 굵기의 등나무 채찍으로 M. V.가 직접 매질했다. 가장 나이 어린 여성부터 차례대로 세 사람의 엉덩이와 허리에 매질했다. 이 여성들은 각각 10대씩 매질을 당했다.

마침내 청년 응웬 반 티 차례가 되자, M. V.는 채찍 끝으로 바지를 벗으라는 신호를 보냈고, 쿨리 청년은 명령에 따랐다. M. V.는 청년의 엉덩이를 20대 때렸다. 여성 노동자에 비해 체벌이 가중된 까닭은, 앞서 그가 물을 마시러 가도 좋다고 허가를 받았는지 물어보면서 만일 거짓 증언을 하면 가중처벌('두 배'로)을 내리겠다는 조건을 달았는데, 그의 대답이 거짓으로 드러나는 바람에 약속대로 실행한 것뿐이라고 해명했다.

그런데 M. V.는 여성 노동자에게는 3대씩, 응웬 반 티는 10대를 때렸다고 주장했다. 그러나 진단서에 따르면, 여성들은 최소 10대씩 맞은 게 틀림없고(이는 피해 당사자의 진술과 일치한다), 응웬 반 티는 진단을 담당한 의사가 육안으로는 지름 1.5cm짜리 피하일혈이 10군데만 보이나, 가로 2.5cm 세로 5cm 크기의 열상이 관찰된 것으로 보아 꽤 많은 채찍질이 가해졌을 것이란 소견서를 제출했다. 여성에게 최소 10대씩 채찍질했다는 진단이 내려졌으므로, M. V. 자신이 인정한 대로 '두 배'의 체벌이 내려졌다면 피해자 응웬 반 티의 주장대로 20대였을 가능성이 크다는 결론을 내릴 수 있었다.

게다가 체벌 현장에 있었던 식수 운반 담당 쿨리 타오 반 차(261번)와 작업반장 응웬 반 붓(183번)도, M. V.가 가한 채찍질 횟수는 고소인의 진술이 옳다고 증언했다. 고소인 가운데 세 사람, 곧 응웬 반 티, 응웬 티 논, 응웬 티 리엔은 M. V.가 쇠로 감싼 채찍 끝부분으로 매질했을 뿐만 아니라, 전신줄로 휘감은 손잡이로 때리려고 채찍 끝부분을 잡고 매질했다고 주장했다.

베트남 : 한 세기에 걸친 민족주의 투쟁

알랭 뤼시오

프랑스 식민주의는 종종 일관성이 결여되었다는 평가를 받지만, 사실은 시간적으로나 공간적으로 놀라운 연속성을 보여주었다. 그 놀라운 연속성이란 프랑스 식민주의를 관통하는 일종의 중심축, 곧 열대지방에서 우리 프랑스인이 성공적으로 이룬 팍스 프란시아[프랑스의 지배에 의한 평화]가 여러 사람을 암흑에서 벗어나게 하고, 예전에는 역사도 전통도 문화도 없던 그 나라들에게 미래에 대한 새로운 지평을 열어 주었다는(적어도 이 점에 있어 우리의 공로를 인정하지 않을 수 없을 것이다) 프랑스 국민의 확고한 신조다.

다시 말해 식민지 백성(당시 '토착민'이라 불리던)도 배은망덕한 자들이 아니라면, 우리가 그 땅에 존재함으로써 오늘날의 평화가 보장되고 미래의 진보가 약속된다는 점을 부인하지 못할 것이라는 것이다.[1] 그럼에도 불구하고 오늘날 저항의 움직임이 관찰되는 것은 외세에 사주를 받은 주동자—또는 외세 그 자체—가, 우리가 이루어 놓은 조화로운 질서를 위협함으로써 무언가를 얻으려

---

1) 이 점에 대해서는 식민시대 프랑스인의 사고방식에 관해 필자가 쓴 다음 책을 참고하기 바란다. Alain Ruscio, *Le Credo de l'homme blanc*, Bruxelles, Éditions Complexe, 1996, 신판 2002.

는 불순한 의도를 갖고 있기 때문이라는 것이다.[2]

인도차이나의 경우 프랑스가 수상쩍은 외국 세력으로 지목한 대상으로는, 통킹 지역을 정복하던 시기에는 중국의 역대 왕조, 러일전쟁에서 일본이 승리한 뒤로는 일본이라는 교란 세력, 양차 세계대전 기간에는 국제 공산주의(코민테른) 주동자 …… 그 뒤 2차 대전의 종결과 함께 찾아온 급격한 역사적 변동기에는 1945년의 일본군 탈영병 …… 마지막으로 1949년 이후에는 중국 공산주의자가 있었다.

식민지 민중을 선동하는 주체가 외국 세력이 아닌 경우에는 위선적이고 교활한 만다린(베트남 고위 관리), 비밀결사 조직의 회원, 그리고 20세기에 이르러서는 베트남인 볼셰비키와 지하 혁명가 같은 내부 세력이 주동자로 지목되었다.

어휘 사용도 저항의 움직임이 전국적이라는 현실을 부정하고 은닉하는 데 동원되었다. '폭도'나 '해적'이라는 단어가 민족주의 투쟁의 시기였던 한 세기 동안 줄곧 숱하게 사용되었다. 다분히 신비주의적인 뉘앙스를 풍기는 표현은 그밖에도 많다. 흑기군黑旗軍[청불전쟁(1884~1885) 당시 인도차이나 통킹에서 활약한 중국 농민군. 1867년에 조직, 1885년에 소멸되었다]에서 그로부터 70여 년이 지난 뒤에 나타난 '베트민'이라는 표현에 이르기까지, 정치적인 담론이나 언론에서 어휘를 어떻게 사용했는지 심도 있는 연구가 이루어져야 할 것이다.

'베트남'이나 '베트남인人'이라는 단어도 프랑스 식민통치 시기 내내 공식적인 담론에서 사라졌다가, 비로소 인도차이나 전쟁이 끝나기 3~4년 전에야 나타났다. 역사의 모순이었을까? 그렇게 추방되었던 단어들이 귀환한 것은,

---

2) 이러한 사고는 지금까지도 그 흔적이 남아 있다. 아쉐트Hachette 출판사에서 나온 『프랑스어 사전』 1988년 판본에도 '반란 또는 반도叛徒'를 뜻하는 rébellion이란 단어의 용법을 설명하는 용례로 "외국인이 반란 세력을 무장시켰다(L'étranger arme la rébellion)"라는 문장이 인용되어 있다.

민족주의 운동을 진압하려던 프랑스의 움직임 덕분이었다.

그렇지만 1950년대 프랑스의 보수주의 언론에서 쓰던 '베트남'이라는 단어는 바오 다이(保大)라는 인물을 중심으로 프랑스의 도움으로(부분적으로는) 설립된 나라를 가리키고, '베트남인'이라는 말은 과거 식민지였던 나라의 선량한 백성, 곧 우리 프랑스인이 인정한 백성만을 가리켰다. 이 편향적인 역사 기술─이는 지금까지도 간혹 관찰된다─에서는, 당연히 식민지 주민이라는 역사의 주체는 망각될 수밖에 없다. 민족주의자는 물론, 그보다도 백인의 지배를 결코 인정한 적이 없는 민중 말이다.

제1차 저항운동 : 근왕운동

최초의 병합 지역인 코친차이나 정복 시기(1859년)부터 다양한 형태의 저항 움직임이 출현했다. 먼저 베트남 고위 관리의 주도로 이루어진 항거가 꾸준히 나타났다. 그밖에도 미토 지역의 저항운동과, 푸까오 등지에서 결연한 의지를 가지고 활동했던 농민(일명 맹호猛虎라 불림), 또는 1861년 12월 포함砲艦 에스페랑스호에 불을 질러 프랑스 해군 17명의 목숨을 잃게 한 응웬 쫑 쭉이 있었다. 프랑스의 초기 정복사업에 대항하여 베트남인이 벌인 폭동의 목록은 꽤 길다(1867년의 빈롱 폭동, 1868년 라츠지아 폭동, 1872년 밴쩨 및 트라빈 폭동, 1873년 롱쑤옌 폭동, 1878년 미토 지역 폭동 등등).

베트남과 통킹 지역 정복 시기에도 마찬가지였다. 그러나 프랑스 제3공화정은 3만 명의 인력과 통킹 출신의 토착민 보병 6,500명을 징발했다. 이들에 맞서 프랑스의 식민화 사업에 저항한 사람은 땅 한 뙈기도 가진 게 없어서 잃을 것도 없었던 가난한 농민뿐만이 아니었다. 규모나 자산 면에서 이미 상당한 수준에 도달한 가톨릭 공동체를 제외하고, 베트남 주민 거의 모두가 저항운동에 참여했다. 1885년 7월에 베트남 황제 함 응이를 중심으로, 국방대신 똔 텃 투옛을 비롯한 측근이 무장투쟁의 길로 들어섰다는 사실이 이를 반증한다. 바로 이때부터 저항의 물결이 전국으로 퍼져 나갔다.

이 시기의 저항운동은 '껀브엉勤王 운동'(왕에게 충성을 다한다는 뜻)이라는 베트남식 이름으로 베트남 역사에 편입된다. 이것은 베트남 구체제의 이념과 사회의 위계질서를 존중한다는 사고를 기반으로, 전통 및 군주에 대한 충성심을 기치로 내세우며 벌인 저항운동이었다.3)

그러나 이것은 어디까지나 대중적인 저항운동으로, 1885년 7월 13일에 공포된 함 응이 황제의 대국민 호소문에 이 점이 잘 드러나 있었다.

부덕한 우리는 시국에 제대로 대처하지 못했습니다. 권좌를 지키지 못하고, 수도를 적군에게 넘겨주고 말았습니다. 모든 잘못에 대한 책임은 우리에게 있으며, 따라서 한없는 부끄러움을 느낍니다. 그렇지만 우리를 이어주는 결속력마저 잃어버리진 않았습니다. 관리는 지위 고하를 막론하고 우리를 포기하지 않을 것입니다. 나라의 인재는 앞으로 우리가 나아갈 바를 설계한 계획서를 제공할 것이고, 힘이 센 자는 우리를 위해 그 힘을 쓸 것이며, 부자는 군대를 유지하는 데 쓰도록 재산을 기부할 것입니다. 우리 동포 모두가 위험을 두려워하지 않고 단결할 것입니다. ……4)

그로부터 두 달 만에 베트남 전역이 혼란의 소용돌이에 휩싸인다. 봉건적 성격의 군주를 중심으로 한 저항운동은 20세기의 게릴라전 양상을 띠었다. 배달꾼이 프랑스 원정군의 포위망을 뚫고 곳곳을 돌아다니며, 마을마다 국왕의

---

3) Charles Fourniau, *Les Contacts franco-vietnamiens en Annam et au Tonkin de 1885 à 1896*, thèse de doctorat d'État, université de Provence, Aix-en-Provence, 1983. 다음 제목으로 출간. *Annam-Tonkin, 1885-1896. Lettrés et paysans vietnamiens face à la conquête coloniale*, Paris, L'Harmattan, 1989.
4) 위의 책에서 C. Fourniau 인용.

칙령(근왕령)을 배포했다. 마을에서는 '딘'(베트남 전통 사회에서 마을의 수호신을 모시는 사당으로 공공 집회의 장소로도 쓰였다)이라는 성소에서 마을 회의가 열렸다. 베트남 제국의 깃발이 빽빽하게 들어선 공터 한가운데에 제단이 설치되었다. 옻칠을 한 함 위에 놓인 국왕의 칙령을 마을 원로가 소리 내어 읽었다. 분위기는 점점 더 고조되어, 모두 적을 물리치기 위한 투쟁에 동참하겠노라고 선서했다. 그러고는 당장 쓸 수 있는 무기를 모아들이고, 곧 무기 제작에 착수했다.

신속하게 군대가 조직되었다. 대부분의 경우 즉석에서 편성된 군대였지만, 군대의 위계질서도 서서히 자리를 잡았다. 그런데 '게릴라'라는 말이 생기기도 전에 나타난 이 독특한 유형의 '병사'는, 적군이 가까이 다가오면 곧바로 본 모습대로 온순한 농부나 시골 선비가 되었다. 이들에게서 유격대원의 모습은 전혀 찾아볼 수 없었다. 남딘 지방을 관장하던 어느 프랑스인 지사는 1885년 12월에 이렇게 말했다.

솔직히 말해서 '해적(폭도)'이라 부를 수 있는 자들은 우두머리와 이들을 추종하는 극소수뿐이다. 유격대의 일반 병사는 지역의 각 마을에서 충원된 자로서, 이들에 대한 우두머리의 권위는 거의 절대적이다. 프랑스군이 도착했다고 해도 유격대의 활동은 적극성을 띠지 않는다. 해당 지역을 교란시킴으로써 우리 프랑스군을 동요시키는 게 이 특별한 군대 조직의 주요 목적이기 때문이다. 얼굴이 알려진 우두머리와 추종자들이 도피하고 나면, 지역에는 유격대의 중심 병력과 하급 간부만 남는데, 이들은 우리가 일상적으로 대면하는 마을의 평범한 농부다. 간단히 말하면, 베트남에는 지역마다 일종의 잠재 조직이 존재한다. 프랑스 군대가 그 지역에 주둔할 경우, 마을 주민 속으로 섞여 들어가 아무런 흔적도 남기지 않는 은밀한 조직 말이다.[5]

---

5) 남딘 지방의 지사 구앵Gouin. 위의 책에서 C. Fourniau 인용.

"병사는 마치 물속의 고기처럼 인민 속에 있다"라는 마오쩌둥의 그 유명한 경구를 베트남 유격대원이 앞서 실천하고 있었던 것은 아닐까?

그러나 이들의 저항운동은 실패로 끝난다. 프랑스군과 전면전을 벌이는 중대한 실수를 범했기 때문이다. 1886년 12월부터 1887년 1월 사이 바딘 요새가 함락되었다. 1888년 11월 함 응이 황제가 체포되자,[6] 이 무장 단체는 더 어려운 상황에 빠졌다. 그 뒤 판 딘 풍이 함 응이 황제를 대신하여 중부 지역에서 투쟁을 이끌었는데, 이는 1895년 그가 전투에서 목숨을 잃을 때까지 계속되었다. 이처럼 한 사람씩 우두머리를 잃어 가고, 그에 따라 미래에 대한 전망까지 상실하면서 껀브엉 운동에 가담한 사람 가운데 마지막 생존자마저 사방으로 흩어졌다. 이렇게 되자 베트남과 통킹 지역의 평정은 완수된 것이나 마찬가지였다.

그러나 때는 이미 1895년, 프랑스군이 베트남에서 첫 번째 총성을 울린 지도 40년 가까이 흘렀다. 따라서 프랑스군의 희생도 클 수밖에 없었다(전사자만 수천 명에 달했다). 베트남 남부에서 수행된 군사작전으로 초기 원정군 소속의 병사 2천여 명이 목숨을 잃고,[7] 중부와 북부에서는 가장 참혹했던 해인 1885년 한 해에만 5천 명이 전사했다.[8] 양쪽의 군사력 차이를 고려한다면, 저항 투쟁이 얼마나 끈질기고 악착같았는지 쉽게 짐작할 수 있게 하는 수치다. 베트남의 로빈 후드라 할 수 있는 인물인 호앙 호아 탐(데 탐이라고도 한다)은 외부와 고립된 채 독자적으로 무장투쟁을 이끌었다. 그는 1913년 추종자에게 암살을 당할 때까지 계속 투쟁한다!

그런데 베트남인의 저항운동을 단순한 해적 행위(약탈 행위)로 간주하던

---

6) 함 응이 황제는 결국 북아프리카의 알제로 유배되었다. 식민지의 거추장스러운 민족주의자를 다른 지역의 식민지로 추방하는 것은 프랑스 식민주의의 꾸준한 관행이었다.

7) Paul Isoart, *Le Phénomène national vietnamien. De l'indépendance unitaire à l'indépendance fractionnée*, Libr. générale de droit et de jurisprudence, Paris, 1961.

8) C. Fourniau, op. cit.

프랑스 정부 당국자가 현실을 직시하기 시작했다. 그것이 비록 식민 질서를 뒤흔들어 놓을 만큼 위협적인 게 아니더라도, 저항적 성격의 무장투쟁이 끈질기게 지속된다는 점이야말로 그 명백한 신호였다. 그 당시 가장 탁월하게 현실을 인식한 관찰자였던 아돌프 콩바네르는 1910년에 이렇게 썼다.

오랫동안 토착민과 더불어 생활한 경험을 바탕으로 통킹 지역을 잘 안다고 자부하는 사람이라면 누구나, 데 탐이라는 인물이 외세의 지배에 대한 분노와 저항 정신을 대변하는 살아 있는 상징이라는 주장에 동의할 것이다.[9]

1888년에 이미 프랑스인 지사 네이레Neyret도 당시 상황에 대해 매우 정확한 진단을 내린 바 있었다. "베트남인 무장 단체가 일개 강도단에 불과하다면, 벌써 오래 전에 사라졌을 것이다." 그리고는 이를 다른 역사적 사실과 비교했는데, 이 역시 타당한 지적이었다. "베트남인의 해적 행위는 이탈리아의 카르보나리 운동과 견줄 만하다."[10]

어찌됐든 20세기가 시작되고, 베트남에서 프랑스의 식민주의는 거의 완벽하게 자리 잡은 듯했다. 프랑스의 식민통치는 영원히 지속될 것 같았다. 프랑스인은 프랑스의 지배권을 당연한 사실로 받아들이고 있었다. 그러나 이제부터 대결의 무대가 군사 분야에서 정치 분야로 전이되었을 뿐, 달라진 건 아무것도 없었다.

---

9) Adolphe Combanaire, *Mensonges et vautours coloniaux. L'Indochine en déliquescence*, Paris, Jouve et Cie, 1910.

10) "Rapport sur la situation dans la province de Hai Duong," 18 juin 1888 ; 인용 Charles Fourniau, "Les Les traditions de la lutte nationale au Vietnam. L'insurrection des lettrés(1885-1895)," *La Pensée*, février 1966.

제2차 저항운동 : 민족주의적 근대주의

여러 비밀결사 조직이 지하에서 활동을 벌였다. 이들은 특히 외국의 사례를 관찰하고 연구했다. 1905년 러일전쟁에서 일본의 승리, 1911년 중국에서 공화주의 혁명의 승리와 같은 사건은 아시아 전역에 엄청난 파급효과를 남겼다. 또한 프랑스 계몽주의 시대의 인도주의 사상이 아시아 지역으로 침투했다는 점도 중요한 사실이었다. 역설적이게도 프랑스의 탁월한 민주주의 전통의 계승자를 자처하던 프랑스 제3공화정은, 그러한 움직임을 억압하느라 고심하는 처지가 되었다. 『사회계약론』, 『법의 정신』 같은 책이 한문 번역본으로 베트남에 소개되었다.

20세기 초 20여 년 동안 베트남 해방운동을 이끈 가장 중요한 인물은 판 보이 쩌우潘佩珠였다.[11] 그는 뛰어난 학자이며 경험이 풍부한 인물이었는데, 일본에서 많은 영향을 받았다. 그는 도쿄에 머물며 강력한 메시지를 담은 팸플릿 『해외에서 쓴 혈서』를 작성하여 동포에게 자신의 생각을 전했다. 1906년에는 베트남의 근대화를 위한 단체인 두이탄호이維新會를 조직한다.

두 시대 사이의 과도기적 인물이었던 판 보이 쩌우는 끄엉 데疆柢 공公으로 상징되는 베트남 왕정을 프랑스의 보호권에서 벗어나게 하여 복원시켜야 한다고 주장하는 동시에, 일본식 근대 헌법을 제정해야 한다고 생각했다. 판 보이 쩌우와 끄엉 데 공은 도쿄에 머물면서 비밀리에 프랑스 식민 지배에 대항하는 다양한 활동을 벌였다(가령 1908년 하노이 독살 음모).

그러나 일본은 이들 베트남 이민 첫 세대에게 실망감을 안겨 주었다. 프랑스 금융계에서 차관을 얻고자 했던 일본 정부가 판 보이 쩌우와 끄엉 데 공을 추방한 것이다. 광둥으로 건너간 판 보이 쩌우는 중국에서 새로이 탄생한

---

11) Georges Boudarel, "Phan Boi Chau et la société vietnamienne de son temps," revue *France-Asie-Asia*, no 199, 4ᵉ trimestre, 1969.

공화정 체제를 목격하고, 그 뒤 점차 왕정 복원 계획을 포기하고 공화주의로 방향을 전환한다.

이후 1912년 그는 '베트남 재건을 목표로 한다'는 이름의 새로운 단체(베트남 광복회)를 결성했다. 그 뒤 사이공과 하노이에서 연이어 폭탄 테러가 일어나고, 식민 지배 세력에 협조적인 베트남인 유력자에 대한 암살 사건이 터진다. 1차 대전이 일어나기 전까지, 이 단체는 프랑스 식민 당국의 주요 경계 대상이었다. 판 보이 쩌우는 피의자 참석 없이 진행된 재판에서 사형을 선고받았다.

판 보이 쩌우 다음으로 20세기 초의 베트남 민족주의 사상가로 꼽히는 인물은 판 쭈 찐潘周槙이다. 그의 행동과 사상은 판 보이 쩌우와 크게 달랐다.12) 그는 확고한 근대주의자로서, 구시대의 중국식 관료 체제와 군주제에 반대했다. 18세기 프랑스 계몽주의 철학자의 저서를 탐독했던(한문 번역서로) 그는, 베트남에 민주주의를 도입해야 한다고 주장했다. 그런 까닭에 프랑스 보호령 체제를 적대시하진 않았으나, 통치 방식을 수정하라고 요구했다. 그는 베트남의 경제 발전이야말로 베트남인의 각성을 위한 필수 조건이며, 사회 진보의 열쇠라고 말했다.

판 쭈 찐은 1907년 하노이에 통킹 응야 툭東京義塾이라는 학교를 설립했는데, 이때까지만 해도 프랑스 식민 당국은 수수방관하는 태도를 보였다. 수업은 베트남어, 한문, 프랑스어로 진행되었으며, 수업 내용도 전통적인 중국식 교육기관보다 훨씬 더 현대적이었다. 이 학교에서는 현대과학이나 정치경제학이 주요 교과목이었다. 이 근대식 교육기관은 베트남 사회에 큰 충격을 주었고, 이 학교에 입학하고자 하는 수천 명의 베트남 젊은이가 전국에서 몰려들었다.

겉으로는 평온해 보였지만 민족주의 정신의 새로운 표출임이 분명한 이러한 움직임은 곧 식민정부를 불안케 했다. 학교는 폐쇄되고, 판 쭈 찐은 저항운동을

---

12) Mme Cong Thi Nghia(일명 Thu Trang), *Contribution à l'étude de la vie et de l'œuvre de Phan Chau Trinh(1872-1926)*, thèse de IIIe cycle, université Paris-VII, 1978.

배후 조종한다는 혐의로 체포되어 풀로 콘도르 섬으로 유배되었다. 인권연맹 등의 노력으로 1911년에 사면·석방된 그는 프랑스로 건너갔다. 그는 프랑스에서도 계속 활동하다가, 또다시 1년 동안 상테 감옥에 감금되었다.

그러나 그는 점차 프랑스와 베트남이 협력해야 한다고 생각하기 시작했다. 이런 이유로 파리의 베트남 공동체의 젊은 애국 투사와 멀어지는데, 거기에는 응웬 아이 꾸옥이라는 젊은이도 있었다. 하지만 응웬 아이 꾸옥은 그 뒤에도 계속해서 판 쭈 찐과 가까이 지냈다. 사망하기 1년 전인 1925년에 판 쭈 찐은 이렇게 선언했다.

우리가 아시아에서 생존하고 발전하려면 절대적으로 자금력이 필요합니다. 그런데 우리에게 재정 지원을 제공할 수 있는 나라는 프랑스뿐입니다. 프랑스도 동아시아에서 패권을 유지하려면 절대적으로 우리의 협조가 필요합니다. 우리 두 나라가 단결하면 모든 것을 이룰 수 있지만, 단독으로는 아무 것도 이룰 수 없습니다.[13]

이처럼 판 쭈 찐의 사고에서 극단주의적 요소는 전혀 찾아볼 수 없었다. 마침내 그는 고국으로 돌아왔으나, 1926년 병으로 사망했다. 그의 장례식을 계기로 베트남 젊은이의 시위가 이어졌다. 베트남 젊은이는 베트남과 프랑스의 제휴를 역설한 인물이 아닌, 희생정신이 투철한 강직하고 청렴한 인물을 애도했다. 이들의 움직임을 예의 주시하던 프랑스 식민 당국은 시위 참가자는 체포하고, 강제로 퇴학시켰다.

프랑스 식민주의는 가장 보수주의적인 집단의 영향을 받았던 까닭에 온건한 베트남 민족주의와 허심탄회하게 대화하여 스스로를 개혁할 수 있었던 최초의 기회를 놓친 것이 아닐까? 과연 스스로를 개혁하려는 의지가 있었을까, 아니면

---

13) 위의 책에서 Thu Trang 인용.

그런 의지조차 없었던 걸까?

베트남 민족주의 정당인 베트남국민당은 좀 더 급진적인 노선을 채택한다. 실제로 이 정당의 이념과 행동 방식은 모델로 삼은 중국 국민당과 거의 비슷하다. 1927년 젊은 학교 교사 응웬 타이 혹의 주도로 결성된 베트남국민당(역시 비밀 조직이었다)은, 광범위하게 테러 활동을 전개하여 식민체제를 불안정하게 하는 것을 목표로 삼았다.

1929년 2월 9일, 인력충원 총괄사무소의 책임자인 바쟁이라는 프랑스 관리가 암살을 당하는 사건이 벌어졌다. 이것은 매우 상징성이 큰 사건이었다. 당시 부당하고 폭력적인 토착민의 노동력 징발은 매우 흔한 일이었다. 이에 곧바로 베트남국민당이 암살 주도 세력으로 지목되어, 당원들이 체포·투옥되었다. 응웬 타이 혹은 도피 생활을 하면서도 활동을 멈추지 않고, 더 폭넓은 저항운동으로 나아가기로 결심한다. 1930년 2월 9일 밤, 베트남 북부의 중국 접경지대에 있는 작은 도시인 옌바이의 주둔 수비대가 폭동을 일으켜, 프랑스군 지휘관 몇 사람을 살해하는 일이 벌어졌다. 그러나 베트남국민당 지도자들의 기대와 달리(사실 이들은 일반 민중을 대상으로 대대적인 캠페인을 벌인 적도 없었다. 아직 조직 체계도 제대로 정비되지 못한 터라 그럴 만한 수단도 없었다), 옌바이 봉기는 파급력을 갖지 못했다. 이를 지원하는 외부의 움직임이 전혀 없었던 것이다.

하지만 그 결과 베트남국민당은 식민 당국의 폭력적이고 철저한 탄압 대상이 되었다. 옌바이 봉기에 가담한 병사는 처형되고, 프랑스 식민 당국은 반란자 가운데 일부가 피신해 있던 코암이란 마을을 공중 폭격하라고 명령을 내렸다.

그 뒤에는 일련의 소송이 이어졌다. 1,086명의 피의자가 재판을 받았는데, 그 가운데 80명이 사형 선고를 받고 383명이 강제 유배되었다. …… 응웬 타이 혹도 체포되어 처형되었다. 이렇게 하여 비非공산주의 성향의 베트남 민족주의의 중심축이었던 베트남국민당은 구심점을 잃었다. 목숨을 부지한 지도자 몇 사람은 중국으로 도피했다. 이처럼 극소수 잔존 세력만이 산발적으로 활동했을 뿐, 베트남국민당은 그후로 재기하지 못했다.

제3차 저항운동 : 공산주의적 급진주의

그러나 역사의 새로운 주인공이 무대에 등장했는데, 베트남 공산주의가 그것이다. 베트남 공산주의를 상징하는 인물은 본명이 응웬 떳 타인이고, 이후 응웬 아이 꾸옥이라 불리다가 나중에는 호 찌 민이라는 이름으로 널리 알려진 인물이다.

응웬 떳 타인은 1890년 5월 19일, 식민시대 베트남에서 가장 가난한 지역의 하나였던 응에안성省 호앙쭈 지방의 낌리엔이라는 마을에서 태어났다. 그는 애국적인 선비 가문 출신이었다. 그의 외종조부는 데 탐이 이끌던 반프랑스 유격대에 가담한 적 있었고, 역시 선비였던 그의 부친 응웬 신 삭도 반식민주의 투쟁에 참여했다. 부친은 판 보이 쩌우의 친구였다. 앞으로 베트남 혁명운동 지도자가 될 응웬 떳 타인은, 이처럼 어렸을 때부터 저항운동가의 생생한 무용담과 민족 해방의 길을 모색하는 주위 어른의 기나긴 토론 같은 것을 지척에서 보고 들으며 성장했다.

그런데 당시 대부분의 베트남 젊은이와 달리 그는 유럽에 가고 싶어 했다. 적의 심장부로 가서 베트남 민족주의 운동이 실패한 까닭이 무엇인지, 유럽인이 우월한 이유가 무엇인지 알고 싶었다고 스스로 고백한 바 있다. 마침내 그는 프랑스 연합해운회사 소속의 선박 라투슈-트레빌호에서 일자리를 얻어낸다.

1911년 6월 5일, 그는 배 위에서 점점 멀어지는 사이공과 베트남 해안을 지켜보고 있었다. 1911년 7월 6일 마르세이유항에 도착하여, 그 뒤에는 프랑스 북부의 항구도시 르아브르 근처에 있는 생트-아드레스에서 잠시 머물렀다.

그런데 그는 이 시기에 프랑스와 가까워지고 싶다고 생각한 적이 없었을까? 아니면 프랑스에서 머물며 프랑스 사회가 어떻게 운영되는지 그 체제의 작동 방식을 낱낱이 파헤쳐 보겠다는 생각밖에 없었을까? 어쨌든 그는 1911년 9월 15일에 프랑스 식민 학교에 입학요청서를 제출했으나, 허가를 받진 못했다.

그는 1912년 말에 프랑스를 떠났다. 이때부터 세계의 현실을 보고 배우며 세계를 떠돌아다니는 생활이 시작되었는데, 이 시기의 경험은 나중에 그의 소중한 자산이 되었다. 그는 북아프리카와 사하라 이남의 블랙아프리카 지역을 돌아보면서 식민지 주민의 생활상을 직접 목격하고, 베트남의 가난한 농민의 상황과 비교해 보았다. 그 뒤에는 미국으로 건너가 뉴욕(할렘가의 흑인 모임에 참여하기도 했다)과 샌프란시스코 등지에서 얼마 동안 체류했다. 1차 대전 초기에는 런던에 머물렀다. 여기서 그는 나중에 '구국회'가 된 베트남 비밀단체인 해외 노동자 협회에 가입한다. 바로 이 시기에 20세 연상의 베트남 민족주의자 판 쭈 찐과 교분을 쌓기 시작했다.

그의 영향이었을까? 그는 1917년 프랑스로 돌아가 정착하기로 결심했다. 그는 파리에서 베트남 민족주의자와 매우 가깝게 지내고, 몇몇 프랑스인과도 친하게 지냈다. 당시 프랑스 사회당이었던 **SFIO** 소속의 운동가 미셸 제키니도 그 가운데 한 사람이었는데, 그는 투르 대회(1920년) 이전에도 호 찌 민을 잘 알고 있었다. 미셸 제키니는 젊은 시절 호 찌 민의 모습을 매우 감동적으로 그려냈다.

그 시절의 젊은 응웬 아이 꾸옥은 옷차림이 매우 초라한 젊은이였다. 나이를 가늠하기가 어려웠으며, 베트남인 치고는 키가 크고, 건강이 좋지 않아 보였다. 움푹 팬 뺨에 말라리아 환자처럼 안색이 창백했다. 그러나 영리하고 생기 넘치는 눈빛만큼은 매우 인상적이었다. 누구나 그를 단 한 번 만나기만 해도 그 젊은이가 범상치 않은 기질을 지녔으며, 그런 눈빛으로 먼 훗날 무언가를 이루리라는 것을

금방 알아차릴 수 있었다. …… 앞으로 호 찌 민이 될 이 젊은이는 얼굴에 금욕주의
적인 지고의 순수함으로 가득했고, 혁명에 대한 확고한 신념에 차 있어서 보는
이들을 매료시켰다.14)

1919년 무렵, 미래의 호 찌 민은 프랑스 식민주의에 대해 마지막 남은
환상마저 지워버린 것 같다. 그는 지금까지의 신중함을 모두 버리고, 과감한
행동으로 나아갈 준비를 했다. 이때부터 그는 여러 개의 유명한 이름 가운데
하나인 응웬 아이 꾸옥('애국자 응웬'이라는 뜻)이라는 이름을 쓴다. 그는 1915년
판 쭈 찐이 조직한 '베트남 애국자 연합'이라는 단체의 중심인물의 하나가
되어, 그 자격으로 '베트남 민족의 요구'라는 탄원서를 작성하고(작성자가 여럿이
었을 가능성도 있다) 서명하여 베르사유 평화회의(1919년)에 참석한 각국 대표단
에게 제출했다.

그러나 성과는 없었다. 그 초라한 베트남 청년을 위해 주최국의 심기를
불편하게 할 위험을 감수할 만한 대표단이 있을 리 없었기 때문이다. 응웬
아이 꾸옥과 그의 동료들은 크게 실망했다. 그렇지만 탄원서는 비밀리에 베트남
으로 전해져, 베트남 민족주의자에게 큰 주목을 받았다. 탄원서가 응웬 아이
꾸옥의 신화가 탄생하는 데 큰 역할을 한 셈이다.

젊은 애국 투사 응웬 아이 꾸옥은 프랑스의 정치 상황에도 관심이 많았다.
그는 유일하게 좌파가 자신에게 관심을 보였다는 이유로 프랑스 좌파와 가까워
졌다. 실제로 전국의 언론 매체 가운데 유일하게 공산주의 신문인 「위마니테」가
그의 글 "베트남 민족의 요구"를 실어 주었다.15) 응웬 아이 꾸옥은 1918년
사회주의 청년회에 가입했는데, 이는 먼 훗날 그를 극단적 급진주의로 인도하게
될 참여적 행동의 첫 걸음이었다.

---

14) 잡지 *Planete-Action*, 1970년 3월 호 찌 민 특별호.
15) *l'Humanité*, 1919년 6월 18일.

그 뒤의 이야기는 비교적 잘 알려져 있다. 1차 대전 직후 사회주의 진영을 뒤흔든 대대적인 논쟁이 벌어졌을 때, 응웬 아이 꾸옥은 제3인터내셔널을 지지하기로 결심했다. 그런데 이는 진지한 고민 끝에 내린 이념적 선택이 아니었다. 그는 나중에 이때의 상황에 대해 "당시 설왕설래하던 말에는 나의 이해 능력을 벗어나는 것이 많았다"고 고백한 바 있다.16)

그에게 가장 중요한 판단 기준은 다음과 같았다. 곧 '과연 어느 쪽이 조국의 해방 투쟁에 확고한 지원을 약속할까?' 응웬 아이 꾸옥은 레닌의 저작을 탐독하고 나서 확신을 가질 수 있었다. 공산주의자는 세계혁명을 약속함으로써 비범한 신입 회원 한 사람을 발탁할 수 있었던 것이다. 1920년 12월, 프랑스 투르에서 응웬 아이 꾸옥은 대다수의 프랑스 사회당 당원과 함께 새로운 인터내셔널에 찬성표를 행사했다. 혹시 응웬 아이 꾸옥이 SFIO의 낡은 관행이 신속하게(급진적으로) 변화되기를 기대했다면, 틀림없이 크게 실망했을 것이다. 프랑스 공산당은 창립 초기 몇 년 동안 여전히 급진적이고 철저한 반식민주 담론을 구사하지 않았으며, 리프 전쟁[1919~1926년 모로코의 리프족이 스페인에 대항하여 벌인 전투] 이후에야 비로소 이러한 성격의 담론을 채택했다.

그렇지만 응웬 아이 꾸옥은 「위마니테」나 「라 비 우브리에르」 같은 공산당 계열의 언론지에 기고할 수 있었다. 이뿐만 아니라 공산주의 모임에 자주 참석하고, 리브레리 뒤 트라바이 출판사에서는 『프랑스의 식민화에 대한 비판』이라는 그의 소책자를 출간해 주었다.17) 그러나 그게 전부였다. 이때부터 그는 세계혁명의 중심부로 다가가는 게 조국의 해방을 위해 투쟁할 수 있는 최선의 길이라고 확신하게 되었다. 그는 6년의 프랑스 생활을 청산하고, 파리를 떠나 모스크바로 향했다.

---

16) 쩐 단 티엔Tran Dan Tien(호 찌 민의 가명), "Nguyên Ai Quôc," in *L'Oncle Hô*, Hanoi, éd. Langues étrangères, 1979.

17) *Le Procès de la colonisation française*, Paris, 1925. 재판, Temps des Cerises, Paris, 1999. Alain Ruscio의 주석과 해설.

바로 그때 모스크바에서는 식민지 국가의 저항운동을 이끌 지도자를 양성하기 위한 강력한 활동에 착수하고 있었다. 모스크바라는 소비에트의 수도는 세계 각지에서 몰려든, 서구 세력에 적대적인 활동가들이 교류하던 국제도시였다. 응웬 아이 꾸옥도 그 가운데 한 사람이었다. 그의 볼셰비키적 신념은 확고했다. 그는 공산주의 혁명이 유럽보다 아시아에서 더 비옥한 땅을 찾을 것이라고 말했다. 또한 토지 공유 관행이 아주 오래전부터 존재했다는 사실에서도 알 수 있듯이, 아시아에 더 광범위한 평등 개념이 뿌리내리고 있다는 점을 지적하면서 '위대한 사상가인 공자'와 '그의 제자인 맹자'[18]를 인용하기도 했다. 1924년 내부적인 용도로 쓴 그의 글에서 그의 사상은 더욱 명백하게 드러난다.

마르크스는 어떤 역사철학에 기반하여 자신의 원칙을 수립했다. 그런데 그건 어떤 역사인가? 바로 유럽의 역사다. 그렇다면 유럽은 무엇인가? 유럽은 세계의 일부분일 뿐, 지구상의 모든 국가와 민족을 아우르는 것이 아니다.[19]

이 몇 마디 문구에 이미 호 찌 민의 사고가 모두 드러나 있다.

따라서 그가 동쪽으로 이동한 것은 너무도 당연한 결과다. 현상금이 걸린 수배자였던 터라 인도차이나에는 갈 수 없었다. 홍콩으로 건너간 호 찌 민은 그곳에서 베트남공산당을 창설한다(1930년 2월). 그런데 같은 해 10월 코민테른에서 인도차이나공산당으로 명칭을 바꾸라는 충고를 받는다. 여기에는 어떤 의도가 깔려 있었다. 소시민계급 민족주의라는 의혹이 베트남 공산주의자를 무겁게 짓누르고 있었던 것이다. 이러한 혐의는 인도차이나 전쟁 당시까지

---

18) 잡지 *La Revue communiste*, 1921년 5월호.

19) "Rapport sur le *Tonkin, l'Annam* et la *Cochinchine*," Moscou, 1924 ; 인용 Alain Ruscio, *Hô Chi Minh. Textes, 1914-1969*, Paris, L'Harmattan, 1990.

지속되었고, 스탈린도 글에서 자주 비슷한 의견을 피력한 바 있다.

그렇지만 베트남 공산주의자가 확고히 자리 잡고 최종 승리를 거둘 수 있었던 것은 그러한 애국주의적 성향 덕분이었다. 인터내셔널의 지시대로 이름은 고쳤으나 실제로는 명령에 불복하여 민족주의 성향을 간직한 것이, 오히려 베트남 혁명가들이 세계 공산주의를 위해 공헌한 부분 가운데 가장 중요한 몫이었다!

베트남공산당은 창설 초기부터 식민 권력과 대결을 벌였다. 1930년 5월부터, 전근대적인 즉흥적 농민 폭동과 조직화된 공산주의 운동, 이 두 가지 성격이 뒤섞인 농민 시위가 베트남 중부 응에틴의 여러 지방에서 일어났다. 응에틴은 예로부터 다혈질의 저항적 성격이 강한 지역이었다.

1930~1931년 이러한 움직임은 단순한 폭동 수준을 넘어섰고, 두 개의 성省이 일시에 반란자에게 완전히 장악되었다. 식민 당국 소속의 베트남 관리가 피신하거나 투항하고, 많은 사람이 학살당했다. 프랑스인도 한 사람씩 직위를 이탈했다. 농민은 인도차이나공산당의 지도를 받으며 벼 생산 체계를 재조직하고, 소비에트를 구성했다. 이 농민운동을 가리키는 응에틴 소비에트라는 명칭이 역사 속으로 진입하는 순간이었다.

마침내 프랑스 식민 당국은 이 움직임을 분쇄하기 위해 무자비한 탄압 —프랑스 외인부대의 참혹한 진압 작전, 공중 폭격, 반란자 수천 명을 체포하고 처형함—을 시작하고, 곧바로 인도차이나공산당을 주요 배후 세력으로 지목했다. 초대 총서기였던 쩐 푸는 1931년 3월에 체포되어, 9월 감옥에서 사망했다. 공산당의 세포조직도 하나씩 해체되고, 유배지였던 풀로 콘도르 섬은 정치범으로 넘쳤다. 이 시기에 반란에 가담했다는 혐의로 체포된 사람의 수는 만여 명에 이를 것이라고 추산한다.

그러나 이전의 민족주의 단체와 달리, 공산주의 조직은 완전히 소멸되지 않았다. 아마도 반식민주의 투쟁을 조직하는 방식이 달랐기 때문일 것이다. 베트남국민당은 베트남인의 머릿속에 깊이 뿌리박힌 도식, 곧 전통적인 비밀결사 조직에서 유래한 도식에 충실했다. "용기 있고 확고한 신념을 지닌 몇몇 투사가 매우 폭력적이고 직접적인 행동을 벌인다. 이러한 행동은 일반 민중을 '각성시키고,' 그들이 봉기하도록 유도하기 위한 것이다."

반면 공산주의자는 치밀한 조직망, 다시 말해 위의 경우처럼 은밀한 지하조직이지만 민중 속에 깊이 뿌리내린 조직망을 구축하려 했다. 게다가 인도차이나공산당은 민족주의적 열망(위에서도 지적했듯이 정통 공산주의 이념과 어느 정도 거리를 취했다는 점이 베트남 공산주의자의 특징적 요소라 할 수 있다)과 사회적 저항 의식을 변증법적으로 결합시킬 줄 알았던 세계 역사에서 유일한 정치 세력이었다. 이런 관점으로 볼 때, 창설 초기인 응에틴 소비에트 시절부터 인도차이나공산당의 활동에는 베트남 공산주의의 독특한 면모가 드러나고 있었다.

이 시기의 정황을 간단히 정리해 보자. 베트남국민당은 식민 당국의 탄압이 시작되자 1930년부터 완전히 활동 능력을 잃어버렸다. 그러나 인도차이나공산당은 그에 못지않게 혹독하고 광범위하게 탄압을 받았음에도 그 영향력을 완전히 잃어버리진 않았다. 게다가 프랑스의 정치 상황이 변하면서 이들에게 어느 정도 행동의 자유가 생겼다. 곧 1936년 프랑스의 총선에서 인민전선이 승리함에 따라, 식민지에서는 보기 드물게 베트남의 여러 정치 세력의 활동이 제한적이나마 보장되는 시기가 찾아온 것이다.

이때 인도차이나공산당은 트로츠키주의자(예를 들어 사이공의)와도 거리낌 없이 제휴했다. 이로써 '인도차이나 회의'라는 방대한 조직이 출범하고, 시위 참가자 수십만을 결집시켰다. 공산주의 운동가는 몇 달 동안 밖으로 나와 저항운동을 진두지휘함으로써, 도시 민중에 대한 강력한 영향력을 과시했다. 불과 몇 년 전 농민을 대상으로 했던 것처럼 말이다. 곧 탄압이 시작되었으나, 대세는 이미 판가름 나 있었다. 이때부터 공산주의가 지금까지의 민족주의 운동을 능가한다는 점이 기정사실화되었다. 이에 대해 피에르 브로쉐는 이렇게 자문한다.

1930~1931년이라는 짧은 전환기에 인도차이나공산당의 승리를 예감하고, 민족주의나 그 밖의 어떤 제3세력도 베트남 역사에 출현하여 뿌리내릴 가능성이 전혀 없다고 예측했다면, 그게 과연 섣부른 판단일까? 필자가 보기에 한 가지 분명한 것은 당시 1930년대 베트남에서 일어난 것은 공산주의와 민족주의의 결합, 다시 말해 두 흐름의 단순한 결집이 아닌 구조화 과정으로서, 이것은 오늘날까지도 계속 진행 중이다.[20]

실제로 상황 변화에 겁을 먹은 프랑스 정치 지도자들[21]은 2차 대전 직전에 동일한 현실 인식을 하고 있었다.

인도차이나 전쟁 : 결말

이제부터는 적당한 기회를 기다리는 것만 남아 있었다. 2차 대전이 그 기회를 만들어 냈다. 1941년에 응웬 아이 꾸옥은 30년의 망명 생활을 청산하고 베트남으

---

20) Pierre Brocheux, "Vietnam : le grand tournant de 1930," *L'Histoire*, no 69, 1984.
21) 이들 가운데 베트남 문제에 가장 정통했던 마리우스 무테Marius Moutet도 비슷한 입장을 취했다. 그는 식민 당국의 폭력성을 격렬하게 비판하고 개혁을 주장했으나, 누구 못지않게 프랑스의 인도차이나 점유를 적극 지지했다. 인민전선 내각의 식민성장관이 되고 나서는 인도차이나의 공산주의를 주적으로 간주했다. 다음 책을 보시오. Daniel Hémery, *Révolutionnaires vietnamiens et pouvoir colonial en Indochine. Communistes, trotskistes, nationalistes à Saigon de 1932 à 1937*, Paris, Maspero, 1975.

로 돌아왔다. 그리고 다음해 호 찌 민이라는 이름을 쓰기 시작한다. 당시 베트남은 프랑스와 일본에게 이중의 지배를 받고 있었다.

호 찌 민은 인도차이나공산당의 재정비 작업에 착수했다. 창설 초기 몇 년 동안의 활동 주역 가운데 대다수가 사망하거나 구금된 터라, 친위대 성격의 젊은 운동가들이 그를 도왔다(팜 반 동, 보 응웬 지압, 쯔엉 친 등). 그러나 이때부터 가장 앞에 등장한 것이 인도차이나공산당은 아니었다. 호 찌 민이 베트남독립동 맹(베트민)이라는 새로운 민족전선 조직을 결성한 것이다.

1945년 3월 프랑스 식민체제가 붕괴되고, 같은 해 8월 새로운 지배 세력이었 던 일본이 항복하자 마침내 적당한 기회가 찾아온다. 이러한 호기를 낚아챌 수 있는 세력은 베트남 공산주의자뿐이었다. 베트남의 나머지 정치 세력은 국민에게 신망을 잃었거나(프랑스 협력자 또는 잠시나마 친일을 한 바오 다이 중심의 후에 궁정 세력), 지리적으로 멀리 벗어나 있었다(15년 전부터 중국에서 망명 생활을 하고 있던 베트남국민당의 잔존 세력).

몇몇 프랑스 역사가의 주장과 달리, 1945년 8월 혁명은 쿠데타도, 능수능란한 베트남 공산주의자의 마키아벨리즘적 술책도 아니었다. 물론 대담하고 기회주 의적인 혁명가가 존재했다는 것은 분명한 사실이다. 또한 베트민은 민족주의자 나 트로츠키주의자 같은 정적을 무자비하게 숙청했다. 그렇다고 해서 베트민이 아무런 반응이나 정치적 의견도 없는 민중을 일방적으로 조종했다고 말할 수 있을까? 만일 그런 주장을 한다면, 앞에서도 강조했던 중요한 사실, 곧 식민 질서에 대한 베트남 국민의 저항 의식이 소멸된 적이 단 한 번도 없었다는 사실을 망각한 처사다.

그동안 베트남인의 저항 의식은 다양한 형태로 표출되었다. 베트남인은 때를 기다리고 있었다. 1945년 8월 혁명을 분석할 때 자주 사용되는 '적당한 기회'라는 개념은 베트민이 만든 게 아니다. 그것은 오래전부터 줄곧 베트남

국민 모두의 의식 속 깊이 자리 잡고 있었다. 1945년 당시의 베트남인을 가장 잘 아는 프랑스인이라 할 수 있는 폴 뮈는, 이 주제에 관한 탁월하고 통찰력 있는 저서를 남겼다.[22]

실제로 프랑스의 식민통치가 베트남 국민에게 인정을 받았던 적은 한 번도 없었다. 이들에게 프랑스 식민통치는 과도기적 현상일 뿐이었다. 그 시기가 얼마나 지속될 것인가? 몇 년? 몇 십 년? 한 세기? 그건 상관이 없었다. 언젠가 반드시 끝날 것이기 때문이다. 결국 1945년 프랑스는 패배했고, 베트남 독립의 쟁취는 단절이 아니라 정상적이고 자연스러운 질서로의 회귀, 곧 순리를 회복한 것일 뿐이었다.

혹시 이러한 주장에 대한 근거가 더 필요하다면, 그 뒤에 일어난 전쟁에서 찾을 수 있다. 평화롭게 해결하기 위한 노력이 수포로 돌아가자, 1946년 11~12월 프랑스와 베트남 민주공화국은 충돌했다. 이전 세기의 상황과는 정반대로, 프랑스 원정군은 뤼시앙 보다르의 말처럼 서서히 침몰했다. 1946년부터 1949년까지 외부와 완전히 단절되었던 베트민 무장 단체는, 동맹 세력인 사회주의 세계로부터 전혀 원조를 받지 못했다. 그런데도 월등한 화력의 프랑스 원정군은 베트민 무장 세력을 절멸시키지 못했다.

1949년 이후 사회주의 세계와 지리적으로 연결되고, 중국에서 대대적으로 원조를 받게 되었다는 사실은 프랑스군에게 치명적이었다. 이때부터 게임은 끝난 거나 마찬가지였다. 프랑스에서는 극소수의 통찰력 있는 인물만이 사태를 파악하고 있었다. 아무튼 이들은 그렇게 말하고 글을 썼다.

---

22) Paul Mus, *Vietnam, sociologie d'une guerre*, Paris, Le Seuil, 1952.

돌이킬 수 없는 탈식민화의 현실

베트남의 민족주의자 가운데 가장 온건한 판 쭈 찐은 1913년 어느 프랑스 기자에게 이렇게 말했다.

> 베트남인과 우호적인 관계를 유지하는 게 프랑스에게도 이익이 된다고 생각하지 않나요? 프랑스인에게 교육을 받은 베트남 백성이 언젠가 독립을 되찾게 되었을 때 우리가 독립으로 나아가는 데 도움을 주고 자진해서 자주권을 넘겨주었다면, 앞으로도 프랑스는 우리 땅에서 이권을 유지하고 우리의 친구이자 동맹국으로 남아 있을 겁니다. 당신에게 진정으로 이익이 되는 게 무엇인지 분명히 인식한다면, 당신이 지금 당장 해야 할 게 무엇인지 분명해집니다. 베트남 백성이 요구하는 개혁을 실천하십시오.[23)

프랑스 사법 당국은 이런 사고를 지닌 사람을 풀로 콘도르 섬으로 강제 유배하고, 파리의 상테 감옥에 가둬 버렸다.

식민체제의 경직성, 어떠한 변화도 용납하지 못하는 태도, 온건한 베트남 민족주의자와 대화조차 하지 않았다는 사실 같은 요소가 상황을 궁지로 몰아넣었다. 식민체제에 대한 신중한 개혁을 시도했더라면, 프랑스 식민주의가 디엔비엔푸라는 황량한 분지에서 우리 모두가 잘 알고 있는 그런 방식으로 끝나진 않았을 것이다. 물론 폭력적인 형태로든, 아니면 평화적인 형태로든 프랑스 식민주의가 조만간에 틀림없이 종결되었을 테지만 말이다.

두 나라의 결별은 필연적인 결과였다. 그것이 언제부터 시작되었을까? 프랑스가 정복사업에 착수하는 순간부터 이미 시작되었던 것은 아닐까?

---

23) 오제Fernand Hauser와의 인터뷰, 1913년 5월 3일자 *Le Journal*. Thu Trang의 같은 책에서 인용.

강간과 살인자 편에 선 영화 :
엘리아 카잔의 '두 방문자'(1972년)

『식민주의 흑서』라는 제목의 이 책에 자료로 인용할 만한 영화, 말하자면 베트남에서 자행된 만행과 횡포를 정당화하는 영화 작품은 찾아보기가 쉽지 않다. 프랑스에서 제작된 영화를 예로 들면, 피에르 쉔도르퍼의 영화 속 인물은 자신의 행동을 정당화하기보다, 전쟁터에서 전사했거나 살아남은 자들이 보여 준 강직함과 정의로움을 옹호할 뿐이다('317 소대'[1964년], '어느 대위의 명예'[1982년], '디엔비엔푸'[1992년]).

이 영화들에서 식민주의는 스토리가 전개되는 배경이나 틀로 쓰였을 뿐이고, 전쟁 자체보다는 개별적인 전투에 초점이 맞춰져 있다. 따라서 전쟁의 동기는 아예 관심 밖이다. 반면 레오 조아농의 작품 '광인의 요새'(1963년)에서는 식민 전쟁에서 사용된 최악의 방식을 정당화하고 있으며, 그로 인한 폭력성이 클로드 샤브롤의 '도살자'(1969년)에서 살짝 암시된다.

그런데 중요한 것은 지금까지 30여 년 동안 (적어도 프랑스 관객에게는) 인도차이나 전쟁에 대한 이미지가 미국의 베트남 전쟁이란 이미지에 가려져 있었다는 사실이다. 베트남 전쟁이 알제리 전쟁마저 어느 정도 은폐시키고 있다는 느낌이 들 정도다! 수많은 관객을 끌어 모았던 영화 작품으로 프랜시스 포드 코폴라 감독의 '지옥의 묵시록'(1979년 제작, 프랑스 관객 수 60만), 마이클 치미노의 '디어 헌터'(1979년)가 있었다. 개봉 당시 이 장편영화들이 불러일으켰던 사회적 반향과 영화에서 묘사된 인간의 광기와 상황의 폭력성 같은 요소도 전쟁을 야기한 정치적인 제반 여건, 더 나아가 식민화의 폐해를 잊어버리게 했다.

베트남에서 저질러진 폭력과 강간 행위에 대한 정치적 정당화의 흐름을 찾아보려면 적당한 영화가 한 편 있는데, 엘리아 카잔 감독의 '두 방문자'가 그것이다. 1972년에 제작된 이 작품에서 베트남은 영화에 등장하지 않는다. 미국 산악 지대의 외딴집이 그 배경이다. 하지만 베트남 전쟁과 전쟁 중에 저질러진 폭력 행위를 정당화하려는 의도가 치밀하고 박진감 넘치게 구성된 시나리오를 통해 조금씩 모습을 드러낸다.

한창 전쟁이 진행되는 중에 전쟁으로 인한 폭력이라는 주제를 꺼내 들었다는 점(프랑스의 경우, 인도차이나 전쟁 중에 누가 감히 그런 행동을 할 수 있었겠는가?)과 관객이 스스로를 '급진적' 평화주의자 또는 '히피'라 보아도 무방한 젊은 부부와 동일시하도록 유도하고 있다는 점에서 엘리아 카잔의 수완이 돋보인다. 젊은 부부는 아기를 데리고 아내의 아버지, 곧 장인의 집에 얹혀서 살고 있다. 젊은 아내는 남편에게 싫증을 내고 있던 참이었다. 아니면 남편이 베트남에서 돌아온 뒤에 순전히 부부만의 문제가 아닌 다른 요소가 부부 사이에 끼어 들었는지도……

어느 날 두 명의 손님이 찾아온다. 베트남 여인을 강간하고 살해하는 것을 보고, 분노를 참지 못하여 젊은 남편이 상관에게 고발한 바로 그자들이다. 그렇지만 이들이 도착하던 당시, 젊은 아내는 남편의 '친구'들이 어떤 사람인지 전혀 알지 못한다.

그자들이 오지까지 찾아온 목적은 너무도 분명하다. 관객은 방문객이 아기 주위를 배회하며 아기를 어르는 장면, 도통 사내답지 못한 사위보다는 씩씩하고 호기로운 두 방문자 가운데 한 사람 —백인— 을 마음에 들어하는 품이 역력한 장인, 허세 부리기 좋아하는 웨스턴 소설 작가인 장인에게 알랑거리는 모습을 보며 이야기가 비극으로 끝나리라 예감한다.

마침내 방문자는 자신을 고발한 자를 구타하고, 고발자는 꿋꿋이 저항하지만 역부족이다. 그 다음 방문객은 태연자약하게 고발자의 젊은 아내, 두 방문자 가운데 백인 하사에게 이미 반한 듯한 그 여인을 강간한다. 그때서야 비로소 젊은 아내는 그들이 누구인지, 과거에 무슨 짓을 저질렀는지, 무슨 까닭으로 여기에 찾아왔는지 자초지종을 알게 된다. 마지막으로 카메라는 그자의 요구에 순순히 응하는 그녀의 표정을 잡는다.

이 영화는 성적 충동이 이념이나 사상보다 훨씬 더 강하며, 좌파 성향의 젊은 여인이 자신의 신념과 어긋나는 자와 결합함으로써 자신의 신념을 포기한다는 것을 말하고 있다. 이렇게 영화는 은연중에 전쟁이라는 상황에서 벌어진 폭력 행위를 정당화한다.

엘리아 카잔이 반공산주의 투쟁에 가담했다는 사실도 이러한 추론을 뒷받침한다. 매카시즘 열풍이 불던 당시 엘리아 카잔은 소련에 우호적인 영화인을 고발했는데, 사실 이것은 그에게 윤리적 차원의 문제였다. 그런데 카잔이 비난했던 독소불가침조약이 체결될 당시, 바로 그 영화인이 카잔을 상대로 보이콧 운동을 벌였다는 사실은 비교적 덜 알려져 있다.

어찌됐든 이 영화는 강간을 정당화하고 학살자 편에 선 유일한 영화임에 틀림없다.

마르크 페로

베트남 : 전쟁의 또 다른 면모[*]

인도차이나 전쟁과 베트남 전쟁을 단순히 '공산주의 팽창에 대항하는 자유세계의 투쟁'으로만 볼 수 있을까? 또는 워싱턴, 모스크바, 파리, 하노이 당국이 서로 채택한 관점대로, 이 두 전쟁이 반동적 세력과 맞서 싸운 국제 혁명의 전형적인 사례, 말하자면 민족 해방 전쟁이었을까? 이러한 이념적 해석은 미국에 대해 의존적 태도를 취했다는 이유로 남쪽, 곧 사이공의 역할을 과소평가하는 결과를 낳았다. 남쪽 병력이 백만 명을 상회했는데도 말이다.

캄 티 도안 푸아송의 발표문은 국민 화합이라는 문제에 관한 공식적인 담론의 유효성에 의문을 제기하고, '남쪽 형제'와 '북쪽 형제'가 서로에게 어떤 이미지를 가지고 있는지를 소설 작품으로 보여주고 있다는 점에서 무척 흥미롭다.

소설 속에서 묘사된 연인 관계가 위의 질문에 대한 평가의 잣대 역할을

---

[*] Cam Thi Doan Poisson, "문학작품을 통해 본 베트남 전쟁 : 베트남 현대 소설 세 편에 나타난 적과의 사랑," 2002년 도쿄, 주일 프랑스 문화원에서 열린 학회의 발표문.

한다. 『덧없는 햇살처럼』, 『야만의 바람』, 『희생자』는 북쪽의 세 작가, 곧 여성 작가 한 사람과 남성 작가 두 사람이 쓴 소설 작품으로서 사랑 이야기를 다루고 있다. 로미오와 줄리엣의 고전적인 연인 유형에 속하는 소설 속의 연인은 모두 금지된 관계이자 은밀한 관계다.

이야기는 두 주인공 가운데 한 사람이 죽기 직전에, 마치 고해성사처럼 한밤중에 일어난다. 북쪽 주인공은 결국 현실에 굴복하고 남쪽 주인공은 모두 투옥되는데, 이는 북쪽이 우월하다는 강박관념을 지킬 수 있게 하는 장치일 것이다. 결혼에 이르는 커플은 하나도 없다. 이것 역시 검열을 회피하기 위한 작가의 술수가 아닐까(세 작품은 하나같이 비평가에게 호의적인 반응을 얻지 못했다)?

이 소설들은 남과 북의 대립이 베트남의 역사 속에 깊이 뿌리박힌 것으로서, 두 차례의 전쟁이 그것을 생생하게 되살려 놓았다는 점을 지적하는 것도 소홀히 하지 않는다. 그러면서 외세에 의한 두 차례의 전쟁 못지않게 치열한 양쪽의 대립을 극복할 수 있는 길은, 오직 이해와 사랑뿐이라고 말한다.

마르크 페로

카프카스 지역의 러시아인

클레르 무라디앙

소비에트연방의 해체는 매우 독보적이고 역설적인 방식으로 이루어졌다. 고르바초프의 직능을 정지시킬 목적으로 옐친은 소련 안에서 러시아의 주권을 선언했고, 이를 모델로 그 뒤 나머지 공화국도 동일한 행동으로 나아갔다는 점에서 그것은 러시아의 주도로 이루어진 '탈식민화'였다. 독립을 바랐건 바라지 않았건, 이 공화국은 모두 (러시아와의) 본격적인 전쟁을 한 번도 치르지 않고 법적·실제적인 독립국이 되었다.

체체니아, 곧 체첸공화국은 예외적인 사례였다. 실제로 소비에트 시대에 이루어진 제도 및 영토 차원의 구조 개편작업의 결과물이었던 체체니아는, 연방공화국이 아니라(그루지야, 아르메니아 같은 나라처럼) 러시아 연방에 속한 오래된 자치공화국이었다(타르타르스탄 자치공화국처럼). 독립적인 영토가 아니라 프랑스에 속한 세 개의 '지방'(데파르트망)으로 구성된 알제리(이러한 상황은 알제리의 독립을 더욱 어렵고 복잡하게 만들었다)와 비슷한 체첸공화국의 위상은 독립을 열망하는 체첸 주민의 의지를 무력화시켰다. 체첸공화국의 이러한 특징은 러시아인과 타민족 사이의 다양한 관계 양상 가운데 하나일 뿐이다.

러시아제국은 고전적인 여타 식민제국의 모습과 매우 다르다는 점에서 보는 이들을 당혹케 하고 정체성도 불분명한 식민 강국의 모습을 띠었다. 시대마다 다른 명칭—모스크바 대공국Moscovia, 제정러시아Rossiskaïa[1] Imperia, 소비에트 사회주의 공화국연방USSR—은 경계가 불분명하지만 정체성을 모색 중인 '본국'이라는 팽창주의적 국가보다는(고전적인 제국의 개념이다), 지리적이고 영토 국가적인 어떤 개념을 가리켰다.

따라서 역사적으로 가장 오래전에 탄생하고(16세기) 가장 오래 지속된 제국 가운데 하나, 다시 말해 숱한 왕조적·혁명적 위기와 두 차례의 세계대전을 겪으면서도 꿋꿋이 명맥을 유지한 러시아제국의 역사를 다시 기술해야 할 필요가 있다. 그것은 장구한 세월과 방대한 영토 안에서 펼쳐진 역사로서 여러 차례의 정치적 대격변, 또 역사를 거쳐 오는 동안 다양한 시간과 공간에서 실행되었던 매우 다양한 이념과 관행을 넘어서는 역사가 되어야 한다.

제국의 모든 구성원에게 합당한 위치를 부여하고, 중심부와 주변부 사이의 상호작용을 객관적이고 공정하게 평가하며, 러시아 쪽의 공식 자료뿐만 아니라 그보다 접근 가능성이 떨어지고 그 동안 소홀히 취급되었던 피정복 민족의 자료까지 동등하게 고려하는 역사를 말이다. 그러나 몇몇 예외적인 경우를 제외하고는,[2] 대개 이 제국의 다원론적 성격을 인정하면서도 러시아의 중앙

---

1) '영토적' 의미가 강한 러시아어 Rossiskaïa에는 '민족'이라는 의미가 강조된 러시아어 russkaïa에 담긴 '민족'의 의미가 내포되어 있지 않다.

2) 여러 연구서 가운데 특히, 안타깝게도 완성을 보지 못한 다음 저작을 참조하시오. Boris Nolde, *La Formation de l'Empire russe*, Paris, Institut d'Études slaves, 2 vol., 1952-1953. 그리고 최근에 출간된 다음 연구서도 참조하시오. Andrea Kappeler, *La Russie, Empire multiethnique*, Paris, Institut d'Études slaves, 1994. 20세기에 이르러 식민주의 사관이 확대되고 있던 당시, 소련에서는 모든 역사 기술을 국가가 관장했다. 혁명 직후 러시아의 구체제를 비판하는 데 초점을 맞췄던 1920년 대의 포크로프스키 역사학파를 제외하고, 소에비트 공식 역사학은 소련의 이미지를 자국 및 전세계에서 벌어진 반식민주의 투쟁의 챔피언으로 그려냈을 뿐만 아니라, 정복지 민중에게 '공산주의라는 찬란한 미래'로 나아갈 수 있는 계기를 마련해 줬다는 점에서 제정러시아를 주변의 '전제적인 동방국가'에 비해 '최소한의 악,' 더 나아가 '절대 선'으로 서서히 복권시켰다.

고문서보관소 및 연구소에서 이루어진 연구 가운데 대다수가 이 다민족 제국을 하나의 민족국가로 다루려는 경향을 보여준다. 따라서 제국의 팽창도 정복된 민족과의 관계가 아니라, 국제 관계라는 틀에서 고려될 뿐이다.

러시아제국의 지리적 형태는 '고전적인' 유럽의 식민제국과 확연히 다르다. 해외 식민지가 전혀 없기 때문이다. 해양으로의 출구 확보가 주요 목표 가운데 하나였던 러시아제국의 영토 확장 사업은, '천연적 국경이 없으며' 아직도 생성 중인 한 민족국가의 영토적 연속성이라는 틀 안에서 이루어졌다. 이러한 팽창사업과 동시에, 정복지 방어와 미개척지인 새로운 영토의 개발이라는 두 가지 목표를 달성하고자 주민 이주 정책을 추진했다. 그 결과 '경계선 없이 연속된' 그 방대한 제국 안에는 '본토 또는 본국'과 '식민지' 사이에 지리 및 인구 차원의 뚜렷한 구분이 없었고, 단순한 '정치권력의 소재지'를 넘어서는 '본국'이라는 개념 역시 부재하게 되었다.

서유럽의 경우와 달리 국가 건설이 완료된 이후에 제국이 형성된 게 아니라, 두 가지가 동시에 이루어졌다는 사실도 본국과 식민지 사이의 경계선을 불분명하게 만드는 요소였다. 근대국가의 최초 중심지였던 모스크바 대공국이 라이벌이던 다른 러시아 공국을, 다음으로는 당시 세력이 약화된 종주 세력인 몽골 군주를 압도하게 되었을 때부터 국가적 이상과 제국주의적 야심이 혼용되기 시작했다.

타타르인 이슬람교도였던 카잔칸국 군주와의 굴욕적인 조공 관계와 공납 의무에서 벗어난 이반 3세(1462~1505)는 스스로를 '전제군주'라 선언했다. 그리고 비잔틴제국 마지막 황제의 조카딸 소피아 팔레올로그와 혼인한 뒤에는 비잔틴제국의 전례와 세계 제국의 상징인 위엄 있는 쌍두독수리 문장을 채택한다. 그의 손자이자 뒷날 스탈린에게 칭송을 받았던 공포의 왕 이반 4세(1533~1584)가 대관식(1547년)에서 대공이라는 칭호 외에 차르(곧 고대 로마제국의 카이사르)라는 칭호를 공식적으로 채택했을 때, 표트르 대제가 실제로 황제라는 칭호를 채택하기 두 세기 전에 이미 제국주의의 의도가 명백하게 드러났다.

모스크바 국가는 당시 해체되고 있던 몽골의 골든 호르드, 곧 금장金帳칸국에서 완전히 벗어나는 동시에, 그것을 계승한 칸국—카잔(1552년), 아스트라칸(1556년), 시베리아(1584년)—과 이들의 속국을 (마치 유산을 상속받듯이) 병합하려 했다. 크리미아칸국이나 발트해 국가에 대한 공격은 실패로 끝났더라도(이 영토는 그로부터 두 세기가 지나서야 합병되었다), 러시아의 제국주의적 영토 확장과 국가 형성은 동시에 이루어져, 따로 분리하여 생각할 수 없을 만큼 동질적인 것이었다.

유럽과 아시아 두 대륙에 걸쳐 있는 러시아제국이라는 개념에는 두 가지 전통이 뚜렷이 각인되어 있으며, 두 요소가 통합되어 러시아제국의 정체성을 이루었다. 그 가운데 하나가 비잔틴 전통으로서 1453년 콘스탄티노플의 함락으로 러시아가 동방정교회의 계승자이자 수호자가 된 이래로 모스크바는 비잔틴 전통에서 중앙집권적 정치체제와 관료주의 및 메시아니즘까지 끌어다 자기 것으로 만들었다. 오스만투르크의 지배에 놓이게 된 콘스탄티노플 총대주교의 권위가 약화되는 것을 틈타 자치적인 독립 교구를 형성한3) 러시아정교회의 부추김에 고무된 모스크바는 이른바 '제3의 로마'를 자처했다.

다른 한편으로 러시아는 그리스도교로 개종하기를 꺼려하는 많은 이슬람교도를 거느린 유럽 최초의 국가였다. 러시아는 세계를 '백성'과 '적'이라는 이분법적 시각으로 파악하고 경계가 분명하지 않았던 유목민 몽골제국에서 유연한 통치 방식, 다시 말해 다양한 종파에 대한 어느 정도의 관용, 그리고

---

3) 1448년 모스크바의 대공 바실리 2세가 소집한 주교회의에서 콘스탄티노플 총대주교의 권위를 무시하고 독자적으로, 피렌체 연합[1439년 피렌체 종교회의에서 그리스정교회 성직자가 투르크의 위협을 고려하여 로마의 지원을 받고자 로마 가톨릭과 연합하기로 결정했다]을 거부하는 러시아인 수도대주교를 선출했다. 바로 이때부터 러시아 교회는 사실상의 자치권을 갖게 되었다. 1589년 모스크바 총대주교좌가 창설되면서 러시아 정교회의 자치권은 비로소 공식화되었다.

지역 통치자의 개인적인 충성심 및 공납을 기반으로 하는 속국과 그 백성에 대한 일종의 간접 통치 방식을 차용했다. 이러한 양면성과 실용적인 통치 방식도 러시아 국가의 실체를 파악하는 데 어려움을 가중시키는 요소이다.

러시아제국의 독자성은 정복된 영토의 위상에서도 나타난다. 그 영토는 대개 다른 제국의 변방 지역, 다시 말해 외부 세력의 침략과 점유가 빈번하고, 어느 정도 체계적이고 자치적인 정치체제를 갖추고 있으며, 다양한 민족과 종교가 혼재하는 지역이었다. 그 지역의 지배 계층 가운데 일부는, 예전에 다른 정복자와 그러했던 것처럼 당대의 지배 세력에게서 벗어나고자 또는 내적인 분쟁이나 왕위 계승 문제를 해결하고자 러시아인에게 도움을 청했다.

이러한 상황은 '러시아 영토의 통합'이라는 더욱 고전적인 주제와 연장선에 있는 '러시아와의 자발적 연합'이라는 신화를 탄생케 했다. 그 신화는 정복지의 왕족에 대한 포용[조직의 안정과 존속을 위해 외부의 잠재적 위협 세력을 조직 안으로 흡수하는 정책]이라는, 중세의 사고에서[4] 유래한 독특한 관행 덕분에[5] 더욱 공고해지는 듯했다.

다른 유럽 열강과 구분되는 러시아제국의 특성이 또 하나 있다. 정체성이 뚜렷하고 과거에 영광과 번영을 누렸던 '토착민'과 러시아제국의 정치적·문화적 발전 정도나 경제적·사회적 조건을 비교하면, 농민은 모두 농노제에, 귀족층은 국가에 예속되어 있던 러시아 식민제국이 오히려 식민지 국가보다 뒤떨어지는 경우가 많았다는 사실이다.

이 점은 러시아제국의 유럽 지역뿐만 아니라(폴란드, 발트해 국가), 여러 고대 문명의 교차로이자 비단길 같은 동서양을 잇는 교역로의 교차로였던 중앙아시

---

4) André Berelowitch, *La Hiérarchie des égaux. La noblesse russe d'Ancien Régime, XVIe-XVIIe siècle*, Paris, Le Seuil, 2001.

5) 이반 4세는 1561년 카바르디아 군주의 딸과 혼인함으로써 지역 군주의 후견인으로 특권적인 협상 파트너가 되었고, 경쟁관계에 있는 주변 국가와 분쟁이 일어나는 경우 군사적인 원조를 제공했다.

아 및 카프카스 지역에서도 마찬가지였다. 그 당시 러시아는 인구나 군사력 면에서 우위를 점하고 있었을 뿐, 촌스럽고 빈곤한 나라라는 러시아의 이미지는 대부분의 식민지 국가의 이미지에 비해 매우 초라했다.

16세기에 시작되어 20세기 말까지 계속된 이 특이한 제국의 형성 과정이라는 기나긴 역사를 통틀어, 방식이나 경제적·상업적 목표라는 차원과 해당 지역의 민중·사회·국가에 끼친 영향이란 차원에서, 서유럽 식민 열강의 정복사업과 가장 비슷한 경우(게다가 시기도 비슷하다)는 아마도 카프카스 지역6)과 중앙아시아에 대한 결코 쉽지 않았던 군사적 정복사업일 것이다. 이 경우는 '방어적 제국주의'라 규정될 수도 있다는 의견도 있다(마르크 라프Marc Raeff). 이는 정복지 주민의 '엑조티시즘' 때문일 수도 있다. 국력과 이미지 측면으로 볼 때, 실제로 바로 이곳에서 러시아인은 적어도 표트르 대제나 예카테리나 2세 시대까지 파리나 런던 사람의 러시아인에 대한 이미지, 곧 '아시아인' 콤플렉스에서 벗어날 수 있었다. 우크라이나, 폴란드, 발트해 지역을 정복함으로써 러시아는 지리적으로 이미 서유럽과 가까워져 있던 참이었다.

러시아인이 아시아에 정착하게 된 계기가 되었던 남쪽과 동쪽으로의 진출은 러시아인의 '유럽성'을 더욱 확고하게 했는데, 이는 오리엔탈리즘의 모든 특성을 변방 지역에 거주하는 진정한 '동양인'에게 전가시킬 수 있게 되었기 때문이

---

6) 카프카스 지역의 정복사업은, 카스피해에 면한 테레크강 하구에 최초의 러시아 요새가 건설된 시기부터 시작하여(1560년경) 카프카스 지역 저항 운동가 가운데 가장 유명한 인물 이맘 샤밀의 항복(1859년)에 이르기까지 무려 3세기에 걸쳐 이루어졌다. 지금도 진행 중인 체첸 전쟁까지 고려한다면, 거의 5세기 동안 지속되고 있다고도 말할 수 있다. 이 지역의 군사적 정복의 역사에 관해서는 다음을 참고하시오. J. F. Baddeley, *The Russian Conquest of the Caucasus*, London, 1908. 재판, Curzon, 1999 ; W. E. D. Allen, P. Muratoff, *Caucasian Battlefields : A History of the Wars on the Turco-Caucasian Border, 1828-1921*, Cambridge, Cambridge University Press, 1953.
카프카스 지역의 역사 전반에 관한 참고 자료는 다음과 같다. C. Mouradian, "Élements de bibliographie et de chronologie sur le Caucase entre les empires, XVIᵉ-XXᵉ siècle," *Slovo*(Inalco), vol. 18-19(*La Russie et Caucase*), 1999, pp. 235-304
그밖에 인터넷 상에서도 수많은 자료를 검색할 수 있다.

다. 그 결과 타자, 곧 '야만스럽고' '뒤떨어진' 토착민을 열등한 민족으로 보려는
사고가 나타났고, 그에 따라 문명화 사명에 관한 담론 또는 '산악 민족'이나
'유목민'이라는 '야만인'에 대한 인종 말살 정책의 타당성 주장이 나타나기
시작했다.[7]

오늘날에도 민족 사이의 분쟁이나 옛 소련 영토에서의 내전, 다시 말해
제국주의 권력이 무리하게 추진했던 행정구역 설정이나 국경 획정을 바로잡으
려고 벌어진 옛 식민지 국가 사이의 국경분쟁이나 이권 다툼 가운데 거의
대부분이 바로 이 카프카스 지역에서 일어났다. 마지막 식민 전쟁이라 할
수 있는 체첸 전쟁, 곧 러시아가 '헌정 질서'의 수호 또는 '이슬람주의자의
위협'이나 '마약 밀매자'에 대한 투쟁이라는 명분을 내세우며 '테러 집단'
또는 '폭력 조직'을 근절시키기 위한 '치안 작전'이라 주장한 그 전쟁도 바로
이곳에서 일어났다.

겉으로는 아직까지 조금도 손상된 것 같지 않은 러시아의 패권적 야심은
카프카스 지역 여러 민족의 완강한 저항에 부딪쳤는데, 이러한 저항의 원동력은
낭만주의 시대에는 자유와 권리의 추구로, 유엔 시대에 이르러서는 민족자결권
이라 불리는 것이었다.

16세기에 시작된 러시아의 진출 초기부터 식민주의의 마지막 변종이라
할 수 있는 현재까지 진행 중인 폭력적인 탈식민화에 이르기까지, 러시아제국의
남부 변방 지대인 카프카스 지역은 식민주의의 실험실 역할을 톡톡히 했다.
곧 식민지 확장 방식이란 측면에서(소규모 군사원정에서 전면전까지 다양한 방식을
구사하고, 외교와 무력행사를 적절히 배합했다), 행정적 관행[8]이란 측면에서(해당

7) D. R. Brower, E. J. Lazzerini(eds), *Russia's Orient. Imperial Borderlands and people, 1700-1817*, Bloomington & Indianapolis, Indiana University Press, 1997 ; K. Sapahni, *Crucifying the Orient. Russian Orientalism and the Colonization of Caucasus and Central Asia*, Oslo, White Orchid Press, 1998.

8) 식민지에서의 행정적 관행에 대해서는 다음을 참고하시오. A. L. H. Rhinelander, *Prince Michael*

지역의 저항 움직임의 성격이나 강도에 따라 중앙집권제와 지방분권제, 직접통치제와 형식적인 보호령 체제를 번갈아 적용하고, 민족주의나 분리 독립의 위협을 약화시키려는 목적으로 여러 차례 영토 분할을 시도했다), 천연자원 수탈이란 측면에서(석탄·석유), 또 이단 종파(몰로칸파, 두호보르파), 코사크인, 독일인을 활용한 식민화라는 측면에서, 마지막으로는 해당 지역의 민족과의 관계 설정이라는 측면에서 그러했다.

옛날에 아라비아인이 '언어의 산'이라 불렀을 만큼 카프카스 지역은 매우 다양한 민족과 종교가 공존하는 지역이었다. 이러한 특성은 이 지역을 '통치를 위한 분할' 또는 '당근과 채찍'이라는 고전적인 제국주의 정책을 구사하기에 매우 이상적인 터전으로 만들었다. 다양한 문화와 종교에 대한 관용 정책(또는 무관심)에서9) 강제적인 러시아화化 동화정책에 이르기까지, 또 충성스러운 현지인에 대한 포용 정책에서 대규모 집단적인 강제 유배 또는 저항 세력에 대한 말살 정책에 이르기까지, 정복지 주민과의 관계 양상은 매우 다양했다. 또한, 격렬한 저항에서 자발적인 협조에 이르기까지 러시아 정복사업에 대한 정복지 주민의 태도도 다양하기는 마찬가지였다.

17세기 말까지는 신중하고 탐사적 성격이 짙었던 러시아의 팽창사업은 표트르 대제(1695~1725) 이래로, 특히 예카테리나 2세의 통치 시기(1762~1796)10)에 가속화되었는데, 대체로 대大카프카스산맥 이북보다 이남에서 더욱

Vorontsov, Viceroy to the Tsar, Montréal, McGill-Queen's University Press, 1990.

9) R. P. Geraci, M. Khodarkovsky, *Of Religion and Empire. Missions, Conversion and tolerance in Tsarist Russia*, Ithaca & London, Cornell University Press. 이슬람에 관한 다른 논문도 참고하시오.

10) 1722년에 벌어진 표트르 1세의 페르시아 원정(데르벤트, 바쿠까지 진출했다)은 오스만제국(1768~1774, 1806~1812, 1828~1829, 1853~1856, 1877~1878)과 페르시아제국(1804~1813, 1826~1828)이라는 두 라이벌 제국을 상대로 한, 장기간에 걸친 일련의 전쟁의 시발점이었다. 이 전쟁들은 카프카스의 모든 지역에 러시아가 지배 세력으로 정착하는 결과를 낳았다. 이 전쟁들은 그보다 광범위한 같은 시대의 유럽 분쟁들(나폴레옹 전쟁, 크리미아 전쟁)과 뒤얽혀 있었으며, 서쪽으로는 발칸 지역으로, 동쪽으로는 중앙아시아로 진출하려는 러시아의 움직임과도 연관되어 있었다.

수월하게 이루어졌다. 물론 그리스도교도인 아르메니아와 그루지야 주민은 러시아에 우호적이었고 이슬람교도는 늘 러시아에 적대적이었으리라는 통상적인 이분법의 함정에 빠져들지 않도록 유의해야 하지만 말이다.

실제로 식민지 주민의 태도는 종파 차이를 넘어섰고, 그 밖의 다른 요소에 의해 좌우되었다. 지리적 위치가 방어하거나 외부의 지원을 받기에 유리한지 불리한지에 따라, 주요 위협 세력을 어떻게 인식하는가에 따라, 특정 왕조나 족벌의 이해관계에 따라, 러시아 지배자의 통치 방식이 현명한지 권위적인지에 따라 좌우되었던 것이다.

가령 이슬람교도인 아제르바이잔의 몇몇 칸 군주는 페르시아의 군주 샤에 대항하려고 러시아의 차르를 선택했다. 또한 정교회 신도인 그루지야인은 비록 그들의 군주가 러시아와의 보호조약에 서명했지만(게오르그예프스크 조약, 1783년), 그루지야 안의 왕국의 합병과 국왕의 폐위(1801년), 그루지야인에게 소중하고 유서 깊은 민족교회(그루지야정교회)의 자치권 폐지(1811년)와 같은 일련의 과정을 아무런 저항 없이 그대로 용인하지 않았다. 19세기 말에는 러시아화化 동화정책(민족학교의 폐쇄, 자선단체 활동에 대한 제한, 성직자의 재산 몰수)이 아르메니아인의 폭동을 촉발시켰다.

이처럼 제국의 권력 중심부가 약화되는 시기마다 ―군사적 패배, 정치적 혼란― 도처에서 해방운동이 출현했다. 그뿐만 아니라 카프카스 지역의 민족 사이에도 충돌이 발생했는데, 이 지역에서 아직 형성되고 있던 민족주의가 식민 권력보다 이웃 민족을 투쟁 대상으로 삼는 경우가 빈번했기 때문이다. 사회적 투쟁과 민족주의적 투쟁이 상승작용을 일으켜 매우 폭력적인 양상을 띤 1905년 최초의 러시아혁명 당시가 특히 그러했다.

1905년 2월 바쿠에서 일어난, 친러시아 성향의 석유로 부를 쌓은 부르주아 계층의 전형으로 지목된 아르메니아인을 집단 학살한 사건(포그롬)은 2년 동안 지속된 참혹한 '아르메니아 - 타타르 전쟁'[11]을 야기했다. 오늘날 역사가들은 제정러시아가 자신을 겨냥한 혁명의 불길을 다른 곳으로 유도하려는 방편으로 이 전쟁을 부추겼다고 평가한다. 그리고 이것은 1917년 러시아제국의 해체 당시 처음으로 나타난 독립의 움직임과 함께 벌어질 숱한 국경분쟁을 예고하는 전주곡이었다.

제국에서 제국으로

그러나 독립국의 지위는 오래가지 않았다. 군사적 패배, 경제적 파탄, 정치적 혼란이라는 상황에서 신생독립국은 내부 소수민족의 민족주의 열망과 맞부딪 쳤고, 국경선 구획 문제를 놓고 치열한 전쟁을 벌여야 했다. 숱한 내전으로 분열되고 난민으로 포화 상태가 된 카프카스 지역은, 그 지역에서 대결을 벌이던 열강 및 서로 대립적인 진영 사이의 패권 다툼에 휘말려 들었다. 동맹국 진영(독일, 오스만투르크와 그 뒤를 이은 케말주의 터키)과 연합국 진영(영국, 프랑스), 또 러시아의 백군과 적군이 바로 그들이다.

이렇게 다양하고 복잡한 적대적 관계를 가장 잘 활용할 줄 알았던 세력은 볼셰비키 세력이었다. 1920~1921년 소비에트 적군은 카프카스 지역을 모스크바의 영향권으로 끌어들였는데, 그 지역 출신의 몇몇 볼셰비키의 도움이 컸다. 이 가운데 몇 명은 나중에 큰 역할을 맡는데, 스탈린, 오르조니키제, 베리아, 미코얀이 그들이다.

새로이 탄생한 소비에트 러시아는 페르시아(1921년 2월 21일), 그리고 케말주의 터키(1921년 3월 16일)와 우호조약을 체결함으로써 그 지역 강대국과 우호

---

11) 최초의 아제르바이잔공화국이 설립되기까지, 시아파 이슬람교도이며 터키어를 쓰는 아제리인 은 '카프카스 지역의 타타르인'이라 불렸다. 다음 책을 참고하시오. F. -X. Coquin, C. Gervais-Francelle (eds), *1905, la première révolution russe*, Paris, Publications de la Sorbonne-IES, 1986.

관계를 유지하고, 그 지역에서 영국·프랑스 동맹 세력을 배제하면서 트랜스카프카스 지역의 세 공화국—아르메니아, 그루지야, 아제르바이잔—을 아우르는 대외적인 국경선을 확정했다.

세 공화국 사이의 경계선 구획은 스탈린이 이끄는 볼셰비키당 소속 카프카스 담당 부서가 맡았는데, 이들의 가장 큰 관심사는 그 지역의 민족주의적 열망을 '사회주의 혁명이라는 공동의 목표'로 흡수하는 것이었다(공산당의 통제, 그 지역을 또다시 장악한 러시아인, 곧 인터내셔널리스트이자 무산주의자가 되어 돌아온 러시아인에게 강한 거부감을 표하는 이슬람교도에 대한 회유와 포섭 등의 방식을 통해).

소비에트연방은 제정러시아라는 '민족의 감옥'과 단절했다는 점을 과시하려는 목적으로 민족을 기반으로 한 행정 단위, 그러나 민족의 발전 수준에 따라(가령 문자나 구전문학의 전통을 보유하고 있는지에 따라) 차등화된 행정 단위를 만들었다. 소비에트 중앙 권력은 공산당이라는 단일 정당의 감독 아래 있는 세 분야(경제적·행정적·민족적)를 뒤얽히게 하고, 서로 경쟁 관계에 있는 여러 국가의 관계를 복잡하게 만듦으로써 이 지역을 통합하는 작업에 착수했다. 처음에는 자치주AR였다가(이 자치주는 주민의 95%를 차지하는 아르메니아인의 반대에도 불구하고 아제르바이잔에 강제 편입된다) 나중에는 동방으로 혁명을 확산시키기 위한 거점 지역으로 크게 각광을 받은 고립 지역 나고르노카라바흐는 이러한 상황을 잘 보여주는 대표적인 사례다.

1922년 12월, 트랜스카프카스 소비에트연방 사회주의 공화국이 결성되어(수도는 트빌리시) 소련의 일부로 편입되었다. 그러나 1936년 7월에 제정된 소비에트 헌법으로 이 공화국은 해체되고, 아르메니아와 아제르바이잔, 그루지야는 소련의 구성 공화국이 된다. 러시아 소비에트연방 사회주의공화국에 편입된 북카프카스 지구는 여러 차례 변화를 겪는다. 1921년 1월에 다게스탄 소비에트 사회주의 자치공화국, 그리고 체첸인·잉구슈인·카바르드인·발카르인·카라차이인·체르케스인·북오세트인 거주 구역을 통합하는 고르스카야('산악'이란 뜻) 소비에트 자치공화국이 창설되었다.

그러나 이 소수민족 거주 구역은 1922~1928년에 각각의 단일 민족 자치주로 분리되었다가, 1934~1936년 또다시 두 민족씩 묶은 자치공화국으로 통합되었다. 그 뒤 몇몇 민족이 '죄과를 치러야 할 민족'으로 분류되어 강제 유배를 당하는 바람에, 그 가운데 몇 개의 자치공화국은 자동적으로 해체되었다. 소련 안의 나머지 지역과 마찬가지로 1937년부터 카프카스 지역의 민족주의 지식인 계층을 대상으로 대숙청의 움직임이 본격화되었을 때, 체첸인·잉구슈인과 아제르바이잔에 거주하는 쿠르드인(아제르바이잔 자치주는 1930년에 이미 해체된 상태였다)에 대한 최초의 강제 유배가 시작되었다. 이는 강제적 집단화에 대항하는 폭동을 일으킨 대가였다.

그런데 1943~1944년 독일군이 점령했던 북카프카스 지역을 소련군이 다시 탈환했을 때에도 체첸인과 잉구슈인, 카라차이인, 발카르인, 메스케트인은 독일군에게 협력했다는 의심을 받고 '죄과를 치러야 할 민족'으로 분류되어 강제 유배가 추진된다. 이 민족들이 점유한 영토의 일부는(자치주라는 위상도 폐지되었다) 그루지야와 북오세티야에 귀속되고, 타 지역 출신 이주민이 그 땅을 점유했다. 스탈린이 사망한 뒤인 1957년에 이르러서야 비로소 이 민족들이 복권되고, 부분적으로 반환된 본래 영토로 되돌아갈 수 있었다. 이러한 상황에서 또다시 분쟁이 시작되었고, '데탕트' 시기를 맞아 문화적 민족주의가 되살아나면서 분쟁은 더욱 본격화되었다.

'민족 사이의 연대,' 소비에트 '새로운 인간' 창조 등 인터내셔널리스트의 의례화된 담론에도 불구하고, 소비에트 체제는 역설적이게도 공화국들로 하여금 민족국가로 진화하도록 부추기고 민족 정체성을 강화시켰다. 1918~1921년 국가 독립의 시기에 난민의 움직임과 함께 시작된 민족적 동질화 현상은 날이 갈수록 점점 더 강화되었는데(이 과정에서 소수민족이 희생되었다), 이는 영토란 토대에 의거한 문화적 자주성(그러나 집단의 생존을 위해 필수적인 자유와 권리는 수반되지 않은)이라는 스탈린식 사고에서 비롯된 현상이었다.

교육 분야의 진보 및 '내용으로는 사회주의적이나 형식으로는 민족주의적 문화'라는 스탈린의 원칙, '데탕트' 시기와 1960년대부터 시작된 문화와 과거 역사에 대한 선택적 복권과 같은 요소로 말미암아, 나중에는 '민족적인 것'에 대한 우상화 또는 민속화로 나아가게 된다. 페레스트로이카 이전에 이미 트랜스 카프카스 지역에서는 문화적 민족주의가 공산주의 이념에 대한 대안으로, 또 반체제를 나타내는 은밀한 표현으로 부상하고 있었다.

아프가니스탄에서 군사적 패배를 경험한 뒤(1985년), 고르바초프는 페레스트 로이카(재건, 개혁)와 글라스노스트(공개, 개방)를 내세우며 노쇠한 체제를 개혁 하고자 했다. 그때 카프카스 지역의 국가들은 다시 한 번 발트해 국가들과 더불어 가장 먼저, 허약해진 '마지막 제국'[12]에서 벗어나고자 시도했다. 스탈린 주의의 오류를 바로잡자는 구호를 곧이곧대로 받아들여, 1988년 2월 나고르노 카라바흐 지역의 소비에트는 그 지역을 아르메니아에 통합시키자는 안에 찬성 표를 행사한다.

그러자 스테파나케르트와 예레반에서 총파업과 대규모 시위가 벌어졌고, 이는 아제르바이잔에서의 아르메니아인 학살 사건과 지역 주민과 난민 사이의 충돌을 야기했다. 이처럼 민족자결권 요구와 경쟁 관계에 있는 이웃나라의 예속(식민 권력에 의해 강제로 부과되었던)에서 벗어나려는 욕구는, 소비에트 체제의 붕괴(1991년 12월)로 이어질 숱한 분리 독립운동의 출현을 예고하는

---

12) 후버연구소의 러시아 전문가인 로버트 콘퀘스트가 사용한 표현이다: Robert Conquest, *The Last Empire*, Amperstand Books, 1962. 이 책은 이 지역의 민족 문제를 처음으로 다룬 서구의 주요 연구서 가운데 하나다.

동시에 그런 움직임에 대한 기폭제 역할을 했다.

남부에서는 세 개의 연방공화국이 독립을 쟁취하고 유엔에 가입했다. 북부에서는 산악민족연합의 재결성 시도가 실패로 끝난 뒤(1989년), 체첸니아가 홀로 급진적 분리주의를 천명하고 1991년 11월에 독립을 선언했다. 그러나 모스크바는 이를 인정하지 않았다.

다른 신생독립국가에서와 마찬가지로 (내부에 여러 민족 거주 지역이 존재하던) 신생 러시아연방 안에서도 숱하게 분쟁이 일어났다. 이 분쟁은 대부분의 경우 겉으로는 '민족 사이'의 또는 '종파 사이'의 분쟁 양상을 띠었다. 그러나 실제로는 탈식민화 과정에서 으레 나타나게 마련인, 서로 경쟁 관계에 있는 자치주의 세력 또는 분리독립파 사이의 정치적 충돌이었다.

발칸 지역과 마찬가지로 카프카스 지역은 일종의 화약고였다. 옛소련 영토 안에서 일어난 8건의 무장 분쟁 가운데 5건이 그 지역에서 나타났는데, 그 가운데 4건이 분리 독립 전쟁 —나고르노카라바흐, 남오세티야, 압하지아, 체첸니아—이고, 나머지 하나는 프리고로드니 지역에서 일어났다(예전에 타지로 강제 유배되었던 잉구슈인이 귀환하여 북오세티야를 상대로 영토 반환을 요구했으나, 북오세티야가 이를 거절하면서 영토 분쟁이 시작되었다).

10년 동안 지속된 이 분쟁은 십만여 명의 사망자를 내고, 250만 명의 난민과 이주민을 양산하고, 해당 지역을 완전히 초토화시켰다. 그뿐만 아니라 인접한 민감 지역으로 분쟁의 씨앗을 확산시켰다(다게스탄, 그루지야 남부의 아자리아[아자르자치공화국]와 자바케티Djavakhetie, 아제르바이잔 북부의 레스기인lesghis 영토 등).

스탈린의 '민족 또는 국가' 개념에 대한 이상적인 실험 장소였던 카프카스 지역은, 예전과 마찬가지로 오늘날에도 러시아의 신제국주의 방법론의 시험장이 되고 있다. 러시아는 과거 역사의 무게, 인구·경제·군사 차원에서의 패권적 지위, 에너지 자원에 대한 거의 독점적인 위상, 러시아군의 배치, 그리고 카프카스 지역 국가 내부의 정치적 긴장과 갈등 상황 같은 요소를 적절히 활용하여, 카프카스 지역 및 인근 지역을 자신의 영향권으로 끌어들이고 있다. 그리고 이를 발판으로 유라시아 지역의 '경찰관' 행세를 하려 애쓰고 있다.

강압적으로 탈취한 이 전략적 지역(발칸 지역에서 중앙아시아에 이르는 위기권의 중심부에 위치해 있다)은 실제로도, 역사적으로 오랫동안 영향력을 행사해 왔으며 '새로운 중동'으로 향하는 관문 역할을 다시 탈환하고자 하는 그 지역의 경쟁적인 두 패권국(터키, 이란)과 대치하고 있다.

이처럼 카프카스 지역은 오늘날 러시아의 안전 보장을 위한 자물쇠이자, 16세기 중엽 이후 러시아의 변함없는 목표 가운데 하나인 흑해와 카스피해를 지나 '얼지 않는 바다'—지중해, 페르시아만—로 접근할 수 있는 수단이며, 따라서 러시아 연방의 와해를 사전에 방지하기 위한 장치이다. 바로 이 맥락에서 모스크바가 왜 체첸 분리독립주의자를 상대로 그토록 참혹하고 폭력적인(제정 러시아의 정복사업 당시 자행된 가장 참혹한 사례를 떠올리게 할 만큼) 전쟁을 벌였는지(1994~1996년, 1999년부터 지금까지) 그 까닭을 이해할 수 있다.

체첸 사태

잉구슈인과 마찬가지로 체첸인은 6천여 년 전부터 카프카스 산맥 일대에 거주하던 민족 가운데 하나인 나흐족 유목민의 일파다. 체첸 민족은 100여 개의 씨족공동체(타이프)로 이루어져 있으며, 이 공동체의 수장이 종교 지도자 및 원로와 더불어 자체적인 관습법(아다트), 손님 환대의 의무, 피의 보복(벤데타)을 인정하는 '명예 규정'에 의해 운영되었다. 대개 가부장적인 농촌 사회로서 위계질서가 그리 뚜렷하지 못한 상태에서 전통적인 권력을 형성하고 있었다.

체첸인은 수 세기 동안 그리스도교도였는데, 그 뒤에는 러시아 정복사업에 맞서 저항운동을 전개하면서 한층 더 강력해진 수피 교단(이슬람 신비주의)이 패권적인 영향력을 행사했고, 18세기 이후에는 그 지역에 실질적으로 자리를 잡은 수니파 이슬람으로 개종했다. 그렇지만 아주 오래된 다신교 신앙의 요소(산, 바위, 물, 나무 등에 대한 숭배)이 오늘날까지 그 명맥을 유지하고 있다.

유서 깊은 불복종 전통

체첸인의 조상이라 할 수 있는 고대의 가르가르인Gargares은 로마 시대에 폼페이우스가 원정을 벌인 적도 있는 강력했던 카프카스알바니아 왕국에 속해 있었다. 그 뒤 체첸인은 초원지대의 유목민 —훈족, 카자르족, 몽골족, 타타르족 등— 의 침략이 끊임없이 이어지던 시기에, '아울'이라 불리는 고지대에 세운 난공불락의 요새화된 마을에 틀어박힌 채 굴복하지 않고 끝까지 저항했다. 그 가운데 체첸인의 저항 능력이 가장 돋보였던 경우는, 16세기 중엽에 진출하기 시작한 러시아인과 코사크 이주민이 본격적으로 정복사업을 추진한 18세기 말이다.

새로운 요새 그로즈니(러시아어로 '무시무시한'이라는 뜻. 러시아인 정복자가 인근 지역 주민에게 겁을 주려는 의도로 그런 이름을 지었다고 한다. 그로즈니는 오늘날 체첸공화국의 수도다)는 나폴레옹 군대에 맞선 전쟁에서 영웅으로 떠올랐으나 그 뒤 카프카스인에게 잔혹하게 굴어 악명 높은[13] 알렉세이 에르몰로프 장군에 의해 1817년 건설되었다. 이것은 카프카스 지역의 정복사에서 한 획을

---

[13] Baddeley, op., cit. 이 책에는 에르몰로프 장군이 결코 호락호락하지 않은 카프카스인을 상대로 한 정책에 관해 자신의 신념을 피력한 부분이 인용되어 있다. "나는 무시무시한 내 이름이 요새화된 국경선보다 더 강력하게 국경선을 수호하고, 나의 의지가 토착민에게 죽음보다 더 피할 수 없는 법이 되기를 바란다. 아시아인에게 양보와 타협은 나약함의 표시일 뿐이다. 그러므로 내가 극도로 가혹하게 구는 것은 순수한 인도주의에 입각한 행동이다. 카프카스인 한 사람을 처형함으로써 러시아인 수백 명이 파괴적인 행동으로 나아가는 것을 막고, 카프카스인 이슬람교도 수천 명이 우리를 배반하지 못하도록 사전에 예방할 수 있기 때문이다."

긋는 사건이었다. 이곳은 무리드murid라는 이슬람 저항운동을 분쇄하기 위한
공격의 전초기지였다. 무리드 운동은 수피 교단을 중심으로 다게스탄 지역에
집중적으로 나타난 움직임이다. 종교적 신비주의와 사회개혁주의가 혼합된
이 이슬람 저항운동은 몇몇 카리스마적인 지도자를 중심으로(다게스탄의 초대
이맘 가지 무하마드, 그의 후계자인 2대 이맘 함자 베크, 특히 아바르인 출신의
이슬람 지도자이자 다게스탄의 3대 이맘인 셰이크 샤밀) 성전聖戰이라는 명분을
내세우며 북카프카스 지역 주민 가운데 대다수를 성공적으로 결집시켰다.14)

남카프카스 지역을 합병(1828~1829년)한 뒤에야 비로소 본격적으로 북카프
카스 지역의 정복사업에 착수했다. 이 지역의 정복사업은 국가를 상대로 한
고전적인 전쟁(나중에 합병 조약으로 마무리되는)이 아니라, 게릴라전 양상을
띠어서 순차적인 연대기를 작성하기가 쉽지 않다. 국지적인 폭동, 그리고
카프카스 산맥의 서쪽과 동쪽에 위치한 저항운동의 대표적인 두 거점 지역에
대한 보복성 공격이 계속되었고, 그 사이에 몇 번의 대규모 군사원정이 있었다
(1837~1839, 1841~1844, 1847~1848, 1858).

러시아군은 공격과 방어적 저지 작전을 번갈아 구사하며 산악지역을 서서히
잠식해 들어갔다. 정복지마다 요새와 군사적 용도의 도로망을 구축하고, 타
지역의 주민을 이주시키고 군대를 주둔시키며, '문명화된' 법률과 질서를 도입
하고(가령 관습법이나 '샤리아'라는 이슬람 법률을 퇴치하려고 선출된 대표자로
구성된 '부족 회의'를 설치했다), 현지에서 보충 병력을 충원했다. 저항 세력은
점점 더 산악의 고지대로 내몰렸고, 초토화 작전으로 외부 세계와 고립되었다.
마을을 파괴하고, 본보기로 주민을 학살하는 등 갖가지 잔혹 행위를 저지르고,

14) M. Bennigsen-Broxup (éd), *The North Caucasus Barrier. The Russian Advance towards the Muslim World*,
London, Hust & Co., 1992 ; M. Gammer, *Muslim Resistance to the Tsar. Shamil and the Conquest
of Chechnia and Daghestan*, London, Frank Cass, 1993 ; "Shamil and the Muris Movement, 1830-1859
: An Attempt at a Comprehensive Bibliography," in *Central Asian Survey*, vol. 10, n° 1-2, 1991,
pp. 189-247.

주민을 강제 이주시키고, 산악 지대 주민의 이주를 촉진시키기 위해 철저하게 산림을 파괴하고, 지역 주민 사이에 오래전부터 존재해 온 적대 관계를 적절히 활용하고, 적군을 사람이 아닌 맹수의 무리쯤으로 격하시키는 등 전면전의 모든 전술이 이곳에서 실험되었다.

하지만 카프카스 전쟁은 러시아에도 엄청난 피해를 안겨 주었다. 30여 년 동안 17~20만 명의 병력이 상비군으로 동원되었고, 전투하다가 또는 말라리아 같은 질병과 식량 부족, 치료 부족 등의 원인으로 목숨을 잃은 병사가 백만 명에 육박했다. 일반 병사뿐만 아니라 간부의 인명 피해도 상당했는데, 귀족 출신 장교와 변방의 반란 지역 출신으로 처벌 차원에서 카프카스 전선으로 파견된 자유주의 또는 민족주의 성향의 젊은 엘리트가 그들이었다. 가령 데카브리스트(12월 혁명당원)나 1831년 폴란드에서 일어난 폭동 가담자가 이 지역의 정복사업에 투입되었다.

재정 지출 역시 엄청났다. 국가 예산의 절반을 차지하기도 했던 군사적 지출은 제국의 나머지 지역에서 혼란을 야기하고, 재정 압박을 가중시켰다. 정신적인 측면에서도 막대한 비용을 치렀다. 러시아군 병사에 대한 열악한 처우가 적에 대한 잔혹한 보복으로 이어졌고, 막강한 러시아 군대가 장비나 병력에서 비교조차 할 수 없으며 게다가 야만인으로 업신여기던 산악 민족에게 패배했다는 사실은 증오심과 죄의식을 함께 야기했다.

정치 지도자는 군대 내부에서 싹튼 증오심을 활용하여 인종 말살 전쟁으로 유도했다. 또한 당시 러시아에서 한창 부상하던 자유주의적이고 낭만주의적인 지식인 계층 내부에서는 죄의식이 형성되어, 문명화를 위한 정복사업이라는 이름 아래 죽음과 파괴를 야기한 정책에 대한 치열한 자기비판으로 향하게 했다. 푸슈킨에서 레르몬토프[1814~1841. 서사시 『체르케스인』(1828년), 『카프카스의 포로』(1829년)의 작가] 및 톨스토이까지 러시아 낭만주의 문학을 대표하는 작가들이 이러한 변화의 흐름을 증언했다.15) 이 작가들은 산악 민족에게서 이들의 삶의 터전인 야성적이고 숭고한 자연처럼 자유의 상징인 동시에, '야만스럽고' '산적처럼 거친' 동양인이라는 이중적인 이미지를 읽어냈다.

푸슈킨이 본 체르케스인16)

체르케스인은 우리를 미워한다. 우리가 그들을 조상 대대로 살던 비옥한 목초지에서 쫓아내고, 그들의 아울(고지대의 요새화된 마을)을 파괴하고, 부족을 절멸시켰기 때문이다. 그들은 산악 지대 깊숙한 곳으로 숨어 들어가, 그곳에서 진을 치고 우리를 습격하고 있다. 평정된 체르케스인이라 할지라도 마음을 놓으면 안 된다. 아직까지 저항하는 동족에게 언제라도 도움을 줄 수 있는 자들이기 때문이다.

그들의 치열했던 기사도 정신도 대부분 사라지고 말았다. 규모에서 엇비슷한 코사크인과의 싸움을 기피하고, 기병대와 맞서 싸우는 일은 결코 없으며, 대포가 하나라도 눈에 띄면 곧바로 달아나 버린다. 그러나 취약한 일개 소대나 무장하지 않은 개인이 눈에 띌 경우에는 그냥 지나치는 법이 없다. 우리가 지나왔던 고장 곳곳에서 그들이 저지른 악행에 관한 이야기를 들을 수 있었다. 우리가 예전에 크리미아의 타타르인을 무장 해제시켰던 것과 마찬가지로, 그들을 무장 해제시키지 않고서는 그들을 평정할 도리가 없다. 하지만 그 사회를 지배하는 피의 보복이나 조상 대대로 내려오는 갈등 관계 때문에, 체르케스인을 무장 해제시키는 일은 결코 쉽지

---

15) Susan Layton, *Russian Literature and Empire. Conquest of the Caucasus from Pushkin to Tolstoy*, Cambridge, Cambridge University Press, 1994 ; Harsha Ram, "Prisoners of the Caucasus : Literary Myths and Media Representations of the Chechen Conflict," *Working Paper*, Berkeley, 1999 여름호.

16) Pouchkin, *Voyage à Erzeroum*[에르즈룸으로의 여행], Paris, Gallimard, la Pléiade, pp. 484-485. 그 당시 '체르케스인'이라는 명칭은 북카프카스 지역의 여러 산악민족을 통칭하는 말로 쓰였다. 오늘날 체르케스인은 카라차이인과 함께 러시아연방에 속한 카라차이체르케스 자치공화국을 설립했다.

않을 것이다.

단검과 검은 그들의 수족이나 마찬가지다. 아이들은 말을 배우기도 전에 칼 쓰는 법부터 익힌다. 그 사회에서 살인 행위는 신체를 단련하는 운동에 불과하다. 그들이 포로를 살려 두는 경우는 몸값을 받을 가능성이 존재할 때뿐이다. 그들은 포로를 온갖 비인간적인 방법으로 다루고, 견디지 못할 정도로 혹사시키고, 음식으로는 익히지도 않은 반죽을 먹이고, 마음 내키는 대로 매질한다. 포로의 감시는 아이들에게 맡기는데, 조금이라도 수상쩍은 행동이 보이면 아이들이 어린이용 검으로 포로의 신체 일부를 절단하기도 한다.

얼마 전 우리 병사에게 총을 발사한 '평정된' 체르케스인 한 사람을 체포한 일이 있다. 그는 총알을 장전한 지 너무 오래돼서 총을 쏠 수밖에 없었다고 변명했다. 이런 사람들과 무엇을 할 수 있겠는가? 그렇지만 우리가 흑해 동쪽 연안을 정복하여 터키와의 교역로를 차단함으로써 체르케스인이 우리와 가까워지도록 유도할 수 있으리라는 점은 기대해도 좋을 듯하다. 문명의 이기나 생활의 편의가 그들의 거칠고 투박한 풍습을 완화시킬 수도 있으리라. 예를 들어 사모바르(러시아의 차 끓이는 주전자)가 중요한 혁신의 계기가 될 수도 있을 것이다.

그런데 그보다 더 강력하고 더 윤리적이고, 우리 시대의 문명에 적합한 수단이 있다. 복음 전도가 그것이다. 체르케스인이 이슬람 신앙을 받아들인 것은 불과 얼마 전의 일이다. 이는 코란 전도자의 적극적이고 광신적인 활동 덕분이었는데, 러시아의 지배에 맞서 저항운동을 주도하면서 오랫동안 카프카스 지역을 혼란의 소용돌이로 몰아넣은 비범한 자, 만수르가 그 대표적인 인물이다. 만수르는 결국 러시아 당국에 체포되어 솔로프키 수도원에서 사망했다. 지금 카프카스 지역은 그리스도교 선교사를 기다리고 있다. 그렇지만 게으른 우리 러시아인은 산 사람의 생생한 말소리를

> 들려주기보다, 죽은 활자를 주조하여 글을 읽지 못하는 자들에게 무성無聲
> 의 책자를 보내는 방법을 택할 게 틀림없다.

이러한 이중성은 유럽 열강의 태도에도 존재했다. 당시에는 유럽 열강 역시 다른 여러 대륙에서 그들의 식민 전쟁을 치르고 있었다. 알제리의 카빌리아 지역을 정복할 당시, 프랑스군은 산악 민족과 전쟁하는 데 '전문가'인 러시아인에게 도움을 청했다. 그러면서 다른 한편으로는 크리미아 전쟁 때(1853~1856) 제정러시아 군대가 저지른 범죄행위를 규탄하고, 샤밀을 '카프카스의 압둘 카데르'[1808~1883. 알제리의 독립투사]라 부르며[17] 경의를 표했다. 이처럼 서유럽 국가의 태도는 러시아와의 동맹 관계가 우여곡절을 겪음에 따라 수시로 돌변했다.

어찌됐든 서유럽 국가의 실질적인 관심 분야는 카프카스 지역의 소수민족의 운명이 아니라, 그들과 경쟁 관계에 있던 러시아제국의 위상에 손상이 가거나 또는 러시아제국이 곤경에 처하는 상황이었다. 유럽에서 카프카스 지역에 대한 관심이 최고조에 이르렀을 때에도 마찬가지였다. 예를 들어 1854년부터 1860년까지, 불과 몇 년 새에 유럽에서 카프카스 전쟁에 관련된 서적이나 이야기책이 30여 권이나 나왔다. 프랑스 작가 알렉상드르 뒤마의『카프카스 여행자의 인상』,『카프카스 이야기』가 대표적인 예다.[18]

1859년 샤밀의 항복, 다음으로 아브하즈인(1864년)과 우비크인(1866년)의 항복, 그리고 전쟁의 종결에 뒤이어 자행된 숱한 집단 학살과 집단 유배, 오스만제국으로의 대대적인 강제 추방과 같은 사건이 연이어 일어난다. 오스만 제국에서 체첸인은 카프카스 지역의 다른 이슬람교도 산악 민족과 마찬가지로

---

17) 게다가 두 인물은 서로 서신을 교환한 적도 있다. B. Bessaïh, *De l'éémir Abd elkader à l'imam Chamyl, le héros des Tchétchènes et du Caucase*, Alger, éditions Dahlab, 1997.

18) Alexandre Dumas, *Le Caucase. Impressions de voyage, suite de En Russie*, Paris, 1859, 재판, Paris, F. Bourin, 1990 ; *Romans caucasiens*, Paris, éditions des Syrtes, 2001.

—체르케스인, 우비크인, 아바르인 등 모두 50만 명 정도— 전략적인 변방 지역에 배치되고(이곳에서 체첸인은 그리스도교도인 지역 주민을 대상으로 보복 행위를 자행하기도 했다), 군대 안에서 특수한 위치에 배속되었다(요르단 국왕의 체첸인 호위대처럼 오늘날에도 그 후손이 그러한 직능을 수행하는 경우를 간혹 볼 수 있다). 차르 시대에도 폭동은 그치지 않았다. 특히 1877~1878년에 벌어진 러시아-터키 전쟁 당시, 다음으로는 1차 대전 중에 그러했다.

독립에서 소비에트화化로

카프카스의 나머지 지역과 마찬가지로, 1917년 제정러시아가 붕괴되자 또다 시 분리독립주의 움직임이 활성화되었다. 체첸인은 단명했던 고르스키야['산 악'이란 뜻]공화국, 곧 북카프카스 민족연합에 가입했다. 그런데 이 공화국은 1918년 4월 바투미에서 독립을 선언했으나, 볼셰비키와 백군에게 모두 반감을 불러일으켜 결국 1920~1921년 겨울 붉은 군대에 의해 소비에트화된다.

체첸인의 영토는 1921년 체첸 자치주로 편성되고, 1934년에는 잉구슈 자치주 와 통합되었으며, 1936년에는 두 민족으로 구성된 체첸-잉구슈 자치공화국이 설립되었다. 1920년대 말에는 강제적인 집단화에 따른 종교적 박해와 집단 탄압의 여파로 일련의 반체제 폭동이 일어난다. 2차 대전 초기에, 특히 독일이 소련을 침공하여 카프카스 지역까지 진출한 이후에는 저항운동의 규모가 더욱 커졌다.

그러나 1944년 2월, 체첸인은 잉구슈인과 더불어 '죄과를 치러야 하는 민족' 으로 지목되었고, 스탈린은 이들이 독일군에게 협력했다고 의심하여 모두 중앙아시아로 강제 이주시키기로 결정한다. 체첸인은 '육신의 파괴'를 겪었을 뿐만 아니라(이주자의 1/3이 이송 도중 목숨을 잃었다), 민족의 역사도 파괴되고(고 문서보관소, 각종 기념물), 그에 따라 체첸-잉구슈 공화국도 소멸되었다. 체첸인은 1957년에 이르러서야 복권되어, 다시 설립된 그들의 공화국으로 돌아올 수 있었다.

스탈린 사망 이후의 '데탕트' 시기에는 체첸인 사회에서도 지배 계층이 다시 형성되어, 이들은 소비에트화된 경제 및 사회 조직으로 편입되었다. 그러나 소수이지만 이미 중요한 세력을 형성한 슬라브인이 그 지역의 주요 직책을 대부분 차지했다.

또다시 전쟁으로……

페레스트로이카 시대에 체첸인 사회는 1917년의 상황과 비슷하게 '친러시아' 진영과 분리독립파 진영으로 양분되어 있었다. 여기에는 지리적인 요소(농촌의 산악 지대와 비교적 산업화된 평야 지대로 분리) 또는 씨족이라는 파벌 요소가 동시에 작용했다. 1989년 산악민족연합을 다시 결성하기 위한 움직임이 나타나자, 모스크바는 처음으로 친러시아 성향의 체첸인 도쿠 자브카예프를 일등서기관으로 임명했다.

그러나 그로부터 얼마 지나지 않아 분리독립파의 지도자인 옛 소련 공군 장성 출신의 조하르 두다예프가 급격히 부상한다. 그는 소련이 해체 일로를 걷고 있던 당시인 1991년 11월에 체첸의 독립을 선언하고, 권위주의적인 체제를 수립했다. 이에 러시아의 정치 지도자는 체첸 안의 반反두다예프 세력을 지원하고, 그를 쓰러뜨리려고 여러 번 시도했지만 뜻을 이루지 못했다. 결국 그들은 신속한 승리를 확신하면서 군사적 개입이라는 카드를 선택하여, 1994년 12월 11일 체첸을 침공한다.

그러나 전쟁은 2년 반 동안이나 지속되고, 러시아 연방군의 굴욕적인 패배로 종결되었다. 민간인 인명 피해도 컸고(4천 명 이상의 러시아군 병사, 2천 명 이상의 체첸인 병사, 35,000명의 민간인 사망자와 50만여 명의 난민), 건물이나 시설물 피해도 엄청났다(특히 폭격을 당한 수도 그로즈니에서).

1996년 8월 31일에 평화 협정이 체결되었다. 체첸공화국의 지위에 관한 협의를 5년 이후로 유보한다는 조항에도 불구하고, 모스크바는 군대를 철수하고 체첸의 재건을 도우며 자유선거를 실시하는 데 간섭하지 않기로 약속한다. 러시아군의 미사일 공격으로 사망한(1996년 4월) 두다예프의 뒤를 이어, 반군 지도자였던 아슬란 마스하도프가 1997년 1월 체첸 대통령으로 선출되었다.

전쟁으로 피폐해지고 혼란스러운 체첸은 심각한 경제적·사회적 위기와 마피아 조직의 일탈 행위, 이슬람 극단주의자의 선동과 같은 문제에 직면해 있었다. 그러나 아슬란 마스하도프는 군부 실력자를 장악하는 데 성공하지 못한다. 실비아 세라노가 지적했듯이,19) 체첸 사회에서 합법적인 폭력 행사의 권한은 국가가 아니라 특정 '타이프,' 곧 어떤 권력 집단보다 우선하는 씨족이라는 족벌 세력에게 있었다. 그래서 아슬란 마스하도프는 국가를 설립함으로써 전통적인 권력 집단을 넘어서고자 했던 것이다. 그는 참혹한 유혈 사태나 족벌 사이의 보복이라는 악순환으로 이어지게 마련인 내전을 사전에 방지하고자, 이슬람주의자가 국가 요직에 등용될 수 있도록 허용하기로 한다. "그는 혼란과 무질서를 회피하려고 타협안에 기대를 걸었다. 카오스적 상황과 이슬람주의자 가운데 하나를 선택해야 했던 것이다."

아슬란 마스하도프의 맞은편에는 샤밀 바사예프라는 인물이 있었다. 샤밀 바사예프는 비록 선거에서 패했지만, 러시아의 정복사업에 맞서 싸웠던 그 옛날 카프카스 전사의 영웅적인 행동을 연상케 하는 갖가지 테러 행위(항공기 납치, 러시아 본토로의 침투 등)를 막후에서 조종한 인물로 부상하고 있었다. 수피교도인 그는, 물론 어느 정도 거리를 두면서 이슬람주의자와 제휴했다.

---

19) Silvia Serrano, "Tchétchénie. Entre terreur et désarroi," in *Courrier des pays de l'Est*, Paris, La Documentation française, mai 2002, pp. 61-69 ; J. B. Dunlop, *Russia Confronts Chechnya. Roots of a Separatist Conflict*, Cambridge, Cambridge University Press, 1998 ; I. Astigarraga, *Tchétchénie, Un peuple sacrifié*, Paris, L'Harmattan, 2000.

세 번째 인물인 대大족벌 가문 출신으로 다른 수피교단에 소속된 아흐마트 카디로프는, 강경한 반反와하비파로서 전통적 이슬람을 대표하고 있었다. 그러나 "그는 체첸 전쟁을 극단주의 이슬람 세력에 대한 십자군 원정으로 해석하려는 러시아에 담보물로 활용되고 만다."

1999년 가을, 러시아는 러시아에서 일어난 일련의 테러 및 인접한 다게스탄의 침공에 대한 배후 세력으로 이슬람주의자를 지목하면서 또다시 군사행동에 착수했다. 1차 체첸 전쟁 때보다 더 철저히 준비하고 체첸공화국 내부에서는 정치적 분쟁이 있었지만, 2002년 가을 러시아군은 또다시 결말이 불투명한 '추악한 전쟁' 속으로 매몰되었다. 인적·물적 피해도 1차 전쟁 때 못지않았다.

세계의 인권단체가 인종 말살 전쟁의 양상을 띠기도 했던 체첸 전쟁의 참혹성을 고발했지만,[20] 러시아는 '국내 문제' 또는 '치안 작전'이라고 주장했다. 국제사회는 러시아연방의 미래에 대한 시금석이 될 체첸 사태에 대한 입장 표명을 망설였다. 2001년 9월 11일 뉴욕의 테러 사건은 체첸 전쟁에 대한 미국의 소극적인 비난마저 사라지게 했다.

세계무역센터와 미 국방성 테러 이후, 블라디미르 푸틴 러시아 대통령은 알카에다 조직을 상대로 한 테러와의 전쟁에서 미국과 러시아의 공조를 강력히 주장함으로써, 러시아의 체첸 정책에 대한 백지 위임장 또는 미국의 지지를 얻어내려 애썼다. 이러한 움직임은 2002년 10월 23일 모스크바 극장 테러 사건을 계기로 한층 더 강화되었다. 러시아 당국자는 앞으로는 미국과의 공조가 피할 수 없는 현실임을 내세우려고, "이제는 우리도 9·11사태를 겪었습니다"라고 말할 수 있는 상황이 되었기 때문이다.

---

20) 국제인권연맹과 국제사면위원회는 이 문제에 대해 여러 개의 보고서를 발표했다.

일본의 식민화 :

비서구 국가에 의한 근대적 형태의 식민주의

피에르-프랑수아 수이리

일본의 팽창은 여러 이유로 세계 식민 정책사에서 매우 독보적인 위치를 차지한다. 일본의 식민화 현상은 그 뿌리가 매우 깊지만, 새 식민화의 기원이 된 옛 식민화는 서구와 매우 다른 문화적 준거의 세계에 속해 있었다. 20세기 전반기에 일본 식민제국이 탄생했는데, 이는 문화적으로 서구가 아닌 세력이 식민제국을 탄생시킨 유일한 사례다. 이처럼 근대화 이전과 이후에 이루어진 일본의 식민화는 서구와 매우 다른 정치적·이념적 준거에 의거해 추진되었다. 그렇다고 해서 동시대의 여타 식민 팽창의 움직임과 성격이 완전히 다르지는 않았다.

대략 10세기까지 일본열도의 개발과 개척은 중심부인 간사이關西 지역에서 시작하여, 점점 더 멀고 낯선 지역을 일본의 정치 세력권 및 문화권으로 편입시키는 팽창의 형태로 나타났다. 이러한 팽창사업은 군사적·경제적·문화적 식민화의 몇 가지 면모를 이미 포함하고 있었다. 간사이(나라, 그 다음으로는 교토), 나이카이內海 및 규슈九州 북서부(오늘날의 후쿠오카 지역)를 중심으로 한 고대 일본은, 7~8세기부터 간토(오늘날의 도쿄 지역)와 규슈 남부를 차례로 병합한 뒤 동북부 지역으로 진출했다(이 지역은 9세기 초에 정복을 시작하고 11~12세기에 평정을 이룩했으나 경제적으로 통합된 것은 17세기에 이르러서였다).

그 뒤 일본인은 15세기부터 에죠(오늘날의 홋카이도)에 개입하기 시작하고, 류큐 지역(오키나와)은 17세기 초 사쓰마(가고시마)번藩의 관할구역으로 편입되었다. 북쪽의 홋카이도와 남쪽의 오키나와, 이 두 지역은 1870년대에 비로소 일본 세력권 안에 행정적으로 완벽하게 통합되었는데, 이는 메이지 시대에 추진된 근대화 운동의 결과였다.

경제적 지배 과정과 정치적 역학 관계라는 두 관점에서 볼 때, 북부(도호쿠 및 에조-홋카이도)로 팽창한 일본의 역사는 북아메리카에 대한 영국과 프랑스의 식민화와 몇 가지 측면에서 비슷하다. 특히 토착민 사회가 문화적 동화와 사회 전반의 퇴화를 거쳐, 결국에는 식민 세력과의 불평등한 교역에 의한 경제적 타격 및 엄청난 규모의 정착민 유입으로 민족의 절멸이란 상황에 이를 수밖에 없었다는 점에서 그러하다. 일본이 오키나와를 장악하는 과정은 위의 경우와 확연히 다르다. 이 경우는 중국의 조공국인 오래된 섬나라 왕국을 일본의 정치적·문화적 세력권으로 흡수하는 과정으로, 몇 가지 차이는 있지만 코르시카 섬이 프랑스 영토로 편입되는 과정과 매우 비슷하다.

그렇지만 두 경우 모두 팽창·병합·동화 또는 식민화의 움직임은, 동북아시아에서 여러 세기 동안 국제 관계를 지배했던 조공 관계라는 틀에서 일본 중심 권력의 주도로 이루어진 것이다. 조공 관계란 아시아 지역 대부분의 국가가 중국과 유지해 온 특수한 관계를 가리키는 것으로, 이 국가의 군주들은 중국에게 공식적으로 인정을 받는 대가로 중국의 패권을 인정했다.

일본은 중국을 중심으로 한 조공 관계를 자국을 중심으로 한 주변 지역과의 관계에 그대로 적용시키고자 했다. 그런데 1842년 아편전쟁에서 중국이 영국에

패한 뒤로 허구적인 면이 있던 이 지배 체제는 붕괴하고 있었다. 이때부터 아시아의 국제 관계는 이전과 완전히 다른 이념적 세계, 곧 서구식 사고의 틀로 고려되기 시작했다.

다른 한편, 동아시아의 식민화 현상을 당시의 긴장된 국제 정세 속에서 이해할 필요가 있다. 일본의 정치 지도자들은 1856~1863년 서구 여러 나라와 불평등조약을 체결한 뒤, 일본이 서구 열강의 지배를 받게 될지도 모른다는 강박관념에 사로잡혔다. 일본의 팽창은 치밀한 계획, 다시 말해 1868년 메이지 유신 때 완성되었으며, 이는 '부국강병'이라는 유명한 정치 구호로 요약할 수 있는 범국가적 프로그램의 일환이 되었다.

이런 관점에서 볼 때, 일본의 팽창은 서구 제국주의 세력의 위협에 대한 일본의 응답이었다. 이러한 정황적 해석이 근거가 없는 것은 아니지만 여기에만 집착하면 일본의 식민화가 장구한 세월 동안 추진되어 온 어떤 과정의 결과물이며, 특정한 문화적 맥락에서 뚜렷이 드러나는 어떤 기대 또는 논리에 부응하는 것이라는 점을 간과할 우려가 있다.

19세기 말부터 일본 정부는 '근대적' 형태, 달리 표현하면 '서구의 논리'에 따른 대규모 식민 정책을 실행하기 시작했다. 그 결과 일본은 영국, 프랑스, 러시아, 네덜란드, 미국과 함께 아시아에서 활동하는 식민 열강 가운데 하나로 부상했다. 이러한 팽창 정책의 대상은 동북아시아의 모든 지역이었다. 곧 타이완, 한반도, 만주 평원, 중국 안의 여러 조차지, 그뿐만 아니라 사할린, 쿠릴열도, 괌이나 마리아나제도 같은 태평양의 여러 섬을 행정적·식민주의적 예속 상태로 몰아넣으려 했다. 이런 관점으로 볼 때, 일본은 다른 식민제국과의 경쟁적인 영토 싸움에서 동시대의 제국주의 주요 열강의 하나로 그들과 똑같이 행동했다고 말할 수 있다. 당시 일본은 이러한 싸움에 끼어들 수 있는 능력을 갖춘 유일한 비서구 국가였다.

그러나 좀 더 미시적으로 관찰해 보면, 일본의 팽창은 러시아의 경우와 마찬가지로 국지적인 현상이었다는 사실을 알 수 있다. 일본이 과연 다른 지역에 개입할 만한 능력을 갖추고 있었을까? 일본이 점유한 식민지는 모두 일본열도에 인접해 있었다. 따라서 이 식민지들을 일본 열도의 연장이라고 볼 수도 있을 듯하다. 어떤 면에서 일본은 영속적으로 팽창하는 국가, 인접한 영토를 흡수하고 끊임없이 병합을 시도하는 국가였다. 이런 관점으로 볼 때, 조선을 침략한 일본은 인도차이나에서의 프랑스보다 아일랜드에서의 영국의 위상에 더 가까웠다. 근대 제국주의 시대에 식민 열강은 한 덩어리로 된 영토 확장을 추구하지 않았다. 러시아와 일본만 예외적인 경우였다.

이렇게 하여 과거 중국에 예속되었던 몇몇 지역(중국의 식민지였던 타이완, 조공국이던 조선, 본래 청 왕조가 발원한 곳이나 수세기 전부터 중국화된 지역인 만주)이 19세기 말부터 20세기 초까지 일본의 세력권으로 편입되었다. 이 권역은 중국화된 아시아, 다시 말해 문화적으로 어느 정도 동질적인 아시아 지역에 속해 있었다. 일본의 식민화는 처음에는 중국을 모델로 하여(하지만 그보다는 훨씬 축소된 비율로) 장기간에 걸쳐 이루어진 식민지 팽창사업이었고, 그 다음 단계는 '서구식' 팽창이었지만 서구의 식민 열강과는 달리 영토의 연속성을 유지하는 방향으로 추진된 식민지 팽창사업이란 점이 바로 일본 식민주의의 주요 특징이다.

논란거리가 될 소지가 많은 다른 한 가지 점도 고려할 만하다. 타이완과 조선 이 두 나라는 일본의 식민통치를 가장 오랫동안, 거의 50년 동안 경험했지만, 과거 식민지였던 나라 가운데 가장 먼저 20세기 후반에 비약적인 경제 성장을 이루었다(영국의 식민지였던 홍콩과 싱가포르도 이에 해당되지만, 이들은 국가가 아니라 도시다). 극심한 어려움에 빠져 있던 이 두 나라는 불과 두 세대를 거치는 동안 산업 강국으로 부상했다. 현재 OECD 회원국이며 10~15위의 산업 강국으로 자리 잡을 수 있게 한 경제적 성공, 이것이 두 나라가 과거에 일본의 식민지였기 때문에 가능했다는 주장은 과연 타당할까?

몇몇 일본의 극우 단체는 지금도 서슴없이 이런 주장을 한다. 이들의 주장처럼 일본의 식민통치를 받으며 이루어진 산업화가 독립 이후 이 지역이 정치적·사회적으로 안정되었을 때 지속 가능한 경제 발전의 토대를 마련하는 데 기여했을까? 달리 말해 일본은 '실질적으로' 경제 성장에 필요한 조건을 확립해 놓았을까?

한국이나 타이완에서는 이런 질문이 이처럼 노골적으로 제기된다면, 당연히 문제 자체가 성립되기 어렵다. 북한의 경제적 실패를 보더라도 경제 성장 문제는 일본의 식민 지배와 아무런 관계가 없다고 반박할 수 있다. 또는 오늘날 중국의 비약적인 경제 성장이 만주가 아니라(만주가 오늘날 중국의 주요 산업 지역의 하나로 떠오르고 있긴 하지만), 상하이나 광둥 지역 같은 해안 지역에서 나타나고 있다는 점을 근거로 제시할 수도 있다. 어쨌거나 일본 식민화의 사회적·경제적 현실이 어떠했는지 점검할 필요가 있다.

2차 대전이 종결된 이래 일본의 역사가들은 일본의 식민주의 현상을 일본의 경제적·군사적 제국주의의 한 특수한 면모로 해석하려는 경향을 보였다. 식민주의 질서와 제국주의 질서를 서로 뗄 수 없는 관계에 있는 것으로 본 것이다. 일본에서 '식민지'라는 단어(일본어로는 '쇼쿠민치')는 근대 이전 시대의 현상은 완전히 배제된 '근대' 일본의 영토 확장만을 가리킨다.

서구에서는 식민지라는 단어가 흑해 연안의 식민 도시를 비롯한 고대 그리스의 식민 도시는 물론, 근대에 설립된 스페인 및 네덜란드의 식민제국, 더 나아가 19세기에 이루어진 영국과 프랑스의 팽창사업까지 가리키는 개념으로 쓰인다. 그러나 일본의 역사 기록에서는 영토 확장(산업혁명 및 근대화 이전의 영토 확장 사업)과 식민 팽창(청일전쟁에서 승리한 직후인 1895년에 시작된) 사이에는 넘어설 수 없는 장벽이 있다.

첫 번째 경우는 민족국가 형성 이전에 영토 확립을 위해 반드시 거쳐야 했던 단계로서 수긍할 만한 것으로 해석되기도 한다(이 과정에서 생겨난 폐해는 비판의 대상이 되긴 하지만). 두 번째 경우는 대개 불법적이고 폭력적인 것으로 인정하면서도, 서구 세력에 의한 식민화의 희생물이 되지 않기 위해 어쩔 수 없이 일본이 치러야 했던(아니면 이웃나라에게 대신 치르게 했던) 대가로 간주된다. 다시 말해 일본인의 통념 속에서 1895년을 기점으로 그 이전과 이후의 일본의 팽창사업은 서로 성질이 완전히 다르다.

성질의 차이는 정당성의 차이에서 비롯된다. 사실 1855~1875년에 거의 모든 게 결정되었다. 당시 일본인은 서양인이 자기들에게 유리한 역학 관계를 이용하여 자기들을 굴복시킬 것이고, 일본의 영토는 서양인에게 점유되거나 분할될 것이라고 생각했다. 따라서 1868년부터 어쩔 수 없이 추진된 근대화는, 일본 영토가 식민화될 지도 모른다는 두려움에 대한 범국가적인 대응으로 해석할 수도 있다.

서구에서도 그러했듯이, 일본에서도 19세기의 제국주의적 팽창 이전과 이후의 식민 정책 사이에 단절이 있었다. 그러나 서구에서는 이러한 단절이 상대적이어서 연속성을 찾아보기가 그리 어렵지 않지만, 일본에서는 두 가지를 완전히 다른 차원의 것으로 인식한다. 최근 2001년 초에 이와나미岩波 출판사에서 출간된 8권으로 된 방대한 역사서 『근대 일본과 식민지』에서는, 동아시아에서 근대 일본의 식민주의는 하나의 정치적·이념적 질서로서, 당 왕조 이래 중국이 주변 국가와 유지해 온 조공 관계에 기초한 오래된 제국주의 질서를 대치했다는 점을 강조한다.

그러나 이 책에서는 일본 역시 근대화 이전에 이미 식민주의적 (전근대적 식민 질서이긴 하지만) 예속 관계에서 다른 영토를 점유하고 지배했다는 사실은 거의 언급하지 않는다. 일본의 주장대로 '단절'인가? 아니면 '연속성'인가?

오늘날 일본에서는 이런 논의조차 없는 것 같다. 근대의 식민화 사업이 그 목표나 국제적인 분쟁 및 규모에 있어 현격한 차별을 일으킨 것처럼 보인다는 점 때문에 이런 현상이 나타나는 듯하다.

일본 식민화의 주요 단계는 연대순으로 다음과 같이 구분할 수 있다.

첫 번째 단계는 일본 주류 역사학계에서는 이것을 식민화의 한 단계로 인정하지 않지만, 일본의 전근대 국가의 형성 시기와 대략 일치하며, 이 시기에는 북쪽(에조)과 남쪽(류큐)의 변방 지역 주민에게 갈등과 정신적인 충격을 야기했다. 이 두 지역은 16~17세기부터 공물을 바치기 시작하고, 1870년대에는 병합 또는 주민 이주를 통한 식민화 사업을 통해 완전히 통합되었다.

두 번째 단계는 타이완의 합병(1895년)에서 1940~1942년까지의 기간으로, 이 시기에 정복지 주민의 저항에도 불구하고 강제로 문화적 동화정책이라는 일관된 이념적·문화적 정책을 추진했다. 이로써 일본열도에 인접한 영토가 차례대로 일본의 식민 지배를 받았다. 타이완, 사할린 전역, 1910년에는 조선, 1931년 이후에는 만주 지역을 장악하여 만주국이라는 괴뢰 국가를 설립하고 유지했다.

세 번째 단계는 1942년부터 1945년까지 매우 짧았던 기간으로, 이 시기에 일본은 '대동아공영권'을 설립하여 세계대전이라는 국제적 상황에서 결속된 경제블록을 만들고자 했다. 과거 서구의 식민지였던 나라(인도차이나, 필리핀, 말레이시아, 버마, 인도네시아)는 일본에 점령된 뒤, 일본군의 전력 보강을 위한 병참기지가 되었다. 특히 농산물과 산업에 필요한 원자재가 일본군의 군수물자 보급을 위해 징발되었다. 그렇지만 프랑스가 1940년 나치 독일에 패배하고 점령당한 뒤에도 독일의 식민지가 되지 않았던 것과 마찬가지로, 서구의 식민지였던 아시아 국가도 엄밀한 의미에서 일본 식민지가 되진 않았다.

국경 설정 문제 : 나이치와 혼토

1945년 일본이 패배하기 전까지 홋카이도와 류큐琉球열도의 주민은 일본의 주요 영토, 특히 혼슈·시코쿠·규슈 섬을 지칭하는 특별한 표현을 가지고 있었다. 홋카이도 주민은 홋카이도를 제외한 나머지 영토를 나이치內地라 부르고, 류큐 주민은 일본을 혼토本土라 불렀다. 헌법에서 이 두 지역의 주민에게 나머지 지역의 주민과 동등한 지위를 보장했음에도 불구하고, 변방 지역의 주민은 자신을 차별하는 것을 느꼈고, 이 점이 어휘에도 나타난 것이다. 이 특수한 명칭들이 일상적으로 통용된 것은 홋카이도 및 류큐 지역의 주민 스스로가 나머지 지역과 '별개인' 영토에 거주하고 있다는 인식이 뿌리 깊었기 때문이다. 이처럼 일본 식민화의 역사에서 근대 이전의 식민지 문제를 삭제한다는 것은 원천적으로 불가능하다.

혼슈 섬 최북단 인근(오늘날 도호쿠 지방의 북쪽)에 위치한 영토, 곧 홋카이도 섬과 쿠릴열도, 사할린에는 본래 일본 문화와 다른 독자적인 문화를 보유하고 수렵이나 어로에 의존하여 생계를 꾸리던 아시아계 주민이 곳곳에 흩어져 살고 있었다. 일본열도의 주민은 이들을 야만인으로 취급했지만, 이 민족은 오늘날 아이누 문명이라 불리는 독자적인 문명을 꽃피우고, 13세기 무렵부터는 남부 해안에서 초보적인 농업을 실시하기도 했다. 오래전부터 이 민족과 교역해 왔던 혼슈 주민은 15세기에 몇몇 '요새화된 정착촌'(다테舘)을 설립하고 유지했는데, 당시 쓰가루해협을 관할하던 지방 영주가 이 거점 지역을 지배했다. 이 거점들은 토지 개간 사업소, 상업과 교역의 중심지, 군사 기지 등의 역할을 했다.

그 지역을 지배하던 지방 영주, 곧 마쓰마에松前 가문의 다이묘들은 17세기 초에 공식적인 인정을 받는 대가로 막부의 우두머리인 쇼군과 주종 관계를 맺었다. 혼슈 북부에 거주하던 비非일본계 소수민족은 천민 취급을 받으면서도 서서히 동화되었으나, 에죠(홋카이도) 주민은 예속 당하거나 배척을 받았다. 16세기부터 홋카이도 남부에서 식민화의 움직임이 시작되어(오늘날의 하코다테 인근 지역), 아이누족의 땅은 타지에서 이주해 온 정착민에게 서서히 점유되었다. 홋카이도 섬 곳곳에 산재한 정착민 마을의 우두머리는 사무라이 지위를 획득했다.

수렵(모피)이나 어로(고래)를 통해 얻은 물품으로 구성된 공물을 바쳐야 했던 아이누족은, 점차 전통적인 수공업과 농업을 포기하고 수렵과 어로에만 전념했다. 이들은 모피나 수산물을 제공하는 대신 쌀, 술, 수공업 제품, 특히 칠기 제품과 때로는 철제 도구를 받았는데, 교역 조건은 늘 이들에게 매우 불리했다. 이런 상황에서 아이누족은 생활수준이 월등히 높은 일본인 정착민에게 경제적으로 의존할 수밖에 없었고, 그 결과 두 공동체의 관계는 날로 악화되었다.

그뿐만 아니라 17~18세기에 이르면 일본인 정착민이 그 지역 인구의 다수를 차지하게 되었다. 아이누족이 몇 차례 폭동을 일으켰으나 곧바로 진압되어, 아이누족은 자신들의 세계가 서서히 무너지고 사회가 파괴되는 것을 무기력하게 지켜보아야 하는 처지가 되었다. 19세기 말 아이누족은 타지 출신 정착민에게 혹독하게 착취당하는 소수민족으로 전락했다.

메이지유신 다음해인 1869년에 '가이타쿠시開拓使'가 설치되고, 이 기관이 마쓰마에번을 계승하여 이 지역을 관할했다. 그러다가 1886년부터는 중앙 정부에 소속된 기관이 이 지역을 통치하기 시작했다. 이 기관의 임무는 새로운 영토를 개간하여 경작지로 만들고, 이 섬의 천연자원을 개발하는 것이었다. 산림 개간, 도로 건설, 광산 개발 같은 사업을 추진하기 위해 아이누족 인력을 징발했으나, 이들의 노동력으로는 턱없이 부족했다.

그래서 일본 정부는 유형수를 이 북부 변방 지역에 파견하여 사회 기반시설

구축 같은 대규모 공사에 활용하기로 결정한다. 이때부터 홋카이도는 유형지가 되었다. 그러나 유형수의 노동력으로도 충분치 않았고, 식민화 사업에 참여한 민간인 기업체는 '내지'의 일본인을 이 새로운 땅으로 불러들인다. 이 회사들은 도호쿠, 호쿠리쿠, 심지어 더 멀리 떨어진 여러 지방의 가난한 농민을 대상으로 대대적인 이주 사업을 벌였다. 그리고 이 새로운 정착민에게 미점유 개간지, 곧 오랜 세월 동안 아이누족의 사냥터였던 땅을 제공했다.

이 북부 개척지에 정착한 '내지' 출신의 일본인은 자신이 정착한 지역에 고향 마을을 그대로 재현해 놓기도 했다. 20세기 초에 이르러 170만 인구(그 가운데 토착민 인구는 5만 명을 넘지 못했다)를 보유하게 된 홋카이도는 경제적으로도 지속적인 발전 가능성을 갖추게 되었다. 그렇지만 식민화 및 일본 국가로 통합되는 과정에서 아이누 사회의 붕괴라는 비극적인 결과를 초래했다는 점은 부인할 수 없는 사실이다.

19세기 말에 추진된 홋카이도 개발 사업은 여러 면에서 오스트레일리아에서 영국이 추진했던 정책을 떠올리게 한다. 유형수 집단의 유입으로 토착민 사회가 파괴되고, 이 유형수가 곧 인구의 다수를 차지하게 되었고, 다음으로는 본국에서 대대적으로 이주민이 유입되었다는 점에서 그러하다. 그러나 영토의 규모 차이 말고도, 홋카이도와 일본열도의 나머지 지역이 지리적으로 인접해 있다는 점은 위의 경우와 완전히 다르다. 홋카이도는 미국의 서부 개척지와 비슷한 일본의 북부 개척지가 되었고, 프런티어, 곧 일본인 정착민의 영토 점유 상황에 따라 수시로 이동하는 경계선을 보유하게 되었다.

그 결과 러시아제국의 변방 지역과 맞닿은 국경선 설정 문제가 19세기 중엽부터 최우선의 외교 문제로 떠올랐다. 러·일 사이의 역학 관계에 따라, 여러 차례 국경선 확정을 위한 조약이 체결되면서 수시로 국경선이 변경되었다. 1905년 러일전쟁에서 승리한 뒤, 마침내 일본은 사할린과 쿠릴열도를 획득했으나, 1945년 소련군이 이곳에 진출하자 결국 이 지역을 내주었다. 이러한 우여곡절을 겪는 동안에도, 오래전부터 이 지역에 터를 잡고 살았으며 오늘날에도 여전히 살고 있는 아이누족의 의견이 고려된 적은 단 한 번도 없었다.

'북방 영토'(홋카이도에 인접한 쿠릴열도 남부의 네 개의 섬. 일본인은 이 섬들을 통틀어 '북방 영토'라 부른다)에 대한 영유권 주장을 위해 일본 정부가 내세우는 논거는 사실 이론의 여지가 있다. 18세기 말부터 일본인 어민 정착촌이 설치되었다고 주장하지만, 당시에는 이미 러시아인의 거점 지역도 존재했다. 네 개의 섬 가운데 하나인 구나시리 섬은 1789년에 마쓰마에번藩에 흡수되었는데, 이는 아이누족이 마쓰마에 영주 휘하의 사무라이에 맞서 일으켰던 폭동이 실패로 끝나면서 초래된 결과였다. 어찌됐든 이 '안개의 열도' 문제는 오늘날까지 러·일 관계를 악화시키고 있다.

규슈 남쪽에 있는 류큐열도와 주요 섬인 오키나와의 경우, 일본 식민주의의 문제는 위와는 전혀 다른 맥락에서 출현했다. 실제로 류큐열도는 독자적인 발전을 이루어, 14세기에 류큐왕국이라는 소왕국을 탄생시켰다. 15세기에 류큐왕국의 외교사절이 교토의 쇼군 궁정에서 영접을 받았으며, 이들은 '외국인'으로 간주되었다. 류큐 주민은 일찍이 국제 무역에 뛰어들었는데, 특히 중계무역에 수완을 보였다. 류큐의 상선은 15~16세기부터 동아시아의 모든 주요 무역항에 기착했다. 포르투갈인이 16세기 초에 일본열도의 존재를 알게 된 것도 말라카에 정착한 류큐인을 통해서였을 것이다.

국가적 생존을 위해, 또 국제사회에서 자국의 존재를 공식적으로 인정받기 위해 이 소왕국은 중국을 중심으로 한 국제 질서 체제에 편입되지 않을 수 없었다. 당시 중국의 주변 지역에 건설된 국가의 군주들은 중국을 패권국으로 인정하는 대신, 중국 황제인 천자에 의해 '왕'으로 책봉되었다. 이로써 주변국 군주들은 공식적으로 통치권을 위임받은 중국 황제의 대리인이자 황제의 신하가 되었다. 책봉 과정을 통해 중국 황제에게 공식적으로 인정받으면, 주변국 군주들은 지위와 정당성을 보장받을 수 있었다. 이런 과정을 통해 중국의 주변 국가는 중국을 중심으로 한 아시아의 국제 질서에 편입되었다.

일본은 공식적으로는 이러한 체제를 거부함으로써(실제로는 대개의 경우 이 체제를 인정했다) 명목상 독립국의 지위를 유지하고 있었다. 그러나 류큐왕국은 그런 자율성을 누릴 형편이 되지 못했다. 무엇보다도 중국의 여러 항구에서 교역 활동을 하려면 중국의 공식적인 종주권(일종의 보호권이었다)을 인정해야 했다. 마찬가지로 조선왕조 역시 자치권을 누리는 대가로 중국의 패권을 인정하고 있었다. 중국의 내부 상황이 어려울 때에는 주변국의 자치권이 강화되고, 역으로 중국이 강성한 시기에는 자치권이 약화되었다.

17세기 초 동아시아의 정세는 대체로 이러했다. 그러나 일본이 경제 강국으로 부상하고, 도요토미 히데요시 체제(1582~1598)를 거쳐 1603년부터 도쿠가와 막부가 들어서면서 예전보다 강력해진 중앙 권력이 출현하고, 규슈 남부의 사쓰마 같은 지방 영주, 곧 강력한 다이묘를 통합하는 등 일본 국내의 상황 변화는 중국 중심의 국제 질서를 국지적으로 변화시켰다. 도쿠가와 쇼군들은 중국의 지배 체제에 순응하지 않았을 뿐만 아니라, 그와 비슷하나 일본에게 유리한 새로운 국제 질서를 수립하고자 했다. 그리하여 에도 막부는 조선왕조(16세기 말 일본은 조선을 두 차례 침략했다)와 자신들에게 정중한 예를 표하는 관계를 맺고자 했다.

19세기 초까지 중국 청 왕조가 동인도회사 소속의 영국인 무역상에게 '굴욕적인' 예식에 참여하도록 강요한 것과 마찬가지로, 나가사키에 정박한 네덜란드 상선의 선장에게 충성 서약을 요구하기도 했다. 1609년 사쓰마 다이묘는 쇼군의 허가를 받고 오키나와 원정에 착수했다. 전투에서 패한 류큐 국왕은 사쓰마번 소속 무사의 통치를 받고, 무거운 공납의 의무를 지게 되었다. 그때부터 오키나와는 중국 청 왕조 및 사쓰마 영주의 패권을 인정해야 하는 처지가 되었는데, 이 두 종주 세력은 서로 상대방의 존재를 모르는 체했다.

사쓰마의 지배를 받으면서도 류큐왕국은 명목상 독립국의 지위를 유지했으나, 이중의 공납을 부담해야 하는 지역 주민은 극심한 고통에 시달렸다. 사탕수수만이 공물 납부를 위해 실질적으로 도움이 되는 수익성 높은 작물이었으며, 나중에는 수출용 작물이 되었다. 이런 상황에서 사쓰마의 지배 세력에 대한 반감은 점점 더 커졌다.

1840년대에 서구 여러 나라의 선박(프랑스 선박도 있었다)이 오키나와 근해에 출몰하기 시작했을 때, 류큐왕국은 이러한 상황을 이용하여 자치권을 유지할 수 있으리라는 덧없는 희망을 품기도 했다. 실제로 서구 열강은 일본과 함께 류큐왕국과도 조약을 체결했다. 그러나 1872년부터 류큐왕국의 자치권에 대한 기대는 물거품이 되고 만다. 류큐왕국의 외교권을 장악한 일본 정부가 1875년 류큐 정부가 중국에 공납하는 것을 금지한 것이다.

더 현실적인 일본의 지배를 받기보다, 지리적으로 멀리 떨어져 있으며 명목상의 종주국에 불과한 중국 황제에게 조공을 바치는 편이 낫다고 판단한 류큐인의 의견은 완전히 묵살되었다. 1872년에 이미 하나의 번으로 격하되었던 류큐왕국은, 1879년 일본의 행정구역인 '현'이 된다. 이때부터 류큐 지역은 공식적으로 일본 영토의 일부로 편입되고, 류큐왕국은 완전히 소멸되었다. 지리적으로 멀리 떨어진 지역에서 발생한 상황 변화에 대처할 수단이 없었던 중국은 일본의 류큐 합병을 인정하지 않을 수 없었고, 청일전쟁에서 중국이 패한 뒤인 1895년 류큐 합병은 공식적으로 승인되었다.

이때부터 오키나와, 곧 일본어 사용 지역이 아닌(류큐어는 언어학적으로 일본어와 유사하지만, 일본어와 다른 언어다) 이 새로운 영토는 앞으로 일본이 추진하게 될 몇 가지 식민 정책을 실험하는 장이 되었다. 학교에서는 일본어만 가르치고,

오키나와 주민은 1920년이 되어서야 하원 의원 선출권을 부여받았다('혼토,
곧 본토'의 주민보다 30여 년 늦게 참정권을 얻은 셈이다). 그뿐만 아니라 1921년의
설탕 위기로 주민은 극심한 생활고에 시달렸다. 이때 많은 사람(5만 명 이상)이
가난에 못 이겨 해외(주로 하와이로 이주하고, 프랑스령 뉴칼레도니아로 떠나는
이들도 있었다), 또는 타이완 등의 식민지로 이주했다.

아시아의 국제 질서를 '사실상' 인정한 일본에 비해 오키나와의 상황은
약간 모호했지만, 어쨌든 청 왕조와 사쓰마번에 대한 이중의 예속 관계는
동아시아의 전통적 질서에 부합하는 것이었다. 그러나 중국에 영국 전함이
출현하면서 이러한 질서는 깨진다. 이제 중국은 새로운 지위, 곧 주변국이
모두 중국에 예속되어 있다는 중국 중심의 전통적인 질서가 아니라 독립국의
공식적인 평등 관계를 전제로 하는 서구식 질서에서의 새로운 위상을 수락해야
하는 처지가 되었다.

이러한 이념적 균열을 파고들 만한 능력을 갖춘 유일한 아시아 국가였던
일본은, 1875년 조선에 개항을 요구하는 등 중국 중심의 오래된 세력 판도에
중대한 변화를 일으키고자 했다. 이와 같이 일본의 근대국가 형성 과정은
중국 중심의 오래된 제국주의적 질서의 붕괴라는 맥락에서 이루어졌으며,
전통적 국제 질서의 소멸과 뗄 수 없는 관계에 있었다. 따라서 일본 중심의
새로운 식민주의적 질서는 구시대의 질서를 대신하리라는 새로운 소명을 갖게
된다. 이런 상황에서 류큐 지역은 단 몇 년 만에 일방적으로 흡수되었고,
그로부터 얼마 뒤에는 타이완이, 다음으로는 조선이 합병되었다.

지역 주민의 희생을 대가로 이루어진 류큐 지역의 식민화는 1945년 봄에
벌어진 오키나와 전투라는 비극적인 상황으로 최종 확인되었다. 일본군 사령부
에서 이 전투를 '고국 땅에서 전투가 벌어지기 전의 마지막 전투'라고 규정했다.
실제적인 일본 전투는 오키나와가 함락된 뒤에야 시작될 것이고, 일개 식민지에

불과한 오키나와를 잃는 것쯤은 대수로울 게 없다는 오키나와에 대한 일본인의 태도가 그대로 드러나는 부분이다. 1895년 중국이 아무렇지도 않게 타이완을 내주었을 때와 비슷한 상황이었다. 오키나와 전투가 한창 진행되던 당시, 일본어가 아닌 그 지역 방언을 사용하는 자들은 미군 첩자로 간주하여 총살할 수 있다는 일본군 사령부의 명령이 있었다는 사실도 일본 정부가 오키나와와 그 지역 주민을 어떻게 취급했는지 잘 보여주는 사례다.

1945년 6월부터 미국이 점령한 류큐열도는 오키나와에 미군을 계속 주둔시킨다는 조건으로 1972년 일본에 반환되었다. 류큐 지역은 일본 천황이 지금까지 한 번도 방문한 적이 없는 유일한 지방이다. 지역 주민이 일황의 방문을 바라지 않기 때문일 것이다.

'근대적' 식민체제의 성립

이처럼 일본의 식민화 사업은 19세기 말 동아시아에서의 경쟁적 국제 관계 속에서 이루어진, 일본의 영토 확장이라는 오래전부터 존재해 온 경험의 연장으로 해석할 수도 있다. 1895년부터 태평양전쟁이 종결되기까지, 일본의 식민화 사업은 다음 네 시점을 축으로 전개되었다.

1895년 청일전쟁에서 승리한 일본은 중국과 조선의 전통적인 조공 관계를 단절시키는 데 성공한다. 청 왕조는 동아시아의 새로운 국제 관계에서 조선왕조의 독립을 인정하고, 타이완에 대한 주권을 포기했다. 타이완은 곧 일본에 합병된다.

1905년 러일전쟁에서 승리함으로써 일본은 조선 영토 안에서 행동의 폭이 훨씬 넓어졌고, 조선은 서울에 주재하는 통감이 관할하는 보호령이 되었다. 그러나 1909년 통감 이토 히로부미가 조선 민족주의자에게 암살을 당한다.

이 사건을 구실로 일본은 다음해 조선을 합병했다. 이처럼 조선의 합병은 애초부터 해당 지역의 첨예한 긴장 관계 속에서 이루어졌다. 조선의 식민통치를 위해 일본 정부는 늘 조선 민중의 잠재적인 또는 공공연한 적개심에 촉각을 기울여야 하는 처지가 되었다. 탄압 정책은 조선에 대한 일본 식민통치의 주요한 특징 가운데 하나였다.

1905년부터 일본은 남만주 지역에서 세력권을 형성하게 되었다. 만주 횡단철도 통제권은 일본이 이 지역을 점유하여 얻은 주요 전리품 가운데 하나였다. 이곳에서 일본은 농업 식민화 정책을 추진했다. 1931년 '만주사변'을 계기로(이곳에서 철도 폭파사건 일어나자 일본은 중국 민족주의자의 소행으로 몰았고, 이를 구실로 만주 지역에 대한 일본군의 직접적인 개입이 시작되었다) 만주 지역에서 중국의 지배 세력을 추방하고, 일본 정부가 배후에서 조종하는 괴뢰 국가인 만주국을 세웠다. 이렇게 하여 일본은 1931년부터 1945년까지 한반도 북부에 위치한 방대한 식민지를 보유하게 되었다.

1937년부터 중국에서, 그 뒤에는 동남아시아에서 군사적 정복사업을 추진함으로써 이 지역에서 일본의 방대한 세력권이 형성되었다. 그러나 일본은 이 지역을 식민지로 만들진 않았다. 현지인으로 구성된 친일 정권을 세우거나(정복된 중국 영토의 경우), 지역의 행정조직(그러나 식민통치 세력에 예속된)을 그대로 유지하거나(인도차이나), 아니면 지역의 행정조직을 제거했다(필리핀, 네덜란드령 동인도). 그렇다고 해도 이 경우는 엄밀한 의미로 식민지라기보다 군사적 점유였다. 따라서 조직화된 일본인 이주 사업도 추진되지 않았다.

본격적인 식민 정책이 실행된 것은 타이완과 동북아시아에서였다. 타이완을 점유하면서부터 일본의 식민 정책이 확정되었고, 물론 정도나 시기의 차이는 있었지만 다른 지역에도 동일하게 적용되었다. 일본 식민 정책의 주요 내용을 다음 몇 가지로 요약할 수 있다.

군대(특히 육군)가 헌병대라는 정치 경찰의 지원을 받으며, 식민통치에서 중추적인 역할을 했다.

정복된 영토는 '근대화' 대상이었다. 식민지 개발이 식민화의 목표 가운데 하나였던 것이다. 여기에는 1868년 이래로 일본의 경제적 성공을 가능케 한 요소를 다른 지역에 적용시킴으로써, 식민지에서 창출할 수 있는 경제적인 수익을 극대화할 수 있으리라는 계산이 깔려 있었다.

선전용의 개괄적인 식민 정책 프로그램은 다음과 같았다. 곧 식민지 주민은 자신의 이익을 위해 반드시 '일본화'되어야 한다. 식민지 주민도 언젠가 일본인과 동등해질 것이기 때문이다. 식민지 주민이 '일본성日本性'에 도달하기 위해서는 특단의 대책이 필요하다. 따라서 식민지 문화 정책은 매우 중요하다.

그러나 이러한 식민 정책 프로그램은 곧 역효과를 낸다. 탄압정책을 기반으로 한 군사적 점유, 강제적 산업화를 위한 인적·물적 자원의 과도한 수탈, '일본화' 동화정책에 대한 식민지 주민의 거부감 같은 요소는 조직적인 차별 정책, 나아가 식민체제의 폭력성을 야기했다.

일본 식민화의 대표 사례 : 타이완

중국이 타이완을 지배하기 시작한 것은 그리 오래된 일이 아니었다. 16세기까지도 타이완은 중국 중앙 권력에게 거의 알려지지 않았다. 말레이반도 출신 또는 동남아시아에서 건너온 좀 원시적인 토착민이 거주하고 있던 '소小류큐'를, 포르투갈인은 포르모사('아름다운 섬'이라는 뜻)라 불렀다. 16세기 말 요새화된 상업 지구가 들어서면서부터 이 지역에서 본격적인 교역 활동이 시작되었다. 이곳에서 중국인, 일본인, 류큐인이 각자의 생산품을 싣고 와서 거래를 했는데, 일본 역사가는 이것을 '만남의 교역'이라 부르기도 했다.

1624년 네덜란드인이 요새화된 상업 지구의 하나인 안핑安平을 점유했으나, 인근 푸젠 지방 출신의 장수 정성공鄭成功('콕싱가'라는 네덜란드식 이름으로도 불린다)에 의해 1662년에 쫓겨난다. 정성공은 명나라 말기의 유신으로서, 만주족의 청 왕조가 중국을 지배하는 데 반대하고 저항운동을 벌였던 인물이다. 17세기 초부터 푸젠성 출신 중국인의 이주 움직임이 확대되었고, 중국인 정착민은 타이완 원주민을 내륙의 오지로 몰아넣었다. 정성공 및 그의 후손이 독자적으로 통치하던 타이완은 17세기 말 공식적으로 중국에 귀속되었다.

그렇지만 베이징의 중앙 정부는 타이완을 남부의 중국인과 토착민이 거주하는 머나먼 식민지 영토쯤으로 여겼다. 1895년 청 왕조가 일본의 침략 야욕에 직면하여 타이완을 아무렇지도 않게 내줄 수 있었던 것도 바로 이런 점 때문이다. 지리적으로 멀리 떨어져 있으며, 면적도 얼마 되지 않은(중국 대륙에 비해) 타이완을 잃는 것을 그리 대수롭지 않은 손실쯤으로 여겼다. 이는 '타이완성省'의 수복을 절대적인 국가적 중대사로 여기는 오늘날 베이징 정부의 태도와 매우 대조적이다.

1895년 일본은 군대를 파견하여, 청 왕조에게 공식적으로 양도받은 타이완을 점령했다. 그러나 일본군은 비非중국계 토착민의 저항에 부딪쳤을 뿐만 아니라, 말라리아로 큰 피해를 입었다. 일본군이 타이완을 장악하는 데에는 6개월이 걸렸고, 저항 움직임을 완전히 분쇄하기까지는 3년이 걸렸다(저항운동은 실제적으로 1915년까지 산발적으로 지속되었다). 이 '이름 없는' 전쟁은 1894~1895년 청일전쟁보다 더 많은 일본군 사망자를 냈고(거의 일만 명), 민간인(현지 주민) 희생자는 더 많았다. 평야 지대에 거주하는 중국인 주민의 저항은 비교적 신속하게 제압되었지만, 고립된 산악 지대 주민의 저항운동은 그보다 훨씬 거셌다. 고된 강제 노역에 시달려야 하는 현실뿐만 아니라, 외국 군대가 침입하여 자신의 전통과 문화를 파괴하는 것을 쉽게 용납할 수 없었던 것이다.

일본 본국 정부는 타이완에 외형상 육군이 관할하는 행정조직을 수립하면서
도 실제로는 민간인 행정관료 집단에 크게 의존했다. 식민화 초기 20여 년
동안 타이완 총독으로 부임한 사람은 육군 장성들로, 이들은 모두 일본 정부의
실력자 야마가타 아리토모山縣有朋가 임명했다. 그들은 야마가타 아리토모와
마찬가지로 조슈번長州藩 출신의 무사였다(조슈번은 막부 체제를 무너뜨리고
1868년 메이지유신을 이루는 데 기여한 일본의 변두리 지역의 여러 번 가운데 하나다).
이러한 군 장성과 함께 일한 민간인 행정가 가운데 초기에 활발하게 활동한
인물이 바로 고토 신페이後藤新平[의사로서 일본 내무성 위생국장으로 근무하다가
타이완 총독부 민정국장으로 발탁되었다. 그 뒤 1906년에 남만주철도회사, 곧 만철의
초대 총재로 취임했다]이다. 1896년 타이완에 도착한 그에게 맡겨진 임무는
타이완의 근대화를 추진할 지도자를 양성하는 일이었다.

영국의 식민통치 방식을 연구한 바 있던 고토 신페이는 역동적인 팀을
이끌고 타이완에 상륙했다. 이들은 타이완 주민의 풍습을 대대적으로 조사하고,
소유권 설정을 위해 토지조사 사업에 착수하고, 타이완 은행을 설립하고,
사회 기반시설 구축을 위한 대규모 공사에 착수하고(도로, 항만, 철도, ……),
제당 산업의 근대화를 추진하는 등 타이완 식민통치를 위한 기반을 완성했다.

영국식 모델에 충실했던 고토 신페이는 타이완 주민의 관습과 관행을 고려하
면서, 타이완에 고유한 법적 지위를 유지하고자 했다. 그러나 얼마 뒤 그는
하라 다카시原敬(하라-케이라고도 한다. 1918년에 일본 총리로 취임) 같은 '정치인'
과 대립하게 되는데, 이들은 군부에게서 식민지 통치권을 되찾고 '내지'(일본)와
식민지를 법적으로 통합시키고자 했다(이러한 목표는 1921년에 실현된다). 그렇지
만 고토 신페이는 '1국 2체제'[1]의 당위성에 대한 신념을 버리지 않았다.

---

1) 홍콩과 마카오의 통합 및 언젠가 이루어질 타이완의 흡수를 정당화하기 위해 1980년대부터
   중국 정부가 '1국 2체제'라는 정치 슬로건을 채택하고 있다는 점을 지적할 필요가 있다. 이
   경우, '1국 2체제'는 한 국가 내에 공산주의와 자본주의가 공존할 수 있다는 것을 뜻한다.

이처럼 식민시대 내내 도쿄의 권력자는 두 가지 형태의 식민지 정책을 놓고 대립했다. '군부'2)에서는 토착민과의 충돌을 가급적 회피하고자 했다. 이들은 식민지를 만주 지역에 주둔한 일본군이 남쪽으로(난징) 진격할 때(1937년부터 실제로 이러한 상황이 벌어진다), 전략적으로 활용할 수 있는 전초기지로 여겼기 때문이다. 고토 심페이는 비록 민간인이었지만 군부의 의견에 동조했고, 서구 식민 열강의 사례를 참고하며 식민 정책을 기획했다.

그러나 '정치인'은 식민지에서 사회적 관계를 공고하게 다지는 것이야말로 식민지 주민의 통합을 확실히 이루어 내고, '일본화化'를 가속하는 최상의 방법이라고 생각했다. 일본 최초의 식민지였던 타이완은 일본 권력자의 주장과 그에 대한 구체적인 프로그램이 실행되는 실험실이 되었다. 그 뒤 고토 심페이와 그의 동료는 조선과 만주로 파견되어, 그곳에서도 동일한 정책을 적용했다.

1906년에 토착민 사회를 위한 5개년 개발계획이 수립된 동시에, 산악 지대의 부족민을 대상으로 '평정' 작전이 개시되었다. 또한 산악 지대의 부족민을 특별 감시 구역으로 결집시키는 한편, 경제적·전략적 목적의 도로와 철도가 건설되었다. 대부분의 식민지에서 그렇듯이, 여기서도 문명화 사업과 탄압정책이 동일한 속도로 추진되었다.

다른 한편으로는 일본인 이주 사업이 확대되었다. 타이완에서 이주민 사회의 계층 구조는 식민 사회의 전형적인 모습을 띠었다. 일본, 곧 본토에서 건너온 행정 관료와 기업체 소유주가 식민 사회의 최상층을 형성했다. 그밖에 오키나와 출신의 노동자는 처음에는 건축이나 공공 건설 현장에 배속되었으나, 얼마 지나지 않아 중간 관리자 역할을 맡게 된다(공사장의 작업반장, '요주의 지역'에서 원주민의 감시와 탄압을 담당하는 경찰관).

대부분 푸젠 지방에서 건너온 옛 정착민의 후손인 중국계 주민은 주로

---

2) 군인뿐만 아니라 군부와 가까운 인물들을 포함한다. 이들은 정당에 소속된 정치인과 대립적인 위치에 있었다.

농업과 상업에 종사하며 평야 지대에 거주했다. 이들은 일본의 타이완 점유를 별다른 어려움 없이 받아들였는데, 이는 일본이 타이완의 경제 발전에 도움을 주리라는 기대감 때문이었다(실제로 중국계 주민은 경제 개발로 인한 수익을 어느 정도 나눠 가질 수 있었다). 그러나 타이완 원주민의 경우는 달랐다. 이들은 산악의 오지로 추방당하고, 차별과 탄압의 희생자가 되었으며, 고된 작업에 투입될 노동력으로 징발되었다. 일본인은 타협적인 중국계 주민에서 타이완 원주민을 분리하여, '폭도'라는 뜻의 '도히土匪'라 불렀다. 이런 상황에서 원주민 인구는 급속도로 감소할 수밖에 없었고, 일본 식민 당국은 이 현상을 문명이 야만보다 우월하다는 증거로 해석했다. 일본 식민 당국은 원주민의 저항은 납득할 수 없는 것이며, 원주민 자신들의 야만성을 드러내는 어이없는 행동일 뿐이라고 주장했다.

그런데 1930~1931년, 일본인의 주장을 그대로 따르자면 '원주민의 야만성을 여실히 보여주는' 사건이 터진다. 고지대의 '도히'가 마을로 내려와 일본인 백여 명을 살해하는 일이 벌어진 것이다. 곧 일본의 보복이 시작되었다. 대포와 전투기, 중화기와 전투용 독가스로 무장한 일본군 6천 명이 폭동에 가담한 수백 명의 원주민을 상대로 진압 작전을 벌였다. 일본군은 반란자를 수용소에 가둬 놓고, 친일 성향의 원주민에게 학살을 명령했다. 앞으로 중국 대륙에서 실시될, 점령지 주민을 대상으로 한 무력 작전의 종합 리허설인 셈이었다. 이것은 타이완에서 이주민과 피정복민 사이에 잠재된 긴장 상태가 얼마나 심각했는지를 그대로 보여주는 사건이다. 그러나 이런 상황에서도 —이것 역시 대부분의 식민체제에서 공통적으로 나타나는 현상이다— 공공 위생을 강화하고, 병원을 세우고 보건소를 여는 등 식민 당국의 노력은 계속되었다. 1911년에 이르면, 타이완에 들어선 의료 시설이 총 27개나 되었다.

식민제국의 경제적 경영

타이완을 점령하자마자, 일본에서는 식민지의 산업화를 이루기 위해 동원할 수 있는 모든 에너지를 투입해야 한다는 사고가 나타났다. 1895년 청일전쟁에서 승리한 직후, 특히 근대 일본의 걸출한 지식인 후쿠자와 유키치가 이러한 주장을 폈다. 1870년대에 서구 사상의 도입에 앞장선 근대화 이론가였던 후쿠자와는, '산업화와 근대화를 위해 타이완의 모든 에너지를 총동원해야 하고, 그렇게 하면 엄청난 수익을 창출할 수 있다고' 주장했다.

이러한 일본 식민화의 '개발주의' 프로그램은 이웃나라의 지식인 계층에게 신기루 같은 환상을 심어 주기도 했다. 1890년대부터 중국, 조선, 심지어 베트남의 유학생까지 조국의 독립과 근대화를 위한 방편을 찾고자 도쿄로 건너왔다. 1920년대에 이르면, 일본 대학에 등록한 여러 아시아 지역 출신의 유학생이 수천 명에 이른다. 이들은 일본 대학에서 제공하는 수준 높은 강의 내용에 매료되었지만, 그와 함께 차별을 겪어야 하는 현실 앞에서 좌절감을 느꼈다.

이리하여 일본이 점유한 식민지 영토는 모두 개발 대상이 되었다. 그렇지만 식민지 개발이 현지 주민의 이해관계와 방향을 같이 한 것은 결코 아니었다. 식민지 주민은 오히려 물적 수탈과 노동력 착취의 희생자가 되었고, 수익 분배에 참여할 가능성도 완전히 박탈당했다.

타이완에서는 대부분의 경우 일본의 민간 자본이 제당 산업 등에 투자되었던 반면, 조선에서는 식민정부가 개발 사업을 관장했다. 20만 명이 넘는 일본인 공무원으로 구성된 행정조직이 조선을 통치하고, 중앙집권적 성격이 매우 짙은 총독부가 경제 개발계획을 수립했다. 따라서 결과도 식민지마다 달랐다. 조선의 경우 1911년부터 1930년까지 연평균 3.5%의 경제성장률을 기록했다. 가장 많은 노력이 투입된 분야는 운송 시설, 항만 설비, 도시 계획이었고,

만주에서는 특히 토지개간 사업 같은 인프라 구축 사업이었다. 혹독한 기후 환경에도 불구하고 120만 명 이상의 일본인이 만주로 이주했는데, 이들을 끌어들일 만한 유리한 조건이 조성되었기 때문이다(일본인 이주민은 저렴한 비용으로 토지를 양도받을 수 있었고, 저금리로 대출을 받을 수 있었다). 또 오늘날의 코르사코프(항구도시)에 제지 공장이 건설되면서, 사할린은 일본 제국 전역으로 종이를 공급하는 중심지 역할을 했다.

1차 대전 직후 일본에서는 사회적 요구가 분출되면서(1918년의 쌀 폭동, 노동운동의 부상), 일본 대기업체가 산업 시설의 일부를 임금 수준이 비교적 낮은 식민지로 이전하려는 움직임이 나타났다. 다른 한편으로 일본 정부는 농산물의 가격 안정을 위해 쌀 수입량을 늘리고자 했다. 그 결과 조선의 식량 사정은 극도로 악화되었다. 1920년부터 1930년까지 쌀 생산량은 10%밖에 증가하지 않았으나, 일본으로 반출되는 양은 3배로 증가했다. 1930년대 초 조선은 기근 직전의 단계에 진입하고 있었다. 굶주림에 시달리던 수많은 농민이 도시로 유입되었다. 오직 생존을 위해 중일전쟁이 시작되자(1937년) 공장마다 생산 라인이 풀가동되던 일본으로 떠나는 사람도 있었다. 마찬가지로 타이완에서도 일본으로의 농산물 반출이 급격히 증대되었으나, 제당 산업 분야에 막대한 일본 자본이 투자되었던 까닭에 조선에 비해 사정이 나은 편이었다.

식민지에서 천연자원 개발에 참여한 일본 대기업체는 그곳에 중공업 단지를 조성했다. 특히 만주 지역에서 이런 현상이 두드러졌는데, 만테쓰滿鐵 곧 남만주 철도회사를 중심으로 막대한 산업 자본이 투입되었다. 일본의 관료, 대기업(자이바쓰 곧 재벌), 대학교수가 식민지에서 시도되는 갖가지 사업에 큰 관심을 보였다(각종 사업이나 정책의 실험실 역할을 하고 있었다). 가령 타이완에서는 고토 심페이가 하수처리와 정수 시설을 갖춘 도시계획을 수립하고(뒷날 만주에서도 동일한 도시계획을 수립했다), 하수도 직결식 수세 장치[수세식 화장실]는 일본에 소개되기 전에 이미 타이완에 실험적으로 설치되었다.

철도망을 비롯한 교통망 전반은 일본 정부가 추진했던 식민지 프로그램 가운데 가장 대표적인 사업이었다. 물론 일본 정부가 교통망 확충에 총력을 기울였던 가장 큰 이유는, 신속하게 군대를 이동시킬 수 있는 수단을 확보하는 것이었다. 그러나 타이완에서 사할린까지, 부산에서 몽골 지역에 이르기까지 철도가 건설된 것이 일본 식민주의가 이룬 업적이라는 점은 부인하기 어렵다. 1939년 철도망의 길이가 일본 본토에서만 18,000㎞, 식민지 전역에서 15,000㎞ 에 이른다. 도쿄 역에서 기차표 한 장만 구입하면, 만주의 하얼빈까지 갈 수 있게 된 것이다. 이와 같이 일본 본토를 중심으로 교통망이 방사상으로 뻗어 있었는데, 이는 일본 식민체제의 핵심 요소였다.

일본은 뛰어난 기술자, 대학교수, 행정 관료를 식민지에 파견했다. 일본 제국대학을 모델로 하여 조선에 경성제국대학이 설립되었는데, 조선에 정착한 일본인 엘리트 계층의 젊은이만 받아들일 목적으로 세운 것이 아니었다. 1930년 대에 형성되기 시작한 식민지 조선의 중산층, 다시 말해 일본 문화에 동화된 조선의 엘리트 계층에게도 개방된 것이다. 이렇게 일본인에 의해 양성된 조선인 기술자와 행정관리가 점차 조선 철도의 운영을 맡게 되었다.

'일본화' 동화정책

중국을 중심으로 설정된 국제 관계 체제에서 여러 국가와 백성은 자치권과 독자성을 유지할 수 있었고, 서로의 존재를 인정하면서 공존했다. 류큐왕국의 사례에서 볼 수 있듯이, 이러한 국제 질서는 어쨌든 유연하고 개방적이었으며, 일본 역시 어느 정도는 이러한 도식에 순응하고 있었다. 그러나 19세기 서구 세력의 침입에 대응하기 위해 일본은 이 도식을 포기하고 서구식의 새로운 정치 구도를 재빨리 채택한다. 가장 먼저 일본은 조선과의 관계를 재설정하는 작업에 착수했는데, 이는 '타자에 대한 거의 무조건적인 폄훼'라는 일본 권력층의 일방적인 시각을 기반으로 설정된 관계였다(Lionel Babicz, 『메이지 시대 조선과 일본의 관계』, 2002).

19세기 말부터 20세기 초까지 형성된 동아시아의 새로운 질서 속에서 일본은 중심부를 차지하고, 주변의 식민지는 중심부를 향해 서서히 동화될 수밖에 없는 운명을 타고난 존재로 간주했다. 식민지 주민은 완벽한 '일본성性'에 도달할 때까지 정복자의 후견을 감내해야 하는 존재였다. 이것이 바로 일본 식민 정책의 기본 방침이었다.

바로 여기서 층위적 공간 분할이라는 사고가 탄생했다. 일본을 중심으로 표준이 되는 '일본성'에 얼마나 가까이 접근했는지에 따라 여러 개의 동심원이 그려졌고, 이것은 식민지 주민에 대한 정치적·사회적 통제의 강도를 결정짓는 근거가 되었다. 곧 식민체제가 강제적으로 부과한 모델에 대한 적응 가능성 정도에 따라 탄압의 수준이 결정되었던 것이다.

일본은 본토(또는 내지) 바깥의 영토를 제국주의 일본의 보호 아래 놓인 '일본화'의 대상으로 규정했는데, 이것이 바로 '황국신민화' 정책이다. 가장 먼저 오키나와에 동화정책이 시작되고, 다음으로는 타이완으로 눈을 돌렸다. 타이완의 경우는 인구 구성이 다소 복잡하므로(중국인과 토착민), 시간이 좀 더 걸리리라고 예상했다.

일본의 식민주의자는 조선을 '근대 이전의 고루하고 세련되지 못한 일본'쯤으로 여기면서, 언젠가 반드시 일본화될 것이라는 믿음을 갖고 있었다. '일본화'를 위한 구체적인 조처가 실행되었는데, 그 목적은 식민지 주민을 '일황의 충실한 백성'으로 만드는 것이었다. 가령 식민지 주민에게 일황에 대한 충성 서약을 강요하고, 신사를 세워 일본의 전통 신에게 참배하도록 강요했다.

교육은 일본화 동화정책을 위한 가장 중요한 수단이었다. 타이완, 조선, 만주 지역의 학교에서는 '일황에 대한 존경과 충성'을 기조로 하는 역사와 윤리를 가르쳐서 식민지 주민을 '일황의 백성'으로 만들고자 했다. 식민지 교육정책의 핵심은 강제적인 일본어 교육이었다. 조선에서는 1911년 교육 관련 법령이 공포되었는데, 이는 '조선인을 충성스러운 백성으로 만드는' 것을 목적으로 하는 새로운 문화 정책의 시발점이 된 사건이었다. 1919년 3월 1일에 일어난 조선의 독립운동의 여파로 두 번째 법령이 공포되었고, 이로써 1922년 일본과 같은 6년제 초등교육이 확립되고, 조선어 교육을 실시하는 기존의 학교는 모두 폐쇄되었다. 새로운 학교에서는 일본 본토에서 사용되는 것과 거의 동일한 교과서를 썼다.

1937년의 법령으로 일본화 정책은 한층 더 강화되었다. 이때부터 '조선과 일본은 한 몸'이라는 뜻의 '내선일체內鮮一體'가 공식적인 슬로건이 되었다. 이때부터 '국사(일본의 역사)'의 목표는 고쿠타이國體('국가의 본질 또는 정체성'이란 뜻으로, 일본 민족주의의 신비주의적인 개념이다) 원리를 가르쳐서 일본 제국 백성의 정신을 개조하여 일본화의 길로 인도하는 것'이 되었다. 최초의 공립학교가 1899년에 설립되었던 타이완에서는 일본화 동화정책이 그보다 느리게 진행되었다. 타이완에서는 1922년부터 동화정책이 본격적으로 추진되었고, 이때부터 일본 역사와 지리를 체계적으로 교육했다. 타이완의 공립학교에서 쓰는 교과서도 일본 본토에서 쓰는 교과서와 거의 비슷했고, 중국 역사를 많이 다루던 타이완의 역사는 교과 과정에서 완전히 삭제되었다.

만주 지역의 학교에서 다루는 만주국의 역사는, "만주국의 독립과 발전을 위해서는 일본과 굳건하게 동맹 관계를 맺어야 한다"는 내용이 주조를 이뤘다. 1943년에 나온 만주 지역의 역사 교과서에서는, 특히 일만일심일체日滿一心一體 (일본과 만주의 정신적·신체적인 연합) 정신을 부각시켰다.

1930년대 중반에 위기가 고조되던 상황에서 일본 식민 당국은 일본화 정책에 더욱 박차를 가했다. 타이완의 경우 정책의 목표는 뚜렷했다. 곧 식민지 주민의 민족의식을 말살함으로써 이제 곧 대륙에서 벌어질 중국과의 전쟁에 이들을 적극 동원할 수 있도록 준비하는 것이었다. 1937년 타이완의 학교에서 중국어가 완전히 추방되었다. 이때부터 모든 수업이 일본어로 진행되어, 일본어를 완전히 습득하지 못한 어린이는 야간 수업이나 보충수업을 받았다. 이러한 정책은 곧 효과를 거두었다. 1936년에는 일본어를 구사할 수 있는 타이완 주민이 총인구의 32%, 1940년에는 51%로 증가했다. 일본 식민 당국은 이세신궁伊勢神宮에서 발표하는 교지를 집집마다 걸어 놓도록 하고, 일본식으로 창씨개명을 강요했다.

조선에서도 일본어로 학교 수업이 진행되었다. 일본식 학교 교육을 받은 식민지 지배 계층은 일본어를 구사할 줄 알았고, 이들은 1945년 독립 후에 국가의 주도 세력으로 부상한다. 또한 1939년 법령으로 창씨개명을 강요하고, 몇몇 지역 명칭을 일본식 지명으로 바꾸었다. 창씨개명(얼마 전까지만 해도 이것은 재일 한국인이 귀화할 때의 필수 조건이었다)은 조선인에게 엄청난 정신적 충격을 주었고, 거센 저항의 움직임을 불러왔다.

식민 질서의 유지를 위해 일본은 동화정책에 더욱 박차를 가했는데, 동화정책이란 두 민족 사이의 차이를 인정하지 않게 된다는 점을 전제로 하는 것이었다. 조선인에게 일본의 동화정책은 자신의 독자성을 부정하고 정체성을 포기하도록 강요당한 뼈저린 기억으로 남아 있다.

차별과 탄압, 식민체제의 필연적인 산물

일본 식민주의의 정교하지 못한 동화정책은 일본인 정착민 사회에 초보적인 인종주의와도 비슷한 극심한 우월감 콤플렉스를 생성시켰다. 이는 식민지 주민의 저항운동을 일으키는 원인이 되었다. 중국인은 '더럽고 탐욕스러우며 겁이 많고,' 조선인은 '악취가 나고 어리석고,' 만주인은 '용감하나 영리하지 못하다'라는 식의 상투적인 고정관념이, 군 내부는 물론 조선이나 만주에 건너온(이미 많은 일본인이, 특히 만주 지역에 들어와 있었다) 일본인 농경 정착민 사회를 떠돌아다녔다. 이러한 고정 관념의 저변에는 일본인의 극도의 오만함이 자리 잡고 있었다. 엄청난 군사력이라는 든든한 후원자를 등에 업고, 일본인 정착민은 식민지 주민에게 난폭하고 오만하게 굴었다.

조선인 동료와 공동으로 펴낸 잡지 「고쿠도國道」 제2호에서(1923년) 가네코 후미코라는 젊은 일본 여성은 1912~1919년 조선에서 보냈던 어린 시절의 기억을 떠올리며 충격과 분노를 감추지 않았다. 그 내용은 고리대금업자로 변모한 일본인 지주가 조선인 채무자를 총기로 협박하면서 빌린 돈의 10배를 요구했다는 이야기다. 일본인 정착민 가운데 대부분은 원래 가난한 소작농 출신으로서, 일본에서 지주와 고리대금업자에게 시달렸던 자들이다. 그런 그들이 조선이나 만주에 도착한 뒤, 천황의 은공으로 조선인이나 만주인 위에 군림할 수 있다고 생각한 것이다.

둔전병으로 만주 개척지에 정착했던 다카기 우쓰히코라는 일본인 청년은 1937년에 쓴 편지에서 당시의 상황을 이렇게 이야기했다.

이곳에서 일본인은 주인입니다. 만주 땅에 발을 디딘 이래로, 내가 일본 제국에 서 태어났다는 것을 얼마나 감사하게 생각했는지 모릅니다. 우리 일본의 힘은 대단합니다. 우리 같은 젊은이도 키가 180㎝나 되는 건장한 만주인을 얼마든지 부릴 수 있습니다. 만주인은 우리 일본인을 존경합니다. 친절히 대해 주기만 하면, 그들은 최선을 다해 우리를 섬깁니다. 신이 된 것 같은 착각이 들 정도입니다. 그 순진하고 무지한 백성을 잘 다스리는 것이야말로 위대하고 고귀한 사명일

것입니다.[3]

　이러한 태도는 당연히 저항의 움직임을 불러일으켰다. 특히 조선에서 민족주의 운동이 거세게 일어났다. 1919년 3월 1일, 서울에서 대규모 시위가 벌어져 시위에 참가한 군중이 만세를 부르는 가운데 조선의 자주독립이 선포되었다. 그 뒤 단 몇 주일 만에 시위는 전국으로 확산되었고, 수십만 명이 시위에 참가했다. 이에 대한 일본 식민 당국의 탄압은 혹독했다. 수만 명이 체포되고, 수천 명이 처형을 당했다. 하지만 혹독한 탄압에도 불구하고 민족주의 출판물이 그 뒤에도 계속해서 쏟아져 나왔다. 조선 독립 망명 정부는 블라디보스톡에 수립되었으며, 그후엔 상하이에 수립된다.

　1920년대 초 일본 총리대신 하라 타카시의 주도로 식민지의 통치권이 군정에서 민간인 행정부로 이동함으로써, 일본의 조선 식민통치의 독재적 성격이 다소 완화되는 기미를 보이기도 했다. 정치적인 경찰 조직 대신 일반 경찰 조직이 치안을 담당하고, 행정조직에서도 조선인의 승진 기회가 어느 정도 확대되었다. 그렇지만 항일운동은 조금도 수그러들지 않았고, 결국 한반도의 북단에서 조선 공산주의자 무장세력이 이끄는 저항세력이 결성되었다. 타이완에서는 1921년에 자치운동이 처음으로 나타났는데, 이는 타이완 의회가 설립될 수 있는 길을 열었다.

　그러나 이러한 공공연한 저항운동은 식민화에 대한 식민지 주민의 여러 대응 방식 가운데 하나일 뿐이었다. 식민체제에 대한 지지 또는 순응하는 태도도 팽배해 있었다. 가령 동화정책의 결실이었는지, 타이완이나 조선의 청년을 일본군으로 징병하는 사업은 별다른 어려움 없이 이루어졌다.

　타이완의 경우 내륙 산악 지대의 원주민으로 군부대를 구성하여, 필리핀의

---

3) 야마다 쇼지, 『植民地』, 岩波, *Nihon tsūshi*, 18, 3, 1994, p. 67.

바타안이나 코레히도르 섬으로 파견했다. 이들은 대규모 공사나 군수물자를 보급하는 업무에 배속되었다. 중국 본토 출신의 타이완인으로 구성된 부대는 전투에 투입되었다.

일본군에 강제 징병된 조선인에게는 전쟁 포로를 감시하는 업무가 주어졌다. 이들 가운데 일부는 1945년 패전 이후 미군에 의해 전범이라는 판결을 받게 되었는데, 이 사람들은 자신을 어쩔 수 없는 조선인으로 간주한 일본인에 의해서도 버림받았고, 반대로 일본의 협력자로 간주한 조선인에 의해서도 버림받았다. "여기서 차별과 모멸감을 겪으니 차라리 일본인처럼 전쟁터에 나가 싸우고 싶다"라고 1945년에 일본 공장으로 강제 징용된 어느 타이완 청년이 토로했듯이,[4] 식민지 주민에 대한 일본화 정책은 어떤 면으로는 오히려 일본에 해가 되는 결과를 낳았다.

만주 지역의 식민화

만주에서 추진된 일본의 식민화 사업은, 다음 두 가지 이유로 그 밖의 다른 식민화 경험과 조금 성격이 다르다. 먼저 일본인 이주민의 규모가 다른 지역과 비교할 수 없을 만큼 상당했다는 점, 그리고 만주 지역에서는 직접 통치 체제를 수립하는 대신 괴뢰 국가를 설립하여 유지했다는 점이 그렇다.

러일전쟁과 1차 대전 이후, 일본은 만주 지역에서 몇 가지 특수한 권리를 획득했다. 하얼빈에서 랴오둥반도에 이르는 남만주철도에 대한 권리를 얻어냈을 뿐만 아니라, '철도 지역' 다시 말해 선로 주변의 광대한 지역을 관할하게 된 것이다. 이곳에서 일본은 중국 정부에서 실제적인 치외법권을 획득했다.

동북아시아에서 러시아의 영향력이 약화되기 시작한 1917년 이후, 일본은

---

4) 야마다 쇼지, ibid., p. 77.

단번에 이 지역의 강자로 부상했다. 일본은 일본 국민이 그 지역에 정착하고, 토지를 구입하며, 지하자원을 개발할 수 있는 권리를 얻어낸다. 그러나 무크덴(선양)에 정착하고 있던 중국의 군벌 장쉐량張學良을 중심으로 한 통치 세력이, 1920년대 말 중국인 이주자와 중국 자본을 끌어들이면서(특히 하얼빈으로) 일본의 이해관계가 크게 위협받기 시작했다.

1931년 9월 일본의 공작으로 일어난 만주사변은 이런 상황에 대한 일본 당국의 대응 방식이었다. 일본군은 중국의 군벌 세력을 제압하고, 불과 며칠 만에 거의 모든 지역을 장악했다. 그와 동시에 일본은 은밀히 반중 만주족 민족주의 세력을 지원했다. 일본은 1932년 만주국이라는 허울뿐인 '독립국'을 설립하면서 국제연맹을 탈퇴했다.

중국인이 만주국의 최고위 직급을 대부분 차지했다(당시 만주 지역에서는 중국인 인구가 만주족보다 많았다). 그러나 실질적인 권력은 내각과 행정조직에 있었는데, 여기의 주요 분야는 모두 관동군과 연관된 일본인이 장악했다. 당시 관동군은 도쿄의 중앙 정부에 대해 자율권을 확보하고자 애쓰던 참이었다. 이런 상황에서 만주국은 어느 정도 자율권을 보유한 식민지 주둔군 휘하의 보호령인 셈이었다(Michel Vie, 『20세기의 일본과 세계』, 1996).

'내면지도內面指導'라 부르는 이러한 관행은 공식적인 합병 이전에(특히 1895~1910년에) 이미 조선에서 시도했던 것으로, 1937년부터는 일본군이 점령한 중국 영토에서 다시 한 번 실행한다. 일상적인 업무는 현지의 행정조직에 맡기되, 주요 사안은 일본인이 직접 맡거나 일본인 심복에게 맡긴다는 것이 그 정책의 주요 골자였다.

만주 지역에서 일본은 실제로 산업화에 총력을 기울였는데, 이는 그 지역의 전략적인 가치와 풍부한 천연자원 때문이었다. 주요 광물자원의 개발뿐만 아니라(석탄, 철), 각종 중공업 단지(철강, 시멘트)와 원자재 가공 공장이 설립되었다. 바로 이 시기에 닛산이라는 일본 민간인 기업체의 지휘 아래 자동차 산업이 비약적으로 성장하기 시작했다(트럭, 트랙터). 1940년대 초 만주는 산업 강국 일본 제국을 구성하는 주요 영토가 되어, 일본군의 전력 보강을 위한 병참기지 역할을 했다.

일본군은 1932년부터 중국 북부로, 1937년부터는 중부로 급작스러운 침략을 감행했다. 이는 순수한 식민화 사업의 일환이었다기보다는 경제적·군사적 프로그램, 다시 말해 중국의 풍부한 농산물과 천연자원을 확보하고, 일본의 수출 산업을 지원하며, 국제적인 전략 거점 지역을 확보한다는 계획에 따른 행동이었다. 전쟁에서 일본이 승리를 거둠으로써 1940~1942년부터 일본 세력 권은 단번에 중국 문화권 바깥 지역으로 확대되었는데, 이곳은 이미 식민체제를 경험한 지역이었다. 곧 프랑스령 인도차이나, 말레이시아, 영국령 버마, 네덜란 드령 동인도, 그리고 1898년 스페인-미국의 전쟁에서 승리한 미국의 식민지가 된 필리핀이 연이어 일본 세력권으로 편입되었다. 이렇게 이질적인 영토를 하나의 틀로 통합시키고자 일본 정부는, 1942년 '대동아공영권'의 건설을 계획했다. 대동아공영권은 배타적이고 외부의 영향에서 폐쇄된, 전쟁 중인 아시아의 경제블록이었다.

맺음말

일본 식민체제는 형성 과정에서부터 이미 일본의 군사적 정복사업과 밀접하게 연관되어 있었다. 실제로 일본 식민체제는 1945년 8월 일본군의 패배와 군 조직의 붕괴(미국이 공개적으로 이를 계획하고 추진했다)라는 상황을 극복하지 못하고, 그와 함께 와해되었다. 일본군 패배의 직접적인 산물인 일본 식민제국의 해체는 불과 며칠 만에 도처에서 동시다발적으로 이루어졌다. 그리하여 일본인

이주정착민, 점령군이던 일본군 장교 및 일반 병사는 극도의 혼란 속에서 다급하게 자신들이 살던 곳을 떠나야 했다.

만주와 조선에서는 막강한 일본군이라는 든든한 후원자를 잃어버린 일본인 이주정착민과 관리에 대한 보복 행위가 벌어졌는데, 이는 대부분의 식민체제가 그러하듯이 '해방자'를 자처했지만 결국에는 철저한 탄압으로 일관했던 일본 식민체제의 본 모습을 적나라하게 드러내는 대목이다. 당시의 급박한 상황 속에서 임시로 현지인 유모에게 맡겨진 일본인 아이가 나중에 '죽의 장막'에 가로막혀 부모와 생이별하게 되었다는(특히 만주 지역에서 이런 일이 많았다) 등의 비극적인 이야기는 뒷날 동아시아 지역의 언론에 심심치 않게 등장했다.

물론 일본 식민체제가 급작스럽게 붕괴된 것은, 적국과는 어떠한 타협도 하지 않고 끝까지 전쟁을 밀고 나가겠다는 미국의 정치적 결정 때문이었다. 그러나 프랑스가 1940년에 급작스럽게 전쟁에서 패배했을 때에도 식민제국이 그런 식으로 소멸되진 않았다. 일본 식민제국이 지리적으로 본토와 맞닿아 있었다는 사실은, 이 경우 장점이 아니라 약점으로 작용했던 것 같다.

1945년 전쟁에서 패배함으로써 일본은 19세기 말부터 정복 또는 병합한 영토에 대한 직접적인 권리를 모두 포기했다. 이 점을 고려하면서 당시의 상황을 냉정하고 객관적으로 판단한다면, 일본이 서구의 군사 강국으로 이루어진 동맹 세력(미국, 영국, 네덜란드, 1944년 이후의 프랑스)과 맞서 싸웠던 태평양전쟁을 서로 경쟁 관계에 있던 식민 열강 사이의 싸움으로 쉽게 설명할 수도 있다.

어쨌든 서구 사회에서는 1945년 일본군의 퇴각을 유럽과 미국을 중심으로 한 옛 식민 질서의 회복으로 해석한 반면, 아시아인에게 그것은 민족 해방 전쟁의 시작을 뜻했다. 실제로 미국의 승리는 아시아 지역의 도처에서(중국, 한국, 인도차이나, 인도네시아, 말레이시아, 필리핀) 극심한 혼란으로 이어졌다.

오직 한 국가만이 무력 분쟁에 휘말리지 않았는데, 그것은 바로 일본이었다. 아시아에서 일본 식민 질서의 붕괴는 평화의 시대가 아닌 내전의 시대가 다가왔음을 알리는 사건이었다.

일본 식민주의는 아시아에서 서구 세력의 위협에 대한 한 가지 대응 방식을 제공했을 뿐만 아니라, 아시아를 저개발 상태에서 벗어나도록 하기 위한 수단으로도 간주되었다. 통합과 단일화를 추구했던 일본 식민주의는 식민지 주민이 처한 실존적 현실을 부정했고, 이는 일본 식민주의에 대한 격한 반감을 불러일으켰다. 식민지 주민을 문화적으로 일본화하려는 동화정책은 (오늘날 우리의 시각으로 볼 때 전체주의 성격이 뚜렷하다는 것은 틀림없는 사실이지만 어쨌든) 근대화와 산업화를 위한 실제적인 노력을 포함하고 있었다.

그러나 식민지 주민에 대한 강제적인 동화정책은 차별과 과도한 착취라는 엄연한 현실을 은닉하고, 인권 침해와 사회적 관계의 노골적인 폭력성 등 식민 질서라는 특수한 상황이 빚어낸 어두운 현실을 결코 빗겨 갈 수 없었다. 가령 일본 군부가 1930년대에 기획하고 1942년부터 본격화한 납치 사건, 곧 조선과 중국 및 동남아시아의 젊은 여성을(14만 명 이상) 강제로 징발하여 '위안부'라는 이름으로 아시아 지역의 곳곳에 주둔하고 있던 일본군 진지에 공급한 사건은 식민통치의 본 모습을 그대로 보여주는 대표적인 예다. 식민지 주민 가운데 일부(여기서는 젊은 여성)를 노예로 만들어 버린 일본 식민체제의 야만성을 적나라하게 드러내는 사례인 것이다.

근대화, 산업화, 탄압정책, 이 세 가지를 동시에 구사함으로써 일본 식민체제는 겉으로나마 그럴 듯하게 보이려 애썼다. 조선에서 일본 식민주의는 식민지 엘리트 계층을 양성하기 위한 조건을 마련하여, 독립 이후 이들은 국가 재건과 경제 발전의 주체가 되었다. '일본식 학교'에서 교육받은 이 엘리트는 극단적인 반공 이념을 기치로 내세운 독재 정권 아래서(이것도 일제 식민통치의 독재적 성격 및 폭압성과 무관하지 않다) 1950~1970년대 남한을 재건하는 데 크게 기여했다. 분단된 국가에서 북한의 공산 정권에 이념적으로 맞서기 위해, 이들은 단순하고 거의 무조건적인 반일 감정이라는 범국민적 공감대에 기초하여 민족 정체성을 재확립했다. 이러한 반일 감정은 오늘날까지도 한·일 두 나라 관계의 장애가 되고 있으며, 몇몇 일본 정치인의 무책임한 발언이 한몫 거들고 있는 것도 사실이다.

타이완의 경우 반일 감정은 한국보다 그 정도가 약한 편이다. 이는 1940년대 말 마오쩌둥 군대의 진격을 피해 정치적 난민이 유입되면서 타이완의 상황이 좀 더 복잡해졌기 때문일 것이다. 대부분 중국 중부나 베이징 출신으로 이루어진 국민당의 핵심 세력은 일본군이 퇴각한 뒤에 권력을 장악했고, 오래전부터 타이완에 정착한 중국 남부 출신의 엘리트는 거의 권력에서 배제되었다. 이렇게 하여 타이완 주민은 반공주의를 표방하는 새로운 독재 체제의 탄압에 시달리게 되었는데, 이는 일본 식민통치 시절을 아쉬워하게 할 만한 상황이었다. 1950년대 타이완 사회에서는 모든 형태의 반체제 운동이 공산주의 운동으로 간주되어 혹독한 탄압을 받았다.

일본에서도 식민주의 경험이 전후 일본 사회에 끼친 영향은 결코 적지 않았다. 1930년대에 아시아 곳곳의 식민지에서 실무 경험을 쌓은 아직도 젊은 행정 관료들이, 1950~1960년대에 여러 분야의 요직을 맡게 되었다. 태평양전쟁이 일어나기 전까지 여러 식민지에서 실험을 거친 수많은 정책(그 가운데는 시대를 앞선 정책도 많았다)이 그로부터 20~30년이 지난 뒤 일본에서 적용·실행되었고, 이 정책은 1960년대 일본이 비약적으로 경제 성장을 이루는 데 중요한 역할을 했다.

마지막으로 한 가지 지적할 게 있다. 서구 사회에서는 일본 식민체제가 다른 식민체제에 비해 유난히 폭압적이었다는 인식이 존재한다. 앞에서 살펴보

았듯이 일본의 식민통치가 극도의 폭압성을 내포하고 있었다는 것은 틀림없는
사실이다. 그러나 그것이 편견이 아닌지 한 번쯤 점검할 필요가 있을 것 같다.
백인이 저지른 행위가 아니라는 이유로 일본 식민주의의 폭압성이 우리 서구인
에게 더 불법적인 것처럼 보이는 것은 아닐까? 아니면 서구의 여러 식민지에서
자행된 것과는 본질적으로 다른 폭압성이었는가?

인명 찾아보기

지명 찾아보기

사항 찾아보기